Fr Woeste

Wörterbuch der westfälischen Mundart

Fr Woeste

Wörterbuch der westfälischen Mundart

ISBN/EAN: 9783743699052

Hergestellt in Europa, USA, Kanada, Australien, Japan

Cover: Foto ©Andreas Hilbeck / pixelio.de

Weitere Bücher finden Sie auf **www.hansebooks.com**

WÖRTERBUCH

DER

WESTFÄLISCHEN MUNDART

VON

FR. WOESTE.

NORDEN UND LEIPZIG.

DIEDR. SOLTAU'S VERLAG.

1882.

Druck von Diedr. Soltau in Norden.

Vorwort.

„Fr. Wooste, der bewährte Kenner des westfälischen Dialekts, namentlich der Mundart seiner Heimat, der Grafschaft Mark, hatte während einer langen Reihe von Jahren an einem märkischen Idiotikon gesammelt und die Arbeit so weit zum Abschluss gebracht, dass sie nur der letzten Feile bedurfte, um druckfertig zu werden. Dass er selbst nicht die Absicht hatte sie wesentlich umzugestalten und zu erweitern, zeigte sich an der abschliessenden Recension des Buchstabens S, welche ausgearbeitet vorlag, während die ursprüngliche Anlage, die den Charakter der ganzen hinterlassenen Arbeit trägt, gleichfalls noch vorhanden ist, so dass wir hierdurch die Intentionen des Verewigten in Bezug auf die endgültige Gestaltung des Werkes mit ziemlicher Sicherheit erkennen.

Den Grundstock des Idiotikons bildet der Wortschatz des märkischen Dialekts. Hier bewegte sich Wooste auf einem Boden, auf dem er in Hinsicht auf die Mundart, auf Kenntnis der Sitten und Anschauungen des Volkes, seiner Sagen und Märchen, seiner Ausdrucksweise und Spruchweisheit völlig zu Hause war. Gebürtig aus dem Lande hatte er von Jugend auf in dem Volke gestanden, hatte mit Ausnahme einiger Schuljahre und seiner Studienzeit dort gelebt, unausgesetzt mit dem Volke verkehrt und war so in der glücklichen Lage, nicht als Fremder sich in dasselbe hineinleben und die scheue Zurückhaltung, wie sie jeder fest ausgeprägte Volkscharakter dem Fremden gegenüber einnimmt, überwinden zu müssen; er konnte vielmehr mit jedem in seiner Mundart reden und wurde als Landsmann mit Vertrauen betrachtet. So ist denn dieser Teil des westfälischen Sprachschatzes in einer seltenen Vollständigkeit in Weeste's Idiotikon vertreten und dabei ist eine Fülle von Sprichwörtern, sprichwörtlichen Redensarten, Hinweisungen auf Volksgebräuche, Spiele u. s. w. gegeben. Schon hierdurch ist das Werk von der grössten Bedeutung, weil es zum erstenmal einen der westfälischen Dialekte in seinem Wortvorrat darstellt. Vermehrt wird sein Wert dadurch, dass auch die Nachbardialekte mit hinein gezogen werden, besonders das Südwestfälische in dem Herzogtum Arnsberg, die angrenzenden Bergischen Mundarten, welche bereits den Übergang zum Mittel- und Niederfränkischen bilden (vor allen die von Barmen, woher Weeste's Mutter stammte, Elberfeld und Velbert), endlich zum Teil auch die östlichen und nördlichen Dialekte. Das Meiste ist dem Volksmunde unmittelbar entnommen; dabei ist bei allem, was nicht allgemein im Gebrauch ist, nach Form oder Bedeutung der Worte, angegeben, woher es stammt. Aber auch handschriftliche Aufzeichnungen anderer, wie das kleine, inzwischen abgedruckte Verzeichnis Dortmunder Idiotismen von Köppen (K.), sowie die hinterlassene Sammlung des Schwelmer Konrektors Holthaus (H.) sind fleissig benutzt, ebenso was in dem Dialekt oder über denselben im Druck erschienen ist (z. B. in Firmenichs Völkerstimmen; F. W. Grimme, Schwänke und Gedichte in sauerländischer Mundart, Paderborn, 1876, — darin: Sprikeln un Spöne, Spargizen, Grain Tuig, Galanterei-Waar u. a.). Ausserdem gieng Weeste den Spuren des Dialektes in den älteren Urkunden nach, teils in den gedruckten in v. Steinens Westf. Geschichte (v. St.) und Seiberts grossem Urkundenwerke, im Westf. Magazin von Weddigen, sowie in den verschiedenen Publikationen von Fahne, teils in den noch ungedruckten. Vor allem nutzte er die Urkunden des städtischen Archivs zu Iserlohn und die des Hauses Homer aus.

Weeste war bei Lebzeiten von persönlichen und literarischen Freunden wiederholt dringend aufgefordert worden das Idiotikon herauszugeben; aber teils genügte es ihm selbst nicht völlig (in dieser Beziehung würde er freilich bei seiner grossen Bescheidenheit niemals einen Abschluss gefunden haben), teils war er zu schüchtern und zaghaft, sich ernstlich nach einem Verleger umzusehen. Allerdings würde es ihm auch bei grösserer Energie nur schwer gelungen sein, einen solchen zur Herausgabe des Werkes willig zu machen, das immerhin ziemliche Kosten verursacht und dessen Absatz doch der Sachlage nach nur ein beschränkter sein kann. Es würde das Werk vielleicht auch nach Weeste's Tode nicht an das Licht gekommen sein, wenn nicht der inzwischen entstandene Verein für niederdeutsche Sprachforschung sich dessen angenommen und mit Aufopferung die Herausgabe ermöglicht hätte. Weeste hatte den Wunsch geäussert, dass Professor A. Birlinger in Bonn seine literarische Hinterlassenschaft übernehmen und nach Möglichkeit ausnutzen möge. Auf dessen Veranlassung wurde das Manuscript des Idiotikons an den Vorstand des niederdeutschen Vereins übersandt und dessen Bemühen ist es gelungen, das Werk, das Birlinger, der Erbe desselben, ihm zur Veröffentlichung überliess, vor dem Untergange zu retten, denn ein *delitescere in scriniis bibliothecae* ist für eine solche Arbeit dem Untergange gleich zu achten."

––––––––

Obigen Worten des Prof. Dr. Crecelius habe ich meinesteils nur hinzuzufügen, dass meine Tätigkeit für das Wörterbuch bloss darin bestanden hat, dass ich dasselbe zum Druck befördert habe. Eine Änderung des Textes in irgend welcher Weise — eine s. g. Überarbeitung — habe ich nicht vornehmen wollen noch auch können. Ich wollte es nicht, weil es stets sehr misslich ist an dem literarischen Nachlass eines Forschers zu ändern — wenn es geschieht, geschieht es gewöhnlich keinem zu Danke; ich konnte es nicht, weil mir die lebendige und unmittelbare Kenntnis des westfälischen Dialectes abgeht, und ich, statt vermeintlich die Arbeit zu verbessern, dieselbe wahrscheinlich nur verschlechtert hätte. Ich habe deshalb auch zweifelhaftes ruhig stehen lassen; nur offenbar unrichtiges, dessen übrigens äusserst wenig war, und vollständig überflüssiges, das augenscheinlich Woeste nur zur eigenen Orientierung diente, habe ich mir erlaubt zu streichen.

Ich beanspruche darum auch weiter kein Verdienst um die Herausgabe des Werkes, als dass ich des Verfassers Lieblingswunsch, den er bei seinen Lebzeiten nicht erfüllt sehen sollte, doch nach seinem Tode nach Kräften zu erfüllen bestrebt gewesen bin.

Die Correctur des Druckes haben Crecelius und ich gemeinschaftlich besorgt; sie war hin und wieder schwierig, weil die Handschrift nicht immer leicht zu entziffern war. Zwar ist die zierliche Handschrift Woeste's an und für sich recht leserlich, aber durch Streichungen, Einschiebungen, Randbemerkungen, die zuweilen nur mit Blei angedeutet, nicht ausgeschrieben waren, hatte das Manuscript vielerwärts an Deutlichkeit eingebüsst.

OLDENBURG, im Mai 1882.   A. Lübben.

A

Â, *interj. 1. der bewunderung:* ah!
*2. der bestätigung einer aufklärung,
die man erhalten hat:* à sô! *ah, so
ist es! 3. des abscheus:* à fä! pfui!
als affigierte interj. in: fi à fi! pfui!

æ, *interj. des trotzes, hohnes:* æ! du kriss
et doch nitt!

â, *f. der buchstabe a. als neutrum in:*
dat â es de schâpstall, 'et ô es de
fossfall'. *dieses sprichwort scheint von
einem literaten (nach* x˙ *et* ω) *verbal-
hornt; ursprünglich wird es im zweiten
gliede* „dat u es de wulfsfall" *gelau-
tet haben. vgl. Bugenh. apoc. 21, 6:*
ick byn de a vnde de o.

â, *interj. 1. der abweisung:* â bat! *ei
was!* â wat tütteretütt! *med den hen-
nen nàm ossen! ei was! die sache ist
nicht glaublich! 2. pleonastische ein-
leitung beim beginne der rede.*

aá, *n. unrat der kinder.* aá dauen, *ca-
care (ammensprache). vgl.* babâ, dadâ,
dàdâ, mamâ, papâ, pipî, hickhick,
tipptipp.

ää, *interj.* = æ, áá*! muttern un dat
vernaitet!* = *ich lasse mich nicht
foppen.*

Abba - bleke, *ein kleiner bach bei
Landhausen.*

abba, *grossvater. (Crombach.)*

abbetse, *f. s.* sékàbbetse.

abdracht, *f. für* afdracht, *abtragung,*
abdracht tun, *schuld abtragen. Velb.
urk. v. 1639.*

abdruft, *f. für* afdruft, *abzugsgraben.
Velb. urk. aus dem 18. jh.* — *s.* âkel-
druft.

âbê, *n. das* abc.

abê-bauk, *n. abcbuch.*

abereins, *abermals. (Iserl. limitenb.)*

æblütten, *pl.* = älberten. *(Fürstenb.)*

abûs, *berg.* abûs, *versehen. adject. in:*
dat was abûs *(irrig).* — *fr.* abus.

ach in: *med ach un krach, mit genauer
not.* — *aus dem hd. entlehnt.*

àch, *interj. des unwillens:* ach! *oft soviel
als:* lass mich in ruhe!

achen in: *achen und zachen. Galant. 6.*

achen, *m. nachen.* — *platthd. neben*
âken. *s. Schrib. d. gute a. zeit p. 870.*

acht, *erachten.* miner achts.

acht, *grundzahl* acht. acht dâge. *un-
verbunden:* achte. buvial heste? achte.

achte, *ordnungsz. achte.* — *mw.* achtede.

achten, *achten.* bai dat klaine nitt-en
acht', es dat gröte nitt bi macht,
*wer das kleine nicht achtet, wird des
grossen nicht mächtig.* — *alts.* ahton.

âchten, *adv. hinten.* dâ âchten, *dort
hinten. rätsel:* vôr as ne süggel,
midden as en klüggel *(knäuel),* âchten
as ne schêr? — swafte. — dai es
âchten nitt as vôren, süss könn hâ
med der fuat nûate knappen. — *alts.*
aftan.

achter, *gewöhnlich* âchter. *1. adv. im
rätsel:* achter *(hinten)* de halwe katte,
buvial schoken sid derâne? — twê.
(wortspiel mit achtenhalf, *7½.)* —
âchter *wechselt mit* âchten: vôr *(vôren)*
bitt hâ, âchter *(âchten)* schitt hâ, *von
dem westfälischen bauer, der zwei
fliegen mit einer klappe schlägt, indem
er birnenessen und seinen behuf ver-
richten zu vereinigen weiss.* — ik well
mâl âchter rût gân *(durch die hinter-
tür). 2. præpos. mit dat. und accus.,
hinten. rätsel:* âchter uasem hûse,
dâ stêt ne kunkelfûse, dâ briənet dag
un nacht un briənt doch kain hûs
af? — brennniətel. — hai geng âchter
den bôm stân. — nê, âchter de hand!
nein, umgekehrt! — [âchter kau, dau't
becke kau!] — *alts.* aftar *und* ahtar;
ags. âfter; *Tappe* 99ᵇ achter, *hinten.*

âchter-ân, *hintenan.*

âchterâms, *atemlos.*

âchterêrs, *rücklings, rückwärts.* Dat
gêt âchterêrs as de hâne krasset.

âchterês, *n. die zeit zwischen êr und
middag, 10 uhr morgens. s.* êr.

âchteraf, *hintenab.*

âchterbâks, *hinterrücks, rücklings.* —
alts. bak, rücken.

âchterbedrif, *n. 1. nachgeschichte. 2. furz;
s.* vôrbedrif.

âchterbliwen, *1. zurückbleiben. 2. mit
dem tone auf* bliwen: *hinterbleiben,
unterlassen werden.*

âchterbollen, *m. hinterschenkel. s.* bollen.

1

ächterbrauk, *m. hintergeschirr bei kar-renpferden; s.* brauk.

ächterdȯr, *f. hinterthür.*

ächterdȯr, *adv. hintendurch.*

ächterēn, *hintereinander.*

ächterholt, *n. dickes stück holz hinter dem herdfeuer.*

ächterin, *adv. hinterdrein.* hä löpet der ächterin.

ächterkante, *rückseite.*

ächterkwartēr, *n. hinterquartier, hin-tere.* — holl.

ächterlāten, *1. hinterlassen, 2. hinter-lassen. so je nach dem tone.*

ächtermann, *m. hintermann.*

ächternå, *nachher.*

ächterọwen, *m. hinterofen.*

ächterọwermọrgen, *am tage nach über-morgen.* jå, ächterọwermọrgen! = *du kannst warten! s.* atterȯvermorgen.

ächterpand, *n. rückenstück im kleide.*

ächterrügges, *hinterrücks.*

ächterschọken, *m. hinterbein.*

ächtersiole, *n. hintergeriem, geschirrstück auf dem kreuze des pferdes.*

ächterste, ächtste, ächste, *hinterste.* — *mnd.* echterste.

ächterstiọks, *meuchlings, verräterisch; s.* stiọk.

ächterüm, *hintenherum.*

ächterūt, *hintenaus.*

ächtervērdel, *n. hinterviertel.*

ächterwēgen, *hinterweges.* — låten, *un-terlassen, bleiben lassen.*

ächterwẹrk, *n. im ä. sin, zurück sein; int ä.* kuạmen, *mit der arbeit zurück-bleiben.*

achtien, *grundzahl achtzehn.*

—ächtig *in zusammensetzungen,* —artig, —lich: judenächtig, judenartig, jüdisch; saitächtig, süsslich; suọmerächtig, som-merlich; wēnächtig, weinartig; winter-ächtig, winterlich. *vgl. Gr. II., 383.*

achtinge, *f.* acht. achtinge giawen, sik in achtinge nẹmen. *mnd.* achtinge.

achtzig, schzig, achtzig, *statt* achtig. *im kr. Iserl. haben* 70, 80, 90 *hd. formen, moestf.* achtendich, tachtendich.

acker, *m.* acker. *in compos. wurde es zuweilen* ack, *so der flurname* Rum-melsack *bei Hemer für* Rumesacker, Karnack *bei Iserl. für* Karnacker.

ackerdunge, *f. der dünger, der noch im lande ist, nachdem roggen darauf ge-wachsen.*

ackermann, *m. landmann.* en acker-mann en plackermann: Gọd ẹre bai en handwẹrk kann.

ackerte, *ackerwerk.*

ackes, *f. beil. (Siedlingh.)*

adam, *ein starkes bier, welches in Dort-mund gebraut wird.*

adder, *natter, böses mädchen.*

Adekenbrok, *(Iserl. urk. v.* 1452*) ortsn. bei Iserl., heute* Akenbrauk. *grund-wort* brok, bruok, *aufgebrochenes neu-bruchland; vgl.* bruokelant *bei Moeser urk.* 277, *wo es* agri novales *erklärt wird;* broktende = *neubruchzehnte in MB. IV.* 488. *das bestimmwort ist der m. n.* Adiko *(Frek. rolle), Moeser urk.* 21: Adika, *wie er auch in* Adi-konthorp *und in einem späteren* Adi-kenhusen *vorkommt.*

ader, ȧr, *oder.*

ader, *f.* ader. *ahd.* ȧdara.

ader, *ein teil des bauerwagens. (Für-stenb.) s.* ȧtẹr.

adjüs, *adieu.*

ådrẹtig, *verdriesslich. vgl. ags.* åthreat, tædium; *ahd.* ardriuzan.

adriån, *1.* Adrian, *2. scherzh. n. des frosches im rätsel:* uddriån un adriån wolln tehȯpe in gåren gån; acht schọ-ken un ẹnen stọrt, dä dat rätt de es mi wẹrd. *antw.* maulwourf oder maus und frosch.

adr = **adl,** *ags.* adul, urin, kot. *s.* ud-driån. *über* iån *vgl.* fluddriån.

ågenterigge, *f.* agenderei, gerede und streit um eine unbedeutende sache. das wort wahrscheinlich seit dem agendenstreite.

ẹger = ær, ẹr, *eher. (Deilingh., obere Lenne.) alts.* err, ẹr *wurde mit der comparativendung der (vgl. engl.* far-ther, *hd.* minder, *unser* dürder) *ver-sehen. für* ẹrder *trat* ẹder, *dann* ẹger, ẹger *wie* unger *(under),* fungen *(funden).*

ẹgg, *selten für* ai, *häufig pl.* ẹgger, *(Fürstenb. b. Büren.)*

ahå, *interj.* aha. ahá, hew'k et di nitt sagt!

ahả, *interj.* aha. ahà, sȯ es de såke!

åhȧrn, *m.* ahorn.

ai, *n. pl.* aier (ẹgger), *ei.* en ai op de schüfkår un dä siowene an getọgen. *(soll den aufschneider bezeichnen.)* hai möch dat gærne fȯr'n appel un en ai *(für eine kleinigkeit)* hewen; *vgl. Theoph. (Hofm.)* 67. dat es en dick ai *(eine grosse freundschaft).* dai hẹt ümmer wọt, et sien aier ȧder junge. wann ik niạne aier mär hewe, dann backe ik di 't nest. du maus en ai hewen, *wird dem seltenen besu-cher gesagt.* se es as vam ai splitẹn

3

(hübsch). hai smitt ęm ȯk noch en ai iu'n gåreu, *er könnte ihm grossen schaden tun, (eigentl. durch ein leeres inwendig mit zaubersprüchen beschriebenes ei,).* — o, dat es alle èn ai un èn kauken. — bęter en half ai as en liegen doọ *(leere schale), besser etwas als gar nichts.* 'et ai maket en gròt geschrai un en klain berai *(bereitung, gericht).* en ai es en ai, sagg de kȯster, då nȧm he 'et gȯsai. friske aier, guode aier. 't ai well klaiker sin as de henne. hä wȧrt 't ei, ȧffer lȧtt 't houn flaigen. dicke aier heffet dünne schålen *(? von der gesundheit dicker leute).* Ik smėt wọt wittes oppen dȧk, un gęl kwȧm et wir herunner. hüppelken püppelken lag opper bank, hüppelken püppelken fell van der bank: et es kain docter in Engelland, dä hüppelken püppelken curêren kann. wibbelken wöbbelken op der bank, wibbelken wöbbelken unner der bank: et es kain snider in Bråband, dä wibbelken wöbbelken hêlen kann. *(Weitmar.)* pissewitken op der bank, pissewitken unner der bank: et es kain mensk in Bråband, dä pissewitken curêren kann. *(Brackel b. Dortm.)* ik kloppede mȧl an en witt klȯsterken, då käm en gęl männeken un dæ mi open.

âi, *interj. des unwillens:* åi, stell di doch örndlik!

aibam, *purzelbaum. (Witten.)* s. maibȯm.

aicheln vȯr, *eckeln vor.* op de a. hacke 15.

aier-botte, *f. eierbrei, der in der pfanne bereitet wird.* s. hotte.

aier-kæse, *m. eidottern, die im topfe gesotten, dann in eine form geschlagen, mit zimmt bestreut und mit fetter milch gegessen werden. es scheint ursprünglich eine festspeise zu sein. alte leute im Lüdensch. glaubten, man müsse auf pfingsten aier-kæse essen, dann gäben die kühe viel milch. zuweilen bedeutet das wort* baist, hurkebuater. — *Kerkh.* cierkæse, *der schon damals mit zimmt* (spisekrud) *bestreut wurde. vgl. engl.* custard, *was ich als festspeise verstehe.*

aier-kasten, *m. scherzh. für hintern.*

aierschåle, *f. eierschale.* dai hęt de a. noch am æse hangen.

aierwixe, *f. cierwichse.*

aikappel, *m. gallapfel.* (Siedlgh., Dortm.)

aike, s. **ȯke.**

aikenspiek, *derber stock von eichenholz.*

aikerken, *n. eichhörnchen. (Fürstenb.)*

ail *für* aidel *in* aile braud, *eitel brot, nichts als br. d. h. trocken.* (Marsb.) platthd. *für* île.

ailamm, *n. weibliches lamm, von schafen und ziegen. Grafsch. Limburg.* s. uulamm.

aisen, *grauen einflössen.* dat aiset mi. aisen = agison, egison.

aisen, *n. grauen, grausen, schrecken.*

aisig, *1. schaurig, grauenhaft. 2. von dem der leicht aisen empfindet.* he was so aisig un grüggelig. *ags.* egesig; *vgl.* aislik.

aisk, aisch, *hässlich* (turpis) *im phys. und moral. sinne.* nitt dat aiske hönneken, dat fine *(rechte)! wird kindern gesagt. vgl. (Gesch. d. d. spr. 987;* ȧt schennen fȯr aisk un ȯwel. op de a. hacke 28.

aisk = **aiwisk,** *ags.* ævisc, *schändlich, schmählich. man hat gemeint,* aisk *sei aus* aislik *zusammengezogen. formen auf* ig (ik) *und* lik *vertreten sich zuweilen, aber das nebeneinanderbestehen von* aisig *und* aisk *widerspricht. ebenso Osnabr.* êsig, *furchtsam, und* êsk, *hässlich.*

aislik *bedeutet in der grafsch. Limburg, was* aisig *zu Hemer. alts.* egislic *(schrecklich), wofür schon früh* eislik *eintrat. Teuth.* eyslyck; *v. d. H. Germ. 10. 145:* aislik = *hässlich.*

aisupen, *eine nicht ganz runde kugel. vielleicht entstellung eines hd.* eistop. *s.* îsopp.

aisupen, *n. suppe, bes. biersuppe, wozu eier genommen werden.*

aitel, *platthd. bloss, nichts als.* he maut aitel *(trockenes)* bröd ęten. *vgl.* aile *und* île.

aiwen, *zum besten haben, verspotten. Weddigen:* eifen, *vexieren. Ravensb.* ȯwen. bai di wọt dritt grobheiten sagt), dä aiwet di nitt. *aus nobian, üben, im sinne von plagen, wurde* oven, *Sündenf. 704;* oeven, *Soest. fehde p. 596; Osnabr.* ȯwen, *Strodtm.* äffen; *Aesop 81* ȯwen.

åk, *(zu Rheda* åk,) *m. attich, sambucus ebulus; syn.* stinkhọllerte. *Kil.* adik, hadick; *altwestf. wahrsch.* aduk; *ahd.* atuh; *gr.* ȧχτέ.

åke, *f. oder keller-åke, abzucht, bedeckter abzugsgraben; gehört wol zu* akan, ducere.

åkel, *f.* = **åke.**

åkeldruft, *f. bedeckter abzugsgraben,* aquaduct. *Zu Bochum:* akedrucht,

dän. drift, *pl.* drifter *zu* drive *bedeutet*
stollen; *eben so kann* druft *zu* driven
gehören. in berg. papieren (*Velb. anno*
1704) abdrucht. (= *mnd.* ageducht.)
åken, *m. nachen.* *Kil.* aecke, naecke,
cymba; *ags.* naca. *auch dieses wort*
wird zu akan (ducere), *altn.* aka
(*fahren*), *gehören.*
Åken,Aachen. dat werd geschaihen, wenn
de Düfel van Åken kömmt = *ich weiss*
nicht wann. s. kättken. dat es so
schéf as de wiäg nå Åken.
æken, æker, *m. kleiner kessel.* ækern
nach *K.* *zu Dortmund kupferner*
koch- und waschkessel. *Teuth.* ketel,
eekeren; *Kil.* aecker *j.* aker, ahenum;
ostfr. aker, *kleiner kessel.*
Akenbrauk, *s.* Adekenbrok.
ækermark, *achener mark, eine münze.*
ækern, *messingen.* ækern kiåtel (*kessel*),
unterschieden von kopern (*kupferner*)
kiatel. *dies scheint zu lehren, dass in*
ækern *der begrif messing steckt. ent-*
weder ist æker = érkar, *erzgefäss.*
(*vgl. ags.* årfåt), *oder das ganze wort*
æken *drückt ahenum aus, oder endlich*
= *aquarium. vgl.* R. A. 646.
åkes, *f.* axt. *Must.* 49.
åkesbås, *m. kahnschiffer.* (*Mülh. a. d.*
Ruhr.) *von* åk, *flusskahn, und* bås,
herr.
åke û! *wird kleinen kindern zugerufen,*
wenn sie schmutziges angreifen wollen.
s. åks.
åks, *interj. und adj. unrein, schmutzig,*
wird kleinen kindern zugerufen, wenn
sie etwas unreines nicht angreifen
sollen. dat es åks. åks = åkisk,
åkisch. båks *ist dasselbe. vgl.* åke,
acke, aå, kacke.
åkshårn, *kommt nur vor in:* dat es so
tråg (*für* tåg) as en åkshårn, *womit*
man grosse zähigkeit bezeichnen will;
vgl. engl. tough *as an* oak. *wäre* åks-
hårn *aus* alkshorn (*elenshorn*) *ent-*
standen? ähnlich årönken *für* alrûn-
ken, *schätel für* schaldel.
acte, *f. gebrauch, sitte.* dat es 'ne ålle
acte. *lat.* actus, actum.
ål, *mistjauche.* (*Balve.*) *ags.* adul, *n.*
urina, coenum; *Teuth.* adel, sump, poil,
onreyn, cenum; *Frisch* 1, 39: atel, *m.*
ål, *m. pl.* æle, aal. *zusammengezogen*
aus åhal.
ålangskopp, *m.* alant. (*Fürstenb.*)
alått, *munter, flink. franz.* alerte =
ital. all'erta.
aláf, *interj. vor allem.* aláf sin bröer
dat was en annern kærl! aláf te

Düapm (*Dortmund*) då find me noch
recht! *da lobe ich mir D., da findet*
man noch recht.
all, *adj.* all. med allem, *im ganzen.*
min God un alles! min alles! = *um*
gottes willen! un alles d. i. *was man*
sonst noch erwarten könnte; vgl. span.:
impreso y todo = *gedruckt und ein-*
gerichtet in aller beziehung wie sich's
gehört. alle mål!
all, *adv.* 1. *schon, bereits.* bůstu all
wier då? dat hew'ik all dån. all wier
geld bå mine frau nitt van wêt. *mda.*
II. 389. all ær, *schon eher, früher-*
hin; vgl. Wigg. 2 *scherfl.* 50: al ér,
all ens, *schon einmal, zuweilen, vgl.*
alts. énes, *mnd.* énes; all sô, geng et
guad? no, et geng all sô (*erträglich*);
all vial (*schon viel*), oft; *holl.* veel al.
all ewen: dat es et all ewen. du
kůəms mi all ewen recht. 2. *nur,*
denn. nu gå all! geh nur! so geh
denn. 3. *doch, ich bitte.* låt ne all
gån! *vgl. als.* 4. *jedesmal.* all ûm den
annern dag.
ålberte, *f. erdbeere.* dat es as wann
de kau ne ålberte slûket. *nach aus-*
fall des d ging r in l über; syn.
æblütte.
albrûne, *f. benennung einer weisen frau.*
in den höhlen bei Sundwig sollen vor
zeiten albrûnen *gewohnt haben, welche*
den umwohnern rat erteilten. buch-
stäbl. elbraune, elfraune; *vgl.* alio-
rumna (*Jornandes*) *und ahd.* alrûna,
alraune, *weissagende frau. s.* åldrûne.
Teuth. alryn.
åld, *comp.* øller, eller; *superl.* ølst, elst,
1. *alt.* dat es noch énen van der ållen
weld. de elleste grosken (*preuss.*
silbergr.) hett de roiesten backen.
Gr. tüg 59. dat ålle werd nitt ver-
betert.
ølde, ôlde, elde, *f. alter* (*ætas*). *alts.* eldi.
ålddêl, *n. altteil, leibzucht.* énen op 'et
ålddêl stellen.
alderen, *pl. eltern.* [*Urk.*]
van **aldershero,** *von alters her.* [*Urk.*]
åldläpper, *m. schuhflicker. Kil.* oudlapper.
åldmåidig, *altmütig, d. i. am alten han-*
gend. åldmåidige lü, *leute von altem*
schlage, alten sitten, gewohnheiten und
meinungen.
åldmölkig, *altmilchend.* ne åldmölkige
kau; *gegensatz:* frismölkig.
aldus, *also.*
åldrûne, åldrûnken, *alraun, hatte der*
conrector Holthaus von seiner mutter
erwähnen hören.

äldräscher, *dazu Heinzerl. s. 33. Siegensches* rusche rauschen, *tauschhandel treiben, doch nur in* dusche onn rusche.

äle, *f. mistjauche. (Hemer, auch Fürstenb.) s.* äl. *ags.* adul, adele; *f. Frisch, s. v.* atel.

äling, *(im Lüdensch.* âlig,) *ganz, vollständig. (Evingsen bei Altena.)* gisf mi de âlinge her *(birne),* nitt en stücke dervan! — *alts.* alung, *mwestf.* aling. *Kerkh.* allige putte, *ganze brunnen; Velb. urk. v. 1639:* alling.

van **âlinges,** *von alter (früher) zeit her. urk. v. Wetter (14. jh.)* van aldings; *urk. v. 1482:* van ayldinges; *v. 1466:* aldinge *(alte) rechte tobehoringen (eines hofes). auffallend die unterbliebene verlautung in* âld, âll. *s.* allinges.

äliwig, *leerleibig, mit leerem magen.* â *für* ar. *auch im Paderb.*

alkenai *vorsprung am hause. für* arkenâr; *s.* balkenær. *vgl.* erker *zu* arca *oder* arcus.

allangs, *ganz entlang. K.*

alldage, *täglich.*

för **alldages,** *an werktagen.* ik trecke den rock för alldages an.

all dernâ, *je nachdem.* et is all dernâ.

(all bot, *Paderb.* oll bot, *jedesmal. Kil.* bot, botte, impulsus, ictus. *Schamb.* bot.) allebots (? allebots) *jedesmal.*

älle, *m. f. der alte, die alte.* de ällen, die alten, die eltern. dâ küənt de älle van te jâren, *sagt man, wenn sich plötzlich ein windstoss oder sturm erhebt.* de älle, *eine menschenfigur von bedeutender schwere, aus garben gebunden, kommt auf den harkelmairwagen bei der roggenärnte. (Halver.) Bei Büren bindet ihn das mädchen, welches die letzte garbe macht. er wird auf den garbenhaufen gestellt.*

all ében, *eben deshalb, gerade darum. K.*

älle grise *wird der winterriese genannt, den man am Peterstage austreibt.*

allemalk, *manniglich, jedermann.*

allêne, *allein.* he friətet allêne, *er ist mündig.*

allêne, *s.* men.

allênig, *allein.* hä was allênig.

allenengen, *überall. für: an allen enden.*

aller, *præfix beim positiv, ausgezeichnet.* aller gœrne, *sehr gern.* dat dau ik so allergœrne nitt. aller grôt, *ausserordentlich gross.* allernett, *sehr* nett. allerwitt, *sehr weiss. zuweilen noch mit* iller *verstärkt.* dat aller iller beste. *vgl. alts.* ala — *in* ala-

huit. *ausnehmend weiss; auch H. Sachs hat:* nit aller rein, *nicht sehr rein.*

äller, *n. alter.* dat äller es en swâr mäller.

allerdegliken, *sogar. (Deilingh.) für* allerdinges.

allerdinges, *sogar. Sündenf. 1386:* allerdinge, *sogar; Bruns beitr. 349:* allerdinges, *schlechterdings.*

allerhilligen-suomer, *m. allerheiligensommer.* de a. dûert 9 stunnen, 3 däge äder 3 węken; *syn.* ällewiwersuamer.

ällerte, *holunder.* ällertenblaume. *(Fürstenb.)*

allerwegen, *allerwegen, allenthalben.*

allerweldsjunge, *wunderlicher junge.*

älle-wiwer, *pl. 1. von myth. wesen:* de älle wiwer schüddt de schörten ût, *sagt man, wenn der erste schnee fällt. 2. graue erbsen.*

älle-wiwer-mond, *m. februar.* im ällewiwer-mond dann rüəselt se de schörten. *(Valbert.) syn.* spörkel.

älle-wiwer-suomer, *m. allerheiligensommer.*

allhand, *bereits, nachgerade. N. l. m. 50. syn.* en hand.

allinges, *vor allen.* op de ä. hacke 29.

allmann, *jedermann.* allmans-früənd. allmans-hör.

allô, *interj. auf! wolan! in Unna gehen am samstag abend vor ostern kinder umher und sammeln stroh oder geld zum ankaufe einer leertonne. sie rufen dabei:* allêi! alläu! eu schöbbeken sträu taum päschefuir taum päschefuir! allêi = aller, allô, alläu = allons.

als = all, *schon.*

alsus, *so.*

alsümmer, *wol immer, doch* alsümmer. op de ä. hacke 3.

altâr, *n. altar. lat.* altare, *n.; alts.* altâri, *m; mwestf.* altâr, altaer, *n.; märk. urk. v. 1522:* dat nigge altar. *schwed.* altare, *n.*

altegar, *f. r. 62. =* allegader, *RV.*

altemälen, *allzumal, allzusammen, alle zusammen.* dan kriffe altemâle wat. bat kann mi dat altemälen helpen!

alténs, *zuweilen. KS. 100. Muster. 68.*

alltid, *allzeit, immer.*

altiss, *allerdings. K.*

allüm, *ringsum.*

allwęg, *allerdings, auf jeden fall, immer, jedesmal.*

alfanzerigge, *aberwitz, dummes zeug. K.*

åm, *n. ahm, ohm, gemäss für getränke.*

åm, *m. atem.* verspår di doch dineu åm, *sprich nicht, was unnötig ist. alts.* åthom *ist schon contrahiert.*

åmacht, *f. ohnmacht.* hä fell in åmacht = hä beswêgede. ik hewe viel macht, åwer 'et mêste es åmacht, *sagt der, dem zuviel zugemutet wird.*

åmætig, *(Brackel;)* **amächtlg,** *(Hemer,) wer atemsnot hat, kurzatmig, engbrüstig. aus* å *(af oder* åno) *und* maht. *das holl. unterscheidet* aamachtig *(atemlos) von* aamagtig *(ohnmächtig). Bugenh.* amechtich *werden = verschmachten. ibid. Neh. 4:* amechtich = *ohnmächtig. Teuth.* amechtich, machteloys.

ånie, *pl.* **amen,** *funke. s.* åmer, åmmer, åmmerte. *altn.* åma, ignis sacer.

ièmen, *atmen. Teuth.* ademen. Hai æmet noch. *(Lüdensch.)*

åmentselte, *f. kleine ameisse. s.* ammete, ente. *(Valbert.)*

åmer, *m. und f. gewöhnlich mit* höt. hête åmer, heisse asche. *zu Fürstenb.:* åmern, glutasche. *Teuth.* ameren, asch, favilla; *engl.* embers.

åmes, *n. mittagessen. im Lüdensch.* vŏr-åmes, *vormittag;* ächter-åmes, *nachmittag. Gr. tüg 61:* ômes, *frühstück, essen, was sich hirten mit auf das feld nehmen; daher* ômesbûl, *brotbeutel,* ommelt, ommet *(Firm. V. St. 1, 418) mittagessen. Holthaus: nachmittagsmalzeit um 2 uhr,* ommelt *erinnert an omelette, was aus oeufs melés erklärt wird. — ein composit., dessen grundwort* meti *(wie* mett) *ein neutr. gewesen sein muss; vgl. alts.* mat, meti, *m. der bestimmende teil dürfte dem alts.* atômian *angehören, etwa* atômsmeti, *ausspannessen, mittagsessen. vgl. osnabr.* attemstîd, halbj. *wechselungszeit der dienstboten. Lyra s. 32. vgl.* åm *aus* åthóm.

åmesbûl, comesbuil, *tüchtiger proviantbeutel. (Paderb.)*

åmi *in der neckfrage: der wæren mål twê brôers* åmi un slåmi *(schlag mich).* åmi geng 'rût, bai blêf derin? — slåmi! darauf bekommt der antwortende einen schlag.*

åmhålen, *n. atemholen.* he het 't åmhålen vergêten, er ist tot.

am leuten = antleste, zuletzt.

ammegraite, ammargrete, *Anna Margareta, 1670.*

ammelt, amboss. aus anbilt.

åmmer, *gewöhnl. pl.* åmmern. glainige åmmern, *glühende kohlen. (Hattingen.)*

ammeri, *Anna Maria.* ammeriken strôsack, sogen. *pudel oder fehlwurf beim kegeln.*

åmmete, *f. feuerfunke. (Weitmar.)* hul. ammer, *f. funke in der asche. das* å *in* åmer *scheint (wie in* schråm = schramme) *folge von vereinfachung des conson.; doch war es zuerst nur ein* å *und* mm *in* åmmer *wahrt die kürze.*

ammete, *f. ameisse. (Lüdensch.) ags.* åmette, *engl.* emmet, *ahd.* ameiza, *syn.* amtse, amtsette, obetse, åmentselte, migènte, kramåntsel, karmåntsel; ampel, ampelte, håmpel, hampelte, amper, ammelte, mire, mîghainken.

ampel, ampelte, hampel, hampelte, *f. ameisse.* perre-ampelte, grosse waldameisse, sprick-ampelte dass. mîgampelte, kleine ameisse, besonders die scharfstechenden gelben und roten.

ampele, *f. lampe (veraltet).*

ampelig, hampelig, 1. *åmsig,* 2. *übereilt.*

ampeln, hampeln, sich bewegen; *Frisch s. 23:* he ampelde darna, er strebte darnach; ampeln na, greifend mit händen und füssen nach etwas trachten, Reuter II. Nüte 60.

ampelte, ampfer. *s.* sûrampelte.

amper, *f. grosse ameisse. (Valbert.) wechsel von* l *und* r, wie in hamel, hamer.

amper, *m. ampfer. s.* sûramper. *vgl.* emper. *Teuth.* amper. suyr, scharp, tamper. es ist wol das wort, nach welchem der name Ambrones zu deuten ist.

ampern, sauren geschmack zeigen.

åmsfatt, *n. ohmsfass.* he es im åmsfatt, er ist ohnmächtig. cfr. schwed. fattas und fattig.

amtse, *f. grosse ameisse. (Halver.)* t in ts (z) verschoben. Aesop. 3, 1 ametse.

amtselte, *f. kleine ameisse. (Halver.)*

amfel, *m. amboss. (Solingen.) s.* anefilt.

amfen, 1. *antworten,* 2. *erzählen.* amfe mi dat! erzähle mir das! Iserl. es ist = anvern für mnd. antwerden, antworten. s. anvern.

ân, *anfang.* en ân.

an, âne, *adv. und præpos.* 1. *adv.* af un ân. *besonders mit ellipse eines ptc.* bûs du ân (angekleidet)? 't für es âne (angemacht). de lampe es âne (angezündet). 2. *præpos. mit dativ.* de roggen es an der erde (Helj. an erthu). an uasem hûse, in unserm hause. am schulten, im schultenhause. am munne hewen, wie ital. aver allu

bocca. he was am nåkenden ærse.
de rûe wiomelt am stęrte. he es
fröndskop (verwaut) an us. dat hęffi
alle an us selwer, *wie engl.* we have
all these conveniences of life within
ourselves. dat *(wahre)* es nitt an dęm.
he was an mi, *er suchte mich zu über-
reden.* se sid ümmer an çmo *(ihm
d. i. mir), sie necken, plagen, bitten
mich immer. mit acc.* dat geng an
dûsend stücker. gå an dine arbèd!
mit dem pronominaladv. der: ik wèt
nitt, of der wot *(wahres)* åne es. se
der çm ån *(d. i. ans fell), sie wollen
ihn hernehmen. mit ellipse eines ob-
jects.* nu denk mål ån! nu sûh mål
ån! nu segg mål ån, nu hèr mål an!
rgl. bî in miss sett di bî! *pleonastisch
bei* anhållen.

anbacken, ankleben.

anbaien, anbieten. bai sik anbôd, dèm
sin lôn was nitt grôt.

anbaiten, *feuer anmachen.* et es so hèt
anbott, dat çm et hiamt vôr der fuat
biawet.

anbęęn, anbeten. dai hęt en guaden
god ånebędt, *der hat grosses glück.*

anbjot, *m.* anbiss, frühstück.

anbiten, anbeissen.

anbręnen, anbrennen. *s.* ånebrand.

anbrengen, anbringen. kannu ik dann
nix *(dargebotene esswaare)* anbrengen?
hai brenget alles an, *hinterbringt, petzt.*

anbod, *n.* angebot.

anbucken, sik a., *sich anlehnen.*

anbuggen, anbauen. sik anbuggen, *sich
anbauen.* se hett çm de knollen med
anbugget, *sie haben ihm erlaubt, seine
kartoffeln auf ihren acker zu pflanzen,
was oft mit der düngung bezahlt ist.
vgl. med* ånsetten.

andacht, *f. 1. das verweilen mit den ge-
danken bei einer sache; vgl.* andäch-
tiger leser *(Molesch. Forster). 2. in-
sonderh. bei Gott und göttlichen dingen.*

andainen, *dienen.* bàmed kann ik se
andainen? *womit kann ich dienen?
was kann ich ihnen vorsetzen? ostfr.*
sik andênen, *zur visite anmelden etc.*

andauen, antun. *1. anziehen; vgl. Dann.
altm. wb. unter* andôn. *2.* çnem wot
andauen, *anzaubern, behexen. 3.* sik
andauen, *fortschritte machen, sich gut
anlassen. 4.* sik en guaden dag an-
dauen, *vgl.* se donner du bon temps.
åt giąt kain grötter lèd, as dat me sik
selwer andàut.

andive, endivie.

andrägen, anerben. dat esseme nich

angewęget, dat esseme augedräget
(angeerbt), s. audręgen.

andręgen, *antragen; in spec.* anbringen
= *hinterbringen, petzen.*

andfuagel, *m.* entrich; *s.* ånnerik.

åne, *s.* an.

åne, *præp. c. acc.* ohne. dai es nitt
åne *(übel); vgl. Laiendoctr. 159:* nicht
ôn = *nichts übles.*

ånebilt, *m.* amboss. *(Fürstenb.) Teuth.*
anbylt. incus.

ånebolt, *m.* amboss. *f. r. 95.*

ånebrandt, *ptc. von* anbręnen. *der junge
sieht eine maus im kochtopfe.* môer,
bat es im potto? — junge, ånebrandt.
— ånebrandt, hçt dat ock faite?

anên, *aneinander, nacheinander (conti-
nuo).* se kwæmen anên, *sie kamen
in streit.* dat sall us anên hållen!
sc. ein nicht bezahlter rest.

ånefilt, *m.* amboss. *ags.* anfilt, *engl.*
anvil, *hängt mit* fillen, *alts.* filljan
(schlagen) zusammen; auch filt *(filz)
bezeichnet eine geschlagene masse.*

aniehhere, *ahnherr. v. St. XX. 1343.*

anfån oder vonkenellenblatt, *geschrieb.
recept gegen gicht.* = *epheu oder fon-
tanellenblatt.*

anfangen, anfangen. bat fängeste ån?
was machst du?

anvern, *antworten. (Deilingh.;) s.* amfen.
mwestf. antwerden.

anflôg, *m.* anflug, krankheitsanfall. de
kau hçt en anflôg am nûr. *leichter
fieberanfall, erkältung.*

anfôren, *anführen, anführer sein;
daher auch* = *anleitung geben, unter-
richten, bilden.* de frau fôrd çre
döchter guad an. *2. täuschen.*

angån, *1. angehn, insonderh. von der
entwickelung einer bewegung an und
in den dingen.* de plante gêt an,
zeigt wachsthum. dat für gêt an,
brennt. he es wier angån as en lecht.
angån = *anbrüchig werden, anfaulen.
2. trans. anfangen.* den hůsstand angån.

änge, *n.* = *ende, enne. (gegend von
Lüdensch.)*

angel, *f. 1. fischangel. 2. bienenstachel.
3. granne. alts.* angel, *f. Frck.* rolle.

angel, *engel.* de angel sitt im hiomel.

angelblat, *m. angelbiss, die mit insecten-
larven gefüllte geschwulst auf dem
rücken des rindviehs.*

angelîme, *f. arbeitsbiene.*

angeltrine, *leichtfertiges mälchen. K.*

angelwaite, *m. grannenwaizen, untersch.
von* klüppelwaite. *hd. könnte man
bartwaizen sagen; vgl.* bartgerste.

angen, *klagen, sich sehnen.* med smerten nå wot angen. *Gr. tüg 52. s.* anken.

angesinnen, énem wot, *einem etwas zumuten.*

angesinnen oder **ansinnes sin,** énem wot, *zumuten.* ik well ēm dat nitt ansinnes sin. *es ist wahrsch. partic. præs., wie* schrīwens, schrīwes *für* schrīwend; *eben so entstand* barwes *aus* barved, barföt, te hans aus te hand.

angesinnung, *f. zumutung.*

angesthaft, *ängstlich.*

ängestlik, *ängstlich.* nitt so ängestlik, hadde de hāne sagt, då hadde opper henne sęten.

angewüonen, *angewöhnen.* sik wot angewüonen.

angiewen, *angeben.*

ángrīpen, *angreifen.*

ánhālen, *anholen, herbeischaffen.*

ánhāllen, 1. *anhalten = festhalten.* 2. *intrans.* hall machen. 3. *inständig bitten.* he hell mi an; *aber auch:* he hell an ēm ān, *er* hält ihn an. he hāld an as en krūapel am węge.

anhøller, *m. der bittende.* wann de anhøller nix kritt, de afhøller kritt gar nix, *d. i.: lass dich das bitten nicht verdriessen. umlaut von* å.

anhang, *m.* 1. *anhang.* 2. *verwante, familie.* anhang hewen. *so kommt das wort auch in einer märk. urk. v. 1519 vor.*

anhaugen, *anhauen. wenn um montage gemäht werden soll, so wird am samstage das feld angehauen, d. h. soviel gemäht, als für eine oder zwei garben hinreicht. (gegend von Hagen, Soester Boerde.)*

anhèren, *anhören.*

anhewen, *anhaben, von kleidungsstücken.* he het 'ne fine linen büxe an.

anhissen, *anhetzen.*

anhøgen, *anhäufen, d. i. einen haufen an oder von etwas machen.* vi wedd de bönen anhøgen. *vgl.* schwed. hög, haufen.

ankemôr, *urgrossmutter.* ahd. anicha, mhd. anche, avia.

anken, *ächzen, stöhnen; Grimme gebraucht es vom rehbocke, spr. u. sp. 3.* Hunne kranken, Weywer anken, Juden schweren, Do mott sik keiner an kehren. *N. l. m. 32. s.* janken *und* angen. *RV.* anken; *bei Firm. I. 327:* anken, *stöhnen, vom viehe; dän.* anke, *klagen.*

Anketrine, *Anna Katharina.*

ankevår, *urgrossvater.*

ankiken, *ansehen.*

anklīwen, *anhängen.* ahd. kliban, adhærere.

anklīwig, *anhänglich.*

ankloppen, 1. *anklopfen.* 2. *trans. einen durch anklopfen ans fenster auffordern hereinzukommen.*

anknallen. *zu Witten pflegen die hirtenbuben mit eigens dazu gemachten peitschen am pfingstabend durch den ort zu ziehen und „pinksten anteknallen".*

anknicken, *anbrechen.* wann de dag anknicket; *syn.* grāu werden. *Fürstenb.*

ankrig, *m. gar kainen ankrigg hewwen un ümmer op der langen bank sitten, von frauenzimmern, die nicht z. tanze aufgefordert werden. Gr. tüg 72. syn.* schimmeln.

Ankstin, *Anna Christine. (Weitmar.)*

ankuomen, *ankommen.* dat sall ēm van dåge noch spassig ankuomen. dai es aukuomen as de suąge im jüdenhåse. nê, då saste ankuomen! *zurückweisung einer irrigen ansicht.* heffen es heffen, mår aukommen es de kunst. *auf die naseweise frage:* bu kuomet sai då ān? *erfolgt wol die stehende antwort:* ję, bu küont der Dęwel annen påpen nitt!

ankūren, *anschwatzen.* ånem wot ankūren, *einen zu etwas bereden.*

anlåg, *verderbt aus* antlåt, *ansehen.*

anlaien für anlaiden, *anleitung, anweisung geben.*

anlaten, *anlassen.* 1. *nicht ausziehn (kleidung).* 2. *nicht auslöschen (licht, feuer).* 3. sik guąd anlåten.

anleggen, *anlegen.* sik med énem aaleggen, *sich mit jemand einlassen, abgeben.*

anlôp, *m. anlauf.*

anlöpen, *anlaufen.*

anmåken, *anmachen.* den silåt anmåken; sai es am anmaken, *beginn der schwangerschaft. K.*

anmęten, *anmessen.*

annaigen, *annähen.*

annęmen, *annehmen.* hai het sik (bi de saldåten) annęmen låten. he niamt guad an, *er lernt gut; vgl.* apprendre. he nåm sik dat van mi ān, *er hörte auf meinen rat, meine warnung.* du mausti dat nitt so annęmen; *vgl. huspost.* sik des dodes so sere annęmen, *ihn so sehr fürchten.*

anner, *ander.* dat es wot anners. dat

es en anner kärn, sagg de müoler, dä
béte in en mûsekûotel. bit de annern
dage! *bis wir uns wieder sehen, bis
nächstens! (beim abschiednehmen); vgl.
span.* hasta otro dia. *dagegen weisen*
l'altro giorno, l'autre jour *auf die ver-
gangenheit.*

ännerik, *m.* entrich; *syn.* andfuogel.
vgl. ahd. anetrecho von anut *(ente);
Keller fastn. 965, 8:* autdrake.

ännerk, *m.* engerling, *(Lüdensch.); syn.*
speckworm. *ahd.* engiring, *zu* angar.

annerlû, *pl. zum folgenden. andere
leute, andere.*

annermann, *ein anderer.* ût annermanus
lçer es guod raimen snien.

anners, *anders.*

annerthalf, *anderthalb.*

annerwegen, annertwegen, *anderswo.*

anpêlen, anpfühlen, z. b. de kau. (Elsey.)

anpart, anteil. v. St. XX. 1343.

anpartêren, *betreffen.* bat dat anpar-
têrt. *Holth. meint, es sei* importer.

anpçken, anpicken, ankleben.

anplass, amplass, *præp. c. acc.* anstatt;
vgl. à la place.

aprîsen, anpreisen.

aprüsten, anschnauben, anfahren.

anraupen, anrufen; *bei jemand einspre-
chen, um ihn mit zu nehmen.*

anrçken, anrechnen.

anrêken, anreichen.

anrichte, *f.* buffet.

anriggen, *mit weiten stichen annähen.*

anrôren, anrühren.

anrûken, anriechen. wat den ênen guod
anrüket, stinket den annern an. *s.*
rûk ân.

ansaihen, ansehen. ümmes drop ansaîhen.

ansaihen, *das ansehen.*

anschicken, anschicken. ênem twê män-
ner anschicken, *genugtuung fordern
lassen. der beleidigte oder sonst in
seinem rechte gekränkte schickte dem
unrechter zwei ehrbare männer ins
haus, welche genugtuung forderten.
ward diese verweigert, dann wandte
man sich an die obrigkeit oder das
gericht.*

anschiten, *anführen, betrügen im handel,
tausch.*

anschoette, *anweide. Teuth.* anschoet van
sande of erden als van waters wegen.

anschünnen, *aufhetzen. alts.* anscundian.
s. verschüngen.

anseggen, *ansagen. sterbefälle werden
den verwanten und freunden durch
den notnachbar angesagt* (ansaggt).
se hçt çm den dû ansaggt. *s.* dû.

annegger, *m.* ansager. *ags.* onsaga;
vgl. mnd. lethsage, *wegweiser.*

anseiter, *anstifter.*

ansinnen, *s.* angesinnen.

ansinnen, *s.* angesinnes.

anslag, *m.* anschlag. en anslag es kain
dôdslag. Biokemsche anslege, *Beckum-
sche anschläge, d. i. Eulenspiegel-
streiche.*

anslân, anschlagen. dä slaug çm de
hûd an, *er wurde bange, unruhig.*

anslâgen, *angebrannt, z. b. beim mus-
kochen.*

anslegesk, *voll anschläge.* hai hçt en
anslegesken kopp, wann he de trappe
'runner fällt.

ansliepen, anschleppen.

ansmêren, 1. anschmieren. 2. anführen,
betrügen.

ansmôken, anrauchen, einen pfeifenkopf.
he hçt sik ênen ânsmôket = *er ist
angetrunken.*

ansnauen, anschnauzen, anschnauben, an-
fahren; *vgl. holl.*

ansnien, anschneiden.

ansnurren = ansnauen. *Paderb.*

ânspräke, *f.* 1. ansprache. 2. besuch.

ânsprçken, 1. ansprechen. 2. *einen um
etwas ansprechen.* 3. *besuchen, zum
glückwünschen, zu beileidbezeugungen
u. s. w.*

anstad, anstatt. de allen dütsken siet
anstad „danke!" lät diok wat dritten'!
anstân, anstehen. ik well med anstân,
teilnehmen.

anstçken, 1. anstecken. 2. *anzünden,*
de pipe, de lampe. 3. angestçken sin,
betrunken sein. 4. sik anstçken, *an-
fangen zu faulen.*

anstellen, sik, *sich anstellen. sich geber-
den über etwas, trauer oder schmerz
heftig äussern.*

ânsterven, *durch sterben zufallen. [Urk.]*

anstôt, *m.* austoss; *krankheit, unpäss-
lichkeit, welche bald vorüber geht.
Keller fastn. 978[1]. vgl. Goldschm.
volksmed. s. 17.*

anstöten, anstossen.

anstriken, 1. anstreichen, z. b. 'ne dôr.
2. *durch streichen anzünden.* sa'k
di en fürpinnken *(reibhölzchen)* an-
striken?

anstriker, *m.* anstreicher.

anstülpe, *f.* 1. anbau an einem hause.
2. *beim machen eines heuhaufens, der
zu klein geraten war, nannte man
einen angelehnten ständer von heu:*
anstülpe, *(Iserlohn.) schwed.* stolpe,
pfosten, ständer.

ansünnig, *der sonne zugewant, gegenteil von* **afsünnig**.

ant ant! *lockruf für enten.* (*Fürstenb.*)

antaihen, *1. anziehen, kleidungsstücke.* sind di de schau nitt måte? — né! — dann tüh holsken ån! *2. sik wot, etwas auf sich beziehen.*

anlassen, *anlasten, anfassen, helfen.*

antast, *m. anfassen, hülfe.*

ante, *f. ente.* (*Elsey. Paderb.*)

antêken, *anzeichnen, verzeichnen.*

antêkunge, *f. anzeichnung, verzeichnung.*

antenpöt, *entenpfuhl.* K.

antêrste, *zuerst.*

antefuot, *f. entenbürzel.* di gèt de müle as 'ne antefuot. *Elsey.*

antippen, *leise berühren.*

antlåt, *n. antlitz. fr. 138.*

antleste, *zuletzt.*

antliet, *n. antlitz.*

antoddeln, *lässig, unordentlich herankommen.*

antrek, *m.* entrich. (*Fürstenb.*)

antrecken, *1. anziehen.* de kappe antrecken, *die mütze aufsetzen.* (*Brockh. b. Deilingh.*) sik antrecken, *sich anziehen.* *2. erziehen, heranziehen.* s. vermåk. *3.* sik 'ne såke antrecken, *von einer sache schmerzlich berührt werden, affici.*

antwåren, *antworten.*

anflitzen, *einen* vlits (*pfeil*) *heranschiessen.* hei kamm angeflitzet = *er kam eilig heran.* N. l. m. 31. Poter Paitrus kamm richtig angeflitzet so fix ose wänn he iut em flitzebogen schoäten wöre. ib. 39.

anwaie, *f. anweide,* rain, *der breite nach.*

anwaigen, **anwêgen**, *anwehen.* s. andrägen.

anwand, **anewand**, *f. die ackerfurchen, welche quer gepflügt werden, was am ende des ackers geschieht.* an der anwand sin, *nicht weiter können.* Seib. qu. I. 159: anewend; *Soester urk.* anwend; *Gr. d. tob.* anwand; *vgl. nds.* wanne.

anwass, *m. anwuchs.*

anwassen, *anwachsen.* *1. heranwachsen.* *2. fig.* min herte is der mi anne wassen. op d. ä. h. 26. *3. zur bezeichnung eines gliederschmerzes.*

anwennen, *anwenden.*

anwisen, *anweisen.* holt anwisen, *von* forstbeamten.

anwisunge, *f. anweisung.*

anwosten, *ein zu enges kleidungsstück mit mühe anziehen.* s. worsten.

Anzéfi, *Anna Sophie.*

åpe, *f.* affe. bat werd doch nitt alle fört geld måket, sagg de bür, då såg hai 'n åpen danssen. bat es doch en åpe en spassig menske, sagg de bür. *2. rausch.* in der nacht kamen viale börgers med en recht schönen opgestutzten åpen nå hûse. *ags.* apa.

åpen, *äffen, verspotten. zum besten haben.*

åpen, *pl.* spässe; *syn.* risse. *? aus* apern *verderbt.*

appel, *m. pl.* appeln, *apfel.* de appeln hett nü goldne stertkes, *d. i. im frühjahre, wenn sie selten und teuer geworden sind.* för en appel un en ai; *vgl.* pour un morceau de pain, för a song. *s.* ui. de appel fällt nit wit vam stamm, et en si dat de böm s hef am auwer stét, *diese einschränkung, welche dem bekannten spruche beigefügt wird, gründet sich auf die bemerkung, dass kinder sich auch oft, durch die fehler der eltern und deren folgen gewarnt, auf die bessere seite schlagen.* auch von anderen früchten wird appel gebraucht: dannenappel, fläschenappel.

appelböm, *m. apfelbaum.*

appeldrûwe, *kuhname.* (*Marienh.*)

appelhof, *m. obstgarten.* (*Aplerbeck.*)

äppelken, *n. äpfelchen.* Bättken harre backen asse en äppelken.

appelkrûd, *n. äpfelmus.*

appelmilde, *mürb, weich wie ein apfel.* fr. 77.

äppeln in låt di wot äppeln = *lass dir eier backen.*

appelschimmel, *m. apfelschimmel.*

appelsmält, *n. apfelmus.* (*Fürstenb.*)

appelsorten, *pl. äpfelsorten.* audacker, gårenappel, iserappel, ossenkopp, rabône, schiweling; stekappel, suamerappel.

appeltårte, *f. apfeltorte.*

appeltäwe, *schelte für eine mit ihren äpfeln geizende frau.* (*Dortm.*) *eigentlich bezeichnet das wort eine apfelhökin.* tiäwe, *hündin, ist schelte für ein leichtsinniges frauenzimmer.* an alts. thiwa (ancilla) *zu denken, erlaubt der anlaut nicht.* Richey: appelteve.

aprê, *eigens; s.* exprê. *aus franz.* exprès *verderbt.*

Apricke *bei Deilinghoven hiess 1377 noch* Apellerbeke, *d. i.* Apelderbeke. apelder *kann wasserholunder, mistel und apfelbaum sein.* Kil. appeltere, *j.* appelboom.

äpsen = äppeln. låt di wot åpsen. ik well di wot åpsen = *ich will dir was pfeifen.*

aptéke, f. apotheke. dat es branddûr: so kammet ock in der aptéke hewen.
àr = àder, oder. üm eu ûr àr niəgen.
âr, n. pl. âren, ohr. ênen öwert âr haugen. an ên âr slân (Schwelm: stöten), eine sache nachlässig oder schlecht machen. blâs mi oppet âr! unser wort hat â wegen des folg. r.
âr, n. pl. âren, ähre. geschiəten (ei), gespuggen (honig) un wot ütem âr (brot). âr, (Siedlingh.) schon mnd. aar; vgl. Kil. adere j. are, spica; berg. ôder; gr. ἀθήρ. entweder aus ader oder ahar ist unser wort zusammengezogen. alts. âro, spicatus, für âraw ist wol aus aharaw zusammengezogen. aw = ag adjectivendung; ags. areve (pfeil), engl. arrow wird ursprünglich adj. sein.
ær für eder, gitter, zaun in balken-ær. alts. edor, ags. eodor, m. sepes, domus.
ær, (Iserl. êir,) comparat. eher, früher; als præp. = vor. ær dâge, vor tagwerden. Grimme. vgl. ags. ærra und ær, præpos. c. dat.
ær, n. frühstück, um 8 uhr vormittags; s. ær-tîd, ächter-ær. (Lüdensch.) êr aus âri, wie wêr aus wâri (wäre) wird, mit err verwant, frühe bedeutet haben; vgl. ἄριστον.
ær, ähre. (Siedlingh.)
ârand, eigensinn. (Witten.) ? raut, rasch; vgl. Schamb. scheint mit ags. hrâd zusammenzuhangen.
ârännig, eigensinnig. de blage es ârännig, (Witten.) âräntig, weichlich, eigensinnig, (Recklingh.) Firm. V. St.
ârändszig, widerspänstig. Wedd. W. M. W. 301.
arbêd, f. arbeit. alten urk.: in sinem arbeide. goth. arbaids; alts. arbêd.
arbêen, arbeiten. he arbedt as en pêrd.
arbêer, m. arbeiter.
arcisse, f. narcisse. (Brilon.)
ârd, f. und m. art. de ârd maut me drop lâten. bat sall me seggen: et es ên mâl in der ârd. dat het ârd, — niəne ârd. dat kainen ârd. i hett oppen ârd recht (gewissermassen).
ârd. m. pl. ârde, âre, 1. ort, stelle, dienst. 2. anfang, ende, van ârd te bârd, von einem ende zum andern. ahd. ort, ags. ord.
ârd. m. viertel mass. aus quart, quartus.
ærd, fleck unter dem absatz des stiefels, schuhs, franz. quartier, ahd. ôrt, margo, lacinia.
ærde, s. erde.

ærde, morgenmahlzeit. ? àritha zu àri, vgl. ær.
ærdâges, vor diesem, ehedem. ags. ærdâg, genit. ærdâges, primum tempus, verflossene zeit.
ârden, arten. â. nà wot: he ardt nitt nà sin vâr, er tritt nicht in die fusstapfen seines vaters. àrden op, f. r. 110.
ærden, 1. einen fleck unter den absatz des stiefels setzen. 2. einen saum machen. ahd. ôrtou, confinire, terminare.
ærdenwulf, s. êrdenwulf.
ærdhund, s. êrdhund.
ærdmann, s. êrdmann.
ære, s. êre.
ære, f. ähre. (Marienh.)
æren, s. êren.
æren für erden, irden. æren düppen.
æren wâr, s. êren wâr.
ârend, Arnold. (Paderb.)
ârdrôge, hinter den ohren trocken. de junge es noch nitt ârdrôge, noch unreif. K. = drôde, schwed. trött.
âr-drôge, faul, träge. vgl. mstl. (Zumbr. 110) âr-drötzig, widerspänstig. Köne 1993: odrotig, verdriesslich.
arg, adj. und adv. 1. von hautkrankheiten. en argen kopp. (märk. en wêen kopp). 2. übertrieben. dat maket se te arg, sie sind zu freigebig. 3. versessen, begierig. arg op wot. adv. arg zu lang, zu lang.
arg, n. arg. ik hadd'er niən arg in, ich bemerkte das nicht.
argdenkesch, arges denkend, argwöhnisch.
ærgistern, vorgestern.
ærlek, artig, ordentlich. = ærdlek.
ærling, m. ohrfeige.
ârm, m. pl. ârme, arm, brachium.
ârm, compar. ærmer, superl. ærmest, arm, pauper. he es so àrm asse Job. he es dem armen manne afflöpen. ik sin God en ârmen mann schüllig, ik well em ock ênen liəwern, redensart der trinker. warum nennt man den Teufel a r m? eine frau sah eine ziege mit gebrochnem bein und sagte bedauernd: de ârme hippe! die nachbarin, welche das hörte und unpassend fand, fiel ein: de hippe es nich a r m; de Düvel es mär arm, hä het nich lîf noch sêle.
armaud, f. armut.
armborst, f. armbrust. aus arcubalista.
ârme, m. der arme. bà de àrme sât, dà was es alltid kàld un nât.
ârmen, arm machen. suchte im bûl dat ârmet nitt.
ærmes, f. almosen, armenkasse. hä kritt

wot ût der armes. *es entstand mit anlehnung an arm zunächst aus al-misse (Tappe 88°), dieses wie ags. äl-misse, engl.* alms *aus alts.* alamôsna.

armeskorf, *m. armkorb, henkelkorb.*

ärn, *narbe. (Liberhausen.) ahd. narwa; mnd. narc; altn. ör, schwed. ärr, dän. ar. rgl. Ma. III. 29: arent. vielleicht umsetzung.*

arnd, *m. ärnte. (Möhnetal.)*

arne, *f. ärnte. (Warburg.) ahd. arn, messis. Tappe 101.*

arnehane, *m. ärntehahn. (Warburg.) muster. 47.*

arnen, *ärnten. (Warburg.) ahd. arnòn, metere.*

arnte, *f. ärnte. (Siedlingh.)*

ärönken, *n. kleiner alraun.* en ärönken im hûse hewen, *auf unerklärliche weise reich werden; rgl. d. myth. als schelte für einen menschen ist das wort schwere beleidigung.* du bûs en ärön-ken. *Soester Börde. s.* äldrûne.

arre = asse, as.

ärre = asse, as. *Kr. Meschede.*

ers, es, *m. arsch, ist minder unstössig im nd.* en sittenden ærs denket viel ût. an en gröten ärs gehært ne gröte büxe. *composita* glôræs, kippæs, löu-ærsken, nåkæs, pålæsc, verdôræsen. *alts. in ortsnamen:* hundasars, budden-arsou; *bei Deilingh. ein* Hangærs.

ersgatt, *n. arschloch.* bat em gêt dört schullerblatt, dat gêt em ock dört ærsgatt.

erskerf, *n. arschkerbe.*

erslecker, *m. s. spiggebecken.*

erswisk, *n. arschwisch. s.* êrswiss.

ârt, *n. träber. durch einschub eines r aus* ât (ass, frasz) *entstanden. rgl. mwestf.* ât (athkuven, *träberkufe, Rud. Stat. 83); mstl.* ât; *osnabr.* aut. *s. Köne s. Helj. 2442.*

ârtange, *f. ohrwurm.*

ärtîd, *f. die zeit um 8 uhr vormittags.*

ertîds, ertîges, *früher, eher, vor der zeit, zu früh.*

ärts, erz, *m. stoff.* dä es guoden ärts åne, *von töpfergeschirren.*

ârfige, *f. ohrfeige.* dat es ne rechte ärfige för den.

arwe, *f. rain; vgl. narwe, hâsenarf. in Ostfriesl.* arwe = mîr.

arweggen, *arbeiten. N. l. m. 54.*

ârwen, *arbeiten. Muster. 1.*

ârworm = ârtange. *(Siedlingh.)*

erze, *f. erbse. alts. erit.*

es, asse *(weiche ss),* **at,** *conjunct. soviel als, als, wie. 1. ganz so wie, soviel*

als. he löpet as (= bat) he kann. *2. vergleichendes wie.* so nette as dat es, süht me 't nitt fåke. *3. ein scheinbar pleonastisches* as *in ausrufen.* bu nette as dat es! bu guod at se süngen! *rgl. span.* qué bonito que es! qué bien que cantaban. *bei anderer wortstellung würde dem* as *ein* so *entsprechen.* bu es dat so nette! *4. = nämlich, cioè.* ik soll as gistern nå em kuomen. *rgl. Gr. wb. 257, 7.*

ås, åst, *n. pl.* åse, åster, *aas.* dat es en ås vam jungen, *ein verschmitzter junge. westf.* ås *und* åt *stehen zu deutlich von einander ab, als dass ersteres zu* åtan *gehören könnte.* ås *ist jedenfalls zusammengezogen.*

äs, *n. as im kartenspiel.* schüppen-äs.

asch *oder* **ass,** *pl.* äsche, esche, *ein fisch.*

äsig, *fig. böse.*

aske, *f. asche.* un wenn se verbrannt war, so well eck noch ere aske snû-wen, *so sagt wol ein liebhaber, der entschlossen ist, von der geliebten nicht abzulassen. westf. anz. IV. 668.* då wars du noch in der asche un frates kolen, *d. i. ungeboren.*

äske, *f. esche. alts. aski.*

äsken, *n. oblate.*

ésken, *n. kleines aas. liebkosungswort:* min laiwe öösken. *Gr. täg 83.*

askenbuek, *m. die asche, welche nach dem beuchen sich im bauchlaken findet. engl.* buckashes.

askenpödeler, *m. aschenputtel der märchen. askepühler, fuhrmann der asche fährt. das aschefahren für den bedarf der Wupperthaler bleichen war ehedem eine hauptindustrie der bauern in der gemeinde Deilinghoren, die darüber ihre äcker vernachlässigten.*

askenpûster, *m. eigentlich aschenbläser; aschenbrödel, küchenmagd. holl. aschepoester.*

äsker = askenbuek. *(Siedlingh.) cfr. Gr. wb.* äscher, *m.*

asse *mit doppeltweichem ss entstand aus* asso, *vgl. urk. von 1367:* asso (ganz so) as dat gelegen is. asso *für also,* all so = ganz so.

asse, *f, achse. mnd.* asse.

asse, *f. rauchhühn über dem herde. K. S. 19.* **asse,** *f. der ort über dem küchenherde. (Fürstenb.)* åsse *soll auch* = holwe *sein. vgl. hess.* åse *bei Vilm. Ma. 4, 64.*

ast, *m. (Siedlingh.)*

äster, *m. platter viereckiger stein. ital.* lastrico. *Frisch vergl.* astrum *für* atrium.

ästern, *pflastern.*

ästerwerk, *n. pflaster. Bugenh. Ezech.
40, 17. allstruck, welches aus* ὄστρακον *entstellt sein soll; vgl. Koseg. s. v.*
alstrak.

astrant, *scharf, anfahrend, grob. zu
franz. astreindre und vielleicht aus
dem namen einer scharfen pflanze
astrantia, mutterwurz, meisterwurz,
gebildet.*

àstüge *in·àstuge hard, sehr hart, von
holz, acker. ? entstellt aus àstude für
àsture; s. d. folgende*

àstürig, àstörig, *1. frech, widerspänstig,
was sich nicht steuern (regieren) lässt.
sin bârd is àstörig, op de ä. hacke,
49. in Schwelm bedeutete das wort
halsstarrig, in Hamm anspruchvoll.
im Schwelmer eestenrecht (v. St. XX.
s. 1353): item wey astorighe (frech)
sprecke in dat gerichte, dat is ein
marck; Fahne. Dortm. urk. I. p. 205:
asturlichen, frech. 2. ? verlegen. he
kêk sik àstürig üm.*

at = as, *als.*

at = dat, *dass.*

ät, et *adv. præp. in àt êrste, zuerst; —
alts. at êrist; — àt leste, zuletzt; alts.
at lezt.*

ât, *n. frass für schweine, träber. wamme
sik unnert ât menget, dann frętet un
de süöge; s. àrt. ags. æt, edulium
cibus; Teuth. ayt; mwestf. ath.*

âter, *n. kette, die den hinterpflug befe-
stigt; syn. nàter. Mda. 6, 213 âterkette.*

âterring, *m. ring um den grindelbaum.*

Athe, *weiblicher vorname. s. fucht.*

ætig, *der gern isst. ahd. azig, edax.*

atkeln, *pl. raude, eine hundekrankheit.
Muster. 47.*

ätsken, *n. ätsken, bisschen, klein wenig.
zu ätan, eigentl. offula.*

Atta, *Adelheid.*

atter, eiter. *(Fürstenb.) ätter (Siedlingh.)
ätterpost, eiterballen. (Siedlingh.)*

atterovermorgen, *der tag nach über-
morgen, atteratterovermorgen, zwei
tage nach übermorgen. (Velb.)*

atterpost, *1. eiterballen. 2. schelte: du
atterpost. (Fürstenb.)*

audacker, *eine apfelsorte. der name
wol von dem Benedictiner-nonnenkloster
Odacker bei Hirschberg im herzogtum
Westfalen. das heutige an ist teils
no, woron saune für suona in einer
urk. v. 1399 (F. Dortm. II. p. 206),
teils aw; z. b. aulamm, wir schauen;
teils ô im köln. sauerlande; teils ou.
Odacker enthält alts. ôd, m. bonum,*

hereditas, *bedeutet also erbacker. vgl.
Pieler, Ruhrthal s. 123.*

audi, *n. verletzung. 'n audi krigen,
etwas wegbekommen. altm. haudi.*

auhêrde, *knabe, der dem schweinhirten
unterstützt. (Siedlingh.) s. ôr.*

aulamm, *n. weibliches lamm. (Lüdensch.)
ahd. au, ovis. s. ailamm. Bugenh.
bib.: de euwen, schafmütter.*

auldrüscher, *händler mit alten sachen.
Dortm. cfr. Gr. wb. altreise.*

Auland, *n. so wird ein teil des sauer-
landes genannt, weil dort statt ng
(euch) au gesagt wird. Gr. tüg 94.*

auler = *oller. (Solingen.)*

aust, *m. 1. ast. 2. astknorren; syn.
naust. aust für nost; ags. ôst; Soest.
fehde ôst. syn. ast.*

austhęl, *n. loch im holze, gebildet durch
ausspringen oder ausfaulen eines ast-
knorren.*

austig, *knorrig.*

aust, *august; daher austkirssen, august-
kirschen. vgl. fr. août.*

auwer, *n. 1. ufer. 2. hügel, abhang.
3. berg. mnd. over. auver aus dem
16. jh. bei Seib. urk. 565 im sinne von
2 oder 3. wäre hd. ufer richtig von
urfar, ausfahrtsort hergeleitet, so müss-
ten unsere bedeutungen 2. und 3. sich
spät und missbräuchlich gebildet haben.*

af, awe. *1. præp. mit stellung hinter
dem regierten worte. he es de trappe
af (von der treppe) fallen. ik sin der
af, ich bin davon (los). hat me gaft
hęt, dęs es me awe. Grimme. de
biake af, den bach hinunter. 2. ad-
verb. a. af un an, ab und zu, dann
und wann; engl. off and on. af un
tau, ebenso. b. pleonastisch. hä was
mi te gau (schlau) af. dai es dem
Düvel un siner grötemôr te slimm
(schlau) af. dat es mi te rund af,
das kann ich nicht begreifen. ik węt
van nix af. c. mit ellipse eines partic.
de höm es awe (gehauen). de hirâd
es wir af (gebrochen). vi hett den
roggen af (gemäht). ik sin gans af
(gemäht). half af (gezogen), un dann
wat recht es, regel für das handeln
mit Juden. 3. adj. he hęt sik gans
af gän; s. 2. c. vi drüwet de awen
böme nitt liggen lâten, süs hält se se
us af. 4. subst. en af, was abgetan
ist; vgl. en ân.*

afaiken, afeiken, *platthd. für afiken,
abstehlen.*

afbaien, abbieten, *mehr bieten.*

afbęen, abbitten. *ha hęt et mi afbęen.*

áfbetâlen, *abbezahlen.*

áfbidden, *abbitten.* me kann ussem Hergod vol afbidden, äffer kaine kan am sêle.

áfbinnen, *abbinden.*

áfbiten, *abbeissen.* wann se sik so fâke en tinger afbiɔten hädde, as et ɔr lêd wɔst es, se hädde all lange nitt êuen mɵr. ik hewe der hurke den kopp afbiɔten. de grôte hâne bitt de annern af.

áfblâen, *abblättern.*

áfbênen, *abbasten, v. lohgerber.* rgl. hd. abbohnen (polire). s. bünne.

áfbrɵken, *abbrechen.*

áfbrengen, *abbringen.*

áfbrocken, *abbrocken.* gâ nù din ôme un süh, ef he di bà *(etica)* en dâler afbrocket.

áfdauen, *1. abtun, abladen, z. b. heu. 2. ablegen, z. b. ein halstuch.*

áfdêlen, *abteilen.*

áfdɵrɵken, *abdreschen.* hedd-i all awedɔrsken?

áfdraigen, *abdrehen. 1. vom drechsler. 2. durch drehen lösen. 3. sich wegmachen.* ohne afdraigen *in dieser letzten bedeutung dem* draigen *(drehen) entziehen zu wollen, bemerken wir hier beiläufig, dass noch im* mwestf. *(Werne Chronik) ein dem goth.* thragian, griech. τρέχειν gleichbedeutiges dragen *(gehen, laufen) vorkommt.*

áfdriwen, *1. abtreiben. 2. einen wald abhauen.*

áfdrɵgen, *trans. und intrans. abtrocknen.*

áfdrɵger, *m. abtrockner, lappen oder tuch zum abtrocknen.*

áfêken, *s. afaiken.*

áfêren, *abpflügen. urk. von 1397:* affgheeirt an syme lande. *ags.* erjan (arare), *daraus* erran, *endlich* êren.

áfɵten, *abessen.* **afɵten,** *abɵszen.* hai hɵt et mi afgɵten.

áfgiaten, *abgiessen.*

áfgamfen, *abstehlen; s. gamfen.*

áfgân, *1. abgehn, weggehn. 2. absatz finden. 3. von der stuhlausleerung.* ɵm gɵt blaud af. *4. euphem. sterben, auch:* med dôe afgân; *Seib. urk. 688. huspost.:* mid dode affgheit; *Velb. urk. v. 1585:* mit thodt abgehen. *5. med* afgân, *confirmirt werden. 6. sik afgân, ganz müde werden.*

áfgang, *m. 1. abgang = das abgehn oder was abgeht. 2. insbes. a. das loswerden von waaren, absatz, auch töchtern an männer. b. stuhlausleerung.* hai kann van hunger kainen afgang krigen.

áfgiɔwen, *1. abgeben.* giɔf af! *gib dein* geld her! *2. sik afgiɔwen med, sich mit etwas befassen.* ik kann der mi nitt med afgiɔwen. *3. in specie euphem. ausser der ehe beschlafen oder sich beschlafen lassen.* de dɵrne hɵt sik medm jungen afgiɔwen.

áfgnäbbeln, *abnagen; deminut. zum folg.*

áfgnägen, *abnagen.*

áfgunst, äwegunst, *1. missgunst; alts.* afunst. *2. abrotanum.*

áfhâlen, *abholen;* **afhâlen,** *euphem. wegnehmen, stehlen.*

áfhällen, *1. abhalten. 2. ein kind so halten, dass es bequem seine nothdurft verrichten kann. auch bei Rickey.*

áfhɵller, *m. der nicht um etwas anhält. s. anhɵller.*

áfhampeln, sik, *sich abarbeiten, bes. von der geschlechtsarbeit. s. hɵmpeln, hämpelken.*

áfhännig, *abhändig, abwendig.* a. màken. *mnd.* afhendig.

áfhelpen, *abnehmen helfen.* help mi màl af! *hilf mir, dass der korb von meinem kopfe auf den boden kommt!*

áfiegen, *abeggen.*

áfjacht, *f. abschlägliche antwort.* he krôg de a., *er bekam eine (harte) abschlägige antwort, einen korb.* rgl. *alts.* gêhan, *versichern,* mhd. jëhan.

áfkappen, *abhauen, zurechtweisen. K.*

áfkɵren, *ptc.* afkârt, *abkehren.*

áfkâr, *zurückweisung, abschlägige antwort. K.*

áfkaülen, *abkühlen.*

áfkippen, *die spitze abhauen.*

áfklippen, *1. abklopfen. 2. de hûser afkloppen (besuchen).*

áfknappen, *einen um das verkürzen, was ihm zukommt.* hä knappet sinen arbêdern ümmer wot am lône af.

áfknîpen, *1. abkneifen. 2. = áfknappen.*

áfkôpen, *abkaufen.*

áfkrigen, *wat afkrigen, schaden oder strafe bekommen.* ik hewe nix áfkriɔgen, *ich habe keinen schaden genommen.* afkriɔgen, *wegnehmen.*

áfkuamen, *1. abkommen.* ik kann noch nitt afkuɔmen. *2. confirmirt werden.*

áfkɵren, sik, *verabreden.*

áflacken, *abgrenzen.* abgelacket, *Iserl. urk. v. 1691. s. lâk.*

áflâen, *abladen.*

áflangen, *1. ablangen.* lang mi dat màl af! *nimm mir das mal ab!* z. b. vom nagel. *2. hergeben, mitgeben.* he well nix aflangen. *mwestf.* aflangen = *erlangen. Verne chron. in Seib. qu. p. 22 und 40.*

áflåten, *1. ablassen, aufhören. 2. ablaufen lassen, z. b. das wasser eines teiches. 3. abrahmen.* de męlk áfláten. afgelåtene męlk, *milch, von der der rahm abgenommen ist.*

áflatte, *f. eisenkuchen. (Eckenhagen;) vgl.* oblate, *die dort aber nicht so heisst.*

áfleggen, *1. ablegen. 2. abtragen (schulden). 3. ausrichten.* ne buoskop *(botschaft)* áfleggen. *4.* sin exámen afleggen.

áflênen, *entlehnen.*

áflêren, áflæren, *ablernen.* aflêren, *ablernen.*

áflęsen, *1. ablesen, z. b. eine verordnung. 2.* stêner áflęsen.

áfliowern, *abliefern.*

áflîwig, *1. dem tode nahe; vgl. mnd.* aflîwig *werden = sterben. 2. abgetragen, von kleidung; abgenutzt, von sachen überhaupt. Kil.* aflîjvigh, *mortuus.*

aflǫwen, afloåwen, *abgelösen.* den branneweyn a. *N. l. m. 30.*

aflúxen, *auf schlaue weise entwenden.*

áfmåken, *abmachen.* den bård afmåken; *syn.* afnęmen, balbêren, putsen, rasêren.

áfmaigen, *abmähen.*

áfmaråkeln, sik, *sich abquälen. vgl. allm.* sik afmarachen, marachen.

áfmęten, *abmessen.*

áfmucken, *meuchlings hernehmen; prügeln oder töten.*

afmucksen, *morden.*

áfnęmen, *1. abnehmen, z. b. den hut, den bart.* en gåenden manne niəmt me kain pęrd af. *(Hattingen.) 2. intrans. kleiner, schwächer werden.* de dåge nęmt af. de menske uiəmt af. *3.* dåvan afnęmen, *daran abnehmen, daraus schliessen.* afnémen, *abnehmen.*

áfpælen, *abpfählen.*

áfpęken, *abpechen, d. i. abstehlen. (Ravensb.)* peken, stehlen. to pick.

áfpellen, *die schale abziehen.*

áfplaigen, *abpflügen.*

áfplengen *=* áfkloppen. hai plenget de húser af. *s.* plengen.

áfplücken, *abpflücken.*

áfrackern, sik, *sich abquälen, abarbeiten.* ik rackerde mi af as 'ne schindmęr.

áframmeln, sik, *immodice cocundo seine kräfte erschöpfen.*

áfraupen, *abrufen.*

áfręken, *abrechnen.*

áfręren, *abfallen, von kleinen leichten körpern, die in menge fallen.*

áfrien, *abreiten.* se han sik all bi der êrsten verpechtunge *(verpachtung)* de

isern *(hufeisen)* áfrien, *d. i. sie hatten den ersten eifer schon gekühlt, die erste lust befriedigt.*

afrikanische pippx, *grippe. (grafschaft Limburg.) s.* pipps.

áfrisen, áfriseln, *abrieseln.* de niəwel riset af *(fällt).*

á frotsen, *auf grobe art zurechtweisen. vgl.* berotsen.

áfsaiken, *1. von etwas suchen.* de åpe saiket dem jungen de lûse af. en knǫken áfsaiken. *2. obsc.* en fraumenske afsaiken. *3.* ênen afsaiken, *einen prügeln. 4. durchsuchen, absuchen.* de rûe hęt den ganssen bęrg afsocht.

áfschaiten, *abmerken.* sòviəl hew'k me all afschǫten, bî de fînen hêert hai nitt. dat hew'k me áfschǫten, sagg de bûr, då hadde he sin twedde kind selwer doft.

áfschampen, *abgleiten; s.* schampstén, *holl.* afschampen.

áfschiren, sik, *sich kläven.* de niəwel schirt sik af.

áfschraien, sik, dat kind schraiet sik den hals af, *schreit sich tot. vgl. fr.* s'égosiller.

áfschrûwen, *abschrauben.*

áfschüdden, *abschütten, abschütteln.*

áfschûwen, *1. abschieben. 2.* dat wåter afschûwen, *durch vorschieben des schutzbrettes das wasser (von der mühle, rolle) abkehren. (Altena.)*

áfsaihen, *1. absehen, ablernen.* dat hew'k êm áfsaihen. *2.* afsaihen, *abwarten.* dat wěň mål afsaihen.

áfsęggen, *absagen.*

áfsêpen, *abseifen.*

áfxetten, *1. absetzen,* den pot, de mûske. *2. seiner stelle entsetzen. 3. ausser gebrauch setzen.* afgesatt tûg; *vgl. ital.* deporre un vestito. *4. dem kinde die brust entziehen. (Fürstenb.)*

áfsîd, *schuppen für streu. (Fürstenb.) K. S. 78.*

áfslag, *m. abschlag.* me kann lichter taum afslage as taum opslage kommen.

áfslån, *1. abschlagen, z. b. obst. 2. weniger liefern.* de kau slätt af med der męlke. *3. wohlfeiler werden.* de rogge slätt af. *4. abwenden.* dat kind slätt kaiu ôge van ęm af.

áfslüchten, *durch eine gehauene schluft oder schneise holzhauern die grenze bezeichnen.*

áfslûten, afslaiten, *abschliessen.*

áfsmęren, *abschmieren, d. i. durchprügeln.*

áfsmiten, *abwerfen*. bęren afsmiten. dat pęrd hęt ne afsmioten. *s.* afnęmen.

áfsnîen, *abschneiden*. sik den hals afsnîen. hä snêd ęm de kunden af, *entzog ihm die kunden*.

áfsocken, *abgehen*.

áfspailen, *abspülen*.

áfspenstig, *abwendig*. a. maken.

áfspiolen, *abspielen*. ęnen afspiolen, *onanie treiben*.

áfspinnen, *abspinnen*. ik hewe afspunnen, *ich habe meine stränge fertig*. *Tappe* 97ᵃ.

áfspliat, *m.* *abspliss*.

áfsplîten, *abspleissen, abreissen*.

áfspringen, *abspringen*.

áfstân, *1. abstehn, ablassen. 2. = ûtstân*. se konnt de kölle afstân. *3. contrastiren*.

áfstand, *m. 1. abstand, verzichtleistung. 2. contrast*.

áfstęrwen, *absterben, sterben*. afstęrwen, *absterben*.

áfstîgen, *absteigen*.

áfstôten, *abstossen*. 't knick afstôten, sik 'et knick afstôten.

áfstrîken, *1. abstreichen. 2. sich sachte entfernen*.

áfstrôpen, *abstreifen*. dem jungen de büxe afstrôpen. *Bugenh. Dan. 4:* afstrôpen.

áfswâden, *abprügeln. s.* swâden.

áfswêlen, sik, *sich abbrennen*. sik d. bârd med strauh un fuir afswêlen. *Grimme.*

áfswęmen, *abdunsten. K.*

áfswęren, *abschwören*.

áftęren, *abzehren*.

áftęrunge, *f. auszehrung*.

áftękenen, *abzeichnen*.

áftellen, *abzählen*.

áftręęn, *abtreten*. dai dęrne hęt (sik) en isern aftręęn, *d. i. hat ihre unschuld verloren. vgl. Vilmar.*

áftrecken, *abziehen*.

affall, *m. abfall*.

affallen, *1. abfallen. 2. mager werden*.

äffententen, *pl. possen. vgl. mnd.* tant *(tand) und Laiendoctr. 108:* affenheit *(alberheit, torheit), was hd.* abenheit *lauten könnte*.

affęsen = hiemsen.

affitschen, *abgleiten. s.* fitschen.

afflatschen, *abschwatzen, sich durch schmeichelreden von jemand verschaffen. s.* flatschen.

affrägen, *abfragen*.

áfwachten, *abwarten*.

áfwackeln, *abprügeln. s.* wackeln.

áfwaigen, *abwehen*.

áfwaschen, *abwaschen*.

áfwesselung, afwesselung maut sîn, sagg de foss, dä trock ęm de jęger 't fell ęwer den kopp.

áfwîgen, *abwägen*.

âwe, *grossvater (Sieg.), grossmutter. (Crombach.)*

awekâte, *m. advocat*. et gêt jä 'rin as avvekâte in de helle.

awelgunst, *f. abgunst, neid*. **awelgänstig**, *neidisch. (l eingeschoben.)*

âwend, *m. abend*. alle âwens.

âwendrôd, *n. abendröte*. âwendrôd drôget den pôt.

âwer, *aber. s.* äffer.

âwer, *oder. (Lüdensch.) vgl. F. Dortm. II. p. 98.*

awig, *wird von verdorbenen getränken gebraucht. Weddl. w. m. IV. 301.*

âwisig, *ärgerlich. (Paderb.)*

B

Ba, babá, bâks, *interj. und subst., womit wärterinnen den kindern das unreine bezeichnen. vgl.* aß, acke, âks *und Gr. wb. s. v.* bäbä.

bä, be, bai; wä, we, wai; *neutr.* bat, wat; *dat.* bęm, węm; *acc.* bęn, węn, *pron. relat. und interrogativum, derjenige welcher, wer, was. für* bat? *wird auch* batte *gesagt. ein conjunctives* bat *in* bat tîd es et? welche zeit ist es? wie viel uhr ist es? vgl. ital. che ora è? — nachdrückliche umschreibung eines subjects oder objects durch relativsatz = was betrifft:* bat guode bônen sind, dä mauste an ęne sîd leggen. *bat swâre garwen sind, dai maut unnen liggen. ähnlich spanisch:* lo que es leña vieja, hay en la leñera bastante. *ik wêt nitt,* bat hä ümmer vö N. gêt. bat sist hä dann jä? — *zur kräftigen verneinung:* æ bat! ä bat! ei was!

bä, be, bai; wä, we, wai; *neutr.* wat,
wọt; *dat.* bẹm, wẹm; *acc.* bẹn, wẹn,
pron. indef. jemand.
bå, bà; wå, wà, *1. adv. wo, vom orte.*
a. *fragend:* bà es min mồer? — *auch*
bà ergens? im hiọmde. b. *beziehend:*
bà der fẹrken viel sind, wẻrd de drank
dünne. c. *indef. irgendwo, etwa.* dat
bauk maut bå *(irgendwo)* sin. me
hett kaine kau bunte, bà der se hẹt bà
en plack. büstu bà *(etwa)* krank? —
2. conj. als, von der zeit: se hän de
kau all, bà ik hir kwåm. — *3. für
etwas.* bà anners van; *vgl. K. fastn.*
973ᵇᵇ*: wor anders von.* — *alts.* huår,
mnd. wồr, wår.
Baar-bach *b. Iserl. hiess früher Barme
d. i.* Barm-à, *von barm (busen, bogen)
wegen der krümmung, die er bei Iser-
lohn macht.*
babbe, *m. vater.* — *vgl.* papa, *ital.* babbo.
bäbbel, *f. geschwätziger mund.* hàld de
bäbbel! — *vgl. fr.* babil.
babbeln, bäbbeln, *plappern, schwatzen.
K. hastig schwatzen.* — *vgl. Teuth.*
babben. *Kil.* babben; *fland.* garrire,
babelen, bebelen, inarticulate, confuse
loqui, blaterare, garrire. *Staph.* dat
du dar van dem Absalon brabbelst,
haddestu billiker in der vedder be-
holden; *dän.* bable; *holl.* babbelen;
fr. babiller.
büchert, *m. vermögender mann, f. r. 117.*
Kil. braggaerd, homo bullatus, elegans;
engl. braggart *und* to brag.
back, *rücken, nur noch achterbäks. s. o.*
backaläs, *eine schelte.* du backalàs! du
stockfisch! du tölpel! — *vgl. ital.* bac-
calà, *stockfisch. nach* Schleiden (Stu-
dien, *Leipz.* 1855 *s.* 56) *soll* bacca-
laos *der name sein, den die eingebor-
nen von Neufundland dem* kabbeljau
*gaben; die Deutschen und Holländer
hätten ihn in* cabbeljau *umgesetzt.
auffallend bleibt dabei die ähnlichkeit
des wortes mit lat.* baculus, *anderseits
mit schwed.* kalle (stab) *und endlich
das deutsche stockfisch. (Das wort*
kabeljau *war schon vor entdeckung
Amerikas bekannt. s. mnd. wb.) durch
consonantversetzung entstand wol aus*
kabbeljawes, backeljàs, *und weiter*
baccalà *mit anlehnung an lat.* ba-
culus.
backdös, *plumper, roher, ungeschliffener
mensch. K.*
backe, *f. backe, wange. spr.* at ẹm gùtt
de backen, so mait ẹm ock gåen de
hacken. backen as en äppelken. —

ahd. bacho. *Stynchyn a* ᵇᵇ back, beck-
sgyn, *wange.*
backeholt, *n. holz zum backen; syn.*
speller, backspeller.
backen, *præt.* bock, *pl.* böcken, *neben*
backede; *ptc.* backen *und* backed, *1.
backen, z. b. brot.* dẹm sin bròd es
backen, *der ist verloren.* nù kannste
di aier backen låten, *nun magst du
die suche nur verloren geben; vgl.*
Reuter, Reise *na* Belligen, *p.* 232*: nu
sittst du dor un backst di eierkauken
(ratlosigkeit). 2. kleben, eintrocknen.*
de snê backet, *der schnee ballt sich
leicht; dat es ẹm in de hosen backet
(backen) = eingetrocknet (dröget). vgl.*
taubacken. — *altn.* baka, frigere.
bäcker, *m.* bäcker.
bäckere, *n. korn zum mahlen. für* bäckede.
backes, *n. für* backhûs, *kleines haus auf
dem gehöfte eines bauern, oft an eine
arme tagelöhnerfamilie vermietet. es
bedeutet eigentlich ein kleines haus,
worin der bauer seinen backofen hat.*
(Seib. *urk.)*
backfìge, *f.* backenstreich.
backfìsk, *m. 1. fisch zum braten. 2. ba-
ckenstreich. 3. junges mädchen.*
backọwen, *m.* backofen. et es so hêt
as im b. — *dazu demin.*
backọweken, *n. 1. backöfchen. 2. nest
eines zaunkönigs, vgl. bei* Vilm. back-
ofenkröffer.
backọwendẹrsker, *m. backofendrescher,
kleiner mensch.* dat es en b.
backspeller, *m. holzscheit für den back-
ofen.*
backstên, *m. backstein, ziegelstein.*
badebüe, *f. badewanne.* — *mwestf.* Soest.
Dan., 169*:* badbudde. *s.* bûe.
bäen, baden, *ptc.* badt, baden.
bægelich, *f.* bægelik, *waghalsig, ver-
wegen.* gl. belg. baghen, beroemen,
vermeten, jactare.
bäggen = baigen.
bai, *m.* boi, *ein wollenes zeug.* — *holl.*
baai. Gloss. belg. baey, pannus vilis
raro et tenui textu.
baide, *pl.* beide. *pleon. im kinderspiele:*
ik un dù un vì baide. *so gebrauchen
mnd. dichter diesen pleonasm. z. b.*
Sündenf. 1364, 1847.
baien, *adj. von* boi.
baien, *præt.* bồd, *pl.* bûen; *ptc.* bọen,
1. bieten. hai bûdt mi twintig däler.
2. entbieten. ik lait ẹm baien, ich
liess ihm melden. — *alts.* biodan.
baiern, *eine besondere art des läutens,
indem entweder der klöpfel, vermittelst*

daran gebundenen seiles, gelinde aber rasch an beide seiten der glocke geschlagen wird; oder, indem der läuter, zwischen zwei glocken stehend, mit jeder hand einen klöpfel anschlagen lässt. s. insláen. *wahrscheinlich ist das wort aus* baidern, *von* baide, *vgl. das folg., entstanden. fig.* hä hęt so lange dervan baierd *(davon gesprochen); vgl. engl.* so long harped upon. — *holl.* beyeren. *Köppen bemerkt: hier in D. wird von ostern bis jacobi an sonn- und festtagen gebeiert.*

baierwand, bierwand, béerwand, n. beiderwand, *gewebe aus wolle und leinen. mwestf.* béderwand, beyderwand; *vgl. gloss. z. Seib. westf. urk. u. d. w.*

baigen, 1. bähen, *einen gegenstand (zumal durch wärme) erweichen. geschwulste werden durch warme aufschläge, frische stöcke, denen man die rinde abziehen will, am feuer gebäht.* 2. *ebenso Holthaus* bægen, *mit warmem wasser abwaschen z. b. hölzerne milchnäpfe. syn.* bäggen. *vgl.* bügen. — *bemerkenswert ist das verhältniss unseres* baigen *(altwestf.* bajan, *ahd.* bajan) *zu unserem* daigen *(altwestf.* thajan, *ags.* thavan), *auflauen, da nieders.* béen *dasselbe ausdrückt.*

baike, f. buche. — **s.** böcke, böckenbóm. ? *altwestf.* buoki; *ags.* béke; *ahd.* puocha. *vgl. Gr. III. 369.*

baiken, buchen; **s.** böcken, bóken.

baiksken, n. büchlein. — *sobald der deminutivendung* ken *ein* g *oder* k *vorhergeht, wird zur erleichterung der aussprache ein* s *eingeschoben.*

baise, f. binsse. — *mnd.* bése, *holl.* biese. *vermutlich im wesentlichen eins mit hd.* pinuz. *wie aus* ganat, gant *ein* nd. gös, *so konnte aus* binita, benta *ein* bése, *aus* bianta (biunita) *ein* baise, biese *entstehen.*

baisemülke, f. = baist.

baisenhaud, m. *binsenhut, wie ihn hirtenknaben von binsen machen. (Hemer, Fürstenberg.)*

baist, n. = bést.

baist, bais, bast, m. *die erste milch einer kuh nach dem kalben. syn. im Lüdensch.:* aierkæse *und* hurkebuater. — *ags.* beóst, bÿst; *holl.* biest; *engl.* biestings. *die form* bast *lehrt, dass aus altwestf.* ia (biast) = iu *zuweilen ein* a *entsteht, wie umgedreht altwestf.* a *im mwestf. nicht selten zu* ai *wird.*

baistkæse, m. *die dicke milch, die vom* baist *gekocht wird.*

baitel, m. meissel. — *ags.* biótul, bétel; *holl.* beitel; *mhd.* bözel. *unser wort stimmt zu ags.* biótul. *beótan* (biutan), *das antecedens von* beátan, *engl.* beat *wird auch schlagen bedeutet haben, wie* biótul *eigentlich schlägel, hammer ist.*

baiten, præt. bodde, ptc. bott, *ein feuer anlegen, heizen.* vi baitet med kọlen. — *es ist* buotian (büssen) = *verbessern, nämlich die luft wärmer machen. vgl. engl.* to beet. *Walter Sc. Ivanhoe notes:* so they began to beet (i. e. feed) the fire. *Teuth.* boeten. vuyrstacken. **s.** anbaiten, inbaiten. *fig.* he hiät sin lüsten bott, *er hat seine sinnlichen lüste befriedigt.*

bål, *nur der plur. kommt vor im kinderreim:* éle bále haike snaike hett de langen stęrte *(Grafsch. Limb.). da es ein altwestf.* huak *(ags.* hacod, hecht) *neben* snuak (heute snuak) *gegeben haben wird, so dürfen wir in* béle *ein* syn. *von* éle (aule) *vermuten.* bål *wird* mnd. påling, *holl.* paling *entsprechen. es mag hier auch an mehrere wörter erinnert werden, in denen ein* b *oder* p *vorgetreten oder weggefallen ist:* babbe, båks.

balg, pl. bälge, m. balg, leib. hä trock bat hü män in balge konn. „tri tra trull, vi hett de bälge vull" *singen die kinder, wenn sie beeren gesucht haben.* de balg maut sin gewichte hewwen.

balhörig, *schlecht hörend, von dem, der nicht hören will. — vgl. alts.* balu, male, *mwestf.* verbalven, verschlechtern, verderben, balrose, balstürig. *Lacombl. Arch. I., 193:* balhoring, ungehorsam. *Teuth.* doyff. dol. balhoerig, surdus.

balken, m. 1. balken *(stück zimmerholz, wagebalken).* 2. bodenraum. vam balken op de hille, *vom pferd auf den esel.* ik kann 't hûs nitt oppen balken dauen, *ich habe das haus verwahren müssen.* de balken werd melk, *es wird abgedroschen.* — *alts.* balco; *Soest. fehde p.* 667 balken = bodenraum; *ital.* palco, palcone; *fr.* balcon. *Fahne Dortm. III. s.* 244: balken = boden.

balkener, *bodentür nach aussen. (Wiblingwerde.) richtiger wol der ausstich, an welchem sie ist. auch II. verzeichnet* balkenêr = ütstęk, *ausstich. vgl.* alkenai.

balkenduster, *dunkel wie auf dem boden.*

balkenhọl, n. *die von der dehle nach dem boden führende öffnung; syn.* balkenlûke. *der platz unter der boden-*

luke auf der dehle des westfälischen bauernhauses hatte eine besondere heiligkeit. hier wurden eide abgenommen. im Lüdensch. rechte 18 heisst es: „de uthliefferen (geraide und hergeweide) sind alles mit lieflichen ayde unter des sterbhauses balckenhole stehent, dat nit mehr vorhanden, zu bewehren gehalten, wenn nemlich daran getwifelt würde, als wenn mehr vorhanden sein solle." an derselben stelle steht der sarg beim abholen der leiche, eben hier wird auch getraut.

balkenlûke, f. = balkenhol. s. lûke.

balkhäse, m. wird die katze im scherze benannt.

ball, m. ball.

bàlle, 1. bald. 2. beinahe, fast. dat hä'ck bàlle vergèten. wenn einer sagt: ik hädde bàlle u. s. w., wird wol erwiedert: bàlle schütt me kainen hâsen. — der o-laut schon im mnd. bolde (bald) bei F. Dortm. II. p. 128.

bàllerjân, baldrian. (Fürstenb.)

ballerig, lärmend, hastig.

ballern, mit lärmender hast sprechen oder handeln. dä ballert so wot dröwer her. stärker ist bullern, poltern. vgl. hamb. ostfr. schlagen, knallen.

bällken, n. kleiner klos für suppe; vgl. Rich.

ballstoppen, n. ballverstecken, ein kinderspiel. die kinder sitzen bei einander bis auf zwei. eins geht der reihe nach zu jedem und spricht: ik stoppe di den ball int hol, verwâr ne mi recht wol. nur eins bekommt den ball wirklich. jetzt tritt der sucher auf und sagt, wo er den ball versteckt glaubt: häwerût, stinkkrûd, N. N. gief den ball herût! oder auch: ball ball öwerall, dä ik ümme râeu sall, liberin, liberût, N. N. gief den ball herût. syn. 't slüaetelken soiken.

balrôse, f. blatterrose, die mit blasen verbundene gesichtsrose. — ostfr. bellrose. s. balhærig.

ballrôse, f. = kaurôse, pundrôse.

balsam, m. so nennt der landmann alle stark riechenden minzarten.

balsmen, m. balsam. (Marsb.) syn. palsmen.

bälsterig, büsterig, scheu, von kühen.

balsternacke, f. pastinake. schwed. palsternacka.

balstürig, übel zu lenken, widerspänstig, bes. von pferden. — vgl. holl. balsturig, widerspänstig, hartnäckig; dän. balstyrig, unbändig, wild, ausgelassen. vgl. balhærig.

bämmel, m. klöpfel in der glocke.

bämmeln, s. herümme bämmeln. vgl. bommeln.

bâmôme, f. hebamme. (Warb.) = bademôme oder —mône.

bann = wann. (Hagen.)

bân, f. 1. bahn, nur in îsenbân, sonst bei Iserl. bâr. 2. breite eines stückes zeug. 3. fig. dat sall wir bî de bân, das soll wieder zum vorschein kommen.

band, m. bindfaden. 2. n. band des fasses, der haube. ènem wot üm de bänne giawen, einen prügeln; vgl. he gèt drüm as de bûaker ümt fat.

bande, f. wiese. (Weitmar. Mettmann.) und band, m. — Lacombl. Arch. VI., 302 bende, 435 beende, wiese. Arch. I., 130: pl. benden. vgl. span. banda, streifen an einem flusse, seite eines berges. banda oriental, ostseite eines flusses. ital. banda, seite. der begriff wiese ergibt sich leicht. in Brachbant ist t = d, vgl. Brâbant, Brâbänner, nur urspr. nd, nth assimiliert sich. vgl. Gesch. d. d. spr. 594. Solinger urk. v. 1666 band m. = flösswiese. Kil. bemd, beemd. pratum, ager ex quo foenum percipitur. Schueren: bend, wese, weyde, wysche, mate, pasch.

bandriakel, m. eigentlich, wie engl. banddog, kettenhund, ein böser hund, den man anbinden muss. ich hörte es nur fig. eine frau schalt ihre unartigen kinder „it bandriakels"; ein „bandriakel vam kærl" wurde mir bestimmt als „en unduaenigen kærl", dä aiske kniape (böse ränke) hęt. vgl. altm. bandräkel und bankräkel, welche ausdrücke ursprünglich nicht gleichbedeutig sein werden. s. rickel.

bandsêl, n. tau. (kr. Meschede.)

bänennen, wo. bänennen wuant he? für bä an enden vgl. bä van ennen.

bannen, bannen, fig. regieren, ruhig halten. spr. bai Düwels bannen well, maut rain van sünden sîn. spöke bannen. ik konnt den jungen nitt bannen (regieren.)

bänner, m. 1. beschwörer, der geister bannt. düwelsbänner. 2. einer, der viel vermag. 3. ein unruhiger gast. dat es en bänner, sagen mütter von ihren unruhigen kindern.

bänner, m = binder, in kürenbänner, bessembänner. de bänner (binder der flachskauten) maut süss maitig stân. lied beim flachsriffeln.

bannêr = wannær. (Altena.)
bange, *bange*. bange hitte. so bange
as ne hitte, — as ęrften im potte.
bange mâken geld nitt. *spr.* mi was
nitt bange, män mi wör bange, hadde
de junge saggd.
bange, *f. bangigkeit, furcht.* — *vgl.* stu-
dentenglück.
bank, *f. bank.* dǫr de bank.
banken, sik, *eine bank bilden.* et banket
sik im westen, *im westen bildet sich
eine wolkenbank.* (Asseln.)
banktǫger, *bankdrahtzieher.* — *Alten.
drahtordn.:* banktoeger.
bānnig, *stark.* = en bännigen kærl. *RA.
570:* bendich, *stark, böse, vom hunde.
mwestf.* bennich, *gebannt, to banne.
Gloss. belg.* bannigh, *j. verwaeten,
vermessen, verrucht.*
banse, *f. haufe.* (Siedlingh.) *schwänke
141.* bi bansen, *haufenweise. Grimme.*
— *vgl. Vilmar,* bansen, *haufe.* — *vgl.
goth.* bansts.
bansen, *häufen.* bansen den *(den dünger)*
wier up den wagen. *N. l. m. 126.*
bänsen, bauséren, *mit anstrengung her-
aus arbeiten, wie es beim ausroden
von baumwurzeln, beim steinebrechen
der fall ist.* hä hęt wier en düchtigen
stůken herůtbänset. *Gl. belg.* dinsen,
trecken, bansen. *trahere, tractare.*
bänte, *f. gelag, lustbarkeit, ball.* (Plet-
tenb.) — *Lübben lieder I., 148:* bant,
*f. gesellschaft, verein. möglich wäre,
dass alts.* benki *(convivium) sein k mit
t vertauscht hätte oder unser wort mit
mhd.* banceten *zusammenhinge.*
bâr, *f. bahn. 1. gangbarer, fahrbarer
weg nach schneefall.* et es bâr, *die
wege sind wieder gangbar. 2. freier
plats, wo etwas geschehen oder hinge-
legt werden kann; in compos.:* kiągel-
bâr *(kegelbahn),* knickerbâr *(platz
zum knickern),* holtbâr *(holzplatz),*
slünnerbâr *(gleitbahn). das wort ist
entweder ein alts.* bara *(entblössung,
blosse stelle), oder es ist wechsel zwi-
schen n und r eingetreten.*
bâr, *bloss, baar.* bâr geld, *wofür im
mwestf.* reide geld *(wie engl.* ready
money) *gebräuchlich war. sonst steht
es in* bârfaut, bârfǫrst, bârût, bârweg,
barwes. — *die formen* sich barwen
(v. d. II. Germ. X., 138), gebarwen,
berewede sich *(ibid. 147) lassen ver-
muten, dass es ein altwestf.* baraw,
baru *(wie* garaw, garu*) gegeben hat.*
bâr, *m. bär.* dat di de bâr lůset, bat
es et kåld! wachte, di sall de bâr

lůsen! *scherzhafte drohung. s.* åpe.
— *ags.* bĕra. *unser* bâr *entstand unter
dem einflusse des r aus* baír, *wie* wâr
(in wùrwulf*) aus* waír.
bâr, *f. bahre.* — *ahd.* bâra.
bâr, *n. beil.* — *Herf. R. 13. 39:* barde.
rd wirkt verlängerung des a in å, *des
u in* ȏ. *s.* bârde.
bær, *m. männliches schwein. spr.* junge
påpen un junge bæren dü maut me
ût dem hûse kæren (węren). en bun-
ten bær verdainen, *wird von einem
mädchen gesagt, welches nur 6 wochen
im dienst aushält; vgl.* en kölsch jâr
mâken. — *ags.* bâr, *ahd.* pér. — wille bær
ist eber. — *ags.* vild bâr; *Sorst. fehde
654:* wilde bér, *was Witte* aper *über-
setzt. Teuth.* beer dat en tam verken is.
barbuz, *m. barbier. Gr. tüg 51.*
bârd, *m. pl.* bærde, *bart.* dat geng ęm
te bârde, *das schmeckte ihm.* dęm
gęt de bârd as der hitte te Michêle
*(von Michaelis an wird überall ge-
weidet.)* dęm es en guod lůseken an'n
bârd kropen, *der hat glück gehabt;
vgl. die bürgermeisterwahl bei Fischart.*
den bârd afmåken, afnêmen, putsen,
raséren, halbéren = *den bart ab-
machen.* se springet sik in den bârd,
sie zanken sich. einem wot um den
bârd smęren, *einem angenehmes sagen,
einem schmeicheln.* ik sall ęm den
bârd afmåken *(zuweilen mit dem zu-
satze* åne mess*), ich werde ihn her-
nehmen, heruntermachen; vgl.* to beard
*bei Shakesp., den bart abschneiden,
eine alte beschimpfung der besiegten.*
bârd, *m. 1. rand.* van ârd to bârd, *von
ort zu end, von einem ende zum an-
dern. Tappe 57b:* he gheit vp graues
borth, *er steht am rande des grabes.
2. bes. horizont.* de sunne es opm
bârde. — *ags.* bord.
bârd, *n. brett.* dannen bord. — *mwestf.*
bord, *auch tisch. Seib. urk. 266:*
fabe tu me borde, *bohnen zum tische.*
keine wibbelbohnen.
bârden, bæren, *mit einem rande ver-
sehen, einfassen, säumen.*
bârdmess, *n. bartmesser.*
bârdschräbber, *m. verächtl. bartscherer;
syn.* putser, halbér, barbuz.
bârdschüötel, *f. bartschüssel. syn.* putse-
becken.
bâre, *f. axt.* — *alts.* barda, *f. s.* bâr.
bârenlaier, *m. bärenführer.* — *Kantz. 168*
barenleider.
bærige = bærdige, *adv. bis an den bord.*
bærige vull.

barg, m. *kruste auf der kopfhaut kleiner kinder; syn.* haidendreck. — *zu* bergen.

bark, *rinde, borke.* — *dän.* bark.

bærken, n. *junger bær.* bærken blif bi de suoge! *fig.* = wår dine såken!

bårkës, m. *quark, dicke milch. (H. schreibt* bartkäse. *Sie heisst so, weil sie dem essenden einen bart macht; vgl.* käsbart = *milchbart.) Montan. volksfeste II. p. 101. syn.* dickemelke, settemälk, wischemälk. *Teuth.* geronnen melck of parsmelck of proiskese. *(parssen ist pressen.)*

bårmost, m. *bärenmoos, gemeiner widerton. polytrich. commune; vgl. Jacobi gewerbswesen s. 26.*

barme = dimen. *Kil.* baerm, barm, berm, agger. *also eigentlich haufen. ostfr.* barme, berme, *grund am fusse eines deiches = unserm* brink.

barmen, *mitleid einflössen.* hä barmede mi.

barmhertig, *1. barmherzig. 2. kläglich.* he kiket so barmhertig asse wann em de hauner 't bröd affreten hän. *vgl. Lessing I., 358.*

bærs, bærsk, *hitzig, vom mutterschwein; vgl.* röls.

bårschop, f. *barschaft.*

Bartels, f. n. *entstand aus* Barthold. Bartels sc. *sohn. im spr.:* dat es ne annere stie as bå Bartels den mostert hält, *entstand es aus* Bartholomæus *(24. Aug.).* du wes nitt bå Bartels den mostert hält. *die beziehung des spruchs auf geschlechtliche verhältnisse erinnert an Bartolt den storch, der die kleinen kinder holt.*

bartlemëbuoter, f. *bartholomæus-butter.* dat hört bi de b., *das gehört zu den unglaublichen dingen. früherhin wurde zu Deilinghoven bartholomæus-butter gekirnt. sie sollte für mancherlei heilsam, auch gut wider hexen sein. zu Reiste bei Meschede stecken die hirten am bartholomæustage die weide ab und treiben früh mit den kühen aus. in allen häusern wird bartholomæus-butter gemacht, die besonders für wunden heilsam sein soll. man bereitet näm- lich aus dieser butter und einer gelben blume eine wundsalbe.*

barût, *durchaus.*

barfaut, *barfuss. spr.* beter barfaut as åne faut.

barfrost, m. *barfrost, blachfrost.* — *dän.* barfrost.

barwe, f. *barbe cyprinus barbus, ein fisch in der Ruhr und Lenne.* — *ahd.* barbo; *vgl.* jågebarwen.

barweg, *durchaus.*

barwes, *barfuss;* hä get barwes, *auch* plackebarwes, *barfuss.* — *mnd.* barved, *steht vermutlich für* barwed, *ptc. eines alten schwachf.* barwon, *bloss machen, entblössen, gebildet aus* baru, baraw, *bloss. dieses zu einem verlornen* biriwan, baraw. *für diese ent- wickelung spricht mhd.* irbarwen. *dass aber* barved *bloss (im allgemeinen) be- deutet, lehrt der gebrauch in d. B. d. könige (ed. Merzdorf) 96:* mit barve- den voten.

bårwulf = wårwulf.

bås, *adj. ohne flexion und adv., gut. 1.* en bås mess. en bås kærl. *2.* dat mess snitt bås. *die eigentliche bedeu- tung des wortes wird ‚excellens' sein. es ist der positiv zu* beter, best. *die* t *form scheint Laiendoctr. p. 20 (bat, bene) zu stehen. hier wie bei* barwes, gös *steht* s *für ein ursprüngliches* d, t, th. *die verlautung muss in vor- gothischer zeit statt gefunden haben. ein auslautendes* d *geht häufig in* s *über.*

bås, m. *ausgezeichneter.* dat es en bås. *spöttisch:* du büs en hêlen bås *(ein kerl und kein ende)! auch wie holl.* baas = *meister, chef, herr. so* åkes- bås, *kahnbesitzer an der unteren Ruhr,* kalwerbås, *stückwirker. s.* kalf. *vgl. Vilmar:* bås.

bås = bårs, m. *barsch, perca.* — *ags.* bears. *pl.* bêse.

båse, f. *bündel, z. b. vom rübstiel, alle blätter oder blattstiele einer pflanze zusammengenommen. man sagt von einem kleinen frauenzimmer:* wann se sik ne raiwe in de fuet stöaket, dann kann se metter båse de stöawe keren. — *hd.* bose *(s. Gr. wb.) wird sich wie* mond *u. a. verhalten. unsere form verlangt altes* båsa.

båseln, *1. blind zulaufen; laufen, ohne mass und ziel zu wissen.* hä båselt dåher. hä es frö 'rut båselt. *2. auf eine unachtsame und zerstreute art etwas tun. vgl. mstl.* bassen; *bei Shakesp. ist* base *ein wettlaufspiel. Gloss. belg.* basen, *verdotlen, verkinden, delirare, repuerascere.* basen, dwelen, *j.* bystren. *ostfr.* basen, *phantasieren im fieber =* rasen. *Soest. Dan. 201. 125:* verbased.

båselrigge, f. *baselei, irres, tolles laufen. gedankenloses träumendes einhergehen.*

båselig, *irre, zerstreut.*

bass *für* bast, *vielleicht =* bår, *in* brummbast. *vgl.* kollbår.

Basse, *f. n.* = *eber. Bielefeld:* basse, eber.

baskelte, *f. ein gefäss von bast, wie es kinder machen, um darin beeren aus dem walde heimzutragen. syn.* hüdelte, schollerte. — ss = st.

bast, *m. 1. rinde, bast.* hä süht ût as wann he bast knagede *(verhungert).* 2. *getraidehülse, pl.* bäste. 3. *haut, fell.* du kriss wot op den bast *(schläge).* hä hot den bast vull, *er ist trunken.* 4. *bauch,* den bast vull hevven, *betrunken sein. s.* bullerbast, brummbast. — *ein altes* baht *könnte zu* bast *geworden sein, wie* wurst *aus* wurht *entstand. da hätten wir* corium, *was Gr. d. spr. p. 134 sucht. Keller fastn. 983ᵇ:* dat bast afsplyten = *das zeug ausziehen. Vilm. „sich das bast von den händen winden."*

bäster, *m. auch* bästert *und* bastert, *schusser, knicker. (Iserlohn.)* — *aus* alabaster, *vgl.* malmer, malmert.

bæster, *m. dicker langer stock, derber knittel. Müller s. 11:* aikenbähster. — *wie* plæstern: *hd.* platzen *(platzregen), so* bæstern: *batzen (batschen).* bæstern *vom schalle des schlagens wie des laufens; daher* bæster. *vgl. engl.* to baste *(prügeln), ital.* bastone, *franz.* bâton, *die man für eines stammes mit* βαστάζειν *hält.* (= *hester.)*

basterd, *m. 1. bastard, unechter. 2. verkrüppelte pflanze.* — *von uns dem altfranz. entlehnt, urspr. nordisch (hart wie* bast*), vgl. Gr. d. wb. M. Beitr. II., 87: bastart, eine art tuch; Kantz. 227: eine art wein.*

basterig, *holzig, stockicht, von sonst weichen pflanzenteilen; s.* bast.

bæstern, *laufen, von wildem, schallendem laufe.* — *das wort wird eins sein mit* bæstern, *schlagen, dass es schallt, s.* bæster. *vgl. Wolke s. 272:* beistern; *ostfr.* beistern, beustern; *Firm. 328a:* bastern, *blindlings zugehen; ibid. 291ᵇ; münsterl.* bassen; klabastern, *vgl.* battre la campagne.

bastig = basterig.

bästig, *s.* röbästig, tähbästig.

bat, *s.* bä.

bâte, *f. hülfe.* giat mi en lück te bâte! *sagt der bettler.* te bâte nemen, *zu hülfe nehmen, benutzen.* rimkes te bate leggen, *s.* rimken. dat es ne guode bâte tau dannenbârds lange, *das ist eine lange person. spr.* alle bâte batt, *sagg de mügge, da hadde se in'n Rhin pisset.* — *mwestf.* to bate nemen, *benutzen,* to bate komen, *ge-*

gensatz *zu* komen to hinder. *ital.* bazza. *fasc. temp. 284ᵇ:* te baeten, *z.* hülfe.

bäten, *prat.* badde, *ptc.* batt, *helfen, nützen, frommen. fasc. temp. 83ᵃ* baeten (batede), *helfen.* dat batt, *das genügt, das hilft, adfatim est. spr.* batt et nitt, *et schadt ock* nitt. slgge batt an *(fruchten bei)* mensken un vaih. vâer slätt nich, et batt nich!

Bättken, *Elisabet.*

batse, *s.* butse.

batsemann, *m. kosewort an einen kleinen knaben. es soll vermutlich dessen dicke schinken loben. s.* batsen.

batsen, *m. hinterbacke, oberschenkel. scherzfrage:* en batsen buviol es? — *vermutlich entstand* batse *aus* batto *(wie* hitse *aus* hitte*);* batto *aber ist* backo, *ahd.* baccho *(schinken), engl.* bacon.

batsig, *patzig. Must. 53. (zu* batse, *masse, klumpen, s. Gr. wb.) für* bartsig.

Bätte, *Elisabet.*

bau, *m.* = bai, boi, *ein wollenes zeug. ostfr.* baje.

baude, **baud**, **bau**, *ärnte.* roggen-baude, *f.* häwer-baude, *f. (Grafsch. Limburg);* in der baude, *ärntezeit;* baude-tid, ärntezeit *(Hagen);* baud, *m. ärnte (Brackel);* im baude; baud. garwe. krengeldauz; *sommerbau,* häwerbau *(Stockum);* baugarwe, *dicke garbe, die bei der ärnte gemacht wird. (Stockum.)* — *eine urk. von 1512:* in dem bouwede; *Kerkh.* bauet; *sonst mnd. auch* boide *und* boit, *m., nl.* boude, *alts.* bewod, *was wahrscheinlich* beuwod = binwod *zu lesen ist. vgl. noch* bugged, bauged, bauerd. *keine der neueren formen hat sich so organisch aus dem* alts. *entwickelt als* bugged. *vgl. noch:* bouwheit, *Münst. beitr. I., 139.* bouwet, *ackerland, I., 190.* bauwede, *ärnte. Schwelm. vestenrecht.*

baudhân, *den,* ärntehan, *verteren. ärnteschmaus.*

bauen, *von* bau *d. i.* boi.

baugen = buggen.

bauged, *m. ärnte, s.* baude.

bauhûs, *n. wirthschaftsgebäude eines landgutes.*

bauk, *n. pl.* baiker, *buch.* — *von Höv. urk. 79:* capittelsbauk.

bauk, *n. buchecker.* — *urk. v. 1470:* boyck. *neutr. wegen ausgelassenem* eckern (akran).

baukolge, *n. oel aus bücheln.*

baukünke, *f. buchfinke.*

baukwaite, *m. buchweizen.*

baumann, *ackerer, pflüger.*

baumester, *grossknecht des bauern.*

baus *drückt den knall und schall des fallenden aus.* baus dà lagg he op der èrden.

bausem, *m. kappe über dem herde. trichterförmige einfassung des schornsteins über dem herde.* du kanns dat män innen (swarten) bausem schriwen, du kanst es in den schornstein schreiben, d. i. es wird dir nimmer bezahlt. — *alts.* buosam.

bä-van dann, *woher, im rätsel.*

bauwe, *m. bube.*

be, *præfix zur bildung eines rügenden ausdrucks.* wachte junge, ik well di be-oppen-bom-klætern! *schilt der ängstliche vater, wenn das söhnchen vom klettern gesprochen hat.* bat söll hai mi be-reckelmäiern! *Must. 25.* be steht für bi, bi (*v. St. III. 147:* teuf, eck will di bifranzöseken), *und scheint ironisch die hülfe bei einer sache zu bezeichnen, wie wenn eine mutter zu ihrem knaben sagt:* wachte, ik well di helpen 't kind verwåren, *wenn der junge das seiner aufsicht anvertraute kleine verlässt. dieselbe ironie liegt in:* ik wolde ju so helpen doven. *Gerh. v. M. 48, 19. ein* bi *bei Reuter, Reise na Belligen, s. 150:* bi gullen ringen bringen. *vgl. Gr. wb. I, 1203ª, Fiedl. engl. gramm. s. 196.*

beädel, *ein aus weiden geflochtener tiefer runder korb mit henkel.*

beädelfalle, *f. eine ungehörige falte, wie sie beim bügeln oder zeug rollen vorkommt. K.*

bębaiksken, *n. gebetbüchlein.*

bębauk, *n. gebetbuch.*

beck, *m. mund, maul.* håld den beck! du kriss wat üm den beck. *spr.:* speck smert den beck, àwer suogefaite dai sid saite. du nioms den dreck verkært in den beck, *wenn einer etwas unrecht verstehen will. Teuth.* beck. *mont.* snuyt. muyl.

beckel, *m. knicker. (Velbert.) s.* bickel.

beckeln, *knickern. (Velbert.) s.* bickeln.

becker = wecker. *Müller s. 12.*

becken, *n. becken.*

becksnûte, *grossmaul, räsonnör.*

bedacht, *gedanke.* dat es di kain bedacht (nitt bedacht), *das sagst du nicht im ernste.*

bedainen, *bedienen. ptc.* bedaind, *dienlich, passend.* et es çm nixs bęteres bedaind.

bedaiwen, *befriedigen, anstehen, genehm sein. spr.* ne àlle metworst un friske raiwen, dat soll den Düwel in der Helle bedaiwen. — *aus* daban (*vgl. goth.* gadaban) *entstand ein schwaches transitivum* biduobjan, *was zu* bedaiwen *verlautete.*

bedanken, *sik, sich bedanken.* oft mit dauen! nu dau di nette bedanken. — *in älteren quittungen regiert* sik *bedanken den genitiv, z. b.* ik bedanke mi guder betalinge, *urk. v. 1571.*

bedauen, *1. ptc.* bedån. op wat bedån sin, *darüber aus sein. 2. eingenommen.* he es van sik bedån. *3.* sik bedauen med, *sich behelfen mit. so machen, dass es geht.* ik well der mi wol med bedauen. ik kann mi bedauen âne dat, *ich kann ohne das fertig werden; vgl.* I can do without it. *Göthe wanderj. s. 40:* mit dem kleinen volke sich bethun. *4.* sich verunreinigen, dat kind hęt sik bedån. *Schamb.* sek bedaun, *cacando se maculare.*

bedde, *n. 1. lage getreidehalme zum ausdreschen.* en bedde dęrsken. *2. bett,* wä sin bedde måket des mQrgens, dä es den ganzen dag âne sorgen, *bereite dir in jungen jahren die mittel zur bequemlichkeit.*

beddebauk = beddemiger.

beddedauk, *n. betttuch.* zu Meschede nennt man spinngewebe im zimmer „bedde daike för de brûd". *vgl.* friggers.

beddelåken, *n. betttuch.*

beddemiger, *m. bettseicher.*

bedden, *sik, sich betten. spr.* bai sik guod beddet, dai slåpet guod.

beddesêker, *m. bettseicher.* he schęmt sik as en beddesêker.

beddestie, *f. bettstelle.*

beddestrô, *n. 1. bettstroh. 2. unkraut. (Fürstenb.)*

beddjack, *n. bettjacke.*

będeler, *m. bettler.* wänn ên będler dem annern wat giot, des freuet sik de engel im hiamel. dem ênen będeler es et lêd, dat de annere vqr der dQren stêt. wann de będeler nian glück hewwen sall, verlûset hä den sack med den kQrsten. dat es en slechte będeler, dä nitt êne dQr missen kann = ich kann wohl ohne dich fertig werden. — *Tappe 77ª:* es ist dem eynen betler leydt, das der ander für der thüren steydt.

będelmann, *m. bettelmann, bettler.* bat verfêlt de ędelmann, dä för büsset de będelmann.

bẹdelhinnerk, *bettelheinrich* = *bettler.* bẹdelhinnerk dai maut alles drẹgen.
bẹdelköp, *m. bettelkauf, bittkauf.* bẹdelköp es dûr köp.
bẹdeln, *betteln.* hai es te arm taum bẹdeln, hä hẹt nitt mål en sack, bä he de brocken indait. — *ahd.* pẹtalôn.
bẹdelsack, *m. bettelsack.* dẹm de bẹdelsack wârme op dem nacken wẹrd, dai es ter arbẹd verdọrwen.
bẹdelümkær, *? bettelherberge.* ät sûht då ût as in 'er bẹdelümkær.
bedenken, *bedenken.* ik well mi drop bedenken. sik wat bedenken.
beding, *n. bedingung.* med dem bedinge, *unter der bedingung.*
bedọpen, *eingetaucht, mit flüssigkeit bedeckt.* — *pte. von* bedûpen. *s.* dûpen. *ital.* tuffare.
bedraigen, *præt.* bedrôg, *pte.* bedrọgen, *betriegen.* du hẹs mi bedrọgen, *sagt wol eine kinderwärterin, wenn das kleine sie beschenkt hat. s.* êns.
bedraiger, *m. betrieger.*
bedraiglik, *betriegerisch.*
bedraift, *betrübend, traurig.* — *ptc. von* bedraiwen; *vgl. alts.* druovian. *Soest. Dan.* 72.· bedrofft.
bedrẹlen, *durch geschwätz beschwatzen, verleiten.* låt di nitt bedrẹlen!
bedrẹgen, sik, *sich betragen.*
bedrẹnken, sik, *? =* bedẹnken, *d. i. sich bewirten. in einem bœerenliede von Eckenhagen:* piwik piwik! zäl häär, wer sẹng körfgen väl hẹät bẹs ọwen an die henke; då wöllemes mẹd bedrẹnken. *sich betrinken ist dort:* sech betrẹnken.
bedrẹpen, *betreffen.* låt di nitt wier bedrẹpen!
bedrif, *m. beschäftigung, geschäft, zeitvertreib.*
bedriflik, *wer trieb dazu hat.* dat kind es bedriflik nä der schaule. *vgl. Schamb.* bedrib, *neigung, lust, antrieb.*
bedriftig, *eifrig. K.*
bedriten, 1. *bescheissen.* 2. *fig. betrügen, anführen.*
bedriter, *betrieger. K.*
bedriwen, *betreiben, treiben, tun.*
bedrucht, *gedrückt, niedergeschlagen.* — *ptc. von* bedrücken, *oder mit eingeschobenem* r = *beducht, sollicitus, anxius. Gloss. belg. fasc. temp. 43^b 312^a. Vilmar* hält bedûcht *wol mit unrecht für judendeutsch. es kann zu* ducken *oder* duggen *gehören. man vgl. auch das folgende.*
bedruft, *betrübt.* — *ptc. vgl. alts.* druovian.

beds, *beide.* alle beds. *hat sich das auslautende* s *des goth.* bajoths *erhalten?*
beducht, *bedenklich. K. Danneil* beduchten, *bedenklich werden. vgl. Reynaert de Vos (ed. Martin) s. 27.*
beduchten, *däuchten,* mi bedûcht. *K. s.* duchten. *Dann.* mi bedücht.
bedüdnis, *f. bedeutung.*
bedüen, *præt.* bedudde, *pte.* bedudd, 1. *bedeuten,* bat bedüdt dat? 2. *andeuten, bezeichnen.* hä bedudde et mi. — *nwestf.* beduden. *mnl. fasc. temp.* 86^b beduden (bedude) *erklären.*
beduọnerd = *verduọnerd. (Brilon.)*
beduọseld, *betäubt, ohne besinnung. s.* duọsel. *Hennynk* 36^a bedusst, *betäubt. Rich. ohne besinnung. mnd.* bedusen.
bedülssen, *betäubt werden. (Paderb.)*
bedumpen, *dumpfig, finster.*
bedumpt, *trübe, vom himmel.* — *es ist adj. partic. von* bedumpen, *vgl. holl.* bedompt, *dumpfig, finster, beklommen. das Briloner* bedumpen, *dumpfig, finster (Firm. I., 338) führt auf* dimpen, *damp, dumpen, woran sich* damp, dempen, dämmeln schliessen.
bẹen, *præt.* bẹde, *pte.* bẹdt, *beten.* då es quad bẹen för, *iron: daraus wird nichts. gewöhnlich wird* sik bẹen *gesagt. so schon Soest. Dan.* 74.· wan de frommen sik beden. *das* sik ist dat. ethicus *oder mag Grimms vermutung bestätigen, dass* bidjan *ursprünglich den sinnlichen begriff von* prosterni *enthalte; für letzteres spricht auch* bedde, stratum. *wie* knẹ̇en *aus* knidan (knẹdan), *so floss* bẹen *aus* bidan (bẹdan), *neben welchem sich ein* bidjan *einfand; aus* knidjan *ging* kniọdern (knittern) *hervor.*
begaiten, *begiessen.* du büs med der selftigen braie begọten. sik de nåse begaiten, sik bedrinken.
begäu, *begehen.*
begapen, *begaffen.*
begäwen, *begaben.*
begüngnüs, *f. begängnis, leichenbegängnis.* — *mw.* begengnusse.
begiegenen, sik, *sich begegnen. spr.* bẹrg un dål begiọgnet sik nitt, *äwer ein menske dem annern. doch; wann en* puckeligen in'n grüwen fällt. *vgl. das ital.:* le montagne stanno a posto, ma gli nomini s'incontrano.
begiọflik, *mutlos.*
begiọwen, sik, *den mut sinken lassen.* sik en' dingen begiọwen, *von etwas abstehen.* — *Wigg. I. scherfl.* 42.· hende und vote begeven sik (defecerunt).

begiɔwente, *f. begebenheit.*

begine, *f. 1. weibliches verschnittenes schwein. mend. hexenprotoc. v. 1592:* eine witte begine. *2. als schelte:* einfältiges frauenzimmer. — *Seib. urk. 99ᵇ:* geynen (*f. gynen*)*, castrieren.*

beginen, *verschneiden, castrieren.*

beginnen, *præt.* begann, *pte.* begunnen, *beginnen. spr.* se hett gud anfangen, àwer schlecht begunnen. *für* begann *auch* begunte.

beglaien, *præt.* begledde, *begleiten.* (*Paderb.*)

begöchen, *begaukeln.*

begöcheln, *begaukeln.*

begömeln, *betriegen.* — *? umsetzung von* bemögeln.

begösen, *1. tüchtig hernehmen. 2. begausen, bereden, bewegen. N. l. m. 58.*

begrabbeln, sik, *sich erholen.* he het sik wier begrabbelt, *er hat sich wieder erholt, ist wieder in bessere umstände gekommen.*

begrasen, sik, = sik begrabbeln. *vgl. Schamb.* sek begrasen. *von den kühen hergenommen, welche sich erholen, wenn sie maitag ans grüne kommen.*

begräwen, *1. begraben, einen toten. 2. (veraltet.) auf einer stelle graben, sie umgraben.*

begrefnis, *n. begräbnis.*

sëusäi ninneken, ik waigede diok dä kᵃmen drai engelkes un draigen diok bit op den bälweschen kᵉrkhof, dä dᵃn se dui int kuilken, en stäinken oppet muilken, en kränseken ûm dat köppken dä ligg du ârme dröppken

(*Affeln bei Balwe.*)

begrefte, *n. begräbniss. Gr. tüg. 29. — Luth. huspost.* begreffnisse, *f.*

begriɔp, *m. begriff.*

begrip, *m. das begreifen, die begreiflichkeit.* dä es kain begrip van, *das begreift man nicht.*

begripen, *1. alt: ergreifen. 2. fig. begreifen.*

begriplik, *begreiflich.*

behaiwen, *præt.* behofte, *bedürfen, brauchen. mwestf.* behoven, behoyven.

behäldsam, *der gut behält.* hä het en behäldsamen kopp. hai es nitt behäldsam mä sö wot.

behällen, *behalten.* hûshällen es kaine kunst, äffer hûs behällen dat es kunst.

behämeln, *beschmutzen, besonders von frauenzimmern, die ihre kleider unten beschmutzen.*

behÖren, sik, *sich gehören, sich geziemen.* — *mnd.* sik behoren. *R. V.*

behauf, *m. behuf, bedürfniss, nothdurft.* sinen behauf maken, cacare, med verlöf te seggen. *mwestf.* behoeff, behoif, behouf.

behelpen, sik, *sich behelfen.*

behelper, *m. behelfer. spr.:* der behelpers sid mᵃr as der wollᵉwers.

behÜlp, *hülfe.* hai het behälp hatt. — *mwestf.* behulp, *behelfen, hülfsmittel.*

bejecken, *für einen geck, narren haben.* (*Marienh.*) — jeck = geck.

bëienfass, *n. bienenkorb.* (*Eckenhagen.*)

bëimchen, *n. = bÊmer.* (*Marienh.*)

bejöppeln, *anführen.* se hett ne bejöppelt. — *vgl. ags.* geáp, *krumm, trügerisch.*

bejuxen, sik, *sich beschmutzen. Stürenb.* juxe, *jauche, dünner schlamm.*

bekallen, *bereden, überreden.*

bekären, *bekosten, beschmecken.*

bekennen, *bekennen.*

bekenntlik, *der sich leicht bekannt macht; daher: herablassend, umgänglich.* et es en bekenntliken mensken.

bekiken, *beschen.* hä bekiket sik all van binnen, *er schläft schon. vgl. fr.* il regarde déjà en dedans.

bekladdern, — kläddern, sik, *sich mit strassenkot beschmutzen. auch fig.* de dërne het sik bekladdert, *sie hat sich mit einem abgegeben. — vgl. holl.* bekladden *und* kladde (*schmutzbuch*).

beklêen, *bekleiden.*

beklommen. et es ne beklommene tid, de ëine klemmet op den aunern. (*Halver.*)

beknappen, *verkürzen.* sik beknappen, *sich zu kurz tun.*

beknüppeln, sik, *sich betrinken.*

beköcheln = begöcheln, *betriegen.* hä bekÖchelt di dermed.

bekÜmms, *n. was einer bekommt, was ihm gebürt, deputat. vgl.* schriweus, slûteus. *es sind pte. subst., deren auslautendes* d *in* s *übergegangen ist.*

bekrempen, *abziehen, verkürzen; syn.* beknappen.

bekrigen, sik, *sich erholen.*

bekruden, *durchsetzen. K.*

bekruen, *zusammenbringen. Wedd. WM. IV. 301.*

bekhern, *1. mit. acc. über einen sprechen, ihn tadeln; vgl. alts.* besprekan, *syn.* bekallen. dä well bekÜert sin, dä maut sik bestân; dä well gelÖffet sin, dä maut stᵉrwen. *2. bereden, durch worte bewegen. v. St. I., 243, f.*

belaiwen, *belieben.* — *mwestf.* belæyven, *bewilligen. Soest. Dan. 100:* det beleivet uns all.

belaiwen, *n. belieben.* nä erem belaiweu.

belämmern, *hintergehen, überlisten, übervorteilen, betriegen. K.* he es belämmert. *Gloss. belg.* sich belammern, s'embrouiller, s'empestrer. præpedire se, intricare se. *holl.* belemmeren *und* dän. belemre = *belästigen, hindern;* ostfr. belemmern, *betriegen, hindern.* nds. belemmert, *dem nicht mehr zu helfen ist. aus ahd.* lam, *lahm und dumm, wovon* bilemjan, *erklärt sich die verschiedene bedeutung des wortes.*

belämmern, sik, *sich beschmutzen.* he het sik belämmert; *syn.* sik behämeln. — *vgl.* lamm.

belât, *m.* belass, *raum.* de lû hett viel belât im hûse.

belâten, *ptc. adject. aussehend.* bu sind se belâten? *wie sehen Sie aus?* — *M. Chr. I., 169* belaten, *dargestellt,* jemerlike belaten, *beschuldigt.*

Bele, *frauenname (1670).*

belegen, *belegen.*

belegenhait, *f. lage.*

beleven, *1. beleben, daher: laben. 2. erleben.*

belewed, *ptc. adj. belebt, lebhaft, heiter, froh.*

belle, *f. 1. glöckchen; Gloss. belg.* bella dicitur campanella quae vaccis, ovibus vel volucribus solet apponi; *ostfr.* belle, *engl.* bell. *2. fleischläppchen unter dem schnabel des hahns; syn.* beffe, *lat.* palea, *holl.* lelle.

bellhämel, *m. eigentlich glockenhammel, leithammel; daher fig. 1. ein knabe, der bei allen wilden streichen vorauf ist. 2. häufiger: schmutzhammel, schmutzfinke, der durch dick und dünn läuft. s. behammeln.* — *ostfr.* bellhamer.

belse, *pappel. (Odenthal.) aus* albele, abele.

belter, *m. ein rundes stück holz.* — *vgl.* nds. wellere, weldere, *f.*

bemenschen, *es dahin bringen, dass sich einer als mensch zeigt, ihn zum bewusstsein bringen.*

bêmer, *m. 1. böhmer, doppelter krammetsvogel,weindrossel. 2. seidenschwanz, der zuweilen auf unseren vogelherden gefangen wird.* — *Müller choragr. v. Schwelm:* „man ist der meinung, die krammetsvögel kämen aus Böhmen und nennt deshalb auch die kleinere ganz vom wachholderbeergeschmack durch-

würzte gattung derselben böhmers." — *vgl. M. Chr.* Bêmer = *Böhme; Verne chr. 36:* Beemen = *Böhmen. s.* bêimchen.

bemigen, *bepissen.* de ampelten hett ne bemiogen.

bemits, *mittlerweile. urk. v. 1691.*

bemocheln, *betrügen.* — *ostfr.* bemögeln. *nach* köcheln = *gaukeln würde unser wort einem hd.* bemaukeln *entsprechen.*

bên, *n. bein.* te bêne, *auf den beinen.* tüsken twêlf un êne sind alle gêster te bêne. wot ant bên binnen maiten, *etwas lästiges übernehmen müssen.* hä kritt et am bêne, *er muss es ans bein binden.* hä het et am bêne, *er hat es ans bein binden müssen. Münst. beitr. I., 284* ton becnen *(auf d. b.)* den węg tusken de bêne nęmen, *vgl. ital.* mettersi la via fra le gambe. *spr.* de kęrke es van stênen, de pâpe es van bênen.

benaimen, *benennen.* — *mwestf.* benomen, benoymen. *(urk. v. 1418).*

benaud, *ptc. adj. beengt, gedrückt, von der luft.* et es hir so benaud. benaut werden, *unwohl, übel werden. K.* — *Wallr.* benaut, *gedrückt, beängstigt;* holl. benaauwd; *dän.* benauet; *mwestf. M. Chr. I., 146:* benowet.

bênen, *beinern.*

benęwen, *1. neben.* der benęwen, *auch* dä benęwen, *daneben. 2. ausgenommen;* alle benieffen Peter. *alts.* bi an eban. *Seib. qu. I., 158:* bi neven. *Drevere 159:* beneven sunnenschyne her.

bengel, *m. bändel.* — *vgl.* mange.

beniepen, *ptc. adj. klein, verkümmert von pflanzen.* dat es so beniepen tüg. *vgl. holl.* benepen, *kleinlaut, verlegen.* es gab ein benîpen (benêp, beniepen) = *niedrig, klein machen.* ags. nîpan *drückt eine niedergehende bewegung (sich niederwälzen) aus.* unser „nôpe tausaihen" *ist mit niedergehender bewegung, also nah und genau, zusehen. das antecedens von* nîpan *war* niupan *und dann* nipan. *dieses* nîpan *mit vocalbrechung* nępen *bezeichnet zu Valbert die zeit, wo der mond am längsten niedergegangen ist, den neumond.*

beniewelt, *ptc. adj. benebelt, d. i. trunken.*

bennen = *binnen.*

benöchtern, sik, *sich etwas zu gute tun, besonders in geistigen getränken. der ausdruck ist nicht etwa directe ironie, sondern be- steht hier privative, wie im alts.* biniman.

benott, *ptc. adj. benöthigt.* ik si der recht ümme benott. — benott *ist zusammengezogen aus* benôded, *ptc. von* benöden. *vocalcerkürzung ist in ähnlichen formen häufig, z. b.* bütt = alts. biudid, *bietet. vgl. Gr. d. wb. unter* benöten *und* benötigen.

bens, *kirre. Wedd. W. M. IV. 301.*

bensken, *spr. u. sp. 7.* dat lutt — ase wann de Rabbyners bensket.

benütten, *benutzen.*

beplæstern, *recht nass machen. s.* plæstern.

bepollhacken, sik, *sich beschmutzen; s.* pollhacke.

bepoten, *bepflanzen. — Seib. urk. 1030* bepotten. *s.* pot.

bepunden, *nach pfunden in der hand schätzen.*

bêr, *n. bier.* te bêre gân. — *ags.* beor, *nwestf.* beyr *(urk. v. 1364). vgl. für die verlautung* vêr, vier.

bęr, *f. birne. namen einiger sorten:* emkûsbęr, grâbęr, hâwerbęr, honigbęr, jüttenbęr, iæselsbęr, goldstęrtken, küstelbęr, pràmbęr, roggenbęr, speckbęr, trummelte, winterbęr. *wilde:* traive, trussel.

berâden, berân, *fertig werden. f. r. 44.*

berai, *n. das bereiten, die anstalt. spr.* 'et ai màket en grōt geschrai un en klain berai. — berai = beraid, *zu* beraien (beraiden).

beraien, *præt.* beredde, *ptc.* berett, beraiten. ênem 't fell beraien, *einen prügeln. — s.* raien.

beraup, *m. beruf.*

beraupen, *berufen.*

berbôm, *m. birnbaum. im nwestf. bezeichnete* berbôm *auch den weissdorn, woran die* melbęren *wachsen.*

bêrbütte, *f. veraltet: gefäss, woraus bier getrunken wird,* bierkanne, trinkkanne. — *holl.* but, *f.*

beręken, *berechnen.* sik wot berêken. berâk.

beren = lâten, *aussehen.*

Bêrend, *Bernhard.*

berenkrûd, *n. birnenmus; s.* krûd.

berenstipp, *gericht aus gekochten birnen, brot und kümmel; s.* stipp, stippen.

bęrg, *m.* 1. berg. *wald. was Humbold ansichten der natur I., 323 com* span. monte *bemerkt, gilt in unserm Süderlande von* bęrg *fören = in den wald fahren. vgl. Seib. qu. I., 160:* in dem lengewelder berge. *um die grösse eines waldes zu bezeichnen, sagte jemand:* sine bęrge sid so widlüftig, dat siowen holthaigers op siawen stien haugen könnt un dat doch ênen den aunern nitt hærd.

bęrgan, *bergan.*

bęrgaf, *bergab.*

bęrgin, *bergein.*

bęrgop, *bergauf.*

bęrge, *f. ein gefäss zum austragen der ladung aus den nachen. (Mülh. a. d. Ruhr.)*

bêrgûte, *trinkgefäss für bier. s.* gûte.

berichten, 1. berichten. 2. enen b., *einem die sterbesacramente reichen.*

berien, *bereiten, auf einem tiere reiten. im volksreime:* den ênen (sc. iæsel) den berêd ik.

berke, *f. birke. obstgärten pflegen eine b. zu enthalten. bei uns sagt man:* dat es für frętwęrk (ungeziefer), *namentlich für die ameissen, im berg:* de berke es de docter för de andern bôme, *wie die schleihe* (liwe) *de docter för de fischdike.*

bęrken, *birken.*

bęrkenrauge, bęrkenjuffer, *zuchtrute. husp. 16 p. trinit.:* ein barcken botter brodt.

bęrmlik, *erbärmlich.*

berômen, sik, *sich berühmen.* sik wot berômen.

berotsen, 1. *eigentlich mit rotz besudeln.* 2. *schlechtes von jemand sprechen.*

berre = bedde.

berrebuok, *bettseicher; s.* bûken.

berste *im kinderreim:* un fræten us te bęrste = zum bersten satt.

bęrsten, *pr.* barst, burst, *ptc.* bęrsten, 1. *bersten.* se es te frô bęrsten, *von, einer frau, die zu früh nach der hochzeit niedergekommen ist.* 2. *laufen, stürmen.* he küæmt an te b.

bęrwe, 1. *sanft, gutmütig.* 2. *kleinmütig, betrübt. bei* Weddigen = birwe, brav. — *alts.* bitherbi, utilis. *Tappe 18b* berwe kinder. *Lyra XI.* bedicrwe, sacht, sanftmütig. *s.* unbedęrwe. *Gl. belg.* berve, goedertieren. *Probus I.* mürbe, nachgibig.

besabbeln, sik, *sich beschmutzen; s.* sabber, saiwer. — *rothwelsch* besefeln.

besaik, *m. besuch.*

besaiken, *besuchen.*

besaihen, *besehen.* ik kann en nitt mär besaihen, *unterscheiden, erkennen.* ênem 't wàter besaihen, *einen prügeln.* ênem den puckel besaihen, *dasselbe.* ênem de nâe besaihen, *einen prügeln. vgl. ital.* spianare le costure.

besalvern, sik, *sich besudeln, beschmutzen.*

beschaiten, *beschiessen, besonders mit beschuss, dielen versehen.* hai hęt en mągen, dai es med dielen beschǫten. beschǫten, *gedielt.*

beschåten-nuot, *f. muscatnuss. aus muscaten entstellt.*

beschêd, *m. bescheid, nachricht, antwort.* ênem beschêd brengen. ênem beschêd seggen, *einem eine zurechtweisung geben.* då wêt beschêd, *vgl. engl.* he is a knowing fellow. nu wêt ik beschêd, *nun weiss ich es schon.*

beschêden, *höflich. mnd.* bescheden.

beschêen, *præt.* beschedde, *ptc.* beschett, *bescheiden, antworten.* ik beschedde ne nitt drop.

beschêren, *bescheren. vgl.* giscerian.

beschiten, *1. bescheissen. 2. betriegen.* wann mi bai ênmàl beschitt un kêrt mi wier den êrs tau, dann wêt ik, bat he well.

beschiter, *betrieger.*

beschrappen, *behacken.* de knollen beschrappen. sik beschrappen, *an sich scharren, erwerben, sich bereichern.*

beschrîwen, *beschreiben.*

beschrubben, sik, *auf alle art geld erwerben.* Wedd. WM. IV. 301.

beschummeln, *betrügen.* sik beschummeln låten, *sich betrügen lassen. s.* schummeln. *ostfr. ebenso.*

beschût, *n. zwieback. — fr.* biscuit.

beseggen, *sich über etwas aussprechen.* de kann et guəd beseggen.

beseken, *bepissen.*

besetten, sik, *pr.* besatte sik, *sich etablieren.* (Paderb.)

besingen, *besingen. — urk.* de kerke besingen, *messe lesen.*

besinnen, sik, *præt.* besann, besunn, *ptc.* besunnen *oder schw. præt.* besunnte, *sich besinnen.* ik well der mi op besinnen. — *v. St. IX. 210* darop will sich myn gnedige Her besynnen.

beslabbern, *durch fallenlassen von speisen verunreinigen.* sik beslabbern.

beslåen, *1. ein pferd, rad beschlagen.* *abzählreim:* min vår lait ên åld rad beslån, rå' mål buviəl nęgel dàtau gån? — twęlwe. ên twê u. s. w. *2. den glanz verlieren, trübe werden; von gläsern; anlaufen.* de rüten an finster sind beslågen. *3. ptc.* beslågen = *belegt:* ne beslågene tunge.

beslaiten, *beschliessen.*

beslåpen, *1. beschlafen. 2. in der redensart:* ik well de såke beslåpen, ik well mi derop beslåpen; *vgl. über nacht kommt rat.*

beslickern, *mit kot (slick) bespritzen.* sik beslickern.

besliken, *beschleichen.*

besmaddern, *mit weichem kot (smadder) verunreinigen.*

besmåken, *beschmecken, kosten. — Hgb. XV., 3.*

besmęren, *beschmieren. — ags.* bismerjan, *auch verspotten, daher alts.* bismerspraca, *spott, lästerung.*

besmûdeln, *beschmutzen; s.* smûdel.

besnuəseln, *anschnauzen.* he hęt mi besnuəseld. — *vgl.* osnabr. snûssel, schnauze.

besǫrken = êr, *zornig, wild (Werl). s.* besworken. w *schwindet von sw ohne den vocal zu alterieren, z. b.* säute = suoti *für* swuoti.

bespîrt, *ptc. adj. muskelkräftig.* bespîrt sin, *starke muskeln haben. (Altena.)* *holl.* spier, *muskel.*

bespręken, *besprechen, d. h. etwas durch einen gemurmelten spruch bewirken, beziehungsweise heilung eines übels.* hä hęt sich den brand bespręken låten. *syn.* bewispeln, bewispern. „*eine sache besprechen*" *im gewöhnlichen sinne gibt man durch:* „ǫwer (van) de såke küern. — *nwestf.* bespręken *auch =* streitig machen.

bessel, *blendung. vgl. Gr. wb.* betzel, *haube; mhd.* bezel.

besseln, *blenden, z. b. eine kuh.*

bessem, *m. pl.* bessmen, bessens, besen. de bessem sall di ächter der dör stån! dai maut lûter stån, bå de bessem stêt. du kůəms oppen bessem, *sagt man in Bruckel dem mädchen, welches samstag spät noch spinnt.*

bessembänner, bessembinner, *m. besenbinder.*

Bessem-Gehannes, *Besen-Johannes. spr.* hä es so fîn as B., hä kennt sik selwer nitt.

bessemraine, *besenrein.* de stǫwe es b., vi hàn kaine tîd taum schrubben. — *vgl. ostfr.* bessenschoon.

bessemrîs, *besenreis.*

bessemstiel, *m. besenstiel.*

bessevår *für* bestevåder, *m. grossvater.* hai maut bessevår tiəgen ęm seggen, *er ist sein enkel.* min sęlge bessevår dai nåm de gansse weld op de schůfkår und schöf se 'ner mügge in de fuət *(zur beschämung eines aufschneiders gesagt).*

bessemôr, *für* bestemôder, *f. grossmutter.* grôtemôr *wurde von der grossmutter des Teufels gesagt.*

best, *adj. superl.* best. de beste dicke = hçrt niәgene *im karnüffelspiel;* s. guәd, bâs, bçter.

bêst, *n. pl.* bêste, *1. stück vieh. 2. viehischer mensch, säufer. — lat.* bestia.

bestâen, *für* bestaden, *bestatten, d. i. in eine stelle bringen, verheiraten; vgl.* collocare filiam. hä hçt êne dochter oppen grôten bûrenhof bestatt. sik bestâen, *heiraten.*

bestâen, bestehen.

bestand, *m.* bestand. dat hçt kainen bestand. — *im nwestf.* bedeutete bestant *auch stillstand, urk. v. 1463.*

bestännig *(beständig),* geständig. dat blif ik bestännig, *das behaupte ich fortwährend fest.*

bestçken, *bestecken, bestechen.* dä bestioket sik grâde min spässken inne.

bestçkera = bestçken. *Grimme.*

bestellen, *1. bestellen, 2. besorgen. Soest. Dan. 43:* wan ick dat hebbe bestelt.

besteller, *m.* besteller, *bes. von leichen.*

bestellig = unlüdig, *geschäftig. K. S. 47.*

bestevâderskoñger, *pl. die einen gemeinsamen grossvater haben,* consobrini.

bestoppen, *1. bestopfen, z. b.* strümpfe. *2. fig.* ênen bestoppen, *einen bestechen.*

bestricken, *bestricken.* den ball bestricken.

bestrien, *1. beschreiten, z. b. ein reittier. volksreim:* den ênen den bestrêd ik. *2. bestreiten.* dat we'k ock nitt bestrien. — *für* bestrîden.

bestrîken, bestreichen.

bestülpunge, *f.* asthma.

bestâwen, *prœt.* bestôf, *ptc.* bestowen, *bestäuben.*

besunner = besunder, *besonder, sonderbar.* dat es en besunner menske.

besunner, besunners, *adv. eigen, sonderbar.* et es mi so besunners.

besûpen, sik, *sich besaufen.* besopen, *besoffen, trunken.*

beswaien = beswaigen. *(Lüdenscb.)*

beswaigen, *ohnmächtig werden. (Brackel bei Dortm., Rheda.) — goth.* swaigan = *alts.* swuogian *lieferte lautrecht* swaigen, *woraus* swaien.

beswêgen = beswaigen. *(Hemer.) prœt.* beswêgede. *Teuth.* beswijgen. van sick selben comen.

beswaugen = beswaigen. *(Soest. Marsberg.) — alts.* swôgan; *ays.* swôgan.

beswauwen = beswaigen. well î mi beswauwen. *op d. a. hacke 10.*

beswôwen = beswaigen. *(Fürstenb.)*

beswemmed, *ptc. adj. trübe, vom himmel;* s. beswömmed.

beswêren, *beschweren. spr.:* jo grötter hêren, jo mêr beswêren, hadde en äld wîf saggd.

beswolken, *ptc. adj. verdunkelt, bewölkt;* s. besworken. — *zu* swêlken (swalk). *wolke scheint darnach im anlaut s verloren zu haben.*

beswömmed, *ptc. adj. trübe.* et es so beswömmed an der locht. s. beswemmed.

besworken, *ptc. adj. verdunkelt, bewölkt;* s. beswolken. — *zu* swôrkan (swark), *alts.* giswêrkan, *verdunkelt werden. über das verhältniss von* swolken *und* sworken *ist* twelk *und* twçrk, *wirkelig und wirkerig.*

bet = mit *in rheinfr. weistümern u. s.* = *ays.* vid, *engl.* with.

betaihen, *beziehen.* sik betaihen, *sich bedecken.* de hiamel betüht sik, *überzieht sich mit wolken.* betaihen lâten, *mit frieden lassen. Seib. urk. 992:* sal borgermoester vnde raedt mede beteyn laten.

betâlen, *bezahlen.* hœr, wann î dat älle betalt, konn-t dat nigge borgen. dat blitt sik glik: dem ênen mait se betâlen, dem andern 't geld giawen.

betâler, *m.* bezahler.

betâlunge, *f.* bezahlung.

bçter, *compar. zu* guəd (bâs), *besser.* — *goth.* batiza, *alts.* betarn. *ç für ia ist die noch nicht in e verengerte, durch folgendes i bewirkte umlautung. im alts.* betora *ist nicht allein verdichtung des ia, sondern in der zweiten sylbe auch vocalassimilierung eingetreten.*

betçrmen, bestimmen.

bçtern, bessern. wçge bçtern. sik bçtern, sich bessern. en gôd ding dat sik bçtert. *im mwestf.* schrieb man betern *und* bettern. *Verne bei Seib. qu.:* gebettert.

bçterunge, *f.* besserung. dat kind es op der b., blitt bi der b.

betiggen, *bezichten, eines vergehens zeihen.* hä werd dämed betigged.

betimmern, *bezimmern. — mwestf.* betymmern.

betoppen, *etwas von jemand ausbringen.* — *M. Chr. I. 102.* betoppen = *beklappen, beschuldigen,* betopper, *falscher ankläger. vgl. engl.* tap, *schlag.*

betÿteln, *bereden.*

betrecken, *1. überziehen.* ptc. betrocken, *bedeckt mit gewölk. 2. beziehen.* hä betrock sine wâr van N. N. in Düsburg. *3. betrügen,* bestehlen.

betündeln, *gleichsam bezundern, in brand*

˙setzen. de dêrne hçt sik betündeln
lâten; *s.* tündel.

betuppen, *anführen, betrügen. Sündenf.*
2456 betucken.

bêtwortel, *f. runkelrübe, bete.*

beü *(spr.* bôü) *kornärnte.* em heü on
beü; *s.* baude.

befailen, *befühlen.*

befçl, *m. befehl. spr.:* hœren befçl es
knechten wçrk.

befçlen, *prœt.* befûl *oder* befaul, *pl.* be-
fûalen, *ptc.* befçlen, *befehlen.* et gêt
em as dem brumester te Hachen, hat
dai annern befialt, maute selwer dauen.
he es en hœr as en haun, wat he be-
fialt, dat maut he selwer daun.

beflatschen, *beschwatzen.* sek b. lâten,
sich beschwatzen lassen.

befüilen, *ptc.* befauld = befailen. *(ge-*
gend v. Lüdensch.)

befördern, *fordern.* ênen befördern
lâten, *einen zu sich fordern lassen.*

befören, *zuvor.* de nacht der bevören,
die nacht zuvor.

befusten, *bestechen.*

bêffe, *f. geiferläppchen. 1.* = lobbe,
hemdkragen; *holl.* bef. *2. läppchen,*
welches den kinnbart des geistlichen
vertreten soll; vgl. ital. beffi, *knebel-*
bart. 3. = belle, *am hahn. (Elsey.)*
— *Gl. belg.* beffe, choorhoet, Almu-
cium, malmucium, ambucius T. — beffe
j. almutse. amiculum pelliceum, vulgo
beffa. *K.*

bewâren, *1. bewahren, schützen. 2. ver-*
hüten. god bewâre! — *urk. v.* 1441:
dat god mote bewaren!

bewennen, *bewenden.* vi wett dat be-
wennen lâten. *ptc.* bewant; et es der
guod âne bewant, *es ist gut bei ihm*
angewandt. nù bewanten umstännen.

bewioten, sik, *sich bewust sein.* hai
maut sik wol bewioten, süss — *er*
muss sich seines rechtes, seiner fähig-
keit, seiner mittel wohl bewust sein,
sonst —.

bewispeln, *besprechen. (Brackel.) s.*
wispeln.

bewispern, *besprechen. (Asseln.) s.* wis-
pern.

bêze, *f. beize. eingedrungene hd. form*
für bête. — *vgl. Wig. Arch. II., 43.*
bêtekuven.

bêzen, *beizen. platthd. form für* bêten.
beizen *(beissen lassen) ist factitiv zum*
mhd. bizen, *beissen.*

bî, bi, *prœp. bei, zu, nach. 1. c. dativ.*
slege daut wêh un batt bi *(bei)* mens-
ken un vêh. bi *(zu)* mîner tîd. use

Hçrgod si bî di! bit de annern dàge!
abschiedsgruss. bim kanthâken krigen.
et rçgent bi wolken wise. bî dçm
(dadurch, daran, daher) wêt ik dat
he nitt te hus es. *2. c. acc.* he kwàm
bi *(zu)* min vàr. gà bi mi sitten,
setz dich zu mir. bî *mit auslassung*
des objectes: miss, sett di bî sà den
herd! *hexensage.*

bibbel, *f. bibel.*

bichte, *f. beichte.* — *alts.* bigihto; *ahd.*
pigiht; *mhd.* bichte.

bichten, *beichten.*

bickel, *m. knicker.*

bickeln, *1. knickern. 2.* bickeln *zu*
Weitmar das snäppkenspielen. *der*
dabei gebrauchte dicke knicker heisst
bickelball. *die gelenkknochen von*
schweinen bickelknoken; *jede seite der-*
selben hat ihren besonderen namen:
büaker, gàter, männken; *in Rheda*
gebraucht man zum b. *die gelenk-*
knochen von jungen ziegen (kàitkes).
3. tröpfeln. de swêt hçt mi am koppe
'runner bickelt. *holl.* biggelen, *herab-*
rinnen.

bicken = *backen.* bai well helpen
kricken, dai maut helpen bicken.

bickers = *kippers. Vademecum von*
Engelb. Leithäuser. Tremon. 1719. *p.* 67.

bidde, *f. bitte.*

Biddehage, *f. Bittehecke. flurname bei*
Sundwig. der sage nach erbat hier
eine frau zehntfreiheit vom Grafen.

bidden, *prœt.* bàd, *pl.* bæten, *ptc.* bçen,
bitten, einladen. ik bidde di üm du-
send gòsnier. — *in Paderb. lautet der*
prœt. auch biddede.

bidder, *m. einlader.* hochtîdsbidder.

bidderske, *f. einladerin.*

bidess, *unterdessen.*

bie, *f. biene.*

bi ên, *beisammen.* bi ên kuemen, *die*
heirat vollziehen. hä hçt se nitt alle
bi ên, *sc. seine sinne oder gedanken*
= *er ist nicht recht klug.* — *Schüren*
chr. 21: by eine.

bigge, *f. biene.* braudbigge, *brutbiene,*
drohne. (Lüdensch.) — bigge: kligge
= klie, *ahd.* klia, kleie. klia =
kliwa, *also* bie, bigge = biwa, *was*
der ältere name der biene gewesen
sein muss, die form bîie *entspricht*
der form klèie.

biggel, *n. pl.* biggeln, beil. *(Marienh.)*
— *vgl. ahd.* pihal, pîl = beil.

bîgiowen, *beigeben.* klain bîgiowen,
nachgeben. hä woll wol klain bîgio-
wen, *er wollte wol die segel streichen.*

bie̊ke, *f. bach.* — *alts.* biki; *mwestf.*
bicke, *urk. v. 1389.*

bie̊ke af = de b. af, *bach ab, den bach
hinunter.*

bie̊kebunge, bie̊kebun, *f. bachbunge.* —
vgl. Diez wb. I. 60, wo bunge =
*knollen genommen wird, nach Gr. wb.
s. v.* bunge, *ahd.* bungo, bulbus. *Kil.*
bekeboom.

bie̊ke op = de b. op, *bach auf, den
bach hinauf.*

bie̊ker, *m. 1. becher. 2. kornmass, wovon
16 = 1 scheffel. diese einteilung im
Schwelmer Vestenrecht v. St. XXI. p.
1355:* die mate met scheppelen, ver-
delen offt beckeren. *es war ein köl-
nisches mass.* — *alts.* biker, *engl.* bea-
ker, *ital.* bicchiere.

bie̊kstert, *m. bachstelze, motacilla alba
und flava; syn.* swiokstert. — *der
alts. ortsname* Biresterton *darf mit
sicherheit in* Bikesterton *(zu den bach-
stelzen) gebessert werden. in den
Münst. beitr. 3, 35 wird* domus *in*
Bickstert *angeführt.*

bie̊se, *f. kalter regenschauer.* märte-
biosen, hagelbiose. — *ahd.* pisa, *nord-
wind; franz.* bise, *Gl. belg.* bijse, tem-
pestas horrida, furens impetus aeris.

bie̊sekäter, *m. nebel, der sich auf einer
wiese lagert; vgl. Wilh. v. Waldbrühl,
die wesen der niederrhein. sagen p. 9:*
nebelkater niff. *vom schnee sagt man:*
dä moch noch 'runner, de katte het
ne nitt freten. *in Mecklenb.-Strelitz:*
bollkater, *plötzlich aufsteigende dunkle
gewitterwolke im sommer. Mda. V.
150:* kater, *gesammelte luft unter dem
eise.*

bie̊sel, *m. für* bissel, *1. fetzen.* dat klêd
es in risseln un bisseln. *2. für schwanz:*
tûht de kau am biosel. *3. für haare:*
se het ümmer de bioseln üm den kopp
hangen, *von einem unordentlichen
frauenzimmer. 4. faserwurzeln. nach*
triosel = trindsel *wäre* biosel = bindsel.

bie̊sen, *für* bissen, *rennen, vom vieh.*
et es so hêt, dat de katten biosset. —
*wenn êne kau biosset, dann biosset se
alle. ahd.* biajôn, bisôn, lascivire,
consternare. *Tappe 185ª zu* anus bac-
chatur: simile quiddam et hodie west-
phali dicunt, figura ducta à vaccis
lascivientibus: die olde koe will byssenn.

bie̊t, *m. biss.*

bie̊teln, *1. oft beissen. 2. kälbeln.*

bie̊teltiowe, *f. bissige hündin.*

bie̊terig, *bissig. spr.* de bioterigsten
rüens hett de rioterigsten felle.

bie̊tken, *n. bisschen.* en biotken, *ein
bisschen, ein wenig.*

bie̊tsel, *n. gebiss.* — *schwed.* betsel.

bie̊tsk, *bissig.*

bie̊fernelle, *beben in angst.*

bie̊feschche, *f. zitterpappel.*

bie̊wen, *beben.* — *alts.* bibon, bivon.

bîe̊wer, *m. biber.* — *lat.* fiber; *ahd.*
pipar; *ags.* beofor.

bie̊wer, *zittergras; syn.* biowerût, gold-
smiole, hûsenbrod, ímenbrod, krûomel-
an-de wand, biowermännken.

bie̊werig, *bebend.* ne biowerige hand.

bie̊wermännken, *n.* = biower. *(Elsey.)*

bie̊werût = biower. *(Unna.)*

bîhaü, *n.* beihau, *ein knochen, den der
schlächter zu einer fleischportion legt;
fr.* réjouissance.

bihaien, *verstecken. Must. 52.*

bihê̊r, *beiher, vorbei.* ik konn der nitt
bihê̊r. du küomst der nitt bihê̊r.

bîhêen, *n. versteckenspiel. (Fürstenb.)*

bikant, *beinahe. v. St. XX. stück 1182*
bykant. *lagerb. d. freih. Altena I.
Kil.* bijkants, prope, ferme.

bîker, *m. bienenkorb.* — *ags.* beócere.
Gl. belg. biecaer of een biestoc. al-
veare G. byencare. alveola, alveare,
alvearium T. *alts.* bikar, alvear. *Gl.
Arg.* kar, gefäss.

bîken, *m. bienenkorb. (Lüdensch.)*

bikuo̊men, *1. beikommen. 2. zum be-
wustsein kommen.* hai es wir bikuo̊-
men.

bîlâe *für* bîlade, *f. seitenfach im koffer.
K. S. 105. syn.* binnerkästken.

bilank, *entlang, längs. K.*

bild, *n. bild.*

bildnüs, *n. bildnis.*

bîle, *f. beil.* — *alts.* bil. *F. Dortm.
III., 229:* bile, *f. s.* biggel.

Bilefeld. he gêt med as de smiod van
B. = mitgefangen, mitgehangen. *vgl.
Paffenrode:* wil gij de weerd van By-
leveld slachten en slenderen mee.

bilenhelf, *beilenstiel.*

bilk, *welch.* bilka tîd. *Grimme.*

Bilke, *Sybille. K.*

billig, *billich.* — *Soest. fehde:* billich
und billik. *s.* recht.

billigkait, *f. billichkeit. spr.:* dat grötste
recht es de grötste b.

bilsenkrûd, *n. bilsenkraut. syn.* döen-
blaume, lechtblaume.

bîmâken, *beimachen. spr.:* et es kain
gôd bescheren. et es en bîmâken.

bimmeln, *öfter eine stelle schütteln.*

bîmôr, *f. bienenmutter, weisel. syn.* wiser.
— *ags.* beòmôdor.

bind, *n. bind.* en bind gårn. — *alts.* binithi, *n. moestf.* bint.

bindstrump = ȫwerhose, *gamasche.*

bindwiage, *f. bindweide, eine weidenart, die sich zum binden eignet.*

binên, *beieinander, zusammen.* binên dauen, *copulieren, trauen.*

binęwen, *neben.* der binęwen.

bingeln, *schellen, klingeln.* s. pingeln. — *ostfr. ebenso.*

bingen = *binnen, binden. Kr. Altena reim beim wagenbinden:*
en twê drai,
dai bȫer dai binget hui
un binget hai nitt faste,
dann kûomt hä innen kasten.

binnen, *binnen, innen. von binnen, inwendig.* s. bekīken.

binnen, *præt.* band, bund; *pl.* bünnen, bünten. *ptc.* bunnen, *binden.* ûmmes binnen, *einen am geburts- oder namenstage eine bandschleife um den arm binden,* s. angebinde. med wọt binnen, *von den begleitenden geschenken, die sonst wol an den arm gebunden wurden.* ênem wọt op de näse binnen, *einem etwas aufbinden.*

binner, *m. binder, garbenbinder. in zusammensetzungen mit* binner *wird dafür auch* bönner *gebraucht.*

binnerkästken, *n. beilade, kästchen in einem koffer.*

binnerpacht, *pacht an geld, hünern und anderen kleinen naturalien.*

binnersîd, *f. binnenseite.*

bir, *f. birne. Schwelm.* wenn de bir ripe es, dann fällt se so wọl vȫr as ächter = *wenn eine jungfer anfängt älter zu werden, dann sagt sie leicht* ja. *der spruch lautet wahrscheinlich* — för de sȫge as för de menschen.

birkemeier, *bierhumpen aus birkenholz, welches noch die rinde hat. K.*

bise, *f. nat, die der schuster mit dem biseneisen glättet.*

bisenîsern, *n. biseneisen, zum abschneiden der lederkanten und glätten. — ostfr.* bisen.

biser, *kurzer starker regen. Wedd. W. M. IV., 301.*

bislag, *nebenbau, verschlag. K.*

bislån, *beischlagen, vom verschwinden einer beule.*

bissemęlke, *f. frischgemolkene milch. (Weilmar.)*

bissen, *vom laute der aus dem euter strömenden milch.* s. biəsen.

bîstån, *beistehen, helfen.* et sall di slecht bîstån, *es wird dir übel gehen.*

dai et slecht bistêt, *denen es übel ergeht.*

bistand, *m. beistand.*

bister, *adj. und adv. 1. unfreundlich. vom wetter.* bister wȩer. *2. traurig.* et süht bister ût. dat es te bister un te arg. *3. verstärkend für ausserordentlich, sehr.*

bisterbân, *f. irre.* he es op der bisterbán. — *Gl. belg.* bystren, errare, deviare. *holl.* bijster, *irre, verwirrt.*

bisterig = bister. *K.*

bisterigge, *f. verwirrung, irre. Teuth.* bijstrye. bijstrynghe.

bit, *adv. und conj. bis. — aus* bî it, *vgl. Gr. d. wb. moestf.* bit, byt, bitte.

biten, *præt.* bêt, *pl.* biəten; *ptc.* biəten, *beissen.* et es so kŭld al et bitt. hai hadde nix te bîten un te brȩken. *Bgh.* bitt, *beisst.*

bîterig, *beissig, von kleinen kindern.*

bîterken, *n. zähnchen des kindes; ebenso* oldenb., ostfr., *bei Richey.*

bitrecken, *beiziehen.* de dȫr es man bîtrocken, *die tür ist nur angelehnt.*

bitter, *bitter.* so bitter asse galle, asse rant. nich dat bitterste, *nicht das geringste. Wedd. W. M. IV. 302. weitere bedeutung Bugh. annot. D. IIII*[b]: solt van sýnre natnre maket dat water bitter vnde dat landt vnfruchtbar.

bitterbȫse, *sehr schlimm.*

bitterklê, *m. fieberklee; syn.* draiblad, draigüldenblaer.

bitterfinke, *f. ein gewisser vogel, der mit krammetsvögeln auf vogelherden gefangen wird. man rechnet zwei bitterfinken gegen einen krammetsvogel.*

bitterwainig, *äusserst wenig.*

bifall, *m. beifall.* dȩm giəwe ik bifall, *dem pflichte ich bei. 2. einfall.* hai het bifälle as en åld hûs (backes).

bifallen, *1. beistimmen. 2. einfallen.* dat well mi nitt bifallen. *3. dünner werden von einer geschoulst; s' affaisser.*

bifaut, *m. beifuss. artemisia. — das volk deutet aus bî und faut; denn, so meint man, wer ihn in die schuhe legt, ermüdet weder, noch geht die füsse wund. im mittelalter muss auch bînkwort westf. name dieser pflanze gewesen sein; so vermute ich aus dem in einer urk. von 1446 (Arch. der Pancr. kirche zu Iserl.) vorkommenden Bynkworten-hove, vgl. dän. bynke. eben so kommt im Werd. reg. ein Binkhorst vor. oder wäre es bingelkraut? im Gloss. belg. ist* bink = *rusticus.*

blå, *blau.* hai es blå anlȫpen. ik hewwe

en blåen Dèwel *(nur nachteil)* dervan,
so blå as ne wiəwelte. en blåen
wunner vertellen. sinen blåen wunder
saihen. *blåe mondag heisst bei uns
der montag in der charwoche, weil an
diesem tage die altäre in den kirchen
mit blauen decken behängt waren und
nicht gearbeitet wurde, vgl. Mda. III.,
355. daher wird das nichtarbeiten an
andern montagen ebenfalls* en blåen
mondag *oder* en blåen maken *genannt.
besondere namen der tage in der char-
woche sind zu Unna:* palmsundag,
mergelmondag, krumme dinstag, schêwe
guonstag, graine donnerstag, stillen
fridag, påschåwend. *zu Hemer:* palm-
sundag, blåen mondag, schêwen dinstag,
krummen gnonstag, grainen donners-
tag, stillen fridag, paschåwend.
blåunten, *blauer dunst, flunkerei, leere
ausflüchte.*
blad, *n. pl.* blàer, blęer, *1.* blatt. *2. platte
in* disblad. *Laiendoctr. p.* 56 *von der
zunge:* dat beste blad wenn se (de
tunge) is gud.
blåddern, *1. meckern. 2. blöken. s.*
blæren.
bladsiel, *brustblatt, geschirrstück des
pferdes.*
blåe *für* blåde, *f. blähung des rindviehs.*
blæe, *f. blåue, schmalte, die beim weiss-
waschen gebraucht wird.*
blæen, *1. die wäsche mit schmalte* blåuen.
2. bei der nadelfabrication: nåteln
blæen.
blåen *für* bladen, blatten, *blätter ab-
pflücken.*
blåer, *m. blåuer, der nadeln* blåut.
blåer, *f. 1. blatter. 2. eine kuhkrankheit,
wobei die zunge geschwollen und mit
blattern bedeckt ist.*
blåge, *f. kind. auch n.* dat klaine blage
heww' ick ganz güren. *Brilon. (bei
Grimme:* med dęm blåge); *pl.* dai
blågen. hå lütt sine bl. for hai un for
strö opwassen. med blågen es guod
spiəlen, åwer nitt guod hûs hållen. 't es
ne slechte tid, de buer maket de blån
selwer. *(Lüdensch.)*
blågge = blaige.
blaie = blaige.
blaier, *bleihe, ein fisch,* alburnus. *syn.*
oklen. *ags.* blærge. *Kil.* bleye, albur-
nus piscis. blick, *id.*
blaige, *f. blase an der haut, durch druck
entstanden. — ags.* blęgene, *engl.* blain,
dän. blege, *mwestf.* blaue = blawunde,
beule. *F. Dortm. III*, 37 (30).
blaigen, *1. blühen.* hä blaiget; *zu*

Woost.

Brackel: ha blett. *2. das monatliche
haben. wann de bôm* blaiget, *driəget
'e noch nitt, sagte eine mutter, als der
pastor fragte: ist das wahr? man
sagt, eure tochter sei schwanger. Mda.
VI., 462 nr. 2. mnd.* blogen. *Sün-
denf. 2018* bleide, *blühte.*
blaiken = blêken.
blaikstücke = blêkstücke. *in diesen
formen zeigt sich hd. einfluss. Dortm.*
blaikstück 20 ellen leinwand.
blaimken, *n. blümchen.*
blainåkend *in* blainåkende vuəgel, *kahler,
junger vogel. (Weitmar.) vgl.* blod.
blåker, *wandleuchter. K.*
blåkerig, *farbe des blauschwarz ange-
laufenen messers.*
blåkerig, *brenzlich. K.*
blåkern *mit grünspan anlaufen, v. kupfer.*
Blaks, du sass Blaks im Hollande doch
wol wachten.
blåling, *bläuling, blauer schmetterling,
der anfangs Mai schon fliegt.*
blamôser, *eine münze,* 7½½ *stüber an
wert. bei F. Dortm. III., 93 wird in
der reductionsordnung 1 huhn zu ½
blamôser angesetzt. Gr.* (blomeiser)
meint, es sei = *blaumeiser (falk, der
meisen fängt), weil das bild wol dar-
auf gestanden. ? =* blafmôser, *vgl.*
blåfferd *und* fürmôser.
blank, *1. blank.* blank as imme asken-
loke; *op de a. h.* 48. blank as ne
mistkule. *ibid.* 49. *2. bloss, baar.*
en wårwulf blank måken, *offenbar
machen.* so blank asset männeken an
owen, *d. i.: ohne geld. (Fürstenb.)
— im mwestf. war* blank = weiss. de
blanke hagedorn. *Wigg. II. scherfl.*
blanke, blänke, *namen für weisse kühe.*
blankwinkel, *m. fabrikenzimmer zum
aufbereiten. s.* winkel.
blåre = blaige. *(Fürstenb.)*
blæren *für* blåddern, meckern, blöken;
auch von kindern: låt dat blæren sin!
(Marienh.) s. blarren.
blarren = blæren. *(Marsb. Siedlingh.)*
blåse, *f. blase.* ne swinsblåse. — *ahd.*
blâsa.
blåsen, *præt.* blais, blaus; *ptc.* blåsen.
1. trans. blasen. beim damenspiel:
dęn kann ick blåsen. blås mi oppet
år! *feiner als* leck mi in d. f. *vgl.
Mda. VI., 279. 2. intrans. blasen,
wehen.* de wind blåset. et blåset bi
ęm ut dem lesten loke herût, *er pfeift
auf dem letzten loche. — ags.* blæsan.
blåspîpe, *f. blaserohr am herde.*
blass, *fackel, eine mit werg und stroh*

umwickelte Stange. (Paderborn.) mnd.
wb. s. v. blas.

blaud, *n. 1. blut.* ik woll wol blaud
hülen. *2. blutverwandtschaft.* bå 't
blaud nitt hen gån kann, då krûpet
et hen, *von verwantenliebe.*

blaud, *f. blüte.* in der blaud sin, *in der
blüte sein. — mhd.* bluot.

blaudkopp, *m.* = blaudfętken. *(Brilon.)*

blaudspiggen, *n. blutspeien.*

blaudstörtunge, *f. blutsturz.*

blaudfętken, *n. poterium, eine pflanze,
die auch zum weihbund genommen
wird. (Warstein.) syn.* blôdkopp.

blaudwоrst, *f. blutwurst, rotwurst.*

blaudwortel, *f. tormentilla.* Kil. bloed-
wortel.

blauen, *præs.* blaue, blöss, blött, *pl.*
blauet, *præt.* blodde, *ptc.* blott, *1.
bluten.* hå blött as ne suоge; *vgl.
Hag. Köln reimch.:* ir etzliche bloden
alse swin. *2. fig. geld geben, vgl. myth.
p. 33.* du maus çm wот medgiоwen,
süss blött çm 'et hçrte.

blauerig, *blutig.*

blaume, *f. 1. blume. 2. das feinste mehl;
engl.* flour. *Teuth.* des meels cleynlike
(feine) blocme. *3. das nierenfett als
das beste am schlachtvieh; osnabr.*
flôme. *4. froschlaich.* wann de erste
blaume *(froschlaich)* verfrüset, giot et
en slecht fröjår. *man vgl. auch* blo-
menwåre, *das beste holz.*

blaumen, *blühen, blumen bringen.* im
august blaumet de snê, *viele wolken,
die nicht regnen, deuten auf viel schnee
im winter. vgl. Rochh. naturmythen
p. 6. vom jacobitage. — mhd.* bluomen.

blaumenhęrte, blaumeshęrte, *ein ausruf
der verwunderung:* he blaumenhęrte!
bei Radl. II., 279: blomenharte! *vgl.
Gr. III., 307, 15, der darin abgekürzte
refrains aus liedern vermutet.* berg.
blômen in der hêge! *vgl. Mont. volksf.
48ª. holl.* o blommer herten. o blom-
mer herten ik sou in dat kas al vry
wat van St. Thomas volk wesen! *sagt
Joris verwundert darüber, dass eine
frau* „door imaginatie" *schwanger
werden könne.* de bedroge girigheyd
1675.

blafferd, *m. eine ehemalige münze, ein
abgegriffener groschen. vgl. Frisch I.,
103, 104, der aus einem nl. wörterb.*
blaffaert, papier amble *und* un denier
plat sans figure et un denier d'argent
ou un sou. blaf *bedeutet nach diesem
wörterbuche breit und kahl. Gl. belg.*
blaf, planus, æquus et amplus. *fr.*

bafard *wird aus dem nl. aufgenommen
sein. wie dem luf ein* nds. lack *ent-
spricht, so kann diesem* blaf *ein* black
(hd. blach) *entsprechen, und das be-
deutet eben flach. s.* blamûser.

bleck, *bloss.* de blecke êrde, *die blosse
erde.* de blecke arm. hä gęt am ble-
cken kopp. *vgl.* blicke *und* blecken,
*sehen lassen, entblössen. Mda. IV.,
206.* bleck *ist das, was man sicht.
aus* blikan, blak *gingen* flick, bleck,
blęk, blêk, blêken, blinken, blank *her-
vor. s. alts.* blikan, *glänzen.*

blęk, *n. 1. blech. 2. gartenbeet. Teuth.*
bleeck, playn, anger.

blêk, *bleich, blass.* dat inket es blêk.
alts. blêk. *Teuth.* blayck, vale, saluwe.

blêk, *n. bleichplatz.*

blêke, *f. bleiche, bleichplatz. — alts.*
blêki, pallor.

blêken, *bleichen.*

blęken, *blechen, zahlen.* K.

blękschläger, *m. blechschläger, klempner.*

blêkstücke, *n. bleichstück.* en blêkstücke
lûken. 20 ellen.

blekwåten, *die sense schärfen. — vgl.
alts.* huat, acer *und* wetten (huatjan).

blenken, *blinken.* dat blenket as ne
panne op glossêd.

blennen, *blenden. — ags.* blendian.

bleskon, *n. kleine blesse. 2. name eines
pferdes mit einer blesse.*

bleskenwęg, *n. der blesse nach, der nase
nach, gerade aus. Bochumer gedicht
auf die vermählung des thronfolgers
mit princess Victoria.*

blesse, *f. 1. weisser streif oder fleck vor
dem kopfe der tiere. 2. name einer
kuh, eines pferdes, welche eine blesse
haben. 3. synecd. für stirn, kopf.*
hai wiskede sik den swêt van der
blesse. *4. lange haarlocke.* blessen,
*pl. stränge angebundener haare, auch
falbfärbiger pferde. Wedd. W. M.
IV. 301. holl.* bless *wie 1.; 2. auch
glatze. vgl.* Kantz.

bli, *n. blei. — mnd.* blige.

blick, *n. hemd.* glik bộr ik di 't blick op.

blicke, *f. blosser hintere.* ik well di
mål de blicke besaihen. *es ist wol
adjectiv mit ausgelassenem* fuat;
s. bleck.

blieken = bliоken. *fig. in:* klumpsack
blick vộrm æse recht dick. *s.* pålœsen.

bliоken, *bellen.* hai bliоkede sik so hêsk
assene ålde tiewe. — *mnd.* blecken.

bliêrn, *bleiern.*

bliks, *blitz.* blix-junge.

bliksem, *m. blitz.* dat di de blixem

slätt! — *alts.* blicsmo. (?) *Soest. Dan.* *178* blixem.

blind, *adj. 1. blind, der nicht sieht.* ne blinne suoge findt ôk wannêr ne çker. *2. was nicht gesehen wird.* hûswçrk es blind, dai et saiket, dai et findt. *3. wo man nicht sieht. einer, der sich geirrt hat, sagt wol zu seiner entschuldigung:* ik sall wol de blinne stunde hewen. — *adv.* blindlings. hä gêt blind tau.

blinderig, blinnerig, *wie blind.* de ôgen sid mi so blinnerig. et es mi so blinnerig vör den ôgen.

blinge-flaige = blinne-kippe. *(Siedlingh.)*

blinge-minze *(katze) sogen. blindekuh jagen. (Siedlingh.)*

blinge-mûs, *f. blindekuh. (Marienh.)*

blinne-hâsen, *pl. excremente, weil sie nicht weglaufen, wenn man auf sie trit.*

blinne-hesse, *m. blinder Hesse, schelte.* du blinne-hesse, sû doch tau bà du hen trios!

blinne-kau, *f. blindekuh, spiel.* s. blingemûs, blinge-minze; *vgl. Rochh. 431.*

blinne-kippe, *f. stechfliege;* syn. blinnetiøpsche, blinne-flaige. blinne-kippen sid dat lû åder flaigen? *weil sie nicht wegfliegt, wenn sie ihren saugrüssel eingeschlagen hat.*

blinne-kuckuk, *m. stechfliege. (Weitmar.)*

blinne-snider, *m. libelle.*

blinne-tiøpsche = blinne-kippe. *(Elsey.)*

bliune-flaige, *f. dungfliege.*

blinsterblâ, *bleumourant.* et worte mi bliusterblâ te maue. dà schione de mâne ganz blinsterblâ. *Gr. tüg 50. Must. 27.*

blinstrig, *schlecht sehend. Spr. u. sp. 58.*

blits, *eine beteuerung im kinderreime:* god blits un der wits.

blitsen, *1. blitzen. 2. blinken, stärker als blenken.*

blitsig, *aufgebracht, auffahrend.* he wôr so blitsig.

blitskærl, *m. blitzkerl.*

blîf, *n. heimat, aufenthaltsort.*

blîfer, *m. bleistift.*

bliwâken, *halbwachen.*

blîwen, *pr.* blêf, *ptc.* bliowen, *bleiben.* drin blîwen, *in einem krankheitsanfalle sterben. alts.* biliban.

blîwes, *n. für* blîwend, *das bleiben an einem orte, das recht dazu. übrig gebliebene subst., partic., præs. sind* schriwes; *auch* angesinnes *steht für* angesinnend.

Blocksberg, *m. Brocken.* syn. Hçrtobçrg, Klockesbçrg.

blôdkopp, *m. blutkopf* = blaudfçtken. *(Fürstenb.)*

blôe *für* blôde, *1. schwach, weich.* blôe ôgen. wann et frûset, sall de rogge wol blôe werden. *vgl. dän.* blöd. *2.* blôde, *gegensatz von* fri. ik sin nitt blôe. — *alts.* blôthi, timidus.

blüggen, *blühen. K. S. 102.*

blöggers, *pl. blüher, heissen die wollbohnen vom vielen blühen.*

blöken = bliøken. *Teuth.* bloicken als eyn hont.

blömeshçrte = blaumeshçrte.

blôt, *adj. bloss.* he gêt am blôten kopp. — *adv. bloss, nur.*

blôte, *f. 1. blösse. 2. schafhaut, wenn sie kurz zuvor geschoren ist. vgl. Tappe* 232ᵃ blote, *kahle junge taube.*

blote, *f. altes messer.* syn. blotte, àlle bluøte *(Balve)*, pløte, plåte. uø kann hd. uo entsprechen, wie guød = guot, so dass pluøzan verglichen werden darf.

blotte = blote. *(Fürstenberg.)*

blotschen, *pl. holzschuhe.*

blunt, *blond, gelb, braun. (Schwelm.)* — *v. St. XXI., 1350* blunt off blau schlüge. *auch nl.*

bø *für* bôde, *m. bote.* wenn me selwer geit, bedrüget emme de bâue nitt. *(Weffelberg.)*

büchlich, *weichlich, dem nichts recht ist. Wedd. W. M. IV., 301. Teuth.* boegelick, swake.

bock, *m. 1. bock, ziegenbock,* syn. buck. hä füllt dröwer her as de bock ọ̈wer ne hâwerkiste. *2. bock, kutschersitz,* syn. buck. *3. bock in* snidbock, sågebock.

bökærl, *m. popanz. (Reiste b. Meschede.)* syn. boukærl. bôkærl *(Siedlingh.)*

böcke, *f.* = baike. he es grof as ût de böcke gehauen. *K.*

bocken, *den bock begehren, ihn aufnehmen.* de hitte hçt bocked. *spr.* dat !ammen gêt nitt asse't bocken, hadde de schæper saggt.

bocken, *klopfen, schlagen,* s. bøken. — *Lacombl. Arch. III., 282:* stock bocken = stuken herausschlagen.

bücken = baiken.

böcken = blöcken.

böckenboum, *m. buche (krengeldanz).*

böckenfredde, *krause buche. Iscrl. limitenbuch 12: eine alte böckenfredde.*

bockeshûd, *f. bockshaut.* he gong dermed ümme as de Düwel med der bockeshûd, *d. i.: nicht säuberlich. vgl. Myth. 169.*

bockmüøle, *f. eigentlich flachsbreche,* s.

3*

bǫkmŭəle. de bockmŭəle trecken *heisst ein spiel, welches auch* sünnken àder mænken *genannt wird.* dä maut noch dǫr de bockmŭəle trocken wēren, *der muss noch tüchtig hergenommen (geprügelt) werden.*

bǫd, *n. gebot.*

bǫer, *handbeil.* K.

bȯgeu, *pr.* bochte, *ptc.* bocht, *beugen, biegen.*

bǫgen, *m. bogen.*

bǫkemŭəle, *f.* = bockmŭəle. buəkemŭəle *zum flachsbraken. wenn jemand von hand zu hand gestossen und geprügelt wird, heisst das durch die „buəkemuəle" gehen lassen.* K.

bǫken, *klopfen, schlagen.* Gl. belg. boken, tundere, pulsare, batuere.

bȳken, *rülpsen.* he es so sad datte bȳket. — *vgl.* bocken *und* aufstossen; *engl.* to boke.

bȳker, *m. bläuel zum schlagen der wäsche.* waskeholt.

bǫl, *rundhohl, beschränkt auf hohl erscheinende früchte.* — Bugenh. Genes. 23: hol unde bol. *vgl.* bolle, hirnbolle; *alts.* bolla *(ein gefäss) in* horobolla. Teuth. bol, bail, ondicht, bailvate, futilia, fictilia. Wolke plattd. ged. p. 48: bollig, plussig, voll, aufgedunsen, dickrund.

Bȯlmərs, *ortsn. bei Deilinghoven, bedeutet* spuk. *eben so ist* Budden-arson *(Werd. rolle)* = zu den hohlen ärsen, *d. i.:* spůken; *denn* budde *(auch* bude), *eigentl. hohl ist nach d. Teuth.* = hailers spoick. *und ortsn. mit* ars: Hangærs, Hundesars.

bȯle, *f. bohle, dickes brett; wol eigentlich das an einer seite runde und gewöhnlich dickere krustenbrett. dafür spricht auch, dass man die beiden stücke eines gespaltenen jungen baums bohlen nennt. Gloss. belg.* baelen, spicken, die men in qwaden weghen leghet.

bȯlken, *1. brüllen, vom rindvieh.* blöken, von *kühen. Gl. belg.* belken as koe ind ossen. mugire, boare. T. P. 2. bolcken oft brullen als eyn koe. P. 2. *schreien, vom esel.* (Soest. Stadtberge.) *holl.* balken, Firm. bälken. 3. *schreien, von kindern und erwachsenen.* 4. *ängstlich schreien,* v. Steinen. 5. *schreien, vom rohen singen aus vollem halse.* 6. *fig.* hai es so rike atte bȯlket.

bȯlker = bulkenbȯm. K.

bȯlkig, *schreiend.* bȯlkige blàgen.

bolle, *runder körper.* im rätsel von der eichel: holle-bolle *(die eichel)* heng,

holle-bolle fell, dä kwâm ver-rûbschȯker *(schwein)* un woll holle-bolle opfrȯten. *vgl.* boll *in Gr.* wb.

bolle-kærl, *m. popanz.*

bolle-käter, *m.* = bolle-kærl.

bȯlle-mann, *m.* = bollekærl. (Bollwerk a. Volme.)

bollen, *m. dickbein, schenkel.* — Soest. fehde p. 654 bolle, *m.* (Witte: clunis). F. Dortm. III., 227: twe hamelsbollen *(hammelkeulen)* gebraden. wu mäket 't de bûren, wenn se vȯr jēdem knai 'n lǫk hett? se legget ēnen bollen ȯwer den annern, op den ȯwersten legget se de kappe. — bollen *ist von* boll (rotundus) *abgeleitet. Gl. belg.* bol of bolt van eyn dier. armus, scapula. T.

bollenflêsk, *n. fleisch aus dem schenkel.*

bȯller, *m.* = kattenkopp, *ein geschütz.* s. bollern.

bollern, *lärm, geräusch machen, poltern.* s. bullern. schwed. buller.

bollerwågen, *m. grosser deckwagen.* — *holl.* bolderwagen.

bollriån, *rätsel:* vȯr dem hûse bollriân, hinger dem hûse kollriân.

bollwerken, *1. schwere stücke durcheinander werfen. 2. in erde und steinen wühlen und graben. drin herüm bollwerken. s.* bolwerk, bolwerken. *3. rumoren, mit geräusch etwas ausführen.* K.

bolten, *m. 1. bolzen, zum schiessen. 2. bolzen, im bügeleisen.* — *ostfr.* bolte.

bolts, *m. kater.* — *im d. wb. s. v.* bolze *aus* Tibalt *abgeleitet. ostfr.* bolze, balze, *wo an* balz *erinnert wird; vgl.* paltsen, *verliebte töne hören lassen, vom auerhahn. holl.* bollen, *lüstern sein;* bollekater. *mir scheint das wort ableitung von* bollen = lollen, *welches die töne des ranzenden katers ausdrückt.*

boltse, *m.* = bolts. (Fürstenb.)

boltsebaunen, *pl. wollbohnen.* (Fürstenb.)

bȯm, *m. pl.* bȯme, *baum.* dat maut en slechten bȯm sin dä op den ärsten hai fällt, vom *freien.* dä stonn ik vȯr dem bȯme, *da war ich fest gefahren.* — ēnem den bȯm hàllen, *einem die stange halten.* — *goth.* bagms; *alts.* bȯm.

bȯm, *m. für* bȯdem, boden. *den oberboden im hause bezeichnet es nicht.* — *alts.* bodam.

bombam, *II.:* bumbam. *1. eine gewisse weise des läutens. an der grossen glocke zu Butzbach stand der vers:* est sua vox bombam potens depellere

Satan. *Curieuse Antiq. I., 451. 2.*
m. in der kinderspr. etwas das sich
hin und her bewegt.

bombast, *m. fig. lärm.* dat es viol bom-
bast, äwer wainig wulle. *vgl. engl.*
bombast, bumbast. *könnte es urspr.*
nd. = baumbast sein? die älteren
composita mit bôm haben das o ver-
kürzt, die jüngeren nicht. dies gilt
von der mundart bei Iserlohn.

bômken, *n. bäumchen.*

bommel, *m. verächtlich: junge.*

bommel, *m. klöpfel der armensünder-*
glocke. dä slätt de bommel noch nâ,
von streichen, auf welche strafe folgen
wird.

bömmelke, *n. in* ârbömmelken, *ohr-*
gehänge,

bommeln, *umherlaufen, wie ein müssiger*
junge. — s. bummeln.

bommelsack, *m. im rätsel vom fuhrmann;*
s. pummelsack.

bömmess, *n. baummesser;* —nâter, *m.*
—marder *(Weitmar), vgl.* stênnâter;
—olge, *f.* —oel, — *v. Hövel urk. 112:*
boemolye; —ratte, *f. gartenschläfer,*
myoxus nitela; —schaule, *f.* —schule;
—side, *f.* —seide; —ûle, *f.* —eule;
—wass, *n.* —wachs; —wulle, *f.* —wolle;
—wullen, —wollen.

bône, *f. bohne.* he es innen bônen, *er*
ist mit den gedanken im gerstenfelde.
se sind geråde as wann se bônen in
den åren hän, *sie hören nicht.* nitt
ne bône werd, *gar nichts wert. vgl.*
kaine buttelte, nitt en gedanken, nitt
ne knifte, nitt en knöp, nitt en lam-
merstertken. — lînen bônen, wüllen
bônen, *syn.* boltsebaunen, blöggers.

bônenstrô, *n. bohnenstroh.* so grof as
bônenstrô.

bônhasen, *auf verbotenen wegen gehen.*
vor der ehe mit der braut vertrauten
umgang haben. K. bônhase, *ein*
nicht zur gilde gehöriger handwerker,
der heimlich auf dem boden arbeitet.

bonke, *pl.* bonken, *knochen.*

bonken, *grob stossen.*

bônken, *mit bohnen (vitsbohnen, zwerg-*
bohnen) *spielen. sie werden, wie an-*
derwärts knicker oder geldstücke, in
ein grübchen geworfen. (Brilon.) vgl.
Rochh. alem. kinderl. s. 422: grübe-
lein, grübli, inggis.

bonkhûs, *n. grab.* bonkhûses knechte,
totengräber. *v. Steinen II., 748.*

bôr, *n. bohrer.*

bôr, *f. 1. bürde, tracht. 2. bund reiser-*
holz, *syn.* schantse. *3. eine börde*

reckstahl in *der grafsch. Mark sollte*
halten 118 Pfd. köln., hielt aber ge-
wöhnlich 116¹/₂. (Eversm.) — bôr *für*
bôrde. *ö wird durch das folgende*
rd bewirkt. ahd.* burdi, *altwestf.* burthi,
mwestf. boyrde. *s.* Börde.

bôrbôm, *m. 1. hebebaum. 2. baum zum*
tragen von eimern. Teuth. boirboom.
hevel.

borbôsken, *n. ein faustdicker kloss, der*
in einer eigens dazu bestimmten form
gar gemacht wird. — ostfr. bolbeisje.

bôrde, *f. die Soester Börde. — Seib.*
urk. 719 Boirde. *Gerhard v. Minden*
27, 31 u. ö.

bôrd, *s.* raime.

bôrdrûwe, *f. bohrtraube, der teil, in*
welchem das bohreisen befestigt ist.
(Lüdensch.)

bôrdrüfel, *f. bohrtraube. (Hemer.)*

bôren, *bohren.* dä bôrt 't brêd bä et
am dünnsten es.

bôren, *1. heben.* se bôrden en nitt oppet
perd, nê dröwer, *von grossem leibe. 2.*
tragen (selten). dat küämt van allem
hiäwen un bôren. — *ahd.* purjan;
mhd. buren; *altwestf.* burjan; *mwestf.*
boren *(erheben). s.* hûsbôren, opbôren,
verbôren, afbôren. *3. gebühren. Seib.*
Qu. 1, 105.

bôrg, *m. das borgen.*

bôrg, *f. burg.*

bôrg, bôrgelswîn, *m. barch, verschnittener*
eber. — baerg, barg, majalis porcus
castratus. *Kil.*

bôrgemester, *m. bürgermeister.*

bôrgen, *borgen.* bôrgen makt sorgen.
wat du kanns gebôrget krigen, dat lâ
di nich te dür sin. *spott. s.* kwîd.

bôrger, *m. bürger.*

bôrke, *baumrinde. K.*

bôrken, *n. kleiner bohrer.*

bôrn, *m. (Dortm. spricht fast* bodden,
K.) quelle. in häufigen ortsnamen, z.
b. urk.: dat Hövedborn, *sc. gud, zu*
Oberhemer, Grevenborn bei Klusenst.,
Fettenborn bei Oberhemer, Kainenborn
in Deilingh., Luddeborn bei Altena,
Schlangenborn bei Iserlohn, Johannis-
born bei Wiblingwerde, *wo eine ka-*
pelle stand und wohin am Johannis-
tage gewalfahrtet wurde, kattenborn
bei Plettenberg, sunnenborn.

bôrnen, *1. pferde etc. etc. tränken. da-*
von wol borner *(tränker, trankquelle*
für's vieh) im Remlingrader form.
2. buernen, tränken (von menschen).
hadde en seo dicke büernt, dat hei
nich olläne up den schoäken stohen

un up dem stauble sitten kunn. *N. l. m. 35.*

bŏrssel, *f. bürste. — holl.* borstel.

bŏrsseln, *1. bürsten. 2. saufen.*

bŏrst, *f. brust. — alts.* briost, *mnd.* borst, briost *ward in* biorst, *oder* briust *in* biurst *versetzt, die starke consonanz bewirkte verkürzung des vocals und* r *die brechung.* briust *wird aus* brist *(zu* brĕstan*) verbreitet sein.*

bŏrste, *f. borste.*

bŏrstkârne, *f. euterstück einer kuh.*

bŏrstkrankhaid, *f. brustkrankheit.*

bŏrstlappen, *m. 1. brusttuch, weste.* hä es nitt raine unnerm bŏrstlappen, *es ist ihm nicht sauber unter dem brusttuche, er hegt insgeheim feindselige gesinnungen. 2. innere brust, lunge. K.*

bŏrt, *mal.* alle bŏrts. *s.* bot.

bŏrtig, *gebürtig.*

bŏs, *f. gewisse teile des geschlachteten schweines. (Velbert.)*

Bŏsbede *bei Fröndenbg. alt.* Burstpethe, *d. i. pfad (pathi) nach einem erdbruch (mwestf.* erdborste, erdspalte).

bŏse, *böse.* de bŏse sĭowene. *1. böses weib. 2. im karnüffelspiel* = de tiawe. — *eine urk. v. Iserl. (1446) hat unter den zeugen:* dey boze Heyne eyn gesworn vrone to Lon ind mer guder lude genoich. *hier ist* boze *wol* = *scharf, strenge.* bose *kommt öfter in heutigen sinne im Soester Daniel vor.*

bŏseke, *bauchspeicheldrüse am eingeweide der kuh. K.*

bŏseln, *gemächlich arbeiten. Gl. belg.* beuselen, nugari, tricari, nugas agere. *K.*

bŏshaid, *f. zorn.* in der bŏshaid sin. *vgl. Voss* de geldhapers. *Soest. Dan. 129:* des düvels bŏsheit; *133:* solke bŏsheit bedrĭven.

bŏskop, *f. auch* burskop, *f. botschaft. — für* bodeskop; *ahd.* botascaft.

bosse, *büchse am rade einer karre.*

bossel, *hölzerner fassreif, womit die kinder spielen. K.*

bossel, *1. kreisförmiges bret, zum spiel. (Grafsch. Limburg.) 2. kegelball f. r. 28. Bugenh. Jes. 22[18]* bosselklotz = *kugel.*

bŏsselken, *n. kugeliger körper. so nennen wärterinnen den kindern jeden gegenstand, der sich rollen lässt.*

bŏsseln, *bosseln, hinrollen; ein Spiel, welches auf dem Hellwege (Unna) mit runden brettern (*bŏssel, bŏsselrad*) gespielt wird. es kommt darauf an, dieses rad durch die gegenpartei zu treiben, die es mit einem klotze zu hemmen*

sucht. *im Alten. statute* ward das bozelen *erlaubt.*

bossmen, *m. busen.*

bŏten, *m. pack, vom flachs; zu Fürstenb. 120* risten. — *ahd.* pôzo, *Gl. belg.* bote vlasses. colligatura lini. *T. fr.* botte; *Schamb.* bâte, bôte, *hess.* bŏsse, bŏssen, *m.*

bott, *mal;* all bott. — *ostfr.* all bott. *Kil.* bot, botte, impulsus, ictus.

boukærl = bollekærl. *(Elsey.)*

bŏumen = bollekærl. *(Libberhausen.)*

bŏfiɔst, *m. bovist.* dat es en dingen as en bŏfiɔst. du büs ock en rechten pŏfiɔst. — *vgl.* bubenfiest.

bŏwen, *oben.* hä stĕt bŏwen erden. — *aus* bi oban. der bŏwen, *darüber, ausserdem, trotzdem. mit præp.* b. ân, —af, —dŏr, van b. dâl, —in, —op, (he es wir bŏwen op, *er hat sich wieder erholt. K.)* —ut.

bŏwer = bŏwen.

bŏwerst, *oberst, höchst.*

Brâband, *Brabant. — mhd.* Brâchbant.

brâbünner, *brabanter, brabänder. es lehrt, dass für das nd. auslautendes* d *richtig ist. es kann daher zu diesem* bant, bande *(wieser) und* span. banda, *landstrich am flusse, berge gehalten werden.* d *mag th sein, so stimmt es zu* römischem t *in* Tubanten.

brâdbĕren, *pl. gedörrte birnen.*

brâdmũse, *pl. dass. (Weitmar.)*

brâdwŏrst, *f. bratwurst.* de bûr es vanner kŏrten prŏke un 'er langen brâdwŏrst. — *Tappe 176[b].*

bracke, *f. leithund. — ahd.* bracco; *mlt.* braccus.

brâe, *f. s.* wadbrâe. *Teuth.* braide an en beyn.

brâen, *pr.* braid, *ptc.* brâen, *braten. Teuth.* braiden. harsten. roistren.

brâen, *m. braten. Teuth.* braide. crap. harst.

braie, *f. brühe.* du büs med der selftigen braie begoten. — *altwestf.* bruodi, *Teuth.* broede, *ital.* broda. *s.* brŏd.

braiehenne, *f. brühhenne.*

braien, *pr.* brodde, *ptc.* brott, *1. brüten. 2. auch von einer krankheit, so lange sie sich entwickelt.* hä brött de pocken. *Sündenf. 205:* broiden.

braif, *m. pl.* braiwe, *brief, urkunde.* se het de elsten braiwe, *sie hat die ältesten ansprüche.* du hĕster noch kaine braiwe van, *du hast noch keine gewissheit.* lât dü de lü bi çrem wĕsen, so blitt dine braiwe ungelĕsen.

brâk, *brach; fig. ohne kind.*

bråke, *f. flachsbreche.* *Teuth.* brake tot
vlas of hennep.

bråke, *reis, busch, K. S.; abgehauenes
reis, (Marsberg;) trockenes reis, (Fürstenb.) ostfr.* bråk, *strauch; engl.*
brake; *hess.* bråke, *m. dornreis zum
zaunbessern.*

bråken, *flachs brechen.* *zu Rheda dafür*
racken.

bråken, *den acker umbrechen, die brache
pflügen. (Fürstenb.)* im spörkel es
guad bråken, mün me kann der sik
nitt op verlåten. — *alts.* gibråkòn.
ahd. pråchòn. *Teuth.* braicken dat lant.

bråkwi∂ge, *f. bruchweide,* salix fragilis;
sie wird auch braukwi∂ge *genannt,
aber wol mit unrecht.*

bråkwigge, *f. ein weihe, der durch
sein geschrei regen verkündet.*

bråm, *m. besenginster.* wann de bråm
blaumet es de bûr krank un de lmen.
— *Dasyp.* pfrimmen. *Gl. belg.* brame,
ghinster,brimmen. genesta.—*Aesop2,36.*

brammelte = brammerte. *(Remsch.)*

brammen = brausen. *Gr. tüg 42.*

brammerte, *f. brombeere.* — merte =
berte, *beere.* *ahd.* bramo, vepres,
Teuth. brambere.

brammerte, *f. dass. (Elberf.:* brommelte).

brand, *m. pl.* brænne. *1. brand, incendium. 2 feuerbrand.* ên brand allêne
briont nitt. bå sik med brænne slätt,
då stûwet de funken, *oder wie es im
westf. anz. II., 668 lautete:* de sik
med fûerbränden slätt, mot förlnif
nemen, bu de funken stûwet, *d. i.:
wenn sich ein ehepaar zankt, oder wol
gar schlägt, und der eine teil sich
nachher über den andern beschwert,
so pflegt man wol mit diesem spruche
zu antworten.* hä sittet bi den brännen. ik wêt bat ik wêt: graine bränne
sind ächter hêt. *man schildert damit
den zu bezeichnen, der mit der sprache
nicht heraus will, durch seine verlegenheit die antwort errathen lässt.*

brandbraif, *m. 1. brandbrief, worin feueranlegen gedroht wird. 2. dringender
brief überhaupt.*

branddûr, *brandteuer, sehr teuer.*

brandholt, *n. brennholz.*

brandraue, *eisengestell am herde, worauf
das holz gelegt wird. vgl. das folgende Wort.*

brandrigge, *f. brandbock am herde.* de
swarm es an de brandriggen trocken,
die frau im hause ist nieder gekommen. *köln.* brandrichte. *Kil.* brandroede. *Teuth.* brantroide.

brandsalwe, *f. brandsalbe.*

brannerig, *brandig, nach brand riechend
oder schmeckend.*

brannewin, *m. branntwein.* *Teuth.* bernwyn, vinum crematum.

bransen, bränsen, *1. eigensinnig weinen.
(Lüdensch.) 2. weinen überhaupt.
(Valbert.)*

bränterig = brännerig. — t *für* d.

bræschen, *schreien, von kindern, vom
esel, vom pferde (wiehern). — v. d. H.
Germ. X., 127* braschen, *137* bresen
un raren, *brüllen und schreien; RN.*
bräschen, *lärmen.* *Vilmar:* breschen.
Teuth. breeschen. luyden als eyn dyer
grymt. rugire.

brast, brass, *menge.* *eigentl.* fragor,
strepitus. — = *alts.* braht, *Kil.* bras,
mixtio, confusio, commixtum chaos.

brauk, *m. hose, Altena. auch vom pferdegeschirr. s.* achterbrauk. — *im ganzen ein selten gewordenes wort. lat.*
bracca; *ahd.* pruoh; *dän.* brog.

brauk, *m. pl.* braike, *bruch.* *Gl. belg.*
broeck. *Teuth.* broick. venne. ollant. goir. palus. — in den Braiken,
häufige ortsbezeichnung, z. b. Bredenbrauk, Grisenbrauk, Dassbrauk; *als n.*
dat bru. *Seib. Qu. 1, 157.*

braukwi∂ge, *f. brüchweide, d. h.: eine
weide, die gern auf bruchboden wächst,
nicht zu verwechseln mit* bråkwiage.

bråf, *adj. brav. — adv. viel.* bråf geld,
bråf wat, *viel.* — *röm.* bravo, *aus mlt.*
bravium, *gr.* βραβειον.

bred, *n. pl.* breer, *bret.* hä snidt breer,
er schnarcht laut. hä niæmt en bred
für den kopp. *Gl. belg.* berd, asser. *V.*

bred, *comp.* bredder, *superl.* breddest,
breit. he het et ok nitt bred. he het
en brêen rüggen, *kann viel (schelte)
vertragen.* vi wett ne bred slån, *wir
wollen ihn geneigt machen.* de es so
bred as de micke te stipel.

bredålig, *hochfahrend.* *Stürenb.* bredål,
grob, hochfahrend. ? dål, strals. vocab.,
= hoverdich, elatus. *Stürenb. vermutet entstellung aus* brutal. *aber*
bre *kann geschwächtes* bred *sein, wie
in* bredadig, *stolz.*

bredde, *f. 1. breite. 2. flacher landstrich,
weitung. häufiger flurname. mwestf.*
brede, breyde. *ahd.* breiti.

brêdkopp, *kuhname.*

bredulje, *verlegenheit, verwirrung, scheint
der spielausdr.* bredouille *für* brouille
*genommen zu sein; (Iserlohn, Dortm.)
auch bei* Stürenb. *verzeichnet.*

breken, *pr.* bråk, *pl.* bræken, *ptc.* broken,

brechen. nòd briəket ísern. sik brçken, *sich übergeben.* et gå di wǫl, sagg en burssen tiəgen ne dérue, dçr wǫt dunne tau çme was. sai anverde: et gå di ȏk wǫl, dann bråkste di ock nitt te brçken un grüss mi alle dä di van ächter hçr begiəgent.

brçkspiəl, *n. zerbrechen vieler geschirre.* brekspel, interruptor lusus. *Kil.*

brçkfällig, *1. zerbrechlich. 2. baufällig; auch fig.*

brçme, *f. brombeerstrauch.*

brçmenblad, *n. blatt des brombeerstrauches.* en bréd brçmenblad flütt de bçke op un af. *sprüchlein für mundfertigkeit.*

brçmme, *f. brombeerstrauch.* brame, bremen. vepres. vepreculus. *T.* braeme, breme. rubus, sentis, vepres, morus vaticana. *Kil. Iserl. limitenbuch 37:* alhier ist ein stein gesetzet an einer juugen beucken heister, alwo viel bremmen vorhanden.

Bremmenstên, *m. ein isolirter kalkfels bei Iserlohn, bedeutet einen mit brombeerstränchern oder dornen bewachsenen felsen.*

bremmerte = brammerte.

bremsen, *besenpfriemen. (Remsch.)*

brçnen, *præt.* brannte, *ptc.* brannt, *brennen.* bå dai hçrgêt, då briout et, *sie ist nicht ehrlich.* — *mwestf.* bernen.

brçner, *m. 1. kaffeebrenner. 2. säufer.*

brçnholt, *n. brennholz.* — *urk.* berneholt für bernholt.

brçnniətel, *f. brennnessel.*

brensen = bransen.

brçnterich = brännerig.

brêren, *lautschreiend weinen, von kindern; s.* bræschen. — *fr.* braire. *vgl. Diez R. wb. s. v.* braire.

brî, *m. brei.* hai lȏpet drümme as de katte ûm den hêten brî. me maut den brî nitt so hêt çten as he opschepped werd. då hçste den brî med samten brocken. *vgl. zu Rheda* brig, *vgl.* bregen, gehirn, *s.* briggen.

bricke, *f. krummes holz, woran fleischer das geschlachtete vieh aufhängen. syn.* krumme. so schêf as ne bricke. — *es hängt mit* brêkan *(brechen) zusammen. vgl. engl.* bucket = bricke *und die Norfolkphrase:* as wrong as a bucket.

briggen, *den kühen das futter kochen und als brei* (brig) *geben.*

brill, *m. 1. brille, aus* beryllus. *2. von der ähnlichkeit der gestalt:* sitzbrett eines abtritts. — *masc. auch im schwed.,* daneben *femin. Kil.* bril, sedes latrinæ perforata.

brink, *m. 1. hügel. 2. abhang eines hügels. 3. anschwemmung im bette eines baches oder flusses, die eine pflanzendecke erhalten hat. im Alten. W.-Bl. 1835 nr. 25 las ich:* „auf der sogenannten Hanflake hat sich seit einigen jahren ein brink (sandbank mit gras bewachsen) gebildet, der von einigen Mühlendorfer eingesessenen seit kurzem zur bleiche gebraucht wird." *eben so wird das wort in der grafsch. Limburg gebraucht. 4. anger, grüner platz, quellplatz. als halb-appellative ortsbezeichnung von hügeln und abhängen ist das wort bei uns häufig.* — *mwestf.* brink = rand *ist die grundbedeutung. Förstem. d. ortsn. 275 kennt im regierungsbezirk Arnsberg 8 namen auf* brink. *in und bei Iserlohn:* Knallenbrink, Lindenbrink, Gaylbrink, Jodenbrink; *amt Hemer:* Isenbrink, Lusebrink, Hoppenbrink.

brinksitter *heisst der, welcher ein eigenes haus auf einem in erbpacht genommenen boden besitzt. K.*

britse = britsel. *K. S. 78.*

britsel, *f. bretzel.* ik hewwe min lçwen noch nix krümmeres gçten as ne britsel. — *ahd.* brezitella. *muss der name dieses backwerks aus ital.* braccio *hergeleitet werden?* britse = britte *kann einem* bricke *entsprechen, vgl.* blits *zu* blikan, mutse = mucke, ûtse = hucke. *könnte die* bretzel *in der form* B *ein altheidnisches backwerk sein, welches als rune* B *an* Bal *erinnert? bälweske britseln sind bei uns berühmt.* Balve, Balleban *mag von* Bal = Balde *benannt sein. Teuth.* brytzel. wyndeling. krekelingh.

brecken, *brocken.* hai hçt wot in de mçlke te brocken.

brocken, *m. brocken. s.* brî.

brôd, *n. brot.* en stücke brôd in der taske es beter as ne feer om haue. hä gêt te brôe, *er geht bei andern in die kost.* dem sin brôd es backen, *er ist verloren.*

brôd, *f. brühe.* — *ahd.* brôd; *ital.* brodo.

brôdblaume = rägen. *(Aplerbeck.)*

brôdçkse, *f. scherzhaft für mund.* dä hett sik mal rècht in de B. hocht, *die haben sich mal recht abgeküsst.*

brødel, brôdel, *fehler, z. b. im stricken, weben.*

brødeln, *fehler machen im stricken, weben.*

Dortm. broddeln *ebenso.* brodden, inepte operari. *Kil.*

bröddeln, *etwas langsam, bedächtig tun; beim knickern.*

bröddeler, *der langsam schiesst, beim knickern.*

brödjunge, *knaben, die den niederen kirchendienst verrichten, dafür freien schulunterricht und bei begräbnissen etc. gaben empfangen. K.*

brödschap, *n. brotschrank.* hä lôpet im hûse 'rümme uu kann 't brôdschap nitt fiunen.

brödsack, *m. brotsack.* dat es eu armen brodsack, *das ist ein armer mensch. vgl.* dicksack, pummelsack, fretsack.

brödsprger, *m. brotsorger, familienvater.*

bröer, *m. pl.* brôers, *in Altena richtiger* brauer, *bruder.* — *alts.* bròthar *für* bruothar.

bröi, *f. brücke.* — *schwed.* bro. *vgl.* wéi: wigge; bröi: brügge.

bröi-îmen, *pl. brütbienen, drohnen. (Lüdensch.) s.* braudbigge.

bröken, *n. brötchen.* ik kann jä nitt mär bröken saggen = *ich bin ganz* athemlos.

brötschen, *schmoren.*

brötsch-iumen, *pl. =* bröi-îmen. *(Valbert.)*

brûd, *f. pl.* brûten, brûtens, *braut.* brûmer un brûd tchöpe dä drinket ût enem pôte. de brûd het de katte nitt guod föert, et regent an crem verendage.

brûd, *m. last.* ek hef den brûd dervan, *ich habe die last davon = ich will nichts davon wissen. (H. ich will es gar nicht haben.) s.* brûn. — *vgl. ags.* bryrdness, cura, compunctio.

brûden, *s.* brûen.

brûddäler, *m. verlobungstaler, den der bräutigam der braut gibt.*

brûddaus, *m. brauttanz.*

bruddel, *s.* buddel.

bruddeln, brpdeln.

brûddisk, *tisch, an welchem die braut sitzt.*

brüddigam, *m. bräutigam. (Schwelm.)*

brudgail, et flas es brudgail = et es 'ne brud im huse; *wenn der flachs recht lang wird.*

brûdigamsvâer, *m. bräutigamsvater, der für den bräutigam das ist, was die brautmutter für die braut.*

brudjunge, *m. brautführer. Grimme Sauerl. 63.*

brûdloch, *trauung. (Weitmar.)*

brûdlocht, *f. hochzeitszug. K.*

brûdlôchte, *hochzeit. (Deilinghoven.)*

brûdloft, *hochzeit. Iserl. ged. v. 1670. fasc. temp. 288ᵇ* bruloft.

brûdlû, *pl. brautleute.* — *früher verstand man unter* brûdlûde *die zeugen des brautpaares, welche zugegen waren, wenn sich die jungen eheleute verleihungen machten. v. Hövel urk. 28.*

brûdmôer, *f. brautmutter.* — *Luth. huspost.:* De *(sc. Maria)* wert velichte der brudt erkaren moder op der hochtidt gewest sin.

brûdschat, *m. brautschatz, mitgift.*

brûdstücke, *n. geschenk, welches von der braut den verwanten des bräutigams gemacht wird. Grimme, Sauerl. 63.*

brûdtriosek, *m. =* timpenbrî. *(Werdohl.)*

brûdvâer = brûdigamsvâer.

brûdwâgen, *m. brautwagen.* hä sliəpet sinen brûdwâgen nâ, *sagt man, wenn jemand ein dornbusch am kleide hängen bleibt.*

brûdwîn, *m. verlöbnis.*

brüǝk, *m. 1. bruch, fractio.* dat gêt in de brüǝke, *das ist mir zu hoch.* ik sin innen brüǝken, *ich bin an der* bruchrechnung. *2. leibesbruch, hernia.* hä het en brüǝk.

brüǝk, *m. brüchte.* dat küǝmet in de brüǝke, *das kostet strafgelder.*

brüen *für* brûden, *belästigen, plagen, necken.* hä brüdt sin möer ûm geld. *ags.* bryrdan, pungere; *ahd.* bruttan, *mhd.* brütten.

brügge, *f. 1. brücke; nwestf.* bruege. *2. butterbrot. Rachel satyr. p. 40. Gl. belg.* brugghe; boterham. — *v. St. III. 492 (Lathen im Hannov.).* scheint metapher, *weil es die hauptbrücke ist, welche leib und seele verbindet.*

bruggehus, *n. brauhaus.* — *alts. (Werd. hebreǝy.)* brouhus.

bruggekišel, *m. braukessel.*

bruggen, *brauen.* rom aufsteigenden regengewölke *sagt man:* dä sid se wir düchtig am bruggen. — *ahd.* briuwan; *alts.* gibruwau; *nwestf.* browen. *unsere form entstand aus* brüen; *die füllung des hiatus mit* gg *bewirkte verkürzung des vocals.*

brugger, *m. brauer.*

brüggesken, *n. 1. brückchen. 2. butterbrötchen.*

brügg-op-hêi *oder* galgenschimmeln *ist zu* Marienh. *der name eines kinderspiels, welches dem galgenlesken entspricht; s.* brunê.

brahê, *lärm. Wedd. WM. IV. 301.*

brûk, *m. pl.* brûke, *brauch.*

brûken, *praet.* brôk *(ags.* breák) *und* brûkede, bruchte, *pl.* brûǝken, brüchten,

bröchten; *ptc.* broken *(Brackel) md.*
brûked, brucht, *brauchen.*
brûme, *schw. m. bräutigam. f. r. 4. 11.*
— *Soest. Dan. 107* brûm *und*
brûme, *m. (Fürstenb.)*
brûmer, *m. bräutigam. das in mer ste-*
ckende mar steht für mann. *vgl. ahd.*
langmar *(mittelfinger) mit unserem*
langmann. *Radloff II. 341:* bruth-
mann.
brumester = bŏrgemester.
brummbast, *m. brümmer. — ? für* brumm-
bass, *worin* basse, bår *stecken könnte.*
vgl. Danneil, brummbår, brummbass.
brummelke, *1.* brombeere. *(Siedlinghausen.)*
2. brummfliege.
brummelsse, *f. hummel. (Bremen bei*
Werl.) s. brummerte.
brummelte, *f. 1. brummfliege. (Werl.)*
2. bremse. (Soester Boerde.)
brummelte, *f. brombeere. (Marienh.)*
ostfr. brummelbée.
brummen, *1. brummen.* vŏr sik hen
brummen, *leise mit sich selbst sprechen.*
med ümmes brummen, *ihn schelten.*
2. die glocke zum englischen gruss an-
schlagen. N. l. m. 95.
brummerte, *f. hummel. (Balve.)*
brümmesk, *brümmisch.* hå es so br.
as ne bustersoppe.
brummisern, *n. maultrommel; syn.* mûl-
trumpe.
brummfiaige, *f. brummfliege.*
brûn, *braun.* swart un brûn, *braun*
und blau.
brûn, *m. last, plage.* ik hewwe den brûn
dervan = *ich habe nichts davon.* s. brûd.
brunê, *f.* = buhê, *name eines fangspiels;*
s. buhê.
brûnelle, *kuhname.* — brunelle, prunella,
eine pflanze.
brunnen, *m. krankheit der schweine, die*
sich durch braunwerden gewisser kör-
perteile verrät. — *ostfr.* brunne, hals-
bräune.
bruntsen, *pissen.* — *aus* brunnentsen,
zu brunnen, *dem hd. entlehnt.*
brûs, *m. braus.* sûs un brûs.
brûsen, *brausen.*
brawechelnstrûk, *m. wacholderstrauch.-*
brawechelte, *f. wacholderzweig.*
bû, bu, *1. interrog. und relat. wie.* —
alts. hwo; *mwestf.* wu; *fries.* hû; *engl.*
how. *2. in ausrufen.* bu! je nun! bu
je! *nun ja!* bu wol! *je nun wol!*
eh bien! bû nê! *ei nein! nicht doch!*
3. conjunct. buwŏl, *wiewohl. das Iserl.*
hochzeitsged. v. 1670 hat schon bu.
Schwelm: bu. *Hattingen:* wu.

buchê, *grosses wesen, spectakel. K. S.*
85; s. buhê.
buck, *m. 1. bock. 2. kutschersitz. (Dortm.)*
buckebüsse, *f. knallbüchse. (Fürstenb.)*
bucken, *sich bücken. K. S. 122* ek well
di wat hŏge leggen, dat du nich haufes
te bucken. *Soest. D. 13* buckest so
piuliken over dinen staff.
bücken, *præt.* buchte, *ptc.* bucht, *bücken.*
bücking, *m. bücking.* bocksharinck,
buckingh, halex infumata, halex hir-
cina, a foedo nempe odore. *Kil.*
buckstån, *leiden, bezahlen für andere.*
Wedd. WM. IV. 301.
buddek *in* engebuddek, *dicke blutwurst.*
(Fürstenb.) — *vgl.* puddek *und* euddott.
buddel, *m. (Köppen schreibt* büoddel.)
masse, plunder. — *alts.* bodal; *holl.*
boedel; *ostfr.* budel, bodel; *Wesel*
baul, plunder. s. bruddel.
buddeliersche, *f. auf adlichen häusern*
ein mädchen, das für bier und wäsche
des gesindes sorgt. Weddigen.
buddeln, *wühlen, vom maulwurfe;* s.
buaseln.
bûe *für* budde, *f. bütte in der papier-*
fabrik und sonst, bottich. s. bûr. *Kud.*
Stat. p. 83: byrbode *für* byrbodde.
vgl. Werd. hebereg. budin getŏ *(hohl-*
geschirr) ad coquinam et ad bronhus.
budde *bez. etwas hohles; daher Teuth.*
budde, spoick, mom, schoeduvel, hai-
lers, larva, mascara.
buabel, *f. wasserblase.* — *engl.* bubble.
buabeln, *blasen zeigen.*
bûag, *m. biegung.*
büagel, *m. bügel.*
buake, *f. offene kuhglocke, versch. v.*
belle, *schlittenrolle, welche rund und*
geschlossen ist.
buaken, *(buoken, K.,) schlagen, klopfen*
mit einem waschholze. s. boken. *Wedd.*
WM. IV. 301: bûken, *schlagen.*
büaken, *schlagen, vom böttcher.* — *zu-*
sammengezogen aus buddeken. *holl.*
beuken, *schlagen, klopfen.*
büaker, *m. (büökker, K) böttcher.* —
zusammengezogen aus boddeker, bŏde-
ker. *Teuth.* kuypper, boedeker.
büaker, *m. 1. waschholz, zu* buaken. *2.*
gerät des leinwebers. (Fürstenb.)
büen, *n. 1. bodenraum, bühne. 2.* = ge-
büonste, *zimmerdecke.* — *Kerckh.* pl.
bonen; *v. Hövel 74:* den mydelsten
bone up dem huse, er korn darup te
schudden. — (büön, *nebenkammer,*
vorratskammer, kornboden. K.)
büane, *f. kammer. (Marienh.)*
buaselkatte = dilldoppken. *(Siedlingh.)*

buəseln, *1. wühlen, von bergleuten, schweinen, maulwürfen. mcestf.* boeseln *vom maulwurfe. 2. saugen. 3. gemächlich etwas tun.* ropper gebuselt. Grimme. *s.* boseln. buəseln *1 scheint* = buddeln *und daraus entstanden.*

buəter, *f. butter.* dǎ wèrd di niəne b. bī edǎn, *du wirst das tun ohne widerrede.* dǔt es kaine raine buəter med dī. Gr. tüg 80. het dai ock buəter bī de fische, *hat er auch geld?*

buəter, *n. (wegen des ausgelassenen* brôd) *butterbrot.* hä woll friggen, äwer de frau gaff me en buəter, *von jungen burschen, die wie kinder behandelt werden.* (Lüdensch.) *syn.* brüggesken, klaume, snacke.

buəterblaume, *f.* caltha palustris. du sass grainen un blaien as ne buəterblaume im maimond.

buəterdüppen, *n. buttertopf.* hä wèrd nitt fett, wamme ne ock int buəterdüppen stiəket.

buəterenne, *n. butterende.* dat es oppet b. fallen, *das ist fehl geschlagen.*

buəterkèrne, *f. butterkirne.*

buəterlåe, *f. butterdose. syn.* kôse.

buətermann, *m. butterkrämer. — engl.* butterman.

buəternelle, *f. kuhname.*

buəterfat, *n. butterfass.*

buəterfrau, *f. butterkrämerin.*

buəterfuəgel, *m. gelber schmetterling.* (Schwelm.) — *engl.* botterfly. *das ags.* nightbuttorfleðgo, tinea nocturna *entspricht unserm molkentôwer und bezieht sich auf den molkenzauber.* botervlieghe, papilio. Kil.

buətermęlke, *f. buttermilch. Gl. belg.* botermelc, balbuca. V. G.

buətern, *1. butter machen.* wann't sik nitt buətern well, dann buətert sik nitt un wamme ock in de kèrne schitt. *2. bildl. fruchten.* dat well nitt b., *die sache will nicht gelingen.*

buəterpiəkel, *f. butterpökel. s.* piəkel.

buəterpöste, *pl. löwenzahn, weil man glaubt, die kühe geben viel milch darnach.* (Siedlingh.)

buətersmacke, *f. schnitte butterbrot. f. r. 142.*

buətersnacke, *f.* = buətersmacke.

buətersoppe, *f. buttersuppe. s.* brümmesk.

buəterstücke, *n. butterbrot.* (Fürstenb.) K. T. 20.

buətram, *n.* (buotteram, K.) *butterbrot; syn.* brügge. — *holl.* botterham. Kil. boteram.

buggemann, *m. baumann, pflüger, besonders ein solcher, der das feld eines andern baut.*

buggen, *1. bauen,* ædificare. buggen het lust, män bat et kostet heww 'ik nitt en wust. *2. bauen, pflügen. — aus alts.* biuwòn *organisch entwickelt;* mnd. buwen.

bugged, *m. ärnte.* im roggenbuggede. de roggenbugged es te gange. *s.* baude.

bûh, *scheuchruf. andere nd. scheuchrufe sind:* pûh, brûh, prûh.

buhê, *m. durcheinanderschreien, lärm. es ist zusammengesetzt aus den beiden interjectionen* bûh *und* hê. — *holl.* boha! heda! holla! bohamaker. *s.* buchê.

bûhel, *m. hügel, nur in ortsnamen. bei Plettenb. ist ein hirtenbühel. die capella corp. dominici daselbst ward nach der stiftungsurk. op dem Boel erbaut. s. Kehrein sammlung s. 40.* ossenbeul *bei Pasel.*

bûk, *m. bauch.*

bûke, *f. beuche, bauche. — engl.* buck; *ital.* bucato.

bûkelåken, *n. äschertuch.*

bûken, *1. beuchen. die wäsche in einen kübel packen und mit heiss aufgegossener lauge von buchen holzasche mehrere stunden stehen lassen. Kopp. 2. fig. seichen (ins bett.)*

bûkeringel, *m. beuchfass.*

bükse, *f. hose.* hä het de hültene bükse anchatt, *er hat gepredigt.* hä versûpt noch sine bükse in brannewīn. hä het de grote bükse an, *er ist pate.* sai het de bükse an, *sie hält ihren mann unter dem pantoffel. holl.* bokse, *wol von* bock, *also hose von* bocksleder.

buksen, *stehlen.*

büksenblaume, *f. blaue kornblume,* centaur. cyan. *syn.* kårenblaume, engelblaume, kwast, trems. — *engl.* bottleflower.

büksenbord, *hosenbund. K.*

büksenhägel, *m. scherzh. benennung des rübstiels. syn.* rôkesteppen, rüstepitten, rętel-dört-kęrf, knisterfinken, striəpmaus.

büksenklappe, *f. hosenlatz.*

büksenknöp, *m. hosenknopf; scherzh.* = kleiner junge.

büksenfarwe, *f. tonerde.*

bukslågen, bükslåwen, *wird von pferden gesagt, wenn sich der bauch nach starker arbeit ausdehnt.*

bûl, *m. für* bûdel, *1. beutel.* bim bûl dǎ schedt sik de fröndskop. *2.*

hodensack. — *Teuth.* budel, secklyn, bursa.

büleken, *n. beutelken.* hai kûert˜ût me sanften b.

bulke, *f. art kleiner runder pflaumen. ahd.* bolca = bolla. *s.* bolle.

bulkenböm, *m. wilder pflaumenbaum.* (*syn.* kraike *zu Siedlingh.*)

büll, *f. beule.* (*Marsberg.*) *vgl. Teuth.* uytbullen, schilt die ront uytgebullet is.

bulle, *m. stier, springochse. syn.* büllosse, brüllosse, bûrmaun. — *altn.* boli, taurus.

bülle, *f. beule am menschl. körper und an geräten.* (*Lüdensch., Fürstenb., Siedlingh.*)

bullekærl, *m. popanz; s.* bollekærl, wullekœrl.

bullemann, *m. popanz; s.* wullemann. *Kil.* bulleman, *holl. j.* bietebaw.

büllen, *m. beule.* (*Hemer.*) *syn.* düllen.

bullig, *grob.* bullig flêsk, *grobes kuhfleisch.* — *wol so, wenn es dem bullenfleische ähnlich ist.* (*Sieg.*) **bollich,** *aufgeschwollen, dick, namentlich von personen gebraucht, deren gesicht durch trinken übermässig angeschwollen ist, von demselben weitverbreiteten stamm, wovon z. b. nhd.* bellrose *kommt. Heinzerling p. 91.*)

bullerbast, *m. 1. polterer, leicht aufbrausender, jähzorniger mensch. K. 2. der übereilt arbeitet.* — *holl.* bulderbas.

bullerig, *polternd, übereilt.* hä gêt so bullerig te wẹrke, *er überrumpelt die arbeit, macht sie unordentlich.*

bullern, *1. poltern, brausen, sausen, vom winde. 2. etwas mit übereilung tun, ungestüm arbeiten.* (kollern, übereilen. *K.*) dat kȫmt van bullern, sagg de snâgel, dâ hadde siäwen jâr am kẹrktȫren kropen un as he bȧlle bọwen was un sik snellen woll, was hä 'runner fallen.

bullosse = bulle. butt ochs, *welches H. als in Dortm. gebräuchlich anführt, wird wol* bullossa *sein.*

bülster, (bulster, *K.*) *f. 1. fruchthaut der hülsenfrüchte. 2. hülse der nuss.* nȯ̂tebülster (*Elsey, Schwelm, Weitmar*). *syn.* hülse. — *ostfr.* bulster; *holl.* bolster, *auch die der eichel; altm.* bulse. bulse: hulse = bol: hol. *vgl.* bọl, polster *und* bülstern. *Gl. belg.* bolster uterst van der not. culleola. *T.* gluma, folliculus grani. *K.*

bulstern, *aus-, abschälen. K.*

bülsterig, *voll hülsen; vgl.* strammbulsterig.

bülte, *f. bûls, pils.* et giet rẹgen dat ẹm de bülten ût dem rȗggen wasset. — *lat.* boletus. *Teuth.* bulte, drieslyng, peddeustoil, peperlynck, swam, fungus, boletus.

bülte, *f. haufe.* ênem de bülten vam hẹrten schûwen, *einen von drückenden gedanken befreien.* — *ostfr.* bülte. *Teuth.* bulten, hovelen *an dem* lyve of anders, tuber. *Aesop. I. 80:* bult, *erdhaufen.*

bum, *schall des hammers.* de stampen hẹmers makt bum bum bum. *Turk.*

bambam, *pauke, im Lüdensch. volksreime.*

bummelhẹrmen, *schall ein bauer sein pferd.*

bummeln, *baumeln, hin und her schwanken, zu fallen drohen; s.* bommeln.

bummenkraus, *m. grosser trinkkrug. Gr. tüg 18.* ? bumpen, *engl.* bumper.

bund, *n. bund. ein bund sensen in der grafsch. Mark* = 13 *stück* (*Eversm.*). = 12 *stück* (*Müller*).

bände, *pl., werden in unsern märchen die aufgegebenen probestücke der helden und heldinnen genannt.*

bunge, *f. 1. ein mit leinwand umzogener lattenkasten zum aufhängen an der decke. 2. ein fischnetz mit 3 bügeln, vgl.* fiskbunge *und* fûke. *3. ofentrommel, K., sonst* = trommel. — *mnd.* bunge *für hochd.* pauke, tympanum. *Regel, goth. progr. 21 macht auf mhd.* bunge, bulbus *aufmerksam.*

bungen, *trommeln. Mend. hexenact. v. 1592.*

banken, buanken, *klopfen, schlagen, von gespenstern.*

bunkenêren, *pochen, getöse machen; schimpfworte herauspoltern.*

bünne, *f. schale, rinde.* — *ags.* bune; *vgl.* bône, afbönen. *Siegen* bing, *f. rinde. Heinz. p. 59 meint, es* hänge *mit* binden *zusammen und entspr. engl.* bine *in* hopbine, woodbine. *Ravensb.* „wann de rogge int der schâtbüänen kümt."

bünsel, *m. 1. kleiner knabe, zuweilen tadelnd. 2. taube, verquienene nuss.* (*Lüdensch.*) *s.* bünselsnötte. — *ostfr.* büusel, knirps; *osnabr.* pünsse, *kahle vögel. Dortm.* bünzel, *windel. K. vgl.* Danneil.

bünselsnötte, *pl. verquienene nüsse.*

bunt, *bunt.* he es bekannt as en bunten rûen. et giet mær bunte rûens asse ênen. so bunt as ne biọkster. so bunt as ne bunte molle. (*Fürstenberg.*) sik bunte vüägel (*hoffährtige gedanken*) in den kopp setten.

bunte, bünte, *kuhnamen.*

buntelêwe, *kuhname.* (Marienheide.)
buntenelle, *kuhname.*
buntkopp, *kuhname.*
bups = wupptig. *Grimme.*
bûr, *m. bauer.* en bûr maut twêmal de
süage haien, ênmâl as junge un ênmal
as âlle. wan de bûr geld hēt, dann
es ēm nitt te wachten. waun du den
bûr lowes un biddes, dann wässet ēm
de maud. bat wēt de bûr van gurken-
salâd, hä iōtet ne med der mistgaffel.
bat de bûr nitt kennt, dat friot hä nitt. en
bûernsmiten, *ein spiel, ostfr.* kci. *s.* plaug.
bûr, *m. semen virile.* kålle bûr, *maculæ
seminis virilis.* en kållen bûren mâ-
ken, *se polluere.*
bûr, *f. bauerschaft. z. b.* biokebûr. *auch
im Paderbornschen.* — Mbtr. IV., 543
buer; *vgl. Möser osn. gesch.* I., 5. *in-
begriff sämmtlicher hofbesitzer eines
dorfes oder kleinen landkreises.*
bûr = burde, budde, *grosser bottich.*
waschbûr, braubûr. *K.*
bûrdîk, *m. bauerteich, brandteich.*
bûrendracht, *f. bauerntracht.* selfge-
wunnen, selfgespunnen es de beste
bûrendracht.
bûrenhof, *m. bauerhof.*
bûrenfuet, *f. verachtend: bauermädchen.*
bûrhöären, *horn, durch dessen signal
die bauerschaft zusammenberufen (al-
larmiert) wurde. K.*
bûrmann, *m. zuchtochse, bulle. vgl. v.
Steinen Benckerheiden Recht oirdell
12: burbehr, zuchteber.*
bûrmester *und* ratsburmester *bildeten
beim burwerken den vorstand. K.*
burrê, *f. schnittlauch, allium porrum, L.,
franz.* poireau.
burrêpîpe, *f. schnittlauchpflanze.*
Burris, *Liborius.*
bûrschop, *f. 1. bauerschaft. 2. bauer-
wirtschaft.* — Mbtr. IV., 492: burscap,
bursse, *m. bursch.* — ml. burzarius,
bursa.
burssenbaike, *f. eine alte buche zu Riemcke
(kirchsp. Deilingh.), unter welcher sich
sonst das jungvolk sonntags mit tanz zu
belustigen pflegte.*
bûrst, *m. riss.* wolkenbûrst, *wolken-
bruch.* — *zu* bērstan; *ags.* byrst, *m.
vgl. d. wb. unter* borste. *mwestf.*
borste. *s.* Bösbede.
bûrwerken, *arbeiten der* buren *zum ge-
meinen besten. (früherhin.) K.*
bûs, *interj. baus!* bûs, dà lag hä! bûs,
dà liat et! *sagte ein karrenhelfer, als
er einen sack niederwarf.*

bûs, *m. 1. schall von anstossenden kör-
pern. 2. stoss.* — *vgl. mhd.* gebiuze.
ital. bussa. *s.* dûs. *Froschmäus.* al-
lerley vnglück, plag vnd beuss. *vgl.
Gr. wb., wo* läuse *vermutet.*
buselkatte, *f.* = diddeldöppken. ik
mainte sau, de ganze weld danzere
med mi rümme asse ne buselkatte
oppem diske. *Grimme, galant.* 22.
(Siedlingh.)
bûsen, *schallen, von anstossenden körpern.*
— *hd.* bôzen, *tundere.*
busk, *m. busch, strauch.* wenn vъll
hasen im buske sid, dann kommt se
ock opt feld. *alliter.:* ênem folgen
te buske un te borge. — hä slätt
dervan op de büske.
buskâse, *f.* busskàsge, *gebüsch.* — *fr.*
bocage.
busken, *m. bund heu, stroh. ein bûsken
strôh ist minder geordnet und grösser
als ein schobben; vgl. hd.* bausch.
buss, **buts**, *m. kuss.* — *engl.* buss.
buss'öm, *m. 1. buchsbaum, buxus; ahd.*
buhsboum. *2. purzelbaum nach vorn,
während der purzelbaum nach hinten*
bērbôm *heisst.* en bussbôm slân oder
schaiten; *syn.* stolterboltern — *vgl.*
maibock, maibôm, aibum, trummels-
kopp.
büsse, *f. büchse,* 1. *flasche von blech der
milchbauern.* 2. *feuerrohr.* 3. *dille,
scheide zum einstecken des peitschen-
stiels, engl.* socket. 4. *cunnus.*
bûsse, *f. platthd.* busse, *sollte* baute
heissen. — *huspost.* bothe.
busselbîr, *f.* = tusselbîr, *dicke und runde
birne.*
bussen, *auf dem stuhle sitzend ein kind
in den schlaf wiegen. K.*
bûssen, *platthd., sollte* baiten *heissen.*
— *mnd.* boten.
büssenblaume, *f. hollunderblüte.*
busshaup, *m. haufen reisich.* (Siedlingh.)
flaug oppen b. *Gr. täg.*
bussklöpper, *m. buschklepper, strauch-
dieb, räuber.*
bussfischen, *durchsuchen; sachen beim
suchen durcheinander wühlen und
werfen.* (Elsey.) *unbefugter weise
etwas durchsuchen. K. eigentlich wol
den busch durchsuchen; vgl.* buscheln
und span. buscar, *welches Diez auch
auf bosco zurückführt.*
bûstock, *m. eiserner stock, der durch
die stollen der sturzkarre geht.*
bûte, *f. beute.* — *mwestf. Verne chr.* 21
buthe. *vgl.* verbüthen.
bûten, *draussen.* van bûten, memoriter,

auswendig, bezieht sich auf das buch.
ferbuten *(Dortm.),* derbuten *(Iserl.),*
butenhof. *K. — alts.* bi utan. *præp.*
buten wiaten, *ohne wissen; auch mit
genit.* bûten dorps.
bûten, *tauschen. mwestf.* buten. *Gl.
belg.* buyten, buten, cambire, permu-
tare. *Teuth.* buyten, wesselen, panghlen,
cuyden, tuyschen.
bûter, *præp. mit genit., dat. und acc.
ausser, ausserhalb.* bûter dorps, bûter
dem hûse, bûter de pârte. bûter mâ-
ten, *übermässig.* wann de hâse im
herweste en bûter mâten dicken pels
het, dann giat et en harden winter.
bûterlûe, *pl. fremde. auch Dortm. Wed-
digen* butenman, *Seib. qu. I., 105.*
bûterpârte, *f. aussenpforte.*
bûtersîd, *f. aussenseite.*
bûterst, *superl. äusserst.*
buts = buss. — *Mart. Pol.* betz, *n.
pacis osculum. lat.* basium, *it.* bacio.
engl. buss.
bûtsen, *küssen. (Schwelm.)*
butse, *f. pl.* butsen = bükse. *(Marienh.)*
butse batse, *anfang eines kinderliedes.*
butt, *junger, geschnittener ochse. K.*
(but, ochse. *Wedd. WM. IV., 301.*
= bul. *?)*
butt, *grob, plump.* en butten kærl. *adv.*
= *sehr, ausserordentlich.* butt swart.
— *ostfr.* butt.
buttelirer, *kellermeister des abts v. Wer-
den. Syb. arch. — engl.* buttler.

bütteln, *den bauch aufschneiden. s.* butten,
bütten.
buttelte, *f. frucht des hagebuttenstrauches*
(slagdârn), *so genannt, weil sie einer
flasche ähnlich sieht.* dat es kaine
buttelte werd = *das ist gar nichts
wert.* schon *Tappe 105ᵃ hat:* ich
gheue mit eine bottelte darumme. —
syn. jückræse. *Gl. belg.* botteldoren.
rubus V.
butten, *m. grober ausdruck für bauch.*
ik trẹ di vọr den butten.
bütten, *ausweiden, s.* ûtbütten.
buttenkrûke *oder* **buttkrûke,** *f. bauchige*
krûke, *dicker als die sûerbrunnskrûken.*
buttsack, *dickbauch.*
buttungel, *n. darmfett.*
buff *buff, hundegebell.* bu siat deïn
hund? buff buff buff *(Siedlingh.).*
buff, *m. puff, stoss.* dat gẹt op den
willen buff, *das geht aufs geratewohl
oder blind zu. Teuth.* buff, schlag.
vgl. engl. blindmans buff.
buff baff, *interj.* piff paff. dat gẹt buff
baff bræster af, *es geschieht oberfläch-
lich und übereilt. subst.* roher, plumper,
ungehobelter mensch. *K.*
büffel, *m.* 1. büffel. 2. grobian. en büffel
vam kærl.
büffelig, *plump, grob.*
buffen, *puffen, schlagen.* dann hâl mi
use Hẹrgọd un smît mi in den hiọmel
dat et bufft. *s.* buff. *syn.* bûsen. *Teuth.*
buffen. insolenter sonitum facere.

D

Dä, *da! wenn man etwas hinreicht.* dä!
dà hẹstene, *da! hier hast du ihn. cfr.*
dott. — *unsere form spricht dafür,
dass* dä, *da nicht das pronominale da
ist. vgl. Gr. III., 249.*
dà, dầ, *Iserl.* dô, *adverb. da, daselbst,
darauf; als conj. als. — alts.* thar,
vgl. der. — *in der relation:* du un-
duacht dà du büss! du schimlige raie
dà du büss! drögewäsker *(trocken-
wäscher, schwätzer)* dà it sind! *vgl.
Gr. III., 20, wo in der stelle „Got
vater unser, dà dû bist" nichts zu
ändern ist. —* dà-intlagen, *dahingegen;
Schüren chr.* darentegen. — dà-med,
mithin, folglich, deshalb; syn. dẹr-
ûmme. — dà-nà, dàr-nà, dernà, *dar-
auf. —* dà-op, *darauf.* no, dà folget

noch wọt op, *sagt man, wenn jemand
übermässig lustig ist. —* dà-van, *dar-
aus,* dà wẹrd nix van, *daraus wird
nichts.* dà es kain seggen van, *man
kann davon nichts sagen; vgl.* there
is no living with her.
däbbel, *f. geschwätzige person. s.* dabbeln.
dabbel-bütte, däbbel-bütte, *f. geschwä-
tziges weibsbild. s.* bütte.
dabbeln, däbbeln, *schwätzen. vgl.* berg.
dàwern, *unser* babbeln, *fr.* babiller,
engl. to gabble, *unser* verdrappeln
und habbeln.
dacke, *f.* 1. *mädchen, welches viel umher-
läuft.* 2. *klatsche, K.* dọrp dacke.
vgl. f. m. Dacman, *Srib. qu. I., 153.*
dacken, 1. *umherlaufen, verächtlich.* 2.
klatschen, K. dọrt dọrp dacken. *vgl.*

ostfr. dackern, *rasch und hörbar gehn,* unser däkstern, *engl. mundartl.* dacker, *unbestimmt, vom wetter. Kil.* dneckeren, *ret,* fland, volitare, motari. *das merkmal des schalls ist hier wesentlich; daher bedeutet* sladàcken *auch schnell sprechen.*

dâd, *f. tat. alts.* dàd.

dadä, *in der kindersprache :* dadä gân, *spazieren gehn. vgl.* babä. *spr.* jç möppelken dadä, siot Bçtermanns junge te kalle.

dädä, *f. wiege, kindersprache.*

dädel, *m. tadel.*

dädeln, *tadeln. spr.* bai lçwet sin well, maot stçrwen, bai dädelt sin well, maut sik bestäen *(heiraten).*

dag, *m. tag.* all min dàge, *in meinem ganzen leben, allezeit,* (1670.) bit düose dàge ! bit de annern dàgel *sind abschiedsgrüsse.* min dàge nitt, *niemals.* van dàge, *heute.* hä dait çm den lechten dag te sür an, *er behandelt ihn schlecht vor den leuten.*

dägelinge = dageringe.

dägelön, *m. tagelohn.*

dägelönen, *tagelöhnern* = gân im dàgelön.

dägelöner, *m. tagelöhner.*

dägen, *tagen* = *tag werden.*

dägerigge, *f. tagesanbruch.* in der d., *bei tagesanbruch.* — *mwestf.* dageringe.

dägestîd, *f. tageszeit.* d. baien, *tageszeit bieten* = *grüssen.*

dâgewçrk, *n. tagewerk.*

dagslräper, *m. tagschläfer. syn.* nachträwe, *ziegenmelker. Kil.* daghslaeper, *j.* nachtraue.

dai, *nachdrückliche form für* dä, de. *1. demonstr.* der, die; der da, die da, *häufig angewendet, wo die hd. schriftsprache das relativum gebraucht, z. b.* ik hadde en hèren, dai gaf mi alles bat ik hewwen woll. *noch verstärkt wird das demonstrativum durch ein vorgesetztes* si, *w. m. s. 2. relativ.* welcher, welche.

dajacke, *f. schelte.* du büss ne rèchte dajacke; *nur von einem frauenzimmer.*

daigen, *tauen* = *auftauen; verschieden von* dauen. — *ags.* thavan; *nds. ist* bçen *(unser* baigen) = daigen. *Hoffm. findl. 43 :* deigen, *npdeigen. Brilon* döggen. *Bhg. ps. 147 :* so döyet ydt vp.

daigewçer, *n. tauwetter. Brilon* doggewçer *oder* dauwçer.

daigewind, *m. tauwind.* nà dem daigewinne schraiet de sünner am galgen.

daiken *für* däuken, *von leinwand.* daiken himed, *leinen hemd. f. r. 98.*

daiksken *für* däuksken, *n. tüchlein.*

dainen, *dienen. spr.* dai mi daint fçr't bröd, daint mi nitt in der nôd. *dienstboten vermeiden gern das wort* dainen *und sagen dafür :* ik wuone bi N. N. — *alts.* thionon.

dainer, *m. diener. spr.* gehorsamer dainer, sagg herr Smiemann, dä lçwede hai noch. — *mwestf.* deyner.

daip, *compar.* depper, *superl.* depst; *adv.* daipe, *tief.* hai het te daipe int glas kioken, *er hat zu viel getrunken.* — *alts.* diop, diapo. *im mwestf. lautet der compar. noch* deyper; *Th. vervem. 76.*

daipgrünnig, *tiefgrundig, tiefer, urbarer boden. K.*

daipländig, *tiefgrundig.*

daif, *m. pl.* daiwe, *dieb. spr.* jèder es en daif fçr sine nàrunge. en aisken daif, *eine schelte. von kindern hört man häufig :* du stçldaif.

daiwen, *dieberei treiben.*

daiwen *für* däuwen; *s.* bedaiwen.

daiwerigge, *f. dieberei.*

daiwesguod, *n. diebesgut. spr.* daiwesguod dait nümmer guod.

daiwenhôl, *n. diebesloch.*

daiwesk, *diebisch.*

dâk, *m. pl.* dçker, *dach.* ênem op den dàk stigen, *einen prügeln.* im dàke hüllen, *gut kleiden, z. b. seine frau.* dàk, *n. 1. dach. 2. regenschirm.*

dükdecker, *m. dachdecker.*

dâkdrüppel, *f. dachtraufe.*

dâkhäxe, *f. schelte; gehört zu* dàk, *nebel; auch im hildesh. Seif. sagen II., 58.* — *ostfr.* dàk, *nebel, Kantz.* dack. *Gl. belg.* daeck, nevel, mist, nebula. *P.*

däkschçr, *f. 1. scheere, womit das dachstroh zugeschnitten wird. 2.* = dâkhäxe.

däkstern, *laufen, dass es schallt, vgl.* dakstern *(Fürstenb.) zu* dacken. *alts.* dextrarius *daher stammen? es ist schwer zu glauben, dass dieser name des streitrosses davon rühre, dass der knappe es rechts führte. vgl. Dies. R. wb. s. v.* destriere.

dâl, *n. tal. pl.* dçler. *alts.* dal. *spr.* bçrg un dàl begiogent sik nitt, àwer ên menske dem annern.

dâler, *m. pl.* dàler *und* dàlers. *1. taler.* der „gemaine dàler" galt 60 stüber, *so ward er 1664 durch ein kurfürstl. münzedict bei uns angesetzt; vorher galt der reichstaler 52 stüber. man unterschied davon sonst den kassendàler oder prüssken dàler* = 78 *stüber.* en sümmersken-, en Plettenberger

dåler *sind spöttische ausdrücke für eine kleinere münze.* 2. *scheibe vom apfel und dergl., entweder nach der ähnlichkeit mit einem taler, oder vom lat.* **talea.** *ähnlich Regel progr. 26 s.* v. negenkracht an kleynen pennynghen.

dälmen, *qualmen. (Siedlingh.) für* dwälmen.

dämelig, *dumm, träumerisch, schwachsinnig. syn.* hämelig. — *ostfr.* danielig. *mecklenb.* domlich. *Mda. II., 223.*

dämmen = dîken. *Alten. stat.*

damp, *m. pl.* dämpe, dampf. hai es dör den damp, *er ist weg.* hai es im dampe, *er ist angetrunken.*

dämpen, *s.* dempen.

dämper, *m. dämpfer, eine stange mit einem wisch, um den backofen zu reinigen.*

dändel dändel döseken, *anfang eines kinderreims.* dendelen, tändeln, *spielen. Niesert III.*

daniel, *eine art pfannkuchen.*

dank, *m. dank.* dat es dankes wèrd, *ich danke dafür, will es aber nicht annehmen.* te danke, *gern:* dat daut se alle te danke. *Helj. 234 (Köne)* an thanke = *lieb.*

dankbår, *dankbar.*

danken *c. genit., danken für.* ik danke der nåfråge, *ich danke für die nachfrage, so sagen wir, wenn sich jemand nach dem befinden unserer angehörigen erkundigt.*

dann, 1. *dann* = *zu der zeit, wie im hd.* 2. *denn.* a., *wenn es verstärkt:* wostu denn går nitt düǒgen! *b., als correlat zu* wann *(hd. wenn), wo das hd. so oder gar kein bestimmendes wort anwendet:* wann he it wǒt well, dann segg mi beschêd. — *alts.* than.

danne, *f. tanne, rottanne.*

dannenappel, *m. tannzapfen; Kil.* dennenappel; *syn.* dannenkatte, dannenföbber, werwicker.

dannenbård, *n. tannenbord.* dat es ne guǒde båte tau dannenbords länge, *wird von einer langen person gesagt.*

dannenberg, *m. tannenwald.*

dannenkatte, *f. tannzapfen. s.* katte.

dannenmiskatte, *f. tannzapfen. (Elsey.)*

dannenföbber, *m. tannzapfen.*

danss, *m.* 1. *tanz.* 2. *fuss des hasen, im kinderreim.*

danssen, *tanzen.* wann du danssen kannst, dann well ik di spielen, *sagt man dem verkläger.*

dänsserigge, *f. tänzerei, tanzvergnügen.*

dapper, *adj. und adv. tapfer, tüchtig.* —

ahd. taphar, gravis; *mnd.* dapper: dappere summa.

dårkuǒmen, derkuǒmen, *ausreichen, auskommen.*

dårm, *m. pl.* derme, *darm.* dä het sik innen dårm steken, *er hat gestunken.*

dårmfett, *n. darmfett.*

dårn, *m. pl.* dårne, *dorn.* hai was em en dårn im öge, *vgl. das ital.* un pruno negli occhj.

dåren, *dornen.* en dåren stock.

dårnbusk, *m. dornbusch.* du küǒmes oppen dårnbusk *ist androhung für träge spinnerinnen. der gebrauch, ein solches frauenzimmer auf einen mit einer dornwelle gefüllten kuhtrog zu setzen und durch's dorf zu schleifen, kam auf dem Hellwege vor. syn.* du küǒmes oppen bessen, -kautrog.

dårndrûst, *m. dornbusch, dichter dornzweig.*

dårnexter, *f.* dornelster, würger. *(Weitmar.)*

dårnplock, *m. dornbündel, dornwelle.*

dåseken, dåsken *(für* dwasken*) in den tag hinein schwatzen. syn.* kwåtschen. *auch v. St. III., 194 (Elspe).*

dåske, *f. geschwätziges frauenzimmer. vgl. Kil.* daes, *j.* dwaes, delirus; daesen, delirare, insanire.

dat, *dass, damit.*

dat, *neutr. des artik. und demonstrat. eigentümlich ist folgender, nachdruck bezweckender gebrauch des demonstrat.* dat, mömme! ik well auk met, dat well ik. *Gr. tüg 42.* n-ä-h! dat is nitt wår, dat is et nitt. ik sin ümmer artig, dat sin ik. *ibid. 43.* ät es wår, dat esset. du sasset daun, dat saste.

dåtum, *n. datum.* ne stunne nå datum.

dau, *m. tau, ros.* — *mnd.* daw, *Studentengl. 235. Sgb.* dow.

daudissel, *f. für* düdissel. *(Weitmar.) vgl.* dauncttel. *Kil.* dauwdistel, sonchus.

dauen, *tauen, rorare.* et het vanner nacht stark dauet, 'et gras es gans nat. — *ahd.* toujan; *vgl.* daigen, *woron es verschieden ist.*

dauen, *præs.* daue, dais, dait, daut; *præt.* dæ; *ptc.* dån. *Iserl. præt.* dê, *ptc.* dôn. tun. dä däut wat hä kann, es wärd dat hä liawet. *(Lüdensch.)* — *es vertritt andere zeitwörter und hilft mancherlei redensarten bilden.* dauen = *spielen, es machen wie:* he däit ock kaithån in der nacht, *von einem der bis spät in die nacht hinein arbeitet. (Elsey.)* hai dæ perd, *er spielte pferd.* dauen = *geben, leihen.* möer, dau mi mine kappe! könnt i mi

wol en dåler geld dauen? *herreichen.*
dauen = *spielen:* söffė jupjȯ dauen?
dauen *ist hülfszeitw.:* dau di bedan-
ken. hai dæ sik bedanken. dauen =
schaden, zu leide tun: dat dait mi nix,
das schadet mir nicht. bat dait he di?
— dau en striąk derdȯr, *durchstreiche
den schuldposten.* dat sall et wol dauen,
das wird schon gehen; vgl. engl. that
will do. dä kann't wọl dauen, *er hat
mittel.* et was so derüm te dauen,
dann hädde *u. s. w. es war drauf
und dran; vergl. shigtb. 50:* unde was
byna to donde dat etc. — dat dæ, dat
etc., *das rührte daher, dass etc.* hai es
rècht drop gedån, *er ist recht drauf
bedacht.* dat os wọt gedån med *u. s. w.,
wir haben rechte last mit etc.* wat
dau'k dermed! *ich mache mir nichts
draus.* et es mi dårümme gedån, *es
geht mir darum; vgl. S. Dan. 16.* darum
is et en al gedån. ik wèt ock nitt,
bat der ümmer gedån es, — *was immer
vorgeht.* jå, es der wọt te dauen!
hätt' ich gedacht! kein gedanke daran!
vi mait mål saihen, bat 'et wẹr dait.
bat dæ de kau derbi! *wieviel milch
die kuh gab!* hett it dån mit ẹten?
vgl. have you done eating. se sind
van ènem dauen, *sie sind von einem
schlage.* dat es èn dauen, *das ist
einerlei. spr.* sorte bi sorte, sag de
Düwel, då dæ he en påpen un en
åld wif binȯn. *spr.* då et mèste
dait, het et mèste nitt, *süss härr'*
de iøsel mær as sin hær. dȯd dauen,
*auslöschen ein feuer, einen schuld-
posten.* open dauen, *öffnen, (wie im
alts.)* vull dauen, *füllen, voll füllen,* ån-
dauen. ûtdauen, indauen. vȯrdauen.
dȯrdauen. meddauen.

dauensliøper, m. *tauschleifer. Lüdensch.
pfingstgebr.*
dauf = döf. dat lütt sik hören, saggte
de dauwe Hännes. *Gr.*
dauk, m. *halstuch, taschentuch; n. tuch.*
linendauk, wüllendauk. *goth. Arze-
neib. 22:* enen wullendok. *ib. 10.*
dauken, s. *schuldauken.*
daunettel? *für* daufnettel, taubneszel;
oder dau = dû, *ags.* thufe luxurians.
s. dûdissel.
dauwêr, *tauwetter.* et es dauwẹr! *sagt
man im scherz, wenn es im sommer
regnet.*
dåwern, *schwätzen; syn.* dabbeln.' —
Kerkh. daveren, *schwatzen. Teuth.* da-
veren. beven als en ollant. *Firm V.-*

St. III., 494 (Elbinger Höhe). — **dall-
wern,** *albern schwätzen.*
dåwern, *schlagen; syn.* pælen; *vgl.
Schamb. s.* dẹffern.
de, *masc. und f.,* **dat,** *n. artik. der, die,
das;* dem, der *(Dat.) und* den, de *(Acc.)
werden zuweilen zu* tem, ter, ten, te.
*wie wir die meisten flüche von hoch-
deutschen gelernt haben, so haben wir
auch* der Dêwel, der Duøner, der
Kuckuk, der Henker, der Schinner, *wäh-
rend sonst* de *gebraucht wird.* dat *wird
häufig zu* det, 'et, 't; *bei der zusam-
menziehung mit præpos. findet sich
ebenfalls* t *für* d *ein:* intem Remsched,
intem Krœnenberg.
decken, *decken.*
deckspån, m. *deckspahn, schindel.*
dêg, m. *teig.*
dêge, *gediegen, gut, vom brote.* dêge
brôd, *(Limburg). s.* diøge, dil. — *ostfr.*
däge.
dẹglik, *täglich.*
dêgtrog, m. *teigtrog.*
dẹl, *herunter, niederwärts. spr.* me maut
sik nitt tüsken twè staüle dẹl setten.
s. dål.
dẹl, f. *das niedrige, untere.* ter dẹl.
vielleicht nur für te dẹl.
dêl, m. *teil.* en dêl, *eine sache, ein ge-
rät.* en dẹl, *einige.* en guød dẹl, *viele.*
en åld dẹl, *ein altes kleidungsstück.*
vȯr allen dẹlen, *vor allen dingen.* ẹn
dẹl küæmet allène nitt.
dẹle, f. *dehle, dreschtenne. wahrschein-
lich ist ę aus a gebrochen, wie in* dẹl,
womit es zusammenhangen wird: dẹle,
*der niedrigste teil des bauerhauses, wes-
halb auch ihre tür die* niendȯr *heisst.
dass dieses wort nicht mit* nhd. dil,
nhd. diele *eins sein kann, ist klar, da
wir* diele, diøle *von* dehle, dẹle *unter-
scheiden.* — *ostfr.* däle *ist* diele *und*
dehle. *gl. belg.* dele, paviment, estrick,
floer, pavimentum, area. *T.*
dêlen, *teilen.* — *mwestf.* deilen, *gespr.*
dailen, *wie wir auch heute oft sagen.*
delle, f. *niederung, seichte vertiefung,
tälchen.* — *mwestf.* delle, *engl.* dell,
es wird mit dål *zusammenhangen. gl.
belg.* delle, dal. convallis *V.*
deluken, *niedertreten, s. b.* heu, *ein bett,
so dass* dellen *entstehen. s.* delstern.
— *vgl.* dål, dẹl, delle.
delstern = deluken.
dẹltucht, f. *schweine, die einer selbst
(auf seiner dehle) sieht. Giffenig p.
202:* eigene Deelzucht *bei Möser no.
49* intucht, *im Werd. reg.* solag tuht.

dêlange, *f. teilung.* de ûr heww'k in der dêlunge kriəgen. use Hergod hęt dêlunge med ne hàllen, *er hat ihnen ein familienglied sterben lassen.*

dêmaud, *f. demut.*

dêmaüdig, *demütig.* — *Th. vervem.* de-modelik.

dempen, *1. dampfen. spr.* et dempet all; wann't briənd, dann giət't en für, sagg de foss, dà schêt he oppet is. *2. durch dampf vertreiben.* du dęmpes jô hâsen un fôsse ûtem berge. *3. ersticken;* dôd dempen, *durch ersticken töten. bildlich: v. Höv. urk. 55.* den vorg. breyff to dempene. — sik dempen, *ersticken, von pferden; auch von menschen. Must. 55.*

demps, dems, *engbrüstig, von pferden.* — *Schrae no. 58* dempick. — *ostfr.* dampsch.

dengel, *s. v. a.* laulam, lûlam. — *Quickb.* dangeln, *müssig gehn. vgl.* dengeln.

dengeln, dängeln, *lästiges, langweiliges getön machen.* in: de ûren dengeln. — *ags.* denegan, *nd.* dengeln *ist klopfen* (tundere); *vgl. ahd.* tangol, *malleus. sollte unser* spjoldengel *eigentlich ein frauenzimmer bezeichnen, welches statt die sense zu klopfen, mit dem hammer spielt?* rekünsel *ist ähnlich gebildet.*

denken, *præt.* dachte, dach, *ptc.* dacht, *denken.* wat ek denke friətet mi de katte nich af, *gedanken sind zollfrei.* sik denken, *1. sich etwas denken;* dat heww' ik mi wol dacht. *2. sich einer sache erinnern;* dat denket mi noch, *dessen erinnere ich mich noch.* mi denket noch, dat hîr niəne hûser stönnen. *zu dem verwundernden:* nu denk màl ân! *denk doch einmal! vergleiche* man ân.

denne, *weg.* hä es der denne, *er ist nicht mehr da. s.* diəne. — *ags.* thanonne, *alts.* thanan.

denst, dainst, *m. dienst.* — *alts.* thionust, *mwestf.* deynst. *in Th. vervem. kommt öfter* denst *als* deynst *vor. der schwere ausgang des wortes wird das* ai *sobald verkürzt haben. die verlautung des* io *in* ai (ey) *schon im anfange des 13. jh.:* deynstswyn. *Lacombl. Arch. VI., 117.*

depde, daipde, *f. tiefe.* — *alts.* diupitha.

der, *da. vgl. alts.* thar, *mnd.* dar, *engl.* there. *1. seltener wie engl.* there *gebraucht, wo das nd. ein* es *anwendet.* bat es der? *was ist da? was gibt's?* der was màl en bûr. der was nüm-mes im hûse. der es kain verlâten op kinner, *man kann sich nicht auf kinder verlassen. 2. es steht von dem dazu gehörigen worte durch die negation getrennt:* ik sî der nitt węsen, *ich bin nicht da gewesen.* ik kann der nitt bî. ik kann der nitt fǫr. ik kann der nitt ächter kuəmen. hä well der nitt af. gà der nitt an! du wês der nix af. *3. durch andere wörter davon getrennt:* blif der mi van! ik kuəme der noch ens ächter. der es wǫt âne, *es ist wahr.* der es nix âne, *es ist nicht wahr.* ik kann der nitt tiəgen ân. *4. verbunden mit præpositionen:* **der-ächter,** *dahinter.* bai kann derfǫr, dä derächter es! *scherzhaft für: wer kann dafür!* me wêt nitt, bai derächter sittet. — **der-ân,** *daran, dran.* bu küəmste der ân? je bu küəmt der Dewel annen papen nitt. hä es so nich derân, *er lässt nicht mit sich spielen.* wo wostu dran? *wohin willst du?* — **der-af,** *davon.* — **der-bî,** *dabei, zugegen.* he hęt mi derbî kriəgen, *er hat mich angeführt, betrogen.* derbî kuəmen as de kau bî't unrechte kalf. — **der-bǫwen,** *droben.* — **der-binnen,** *drinnen.* — **der-bûten,** *draussen.* — **der-in,** *darin.* — **der-med,** *damit.* — **der-nâ,** *darnach.* dat es dernâ, *jenachdem. fr.* c'est selon. dat es ock dernâ *(tadelnd).* dernâ at de mann es, brätt me de worst. *soll es nachher ausdrücken, so hört man auch* ter-nâ, dat ist ternâ, *was indess vielleicht aus* to der nâh *entstanden ist.* — *Tappe 26[a]:* darnae. — **der-op,** *darauf.* derop mâken, derop sitten. *auch im obscœnen sinne.* drop un drop, *drauf und drauf, einmal über das andere.* drop un dran. hai bock nu drop un drop. hä es drop as de Dûwel op de sêle. — **der-tiəgen,** *dagegen.* — **der-ǫwer,** *darüber.* he es drǫwer, *er ist trunken.* — **der-tüsken,** *dazwischen.* — **der-üm,** *drum.* du krist wǫt derüm, *du bekommst schläge.* hai hęt mi derüm holpen, *er hat mich in den verlust gebracht.* se wellt ne derüm luien, *sie wollen ihn hinters licht führen. s.* ballstoppen. derümme, *darum, deshalb.* — **der-unner,** *darunter.* — **der-ût,** drût. *daraus, draus.* ik kann nitt drût kommen, *ich kann es nicht begreifen.* — **der-fan,** *davon.* — **der-fǫr,** *dafür.* — **der-vǫr,** *davor. 5. verbunden mit adverb.:* **der-denne,** *von da*

weg. — **derfôren,** *vorher, zuvor.* — der-
gâns, *obwaltend, vorhanden.* — **der-hen,**
dahin. — **der-hęr,** *daher.* un sau der-
hęr, *und dergleichen. Gr. tüg.* — der-
langes, *an etwas hin.* he gêt derlan-
ges, *er bettelt.* 6. *verbunden mit ver-
ben lautet es* dęr: **dęr-daaen** *(auch* dâr-
dauen, dâdauen), *dartun, hergeben, lie-
fern.*
dęr (dâir), *mädchen. Alten-Büren* dîr, dair.
der, ter, *comparativendg.* duirder, höch-
ter. *vgl.* æger, merder.
dęr, tęr, *eigentlich dorthin, contrah. aus*
dider, deder, *wie mwestf.* węr *aus* we-
der (huether). *dat es* hęr *as* dęr (hær
as tær; hår as tür. *Firm. I., 365.)*
dat küəmt hęr *as* dęr, *das ist so lang
wie breit, das kommt auf eins hinaus.
vgl. das oldenb. bei Firm. III., 28.*
hen un hår es like wit. — *ags.* thider,
engl. thither. *s.* hęr.
dęrhalwen, dęrenthalwen, dęssenthal-
wen, *deshalb.*
dêrne, *f. dirne.* dęrens *oft für mägde;
daher glaubt sich manches mädchen
auf dem lande beleidigt, wenn man sie*
dęrne *nennt und erwidert wol:* ik hewe
u de koie nit hodt. *auch Teuth. scheint*
derne *im verächtl. sinne zu nehmen.*
maghet die eyghen is, derne.
dęrske, *f. 1. das dreschen. 2. der ort,
wo gedroschen wird.* ik moch üm 3 ûr
all op der dęrske sin. *die brechung
hängt vom folgenden* r *ab. s.* dęrsken.
dęrsken, *præt.* darsk, dursk, *pl.* dürsken;
ptc. dǫrsken. *1. dreschen. 2. prügeln.*
— *ags.* thērscan.
dęrsker, *m.* drescher. he iǝtet as eu
dęrsker.
dęrskefliǝgel, *m. dreschflegel.*
dęrtîd, *derzeit, damals. s.* dęrtiges.
dęrtig, *dreissig.* — *alts.* thritig.
dęrtiges, *derzeit, damals.*
der-wîle, *auch* dewîle, *adv. und conj.
unterdessen, während.* — *mwestf.* de-
wile dat se livet un dâr wynhus. 1347.
dęs, dęssen, *alts.* thes. *1. indessen, da-
gegen, aber, jedoch.* ik węll dat dauen,
dęs mait i mi lǫwen, *es si* dęs *(es sei
denn) dat* he krank es. *urk. v. 1465:*
des *(dagegen, dafür)* solde Wilhelm
Herman veir gulden i de hant geven.
Seib. Qu. II., 280: dusses hadde dat
capitel de herlycheyt, dat se mochten
gan *u. s. w. 282:* dusses bat de fürste
den semplyken rait vp dat wynhus.
dest *Herv. R. B. p. 50.* — dęssen
a t = indęssen [d]at: dęssen at sik de
driver besinnt, besinnt sick ock de iǝsel.

despe, *f.* trespe *(Fürstenb.)*
dęste, *desto.* — *ahd.* des diu.
defendêren, *verteidigen.* — *lat.* defendere.
dęffęrn, *erschüttern. transitiv zu folgen-
dem: Kil.* dauen; daueren, nutare.
vacillare, tremere, contremiscere, vi-
brare, coruscare, micare. *Teuth.* da-
veren, beven als en ollant.
Dêwel, *m. (Iserl.)* = Düwel. — *aus al-
tem* Diabol *wurde zunächst* Daibal,
dann Dêwel.
di, dî, *dir, dich. als dat. ethic.* kæel di
bat en fręten. *(Altena). s.* diǝk, dek.
dicke, *adj. und adv. 1. dick, stark, gross.*
dat es en dick ai, *das ist eine grosse
freundschaft.* hai hęt e nitt dicke,
er hat nicht viel. hä es dicke drin,
er hat viel einzubrocken. dicke frönne.
ne dicke stunne. ne dicke fröndskop;
vgl. engl.: they were too thick *(zu
grosse freunde), was „*abrupt and vul-
gar phrase*" genannt wird.* — dicke
dauen, *gross tun, prahlen.* hai is der
dicke dôr, *er ist ganz ausser gefahr.*
2. trunken. 3. schwanger. dicke mä-
ken, *schwängern.* — *ags.* thicce.
dicke, *m.* im karnûffel ist de beste dicke
= hęrt niǝgene, de schręwe dicke =
ecksten niǝgene.
dickemęlke, *f. dickemilch.*
dickemęlksfraide, *f. besondere freude.*
bat hęs du dà fȳr ne d.? *auch bei H.;
syn.* kęrnemęlksfröide *zu Wupperfeld.*
dicketunne, *f.* krontaler, *aus* ducaton,
engl. ducatoon. di wåd ne dicketunne
gaf, dàvan hålst döu dat jöusken af.
(Altena.) Hâmer slött dicketunnen, lått
den Düwel brummen; *so setzt man im
Volmetale die hammerschläge auf worte.
Müller choragr. v. Schwelm s. 67: der
schall eines rohstahlhammers hat sehr
viel ähnlichkeit mit dem worte* ducaton.
*Wenn man mit den hammerherrn oder
reidemeistern darüber scherzt, so fra-
gen sie gemeiniglich, ob man auch acht
darauf gehabt hätte, was das gebläse
dazu sagte. dieses seufzte unaufhör-
lich:* uth huus en uth hoof.
dickhęrig, *dickfaserig, vom flachs. vgl.*
fînhęrig.
dickkǫpp, *m. 1. dickkopf. schelte:* lu-
therske dickköppe. *2. froschlarve, die
zu Rheda* piǝlk *(für* piǝrk) *heisst.
3. kaulkopf; syn.* küling, dickkûts.
dickkûts, *m. pl.* dickkûtse, *kaulkopf.
(Marienh.)*
dicks, *adv. fest, unbeweglich.* håld dicks!
weiche nicht von der stelle! halte fest!

hảld di dicks! *rühr dich nicht! steh still!* — dicks *scheint aus dichtes entstanden, wie* nicks *aus* nichtes. dicht *ist fest. in Hgb. 68ᵇ:* ghelove en is nicht dicht.

dicksack, *m. dickes kind.* — sack wie bûl.

diddel diddeldai, *ein refrain. vgl.* Thidelà, *name eines baches im Werd. register. Ztschr. d. B. G. V. II., 271.*

diddeldöppken, *n. ein kleiner kreisel, eine knopfform mit durchgestecktem stäbchen, die man zur unterhaltung der kinder rund laufen lässt. Eichw. spr. 383:* dudeldop, *ostfr.* dudelop, dudekop, *schläfriger, stumpfsinniger mensch. Vilm.* dilltop. *vgl.* dideln, dudeln, *summen, schnurren. bei Wigg. II., Scherfl. 39 heisst* dilde, *einfällig.*

diəge, diəger, *adv. gediegen, tüchtig, sehr. — goth.* digra, spissus, *mnd.* deger, degger, diger. *s. oben* dege.

diəgel, *mit te, adv. tüchtig, gehörig.* ik hewwe mi te diəgel derảne plâget. — *R. V. to degen.* diəge, diəgel *aus* digan, *ags.* digan.

diəgel, *m. tiegel.*

diəke, *f. decke.*

diəke, *f. zehnzahl von häuten, decher. Osnabr. gesch. urk. 105:* deker grône bûde.

diəkel, *m. deckel.*

diəkeln, *deckeln,* enen, *einem bescheid sagen, einen zurecht weisen.*

diəle, *f. diele. — ags.* thill.

diəle, *f. oder* rûen diəle, hundsdill, krottendill, cotula fœtida. *(Warstein.) syn.* rûenblaume. — *ags.* dile, *f. ahd.* tilli, hundestilli; *Teuth.* dyl. en cruyt.

diəlsâge, *f. zweihändige* sâge *zum bretterschneiden.*

diəmsterig, *dumpfig, neblig (Hamm.) Gl. belg.* demsterlic, latebrosus.

diən *für* diəsen, *accus.,* unser duəsen, düon. *(Obere Lenne:* diən dag, *heute.) vgl.* hodie.

diəne, *dannen, weg.* bâ hęste dat diəne kriəgen? der diəne. *s. der* denne.

diənsen, *stöhnen, von anstrengung. — alts.* thinsan, trahere, *nds.* dinsen. *Teuth.* dynsen, trecken, bansen.

digge, *das gedeihen, zunehmen.* to digge gân, *zunehmen.*

diggen, *gedeihen, bekommen. spr.* unrecht guəd digget nitt. — *alts.* thîhan, *mwestf.* diggen. *Kerkh. hat das ptc.* gedegen. *aus* thîhian *entstand leicht* diggen.

dik, *m. teich.*

diken, *1. teichen d. i. flachs, der mürbe*

gemacht werden soll, in den teich legen. *im Alten. stat.:* dämmen. *s.* rôteln. *2. wässern. Gr. tüg 28.*

dil, *dicht, von gutem brote.* wol == digil, *goth.* digra, *vgl.* dęge, diəgel, *nds.* dellig *bezeichnet die zu grosse dichtigkeit des brotes.*

dilgen, *tilgen.* — *mwestf.* delegen.

dilldöppken, == diddeldöppken.

dille, *in* dillenfuck, *spottreim auf personen beiderlei geschlechts, die in einem anstössigen umgange leben. (Altena.) s.* dittlenfuck.

dimen, *m. diemen, garbenhaufen. syn.* trędhôp, winterhôp. — *vermutlich* == thimbæ *von* dimmæ, *dann* dimen *wie* fimen == fimbo *statt* fimba. *es ist einer von den fällen, wo* th *und* f *sich vertreten.*

dimpen, *s.* bedumpen.

dingen, *præt.* dang, dung. *ptc.* dungen, dingen. — *ags.* thingan, gravescere *hatte im alts. auch die bedeutung häufen, daher unser* gedungen vull, *gehäuft voll. zu diesem verb. gehört* dung *(hügel) in ortsnamen, was Förstemann als erderhöhung zwischen morästen auffasst.* — *dän.* dynge, *haufen. vgl.* dwingen.

dingen, dinges, *n. 1. ding. (Paderb.)* dingens. *das erste eigentl. infinit., das zweite ptc. für* dingend *(wie* schrives) *werden sie urspr. eine gerichtliche handlung bezeichnet haben.* — *2. penis.*

dingesken, *n. kleines ding.*

dingeskerken, *bezeichnung eines namens, der nicht gleich einfallen will.*

dinseling, *gewöhnl. nur plur.* dinselinge, maipiere, fischbrût. *s.* maigræse, grase.

dinstag, *m. dinstag. v. Höv. urk. p. 37:* am dengstgedage.

dippen, *ein kartenspiel. Gr.*

dir, *n. pl.* dirs. tier. — *goth.* dius, *ags.* deor, *alts.* dier. hai es en houge dir. *(Lüdensch).* ek hef dat arme dir, *fühle mich so fremd und verlassen, geringerer grad von heimweh.*

dir, *n. weib, dirne.* dat arme dir. — *neben* thiorna *gab es wol alts. ein* thiôr, thier, *was ebenfalls* dirne *bedeutete. Lübben XIV., 49:* hôg dir. *im Paderb.* daire, *pl.* dirnen. *syn.* dêr.

Dirk, Dierk, *Dietrich.* he kûert med sik selwer as de witte Dierk. *vgl.* Gan-Dirk, Hinner-Dirk, Kasper-Dirk, Melcher-Dirk. dirk, *Dietrich* == haarbeutel. *Gr. schwänke 114.*

dirken, *n. tierchen.* hai hęt dat dirken

saihen, *er ist trunken. der säufer sieht tiere.*

disen, *præt.* dôs, *ptc.* diəsen, *laufen, rennen.* — *wol für* dîhsen. *vgl. ags.* thîsen, *läufer (pferd, schiff) für* thîhse, *dän.* deise, *hintaumeln, rennen. s. auch* kladîsen, kladîstern, eidechse, dextern, dacken.

disemensdôsken, *riechbüchschen, riechfläschchen. syn.* mannsdôsken. *zu de-sem.* Lauremb. desen.

disk, diss, *m. pl.* diske, *tisch.* hä stiəket de bêne unner annermanns disk.

dissblad, *n. tischplatte.*

dissdauk, *n. tischtuch.*

dissdecker, *m. tischdecker. s.* spiggebecken.

dissel, *f. distel.* hä biəwet as ne dissel (carduus nutans). — *ags.* thistel, *m., wie im froschm. der distel.*

dîssel, distel, *deichsel.*

disselbôm, *m. deichselbaum, deichsel. man spricht auch wol* dissel. — *ags.* thîhsl; *ahd.* dîsila.

disselkopp, *m. distelkopf. s.* rôse.

disslâe, *f. tischlade. syn.* dissechot.

disslâken, *m. tischtuch.*

dissschot, *schublade eines tisches.*

disstälen, *m. tischbein.*

disten, dîssen, *m. spinnrocken, oft mit einschluss des flachses. (auch Dortm.) ein compositum wie engl.* distaf. dîse, *eingebundener flachs (Tappe, 97ᵃ:* dyse), tain stab *(ags.* tân, *hd.* zain). Fahne, Dortm.III., ehe- und hochzeitsordnung: rockendiesten. dies letztere scheint dî-sten dem disc ganz gleichzustellen.

dittlenfuck = dillenfuck. *entstanden aus* drittelenfuck *(vgl.* Drytelenbusch), *spott auf zärtliche personen.* dittel, dritel, *zärtlich.*

Ditz, *Dietrich; wie Fritz.*

ditzken, *n. kleiner gegenstand. wohl =* titjen. — *Helgol.* ditjen, *neugebornes kind. Mda. III., 29. Montan. volksf. I., 6.*

ditzmännken, *n.* klaine d., *kleine finger. syn.* kl. kappeditzmann, klaine dimme-litzken, kl. dimmelitzmann, klaine pisse-wittmann, lingeling.

diewirk, *verrückt im kopfe (Paderb.).*

dobbel = dobel.

dobbelstein, *1. eigentl. würfel, dann würfelspiel. Alten. urk. d. 16. jh. 2. zeug, worin quadrate gewebt sind.*

dobel, *m. cubischer körper, würfel. s.* dobbel.

dôbeln, *würfeln.*

doch, doeh, *doch.* nê doch? *wirklich?*

— *goth.* thauh, *alts.* thuoh. *unser* doch *passt nicht zum alts. der grund der brechung wird (wie bei* noch) *im folgenden* ch *liegen. vielleicht verhält sich* uo *im alts.* thuoh *ebenso, so dass es sonstigem* uo *gleichgestellt werden darf.*

docht, *das taugen.* kain docht gieffen, *nicht taugen. vgl.* dat giət kain dûəgen. *Kil.* doghen. doghed.

dochter, *f. tochter.* se het ne junge dôchter *(ein kind weiblichen geschlechts).* junge-dochter *ist jungfrau.*

docke, *f. schlechtes pferd.* koldocke, *ein pferd zum kohlentragen. vgl.* dacken.

docke, *f. 1. docke, strohpuppe zur unterlage für dachziegel; in der westl. Mark heisst sie* poppe *(puppe). 2.* docke, *mädchen, nordwestl. Mark. — anderwärts ist* docke *eine puppe zum spielen. Teuth.* dock of pupp. docke van stro.

dôckes, *oft =* dückes. *(Bergisch.)*

docter, *m. arzt.* de docter stêt am wege, äffer me kennt ne nich, *das heilmittel (die heilende pflanze) ist oft gesehen, aber man kennt sie nicht.*

doctern, *den arzt gebrauchen.*

dôd, *tot.* dôd dauen, *auslöschen, ausstreichen.* dôd mäken; *töten wird jetzt immer so ausgedrückt, früher galt doe-den; dai könn mi vör miner dôr dôd-smîten, der wohnt nur einen wurf weges von mir entfernt.*

dôd, *m. tod.* so god as de dôd. dat sin ik in den dôd vergeten. dat kann'k innen dôd *(ganz und gar)* nitt lien. spigg en dôd derop! bai lange lewen well, dä maut di nâ me dôe schicken = *du bist äusserst langsam.* des ênen sin dôd es des annern sin brôd.

dôdbrauk, *m. morastiger boden.*

dôddriwer, *m. plagegeist.*

dôdêrenst, *völliger ernst.* dat es mi d.

dôdguət, *herzensgut.* dat es en dôdguə-den kerl. s. dôd.

dôdland = dôdbrauk.

dôdläunig, *morastig.*

dôdnstûten, *pl. grosse korintenstuten, welche bei begräbnissen begüterter familien an die schulkinder verteilt werden. K.*

dôdrîpe, *überreif. (Weddigen.)*

dôdrîter, *m. sehr schlechter reiter. s.* dôd.

dôdspass, *m. vorzüglicher spass. Gr. tüg 21.*

dôen = ? dôdend, *ptc. von* dôden, *sterben.* na minen (minem) dôen, *nach meinem sterben. (Deilingh.)* — *dän.* døe sterben.

dôenbøskop, *f. totenbotschaft.*

Dôenhelle, *Totenhelle bei Veserde.*

dôenhiəmd, *n. totenhemd.*

dôenschin, *m. totenschein.* geld àder en dôenschin!

dôenwâke, *f. totenwache. sonst üblich, des unfugs wegen abgekommen.*

dôenwęg, *m. totenweg. ist bei Unna (Friedrichshöhe) der name des notwegs. s.* nôdwęg. *in einer urk. v. 1490 (Hüser chr. v. Arnsberg) werden „noitwege und d o d e n w e g e" genannt.*

dôer, *f. dotter.* aidâr. *(Marienh.) syn.* 't gęle vam ai.— *alts.* dodro, *engl.* dodder.

dôf, *1. taub, vom gehör.* dôf op baiden ären. *2. taub, ohne kern.* dat geschüht ock nitt üm der dôwen nüəte willen (ce n'est pas pour des prunes, *Molière). dôf* kârn. *pleonastisch:* med dôfer käfe làtt sik àlle müse nich fangen. *3. taub, ohne stachel.* dôwe niətel, *taubnessel,* lamium album *und* purpureum. *4. taub, ohne bewegung. vom wasser: stillstehend, seicht:* hä arbet om dôwen wâter; *vgl.* de dowe Elbe *und* dân. doven, *stillstehend. 5. öde, tot d. h. wo niemand gehört wird.* en dôf dȯrp; *vgl.* „in die taube luft der kaiser ruft".

dôfholt, *taubes, dürres holz.* K.

dȯge *in* ter dȯgen, *gehörig. s.* düəge.

dȯggewêr = daigewȯer.

dȯle, *f. dohle. junge dȯle, ein kuhname. husp. Mich. 1. tale. Teuth.* dail.

dolle, *f. ein rohes tonwerkzeug, bestehend aus einem holzschuh, der mit saiten bespannt ist.*

döllern, *lärmen. — altm.* dellern. *Weddigen WM. IV., 302.* d ö l w e r n, lermen.

dolske, *s.* kaudolske. — *ostfr.* dolske, *puppe, närrisches weib.*

dölwen, *1. prügeln. syn.* pülwen *(westmärk.),* pölwen *(berg.). 2. werfen.* in den bôm dölwen, *mit steinen, knitteln. (Balve.) 3. würgen, die kehle zudrücken. (Marsberg). 4. zerbrechen, ein glas. (Paderb.) —* [dolwe *ist knittel. Wallr. s. h. v.* sy ṣollen onch dat Huyss em hove met sterke dolle umbgeven. *Urk. v. 1384. vgl. Claws Bür 440. — ags.* thol, *m.* scalmus a quo pendet ramus. *nord.* thollr, palus, *holl.* dol, *ruderzinne.] Wigg. II. scherft. p. 48* doven *(? für* dolven*). nds.* dölben, *ostfr.* daljen, *fr.* dauber. *nach analogie von* peddik *= nds.* duddek, *scheint hier* p *mit* d *zu wechseln. altm.* deffen. *s.* dâwern.

domkasten. *auf dem Unnaer tore befindet sich der sogenante* d., *in welchen die gartendiebe eingesperrt werden (1786). zu* dômen.

dônen, *mit einer stange auf den grund des wassers stossen, um einen kahn fortzuschieben. (an der Ruhr.) vgl.* ags. dynt, ictus, percussio; dynjan, strepere.

dônig *für* dôgenig, *tüchtig, taugend. s.* düənig.

donnerlôg, *n. donnerlauch. entweder* sedum telephium *(donnerkrûd) oder* sempervivum tectorum *(hauswurz) gemeint.*

donnersch, *in* donnersche blagen. *schelte.*

dôntken, *n. liedchen. — ostfr.* dæntje. *vgl. nds.* dônen, denen, *plaudern. im Bielefeldschen ist* dônte = zech. *s.* unser gedônte.

dôpe, *f. taufe. spr.* dä binən stätt an der dôpe, kuamet nümmermêr te hôpe, *von taufzeugen, geistlicher verwantschaft.*

dôpen, *præt.* dofte, *ptc.* doft, *taufen. — alts.* dôpian (dôpida, dôpde) *mnd.* dopen, *præt.* dopte. *vgl.* düpen.

Dȯpm, *Dortmund. — aus alts.* Throtmenne *(Werd. reg.) wurde* Dortpmunde, Dorpmunde, *daher die Form im volksmunde. Teuth.* Dorpmund.

dopp, *m. pl.* döppe, *rundlicher, meist hohler körper. 1. eierschale.* aidopp, *K.* et e beter en half ai, as en ligen dopp. *2. fruchtbecher der eichel. 3. hohlkreisel, manchmal auch kreisel überhaupt. hd. topf. 4. pfeifendeckel von draht. rda.:* hä het döppe op den ôgen, er sieht nicht. hä lôpet as en dopp *(auch wol* dott*). vgl. Teuth.* dop, testa, trochus. *hd. topf, nd.* düppen, döppen.

döppen, *aushülsen, auskrullen, von bohnen und erbsen. bei Fürstenb. wird es nur von den bohnen gebraucht. — abgeleitet von* dopp. *s.* krüllen.

döpperfte, *f. erbse, die nicht mit der hülse gegessen wird.*

döppkesspieler, *taschenspieler.* K.

döpschin, *m. taufschein.*

döpstên, *m. taufstein.*

dȯr, *f. pl.* dȯren, *tür.* dat mâket ęm de dȯr tau, *das hilft einem gewinnen; rda. der spieler. auch allgemein:* dat dait ęm de dȯr tau, *das hilft.*

dȯr, *n. tor. bei Iserlohn dafür* pârte.

dȯr, *dör, præp. c. acc. durch.* dȯr guədhait, *aus güte.* dȯr de langhait der tid, *mit der zeit.*

dorant, *m. ackerlöwenmaul. reim:* dôrant dust dat het de häxe nitt en wust, hädd et dorant nitt en dân, dann

55

soll di de kopp im nacken stân. *syn.*
dôrthan. *Kil.* orant *j.* knaptandckens
kruyd, antirrhinum.
dộrbüttig, *morastig. Kil.* botten, *flandr.*
j. stooten. *Boden, den man leicht
durchstösst, durchtritt.*
dôrd, *m. trespe. syn.* drespe *(Rheda),*
dẹspe *(Marsberg).* — *alts.* durth, *ahd.*
turd. *Schm. z. Helj. erklärt* durth zi-
zania, in specie lolium temul. vel bro-
mus secal., *aber* lolium temul. *heisst
hier* twẹrk. *Teuth.* doirt is snoed sait
dat onder guet koern wesset.
dộrdauen, *durchtun. 1. öffnen, ein ge-
schwür. 2. eröffnen, verraten: et es
ẹm dộrdân wâren.*
dộrein, *durcheinander.*
dộrgân, *1. durch etwas gehn.* et well
nix d., *es will nichts durchgehen z. b.
durch den hals. 2. aufbrechen, von
geschwüren.* de swẹr es dộrgân.
dộreinjâgen, *durcheinander jagen.* hä
het ẹnen te wainig âder ẹnen te viol,
dâ de annern dộreinjaget.
dộrkrûpen, *durchkriechen.* ik sin lange
genaug junge wẹst, dat hett: ik hewwe
dộrkrûpen lêrt un sin nirgens hangen
bliawen. dâ es dem bäcker sin wîf
dộrkrộpen, *wird gesagt, wenn weissbrot
zu stark von der hefe aufgetrieben ist.*
dộrlappen, sik, *sich durchhelfen so gut
es geht.*
dộrmel, *leichter schlummer. K.*
dộrnaigen, *durchtrieben, schlau.* — nai-
gen *für* naügen *kann ptc. sein* (naü-
gend), *dann wäre die eigentliche be-
deutung: durch und durch genügend.*
dộrp, *n. pl.* dộrper, *dorf.* dann so'k
balle bûr ächterm dộrpe wæren. dat
maut en slecht dộrp sin, dâ nitt mâl
ne kẹrmisse inne is. ik woll dat Ha-
gen in Eilpe slaipe, dann gäff et alle
ên dộrp.
dộrrängeln, *durchprügeln. s.* rângeln.
die erklärungen bei Firm. zu durengle
und bei Vilmar scheinen nicht richtig.
dorren, *stolpern.* hême d. *N. l. m. 28.
s.* durteln.
dộrriepen, *durch die riffel ziehen, durch-
hecheln.*
dộrslag, *m. 1. durchschlag, seihe. 2.
durchbringer, verschwender. spr.:* en
dộrslag un ne riwe sid nitt guẹd .bi
me wiwe. — *in M. Btr. II., 355 steht*
doirsclath, *man lese* doirsclach. *Teuth.*
doirslegher. verqwister. verslœmer.
dộrslân, *1. durchschlagen. spr.:* ne junge
ẹke slätt bẹter dộr as en sæbel. *(Lü-
densch.) 2. durch ein sieb drücken.*

dộrst, *m. durst.* — *ags.* thyrst.
dûrsten, *dürsten.* — *ags.* thyrstan.
dûrsterig, *durstig.*
dộrte, *f. drohne.* — *ags.* dora. *vgl.* dur-
teln, *etwas langsam tun, schlendern.*
die dummen dutten *(f.* durten) *Myth.
511, 512;* duttelten stên; durtke môer.
dộrthan = dộrant. dộrthan un dust jagt
den dûwel dộr den busk. *(Lennhausen.)*
dộrtke, *f. 1. drohne (Werl.). 2. ge-
schwätziges sich überall aufhaltendes
weib.*
dộrtken, *sich geschwätzig überall auf-
halten.*
dôse, *f.* dose.
dôseken, *n.* döschen.
dôssel, *kopf (tadelnd) (Velb.).* — *altm.*
dâsl = dâts. *ostfr.* dôsbartel, *dumm-
kopf,* dôsen, *schlummern,* dôsig, *ein-
fältig. s.* dusseln.
dộtern, *1. sich bewegen; syn.* sộtern.
wann de pillen wâter saiht, dann dọ-
terd (sộtert) ẹn de fuat. *vgl. Fisch.
Garg. c. 38:* nachdem solche worte
ausgestossen worden, fieng etlichen vn-
der ihnen dass gesäss zu tottern. *vgl.*
dott. *2. schwätzen, faseln; syn.* 'et mûl
schûdden. *vgl. engl.* dotard, *faselhans.*
dott, *da!* nû dott. op d, a. *hacke 27.
s.* dâ.
dott, *m. pl.* dötte. *1. grosser darm, dick-
darm. 2. im pl.* därme *überhaupt. 3.
kleines kind, berg.* dâtz. *4. elender
mensch.* — *ostfr.* dot, *holl.* dot. *Mda.
III., 428:* dott hede, *zotte hede. vgl.*
zaute, *röhre, was umgesetzt sein konnte,
wie* pott *(topf).*
dotz, *das dicke ende des eies. Mont. I., 27.*
dôüwen, *drücken.* — *wuestf.* duwen.
dôwen, *heilen.* as de pocken dôweden.
— *Slüter, gb.* dôven. *vgl.* dôf, *öde,* tot.
dọwen, *toben. Gr. tüg. f. r. 102.* —
Slüter, gb. daven, *toben, wüten.*
dôwen, *den hafer halb oder dreiviertel
dreschen. (Werl.)* — *steht wol für*
dôlwen.
dộwer, *m. tober, windbeutel. f. r. 144.*
drâ, *adv. schnell, bald.* — *ahd.* drâto,
mnd. drâde, *holl.* dra.
drabbe, *f. trüber* bêr-drabbe. — *ags.*
drabbe, *holl.* drab, *hefe. s.* drawe.
dracht, *f. tracht. 1. bürde, die einer
trägt,* dracht holt = drẹg holt. *2.*
tracht = *kleidung. 3. das tragen.*
hilligen-dracht. — *Schüren chr. p. 23:*
drachter.
drachter, *dahinter. K.*
drachterhẹr, *hinterher. K.*
drâd, *m. pl.* drêe. *1.* drat. *2.* faden,

vgl. engl. thread. en langen dråd giət ne fůle nåt. pçkedråd. — *ahd.* dråt.

drådtrecker, *m.* dratzieher. *um 1459 schon:* evert drathôgers land. *v. Hôvel urk. 74.*

dråen, draten, *von* drat. ne dråen můsefalle.

dragbôm, *m. stange zum tragen zweier eimer. (Fürstenb.) s.* lichte.

draghaftig, *tragend, fruchtbar.* d. holz. *Seib. Qu. p. 116. s.* drçghaftig.

drai, drei. he sůht ůt as wann he kaine drai tellen könn.

draiåkel, theriak. — *mhd.* triakel; *engl.* treacle. *Teuth.* dryakel. — salwe emplastr. plumbum compositum.

draiblad, *n. fieberklee. syn.* bitterklê. *Teuth.* dryblat. cleverblat.

draidagsch, dreitägig. draidagsche fêwer, *tertianfieber. s.* inbellung.

draifsål, *trübsal.* sik med geduld smçren un med draifsål taudecken.

draigede, *f. drehung, stelle wo sich der weg dreht.*

draigen, *(Lûdensch.* dræegen), drehen.

draigen, *præt.* drôg, *ptc.* drôgen. *1. trügen. 2.* sik draigen op, *sich verlassen auf, sich hoffnung machen auf.* bå me sik op drôget, dat çm entflôget. *im Môhnetal:* op dui heww' iək mui droen. *zum ptc.* drôgen, *Gr. tüg 45 wird erklärt:* sich auf etwas trügen = *sich auf etwas freuen. vgl. fr. r. 147.* — *mnd.* drôgen up, *sich verlassen auf.* dryghen uppe. *sp. v. der upst.* sik dragen up. *Slüter gb.* sik dregen up *(crux fid.). Kautz.* dragen. *vgl. Köne z. Hclj. anm. 2091.*

draigüldenblåer, *pl. fiberklee. (Marsb.) s.* draiblad.

draihårig, *der schlecht hört. K. s. 74. s.* drîhŭrig.

drailamp, *m.* dreieckiger hut, dreimaster. *(Altena.)*

draimann, drei vertreter der bürgerschaft *(des vierundzwanziger standes) gegenüber den erbsassen bei den ratsversammlungen. der letzte sogenannte sprechende* draimann *war der bürger Gottfried Kaupe † 1811. K.*

draimannsstråte, *eine strasse in Iserlohn.* dreimann *hiess in der Dortm. verfassung einer der drei personen, welche vorsteher der fünfundzwanziger waren, teils gildenvorsteher, teils aus den gilden gewählt.*

draischråtig, dreischrötig, stark; *vgl. vierschrötig, plump.*

draise *für* draüse, *f.* drüse *z. b. bei jun-*

gen *pferden. Teuth.* droiss. geswelle. clyere.

draisk, *m. ein zu graswuchs benutztes grundstück, ein trockener heuplatz im gegensatz zu einer flöszbaren wiese. im westf. anz. I., p. 201 fragte H.: woher kommt der name* dreisch? *die redaction antwortete:* „dreisch *heisst in gebirgsgegenden soviel als* brache *in ebenen. der süderländer hat unstreitig vormals die* brache *nur drei jahre als weide benutzt; daher der name“. R. A. 525:* treisch. *man vergl. ahd.* drisk, *dreijährig. D. Spr. I., 63. so wäre i in in verschoben und dann wie häufig das aus letzterem entstandene ia umgesetzt. zeitschr. d. B. G V. III., 230:* dreiss liggen = *ungebaut liegen. v. Hôvel urk. 77:* liggen dreys. *mir scheint das wort aus einem alten theorsan (trocken, dürr sein) zu entspringen; vgl. terra für terra (trockenland). dafür scheint auch bei Wallr.* driesch, *campestria loca, campi sicci (1301) zu sprechen. Teuth.* dryesch. ongebuwet acker. *z. d. Berg. GV. 6, 50* thriuschon = *zu den* draischen.

draitimpig, dreieckig, *vom hute.*

draitipp, *m.* dreieckiger hut. *Gr.* tüg 26.

dråke, *m. (Aplerbeck* dracke) draibock.

dråle, *der aberwitzig läppisch spricht.*

drålen, *1. die worte beim sprechen ziehen. 2.* schwatzen. *(Altena).* — *holl.* dralen, *engl.* drawl. *das å lässt eine zusammenziehung wie bei* prålen *vermuten.*

drålen, *1. =* drålen. *2. langsam sein. Kil.* drœlen, cunctari. — *vgl. altm.* drôteln, *träge sein, verdrossen sein, was indessen auch an* dorte *erinnert. Eichw. spr.*

drålepinn, *ein* dråliger *mensch.*

drålig, *1. seine worte zerrend. 2. langsam. 3. langweilig.*

drålpitter, = drålepinn.

dramm, *von garn, welches zu stark gedreht ist. K.*

drämmeln, *drücken, schwer mit den worten herauskönnen.* se såt dù sämmeln un drämmeln. *syn.* drôkeln. — *vgl. Findl.* dremmel, *obtusus ingenio. s.* drammig.

drammig, *von garn, welches zu fest gedreht ist und darum sich kräuselt. vgl.* dramside.

drammig, *drückend warm, schwül.* drammig hêt. *auch bei H. und bei Firm. I., 420.* — *vgl. ostfr.* drammen, dränigen. he drammt mi mit to gan. dram

men *muss* thramón *sein, aus alts.* thri-
man (thram), *springen. vgl. goth.*
thramstei, *heuschrecke. Kil.* drummen,
drommen, premere. — *Aesop. 80:* dram.
drang, *m. drang.* en drang nå me staule.
drängel, *m. starker kaffee.*
dränger = drängel.
drangsalêren, *bedrängen. K.*
drank, *m.* trank, *getränk.*
dränkel, *kuhschelle.*
drankfatt, *n. fass zum spülich für das
vieh.*
drünsen, *eigensinnig weinen, von kindern.*
— *mhd.* trensen, *auch vom schreien
der hirsche und anderer tiere. Teuth.*
kneesten. drensen. stœnen. suchten.
drässel, *f. drossel.* — *mhd.* droschel,
engl. throstle. *in der Grafsch. Mark
kommen folgende drosselarten vor: 1.*
kau-drässel, *misteldrossel,* turdus visci-
vorus. *2.* swarte gaidling, *amsel,
schwarzdrossel,* turdus merula. *3.* grîse
gaidling, singedrässel, *singdrossel,* tur-
dus musicus. *ist* gęle drässel *derselbe
vogel? (goldamsel? so heisst hier der
pirol* oriolus Galbula). *4.* sê-mêrle,
meeramsel, singdrossel, turdus torqua-
tus. *5.* krâmesfuøgel, *wachholderdros-
sel,* turdus pilaris.
drässeln, herümme dr., *nicht recht voran
können, langsam, schleppend, träge sein.
K. s. das syn.* fàsseln.
drässelte, *f. drossel. (Marienh.)*
drèteln, *zögern, säumig, verdrossen sein.
K.*
drâtviôle, *f. ein weib, welches uns durch
klagen u. geschwätz lästig wird (Elsey.)
s.* viôle. *alte jungfer, alte schachtel,
verschrobenes eigensinniges frauenzim-
mer, verblühte kokette, launenhaftes
weib. K.*
draüf, *trübe.*
draüfsal, *trübsal.* smęr di med geduld
un deck di med d. tau!
draf, *m. trab.*
drawe = drabbe. *(Marsberg.)*
dräwen, *traben.*
dreck, *m. dreck.* hä es bàlle ûtem
drecke, *er ist bald herangewachsen.*
dreckswalſte, *f. 1. schwalbe. 2. schelte
für maurer.*
dręg, *m. tracht, bürde.* en dręg holt.
dręge, *f. trage.* 'ne mist-dręge.
dręgeläken, *n. laken, worin gras, laub
u. dergl. heimgetragen wird. syn.* krûd-
laken. de hiəmel såg ût as en dręge-
läken.
dręgen, *prœt.* draug; *ptc.* drŏgen *oder*
dręgen, *tragen.*

dręghaftig, *trächtig. Alten. stat.* dreg-
haftig. — *s.* draghaftig *und* dracht.
Schüren chr. p. 21.
dręgknoppe, *f. blütenknospe des obst-
baumes.*
dregûner, *dragun. (Siedlingh.)*
drens, *dreimal. Weddigen WM.*
drell, *drall, festgedreht, von garn.* et es
drell, et klanket sik. *vgl.* drillen, *im
kreise drehen, schwed.* drilla.
drępèn, *prœt.* dràp, *ptc.* drøpen, *treffen.*
et es omme drępen, *es ist auf dem
punkte. spr.* bai de leste es, dęn driə-
pet et.
Drês, *Andreas.* Sünten-Drês-Misse.
dręf, *derbe, stark.* dręf dauk. — *alts.*
derbi.
dręwel, *derb, frech.* — *alts.* derebi, derbi.
drêwen *in der redensart:* nu sin'k taum
drêwen kuamen, *nun bin ich zu spät
gekommen (zur hochzeit, zur auction).*
— *ags.* thearfjan, *darben.*
driət, *n. schiss.* bat soll en driət, wann
he nitt stünke! en driat *(syn.* küøtel)
vam jungen. en driət! *ist starke ne-
gation.* ik hewwe noch schiət noch
driət kriagen, *ich habe ganz und gar
nichts bekommen.* en driət un drai
nüəte giət véir höüpe. *vgl. Claws Bur
683.* — *altn.* dirt, *engl.* dirt.
driəterig, *schmutzig.* se es so driəterig,
me soll se nitt med der tange an-
packen. dat niəmt en driəterig *(schlim-
mes)* ende.
Drickes, *Heinrich. s.* Drücks. en köl-
schen Drickes. *schelte.*
drigger, *m. dreier. Grimme.*
driggergeme, *so hiess die reihe kleiner
häuser auf dem friedhof nordwärts
der Reinoldikirche in Dortm.* gam,
gadum, *kleines haus. nach einem alten
lagerbuche über das vermögen der
Reinoldikirche (1476) waren die drig-
gergeeme eigentum der kirche. K.*
driggerlei, *dreierlei.*
drihærig, *der nicht hören will. s.* drai-
hærig. — *vgl.* dreiharig (barbe à trois
poils). *holl.* druiloorig, *langsam, träge.*
drihärig, *störrig, widerspenstig, verwe-
gen, durchtrieben. K.*
driəf, *m. stoss, schlag.* — *ags.* drif, *ac-
tus,* pulsus. *bei Weddigen:* drievgie-
ven, *einem was abgeben, einen hieb
geben.*
driəfweg, *weg, auf welchem vieh getrie-
ben wird. syn.* düngelweg. *Schwelm.
Vestenrecht. Item, ein juckweg offte
dreffweg, dar men henne driven und
misten sall, sall wesen 7 voet wiet.*

drietsch. dai es so drietsch nitt asse
krumm stêt. *(Halver.)*

driewesk, *wer sich treiben lässt, wider-
spenstig. Sparg. 81.*

drill, *geschäftig. (Ränderoth.)*

drill, *m. drillich. — schwed.* drell.

drillen, *eigentlich rund herum drehen;
plagen. — dän.* drille, *necken, vexie-
ren.*

drilôper, *m. ein fast ausgewachsener
hase vom ersten wurf des jahreš.*

dringen, *præt.* drang; *ptc.* drungen, *drin-
gen.*

drinken, *præt.* drank; *ptc.* drunken, *trin-
ken.* mêr gedrunken as gegēten hef-
fen = angetrunken.

drinken, *n. 1. getränk 2. trinken, vom
frühstück besonders.* ik well ne 't
drinken oppet feld brengen. *3. dün-
nes bier der bauern in der ernte. Wed-
digen.*

drinkgeld, *n. trinkgeld.* dat kind hed
mi d. giowen; ik hewwe d. kriegen,
*euphem. für: es hat mich nass ge-
macht. syn.* pi pi maken.

driste, *1. dreist, furchtlos.* de hàne es
driste op sinen miste. men driste!
nur zu! it könnt mi mân driste lô-
wen, *ihr könnt mir nur glauben. 2.
gut, schön gekleidet.*

drite, *f. 1. kot. engl.* dirt. *fig.* nu stêt
de kàr in der drite. *2.* = driot. dêrne,
sagte ein Altenaer dratzieher, ik hewwe
diek so lêif, ik woll wual en pund di-
ner drite friaten. *sprichw.* drite ût
drite in brengt dem bûersmann gewinn.

driteklaüer, *m. der viel im dreck um-
her läuft. s.* dritenklûwer.

Dryteleubusch, *ortsname bei Iserl. urk.
von 1446. um 1719 schon in* Drillen-
busch *verderbt.* Dritele *sc.* duve *ist
turteltaube, eigentlich die zärtliche taube.
man vergl. holl.* dertel, dartel *und ostfr.*
darten, *die wol einer und derselben
wurzel mit zart sind.* dritel *ist demi-
nutio adj.; in der ratsversammlung der
tiere heisst diese taube* Trittelduve, *in
anderen mnd. schriftst.* Terteldure, Tar-
telduve. *das unordentliche D neben
T fällt gerade bei diesen consonanten
weniger auf; vgl.* dwingen, twingen,
zwingen.

driten, *præt.* drêt, *ptc.* driōten. *1. seine
notdurft verrichten, scheissen.* se dritt
alle op ênen hôp, *sie halten alle zu-
sammen.* se driōten all op ênen hôp
un gâfeu't em·drop in den kōp, *heisst
es in einem spottliede auf den fall* Na-

poleons I. spr.: se dritt in ênen sack
un sûget an ênem kûale (= küatel).
drit in de weld un lewe gêstlick! *2.
fürchten; vgl. engl.* dirtfear. *— ags.*
dritan.

dritenklûwer, *s.* driteklaüer.

drift, *f. 1. das austreiben. Gr. tüg 56.
2. das ausgetriebene vieh.* ne drift
schâpe. *3. die* trift. *— vgl. Seib. Qu.
151* drifft, *berechtigung zum austreiben.*

driftig, *triftig. als ableitung von* drift
in: tsamen dryftig sin, *zusammen aus-
getrieben werden. Altenaer urk. 1574.*

driwen, *præt.* drêf; *ptc.* driewen, *treiben.*
ik wet wol bat ik driwe, wann'k en
iasel vōr mi hewwe. *— alts.* drifan.
Teuth. dryven. menen ossen, perden etc.

driwer, *m. 1. treiber.* wannær het de
iasel un sin driwer ênen sinn? wann
se baide im water sittet. *2. dauer-
haftes kleidungsstück.* dat es en rech-
ten driwer, *von einem rocke.*

drog, *m. betrüger.* droge und schulde-
ner. *Altena 1574.*

drog, *m. trug, betrug.* dat es oppen
drog mâket. *für* drog *auch* drot: en
drôm es en drot. *— alts.* gidruog.
Schm. fragt, ob *uo* für ou. *unser* drog
*ist unorganisch, wie doch, es sollte
drauch heissen, aber vielleicht liegt ein
goth drauh zu grunde. mwestf.* droech,
urk. v. 1552.

drôge, *trocken.* et es so dr. asse pul-
wer, asse waitenkliggen, *(op. d. a. h. 8),*
as en knoken. de lampe es so drôge
as sünte-Klâs in der fuat. vi sittet
oppem drôgen = use kau es güste.
hä kritt nix oppen drôge. hä es noch
nitt drôge achter den Âren. hä het
ne drôge lewer, *er trinkt gern.* drôge
wasken *(trocken waschen) wird von
frauenzimmern gesagt, welche andere
durchziehen.* sid it am drôge wasken?
fragte jemand solche frauenzimmer. jâ!
antwortete sie, *kommt* se mâl hîr!
drôge Pêter, *trockener mensch, ebenso
ostfr., berg.:* drôge Pitter.

drôgedauk, *m. handtuch.*

drôgede, *f.* drôchte, *f.* trockenheit. *s.*
drouget.

drôgeldauk, *m. handtuch. (Alberingw.).*

drôgen, *trocknen; s.* hose.

drôgenapp, *m. mensch der still ist, we-
nig spricht.*

drôgepîn, *m.* = drôgenapp.

drôgewäske, *m. s.* drôge. drôgewäskers
dâ it sind!

drôglecht, *n. truglicht, irrlicht.*

dröglecht, n. 1. trübes licht. 2. irrlicht. Kil. droghlicht, irrlicht.

drögschêren, tuch scheren.

drögschêrer, m. tuchscherer.

drökeln = sämmeln un drämmeln. — vgl. nds. trücheln, trochen, trochtern, holl. troggeln.

drökelpinn, m. zögerer.

drollgast, m. ungeladener gast. drollgast spielen, ungeladen zu einer zeche kommen. es scheint, dass das wort eigentlich einen spassmacher bezeichnet, (vgl. Kil. homo facetus, drol) der, wie Steinhausen bei Immermann (Münchhausen) auch im kreise Iserlohn sonst nicht fehlen durfte und wol auch ungeladen willkommen war. anders bei Grimm d. Wb., wo aus trollen (sich wegscheeren) erklärt wird. aber trollen lautet auch bei uns trollen. vgl. tûngast. drooghgast, draelgast, umbra. K.

drôm, m. traum. ik well di ûtem drôme helpen. ich will dir die sache aufklären, deuten. nû was ik ûtem dr., nun war mir die sache klar. dat soll mi im drôme nitt infallen. en droum es en druog un en fîst es en fluog, dai ovver int beddo dritt, dai finget wat.

drômen, träumen.

drümmel, der aus dem zettelende eines gewebes zusammengedrehte kurze faden, womit beim wursten der darm zugebunden wird. K.

dr9nen, brummend stöhnen, vom vieh; auch bei H., der „brummen, wie eine kuh" erklärt. hai dronet as ne kau, dä melk wæren will. — neben thiunan, thaûn ist wol ein thriunan anzusetzen. hd. drohnen, dröhnen; holl. dreunen. vgl. ostfr. drinen, mnld. drœnen, gemere, isl. drynia, mugire, goth. drunjus, sonitus. cfr. Gesch. d. d. spr. 2,756.

dronert, kaffee.

drop, s. der (derop).

dropen, m. tropfen. dat was en dropen wäter oppen hêten stên.

drôpken, n. kleiner tropfen.

dropp, m. tropf, pinsel.

drossel, f. drossel. — ss aus st assimiliert. ags. throstle. s. drässel. Teuth. droissel of merle.

drost, m. satz von kaffee, oel. — engl. drost. vgl. alts. driosan. Teuth. dross van œly.

droste, m. droste. — MW. drotsette, später droste, drœste.

drotelke, f. schwätzerin.

droteln, schwätzen. — ostfr. dröteln.

drouged, f. trocknis. (Ebbegeb.)

drubbel, f. 1. traube. 2. dichter menschenhaufen. Firm. I., 371.

drubbeldicke, in menge und dicht zusammen. man hört auch dubbeldicke. druwweldicke locken.

Drubbel-Helle, ansiedelung in einem tale unweit Frönspert.

drûbel, gedränge, gewühle. K.

drück, sehr beschäftigt. he es so drück in der arbêd. se hett et so drück, sie sind in eifriger unterhaltung. — holl. drok, druk, drokte.

drücken, præt. druchte, ptc. drucht, 1. drücken. et es amme drücken, et küamt ock noch ant kacken. 2. drucken. — für die verlautung des præt. und ptc. vgl. bei Th. vervem. p. 70: opgerucht, was wahrscheinlich aufgerückt d. i. aufgeschoben bedeuten soll. wir haben dasselbe lautgesetz, welches sich im engl. (z. b. leave, left) zeigt. rücken in folge der elision consonanten an einander, so verhärten sie sich, d wird zu t und die vorstehende tenuis wird aspirate. so gibt es neben brûkede auch ein bruchte. sik drücken. me maut sik drücken, druck mit geduld ertragen. Pick monatschr. 1, 580, Huseman reimspr. 121: druck dich vnd lath wat auergahn, dat weder wil synen willen han.

Drücken, Gertrudchen. syn. Drüdgen.

drücker, drucker. baukdrücker. bat es für'n unnerschêd tüsken 'me rûen un me baukdrücker. de drücker settet êrst, dann drückete; de rûe drücket êrst, dann settete.

Drücks = Drickes. dumme drüxe, Must. 4.

drüdde, dritte. subst. de drüddens, die 3 im karnüffelspiel.

Drüdgen = Drücken. (Siedlingh.)

drüädel, f. zerrissenes kleidungsstück. syn. hûadel, fudden.

druem, m. pl. drüəme, 1. endchen garn, besonders des abgeschnittenen zettelendes. man holt sik solche von leinwebern zum einbinden der würste. 2. endchen draht. middeldröme, dai ruth fellen. Alten. statut. — mhd. drum, extremitas. mnd. drum, stumpf, stummel. vgl. hd. trumm, trümmer.

druemel, m. aststück, besonders trockenes. syn. hüller.

drüəmelen, träumerisch, schläfrig zu werke gehn, säumig sein. engl. to drumble.

drümeler, m. träumer, langsamer mensch.

drüəmelig, *träumerisch, langsam.*

drüəmeln, *langsam rollen, sich langsam bewegen.*

drüəwen, *præs.* draf, *pl.* drüəwet, *præt* drofte, drof; *ptc.* droft, *dürfen. mwestf. infinit.* derven, *alts.* tharf, thurbun.

drüged, *f. trocknis.* (*Valbert.*) *s.* drö-gede, drouged.

drüggement, *drohung. ein zwitterwort;* drüggen *mit romanischer endung* ment.

drüggen, *drohen. — ahd.* drawjan, *mhd.* dröuwen, *alts.* thra(w) *lieferte ein* thrawjan, *woraus einerseits* thröian, *anderseits* threuin, *thrûin verlautete. aus letzterem unser* drüggen. dai van drüggen stirwet, dem maut me med förten lüən. *der umlaut rührt aus dem folgenden i, die vocalverkürzung aus dem eingeschobenen gg. schon im alts.* muss *für* thraw, thrawjan *eine nebenform* thrah, thrahjan *gegolten haben;* letzteres *lieferte das sonst rätselhafte* thregian, *wie sich* wegian *auf* wah *zurückführen lässt.*

drûks, *m. kleine untersetzte person.*

drunk, *m.* 1. *trunk.* en drunk water. *spr.:* es de drunk im manne, es de verstand in der kanne. 2. *trunkenheit.* hai es amme drunke, *er ist dem trunke ergeben.*

drunken, *trunken, betrunken spr.:* dä drunken stiolt, maut nöchtern hangen.

drüppel, *m.* 1. *tropfen.* 2. *traufe. — alts.* drupil; *vgl. die diminutiva* gössel, küətel, krüəmel, schüətel. *Lauremb.:* sik drupen, *zusammensinken.*

drüppelfall, *traufe. früher wurden die bettler, selbstmörder u. s. w. unter dem* · drüppelfall *des kirchendachs begraben.* K.

drüppeln, *träufeln.*

drüppelstên, *m. tropfstein.*

drust, *kräftig, gesund aussehend.* (*Hamm.*) *vgl. Diez I., s. 100 s. v.* drudo.

drüst, *m.* 1. *fruchtbeladener voller zweig.* 2. *zweig, busch überhaupt.* (*Ebbegeb. Dahle.*) 3. *blumenstrauss,* (*in Elsey, wo* lust *nicht gebräuchlich ist; ebenso in Dortmd.*) *vgl. Kil.* driosan.

drût, *hinaus.* de maut drût! *der muss hinaus, der muss vor die tür gesetzt werden.* K.

drüttiən. *dreizehn. — mwestf.* drutteïn.
— **drüttiener,** *m. dreizehner,* 13 stüberstück, 5 sgr.

drüfel, *f. kelle. Dortm.* druffel. (*so zu Hemer, Hœrde, Marsberg;* trûfel, Lüdensch. Marienh.; truffel, Münster.)

— *altm.* druf, *engl.* trowel, *lat.* trulla.
2. *bohrtraube.* (*Dortm.*)

drûwe, *f.* 1. *traube.* 2. *fassdaube. s.* bördrûwe, bârdrûwe. — · *franz.* douve, *ital.* doga.

druwwele, *s.* drubbel.

dû, du, *du.* *dat. und acc.* dî, di. (*Iserl.*) *vor 1802 pflegten die kinder in der gemeinde Hemer ihren vater mit J anzureden. als Wulfert der ältere dort pfarrer wurde, hörten die gemeindeglieder, wie dessen kinder zu dem vater* dû *sagten. ein gewisser meister sagte damals:* mine kinner söll mi ôk nitt mär J haiten. dû dat es laifde, me siət jä ock dû tiəgen usen Hergod. *seitdem verbreitete sich die sitte des* dû*sagens.*

dû, *m. beim kartenspiel.* ènem den dû anseggen; *daher wol auch:* sai hēt çm den dû âne saggt, *von einer frauensperson, die dem schwängerer ihre schwangerschaft ansagt. — mw.* duwe, *sitte, brauch.* ? sollte es alts. thau sein? *wie* glû, *zu* glau, dûdissel *zu* daudissel.

dubbedubbedupp, *im Kinderreime.*

dubbeld, 1. *doppelt.* 2. = gross. de dubbelde kàtechismus. de dubbelde schürmann (*ein rechenbuch*). de dubbelde krämesvuəgel. *s.* ëweld.

dubbeldieke = drubbeldicke. hä süht ût, as könn he niəne drai tellen, mân hä hēt se dubbeldicke ächter den âren.

dubben, *kloppen, schlagen. gelinde auf etwas hartes stossen. ags.* dubban, *afr.* dober, douber. *Mandev. hat das ptc.* dubbed, *beschlagen, verziert. Gl. belg.* duffen, *slaen.* s. boken. T.

dûbekes, *eine pflanze.*

ducas. in ducas gân, *verloren gehn. Wedd. WM. IV., 37: Ravensb.* ducas, *verhaft, gefängnis. vgl. mnd. wb.* teufel; *hinterlist, betrug.*

duchten, *däuchten. wenn di dat duchtet. Iserl.* mi dücht.

düchtig, *adj. und adv. adj. tüchtig, gross.* he hēt sik en düchtigen slag opscheppet. *adv. tüchtig, viel.* sik düchtig opscheppen — ik hewwe düchtig arbedt. *Münster.* düftig, *adv.* = *stark.*

duckelhand, *kusshand.*

dückeln, 1. *küssen.* 2. *sich geduckt, gebückt haben.*

ducken, *sich bücken.*

dûkes, *oft. urk. v. 1522:* ducke vn vake.

ducks, *knss. — ostfr.* dûk, dûke, *kuss.*

ducks, *milderer ausdr. für* teufel. hal mi der ducks. K. *Vgl.* ducas.

ducks = dicks. hàld ducks! *rucke nicht! beim knickern.* hàld di ducks! *halt dich still! beim verstecken spielen.*

duckhuluken, *n. ein wasserhuhn.* zu dûken, *tauchen.*

dieksken, *küsschen.*

ducksteen, *m. tuffstein.* Kil. duchsteen; dufsteen.

dûda, *f. wiege, in der kinderspr.* — *ostfr.* dûdei; *vgl.* dàdà. *von fr.* faire dodo *(schlafen, kinderspr.) wird es nicht entlehnt sein,* dodo *dürfte eher aus dem deutschen, als aus* dormir *stammen.*

dûde, *tüchtig.* hei was auk en dûden kaplon wat seyne priädigen beweyset. N. l. m. 60.

dudeln, *dudeln, schlecht musicieren.*

dûdelsack, *m. dudelsack.* syn. polske bock. he süht den hiemel för'n dûdelsack an, *er ist trunken.* ik well di slân, du sast den hiemel för'n dûdelsack ansaihen.

dûdissel, *f. saudistel, sonchus.* s. daudistel. *vgl.* dû. *ags.* thûfe thistel zu thûfe, luxurians. syn. suogedissel.

dûdsk, *1. deutsch.* uose Hergod verlätt kainen Dûdsken, wanne män en biotken latîn verstêt. *2. plattdeutsch und zugleich deutlich.* dat es en dûdsken mensken (brôer), *sagt der bauer von dem, der auf seine weise und in seiner mundart mit ihm verkehrt.* wann 'me dûdsk spriaket, *wenn man plattd. spricht.* de âllen dûdsken siet an stad „danke!" lätt diak wat driten! *Bugenhagen verwendet* undûdesch *für* Luth. undeutlich, *obgleich ihm auch* undûdtlick *geläufig ist;* dûdesch *ist ihm also deutlich. vgl. 1 Cor. 14, 10. 11:* Twar dar ys mannigerley art der stemmen yn der Werlt, vñ dersuluê ys doch nene vndûdtlick. So ick nu nich weet der stemmen bedûdinge, werde ick vndûdesch *(Luth.: undeutlich)* syn, deme de dar redet, Vnde de dar redet, wert my Vndûdesch *(Luth.: undeutlich)* syn.

dûdsverderwer, *m. deutschverderber.* bei Iserlohn, *auch v. H. angeführt.*

düecht, *f. tugend. diese form, welche Burghardt in seinen gedichten anwendet, ist im kreise Iserlohn fast allgemein dem* dûgend *gewichen.* — *ags.* dugud. s. docht.

dûoge, *tauglich.*

dûogen, *præs.* dôg, *pl.* dûoget; *præt.* dochte; *ptc.* docht, *taugen.* dat giot bat nitt en dôg = dat giot kain dûogen. ik daue noch, bat nitt en dôg.

— *alts.* dôg, *mnd.* Hoffm. findl. 15. dogen; docht *(taugt).*

dûogend, *brav, tüchtig, arbeitsam, erprobt.* K.

dûone, *adj. und adv.* dick, dicht, fest, eng, nahe. de kaie knübbelt sik noch dûone. *(dick, satt).* he dait sik recht dûone, er isst sich recht satt. dûone bim hûse, *dicht, nahe beim hause. spr.:* jo dûoner derbî, jo läter derin. bind et recht dûone *(fest)* hä het de schianpîpen dûone, *er ist trunken.* hàld doch dûone, *halt doch fest. Must. 21. zu* Marienh. dône. — *Keller fastn.* duen, 974³⁹. ml. donne. dûone *für* dune. Teuth. doen. styf.

dûonen, *sich häufen, gehäuft sein.* so vull dat et düont, gedûant vull. *zu* Fürstenberg: de kerke is so vull, dat et düont. — es hängt wol mit *ags.* dûn, hügel und hd. dûne, sandhügel zusammen. Quickb. dühnen, vom ansammeln und aufsteigen der wolken. *vgl. Stürenb.* s. v. dînen, anschwellen, und unser gedungen unter dingen.

dûoner. m. donner. ik mainde des dûoners te wêren. fig. de arme dûoner, der arme mensch, der arme teufel, von einem, den man bedauert. alts. thunar.

dûonerbessem, m. donnerbesen. dat di en d.! *vgl. Myth.*

dûonerdag, dûonerstag, m. donnerstag. — *mwestf.* donredagh, donderdach.

dûonerigge jâ! *eine beteuerung.*

dûonerkil, m. donnerkeil, ein fluch.

dûonerkrûd, n. donnerbohne, sedum telephium. vielfacher aberglaube. — ags. thunorvyrt, barba jovis. Teuth. donrekruyt. in Apricke hieng eine solche pfl. an der stubendecke. jeder von der familie hatte ein blatt angerührt, wessen blatt zuerst verwelkte, hiess es, der werde zuerst sterben. ähnlich fand es Linné in Schonen.

Dûonerkûle, f. ortsbez. bei Hagen. vgl. Myth. 155.

dûonermäge! *ein fluch. vgl.* suogemâge.

dûonerpâl, m. donnerkeil *(Volmetal.)* dûsend d.! *fluch. Must. 49.*

dûonerslag, m. donnerschlag. hä mâket ûtem fort en dûonerslag.

dûonerwêer, n. 1. donnerwetter. 2. fluch.

dûonig, tauglich, tugendhaft.

dûerde, f. teuerung, teuersein. — alts. diuritha.

dûese, f. ungehobeltes frauenzimmer.

dûse, dûet (düsse, dût), dieser, diese, dieses. — mw. dusse. bit fan dûon dågen dann! = *bis auf baldiges wiedersehen. abschiedsgruss.*

duəsel, *m. schlummer, betäubung, schwindel.* hai es im duəsel, *er ist trunken.* — *ostfr.* döse, *engl.* to doze.

duəseldüppen, *n.* d. spiələn med ümmes, *jemand zum spielball seiner launen machen.*

duəselig, *schwindlig.*

duəseln, *(u.* **duədeln***), duəseln, träumend gehn.* s. induəseln. dudenkop, *schlafmütze. K. fastn.* 975²⁴; *ostfr.*

düəssîd, *disseits.* op. d. — *mwestf.* up dusəyt.

duətkemôer, *f. riesenmutter.* op der d. *heisst eine waldstelle zwischen Hemer und Frönspert. andere formen sind* duttkemôer, durkemôer, dotkemôer. *ein Deilingh. msc. des vorigen jh. hat* dotge moher. *als reinste form darf man* duttke môer *für* durtke môder *ansehen. das bei Grimm Myth.* 495. 511. 512 *erwähnte* dutte *(riese) steht für* durte. s. *unten* dutteltenstĕn.

dûgend, *f. tugend.* s. düecht. jûgend es kaine dûgend.

dûgendsam, *tugendsam.* 1670.

dågenitt, *taugenichts. (Paderb.)*

duggen = döüen. *Gl. belg.* duwen; *drucken T. zu* thiuvan.

dûk, *klebkraut. (Weimar.)* s. tûk. — *für* dudik.

dûken, *1. tauchen. 2. ducken.*

dûkenacken, *m. ducknacken, schelte für einen, der gebückt geht.* — *ostfr.* duknakkt, duknakke. *altm.* dûknackig.

dûker, *m.* = dûwel. *der* dûker hale! hal't der dûker! *Dortm.* döiker. *dat soll der d.* wetten!

dull, *toll.* hä werd op ênem sinne nitt dull. *spr.:* jo duller gebrugget, jo beter bêr. dauen as de dulle, *sich dumm stellen, tun als gehe einen etwas nicht an.* — *goth.* dvals, stultus.

dülle, *f. dille,* tille.

dullehans, *in* d. dauen, *toben, lärmen.*

dullbraüer, *in* dat es en dullbräuer *(für* dullbrugger). s. dull.

dullbuəter = dullbräuer, *tober, lärmmacher.*

dulldöipen, *überreden, überlisten, einschüchtern, irre machen. K. s. d. folg.*

dulldôwen, *1. einen an den kopf schlagen, dass er den besinnung verliert. 2. Weddigen WM. IV.,* 302 *aus dem getraide durch eine art von dreschen die besten und meisten körner heraus-*

bringen. fig. gewaltsam und rauh mit jemand umgehen.

dulle-hôwəd-krankhet, *f. nervenfieber. vgl. Goldschm. p.* 17.

dullehundsblaume = hardkopp, *Centaur. cyanus. (Siedlinghausen.)*

dulle-katte, *f. ein spielzeug der kinder.*

düllen, *m. beule.* s. büllen. *vgl.* dullslag, *m. schlag der eine beule absetzt.* urk. v. Wetter. Schwelm. *vestenrecht:* Item, dey eine düll schlôge bla und nit blodig, klaget hie dat dat iss veer schillinge dem landheren. — kûr mi kainen düllen an den kopp! *mach mich nicht irre. K.*

dullhauer, *m. langstieliges säbelförmiges werkzeug, welches nach den westindischen plantagen verkauft wird.*

dullkrûd, *n.* ? *mutterkorn,* lolch. et es dullkrûd im brôe. *Kil.* dullkruyd, dullebesien, solanum mortale.

dullrâmes = dullbraüer. *Grimme.*

dulst, *m. dicker qualm bei einer feuersbrunst. (Balve)* — *für* dunst s. düster.

dûme, *m. daumen.* hä slätt çm wot uunern dûmen. du kannst oppen dûmen flaiten, *Gr. tüg* 21. *sollte* dûme *zurückgehn auf* thimma, thumma, thumba? *die engl. schreib.* thumb *mag noch eine richtige überlieferung enthalten. vgl.* wimen, dimen, fimen, îmen.

dumenôren, *dominieren.*

dûmken, *n. kleiner daumen.* sühstu min dûmken, dann maustu lachen. *kinderreim* hai maint, he wær nåm dûmken de êrste.

dûmling, *m. däumling. Gl. belg.* duymelinck j. winterkonincksken, troglodytes.

dumm, *dumm.* so dumm as en küken. du büs ne dumme kuəse. he es te dumm med me iəsel te danssen, wamme em ock den stert in de hand fait. bå dai dumm es, kann em 't fell män weg gån. hai es so dumm nitt, dat et em am êten schadt. dai es te dumm taum weglôpen. dumme lü maüt ôk sin, säss konnt de klauken de witze nitt lâten. du büss jà so dumm as uəsem Hiärgod sin ridperd.

dummbård, *m. dummkopf.*

dümmeln, *ersticken. syn.* dempen. — *Sündenf.* dumpen, ersticken. dümmeln *für* dümpeln *aus* dimpan. *M.Beitr.II,*86.

dummerjân, *m. dummkopf. vgl.* adrijân, herodrijân, nodrijân, fluadrijân, trampeljân; *bei Wolke:* bullerjân, pulterjân, plumperjân, satrijân *p.* 28, 30. *Tappe,* 46ª; papriän. *Aesop. (Hoffm.)*

dummert, *m.* = dummerjân. *f. r. 8.*

dummsnâte, *f.* = dummerjân.

dümpel, *m. löschhorn, dämpfer. syn.* dümpelhârn. — *holl.* domper. *mnd.* dumpen, *ersticken. Sündenf.*

Dümpel, *ortsname. bei Ilemer, im Lennetal*, dümpel by die Niestatt *v. St. IX.,* *171. vgl. ahd.* dump, *engl.* dump, *oder schweiz.* tumpf, *einbiegung.*

dümpel = endken. en d. wuhst, *ein stück wurst. (Paderb.)*

dümpen, *dämpfen, auslöschen, ersticken. K.*

dümpesk, *1. dämpfisch.* — op der borst. *fr. 119. 2. gedämpft*, dampf en d. jâ. *Galant. 29.*

dung, *butterbrot. (Crombach im Siegensch.) cfr. Vilmar, hess. idiot.*

dunge, *f. düngung.* in der dunge hällen.

düngeldenst, *m. düngedienst, ein spanndienst.* über 1 *rgl.* richtelpat. *Schwelm.* *vestenrecht.*

düngelwagen, *mistwagen. Schwelm. vestenrecht.*

düngen, *düngen.* — *ags.* dyngan, stercorare.

dunkelröse, *f.* kuhname.

dünken, *præt.* duchte, *ptc.* ducht, *dünken.* dat duchte mi wol. — *alts.* thunkian, thuhte. *engl.* methought.

dunker, *dunkel.*

dünne, *dünn.* dör dick un dünn gân. wot dünnes *(flüssiges, suppe). fig.* mi es der dünne tau. *vgl.* em es so fûl dertau. *auch Dortm.* es ist mir zu *einfältig,* es ist der mühe nicht wert.

dunngrundig, *mit dünner ackerkrume.*

dünninge, *f. schläfe.* — *ahd.* dunwanga. *ags.* thunvenge, *dän.* tinding. *Teuth.* dunnyng. dunegge.

düpen, *præt.* döp, *ptc.* döpen, *tauchen.* *(Ilœrde.) s.* bedopen. *Gl. belg.* duppen, *lebes, olla T.* duppe, doppe. *olla K.*

düppen, *n. 1. topf (irdener). 2. einfaltspinsel.* — *Hoffm. findl. 18* düppel, stultus. *fr.* dupe.

düppenkræmer, *m. topfkrämer.* ik sin sin wif un sin fell, hai kann mi slân bat he well, hadde dem d. sin wif saggt.

düppsterken, *n. kleines kind, welches kaum gehen kann.*

dür, *teuer. comp.* dürder. *vgl. Fahne,* *Dortm. urk. 2, 284* merder *(mehr).* so dür asse sält. de düre död. hä süht ût as de düre tîd. den wyn op düren kolp setten, *den wein verteuern. Alten.* *stat.* kür di kür de buotter is dür. *K.* *Teuth.* duyrtyd. caristia.

düringe, *f. teuerung. Alten. urk.*

dürunge, *f.* = düringe.

düren, *dauern.* nitt düren können, *ungeduldig sein.*

dürchstrîken, *durchprügeln. (Meinerzagen.)*

dürpel, *m. schwelle.* se gengen ôwer den durpel, *sie gingen durch.* — *Tappe* 9ᵇ 229ᵃ. *vgl.* duropellum. *Teuth.* dorpel. sulle. *berg.* dörpel.

durteln, *schlendern, langsam und gemächlich gehn. s.* dorren.

dûs = bûs. — *ags.* thysa, strepitus. *s.* dûsen.

duschen, *rauschen. (Odenthal). s.* dûsen.

dûse, *s.* hackedûse, kuckeldûse. dûse *muss* caldaunen, *därme, bezeichnen,* *was sich dehnt, aufbläht* = dunse *zu* thinsan. *vgl.* dûse. *Gr. wb. vgl. noch* dûsæs *f. n. Bgh. randnote zu Nehem. 3:* „ere geweldigen brachten eren hals nicht thom denste erer heren, de armen môten dat crûtze dragen, de ryken geuen nichtes. Dus — Es heft nicht, Sees-czinke gifft nicht, Queterdrey de helpen frey.

düsing, *f. n.* dôsing, duysing *ist gürtel.* *Gl. belg.* Dusinck dat is eyn kostel gulden of silveren gordel hooch bespanght. trophium, stromacium *T.* duysinck. monile, bulla *K.*

dûsen, *einen schall hervorbringen.* — *vermutl. alts.* thiusan. *vgl. Gr. II, 50.* *Gl. belg.* dœsen, pulsare cum impetu et fragore *K.*

dûsend, *tausend.* der dûsend! *für der* dûs! *ausruf der verwunderung.* d. sint Velten!

dûsendgüllenkrûd, *n. tausendgüldenkraut.* dat es ênen dä kennt d., *der hat den* *stein der weisen gefunden. (Enneperstr.)*

dust, *m. strauss. (Fürstenberg.)* — ? = drust *für* drûst.

dûst, *m. beule, geschwulst.* — *Dortm.* **dûsten.** *für* dunst *zu goth.* thinsan, *vgl.* gedunsen.

dust, *doste.* hâstu nitt dust un baldriân, soll di de kopp im nacken stân. *(Fürstenb.)* dust *(Brilon) kommt in den* *weihbund.*

dûster, *dunkel.* et es so dûster as im sacke, — as in der katte, — as im kattenbalge, — as im kaubalge. — *alts.* thiustri. *es ist mit* dunst, *dicker* *dunkler qualm, eng verwandt. ahd.* dinstar *ist aus* dunstar *verdünnt.*

dütken, *diminut. von* düt *(dieses).* ümmer es der wot; es et kain dütken, dann es et en dätken *(jenes, das).*

Dutteltenstēn, *m. auf dem Ebbegebirge
ist ein haushoher von mehreren kleine-
ren umgebener stein. der sage nach
haben ihn die riesen dahingestellt. man
denkt dabei natürlich gleich an den
riesennamen* dutten *(Myth.* 511, 512*),
der auch als alter hausname zu Balve
vorkommt und bei Hemer in dem na-
men* Duttkemōer *steckt. es gilt dafür
die richtige etymologie zu finden. Grimm
l. c. sieht darin* dumm, *so dass das
epith.* dumme *verstärkend oder nach
volksweise zugesetzt wäre. er vergleicht*
dod *(geck) beim Teuthon. ich glaube,
die reine grundlage des wortes (bis auf
eine sehr häufige versetzung des* r*)
steckt in unserem* durteln *(langsam
und gemächlich gehen).* dutte *wäre
also assimilirt aus* durte. *der begriff
des schwerfälligen, trägen passt auf
riesen. Myth.* 496*. *durte steht aber
für* thrute *(ags.* thryte, *welches ausser
molestus* auch *piger bedeutet haben
dürfte). so sind wir denn bei* thrutan
*(*thraut*) gravescere,* pigere *angekom-
men. hieher gehört auch der name
für Virgils* ignavum pecus: dorte, *f.*
drohne, *dortke* dass. *und fig.* dortke,
faules geschwätziges weib, dortken, *sich
als* dortke *betragen, endlich die conso-
nantisch reineren formen* droteln *(ostfr.*
dröteln) = *dortken, und* drotelke =
dortke. *Teuth. dod. geck. Aesop* dutte,
albernes frauenzimmer.

dutz, *stoss,* hippendutz. *schwed.* dust,
vgl. metz = mest.

dut, *dumpf. vgl.* stūf. *schwed.* dof,
ostfr. glanzlos, matt.

dūwe, *f. taube.*

dūwek, *m. tauber. — für* dūwerik, *vgl.*
lēwek. *Gl. belg.* duverick *T.*

Dūwel, *Teufel.* dū un der D. dat wēt
der D. dūwel hāle! junge, būstu des
dūwels! de D. dritt ümmer op den
grötsten hōp. jo mær de D. het, jo
mær at hai begert. bai med dem D.
fōrt, maut't postgeld für ne betalen.
he het de D. vull. du būs jüst as de
D. un sine grötemōer *(zu dem der im
handel übervorteilen will).* dat es 't
leste, bat de D. driəten het *(sehr
schlecht).* dat dōg dem D. int mans ritt.

duweldicke = dubbeldicke.

dūwelsbeeren, *pl.* alpranken. *(Fürstenb.)*

dūwelsbänner, *m.* teufelsbanner.

dūwelskind, *n.* teufelskind. du d.!

dūwelskirssen, *pl.* 1. *beeren der eber-
äsche (Iserl. Rheda).* 2. *beeren des
hartriegels. (Kalthof.)*

dūwelstwang, *m.* teufelszwang. maiten
es en d.

dūwelerigge, *f.* teufelei.

dūwenkerwel, *taubenkerbel,* fumaria offic.
*ebenso im hort. sanit. vgl. Schiller I.,
20. Kil.* duyuenkeruel, *fumaria.*

dūwecken, *schachtelhalme,* equisetum. —
Schamb. dūwenwocke.

duweldicke = dubbeldicke, *gedrückt.
d. zu* duwen, *drücken.*

dwingen, *præt.* dwang, *ptc.* dwungen,
zwingen, *wofür bei Iserl.* twingen, dwin-
gen, dringen, dingen. *der übergang
von* thr *in* thw, *von* dr *in* dw *ist ein
organisch leichter. manche personen
können* dr *nur wie* dw *aussprechen.
eben so leicht geht* thwu *oder* dwu *bei
alter aussprache des* w *in* thu, du *über.
in einer urk. v.* 1525 *(v. St. IX.,
213) heisst es:* „oich die andere
schlechte, die uldair von aldes gelegen
hebben, also aeverhoeght *(über gebühr
erhöht)* ind bedrongen werden."
*dies vorausgesetzt darf angenommen
werden:* 1. *ein altes transitiv* thringan
= *beladen, beschweren, drücken ist die
grundlage von* dwingen, *woher* nd.
dwingen, *märk.* twingen, *nhd.* zwingen.
2. *aus* alts. githwungan *ist erst* githun-
gen, *ags.* githungen *(gravis, venerabilis)
gebildet.* 3. *alts.* ergithwungen *(ehrbe-
laden) vermittelt und lehrt den über-
tritt in die bildliche bedeutung.* 4. *die
sinnliche bedeutung und der hinweis
auf* thringan *zeigt das* nd. *man vgl.
Ssp. III., 41, § 3:* so me lovede ge-
dungen. *Münst. beitr. IV.,* 506 *mit
willen und unbedungen.* 5. *Schmell.
gloss. z. Helj. s. v.* thuingan *will
ags.* thungen *(gravis, venerabilis) auf
ein* thingan *zurückführen. das scheint
annehmbar unter der voraussetzung,
dass* thingan *aus* thringan *entstand
und weiter, dass ein aus* thringan
hervorgegangenes thwingen *vermittelt
habe.*

E

ebben, *entzündung der haut verursachen.*
bomwullen tûg ebbet. — *Köln.* ebbende
blodige wonden. *s.* ewenen.

ebbig, *1. was entzündung verursacht. 2.
entzündlich.* ik howwe 'ne ebbige hûd.
— *Schamb.* ebbig *und* ewwig. *Siegen:*
âhmig. *syn. Rheda:* aire hûd, *s.* êr.
mhd. ebic, *verkehrt, ahd.* abuh. *die be-
griffe umkehren, verkehren, böse wer-
den berühren sich auch sonst, vgl. ital.*
torto, *fr.* tort, *engl.* wrong. *s.* ewenig.

ebreker, *m. ehebrecher. scherz:* du saas
van dâge noch en ebreker wêsen. *man
schreibt auf tür und pfosten ein E und
lässt öffnen, so dass es gebrochen wird.*

ebrekersche, *f. ehebrecherin.*

echelte, *f. egel.* — *ahd.* ekala, *f. mhd.*
egele, *f. westf.* achel, âchel. — *syn.*
hessebitte. *K.* ecchel.

echeltenkolk, *m. egelteich.*

echte, *f. ehe.* ter echte hewen, *zur ehe
haben.* se hett sik nitt te echte gia-
wen lâten, *sie sind nicht getraut.* te
echte nemen, *ehelichen. K.* — *mwestf.*
echt, *ehelich; vgl.* unecht kind, *unehe-
liches kind.*

echtelû, *pl. eheleute.*

ecke, *ich. K.*

ecke, *f. ecke, winkel.* an allen ecken
un kanten solt stâen musekanten. (*Lü-
densch.*)

eckelig *für* erkelig, *ekelig. vgl.* lêwek
f. lewerk, dûwek *f.* dûwerk.

eckern, *n. eichhörnchen. K.*

eckernkamp, *eichengehölz. K.*

eckernschot, *eichengehölz. K.*

eckers, eckersch, *nur. Firm. I, 446.*
äckers. (*Remsch.*) *vgl.* altniederd. niet
ekir — neuen ok — non solum —
sed quoque (*in Essener glossen*).

eekschapp, *n. eckschrank.*

eckstên, *m. eckstein.* en âld mensche
es en eckstên, woran sik jêder stött.
— *mnd.* eggestên.

êd, *m. eid.* — *alts.* êth, *ags.* âdh, *goth.*
aiths, *ahd.* eit.

Edelburg, *aus* Erleborg *entstellt.*

Edelhof, *aus* Erlenhof *entstellt.*

edelmann, *m. pl.* edellû, *edelmann.* edel-
mann bi edelmann, bedelmann bi be-
delmann; den bûr oppen edelmann
setten.

êdem, *m. eidam; (in Lüdensch.* êidum.)
— *ahd.* eidum; *ags.* âdhum.

êe, *f. ehe.*

êergôs, *f. 1. wildgans. 2. kranich. zu
Eckenhagen sagt man:* de erkrân kom-
men, *und hd.* nennt man sie dort irr-
gänse. *diese form und die grundbe-
deutung des goth.* airzis *lässt annch-
men, dass* êer = êr *ist. s.* êr.

êgen, *eigen. 1. eigen. 2. = seltsam.*
et es mi so êgen (*sonderbar zu mute*).
dat es ne êgene frau (*wunderliche,
eigensinnige frau*). *Wedd.: 1. eigen-
sinnig. 2.* mi is êgens, *mir ist nicht
wohl.*

êgen, *verdienen. s.* aigen.

êgenhait, *f. eigener antrieb.* dat dait
he ût ainer ê.

êgenschop, *f. 1. eigenschaft. 2. ange-
messenheit.* dat het kaine ê., *das passt
nicht, taugt nicht.*

Eiden, *pl. Eidberg, heute* Êen, *Ebberg
darf nach Færoischem Eid gedeutet
werden* „saadant et indknebet stykke
land kaldes et Eid". *Landt Færoerne
p.* 35.

ek, *ich.* — *westmärk. und berg.* dat. *und
acc.* mek.

êkappel, *m. gallapfel. Kil.* eyckappel,
galla.

êke, aike, *f. eiche.*

êkelbôm, *m. eichbaum.* — *Urk. v.* 1572:
eickelbom.

êkelte, *f. eichel.* (*Bochum.*) aikelte, *f.*
(*Hærde.*)

êken, *eichen, von eichenholz.* — *ags.*
æcen.

êken, *stehlen.*

êken, *aichen.*

êken, *n. eichhörnchen.*

êkenbæster, *m. dicker eichenstock.*

eker, *f. eichel.* — *Lud. v. Suth.* ecke-
ren, *pl., ags.* äcern, *goth.* acran. *dass
das wort bei uns sonst neutr. gewesen
ist, lehrt* bauk, *n., bei welchem* eker
ausgelassen wurde. im mwest. (*Seib.
qu. I, 125*) *bedeutete* eykeren, *n. ei-
chenwald.*

êkhærnken, *n.* (*spr.* êikhærnken) *hirsch-
käfer.* (*Canstein.*)

ekse, *f. axt.* — *alts.* acus; *ags.* eax.
v. Höv. urk. 112: ixse. *also war* 1541
die brechung iû geläufig.

êksken, *n. eichhörnchen.* *zu Canstein:*
éiksken. *syn. im Ssp. III, 47 § 2 gl.*
eckeren; *(Scib. Qu. I, 125:* eykeren,
eichwald) zu Weitmar: katséiker, *vgl.*
eichkätzchen; zu Liberhausen: konert.

ȩkster, *f. elster.* — *ahd.* agalastra, *alts.*
agastria, *später* egestre; *mhd.* agelster.
Tappe 62ᵇ: egster. *für* ȩkster *wird*
auch ȩster *gesagt. vgl. ags.* agu, pica.
— *Spr.:* ne ȩxter lätt dat hüppen nitt.
so Münst. G. Qu. III, 7 von einer
ehebrecherin: „dieweil die aegester
ehr huffen nicht wolte nachlaessen." —
de exter un de kraige de göngen te
hōpe taum naigen, de exter sagg: du
swarte dīr, du woat mi wȯl bedraigen.

ȩksterȫgen, *pl. hühneraugen.* — *vgl. hd.*
aglosteraugen; *Kil.* exterooghe et krac-
yenooghe.

ȩkstern, *1. peinigen, quälen. 2. milder:*
vexieren. — *wol nicht vom vorigen,*
sondern aus einem verb. akan, *ags.*
acan, dolere *abgeleitet, ebenso wie* wei-
stern *für* wagstern, *s.* wæstern. —
Heinzerl. p. 92: äcke, *jemand är-*
gern, auf schelmische weise plagen.
p. 93: ebenso lässt sich mit recht das
neben äcke *in gleicher bedtg. vor-*
kommende äksdern, *ww.* äxtern, exern
bei Schmidt 54, schles. äxtern *bei Wein-*
hold beitr. zu einem schles. wb. 7ᵃ hie-
herziehen, bei welchem wort sich ebenso
wie im nhd. axt *eine dentalis einstellt.*

ȩksternnest, *n. elsternnest. et es hīr*
bȩter, *as im* ȩxternneste, *es ist hier*
behaglich.

elde, *f. alter, ætas.* — *alts.* eldi; *ahd.*
alti.

ȩle, *f. elle.* ik well ȩm wȯl de ȩle mȩ-
ten. — *goth.* aleina; *ags.* eln.

ȩlenbȯgen, *m. ellbogen. syn.* elltipp.

eléns *für* all-éns, *gleich.* — *urk. von*
1479: twe alleyns ludende *(gleichlau-*
tende) notteln. *vgl.* glens.

ȩlern, erlen, *von erlenholz.*

ȩlerte, *f. erle.* — *ags.* alor, alr, *lat.*
alnus.

élewen, *elf.* — *vgl. Schrae 145:* leyf.
Helj. 5723: leva (lebha), *f. überbleibsel.*
s. auch Schleicher d. deutsche spr.
s. 233.

élitsig = êwelt, *einfach. s.* vlitse.

Elke, *frauenname.*

elleken, *n. iltis. (Fürstenb.)*

éllend, *n. elend.* — *alts.* elilendi, *aus-*
land, fremde.

ellende, *armenwohnung, asyl für arme;*
so noch in Dortm. unter diesem na-
men. K.

éllendig, *elend.* — *alts.* elilendig, *fremd-*
ländisch.

eller, *compar. zu* äld, *älter;* elst, *ältest.*

ellern, *pl. eltern.*

elltipp, illtipp, *m. ellbogen. (Iserlohn.)*

elfen, *pl. larven von käfern, besonders*
des hirschkäfers. gedruckt finde ich
ailften. — *es drückt wol weisswürmer*
aus. vgl. Frisch s. v. alp. (elbe,
wurmgeburten der zauberinnen).

elft, elfti. dat gēt an den elften twialen,
das geht über die körbe. bu hett dat
elfte gebod? lāt di nitt verblüffen. hai
süht üt as de elfte düwel, er sicht
ganz schwarz aus; ? elwendüwel.

elwen, *pl. elbe, elfen.* he süht üt as
wann de elwen an ȩm wèren, er sicht
sehr verfallen, sehr kränklich aus.

ȩm, ȩme, *ihm. es vertritt auch dat. und*
acc. zu me (man), ist dann aber wol
= ȩnem: wamme nitt rütgēt, dann
brenget ȩm de kraige kaine nuot.

Embert, *Engelbert.*

Emist, *f. ortsn. bei Iserl. für* Emi-sto?
himbeerplatz. ambi = *hess.* ampe,
himbeere; sto, ort, plats.

Emkûs, *f. n. Ebbinghaus, früher Ewing-*
hus, wahrscheinlich = Evinghusen,
Evingsen.

emkûsber, *f. eine vorzügliche birnsorte.*

emmer, *m. eimer, gefäss mit einem*
griffe. — *alts.* embar.

ȩmper, *1. reizbar, leicht böse werdend.*
2. kleinlich, sonderbar. — *zu Rheda:*
empen, *der es zu genau hält, dem*
nichts gut genug ist. süh watte em-
pen es am ȩten, sieh, wie er alles zu-
sammensucht, nichts umkommen lässt.
ostfr. emp, *genau nehmend, kleinlich*
geziert. vgl. ampeln, intente et solli-
cite agere. *DWB.,* ampfer *(sauer-*
ampfer). das Rhed. wort in der letz-
ten bedeutung könnte mit amper *(ameise)*
zusammenhängen.

en, *statt* ne *in verneinenden sätzen ist*
jetzt ziemlich selten. et en gēt nitt,
es geht nicht. am häufigsten wird es
noch dem nitt *angehängt:* dat hädd'
ik nit-en dacht. *dabei sei bemerkt,*
dass Bugenh. Tit. 1, 11 hat: leren
dat nichten dacht. — *schon im alth.*
kommt in für ni *vor: Merig.* duo in
liez er d' erda dob äna wazzer nieht.

en, *vorgesetzt in* en jā, *ja;* en nē, *nein;*
endóch, *doch, antwort auf eine ver-*
neinende frage. frans. si.

en, *und, in zahlenzusammensetzungen:*
fffentwintig. *es kommt schon im m.-*
westf. vor.

ên, *ein.* nitt ên, uitt anner. âne ên un anner. ên twê drai = *im umsehen, schnell.* dat gêt ên twê drai. ên twê drai sin'k feddig. èn = *ander:* ik well den ênen nęmen. breng dat êne bauk! — ên = *fortwährend:* ik was in êner angst, hai möchte küǝmen. — *Sprichw.:* ên mann gêt mer ênen węg. wenn êne kan biǝset, dann biǝset se alle.

enaug, *genug.* — *engl.* enough.

ênbömig, *von leuten, die immer voll geschäftsgedanken zu sein scheinen.*

êndauen, *einerlei.* dat es ên dauen. *vgl.* huspost. vast alle dondt = *fast alles.*

endken, *n. endchen, stückchen.* en klain endken metwǫrst.

endlik, *endlich.* am endliken enne.

endott *für* enddott, *dickdarm.* en dicken endott, *von einem kinde.*

êndrüpken *in* Marie Êndrüpken.

enerk, *m. entrich. (Paderb.)*

enerwęgǝ, *irgendwo.* K.

êngâl, *einerlei.* so wird êgal *durch das* ên *dem deutschen nähergerückt.*

enge, *enge.*

enge = *ende.* et gêit te enge. *(Lüdensch.)*

engebuddek = endott, *dicke wurst.*

engel, *m. engel.* engel in, dûwel ût, *ein kinderspiel in Hemer.*

engelbloume, *f. blaue kornblume, so weil am schutzengelfeste damit bekränzt wird. (Fürstenb.)*

enhând, *nachgerade.* hai werd all enhând âld. *vgl.* hand *und Schamb. Wb.*

enk, *m. zweiter knecht.*

enke, *m. dass. Mühlheim a. d. Ruhr.* — *ahd.* encho.

enkede, *innig, sehr.* enkede gefallen. *Wedd. WM. 1V, 302. sieg.* änke, *knapp, genau, sorgfältig.*

enkel, *m. 1. knöchel am fusse. 2.* enkel. — *ahd.* anchala *von* ancha (crus); *mhd.* enkel. *Bugenh. Hesek. 47:* enckel *(knöchel). engl.* ankle (talus).

enkels, *n. dinte.*

enkelt, *einzel, in einem stück.* en enkelten daler. K. — *aus* enkelt *entstanden* enkel *und* enked. *Kil.* eenckel, *simplex. schwed.* enkel, *einfach.* enkel *und* entel *werden den wechsel von* k *und* t *zeigen.* all entelu, *all einzeln. Seib. qu. I, 151.*

ênkennig, *einkennig; von kindern, die nur zu einer person gehn wollen.*

enklich, *englich, beschränkt, enge.* — *ahd.* anglih.

ênlâtig, *vom sprechen.* ê. spręken, *wenn ein etwas grosses kind undeutlich spricht.*

ênmâl, *einmal. ellipt.* dat es ênmâl *(sc. gesaggt)* = *das versteht sich.*

enne *für* ende, *n. 1. ende.* am endliken enne. dat âchtste enne: dai es so dumm as 'et âchtste enne van der kau. kærl un kain enne! *verwunderung. 2. stück.* ein guǝd enne. *3. ort in:* bâ van ennen? *woher;* bânennen, *wo? auf dem Hunsrück bedeutet* enne *ort.*

ennigen *für* endigen, *endigen, in alts.* endion *aus* endi *ward des hiatus wegen ein* g *oder* j *eingeschoben. vgl.* reddigen.

ênpässig, *einfältig? (hartnäckig). Teuth.* eynpassich, immansivus.

êns, *einig.* twê, dä sik êns sid, dä könnt den dridden bedraigen.

ens, es, *einmal, einerlei, einst.* ik well ens hengân. dat es mi alle êns. *pleonast.* dä mau'k es mâl hengân. *betontes* êns = *einmal:* dat es noch êns so grôt. — *ahd.* eines, semel.

enslik, *einzig.*

ênslêpig, *vom bette, worin nur einer schlafen kann.*

ênswêrdung, *f. einigung.* ne ênswerdung es en rêcht.

entau, *hin.* hâ laip bit nà Menden entau. bit nû entau, *bis jetzt.* — *alts.* un-tô, *ags.* on-tô, *engl.* unto.

ente *in* mig-ente, *ameise.* — *mnd.* emete, *woraus* emte, *dann* ente; *ebenso aus ags.* âmelte *das engl.* ant.

entekefuǝt, *f. entenbürzel.*

entenflott, *wasserlinse (Danneil 54).* K.

entgellen, *entgelten.* bat de süǝge vlâümet, dat maut de fickel entgellen.

entiǝgen, *1. entgegen.* hâ kwâm mi entiǝgen. *2. dawider.* ik hewwe der nix entiǝgen. *3. hingegen.* dà entiǝgen.

entlöpen, *entlaufen.* wenn de rîke könn dat lewen köpen un de arme dem dôe entlöpen! hai es dem armen manne entloupen. *(Lüdensch.)*

entmetten s., *sich begegnen.*

entrinnen, *entrinnen.* sô gewunnen, sô entruunen.

entsetten s., *sich entsetzen.*

entflaigen, *entfliegen.* bà me sik op drüget, dat ęm entflûget.

entwê, *entzwei. s.* striǝk.

entwinnen, *gewinnen.* sô entwunnen, sô entrunnen, *wie gewonnen, so zerronnen. (Deilingh.)*

ênfâld, *1. einfalt. 2. einfältiger mensch:* du ênfâld.

ênzäppen, *eintauchen, einweichen.* — *vgl. ital.* inzuppare, zuppa.

5*

enzig, *einzig.*

enzigst, *einzigst.*

epsken, *necken.* *syn.* tiapsken.

epskerigge, *f.* *neckerei.*

er, *genit. pl. deren, ihrer, für franz.* en: hîr sit er kaine; dat es er ênt. *dafür auch* der. dà gaf se mi der twê.

êr = ær, *früher, eher.*

êr, 1. *heftig, zornig, unwillig.* 2. = besworken, *bewölkt, neblig.* (*Werl.*) — *goth.* aírzis, πλανώμενος, *ags.* eorre, yrre i. e. irre, iratus; *ahd.* irri, infensus, iratus; *mwestf.* eyre. *Kindl. Volm. I, 348:* Item IIII Mark vordede myn here den vastavent to Munster dar de greve van der Marke to eyre ume was in der Dorpmundeschen vede. *vgl. zu Rheda:* air, *reizbar*, irascibilis, hai es so air. aire hûd = ebbige hûd. *aus irr wurde err und weiter* êr, *vgl.* sparrjan, *sperren, heute* spêren; *geschirr* — geschir; *verworren* — verwôren. *Teuth.* eerre. tœrnich. verbolgen.

êr, *ihr.*

êrdainig, *ehrerbietig. f. r. 71.*

erdbramen. *Verordn. v. 1669:* „e. gegen gewisse krankheiten gebrauchet".

erdin, *name für einen weiblichen dachshund.*

êrdmann, *n. für einen männlichen dachshund.*

êrde, *f.* 1. *erde.* ek segge nix bit dat Pitter in der êrde es. 2. *dachs- oder fuchsbau.* süht de griawel op lechtmisse sinen schatten, dann gêt he noch 40 dâge wier in sine êrde.

êrdenne, *n.* erdenne. 1. *wurzelstück eines baumes.* 2. *derber mensch.*

êrdenwulf, *m.*

êrdhund, *m.* *syn.* mûsehündken.

êrdmûs, *f.*

êre, *f.* *erde.*

êren, *irden.* — êrenwâer, *f.* *irdene waare.*

êren, êern, *hindern, im wege stehen. f. r. 144.* — *vgl.* erren, irren.

êren (êren), *geschäft, auftrag.* ik heff en êren te bestellen an. hä het en êren (*s. b. patenstelle*). breng em dût bauk, dann heste en êren, üm hen te kuamen. — *alts.* àrundi, *ags.* ærende, *engl.* errand; *dän.* ærende. *Teuth.* eerend. baitscap.

êren, *f.* *ehre.* wem es de êr mêr as dà se dait! — jâ, med ærenl .

êrenprîs, *m.* *ehrenpreis.* veronica offic.

ergens, *irgend.* (*entstand ns aus* nd *wie in* schrîwes?) bà ergens? *wo irgend?* — *alts.* huergin, *mwestf.* ergen.

erhalen s., *sich erholen.*

erk, *plur. reciprok und reflexiv, sich. K. s. 95. im kr. Meschede Firm. I, 334.* de kögge stott ürk. (*Siedlingh.*) de hönder fert erk. se kond erk dann gans licht an einem seile runner lâten. (*Velmede im kr. Meschede*). se hett erk wier, *sie haben sich wieder, sie zanken sich wieder. Galant. 25.* dai (*schindmähren*) alle de kummaudigkait an iärk harren, darr me 'ne den haut oppen hup hangen konn. (*auch Siedlingh.*)

erlôsen, *erlösen.*

ernêren s., *c. genit. von einem seine nahrung beziehen.* me kann sik wol ênes godes ernêren, àwer nitt ênes mensken. *vgl.* Tappe 6ᵇ. Bugenh. Anm. C. Vᵃ. D. ernêeret sick des roues van den Heiden.

erstaunen s., *besser* erstunen, *ôwer wot, über etwas erstaunen.*

êrst, *erst.* êrst im april, *in den ersten tagen des april.* de êrate kritt et mêste. de leste kritt et beste. êrst-an, *anfangs.* te-êrst, *zuerst.* — *alts.* êrist, *superl. von* êr. *mwestf.* eirst (*urk. v. 1347*), tyrst, *zuerst* (*urk. v. 1367*).

êrsten, *vorhin.* — *mnd.* êrsten, *früherhin;* *vgl.* Soest. Dan. 15.

êrsterling, 1. *erstling.* 2. *das weibliche tier, bis es einmal geworfen hat.*

êrswiss *für* êrswisk, *m.* arschwisch, *im rätsel ein kohlblatt:* geschiaten (*ein ei*) gespuggen (*honig*) uu en êrswiss (*kohlblatt*) draf me brengen oppen hêrendiss (*herrentisch*).

êrstgewinn, *m.* erstgewinn. êrstgewinn es kattengewinn.

-ert *für* wort (*wours*) *in:* golvert, graunert, klàpert, lunkert, mädert, rainert.

ertreckunge, *f.* *erziehung.*

erfte, *f.* *erbse.* hä süht ût, as wänn erften op sinem gesichte doraken wören, *er sieht blatternarbig aus.* — *Dortm. zolltar. v. 1350:* ervete; *Lud. v. Suthen:* arvete.

erwe, 1. *erbe.* 2. *erbgut.* dà will verderwen, dä lêne geld un köpe erwen. 3. *erbe (person).* dà well selig sterfen, dä vermâke sin god annen rechten erwen.

erwen, (*Schwelm* erfen), *erben.* *abergl.:* geerfet tüg dat hällt nich lange.

erwischen, *ptc.* erwuschen, *erwischen.*

erwörgeln, *erwürgen.* — *von* wyrgel, *laqueus.*

esche, *f. rauchkammer.* syn. raükbüen. — *ahd.* essa; *uhd.* esse; *Grimme, K. S.* asse; *Lippe Donop p. 238:* asse.

Eske, *frauenname.*

espe, *f. espe.*

espen, *espen, vom espenbaum.*

espenlöf, *n. espenlaub.*

esprê, *auch* aprê, *eigens.* — *fr.* exprès.

esse, in gutem esse und stande, *von äckern und häusern. Velberter urk. v. 1639.*

et *in* et êrste, et leste. — *alts.* at êrist, primo; at lezt, postremo. *die schwächung des a wie in* det *für* dat.

erle, *f. erle. versetzt aus* elira *für* elisa, alisa (else). *früher muss bei uns auch* else *gebräuchlich gewesen sein, da wir ein Elsen-sipen haben. wenn die* eller *im hd. auch hin und wieder* otterbaum *heisst, so erklärt sich das aus der zerbrechlichkeit ihrer zweige, wie ags.* fulan-beám. *vgl.* otterlaige.

et, et, *es. 1788 (Altena):* yät. *zu Siedlgh. noch das dem* he *entsprechende* het.

et = it, ihr.

ête, *egge. (Solingen.)*

eten, *præs.* ete, iates, iatet *pl.* etet; *præt.* ât *pl.* æten; *ptc.* geten, essen. *spr.:* eten un drinken häldt lif un séle anên. hâ iatet datte swettet un arbedt datte früset. dai am längsten iatet, dai am längsten lywet.

etewerk, *n. esswaare; vgl. v. Hövel. urk. 77* etelware.

etlike, *pl.* etliche, einige. an etliken stîen.

etsig, *jetzt.*

etter, edder, *n. eiter. die t-form stimmt zu* ags. ator, attor, *engl.* atter. *Kgb. hat* etter. *zu Fürstenb.* atter. *richtiger ist die d-form; sie stimmt zu ahd.* eitar, *dän.* edder *und unserm* hêrniatel = heddernetel, eiternessel. *ahd.* eitar: edder = leiter: ledder *(ags.* hlædder) *dem worte gebürt ein anlaut* h, *vgl.* keddernettel *(oldenb.)*

etterbietsk = ioterbiatsk. en etterbiatsken rûən.

ethwan, *einst.* ethwau grave, *einst graf. Alten. statut.* — twan = wanner, *Märk. urk. v. 1488.*

efa, *n.* evasbleere *pl.* epheu. *(Fürstenb.)*

efaranke, *f. dass. (Kalthof.)*

efe = of, ob.

evel, *aber. (Mülh. a. d. Ruhr.)*

effen, *eben, nicht gestreift, von zeugen.* — *ags.* efen, *planus; einfarbig,* effen blâ, effeu grain.

---

effkes, *eben (Hattingen.) Firm. I, 367.*

öfersöchtig, *blöde und aus blödigkeit zum weinen geneigt.*

ewai, ewê, erwei, *n. epheu.* syn. ümmergrain. — *ags.* ifig. *unser* ewai *setzt ein alts.* ëbhag *voraus, vgl. ahd.* ëbah. *verwandt mit* ebhan *bezeichnet der name die pflanze als eine gedrückt am boden liegende* cordifig, hedera. *das wort muss aus einem stf.* iban, ëb *entspringen. auch der eibenbaum gehört zu* iban *und ist wegen seiner flachen nadeln so benannt. das hd.* ebeheue, *wovon* epheu, *erinnert an* hartheu.

ewen, ewes, ewkes, efkes, *1. eben.* dat es all ewen guad, *es ist schon eben so gut.* êuweken, *eben. N. l. m. 52. gleich, aber selten in dieser bedeutung, weil dafür* like *gebräuchlich ist. 2. gerade.* ik was ewen bi me, *at sin* bröer kwam. *auch dies ist selten, weil dafür das fremdwort* jüst *in gebrauch gekommen ist. 3. eben vorhin (vor kurzer zeit):* ik sin ewen bi me wesen; ek sin efkes bi âm gewest. noch ewen, noch so ewen. te hands *liegt schon weiter zurück. 4. für kurze zeit (ohne sich lange dabei aufzuhalten):* ik hewwet mân ewen in der hand had *(nur einen augenblick). du* kanns mâl ewen nâ nuolers hûs gân. lât mi mâl ewen saihen! gâ ewen *(es ist schnell abgemacht)* hen! ik well van middage ewes *(für einige augenblicke)* wier kuomen. *daran schliesst sich 5. ein halb pleonastisches:* du brükes mân ewen te seggen, *du brauchst nur zu sagen. Wenn "eben" in unserem hd. so häufig gehört wird, so ist der sinn dieses wortes meist der: man will das, was man von einem andern verlangt, als eine kurzdauernde geringfügige bemühung bezeichnen. wollen sie mir wol eben die tür aufmachen? wollen sie wol eben die tür hinter mir zumachen? lässt man das* wol *oder* gefälligst *weg, wie das häufig geschieht, dann vertritt das "eben" diese höflichkeitsform.* goth. ibns, *awestf.* eban, *woneben eine form* efau, *woraus* effen, *ahd.* ëpan, *mnd.* ëven.

ewenäller, *ebenalter, gleichalter.* hai es en ewenäller van min bröer, *er ist meines bruders* coætaneus. — *ags.* ëfeneald, *coætaneus; vgl.* ebenbild, ebenbürtig; *sonst:* ebenchrist, ebenmensch.

ewenbild, *n. ebenbild.*

êwengielgen, *n. evangelium.* dat es kain
êwengielgen.

êweld, *einfach. auch osnabr.* êwelt. *der
kleine luther. katechismus wird im ge-
gensatz zum grossen* (dubbelden), *der
erste teil eines rechenbuchs (für die
unterklasse)* êweld *genannt; vgl. engl.*
single *für small. — alts.* ênwald,
êwald.

ewenen = ebben. dat ewenet. de kerke
ewenet, *warnt man den kranken, der
die kirche besuchen will. (Siedlingh.)*

ewenig = ebbig. ewenige hûd.

ewenne, *ebenso. — ags.* êfenswâ.

êwig, *ewig.* de êwige jæger, de êwige
fôrmann = *der wilde jäger. (Hemer.)*
hai sûht ût as 'et êwige lewen. *2.
sternbild des wagens*, de êwige fôr-
mann. *(Driburg.)*

ewwer, *aber. (Hattingen.) Firm. I, 367.*

G

Gabbeln, *spass haben. mnl.* gabberen, nu-
gari, jocari.

gabbelerigge, *spass.*

gabbelig, *spasshaft.*

gäbbeln = dabbeln. *(Elspe.)* — *engl.*
to gabble.

gädderken, *altan, erker. K.*

gaddum, *kleines gemach. Velb. urk. v.
1585. s.* gam.

gaden, sik, *s. verheiraten. urk. v. 1396
v. St.* stück XX. *(Breckelvelde.)*

gâgel, *auch* tân-gâgel, *zahnfleisch. —
ags.* gagul, geagl. *Bugenh. bib. klagl.
4.* gagel = *gaumen. ostfr.* gagel.
s. gôchel.

gai, gêi, *f. 1. bahn oder gang zwischen
pflanzenreihen. 2. schwaden. Schamb.*
gai, *m. und n. (wald.* gehne) *reihe.
Vilmar* jâne, *f. reihe, stricharbeit. —
mhd.* jân, *m. vgl.* gâhnen *und* gaine.

gaidling, *m. drossel.* grîse g., *singdros-
sel.* swarte g., *schwarzdrossel. in:* dat
es de unrechte g. = *das ist ein mensch,
vor welchem man sich in acht nehmen
muss, cfr.* un joli merle, *iron. — holl.*
gieteling, *amsel; ostfr.* geitel. *s.* gelde,
gilde, jèld. ai kann sik ausgefallenes
I compensieren. *vgl.* dân. giälde =
gellen, hallen, schallen. Kil. *g*hiete-
ling, *vetus,* merula.

gaiern, *bellen. mnl.* garren, cryten.

gail, gêil, *üppig.* et es gail an der
locht = *der himmel droht regen. —
wie steil = ahd.* steigal, *so* gail, gagil,
ags. gagol, gâgl; *alts.* gêl, *lascivus.*

Gaylbrink, *ortsname bei Iserl. urk. v.
1448; bedeutet abhang mit üppiger ve-
getation.*

gailen = gilen. et gailde er op der
borst. *K. s. 51.*

gailhucht, *s.* hucht.

gailing = gaidling. *Seib. urk. 605 f. n.*
Geilink.

gaine, *f.* = gai.

gaiten, *præs.* ik gaite, du güss, he gütt.
præt. gôt, *pl.* gôten; *ptc.* goten, gies-
sen. — *alts.* giotan. *Zu Bäingsen bei
Deilinghoven war ein grosser, sehr bö-
ser hofhund unter dem rufe „hai gütt!"
mit siedendem wasser verbrüht worden.
das hatte sich der hund so gut ge-
merkt, dass man nur „hai gütt!" zu
rufen brauchte, um ihn zum laufen
zu bringen.*

gaitepanne, *pfanne mit langem stiel zum
begiessen der an der bleiche liegenden
leinwand. (Siedlingh.)*

galter, *m. giesser in einer fabrik.*

gaithûs, *n. giesshaus.*

Gaitmecke, *f. für* Gaitbicke, *giessbach,
name eines baches in Nieder-Hemer.*

galgen, *m. galgen. spr.:* nàm galgen
es nenne ile. — *alts.* galgo.

galgen-lesken, *ein dem* pinne-stelen *sehr
ähnliches spiel. der unterschied ist,
dass das mahl* (mêt) *hier* galgen *heisst
und nur einen stein oder pinn trägt.
zu Marienheide bei Meinerzagen gibt
es ein spiel, welches viel ähnlichkeit
hat und „*brügg op hèi*" genannt wird.
die gefangenen müssen dort „galgen-
schimmeln", d. h. am galgen stehen.
zu Albringw. heisst das entsprechende
spiel „*pännken drîten*". —* lesken *wird
aus* lêsten, leisten, *verderbt sein.*

galgen-holt, *n. galgenholz.* hai es so
fals as galgenholt.

galgen-schimmeln, *s.* galgen-lesken *und*
schimmeln.

gälk *für* gählik, *jählings. (Hülscheid.)*

gallen, *stöhnen, wird von einem gesagt,
den der alp drückt. vgl.* Mda. III,
28; gailen. *hess.* gallern = *laut
schreien, vom geschlagenen hunde.*

gallern, *prügeln. (Königsborn.) Schamb.:*
gallern, *peitschen. Mda. 6, 208.*

gallinsen, *münswerfen, ein spiel in der gegend von Soest.* vgl. slenseken. ?glinsen = slinsen.

gallopp, *m. schelte.* du büss mi ock en g., *su jungen, die narrenpossen treiben.* (Elsey.)

galmen, *übel schmecken.* dat ölge galmet. — *alts.* galm,' *stimme; mnl.* galm, gheluyt. galm wederluit, echo. *holl.* galmen = *hallen, schallen, klingen.* *hd.* galm, *schall.* *Wallr.* galm, klang, schall. *nds.* galmen, *stinken.* *s.* galmerg. *der wortstamm bezieht sich also auf wahrnehmungen des geschmacks, gehörs, geruchs und gesichts.*

galmerg, *1. übelschmeckend, von speck. 2. unangenehm, übel.* en galmerg gesichte. *K. s. 27.*

galmig, *übelschmeckend, besonders von frischem ocle.*

galpern, *schreien, vom hunde, auch wol vom menschen.* auch rülpsen. *K. — mnl.* galpen *als* voghel. crocitare. gannire instar vulpis. *holl.* galpen, *schreien, vom fuchse.* *engl.* to yelp, *heulen, vom hunde.* *nds.* galfern, *gellend lachen.* *Vilm.* galpen, galfen.

galsterig, *stark schmeckend, ranzig.* sai süht so galstrig ût, *sie hat eine kranke gelbliche gesichtsfarbe.* *K.* garst, garstigh, rancidus, fracidus, *nds.* galstrig, *wald.* gelsterig, *oberd.* galstrig, *verdorben, schleimig.* *ags.* geolster, virus, tabum, pituita.

gam, (*v. Hör. urk.* 74. gadem, *pl.* gedemen.) *1. zimmer in alten bauerhäusern.* *in Dortm. kleine wohnung.* *2. der feuersteiger ort.* s. gaddum. aus gadum wurde gam. *Soest. Dan.* 187: in der Helle (*gasse zu Soest*) is ein gam (*kleines schlechtes haus*).

Gämmerschen, *pl. Lüdensch. recht nr.* 14. *Glosse:* „sind einwohner in geringen hütten, so das bürgerrecht nicht haben". *wahrscheinlich sind zigeuner gemeint.* gümer (von gam) = *hüttenbewohner, davon weiter* Gämerschen *gebildet.* *Frisch, I, 312:* gädemer hausgenossen die nur in anderer inwohner zinsen wohnen, keine mitglieder der gemeine sind, inquilinus.

gamfen, *stehlen, mausen.* — *nds.* gamfen. *wahrsch. judenwelsch, nach hebr.* ganabh. *s.* hamfen.

gân, *præs.* gâe, gês, gêt *pl.* gâtt; *præt.* geng *oder* gong; *ptc.* gan, gehn. *spr.:* gân gêt beter as krûpen. alles hat gêt un stêt. ât gêt nich ümmer: fran gâtt sitten = *man kann es nicht im*- mer *bequem haben.* dat gêt = *das lässt sich tun.* dat gêt nitt = *das ist mir nicht möglich.* de wind gêt. dâ gêt kain weg her. bu gêt et? oppen faûten am besten. bu lange gêt ne hitte? *wie lange ist eine ziege trächtig.* ik gâe op = *ich richte mich nach.* dat es inên gân, *das ist zusammengestürzt, niedergestürzt.* gân mit haben: hä het gân, *er ist gegangen.* gân *als auxiliar mit dem infinit.:* liggen, löpen, sitten, slâpen, stân, flöten gân. — *mwestf. bei v. Stein. I, 245:* genk sitten, *werden:* dôd gân, kapot gân. *vgl. engl.* to go mad.

gang, *m. 1. gang.* te gange, im gange = *in tätigkeit, im werke.* de ist dermed to g., *er ist damit beschäftigt, ist damit im werke.* de owen es te g., *das feuer brennt im ofen.* de ûr es im gange, te g., *die uhr geht.* me mag so viel bessems te gange dauen as me well (= *in gebrauch nehmen*), se sid ümmer fudd. im gange (de ee pas): ik si in gange wîer dâ. 2. *mal.* den gang, *das mal.* 3. = gaine, gai. (Elsey.)

gängeln, *müssig herumgehen, zum vergnügen herumgehn.*

gängesk, *der gern geht, gern besuche macht.*

ganto, *m. acc.* den ganten, *gänserich.* — *ahd.* ganzo, *ags.* gandra.

gâpen, *gähnen.* et es so wârme dat de kraigen om tûne gâpet. *syn.* gêiwen. — *engl.* to gape, *gähnen;* gap, *öffnung.* *holl.* gapen, *nds.* gâpen = *gaffen.* *Witte II. A. Pax.* schreibt capen *u.* leitet *davon* Capenberg, *welches er mons speculationis deutet.* *Bugenh. bib.* kapen *für luth.* gaffen. k steht nicht selten für hd. g: kiren, kürren = *girren,* kiken = *gucken,* kruke = *krug,* klocke = *glocke,* klucke = *glucke.*

gâpig, *unverständig.* de gâpigen blâgen. *dieser sinn des wortes, zusammengehalten mit* âpe (*narr, tor*), *weiset auf den zusammenhang von* âpe *und* gâpen, *affe und gaffen.*

gâpsk, **gâps**, *zum gähnen geneigt.* *syn.* gêiwesk. *von einem gähnenden sagt man wol:* hai es so gâpsk, *wann hai so* pâpsk wôr, *dann könn hä* prêken.

gierpsk, *unberufen, neugierig.* vgl. gâpen = gaffen.

gâpske = göppelsche. (*Siedlingh.*)

gâr, *zubereitet, d. i. gekocht gar.* gâr wâter un gâre melke. dai es nitt gâr ächterm borstlappen, im balge = *er ist falsch. de rûe es nitt går im halse = der hund ist böse.* hai es inwennig går, *vom branntweinsäufer.* — alts. garo, ahd. garaw, *Shakesp.* yare, *fertig, bereit. s.* gerwen.

gardenknechte, *pl. bettelnde soldaten. F. Dortm. III, 92 anno 1660.*

gåren, *n.* garn. — ags. gearn, engl. yarn. *v. Höv. urk. 41:* garenkopere, *gurnhändler.*

gåren *für* garden, *m.* garten. — alts. gardo, mnd. garde.

gårenschacht, *m. ein schaft, auf welchem garn (u. anderes) getrocknet wird.*

gærling, *m. 1. ein junger lachs in der Lenne. 2. ein Ruhr-fisch. wol davon benannt, weil man ihn besonders mit der gær fängt.* — *zu* gær, gêr. *im Alten. WBl. 1837 wird gemeint =* jærling, *weil sie ein jahr in den flüssen bleiben. statistik d. kr. Altena 1866 s. 52 wird die junge brut des lachses* lachs-kerling *genannt.*

gærne, *Iserl.* gêrne, *1.* gern. — alts. georno, gerno; *mwestf.* gêrne. *die länge des e rührt vom folgenden* r, *wie bei* hêr *für* hirde; *was Koene z. Helj. vermutet, ist ohne grund. 2. leicht. dai geeren eder ok nit geeren friuset, biu me't niemet. spr. u. sp. 16; cfr. Laiendoctr. 37.*

gærner, *m.* gärtner.

gærnerske, *f.* gärtnerin. sünte-Gerderút gêt de êrste gêrnerske ût.

gêrneken, *n.* gärtchen.

garre *für* garde, *in* kåttegarre.

garwe, *f.* garbe. — alts. garva, mhd. garwe.

gæse, *Iserl.* gêse, geissfuss, girsch, aegopod. podagr. *syn.* gæsing, gæseke, gêsselen, gêsseln-kiolen, fêrkenfaûte. *die pflanze gehört zu den neunerlei kräutern, welche das gründonnerstagsgericht bilden. nur 8 wusste man mir in Iserlohn zu nennen. vgl. Wolf beitr. p. 123.* nêgenstêrke *bei ND. s. gêre und* pêrre-gæse. — *wie in* hæpe, *so kann auch in* gæse *ein* r *verschluckt sein. vgl. Schiller s. tier- und kräuterb. III, 32. die dort angeführte ableitung (von E. Meyer) aus herba St. Gerardi ist auf unsere formen schwerlich anwendbar.*

gæseke = gæse. *(Weitmar.* gåseke.)

gæse-trîne = dråle, sêpenspån. *vgl.* jêselåken.

gæsing = gæse. *(Elsey.)*

gæse-melke, *f.* wolfsmilch, euphorbia peplus. — gæse *dürfte hier geiz (ziege) bedeuten, da ziegen ohne nachteil wolfsmilcharten fressen, vgl.* lactuca caprina, *wolfsmilch.*

gast, *m.* gast. *dat es mi en gast.* se hett 'ne te gaste hatt = *übel behandelt.* — *mwestf.* fremdling, client.

gastrig = garstig. — *Vilmar bemerkt zu* garst, *dass es urspr. den ausgestank bedeute.* — mnl. garst, garstigh, rancidus, fracidus.

gat, *n. loch, bes. anus.* — alts. gat, foramen, ags. geat. en schubb int gatt, *ein schub vor den hintern. K.*

gåte, *f.* gasse. Hans in allen gåten. *bei Iserl. ist die form von der hd.* gasse *beinahe verdrängt.* — goth. gatvo, ahd. gazza.

gête, *f.* = gêr. *möglich wäre* gæte = gærte *mit dem bei uns so häufigen* te (ti) *nach liquidis. auch aus* gaida *kann es entstanden sein, da de nicht selten (vgl.* geblaûte) *zu* te *wird.*

gau, *schlau, klug.* he es so gau as en lux, — as 'ne dole, — as 'ne exter, — as wåter. hä es so gau asse Peits. s. Peits. he es em te gau af. du woss noch ümmer nitt gau wêren. ik well di gau måken. *het din våer so gaue junges noch mær? vgl.* gaudaif, hd. gauner. — *es kann durch ausfall des* l *aus* alts. glau *entstanden sein, doch ist auch* ags. geap *zu beachten. Teuth.* gouwe. cloick.

gau, *rasch, schnell.* — alts. gahun, mnd. ga *(Theoph. Hoffm. p. 181),* holl. gaauw. *es dürfte durch ausfall des* h *aus der* alts. *form entstanden sein; vgl.* mhd. gâhen, *eilen.*

gaudaif, *m. listiger dieb,* gaudieb.

gausekunte, *dämlicher gleichgültiger mensch, der sich alles gefallen lässt. K.*

gauzen, *kläffen, von den hunden des wilden jägers. (Plettenberg.) Vilmar:* gauzen, *kurzes anbellen, klagendes bellen.*

gaffel, *f.* gabel. *essgabeln waren vor 150 jahren bei uns wenig bekannt, wie historische überlieferungen lehren. ein Altenaer drahtzieher wunderte sich über das werkzeug, als es ihm vorgelegt wurde. eine meierin der grafschaft Limburg forderte ihre leute auf:* kinner, wasket ink de finger, vi hett silåd. *fig.* op de gaffel springen = *schwören, mit bezug auf die ausgestreckten finger des schwörenden.* — ahd. gabala, *f.,* ags. gafol, *m.,* Köln. gafele, *f.; dass* gaffel *ein grunddeutsches wort ist, darf nicht bezweifelt* *werden*. *es gehört zu* gapan *(klaffen)*, *wie* staſ *zu* stapan.

gafferd, *m. gaffer.* — *zu* gäpen, *wie* gaffel.

gæwe, gêwe, *kerngesund, fest, tüchtig.* gæw holt. gæwe knollen. en gæwen çter. — *mnl.* gheeve, gave. sanus, integer, purus ab omni parte, sincerus, solidus. *holl.* gaaf, *mhd.* gæbe, acceptabilis, *mnd.* geve, *oldenb.* ungäwe, *ungesund.*

gê, *f.* 1. *der buchstabe* g. 2. *n. für geld, wie* ab *für abtritt. et kostet* gê. *sym.* schuf vor den dûmen, christlike linsen.

geback *in* suckergeback. *Kil.* gheback, panis dulciarius.

gebäkse, *n. gebäck. vgl.* gedermse. *das so auftretende* s *ist ein* sz *und entspricht* hd. z.

gebäksel, *n. gebäck. vgl.* striapsel, *hd.* gemengsel. *sind diese* sel *aus* sli *versetzt, wie* dôpsel *aus* dôpisli *wurde? vgl. Gr. III, 509.*

gebäkte, *n. gebäck.* — *lautete die form awestf.* gabakithi, *mwestf.* gebekede? *oder ist sie wie* gebênte *nur nach analogie aus* gebäk *gebildet? r. St.* gebeckte.

gebæren, ? gebęren, *gebären, in* àldgebæren mann = *vernünftiger, verständiger mann.* = *es wird ein abgeschliffenes ptc. præs. sein; vgl. ostfr.* oldbarrig, *altklug, was Stürenb.* oldbaddig *schreibt. cfr. Seib.* 1001 noitgeberen, *nottragend, nötig. Crux.fid.* 2. misgebere, *übelbeschaffen.*

gebęd, *n. gebet.* ênen int gebęd nęmen, *einem die leviten lesen.* — ea, ç *ist i-brechung. alts.* gibed, *n.*

gebelte, *n. schatten, gerippe. das wort könnte aus* gebênte *verderbt sein.* — *mwestf.* gebeelde *(Seib. urk.* 983*) ist vorbild.*

gebênte, *n. gebein.* — *holl.* gebeente, *leichnam, gerippe. mnd.* gebênte. *vgl. über diese mit* t, *hd.* z *gebildeten collectivwörter Gr. III, 526. ein alts. beispiel ist* holtgiweldithi, *Werd. heberegister.*

gebęren, *præt.* gebàr, *pl.* gebŏren, gebàren. getŏgen un gebŏren, *erzogen und geboren.*

gebęste, *n. lärm, unruhe.* dä was màl im gebęste, *von einem, der aus furcht läuft. vielleicht für* gebręste = gebrechte, *krachen, lärm. Brandan,* 480. *sonst muss es zu* bisan *gehören (ostfr.*

bisen, *stürmen,* busig währ), *wie* gęste *zu* gisan *(gēran).*

gebild, *n. damast.*

gebind, *n. fitze, strânglein garn, deren* 10 *auf ein stück gehn.*

geblaũmte, *n. die blüten.* — *nds.* gebloimetse.

geblaũte, *n. geblüt, blut. spr.* dat geblaũte tũht, sagg de snider, dä sprang he innen dik un trock en zienbock wier herũt. — *für* geblaũde, *mwestf.* gebloide, *nds.* gebloite.

geblẽr, *n. geschrei, geschwätz, klatscherei.* — *ostfr.* geblarr, *nds.* gebleie, *ostfr.* blarren, *hd.* geplärr, plärren. *möglich, dass* blarren = bladden, *wovon unser* blâddern *(meckern, blöken). aus* blarrjan *konnte mhd.* blêren *entstehen.*

geblik, *n. possen.* he hęt en geblik med den kinnern. *Wedd.: geschäftigkeit.* — geblik, *n.* augengeblinsel.

gebręk, *n. gebrechen, schaden, fehler, von sachen:* dä es gebręk *(auch wol* gebræk*)* âne = *das ist schadhaft.* — *mwestf.* gebrek, *mangel, gebrechen, krankheit.*

gebręste, *verletzung, wunde.* — *mhd.* gebreste, *mangel.*

gebrûk, *m. gebrauch, übung. spr.* gebrûk màket den mester.

gebŏd, *n.* 1. *gebot,* præceptum. 2. = bod, *gebot des käufers.* — *alts.* gibod.

gebũensse, *n. zimmerdecke.* am gebũensse in der kęrke.

gebŏnte, *hölzerne decke im zimmer oder stall. K.*

gebund, *n. gebund.* en g. krâmesvû̃gel =*4 stück, während zwei bitterfinken einem krammetsvogel gleich gerechnet werden. Müller topogr. v. Schwelm* p. 12 (1789) *sagt: „sie werden in gebunden zu* 4 *stück verkauft und das gebund kostet die wenigste zeit mehr als* 2 ggr.“ *von doppelten* kr. *gehen* 2 *stück, von bitterfinken* 8 *stück auf ein gebund.*

geck, *m.* 1. *geck, narr, tor.* geck beim schützenfeste. fasselâwendsgeck. kengergeck, *kindernarr, kinderfreund.* te god es sin nâbers geck. *spr.:* kinner un gecke segget de wârhait. 2. *eine viehkrankheit.* 3. *mantelstock. Seib. urk.* 904 s. 11. — *Tappe* 91ª: en geck perdt.

gecken, *vexiren, necken.*

geckig, *geckenhaft.* — *holl.* gekkelijk.

geckerigge, f. narrheit.

gecksbrêf, m. liebesbrief. im vorigen jh.
gab es im berg. eltern, welche gern sahen, wenn ihre töchter nicht viel mehr
als ihren namen schreiben lernten, damit sie nicht versucht würden, gecksbrêwe zu schreiben.

geckslêd, n. leichtfertiges lied, besonders erotischen inhalts.

gedân, erpicht. he es drop gedân. K.
s. bedân.

gedêne, n. das innere einer sache; vgl.
ingedêne.

gedanke, m. gedanke. spr.: med den
gedanken kann 'me fâke mær arbêen
as med den hâunen.

gedelle, nützlich. urk. v. 1406 v. St.
stück XX. S. 1273.

gedermsse, n. gedärme.

gedirte, n. getier. — mnd. dêrete, nhd.
getierze, holl. gedierte.

gedöller, lärm. K.

gedönte, n. geklatsch. — holl. gedoente,
vgl. nds. dönen, denen = plaudern
und döntken.

gedracht, n. bürde, tracht.

gedrêten ôk! starke zurückweisung: ganz
und gar nicht. zu driten.

gedübster, n. stossen auf den boden. zu
dubben.

gedüone, n. lärm. — ags. gedyne, n.
fragor, strepitus. vgl. alts. dunian,
sonare.

geduld, f. geduld. — alts. githuld.

gedüllig, geduldig. — ags. gethyldig.

gedüsch, geräusch, geplauder. Hingb.
2, 91.

gêe, n. in einer besprechungsformel wider das rote der kühe: gêe gâ, kaublaud stâ! wozu noch kaffeedrost. eingegeben wird. Grimme, Galanter. 117
hat gêe, was er durch „das jähe, eine
krankheit beim rindvieh" erklärt. —
gêe kann gêde, alts. gêda, ags. gâd,
engl. goat = stimulus, sein. man
denke dabei an ylfagescot (elfshot).
Myth. 429.

gegalper, n. geheul, von hunden.

gegibbel, n. gekicher. vgl. gibbeln.

gegöwelsche, n. gespei. forske-gegöwelsche, froschlaich. vgl. göweln, göbbeln.

Gehänken, Hänschen. du daûs gerâde
as Gehänken de hær = du bist anmassend.

Gehannes, Johannes. andere formen:
Gau in compos. Gan-Hinnerk, Gan-
Dierk, Hans, Hännes, Hänse, Jôhann.

gehannes-blaume, f. wohlverlei, arnica.

sie wird als hausmittel gebraucht, muss
dann aber auf johannistag gepflückt
werden.

gehannes-kirsse, f. johannisbeere.

gehannes-krûd, n. 1. weiderich, epilobium. 2. hartheu, hypericum. 3. donnerkraut, sedum telephium.

gehannes-worm, m. holzwurm. ein
schreiner nahm einen schrank auseinander und sagte, als er das innere
wurmstichig fand: gehannes worm es
ôk derâne.

gëhe, ? jäh, plötzlich. 'ne gehen tuck
oppet hêrte. Grimme.

gehël, zusammen. Weddig.

gehêr, still. et es so gehêr dabûten.
neben oder vor hiuri gab es ein hiri,
mitis, tranquillus, mit welchem unser
wort zusammenhängt. vgl. Frisch s.
v. heur, geheur.

gehülte, n. gehölz.

gehüchte, n. gehöft. — mnl. ghehucht,
ghehuchte, mansio, suburbium, vicus.

gehüchter, schlechtes gebäude.

gehulwer, n. geschluchze. f. r. 13, wo
geheul erklärt wird.

gehummel, n. donner. sêit gehummel,
leiser donner. vgl. Kil. hommelen,
murmur et confusum sonum edere.
hulwern.

gêilen, præt. gould, ptc. gegoulen, kaufen. — alts. geldan, woestf. gelden,
gegulden (bezahlt) urk. v. 1397. Wigg.
2, Scherfl. 50: golt (kaufte).

gejanke, n. hundegeheul, gewinsel; auch
von menschen. — holl. gejank zu janken. Kil. ghejanck. gannitus.

gejûche, n. gejauchze. — holl. gejuich,
zu jûchen.

gejûle, n. 1. katzengeschrei. 2. heftiges reden. s. jaûlen.

gekäbbel, n. wortgezänk. —zu käbbeln.

gekakel, gegacker. K.

gekälkt, bekalkt. — zu kälken. holl. gekalkt.

gekäffe, n. hundegebell. — zu käffen.

gekêrnsse, n. was auf einmal gekirnt
wird.

gekietel, n. gekitzel. — holl. gekittel.

gekîke, n. gegucke, gucken. — zu kiken.
holl. gekijk.

gekjûke, n. gekoche, kochen, gekochte. —
zu köken. holl. gekook.

gekraige, n. hahnengekrähe; fig. von
menschen. — zu kraigen. holl. gekraai.

gekraiter, n. weinen aus bösesein.

gekralls, n. krallen. (Paderb.)

gekrässel, n. gezwitscher. s. krässeln.

gekrispelt, *gekräuselt.* — *lat.* crispus, *mhd.* krisp, *ags.*, *engl.* crisp, *nds.* krispeln.

gekrûe, *n. kraut. Grimme. pl.* gekruier. *op de a. h. 16.*

gel, *gelb.* so gẹl asse gold, — dncâtengold. dat gẹlc vam aic = aidọcr. et wôr ẹm gẹl un grain vọr de ôgen. — *alts.* gelow, *engl.* yellow.

gelât, *klageruf, wehgeschrei.* dat es cn gelât, *viel aufhebens von einer sache. K.*

gelât, *n. begränster raum. — Thümmel reise s. 153:* gelass.

gelâte, *n. aussehen eines menschen.*

gelâten = wọl lâten! *s.* lâten.

gẹlbôm, *m.* = kattenklâwen.

geld, *n. geld. spr.:* bai g. họt, kann dûwels danssen saihen. dat g. brengt menschen in de helle un blift sclwer drût. dat geld, dat stumme es, mûket richt, dat krumm es. wâ geld es, dà es ter Dæwel, wâ nix es, dà es hêi twêi mâl.

gelde, gilde = gaidling, jẹld.

geldmûker, *m. geizhals. Gr. tüg 17. s.* mûke. *cfr.* mörker, mirken. *vgl. Kinderl.* 387 geldsmörker.

geldwọrmken, *n. sparsames kind. erinnert an die schätzehütenden schlangen und drachen.*

gelegen, *gelegen.*

gelegenhaid, *f.* 1. *gelegenheit.* 2. *lage.*

gẹle-gôs, *f.* 1. *ammerling, goldammer. syn.* gẹle mätte. 2. *goldstück. — Kil.* gheel gorse, gheel gheerse, amberiza flava. gorse *j.* grasmussche, curruca; *Tappe* 188b: du lohnest mir wie dem kuckuk die gorse.

gẹle-mätte, *f. ammerling. (Hattingen.)* mätte, mette = *Margarete oder Mathilde.*

gelẹn, *n. geländer.* — *zu* lẹnen.

gẹlerig, *gelblich.*

gelêrt, gelært, *gelehrt.* he es gelêrt bit an den hals, män de kopp họt nix mede kriogen.

gẹle-rûegel, *pl. gelbe violen, goldlack.*

gẹl-gâseken, *n.* = gẹlegôs. *(Fürstenb.)*

gelike, *n. und f. ebene, fläche.*

gelimp, gelimm, 1. *gelegenheit, kluge benutzung derselben:* dat maut me med gelimm krigen. — *ahd.* galimphida, occasio, *ags.* gelimp. 2. ehr und gelimp *(guter name). Alten. stat.*

gelinde, *n. gang in der kornmühle.* — *zu alts.* lithan, *gehen. Vilm.* glind.

gellen, *præt.* gald, *pl.* gulten, *ptc.* gollen, *gelten.* nitt gellen, *nicht gelten, nicht gestattet sein, häufiger ausdruck*

bei *kinderspielen, z. b.* rûseln *(den boden glätten)* dat geldt nitt! nucken geldt nitt! *s.* geilen.

gelöfte, *n. gelübde, versprechen.* — *mwestf.* gelofte.

gẹlripe, *f. gelbreife.*

gelster, *f.* = gilster. *(Plettenb.) Gr. tüg* 69: terjâr họt de gelster sau unbândig starke blögget, dann folget en fruchtbar jâr, sẹt de lûe.

gelte, *f. verschnittenes weibliches schwein.* fâselgelte, *zuchtschwein.* — *ahd.* galza, *mnl.* ghelte, ghelubde seughe. sus castrata, porca castrata.

gelte-snîer, *m. schweinschneider. vgl. engl.* to geld, *verschneiden.*

gelûe, *n. geläute. — Köln.* geluit, *n.*

gẹlunge, *f. gelbreife, vergilbung.* de rogge es in der gelunge.

gelûte, *n. laut, ton.* he giat en gelûte van sik af. — *Wigg.* 1. *scherfl.* 45: gelude.

gemain, 1. *gemein.* gemain geld. 2. *leutselig, herablassend.* — *mhd. Mart. Pol.* (*Theodos.* I.) waz so gemeine, daz er sich niht bezzer duhte denne ander lute.

gemâk, 1. *ruhe.* hâld gemâk. 2. *med* gemâk. *mnd.* mid gemake, *bequem.* 3. = vermâk, *unterhaltung, scherz. spr.:* en lüag taum gemâke, kuömet nitt te fâke.

gemâl, *n. malen, v. getraide.*

gemâte, *n. gemäss.*

gemâtig, *mässig. spr.:* fûl un fraetig, van arbẹd gemâetig.

gemau, *geschmeidig, weich, vom leder.*

gemaûte, *n. gemût.* he họt sik dat te g. trocken. sik wọt te g. fôren, *sich durch den genuss einer sache befriedigen; vgl. Helj.* 6408 (*Koene*): dem manne te gimuodie (*zur befriedigung*). — gemaûte *für* gemaûde, *alts.* gimuodi.

gember, *ingwer. Teuth.* genguer, *nl.* gengber.

gemechte, *n. genitalia, unterleib.*

gemörder, *n. eine art mörtel (trass), verschieden von* spîse. — *lat.* mortarium.

genait, *n. geniess, genuss.* — *mhd.* geniess.

genaiten, *præs.* genaite, genüs, genût, *pl.* genaitet; *præt.* genôt, *auch* genat, *ptc.* genoten, *geniessen.* der sonst zu *Hemer bräuchliche reim beim* kalwerquicken *schloss mit „den nâmen sastu genaiten, (*kọlbenne) sastu haiten". man vgl. damit v. Steinen st. III, 941:* des namens so *(soll)* he geneiten,

Wulff so *(soll)* he heiten. *Dazu Helj.*
145 *(Koene)*, *wo ebenfalls mit bezug
auf den namen niotan gebraucht wird.
mir scheint, die redensart, auf perso-
nen bezogen, deutet ursprünglich auf
den nutzen, den ein beigelegter name
dem träger bringen werde, sei es nun,
dass der name eine stete erinnerung
enthielt an eine eigenschaft des cha-
rakters, die der träger haben sollte,
oder an eine gottheit, in deren schutz
er durch den namen gestellt. man
vergl. die heiligennamen in kathol.
ländern. auch Helj. 445:* hie niote, ef
hie moti *kann wol nicht heissen „den
besitze er, wenn er darf", sondern
„der bringe ihm geniess, wenn es an-
gemessen ist". — goth.* ganiutan c.
acc. *etwas fangen. alts.* niotan, nia-
tan, *mnd.* genieten, *mnd.* geneten *c.
genit.* = *nutzen von etwas ziehen:
huspost. 26 na trinit.:* solke lere ge-
höret nicht vor de verstoruene Hilli-
gen, der wy hyr vp Erden nichtes
geneten konnen, sunder vor vns
alle etc. *Seib. urk. 106:* he dachte
siner *meer* geneten. *in bezug auf ge-
nât für* genöt *ist zu bemerken, dass
sich hin und wieder formen des frü-
heren lautstandes erhalten haben; dem
goth.* au *in solchen præt. war ein* a
vorhergangen.

genæm, 1. *was angenommen wird, ge-
nehm.* 2. *was gern (leicht) annimmt,
gelähm:* de korste wèrd genæm, *sie
nimmt das messer an, wird weich.* —
ahd. ginâmi, *idoneus, acceptus. dem*
æ *in unserm genæm muss* a, *nicht* â
zu grunde liegen.

genante, *n. das bestimmte, festgesetzte.*
hai kritt sin genante. — *nds.* genand,
n. deputat.

genüge, *n. genüge.* — *alts.* ginuogi,
mwestf. genoge.

genügen, *genügen. subst.* ose wänn 'ue
dat genoigen boästen wöre.

gêne = slâde, schwaden. *s.* gaine, gai.

genebeck, *m. gähnschnabel, maulaffe.
Gr. tüg 20.*

genesen, *præt.* genâs, *genesen.* as de
kranke genâs, dä wor he sliimmer as
he was.

genkes *für* gentkes *oder* genskes. *nur
in:* en menske het siäwen felle, dat
öwerste hett genkes *(gänsehaut). zu
der meinung, dass die menschenhaut
aus 7 schichten bestehe, vergleiche man,
was von der blutschwäre gesagt wird.*

— *ostfr.* nägenhûd. *bei uns „dicke
schwären haben 9 häute".*

Genna, *bei Letmathe hiess mwestf.* Gen-
dena = Gindan-â, *jenseit des flusses.*
gindan = *ags.* geondan, *eigentl. illuc,
dann illic. wie ags.* „fram geondan
sæ" *gesagt wurde, so konnte ein Let-
mather oberhofsbesitzer von seinem
bauern auf der andern seite der Lenne
sagen:* he is fan gindan-â.

genten, *genten, dort drüben.* te gien-
ten, da drüben, *in der ferne. K.* —
goth. jáind *(illuc und illic), ags.* geond,
dorthin. *die endung* en *in* genten *wie
im hd.* dorten *für* dort. *dass* genten
(für genden) *auch præp. (ultra, trans)
gewesen ist, ergiebt sich aus dem un-
ter Genna gesagten.*

genüət, genuət, *m. genuss.*

gepäter, *n. das viele öffnen der pforte,
türe. s. pætern.*

gepen, *etwas klaffen, offenstehen, von der
türe. aufatmen, nach luft schnappen.
K. s.* gâpen.

geplær, geplæ̀e, *n. geplärre, geschwätz.
(Elsey.)*

gepöbel, *n. pöbel.* — *holl.* gepeupel, *n.*

gêr = gær, gêr.

gêr, gær, *dreizinkige gabel zum fische-
stechen. syn.* gêr, gæte. — *lat.* gæ-
sum, *altn.* geir, *alts.* gêr, *ahd.* fis-kêr
tricuspis, engl. to gore, *durchstechen,
alts.* gêr-thriun *(gedern) = zu den
speerbäumen.*

gerâen, *et* gerädt, *præt. et* geraid, *ptc.*
gerâen, *geraten.*

gerah, *geschwinde* = gerade.

geraiden, *pl.* = gerêden. *geräte.*

gerais, gar un gerais nit, *ganz und gar
nicht, durchaus nicht. K.*

geraischop = raischop. dat es gerai-
schop! *das ist schlechtes gesinde. K.*

geraist, *erzogen:* use kinner sind nitt
geraist as de kinner in der stad. —
ptc. von raisen, tu raise = surgere
facere, erziehen.

geräppels, *n. mit dem epith.* ornans âld
= *alter plunder, alter hausrat, alte
gerätschaften.* — *zu* rappeln.

gerässlik, *gerast, ruhig.* gerässlike
nacht. *K.*

gerâst, *munter, frisch auf.* — *kann aus*
girastod *verkürzt sein. vgl. alts.* rasta,
quies. *s.* gerôst.

Gerd, *Gerhard.*

gêre, *f.* = gæse.

gêre, *f. pl.* gören. 1. *ein keilförmiges
stück land. ein ungeöffnetes hünen-
grab, erzählte mir herr T. in Hemer,*

liege in der gegend von Balve auf
einer durch zusammenlaufende siepen
gebildeten gehre. 2. keilförmiges stück
(zwickel) an einem hemde. — gäre,
streifen ackerland, zu schmal, um einen
„rüggen" zu bilden. K. — ahd. gêro,
m. lingua maris, mhd. gêre, m. keil-
förmiges stück, zwickel in einem kleide,
nds. gêre, gêre, f. keilförmiges stück
land und zwickel am kleide, altfr. gâre,
sinus vestis, ital. gherone.

gerècht, n. recht. med gerichten un
gerèchten. (Deilinghoven.)

gerêdt, womit man leicht fertig werden
kann. et es gerêdt werk. — es ist
wol ptc. von geraiden oder geraien
(goth. garaidjan). — gerêd (in ge-
reede güter, mobiliar) entspricht goth.
garaids, paratus.

gerêdea, pl. = geraiden.

geregimenter, n. lärm. Galanter. 91.
— nach diesem worte wäre die ablei-
tung des rementen von regiment wahr-
scheinlich.

gerȩk, n. ·1. rechnung, zu rȩken: dä
kanste g. op mâken. 2. gereich, das
gebürende: jèdes dir mant sin g. (sein
gebürendes an nahrung und pflege)
hewwen. — mwestf. gereck, mnl. ghe-
rék, ornatus, apparatus, cultus.

gêren neben gêren, præs. et gȩrt (El-
sey), et gêrt (Iserl.), præt. gȩrde und
gôr, ptc. gȩren, gähren (zu sûr at es
gȩrt (gȩrt). — mnd. gȩren (geschr.
geeren), mhd. gisen, gähren, schäu-
men. — das ê wird lautlich von r rüh-
ren, wie bei gȩrne; gôr, gȩren deuten
dahin, dass sich neben gisan ein giu-
san entwickelt hat, vgl. das von Köne
z. Helj. 222 angeführte gaisen = gia-
san, giusan. wir sehen also im hd.
gähren, gohr, gegohren das ältere præ-
sens mit dem jüngeren præt. und ptc.

geringe, leicht. dat mag geringe, es ist
leicht.

geriss, n. kohlenklein. — hd. (falsch) gries.

gêrkammer, f. eigentl. gewandkammer,
sacristei. — Findl. 42: garvekamer,
sonst auch mnd. gerfkamer, Iserl. urk.
v. 1448 schon gerkamer. zu alts. gerwi,
vestitus aus garaw, ags. gearva, ami-
culum, vestis, engl. gear mit abgefal-
lenem va. das f der inl. form lehrt,
dass w nicht bloss in b, t, v, sondern
auch in f übergehen kann.

gêrkauken, m. pfefferkuchen, eigentlich
ein kuchen, der immer bereit (garaw)
ist, weil er sich lange hält.

gerȩst, ruhig.

gerste, f. gerste. hä wässet as ripe
gȩrste. Tappe 84b. — ahd. gersta,
ags. gerst. man hat ags. gärs (gras)
und lat. hordeum verglichen. das ver-
bum gersten muss von einem subst.
abgeleitet sein, welches pinsel oder be-
sen bedeutete; gerste ist somit die ge-
traideart, welche sich durch einen gran-
nen-pinsel bemerklich macht. ebenso
benannte der Hebr. die gerste segorah
von den borstenförmigen stacheln (se-
gar = haar). ähnlich hat der angel-
sachse rubus und juniperus vom ste-
chen gorst, gorstbeam benannt.

gersten, brote mit einem quaste benetzen,
bevor sie in den backofen kommen.
dieser quast hiess im mwestf. (Rude-
ner stat. p. 80): gerstel; daher in El-
berfeld gersteln. — entstellte formen
sind wald. gestern, altm. gesseln.

gerüggen, gereuen. — alts. hrewan.

gerüig für gerauig, ruhig. ne gerüige
nacht.

gerümlik, geräumig, gehörig weit, von
kleidungsstücken.

gerüschte, n. geräusch.

gesêd, n. gesäme, sämerei.

gesêdinge, f. = gesêd.

gesangbauk. ik tüchtige mine frau
med guden wären, sagg de bûr, dä
slaug he se med dem gesangbauk an-
nen kopp.

gesat, n. gesetz, festgesetztes. dat het
sin gesat.

gesæt, n. gesäss, passendsein eines klei-
dungsstückes. der es en guod gesæt
âne.

geschaihen, præs. et geschüht, præt. ge-
schâg, conj. geschége, ptc. geschaiben,
geschehen. — ahd. gascehan, goth.
skerjan setzt ein skivan (skav) vor-
aus, dies muss als zeitwort der bewe-
gung vermittelst des præfixes ga den
begriff accidere ausgedrückt haben.

geschichte, f. 1. geschichte. 2. nord-
licht. im mwestf. wahrsch. sêbrant.

geschicksmann, m. mann, den man an
jemand schickte, um genugtuung oder
schadenersatz zu fordern.

geschickt, geschickt. dä es so geschickt
as en iəsel omme prûmenbôme.

geschir, n. geschirr. — vereinfachung
der geminate wirkt verlängerung des
vocals.

geschrötze, n. gespött. Gr. tüg 18.

geselle, m. 1. geselle. 2. arme gesellen.
speckschwarten in würsten. — ahd.
gisello, der mit einem in demselben

sal *(hause)* *zusammenlebt;* *vgl.* *alts.*
gibenkco, gibeddeo.

gesichte, *n.* *gesicht.* he mâket en ge-
sichte, as wann de katte duonern hèrt.
he mâket en gesichte, me soll de klai-
nen kinner dermed nà bedde jâgen.

gesladder, *n.* *geplapper.* — *schwed.* slad-
der, slabber, *dass.*

geslâgen, *ptc.* *v.* slân, *voll.* ne geslâ-
gene stunne.

geslûte, *n.* *verschluss.* — *zu* slaiten.

gesnürte, *n.* *gesindel,* *snurranten.* —
zu snurren.

gesnütz, *n.* *verächtliches zeug.* — *zu*
snûten.

gespann, *m.* *name, den sich fuhrleute
unter einander geben.* — *mnl.* ghe-
span, jugalis socius, socius laboris,
compar.

gespilde, *in* „dat gespilde- *oder* nach-
barrechte"; *vgl.* *gewohnheitsrechte der
stadt Iserlohn.* — *vgl.* *ahd.* spildi,
effusio; gaspildan, effundere.

gespöke, *n.* *gespenster.* — *zu* spöken.

gespräklik, *gesprächig.*

gesseln-kielen, *pl.* = gæse. *(Marsberg.)*

gest, *m.* *geist.* *als* *n.,* *geist der erscheint.*

gest, *m.* *hefe.* — *zu* gisan. *mhd.* gist,
gest, *m.* *engl.* yest; *Findl.* „gest blic-
trum".

gestàld, *f.* *gestalt.* nitt de g., *nicht das
geringste.*

gestàldt, *gestaltet,* *beschaffen.* ik wêt
nitt, bu et te hûs gestàldt es. — *zu*
gestàlden, *gestalten.* *vgl.* *Verne chr.*
p. 61 angestalt.

gestân, *gestehen.*

geste, *f.* *hefe.*

gestell, *n.* *1.* *gestell.* *2.* *zustand.* et es
en üawel gestell, wann de bäcker sall
backen un hęt kain męl. *3.* *geschick.*
Must. 49.

gestelle, *n.* *benehmen.* bat es dat für
en gestelle. *vgl.* sik stellen.

gesten, *gähren,* *auch fig.* — *zu* gist.

gestênsse, *n.* *gestein.* — *d.* *seelen troist:*
gesteinze.

gestênte, *n.* *gestein.*

gestriens = verstriens. *K.*

gesû, *n.* *gesicht,* *visus.* — *alts.* gisiuni,
n. *Teuth.* gesicht. gesuyn.

gesund, *gesund.* so gesund as en fisk
im wàter.

gesundhalt, *f.* *gesundheit.* dä ümmer
nà der g. lęwet, es altîd krank.

gesûne, *n.* = gesû.

geswige dann, *geschweige.* *s.* sik ver-
tręen.

get, *etwas.* *s.* yedt. — *alts.* gio wiht,
quicquam. *Münst.* *beitr.* *I,* *105:* yedt.

getalme, *n.* *gerede.*

getau, *f.* *webstuhl.* — *nwestf.* getou, *ge-
rät.* *Ruden.* *stat.* *p. 80:* thowe. *mnl.*
ghetouwe, *alts.* getô *für* getôw, *ge-
schirr, gerät.* *Kil.* ghetouwe des we-
uers, machina, textoria fabrilia.

getradt, *betreten,* *gangbar,* *(Kierspe.)*

getrösten s., *1.* *auf etwas rechnen,* *et-
was erwarten.* hai kann sik wol ge-
trösten, — op wot getrösten. *2.* *leicht
entbehren.* *vgl.* *sündenf.* trosten up
= *sich verlassen auf.*

getruggen s., *sich getrauen.*

getwisseld, *Iserl.* *Limitenb.* *19:* getwis-
selte bocke.

gefach, *m.* *fach.* — *Schüren* *chr.* *p.*
232: gevaecken.

gefâr, *n.* *fuhrwerk,* *wagen.* *s.* gefær.

gefâr, *f.* *gefahr.*

gefær, *n.* *gefähr,* *fuhrwerk,* *wagen.*

gefèrlik, *adj.* *und* *adv.* *1.* *gefährlich.*
2. *sehr.* en gefèrlik gröten bôm.

gefäll, *n.* *gefühl.* ik hewwe et im ge-
fäll = *ich thue es ohne zu sehen.*
spr.: nàm gefälle hęt de mann rècht.

gefenknüss, *n.* *gefängnis.* — *nwestf.* ge-
fenknus, *f.*

gefitse, *n.* *1.* = vlitsen. *2.* *bezeich-
nung von kleidungsstücken,* *mit wel-
chen sich frauenzimmer behängen.* *3.*
lärm, *getöse von spielenden kindern.*
düt gefitz met dem blâge. *Gr. tüg 82.*

geflappt, *unklug,* *schwachsinnig.* — *ptc.*
von flappen.

gefôrne, *iltis.* *(Orombach).* *s.* fûrn.

gewack, dà es gewack im hûse *(Sied-
lingh.)* = gewag.

gewàg, *n.* *bewegung,* *unruhe.* dat gafte
gewach in H., *da wurde es lebendig
in H.* *Gr.* *tüg.* *das* süntevuageljagen
muss in aller frühe geschehen, *ehe
noch gewag im hause ist.* so auch *zu
Nieder-Ense.* — *ostfr.* gewàg; *Münst.*
gewag; *nds.* gewag, *mit* wàg *(woge)
zusammenhängend ist dasselbe wort.*
vgl. wagen, *bewegen.*

gewaide, *n.* *eingeweide.* — *holl.* geweide.
RV. gewàt.

gewàld, *f.* *1.* *gewalt.* med gewàld. *2.
grosse bemühung.* hä daüt gewàld (il
fait rage) üm et te krigen. — gewàlds
= *sehr gross:* en gewàlds-swîn.

gewânen, *gewohnt werden.* hä es te
bröde gewänt = *er wird schon wieder
kommen.* *vgl.* *das sprichwort unter* trog.

gewâr, *gewahr.* dat wàrste êr gewàr
as düan morgen den dag, *sagt man zu*

einem, der die verbrannte hand schnell
zurückzieht.

gewæren, *1. ruhen.* làt mi gewæren,
lass mich gewähren (= *in ruhe). s.*
d. f. — laet my ghewerden. *Kil.* —*Schü-*
ren chr. lieten dat clocster gewerden.
Münst. beitr. IV, 620 dar-mede gewer-
den laten. *2.fertig werden.* ik kannder
nitt med gewæren, *s. b. mit der feder.*
3. sein auskommen haben. dai kann
gnəd gewæren. *4. nich gewæren, nicht*
recht wohl sein.

gewelfte, *n. gewölbe.* — *Findl. 42* ge-
welfe. *holl.* gewelf.

gewelwe, *n. gewölbe.*

gëwen, *gähnen. s.* jëwen. — *ahd.* ge-
wôn, oscitare; *Fisch. Garg.* gienen *und*
göwen. *holl.* geeuwen.

gewerwe, *n. gewinde,* charnier.

gëwesk, *zum gähnen geneigt. syn.* gàpsk.

gewioten, *n. gewissen.* dai het en ge-
wioten as en màllersack.

gewinnen, *gewinnen.* en kind van ênem
g. nû heffe gewunnen, *nun soll's wol*
gehn.

gewitter, *n. gewitter.*

gewitter-kail, *m. donnerkeil.*

gewiffelt, *fig. gewiegt.* — *nds.* gewipt.

gewörmte, *n. gewürm.* — *holl.* gewormte.

gewösse, *n. wuchs.*

gibbeln, *heimlich versteckt lachen. schwä-*
cher als kiəkstern, *kichern. auch v.*
St. III, 194 (Elspe): dat gibbelt dat
gàbbelt. — *ostfr.* giebeln, gabbeln,
holl. gijbelen, *engl.* giggle.

gibbelig, *einer der gern gibbelt. (Wed-*
digen).

gicheln, *mühsam atem holen. (Fürstenb.)*

gicht, *f. gicht.* de lôpende g. de slā-
pende gicht, *eine sucht, plötzlich in*
den schlaf zu fallen. abergl. dabei.

giodling = gaidling. *(Marienh.)*

giən = giewen.

giənig, *jenig.* dat es 'et giənige, *das*
ist es eben.

giən-op, *m. gelbschnabel im fig. sinne,*
hergenommen von hungrigen nestvö-
geln. — *zu* giənen, *ags.* ginjan, *ahd.*
inkinan, *aperire. H. Sachs:* gienen
(vnd gienten an den galgen nauff).
Theut. kene, *spalte. vgl.* hans-op,
klemm-op, flüg-op, wipp-op, Trimp-op.

giən-sid = gensid, giəssid, *jenseit. præp.*
und adverb. — *Seib. urk. 511:* up
gensyt. *Seib. qu. I, 157:* ginsid.

giopsche, *f.* = güppelsche. *(Halver).*

giəsek, *m. sauerländ. kartoffelküchel-*
chen. Grimme Sauerl. 69. vgl. im
Ravensb. pickart *und bei Vilm.*

kauschel, schepperling. **gèsek** *(Sied-*
lingh.)

gioftenkorve, *gebekörbe. am tage vor*
der hochzeit (am hllink) werden ge-
schenke an victualien (schinken, butter,
hüner, eier) dem brautpaare auf dem
lande dargebracht. K.

giəwedisk, *m. tisch, an welchem von*
hochzeitsgästen gegeben wird. Möller
topogr. v. Schwelm 16.

giəwehochtid, *f. gebehochzeit.*

giəwel, *f. 1. giebel des hauses. fig.* ne
guode g. es des hûses zirde *(grosse*
nase). g. vor un g. ächten, *von frauenz.,*
die es hoch im kopfe haben. 2. schä-
del, wie mhd. gebel. hä slädt ne vör
de giəwel, *datte rad ḫwer rad get. 3.*
namen von berghöhen: de Giəwel *bei*
Neuenrode, de Ho-Giəwel *bei Sund-*
wig, der Gevelsberg *(alt.* Givelsberg).
— *goth.* gibla, *m. ahd.* gibil, *mnd.* gevel.

giəwen, *præs.* giəwe, giəs, giət *(gibt);*
præt. gafte, gaf; *ptc.* giəwen, gaft, ge-
ben. ik well em wot drop giəwen,
ich will ihn schlagen. ik well em wot
op de finger giəwen, *vgl. ital.* dare
sulle dita. hä lôpet bat giəste bat
heste = *er läuft aus leibeskräften.*
J. P. was hast du, was kannst du? —
giəwen = *werden:* dat giət dine frau,
die wird deine frau. dat giət nitt,
daraus wird nichts, das kommt nicht
zu stande. s. giəwen = *sich begeben:*
he giət sik op den lôp, *er gibt sich*
ans laufen, = *den mut sinken las-*
sen; vgl. RV. — *urk. v. 1570:* ich
giebe; *v. 1554:* gegiewen; *v. 1603:*
giben (datus).

giəwesk, *der gern gibt.* sai es so g.
nitt. *vgl. Vilm.* gëbisch. *Bugenh. bib.*
vorgevisch, *vergeblich. cfr.* cette femme
n'est pas donnante = n'aime pas à
donner.

gîgen, *keichen.* et giget em in der borst.
s. gicheln. — *vgl.* geigen.

gilde, *gelde, drossel.*

gîlen, *schwer und hörbar atmen, eng-*
brüstig sein. syn. gigen, gicheln, gai-
len, gölen. — *RV.* gylen, anhelare,
gierig nach etwas streben; Soest. Dan.
gielsicheit. *Luth.* um seines unver-
schämten geilens *(zudringlichen bet-*
telns) willen; mhd. giel, *m.* = gula.

gilpern, *schreien, von jungen hühnern.*
— *Wald.* gilpern, *zwitschern. mnl. Kil.*
ghilpen, pipilare.

gilster, *f.* ginster, *(Alberingw.), ander-*
wärts gelster. *syn.* bràme, pingst-
blaume. — *lat.* genista.

ginne, *jener. Grimme.*

gint jår, *künftiges jahr. syn.* tinte jår.

gipschen, gibschen, *zusehen wie ein kind, hund, wenn jemand isst, verlangen, gern haben wollen. Wald.* gibschen, *den mund offen haben.*

gir, *1. begierig. 2. subst. gier.*

gisse, *f. menge.* se kwæmen bi der gisse herån. se nemt se bi der gisse weg = *sie nehmen alles rein weg. — wie es neben* giutan *ein* giusan *gab, wovon* gåsen, *Laiendoctr. p. 142 und ostfr.* gusen (*strömen*), *altn.* giosa *so gab es auch wol neben* gitan *ein* gisen, *wovon ags.* gist (procella) *und unser* gisse, *was aus* giste *entstanden sein kann. die s-formen werden sich auf früherer lautstufe, also von* th *abgesplissen haben.*

gissen, *vermuten. — mnd.* gissen, *mhd.* gisen, *schwed.* gissa, *ostfr.* gissen, *engl.* to guess, *worin u der aussprache wegen zugetreten ist, wie in* guest *für ags.* gast.

gistern, *gestern.* ik sin van gistern nitt, süss wær ik måren drai dage åld. — *goth.* gistra, *vgl. lat.* hesternus *zu* heri.

git, *westl. Mark, auch Wattensch., Essen* = it *der östl. Mark, ihr. — alts.* git = vos duo.

gitsunder = itsunder. *f. r. 103.* gitzunders, *spr. u. sp. 10.*

gift, *m. gift, bildl.: zorn.* dat mess snidt asse gift = *es ist sehr scharf. Gr. tüg 80:* en alt menske sin ik, awer gift un galle is nau in mi.

giftblaume, *f. fliegenschwamm. (Siedlingh.)*

gifte, *f. gabe, nur von hochzeitsgeschenken. — mwestf.* gifte, gabe, datum. *im Ravensb.* = hochzeit.

giftig, *erzürnt, böse.*

giftwörm, *m. eine gewisse gelbe raupe, welche von den kühen gefressen dieselben aufblähen soll. (Elsey.)*

giffen = kiffen, kläffen, *von hunden. in Seiferts sagen wird* gif gaf ho ho *von der wilden jagd gebraucht.*

glas, *n. pl.* glåser *und* gleser. *glas.* hai kann kain voll un ock kain liagg glas saihen.

gläsemeker, *m. glaser.* es din våer en gläsemeker west? *vgl. Mda. III, 245 nr. 128.*

gläserig, *glasähnlich, von augen, kartoffeln.*

gläserschap, *n. schrank mit glastüren.*

glat, *comp.* glätter. *1. glatt. 2. schön, splendidus. — zu* glidan, gleiten, *oder vielmehr zu dessen antecedens. — alts.*

glad. *auslautendes* d *ist also in* t *verschoben.*

glau, *scharf, munter, lebhaft, schelmisch von gesicht und gehör.* dat kind kiket so glau. — ik hære nitt glau op dem luchtern åre. — *alts.* glau, *ags.* gleav, *nds.* glu.

glauen, *glühen. — ahd.* gluojan, *ags.* glôvan, *mwestf.* glôgen, gloien, *nds.* gloien.

glaume = glôme. *(Siedlingh.)*

glaünig, *glühend.* de gleunige düwel. *K.* dai kann nix liggen låten as glainig isern un müelenstêne. *für* glaüendig, *participialableitung, wie* knakenig, hüpenig, nakenige, swickenige.

glaud, *f. glut. — ahd.* gluot.

gleggen, *glänzen, f. r. 29. — vgl. goth.* glaggvuba.

glens, glensch, *gleich.* de dôirns hett glensse daüke ümme. *spr.:* glensse müonke dreget glensse kappen. — *entstand aus* el-êns = all-êns. *zu der merkwürdigen entwickelung des* g *aus* e *vgl. man ags.* gland *für* ealand, *eiland. s. das berg.* eléns.

glêpe, *f. ritze, spalte. — ostfr.* glive, glöve, *mnl.* glippe, *scissura. Teuth.* clave. reete. splete. spalde. glyppe. schram.

glêpen, *klaffen, von der tür.*

glesern, glasern, *von glas. spr.:* bai en glesern dåk het, draf nitt med stêner smiten. giaf acht, du klæters op 'me glasernen dåke berümme = *du hast einen schlimmen herrn.*

gliod, *n. glied.*

gliod-daipe, *gliedtief, von wunden die ein fingerglied tief sind. — eine urk. v. Wetter:* ledes dêp; *eine Plettenb. urk. v. 1397:* enes lides dip.

glios-öge, *n. glasauge, von pferden und katzen.* — glias *kann nicht aus glas verlautet sein, es ist* glis. *vgl. alts.* gles, vitrum, *ags.* glisjan, micare.

glik, *adj. und adv. gleich, zugleich, sogleich.* vi welt dat glik måken, *wir wollen abrechnen.* hä sprang med glikken faüten ȳwer de gråwen = à pieds joints. he måket alle åwends med der weld glik. ik küame glik = *sogleich.* sines glikken. te glike *c. dativ, s. frau.* — *vgl.* like.

gliken, *præt.* glêk; *ptc.* gliaken, *gleichen.* he gliket em as wann he em üt der müle kropen wær. de daiwe maint, alle lü gliaken eme.

glimsterig, *schimmernd, vom einbrechenden tage. — Bugenh. bib. 2 Mose 34:* glynstern, *glänzen. ostfr.* gliustern, alts. glimo, nitor, mul. gliuster: scintilla. glinstren = blencken, schynen.

gliat, geländer, einfriedigung von brettern oder holzlatten. K.

gliren, glieren. seo sültemous un klümpe dat geiht seo glieren runner. N. l. m. 126. vgl. slithan, gleiten..

glitse, f. ritze, riss, spalt. Gr. tüg 3. K. s. 63. auch bei Holthaus.

glöggern, glühen. f. r. 98.

glörærsekea, n. glühärslein, glühwurm, leuchtkäfer. syn. gehanneswörmken, berg. leuésken. glûrœsken, flûrœsken.

glören, einen lichtschimmer verbreiten, wie faules holz, katzenhaare, glühwürmer. he es so fett datte glört. he es so röd datte glört = fuchsrot. — glören = glusjan, wie bören = burjan, was auf glöran, glisan führt. altn. glôra, micare, mhd. glosen, lipp. gloisen, nds. glosen, glimmen, ohne flamme brennen. ostfr. gloor, glut, glooren, in sich glühen, von kohlen. engl. to glare. vgl. engl. gloary.

glörholt, faules holz.

glöfhaft, glaubhaft, glaubwürdig. Gr. tüg 6.

glöwe, m. glaube. — alts. gilobo.

glöwoken, n. glaube im verächtlichen sinne. jedwede inöerken het er glöweken.

glöwen, glauben. bai di glöwet un'et bedde verköpet, dai kann med der fuot omme ströe släpen. — Tappe 19ᵃ gelöven, einem vertrauen, glauben. s. löwen.

glück, n. glück. dat glück es rund, ät löpet dem ênen af, dem annern tau.

glücklich, glücklich.

glücksköbbeken, n. glücksspinne. die kleinen spinnen werden für glückverkündend gehalten.

glücksrauge, f. wünschelrute (Marsberg.)

glôme, pl. glômen, funke. glômen in der aske. syn. âme. — ags. gelioma, m. lumen, zu leôhan. alts. glimo, welches aus glinmo und weiter aus glinuo hervorging.

glômen, leuchten, froh aussehen, schmunzeln. f. r. 125. 128, Gr. tüg 30.

glômer = glôme.

glummern, glimmen. — nds. glummen.

glünsen, neugierig, zudringlich hinschauen, glotzen. syn. füntern.

glûrœsken = glörœsken. K.

glûren, einen mit den augen scharf ansehen.

glûrig, scharf hinblickend. glûrige ôgen.

gnäbbeln, nagen, weichere teile nagen,

kleinigkeiten wegnehmen. vgl. knäbbelu und nibbeln. syn. gnaustern.

gnägen = knâgen. — engl. gnaw. Bgh. ps. 49: gnagen.

gnappen, s., sich schlagen, von eseln (Herzscheid.) -- Kantz. ergnappen, nappen. vgl. noppen.

gnatschen, unreifes obst essen. — to gnash. vgl. knatschen. Lipp. gnastern, vom tone, den das zerbeissen des unreifen obstes hervorbringt.

gnatsig, unreif, vom obste, weil es gnatscht.

gnatsig, geizig. Gr. tüg 27. — vgl. nds. gnatz, grind, schorf, geizhals. gnatsig, grindig, geizig. Vilm. gnatz, gnatzig, schmutzig geizig.

gnaügen = gnügen, gnûchen. dä gnaiget em dat herte wol nä. (Elsey.)

gnaustern = gnatschen. Gr. tüg 3. lipp. gnauster, f. knorpel bei geschlachteten tieren.

gnaustrig = gnatsig, geizig, gierig. vgl. knauserig.

gnêsebeck, hohnlacher. Gr. tüg 75.

gnêsen, grinsen, heimlich lachen. Gr. tüg 75. gnêsen, höhnisch lachen. — Brem. wb. gnesen. nds. gniseken, ml. gnesen (Zumbr. p. 27. he gnesede vergnögt), ostfr. gnisen, halb unterdrückt schadenfroh lachen. da das ostfr. wort auch bedeutet „die zähne blecken", so scheint dies die grundbedeutung zu sein. auch lipp. (mda. VI, 209) beim lachen oder lächeln die zähne zeigen, blecken.

gniel, m. grobian.

gnielig, grob, geizig.

gnier, m. geizhals.

gnierig, geizig. das reine i (nicht ei) bezeichnet im Kr. Iserl. gewöhulich den ausfall eines consonanten. man vgl. sonach ags. gnîdan, fricare, comminuere; gnieden, gniedeln = reiben, glätten; dän. gnide, reiben, schaben. dän gnic, knickern, knausern; gnier, knicker, geizhals.

gnisterig, wählerisch (Siedlingh.)

gnügeln, verynüglich lachen (Grimme.) lipp. gnücheln, ebenso Paderb.

gnûchen, nä wot = hûchelu, anhelare.

gnuppen, knuppern, z. b. bretzel.

göbbeln, vomieren, von kleinen kindern. s. göweln. syn. ütgörgeln. Kil. gheubelen, gobelen. vomere.

göbbelsmann in: sik med göbbelsmann slûn = den Kotzebue lesen.

göbsche = göppelsche.

göchel, m. rachen, rictus. s. gägel.

göd, *f. die pate, godmother.* wi wellen uå der göden gån. *Kinderreim.*

gꝫd, *Gott.* gå in gꝫdes nàmen, dann bitt di kain dôd schåp! gå in gꝫdes nàmen, dann kritt di ock de dêwel nitt! gꝫd vergiꝫf mi de sünne! *ein gemeiner schwur.* — med gꝫde! *eine beteuerung, durch welche die erklärung eines andern zurückgewiesen wird.* — bat der mi gꝫd ümme dait, *und was nun geschieht! wenn man die Frage an sich selbst richtet; vgl. Siegfr. v. L. 4, 294: „was* that Gott drum? ich packte ihn eines abends, so lange bis er einen bissen kostete." *früher ward mehr gegrüsst als jetzt. traf man jemand am morgen draussen irgendwie beschäftigt, so ward ihm zugerufen:* guin mꝫrgen! gꝫd help u! *oder* help gꝫd! *darauf wurde:* gꝫd lône! *geantwortet.*

gꝫdesbumbam *zur bezeichnung einer* kloppe. *N. l. m. p.* 74.

gꝫdes-dracht, *f. fronleichnamsfest.*

gꝫdes-grosken, *m.* = gꝫdeshäller.

gꝫdes-häller, *m. gottesheller. der gottesheller oder gottesgroschen wird beim verkaufe des viehes gewechselt (den g. tûsken) und in den armenstock oder dem ersten besten armen gegeben. (Deilinghoven.) im Altenaer statutarrechte des 16. jh. wird der gottesheller als etwas gesetzliches neben dem wynkop erwähnt. ging durch vernäherungsrecht ein kauf zurück, so muste gottesheller, wynkop und thailpennigk erstattet werden. In Velberter processacten v. j.* 1715 *sagt ein zeuge: „wüste sich nich anders zu erinnern, als dieses, dass ihm* 2 *oder* 3 *tage nach dem contract der Bl. den gotteshäller zurückgegeben hätte, um den Mühlers erben zu sagen, dass er den kauf nicht halten wollte." auch in Frankreich war die sitte:* denier à dieu = pièce de monnaie que l'on donne pour arrhes d'un marché verbal. à la différence des arrhes, le denier à dieu ne s'impute point sur le prix.

gꝫdeshand, *geissblatt.*

gꝫdes-kasten, *m. armenstock. (Elsey.)*

gꝫdes-käsen, *m. einfaltspinsel.*

gꝫdes-lôn, *m. pl.* gꝫdeslône, *gotteslohn für fromme handlungen.*

gꝫdlôs, 1. *gottlos.* 2. *adv. im milderen und uneigentl. sinne:* ik hewwe mi gꝫdlôs verbrannt.

gꝫdꝫri, *ein fluch.*

gꝫds! *potz! vgl. Myth.* 14.

gꝫds-erbꝫrmlik, *gotteserbärmlich.* ik hårde ne g. schraien.

gꝫds-hiꝫmel-hagel-duꝫnerwꝫr, *ein fluch.*

gꝫdsjamerlik, *gottesjämmerlich.*

gꝫdslästerlik, *gotteslästerlich.* ik hårde ne g. flauken.

göke, *f. pate. für* godeke. *ahd.* gota, admater.

gökeln, *gaukeln.* s. köcheln. — *holl.* goochelen, *mnd.* gökeln.

gökelerigge, *f. gaukelei.* — *holl.* goochelarij.

gold, *n.* gold.

goldamsel, *f. pirol. Kil.* goudmeerle.

gold-blaume, *f.* 1. calendula, *syn.* ringelblaume. 2. *kuhname.*

gold-krûd, *n. schöllkraut. (Fürstenb.)*

gold-krône, *f.* 1. goldkrone. 2. *kuhname.*

goldlekwꝫrtel, *schöllkraut (Brilon).*

gold-smiꝫd, *m.* 1. *goldschmied. ags.* goldsmidh. 2. *goldkäfer.*

gold-smiꝫle, *f. zittergras,* briza. *(Alberingꝫ.)*

gold-ünger, *der im kinderreim auch* goldtink *heisst:* luseknäpper, pottschrüpper, lange marten, goldfink, lingeling. *in einem rhein. weisthume* Lacombl. Arch. VI, *heisst der* goldfinger „der namenlose finger".

gold-finke, 1. fringilla, *ags.* goldfinc. 2. *der* goldfinger. 3. *kuhname. Kil.* goudvincke.

golfert, *m. für* gold-wort, *goldwurz, schöllkraut,* chelid. majus. *syn.* goldkrûd. *Kil.* goudwortel.

gꝫlen = gilen.

gꝫmen, *m. gaume, würde goth.* gagms lauten, *ist also mit* gågel, *göchel wesentlich eins.*

göppelsche, *f. gäspe, was man mit beiden hohlen händen fassen kann.* — *ags.* gop, cavus; *holl.* gaps; *nds.* göpsche; *s.* göpsche, gåpeke, göspe, haufel. *im* 17. jh. geispe.

göppsche, *für* göppelsche. *(Fürstenb.)*

gör, *m. duft, geruch, besonders wohlgeruch.* dat hꝫt en angenemen gör. dat wilberd maut gör hewwen (wilpern). — *holl.* geur, *m., ostfr.* gühr.

gördel, *m.* = wꝫrgel.

görgeln, *gurgeln.* s. ütgörgeln.

görgelse, *gespei.* huckengörgelske, *krötenlaich, froschlaich. (Siedlingh.)*

gört, *m. maulwurf. (Dortmd. Hoerde.) s.* wandgör.

görte, *f. grütze.* dai hꝫt ôk all mꝫr dån as görte çten = *er hat grütze im kopf, er hat was gelernt.* — *ags.* grytte,

furfur; *mnl.* gruyte; *holl.* gorte; *nds.*
grütte. *v. Höv. urk. 112:* görte.
görte-blaume, *f. wiesenschaumkraut,* cardamine pratensis.
gürten-teller, *m. grützenzähler, knicker,
ein mann, der sich um jede haushaltungskleinigkeit bekümmert. K.* dat
es en rèchten görtenteller. *syn.* pöttkes-kiker. — *holl.* gortentelder. *Kil.*
gortenteller.
gôs, *f. pl.* gôse, 1. *gans,* anser. *ein
pfingstreim aus der gegend von Dortmund fängt an:* gôse gôse gisc. **so**
wid gätt sine gôse nich. siəwen gôse
siəwen jàr giət en bedde dat es nitt
swàr. 2. *ein metallfluss, besonders von
eisen (eisengans). V. St.* I, 355: en
gôs van bli. man hat dieses gôs *als
ein verderbtes* guss *angesehen. die
goldene gans der volksüberlieferung
macht es wahrscheinlich, dass unser*
gôs *echt ist. Wedding, Eisenhüttenwesen p. 41 „handliche stücke, die man
mit dem namen* gänze *bezeichne."
dazu p. 43 die anmerk.: „*ganz, *weil
das roheisen ein ganzes im gegensatz
zu den mehr verästelten formen anderer gusswaaren bildet."* 3. gçle
gôse, *goldstücke.*
gôs, *f. ohnmacht, zerstreutheit.* he was
bi der gôs, er *war ohnmächtig. syn.*
gôsen. he es in der gôs, er *ist zerstreut.* — *über die ähnlichkeit des begriffsüberganges von* gisuen (gisen),
*schlagen, erschüttern, zum ohnmächtig
sein rgl.* beswêgen.
gôs-ai, *n.* gänsei. ik bidde di ûm dûsend gôsaier.
gôse-faut, *m.* gänsefuss, *pflanze.*
gôse-fôer, *n.* gänsefutter, *morrüben in
würfel geschnitten. syn.* tramp.
gôseken, *n.* gänschen. *syn.* gössel.
gôse-küken, *n. weibliches gänschen.*
gôse-hûd, *f.* gänsehaut. ik hewwe de
gôsehûd an den armen.
gôse-hiəmel, *n.* gänsehimmel, ohnmacht.
hä es im gôsehiəmel. *Dortm.* gansehiəmel.
gôsel, *m. knicker (fig.), knauser.*
gôseln, *knickern (fig.).*
gôse-melker, *m.* gänsemelker, *eine schelte.*
gôsen, *ohnmächtig sein.*
gôsepoten, *pl.* angelica sylvestris, *von
der blattscheide so benannt. (Fürstenb.)*
gôse-wîn, *m. gänsewein d. i. wasser.*
gôs-gàr, *ein versteckenspiel. die kinder
rufen:* es de gôs gàr? *was den sinn
hat: darf ich suchen? habt ihr euch
versteckt? Holthaus bemerkt, dass die-

ses spiel auch zu Schwelm den namen
führt, und dass man im Ravensbergschen, wo viel kohl gebaut wird, dafür
sage:* es de kôl gàr.
gössel, *f.* 1. gänschen. 2. *einfältiges
mädchen.* ne gössel vanner dern. 3.
kätzchen der weide. — *engl.* gosling.
gösseln, *albern schwätzen.*
gösselte, *f.* = gössel. *(Iserlohn.)*
gçte, *f.* gosse. — *mnl.* gote, canalis.
gçte, *f. gosse; in Elberf. auch* graute.
gone, *für* goe, gote? *pate. (Lüdensch.)* —
ahd. gota, admater. *Theut.* gaede,
matrina, patrina. *Köln.* goede, *m. f.
filius baptismalis.*
göweln = göbbeln.
göwelsche, *n. gespei, in* fuàrske-g.,
froschlaich. cfr. görgelske.
grâ, *grau, dunkler als* gris. gràe çrften,
graue erbsen, *syn.* àlle wiwer. grisegrâ, *buttermilchsuppe.* gràschimmel,
grauschimmel. — *ahd.* grâo, *mwestf.*
gra, graw. gràe rock *Tappe 133ª. s.*
gràu.
grabbel-bâs =grubbelgrabbel. *(Driburg.)*
dat gäld in g. schmeyten. *N. l. m.*
grabbeln, *raffen, hastig nach etwas greifen.* — *ags.* grapian. *engl.* to grab, to
grabble.
grâ-bçr, *f. graubirne.* dubbelde g., *eine
vorzügliche graubirne.*
gracht, *f.* 1. *kleiner graben.* 2. *jede
grabenartige vertiefung, sogar eine holzrinne. (Balve.)*
grâd, *m. pl.* grèe, 1. *gräte.* 2. *der sogenannte faden an schneidenden werkzeugen.* kain gràd, gar nichts. ik
hewwe kain gràd fangen. es ist möglich, dass in kain gràd ein *mwestf.*
graet *(Münst. beitr.* I, 290) steckt,
welches kurat bedeutet.
grade, *adv.* (räd) schnell. *N. l. m. 48.*
græge, *f. kerngehäuse,* appel-græge. —
grigge *(harl.)* = gricbe. *unser* grage
könnte auch für græde *stehen. syn.*
mengel, krünkel.
grah, gerah, *geschwind. holl.* graag, *bereit; s.* katsgrâ.
grai *in* iətengrai.
grainen, *weinen. K. s.* grinen.
Graite, 1. *Margareta.* 2. *böses weib.*
wachte du Graite! et es ne rèchte
G. sieven Graiten un sieven Annen
könnt den Düwel ût de helle bannen.
Graite, Graite, grubbige dîr, breng
din môr de appeln wîr! Graite Graite
grupp hçt de bçren schudt, hçt mi
kaine hudt. 3. *für weib überhaupt:*
doch unner allen graiten driept me

so 'n wîf nitt an. *Volksl.* in Hans un Graite *vertritt* Hans *die männer,* Graite *die weiber.*

graiten-platz, *m. ein plattes brot von meist getraidehülsen (bäste). hier hat* graite *offenbar den sinn des* ags. grytte.

graipe, *dreizinkige mistgabel.*

graiwe, *f. griebe, grübe, überbleibsel von ausgebratenem fett oder speck. (Marienhaide.) —* ahd. griupo. mhd. griebe. nds. grèwe. dän. grever. *Vilm.* griebe. syn. schrôwe.

grælen, *mistönend schreien. —* ags. scràl, exclamatio *(verhältnis des* sc: g *wie bei* grænert *und* schrâd); *RV.* grâl, *lärmende lustbarkeit. F. v. St.* I, 17ᵇ: grahlen. *Mda. III, 119:* kralen.

gramm, *heiser. — vgl.* kramme, *rauher* hals. rämsterig. *Mda. III, 120. Vilm.*

grammel, *m. heiserkeit.*

grämstern, *hüsteln.*

granâten, *pl.* granaten. et flôg in dûsend gr., stücker.

grand, *m. 1. grober sand. 2. sand überh.* so vil as grand an der sê. 3. waiten-grand, *grobes mehl.*

grâne, *f. pl.* grâner, *gräte. — n für d eingetreten, wie in* schône *für* schôde, weine *für* weide.

grânerig, *voll gräten.*

grænert, *m. rogener. — zu* grâd = schrâd.

grangeln = slindern. *(Siedlingh.)? =* grandeln, glandern.

grännen, *1. einen bach von grand reinigen;* urk. grenden. *2. lehm, sand fressen, von hühnern.*

grännig, *körnig, von honig.*

gränterig, *sandig. — für* granderig.

gräsenlôs *in* g. wçer, *sehr schlechtes wetter. (Elsey.)*

grâpe, *f. mistgabel. (Fürstenb.)* s. graipe, grèpe.

grapsen, *hastig zugreifen, raffen. — ahd.* raspôn. ags. räps. engl. to grasp. nds. grapschen. nd. raffen.

grâs, *n. gras. auch* hd. gras *wird hier mit kurzem* a *gesprochen.*

græs *oder* maigræse, maigræseken = maipîr. *(Balve.)* græse = maipîr. *(Siedlingh.)*

gras-aike, *f. junge eiche, besonders ein starker wurzelschoss.*

gras-aiken-stuck, *m. stock, von einer* graseiche *gemacht.*

grâse = maipîr. *(Schwarzenb.)*

grasemess, *m. grasmesser im rätsel.*

gräsen, *grasen, gras fressen. — ags.* grasian.

grasnillette, *f. caryophyllus major.*

gras-graün, *grasgrün.*

grasch, *rasch. für* gerasch.

gräse-läken, *n. 1. grastuch. 2. schelte für einen menschen, der immer etwas anzubringen hat.*

gräsig, *1. grasig. 2. unreif. Vilm.* gräsig.

gräs-narwe, *f. rasen. —* ostfr. gras-nàre. *Ssp.* nar, swm. = narbe. *enthaarte haut mit dem gemähten rasen verglichen. doch könnte* narwe *auch für* arwe stehen.

gras-puddel, *m. bärenraupe. Vgl. fr.* chenille = canicula.

grastorf, *rasenstück. K.*

gras-wieten, *pl.* queckengras. syn. kwioke, tairwiate. s. wiote.

gratsig, *gierig, geizig.*

graü, *grau. grâue* wiwer, *graue erbsen.* graü werden, grauen, vom tage. *(Fürstenb.)*

graümed, grummet(*Valbert*), syn.(*Rheda:*) idgrö, ahd. iteruod, ags. edgrövunç, holl. etgroen, *n.,* graummâd, graüne mâd, graunert.

graunert, grummet (*Hemer.*) *für* gruon-wort.

graumâd, grummet (Soester boerde).

graün, grain, *1. grün.* graüne mâd = grummet. so grain asse gras. wot graünes *oder* grain krüd, suppenkraut. *2. unreif. dat et en graünen burssen.* se is noch so grain, dat se de hitten fretet. *3. hold.* he es mi nitt grain. *vgl.* ital. sto sul libro verde. *andere* fig. rda. dçm möch wot graines lüsten, dai u. s. w., der möchte gras fressen wollen *d. i. nicht gescheit sein.* mâk di nitt te grain, süss fretet di de hitten! bai sik te gröin kladt, dçn freatet de zien. *(Fürstenb.)*

graünen-donnerstag, *m. auf die grüne speise als alten gebrauch bezieht sich* in Seib. qu. III. 286 v. j. 1380 nd album panem in cena domini cum herbis ad capitolium. Geseke husp. gröne und gude donnerdach.

grausen, *kräuter zerquetschen, um den saft zu gewinnen. — mhd.* gruose, *pflanzensaft;* nhd. (*kräuterbb.*) grûse; nds. grûse, dass. grûsen *und* grausen, Bugenh. bib. thogrûsen, *zerschmettern.*

graut, *m.* gruss. *Helj. (Koene) 10379:* gruot, *was nicht* gröt *sein kann. bei* Iserlohn hört man dafür platthd. grûss.

graüten, *grüssen. bei* Iserlohn *dafür* platth. grüssen. — alts. gruotian, *anreden.*

graüwe, *f. 1. grube. 2. bergwerk, schacht.*

mhd. gruobe; *mwestf.* grove, *welches schon von den schachten bei Sundwig gebraucht wird. syn. Seib. qu. I, 160:* ysernkule.

graf, *n. pl.* gręwer, *grab.* he stĕt med ênem fant im grāwe.

grāf, *m. graf. — mwestf.* greve. 's **Grævenbrück,** *so nennt man an ort und stelle Grevenbrück im Köln. Süderlande. vgl.* 's Gravenhaag.

grāfschop, *f. grafschaft. mwestf.* graeschopp.

grüfte, *f. graben um schloss, stadt.*

grāwen; ik grāwe, du grā̤wes, he griā̤wet; *præt.* grauf, *pl.* grṳ̄awen; *ptc.* grṳ̄awen, *graben.*

grāwen, *m. pl.* gręwens, *graben.*

gręwer, *m. gräber.*

grāwe-schüppe, *f. spaten.*

grell, *heftig, schnell.* dat für brient grell. 2. *ranzig, von speck. (Fürstenb.)*

gremmen s., *sich grämen. — ahd.* gramjan.

grendsel, *m. =* grennel.

grennel *für* grendel, *m. 1. riegel, syn.* schälle. 2. *pflugbalken, syn.* grendsel. *ags.* grindel, *riegel; mhd. und mnd.* grindel; *schweiz.* grindel = *pflugbalken; Wald.* grengel. *Vilm.* grendel.

grense-bārd, *m.* grinser, *hohnlacher.*

grense-beck, *m. dass.*

grensen, *grinsen, schadenfroh oder höhnisch lachen. — nds.* grinen.

grense-snūte, *f. =* grensebeck.

gribbel-grabbel, *f. rappuse.* op der hochtīd smitt se prūmen un so wot fȯr de junge lȳ in de gribbelgrabbel; *syn.* grubbelgrabbel. — *s.* grabbeln. *vgl.* jeter à la gribouillette = *in die rappuse (nd.* rabbuse) *geben, preis geben. Luth. Ezech. 23.*

griddig, *gierig, habsüchtig. — alts.* grādag; *ags.* grædig; *engl.* greedy; *Walraff* gritig, *geizig. Teuth.* gredych. *Kil.* gretigh. — *entweder stammt unser* griddig *nicht wie* grādag *aus einer reduplicationsform, sondern aus der vorhergehenden modification, — oder es ist aus* grinnig *entstanden, — oder endlich, was am wahrscheinlichsten ist, in ähnlicher weise entstellt, wie* hillig *aus* hēlag.

griemeln *für* grimmeln, *dämmern.* de dag griōmelt. *s.* grimen.

griemelstunne, *f. dämmerstunde, besonders des abends.*

griemsterig, *dämmernd, bes. vom abend.* et fänget an griōmsterig te wēren.

griemstern, *dämmern, vom abend.*

griep, *m. griff.* he hęt et im griōpe as de bȯller de lȳs.

grieselik, *1. dämmernd =* tūsken dag mi dunkel. *2. schaurig.* et wōr mi griōselik, et gong mi griōselik ȯwer de hūd. *3. übermässig gross. im volksl.* en griōseliken bōm. *(Lüdensch.) man hört oft die unrichtige form* griōselig. — *ags.* grislik; *engl.* grisly; *Firmenich, I, 19a:* grieslik; *mwestf.* greselik.

grieseln. *grauen, schauder wecken.* et griōselt mi. *(Möhnetal.)*

griewel, *m. pl.* griōwels, *gräber d. i. dachs. mnd. auch* grever = *gräber.* — *mnl.* grevel; *RV.* grevink; *dän.* grævling. *über das* iō *vergl. man* he griōwet *(er gräbt), was alts.* grebbid *lauten würde, eben so* iōsel, *alts.* esil, *goth.* asilus. *darnach wäre* griōwel *ein altwestf.* grebil. — *diese ie-brechung ist alt, wenngleich nicht deutlich in urkunden ausgedrückt; man begnügte sich mit* i. *so um 1416 (Seib. qu. I, 150):* schipel *für* schiapel *aus* scapilus — *scepil. sie trat beim aufhören des* i *(in der folgenden silbe)* ein, *ist sonach eine brechung des umgelauteten* a. *Kil.* grevel. greuink, *dass.*

griewelhūs, *dachsbau. K.*

grille, *f. pl.* grillen, *wut, zorn.* de rūe hęt de grillen, *ist wütend, vom tollen hunde. — vgl. mhd.* grel, *zornig, ags.* grillan, *ad litem provocare; mhd.* groll.

grimmelgri = *grise graite. (Meinerzagen.)*

grimen, *grauen, dämmern.* de dag grimet. — *s.* griemelen.

grinen, *præt.* grēn, *ptc.* griōnen, *weinen, fig. trübe aussehen, regen zeigen.* wann de Lippe schint un 'et Sūerland grint, danu giōt et guot wȩer. — *ags.* grānjun; *ahd.* greinōn; *mhd.* grīnen. *s.* grainen.

grinensmōte = hülensmāte. *op d. a. h. 37.*

grinesnūte, *f. schelte für einen, der zum weinen geneigt ist. K. S. 34.*

grinke, *s.* rinke. — *mhd.* rinke.

grinnen, *grinsen. — ags.* greunlan, ringi; *nds.* grīnen; *dän.* grine.

grinnig, *gierig, geizig. — für* girnig; *ahd.* girnig, rapax. *s.* griddig.

grip, *m. greif.* dat es en rēchten vuogel-grip *wird von kleinen kindern gesagt, die nach allem greifen.*

gripen, *præt.* grēp, *ptc.* griōpen, *greifen.* — *alts.* gripan.

gris, *greis, weissgrau.* he ergert sik

gris. grise hår. se es so gris as ne hucke. de àlle grise *(im reim).* grise gòs? *wildgans, ags.* græg gös.

grise-graite, *f. buttermilchsuppe. syn.* grimmelgri.

grise-grà, *f. dass.*

griffel, *f. etwas gabelspaltiges.* — *ags.* griful, capax, tenax; *ahd.* griffil, *m. es gehört zu* gripen, *wie* gaffel *zu* gü- pen. *Theoph. (Ettm.)* 44.

griffig, *starr, vom sehen.* ? *Vilm.* grief, *hager, dürr.*

grommed, *nachheu. (Siedlingh.)*

grommed-wеer, *n. grummetwetter. fig. seltene gelegenheit, die benutzt werden muss. f. r. 134.*

gropen, *pl. 1. töpfe, geschirr.* vi wett de gropen waskeen. *2. siebensachen, schlechtes gerät. rda.* de wind es im gropenbranke *(Lüdensch.), von regne- rischem westwinde. Vilm.* groppe, *m. eiserner topf mit beinen.*

Gropenbrank, *bauerschaft nordwärts Dortm. gelegen.* grope, *pfütze,* ? *grosse schmutzige wasserlache. K.*

grösen, *spr.* gräusen = grausen. *(Für- stenb.)*

gröt, *comp.* grötter, *superl.* gröttest, *gross.* ik wèt der nitt gröt *(nicht viel)* van. ik si der nitt gröt op. — *alts.* gröt, *mwestf.* groit, groter.

gröte-möer, *f. grossmutter.* dem Düvel sin grötemöer. *sonst gewöhnlich* beste- möer.

gröten = graňten.

gröthans, *m. grosshans, prahler, wind- beutel. syn.* strüntser.

grötkærl, *m. vornehmer herr.* he heat en wård as en groutkæl. *(Kr. Altena.)*

grötlik, *1. vornehmtuend. 2. stolz. ahd.* grözlih.

gröts, *sehr, besonders.* et het em nitt gröts hulpen.

grötte, *f. grösse.* — *mwestf.* grotede. *Rud. stat. p. 79.*

grof, *comp.* gröwer, *superl.* gröwest, *grob.* en gröwen kærl. grof dauk. *aus Seib. urk.:* groff vleisch. *aus märk.* papieren (1780): grobe schüszeln = mosterstücke, schinken. dat es so grof as bönenströ. — *ahd.* grob, gravis, rudis; *engl.* gruff; *schwed.* grof.

grubb di grabb. dat gèt grubb di grabb in minen sack, ik sin mi selwer am nagesten. *vgl.* ripps rapps.

grubbelgrabbel, *f.* gribbelgrabbel.

grud, *ein tief in den feuerherd gehendes loch für die glühende asche.* in de grud köken. *K.*

gruggel = grüggel. *(Fürstenb.)*

grüggel, *m. grauen, gespensterfurcht, gegenstand der furcht. spr.:* de àlle grüggel es död un de junge het noch kaine tene. — *mnd.* gruwel; *nds.* grûel, grüel.

grüggelig, *mit gespensterfurcht behaftet.* — *holl.* gruwelig.

grüggeln, *furcht vor gespenstern haben. spr.:* bat nù bröd rüket, dat grüggelt *(macht furcht)* nitt, sagt man, wenn man übeln geruch verspürt und weiss nicht, woher der kommt. wissen und gärne grüggelt = sie verkommen, wenn sie nicht gepflegt werden.

grülik, *gräulich.* — *mnd.* gruwelik.

grullen, *leise donnern, grollen.*

gruss, *m. kohlenklein, griess.*

grusseln, *gruseln, schwach schaudern.* — *nds.* gruseln, mi grusselt.

grummeln, *n. morgendämmerung. K.*

grummeln, *leise donnern.* Turk: ver- loren! dœ de slachtengod in J. åren grummeln. — *holl.* grommen; *nds.* grummen. *vgl. Myth.* 153. *und* rum- meln.

grummeln *s., sich klümpern.* — *fr.* se grumeler, grumeau; *lat.* grumus.

grummelig, *schwarz, gewitterartig.* so gr. as en pöttken vull Düvels. *K. S.* 64. op de àlle hacke 35. i saiht jä hellesk g. üt imme gesichte.

grummelig, *klümperig.*

grund, *m. (f. Siedlinghans.) pl.* grünne, *grund.* ik kann kainen grund dran krigen, *wird von der wäsche gesagt, wenn sie nicht rein werden will.* die- selbe *rda.* auf dem Hunsrück.

grandel, *f. gründling. (Fürstenb.) Teuth.* grundelynck, eyn kleyn vysseken.

grundelte, *f. dass.* — *ahd.* grundilo.

grundhöl, *grundhail, schafgarbe.* man grusct sie und legt sie auf frische wunden. *syn.* schäpsgarwe, schäps- ribbe, grundhêtte. *im Westf. anz. 1820 nr. 105 wird ein* grundheil *genant, dessen blätter frisch aufgelegt, frische wunden heilen. es scheint eine andere pflanze zu sein. Wegerichblatt?*

grundhêtte = grundhöl. *(Elsey.)*

grund-is, *n. grundeis.* du dais ock as wann et g. fråre.

grundhertig, *der seines herzens grund sagt.*

grundsoppe, *f. grundsuppe,* sentina.

grungeln, *kränken, ärgern. (Kierspe.) s.* grutzen.

gruppig, *gierig.* auch bei Weddigen habsüchtig. *Vilm.* grappig.

die **Grüne** *für* Grudene. Grude = Gruwe.
v. St. stück III s. 900. ostfr. gröde
= growa.

grunselte, *f. gründling.*

grünnen, *gründen, ergründen.* *spr.:* de
stillen weters sind uitt te grünnen.
Teuth. grunden. grunt raken.

Grůrmann, *f. n. aus* Gruderman *(1448),*
zu grude = grüne.

grůsam, 1. *grausam.* 2. *heftig, gewaltig:*
grůsame frochten, *gewaltige furcht.*

grůsel, *m. grauen. f. v.* 44.

grůter-gâr = rûter-gar.

Grütte *hiess zu* Dortm. *die hinter dem
rathause gelegene rathausbierbrauerei.*

gudelich, *aus* gûte. *urk. v.* 1602.

guad, *comp.* beter, *superl.* best, *gut.* du
hes guad kŭern: et niomt em an de
hand un ledt em derbf. un dâmed
guod! dat es all guad med, *das lässt
sich schon mitnehmen.* dat dait kain
guad, *das bringt keinen segen.* et was
mi guod, *sagt man beim fortsetzen
einer erzählung.* — *alts.* gôd, *nwestf.*
god *und* gud. — *gewis,* guod un gèren.
op de a. h. 20.

guad, *n. pl.* güader, *gut.*

guadhait, *f. güte, herzensgüte.*

guad-kôp, *wohlfeil.* — *holl.* goed-koop.

guad-tîd, *früh, zeitig; vgl.* de bonne
heure. — *Brem. qu.* 103 gud tyd =
bei zeiten; Schüren chr. 173: guts
tydts.

guadwillig, *gutwillig.*

güemen *für* gümmen, *rühren:* dörën g.
— *Wald.* jümmen, *eine alte sache auf-
rühren.* Kil. gommen, gummi linire,
inficere, miscere. *N. Westf. mag.*
guömen, *umrühren.*

guensdag, *m. mittwoche.* — *Seib. urk.*
604: gudensdach. *Teuth.* mydweke,
guedesdach. Rensch. jodesdag. *v. Höv.
urk.* 92 *(a.* 1497) des gunstages. *in* Gwo-
dan, Guodan *verlautete* uo *nicht wie
sonst zu* au, *sondern nahm den im hd.
gewöhnlichen verlauf* (uo, ue, û), *blieb
aber auf der mittelstufe* (ue). *vielleicht
verkürzte sich das* û *und* ua *ging erst aus
dem streben hervor, dieses kurze* u *zu
wahren, was die form* jodesdag *betrifft,
so mag bemerkt werden, dass alts.*
Judinashuvil *wol den sinn von* Wudi-
nashuvil *hat. noch ist zu erwähnen
die von* Holthaus *aufgefundene form*
Huonsdag, *so dass also* Wodans *name,
abgesehen von der nord. form* Odin,
mit W, Gw, G, J *und* H *anlauten
konnte. vgl. osnabr.* hünsken = göns-
ken, günseln.

güet, *n.* guss.

güetern *in:* et blodde te güetern = es
blutete heftig. s. gutt. — *vgl. engl.*
gntter, *dachrinne,* gosse, to gutter,
strömen, ostfr. guddern, *mit geräusch
herunterfallen, strömen.*

gûl, *m.* gaul. ik swette as en gûl.
kůrengûl. Kil. guyle, equus, *mnd.* gûl.

güllen = gülden, *golden.* en güllen
plâster, *ein pflaster von menschenkot,
welches auf brandwunden gelegt wird.*
vgl. Goldschm. *volksmedicin* 52.

güllen, *m.* gulden.

gulfern *für* gehulfern = hulfern, *an der*
Ruhr.

gummern, *wimmern.*

gundagstock = gohestock, gehstock., *der
ins haus kommende stellt ihn in die
ecke und sagt „gundag!"* (Paderb.)

gunne, *f.* gunst. Vilm. gonne.

günnen, *prät.* gunte, *ptc.* gunt, *gönnen.*
spr.: bat se em nitt günnt, dat dait
em am besten guod. dat was mi nitt
gunt, *sagt jemand, dem etwas abfällt.*
dat soll en brôer dem annern nitt
günnen.

günseln, *winseln, vom hunde.* — *meck-
lenb.* günsen. Kil. gonsen, susurrare.
osnabr. hünsken, *anderwärts* gönsken.

gunst, *f.* gunst. *spr.:* hæren gunst es
bâlle ümsunst.

Gunstaf, Gustaf. *vom zurückschlagen
der volkssprache in ältere formen fin-
den sich beispiele genug in der laut-
lehre der mundarten. sie bestätigen den
betreffenden gang der verlautung.* —
Gustaf = Gundstaf.

gûr, *für* gört. (Weitmar.) *altnd.* giur;
nwestf. goer, *maulwurf.* Dieses Wort
glaube ich im ortsn. Giure-sto (? maul-
wurfs - platz) Lac. arch. 228 wieder
zu erkennen, nwestf. goer. Koenen
1241. *ich halte dazu engl.* to gore,
durchbohren. der maulwurf durch-
bohrt die erde, wandgör, wie er in
Unna heisst, besagt dies noch deut-
licher. vermutlich ist auch franz. gorre
und gorret (schwein) dem deutschen
entlehnt. es scheinen starke verba
giuran und garan zu grunde zu liegen.
auch gör, gâr, hasta, telum, was auf
eine wurzel g-s führt.

Gurres, Gregorius. Sünte Gurres küamt
de forsk int water.

gûs gûs! scheuchruf für gänse. (Kalthof.)

Gust, Gustaf. *der name verbreitete sich
seit den* schwed. *königen* Gustaf Wasa
und Gustaf Adolf. *nach* Grimm (D.
spr.) *bedeutet er* sieges- *oder* krieges-

stab (gudstaf); *in der älteren nord.
sprache erscheint er nirgends.*
güste, *trocken, nicht milchgebend, abge-
milcht. Friedländer, codex trad. Westf.
192.* de kau stêt (gêt) güste. vi sind
güste, *wir haben keine milch.* — nds.
güste, gust. holl. gust *(vom vieh); in an-
dern gegenden von Niederdeutschland
vom gansert, der kein weibchen gefunden
hat;* giste gàn, *vom acker, der brach liegt;
in Ostfriesl.* gûst *(vom vieh und auch vom
acker, der brach liegt.) nach Vilmar ist*

güste schon im 15. jh. nachweisbar. Kil.
guste oft gustighe koö. *j.* muntighe.
ghte, *f. 1. giessschaufel, gefäss zum
giessen, besonders der bleicher: eine
gekrümmte schmale schaufel. 2. =* düte.
ghte-bêr, *m. biereinschenker, der die
bérgüte führt.*
ghte-bêr, *schleifkanne.*
gutt *in* et regent te gutte *= strömend.*
gütt, *n. 1½/₁₆ mass, kännchen. (Fürsten-
berg.) — so viel als* gût, gusь.
güttern, *s.* güotern.

H

ha, *f. der buchstabe* h. dat es ne h.
meint hôr, hure; *vgl.* a, b, g, p.
ha há, *interj. 1. = siehst du nun wohl!*
ha há, heww 'k 't di nitt saggt! *2.*
ha há *= so só! nun versteh ich es.*
hä, *interj. bei körperlicher anstrengung.
fr.* han! há, sagge, iok swäite as en
pfäd.
hä *=* he, hai.
haar, *halbappellativer ortsname, bedeutet
anhöhe. im 9. jh. wird eine* Duvel-
hara *genannt, 1446* harc.
hab, *n. vieh. n. Westf. mag.*
habaûke, *f.* hagbuche, carpinus betulus.
et es en kærl, as wann he ût der
habaûke hocht wær *= er ist ein gro-
ber kerl. ahd.* haganbuocha.
habaûken, *hainbuchen.* dat sind ha-
baûken lû, dat giət espen kinner. du
habaûken köster *= du* töffel, *eine
schelte.* habaûken stämme, *eine kar-
toffelsorte.*
habbeln, *schnell und undeutlich sprechen.*
hai habbelde dà wot her. *dän.* happe.
,en habemus heffen *= angetrunken sein'.
latein.*
häbutke, *f.* hagebutte. *(Fürstenb.) syn.*
jückæs, buttelte.
hack un mack, *n. 1. gesindel. Firm. I,
413:* hackemack. mnl. hack *= nego-
tiator mercis vilioris. schweiz.* hag,
hak *= gauner, schalk. s.* mack. *2.
allerlei durcheinander geworfene wert-
lose geräte.*
hack un pack, *krethi und plethi, allerlei
gesindel.*
hacke, *f. 1. der hintere teil des beins,
dem knie gegenüber.* hai moch de
hacken smeren *= laufen.* en rûen

in de hacken, en klüppel in den na-
cken. *2.* hacke, *werkzeug zum hacken.
3. hackenförmige kurze pfeife,* mâtsplpe.
4. fig. art und weise. dat gêt op de
älle hacke. op d. a. h. 4. *auf die alte
weise.*
-hacke, *schwanz, s.* pitthacke.
-hacke *in* kauhacke, *dirne.*
-hacke, *gehacktes, in* klôthacke.
hackefämmel, *Alter, der sich beschmutzt
hat.*
hackedûse, *f. ein gericht von gehackten
eingeweideteilen. s.* dûse.
bäckelse, *n. =* häcksel.
hackelte mulle *=* fêhmolle. *(Weitmar.)
s.* hackemolle.
hackemai. K. *s.* harkelmai.
hackemaus, *n.* hackmus, *gehacktes ge-
müse.* hacke hier wie in hacke. hacke-
worst dûse, *passivisch = gehackt. vgl.
F. Dort.* II¹ hacke-kaff *364.*
hackemolle *=* fêhmolle, *salamander.
(Aplerbeck.)* hacke *(und* hackelte)
wird hier wie im mhd. hexe *be-
deuten.*
hacken, *hacken. ags.* haccjan.
hackenfläis, *n. =* wadbrâe. *(Fürstenb.)*
kackensmer, *hiebe, die zum laufen zwin-
gen. 2.*
hackenstück, *patenstück, grösseres geld-
stück zum aufbewahren als ange-
binde. K.*
hackepilen, *laufen. (Brilon.) s.* pil-
harken.
hackepipe, *f. irdene hakenförmige pfeife.
(Iserl.) s.* mutse.
häcker, *m. 1. =* hacke, *hacke mit zwei
oder drei zinken.* knollenhäcker. *2.
person, welche hackt.*

hackewọrst, f. *wurst von gehacktem rindfleisch. (Weitmar.)*

hackströh, f. n. hack active == *der hackt. fr.* hachepaille == *schneidbank. vgl.* lecktân, lecktappe, lëneklêd, gûte bër.

hâdårn, m. 1. *hageldorn, crataegus, wilder rosenstrauch. syn.* slagdårn.

bâdroise == hagedust. *(Fürstenb.) ahd.* hegadruosi, *hess.* heidrüse. *Teuth.* haeghdroiss.

hag *in:* so sûr as hag. *(Deilingh.)*

hägedäst, m. *heckdrüse, hagdrüse, eine geschwulst. syn.* hâdroise.

hâgel, m. *hagel.* dat di de hagel slätt!

hägelbiose, *hagelschauer.* K.

hägeldür == branddür.

hägeln, *(Lüdensch.)* hâlen,) *hageln.*

hägelfier, f. *hagelfeier.* frîdag dann es hâgelffer, *reim. Seib. westf. urk. nr.* 465 *anno* 1296: hagelvire, festum celebratum in crastino ascensionis domini *(war der 4. mai, ein freitag). in Schwelm, wie in nicht wenigen umliegenden kirchorten fiel die hagelfeier sonst auf den zweiten freitag nach pfingsten, vor 1768 auf den ersten montag nach pfingsten. vgl. Holthaus p. 246.*

hägelwitt, *hagelweiss.*

hägen, m. *hain. im volksl.* imme hägen stêt en böm. *in ortsnamen häufig, z. b.* Wernshâgen, Wenhâgen, Wîhâgen. *ahd.* hagan.

hägge, f. *bett, ehebett. s.* haia.

haggen *in* sik haggen un taggen, *sich zanken. bei Tappe* 110[b]: die sick des dages haggen, die liggen des nachtes vnder den plaggen. *Kil.* hagghen, *rixari. ahd.* hakjan, *pungere, mordere.*

hai, *hassend.* he es mi hai tau. ai *für* ag. *s.* haggen.

hai, hä, he, *er. alts.* hia. *mwestf.* hic.

haiá, f. *wiege (kinderspr.). s.* hägge.

-hait, -hed == -heit, *wird auch* zu te.

haide, m. *heide, zigeuner.* de haiden sid innebroken, *(Bielef.* de heiden sint int land fallen), *von der niederkuuft; vgl.* haidöksken. *Kil.* heydlieden, cingari. *Fahne Dortm.* III *p.* 92: „die zigeuner oder sogenante heyden." *vgl.* haien.

haide *in* he arbedt dat so de haide wackelt *d. i. tüchtig. auch vom schlagen und regnen gilt der vergleich.*

haidelberen, *pl.* preisselbeeren. *(Brilon.) syn.* kwinkelte. (waldbeeren == *schwarze* erdbeeren == rote beeren.)

haidengeld, n. *sehr viel oder zu viel geld.* dat kostet en haidengeld.

haidenkind, *ungetauftes kind. (Siedlingh.* eben so *Ravensberg.)*

haidí, *fort, verloren.* et es haidí. *s. Richey, Danneil, Vilmar, Stürenb.* 85, *Schamb.* 77.

haidöksken, *n. ungetauftes kind, buchstäbl. wohl heidenkindchen. vgl. Wald.* heidwölfchen, *nds.* heidölweken. oke *wird* kind *bedeuten. vgl. Ravensb.* nake, *gewöhnl. ungezogener junge.* ake, *junger mensch. dass ein* iukau, *auk, wozu* ökan *und* ök, *ein wort mit der bedeutung* kind *liefern konnte, ist begreiflich.*

haidolf, *ungetauftes kind. Schamb.* 77.

haidrauk, m. *herrauch. (Fürstenb.)*

haien *für* haiden, *uncultivirt, unvernünftig, roh, in zusammensetzungen grob.* en haien dîr, en haien vêh. dat es en karl as en haien vêh. lätt den rüen gån, et es jä men en haien dîr. 't wër es so slecht, me soll nenn haien dîr därut jägen. *(Kierspe.)* du hes nit inær verstand as en haien dîr. *(Valbert.) spr.:* me kann sick ock amme haien dîr versünnigen. *(Bollwerk.)* haien, haiden, *alts.* hêthin von hêthi *(goth.* haithi), *muste, auf den geist übertragen, uncultivirt, dann unvernünftig bezeichnen, weshalb christen den götzendiener so nannten. die parallele mit* paganus *kann zufällig sein.*

haien *für* herden, *von* werrig *gemacht. s.* haie, hêe.

haiendriwer, m. *dicker knüttel. s.* haien. *hess.* heimtreiber.

haien pinn, m. *grober kerl. schelte.*

haigen, *heu machen, heu trocknen.*

haiff, *buchweizen. (Valbert.) polyg.* fagopyrum, *heidekorn. cfr.* hêlf, hêlof == haidelöf. *(Sieg.* hailoff.)

haime, f. 1. *hausgrille.* wan de haimen so viol spectacel mäket, dann es en faigen im hûse. *s.* mûrhaime. *syn.* haimännken, haimemäunken, hainken, hærdhaun. 2. *elbe.* he süht ût, as wenn de haimen an em wæren *d. i. schlecht, abgezehrt. (Lüdensch.) vgl. ahd.* mucheima. *Teuth.* heymken dat by dem vur synghet.

haimänneken == haime. *(Balve.) Kil.* heyd-manneken, cicada. *in Elberfeld:* hinken.

hainemänneken == haime.

hainken, hâünken, == haime.

haiperreken, *heuschrecke.* K.

hairnietel == hërnietel. *(Fürstenb.)*

haiten, *præs.* haite, hess, hett; haitet. *præt.* hedde *(entst. zunächst aus* hette),

(*Paderb.* haitede); *ptc.* hett, *1. heissen.*
bu hett dat? hett dat = c'est à dire.
2. gebieten. du sass di wol haiten
(sagen) låten.
håken, *m. pl.* håkens, *haken.* håken un
ôse, *haken und auge. spr.:* bat eu
guod håke sin well, maut sik bi der
tid krümmen.
hakǫrf, *das loch, worin auf osemunds-
hämmern das feuer ist.*
häksch = hürksch. *(Fürstenb.)*
häkse, *f. hexe.* dä såt noch ne häkse
ächter dem tôrn.
häksel, *häckerling.* sin vår es im h.
verdrunken.
häkselbank, *f. häckerlingsbank, schneid-
lade.*
häksenârd, *f. hexenart.* hin und wieder
stehen personen im rufe von hexenart
zu sein.
häksenschüət, *m. hexenschuss, plötzlicher
örtlicher schmerz.*
häksen, *hexen.* bai et häksen ênmål
kann, dai verlæret et nitt wier. dä
häkset, dä töwert.
häksensmẹr, *brombeeren. hexen schmie-
ren sich die schuhe mit brombeeren,
weshalb diese von manchen nicht ge-
gessen werden.*
hål, *n. 1. kesselhaken am herde.* de
brûd ümt hål laien, *ein hochzeitsge-
brauch. 2. lampenhaken,* lampenhål.
ahd. hahala, *cramacula. zu hahan,
suspendere. mnl.* hoghel.
hæl, *trocken.* dat flass stêt hæl. *vgl.*
de håle wind, *der austrocknende wind.*
(Rheda.) hæl = hali, *wie* frẹl = fali.
alts. haloian, *consumere igne. franz.*
hâler. *Kil.* hael, *exsuccus, siccus.*
hålbôm, *m. der baum, woran der kessel-
haken hängt.* de wǣrde ǫwer den
hålbôm trecken, *die worte ziehen.*
håld, *n. gefäss, behälter, z. b.* waskehåld,
waschkufe.
halden, *halten, beköstigen:* den herden
halden. *Alten. stat.*
hålen, *præt.* hell, holl, *im köln. Süderl.*
hålte; *ptc.* hålt, *holen.* hål ǫwer! *ruft
man den* Fährmann. *zu Lüdensch.*
statt hålen — holen, *was dann von*
hålen = hageln *unterschieden werden
kann. alts.* halon, *præt.* gihaloda.
hållen, *præs.* hålle, hålls, hållt; hållet;
præt. hell, holl. *Gr. Brilon* helt; *ptc.*
hållen, *halten.* ênem de hand ǫwern kopp
hållen helpen. ênem 't
hållen = *einen schützen.* ênem 't
wård hållen = *einen unterhalten. Seib.
urk. 992* wort doyn enem, *für jemand*

sprechen. wort halden *(eben so).* op
de dȫpe hållen = *aus der taufe he-
ben.* ênmål dat hällt der nitt ümme
= *einmal verschlägt nichts. ags.* heal-
dan, *præt.* heold. *alts.* haldan.
häller, *s.* twerkhäller.
häller, *m. dürrer ast.* he stêt op me
häller. dröge häller. *hier scheint
nach der weise des volkes ein pleonast.*
dröge *zugesetzt. låge nur der begriff
zweig, ast in diesem worte, so liesse sich*
θχλλος *vergleichen, da aus th wol
mehr ein blosses h entstanden ist.
wahrscheinlich aber enthält das wort
das merkmal „trocken, dürr", und es
werden seine verwanten oben unter
hæl zu suchen sein. vgl. aus der L.
Sal.:* de hallis aut de ramis cooperire,
*wo Grimm dürre reiser versteht. R.
A. 625. mhd. 6, 211 heller (tippe).*
hallö, *n. rufen, lärm.*
halló, *interj. holla.*
hallöllerte, *f. wilder schneeballenstrauch,*
viburnum opulus. *jedesf. sgn. mit*
höllerte *(hollunder),* ? halfhöllerte.
hals, *m. 1. hals.* he rüket ût dem halse.
2. mann, mensch. en guoden hals.
vgl. alts. halr, *mann.* geizhals.
halsband, *n. halsband.* dat es as wamme
der suoge en gülden halsband ümdäut.
halternstrang, *m. halfterzaum. (Paderb.)*
half, *halb.* half ên un half anner, *schon
Seib. qu. p. 155.* wann 't half guod
es, mant me 't gans lǫwen. half af
un dann wat recht, *so muss man mit
juden handeln.* halwe måne, *f. eine
art sehr grosser sichel zum abhauen
von zweigen. alts.* half.
half, *m. halbwinner, pachter.* — *mnl.*
halfwin, *colonus partiarius.*
halwerlai, *so halb und halb. F. R. 17.*
halwerwẹges, hallweg, *halb und halb.*
et gêt hallweg, *es geht eben an, ist
eben zu gebrauchen.*
hälfken, *n. halbe kanne. deminutiv von*
half, *wie der umlaut lehrt.*
halwe, *f. seite. (Paderb.)*
halfschêd, *f. halbscheid, hälfte.*
hamborgern, *sich plagen.*
hambuite, *hagebutte. K.*
hâmel, hâmer, *m. hammel. demnach ist
ostfr.* bellhâmer *nicht glockenhammer,
sondern* glockenhammel, *leithammel,
rädelsführer. ahd.* hamal, *mutilus.
den zusammenhang mit hd. verstüm-
meln lehrt* hümmel = sthümmel; *ha-
mal* wäre *also* sthamal. *fig. auch*

schmutziger saum an frauenröcken wie meklenb.

hämelig, *schöpsig, zu* hämel = hamel. ein hämeliger kærl = *ein einfältiger kerl.*

hämen, *m. 1. stoxsuetz. 2. pferdekummet.*

hämer, *m. pl.* hęmers. *1. hammer. 2. hammerwerk. alts.* hamur.

hämerasse, *f. hammerachse.* dęn kamme vǫr ne hàmerasse spannen = *der ist ein faulenzer.* dat es as wamme ne maikiåwerte vǫr ne hamerasse spant *(unmöglich). (Halver.)*

hämerhelf, *stiel eines grossen hammers. II. s.* helf.

hämerslag, *m. 1. schlag mit dem hammer. reim:* slätt se sik med hämerslag. *2. hammerschlag, eisenspüle.*

de Hamm, *Hamm a. d. Lippe.* im Hamme. lag einst *in der gegend von Hamm das castell Aliso, so werden die Römer dort einen* ham van elsen (alisa) *gefunden haben. es ist verwant mit dem folgenden. vgl. Gr. wb.* kame, kampe. hamm *bezeichnet einen am flusse gelegenen, vielleicht durch zwei zusammenfallende gewässer gebildeten raum, der wiese, weide oder wald sein konnte.* mnl. hamme, ham, hammerick = *pratum, pascuum.* ham van wilghen = salictrum.

hamme, *f. sensengriff.* so benannt, weil *er mit dem sensenstiel einen winkel bildet.* ags. ham = *kniebeuge.* Lacombl. *arch. VI, 470:* verkenshamme. *vgl. fr.* hampe, *griff einer waffe, was Diez zu* hanthabâ *stellt.*

hämmen, *n. hemd. (Velbert.)*

hammens-müren, *pastinaken. H.*

hämmsk, *von Hamm.* dat gĕt rin as hämmsk hai *d. i. es schmeckt.*

hamp, *m. hanf. altn.* hanpr. *lat.* cannabis. *Elberfeld:* hannep.

hampel, *f. s.* hampelte.

hampel, *f. handvoll. (Halver.)*

hampelig = ampelig.

hampelhannel, *m. betrügerischer handel süderländischer hausierer. vgl.* hamfen.

hämpelken, *n. penis. s.* afhampeln.

hampelkniffer, *m. einer der hampelhannel treibt und sich auf die kniffe dieses handels versteht.* Grimme galant. *118. vgl.* hewerechter.

hampelte, *f. ameisse. s.* ampelte. *zu Kalthof singul.* hampelte, *aber pl.* hampeln.

hämpelte, *f. ameisse. (Weitmar.)*

hämpen, *hänfen, von hanf.*

---

hamplepamp *im reim:* ik mǎk et nitt as hamplepamp, dai ût viəl laiwer at he drank. *Firm. I, 355:* happlepapp. happen = schnappen. papp = brei.

hampmēse, *f. graue meise. s.* handmēse.

hampsåd, *f. hanfsamen.* he lęvet as en vuəgel in der hampsåd.

hamfen, *stehlen. s.* gamfen, hebr.

hand, *f. 1. hand.* se hält em ümmer de hand ǫwern kopp. *spr.* bat me nitt in hännen hęt, dat kamme nitt hüllen *(entschuldigung eines f. . .).* rdu. hä maut ümmer wat üm de hand hewwen *(beschäftigung). spr.:* êne hand wäsket de annere. *2. seite. 3. handgriff am zuber u. dergl. (Fürstenb.) 4. mannschaft, menge, arbeitskraft.* de vulle hand imen wæren im stocke. *redensarten:* dat küämt wier an de rechte hand == *an den rechten eigentümer.* ächter de hand, *im gegenteil.* nå der hand, *später.* vǫr der hand, *vorläufig.* unnerhands, inzwischen, unterdessen: *he werd unnerhands åld.* en hand (? = in hand). he werd enhand åld, *nachgerade alt.* ik well all enhand gån, *ich will schon jetzt gehn. vgl. Schamb.* anthand, enthand, antshand == *einzweilen, bisweilen.* te hande, *vorhin, so eben.* eigentl. *zur hand d. i. nahe bei. II.* te hantes, *diesen abend, auch nachher, auch vorhin, vor einer stunde. in Niederwenigen:* vorhin. *mwestf.* to handes == *sogleich. RV. 1216. vgl. franz.* tantôt, *welches die nahe vergangenheit wie die nahe zukunft bezeichnet.* ter éner hand sitten, *witwer, witwe sein. H.*

handbile, *f. handbeil.* ik maut gån un wann et handbilen snigget.

handdauk, *n. handtuch. mwestf. dafür* handdwele, *f.*

handdaukshūs, *n. eine vorrichtung, worin die rulle des rollhandtuchs befestigt ist.*

handgefail, *n. handgefühl.* „dem handgefaile nå het düöse mann ök recht," hadde de avvekåte saggt, dü hadde 'me dai ne pistolle in de hand drucht.

handhāwe, *f. stiel am dreschflegel.* holl. handhave.

Handierk (Brilon) == Gandierk (Iserlohn).

händken, *händchen.* hä het en ēgen händken dervan == en slag dervan. *H.*

handkæse, *faustkäse. (Siedlingh.)*

handmēse, *f. kohl- oder spiegelmeise.*

handslag, *m. handschlag.*

handslägtig, *mit handschlag:* h. lǫwen, *m. h. versprechen.*

handtast, *m.* == antast. *Gr. tüg p. 63.*

— handtastinge don, *durch handschlag versprechen. Alten. draihtordng. bei v. St.*

handwerk, *n. handwerk. spr.:* twelf handwerke un drüttion unglücke. *Zu Prov. 12:* veertein handwercke, vöftein vngelücke. *Tappe 8ᵇ:* eyn handtwerck hat ein gülden boden.

handwerker, *m. handwerker. Tappe 8ᵇ:* eyn handtwercker solde thein renthener öuertheren.

hâne, *m. pl.* hânen, hânens, *1. hahn.* lästu en früomden hânen in din nest driten! *spr.* en gnoden hânen es selten fett. *2. bogen an der sense.* dä flüget mi de hâne af.

hânebalken = hânenjuokel. *K.*

hânenblaume, *f. helmbusch,* corydalis digitata.

hânebôm, *m. hahnbalken.* dä küomt nix van te hânebôm = *daron kräht kein hahn, es bleibt geheim.* häi es nümmer wier te hânebôm kuomen = *man hat nie wieder etwas von ihm gehört. mhd.* hanboum = *hahnbalken. nds.* lattenbaum.

hânebuttelke, *hagebutte. (Siedlingh.)*

hânenholt, *n. pl.* hânenhölter = hânenjuokel.

hânenjuokel, *f. giebeljoch, hahnenbalken, weil der hahn dort oft seinen sitz nehmen mochte. es ist der höchste querbalken, der die dachsparren verbindet. goth.* juk, jugum. *syn.* isel.

hânenkloggen, *pl. hahnenklauen* = hânenschoken. *Must. 25.*

hânenpek, *n. gummi an kirsch- und pflaumenbäumen. syn.* hânensnuoder, *in Elsey:* hânensnüoder; — hânenseifer, kattengold.

hânenpôten, *pl.* = hânenschoken. *(Siedlingh.)*

hânen- *auch* haunersaifer, *kirschbaumgummi. in Dortm., Soest* kattengold. *II.*

hânenschoken, *pl. krähenfüsse, schlechtes gekritzel.* dat sind h. *vgl. Mda. I, 131.*

hânenschriot (hânenschrai), *m. hahnenkrat.* op hilgen - drai - küoninge sind de däge en hânenschrai lenger.

hânenstiok, *m. hagel oder hahnentritt im ei.*

hânentânen = hânenschoken. *(Fürstenb.)* tânen = *zehen.*

Ilan Franz, *Johann Franz.*

Haugers, *m. name eines bergabhangs bei Deilinghoven. andere ortsnamen mit ars. s.* Bolærs. *alts. in Werd. reg.* Buddenars, Hundasars.

hangen, *præt.* heng, hong, *1. hangen. 2. hängen. spr.:* dai nitt alld weren well, maut sik jung haugen. bai taum hangen geboren es, versûpet nitt. *3. sich sehnen.* ik hange un verlange! — nä bom? — nä N. N. *eine aufgabe beim pfandlösen.*

hannâks, *ein früherhin beliebter ländlicher Tanz. K.*

hange, *f. pl.* hangen, *etwas hangendes. s.* klopphang.

Hännes, Hännesken, *Johann.*

hännig, *adj. und adv. behende, zur hand gehend, dienstfertig, bequem.* hai es so hännig as en büllen näppken. *ahd.* handlih, tractabilis. *engl.* handy.

Hans, *1. Johann.* Hans in allen gäten. *2. name des esels:* bä wet bä Hans es, wann de häwer wässet = *die zeit kann vieles anders bringen. 3. name für andere maultiere.* Hans wänn de kauns un nich wänn de woss *oder* un nich foss wänn de woss.

hans, *? kopfbund. vgl.* annulus bolster. hans ädder krans = *mag sein, was will.* nitt hans äder krans. *anders in Schwelm:* Hans ädder Klas. *s.* hânsen.

Hänse, Hans.

hansen, *vorhin,* te hansen, *vor kurzem. K.*

hänsen, *1. necken, foppen, hänseln. urspr. von gebräuchen bei der aufnahme in eine gesellschaft (hanse). mnl.* hans, socius, collega. *2. prügeln.*

hansken, *m. handschuh. vgl.* holsken. *dän.* handske. *vgl.* manske.

hanskenkatten, *handschuhkatzen. im spr.:* h. müset nitt guot.

hansóp, *m. kinderkleidung, welche an einem stücke kamisol, hose und strümpfe ersetzt. vgl.* klemmóp, mûlóp, flüggóp, wippóp. *mnl.* hangop, furcifer.

hantelantant = eggo, *im rätsel.*

hantêren, *handtieren, wirtschaften.*

hantêrunge, *f. handtierung.*

hæpe, *1. ein gerades haumesser zum abhauen von reisern und zum ausschlichten. ahd.* happa. *unsere form kann nicht aus harpa (ἅρπη) hervorgegangen sein, wohl aber aus* hirpa *(lett.* zirpe). *spr.:* et häldt oppen hâr nitt, wamme de kau med der hæpe schirt. *(Bollwerk.) Kil.* kromhouwer, harpe, ensis falcatus. *Teuth.* hepe eyn krom mess dayr men den wyngart mede snydt. *2. zum roggenschneiden. (Siedlingh.)* wo man andere früchte *mit der sense mäht.* krumm, *eine grössere sichel.*

hâpern, *stocken.* et hâpert.

happ, *m. bissen.*

happen, *schnappen, beissen.*

happig, *begierig.*

häppken, *n. bisschen.*

hâr, *ruf an die zugtiere, wenn sie nach links gehen sollen. wie es ein wârwulf neben wẹrwulf gibt, so ist ein* hâr *neben* hẹr *statthaft. bei unserm* hâr *wird* wist *(links) ausgelassen sein, wie* wist hâr *anderwärts noch vorkommt. da der fuhrmann links geht, so ist* hâr = hẹr *ganz natürlich. hott dagegen muss ein rechts hin enthalten. franz.* hurhaut *kann hier licht geben. galt* hoh *für rechts und wurde ihm ein* dàr *(dort) beigegeben, so entstand leicht daraus* hôttà, *was sich weiter in* hott *verkürzte.*

Hâr, *f. die Haar. nicht mehr appellativ. eine häufige bezeichnung von anhöhen in unserer gegend. mwestf.* hara. *dass a sonst kurz war, lehrt ausser der heutigen aussprache auch die schreibung* Harr *in einer Hemerschen urkunde. in Seib. qu. I p. 416 wird schon* haer *geschrieben. an der Hedemer* haer. *mitunter findet sich der name in* Hardt *verderbt. so rauhe* hardt, *während noch im Iserl. limitenbuch p. 35: rauhe Hahr geschrieben steht.*

hâr, *n. haar. das* à *in diesem worte wird durch contraction entstanden sein.* dai hẹt h. am bârd (oppen tẹnen). et es en hâr in de buater. hai hẹt hâr lâten mocht. so vial as hâr opper katte. hai lätt de prẹke in de hâre gân. *spr.:* frisch in de hâr giøt kruse junges.

hær, *Iserl.* hẹr, *m. herr.* ik sin hær op mînem lanne! *ausruf bei einem kinderspiele. hin und wieder wird vorzugsweise der ortsgeistliche* hær *genannt, wie auch in unsern urkunden den namen der ritter und geistlichen* her *vorgesetzt erscheint. spr.:* hæren hefẹl es knechte wẹrk. jøk hær, dû hær; bai sall de søage haüen *(von bauern, die viel überflüssiges gelernt haben, aber das härne nötige nicht verstehen oder nicht tun wollen).* wenn 't oppen hæren regent, dann drüppelt et ok oppen kassen. med grôten h. es nitt gued kirssen ẹten.

hârbül, *m. haarbeutel.* dat fällt wẹg as dem kappeziner de hârbül.

hard, harde, *adj. und adv. 1. hart.* hai hẹt en am harden enne; ik wẹt nitt, bu hai et ûthallen kann. *2. stark, schnell, laut, schwer.* harde lôpen, -raupen, -küern, -kloppen. hai es hard katholsk. dat sall hard hàllen. en hard junge, von 16—20 j. herangewachsen. hexenpap. v. Rüden. *alts.* hard, *adv.* hardo.

Hârd, *f. die Haard, wird von bedeutenderen höhen als Haar gebraucht. die Sänger-Haard bei Albringswerde, Hesterhardt b. Hespe. ahd.* hart, lucus. *mwestf.* haird, wald, gehölz. *in gebirgsgegenden vertreten sich berg und wald. s. bẹrg.*

hârd, hâr, *n. stählerner pfahl zum sensenschärfen. zu* hären, *engl.* harden. *Sieg.* hâr, f. schneide der sense.

hærd, *m. heerd.* te hærde slân, -fallen, von brot, kuchen, wenn sie nicht „aufgehn", sondern zu dicht werden. *syn.* rẹker.

hâr-dà, *zuruf an pferde, links zu wenden. spr. beim gerstesâen:* bai nâ sünte-Vit siøt: hâr-dà! dai maut te Michéle seggen: wâr-dà! *(wehre den kühen!).*

hardbôm, *m. hartriegel. syn.* swartbôm. **harde** = hard.

hardemond, *m. und f. harremond, Januar. spr.:* in der hardemond bẹter en wulf im felle, as en plaug. *s.* spörkel. — *mwestf. urk. v. 1382:* in dem hardemaynde, januarius genant zu latyne. *Hoffm. Findl.* 42; *mnl.* hardmaent, januarius. *Theut.* hardmaynt, januar.

hærdhaun, *n. hausgrille. (Valbert.)*

hardhaüke, *hatt haücke. altes recept gegen gicht.*

hardkopp, *m. centaurea jacea, flockenblumenart.*

hardmelkig, hartmelkig. de kau is h., *wenn sich die milchgänge zugesetzt haben, was beim melken einschlafende mägde veranlassen können. (Siedlingh.)*

hare, *f. eine krankheit des schweins, bei der gewisse borsten am halse nach innen wachsen und das tier ersticken.*

hæren, *præt.* hârde, hâr, *1. hören. spr.:* me kann vial hæren, ær ẹm en âr afüllt. *2. gehorchen. 3. zustehen, sich schicken.* nàm össen hært de kau êrst im April melk te wæren.

hæring, *m. hering. spr.:* he kann noch kainen h. van der röster hôren. me

maut nitt ær hæring raupen bit me
ne am storte het, *s.* grénert.

hær-kærl, *m. herr-kerl, ein feiner mann,*
gentleman. *Firm. I, 421:* härekäl.

harke, *f. harke, rechen. aus* hraka, *vgl.
engl.* rake *und das verhältnis von*
hors, ors *(engl.* horse) *zu* ross. *cfr.*
haskeln = raschelu, hemstern = rem-
stern.

harkelmai = herkelmai. *(gegend v. Arnsb.
und auch sonst noch oft.)* harkelmai
hälen, *das letzte korn vom lande holen.*

hârloss, *trocken windig.* h. węer *(wetter).
(Lüdensch.) vgl. ags.* haran, effun-
dere, mingere *und hd.* harn, *urina.*

hârn, *n. horn. im reime beim kälber-
quicken:* melk ûtem h. innen strick.
*in der Mark (auch zu Rheda) sagt
man von der güsten kuh, sie habe die*
milch in den hörnern. *fig.:* hai het
mi ûmmer op den hörnen, *vgl. ital.:*
mi ha sulle corna.

hârnke, *f. hornisse. (Elsey.) s.* hârnte.

hârn-ûle, *f. horneule, mittlere ohreule,*
strix otus L.

harre-tarre *im Deilingh. kinderreim:*
Jöstken süt op der harre - tarre
(? dreschtenne) un kék inter hirre-
tirre, dù kwàm sin möer un nàm em
sinen pummelsack af. hupp happ,
härr' ik minen pummelsack!

härrig = herdig, *von herde, flachs. s.*
lang-härrig.

hârsnâ, *adv. auf ein haar:* ik hädde
mi hârsnâ fallen = *bei einem haare
wäre ich gefallen.*

hârtreckel, hârtreckelte, hârtriekel, *f.
1. hauhechel,* ononis, *so genannt weil
dem hindurchlaufenden viele haare
und wolle von den dornen ausgerissen
werden. syn.* hârtrecker, rûtriekel.
*sie wird als ziegenfutter geschätzt. 2.
stachelginster,* genista anglica.

hârtreckers, *pl.* = hârtreckels. *(Elsey.)*

hârworm, *m. haarwurm, eine hunde-
krankheit.*

haschop, *f. eigentl. herrschaft, 1. haus-
herr. 2. der meisterknecht auf garn-
bleichen.*

hâse, *m. hase. spr.:* bai den hâsen fan-
gen well, maut den rüen wägen. he
löpet as en häse. *spr.:* de hâse un
de snäel komet like frö an maidag.

hâsel-nuot, *f. haselnuss. syn.* klaine
nuss. *ags.* häsel. *um 1500 ward das*
n *bei uns noch kurz gesprochen, wie
die schreibung* hasселog *lehrt.*

hâsel-strûk, *m. haselstrauch. Teuth.*
hasele.

hâsel-twissel, *f. haselzweig zur wünschel-
rute.*

hâsen-brôd, *n. 1. zittergras,* briza. *(Weit-
mar.) s.* imenbröd. *2. brot, welches
den kindern von der reise mitgebracht
wird. Grimme galant. 66.*

hâsen-klê, *m. buchampfer,* oxalis acet.
syn. knckusmaus, küauingsmaus, hasen-
mûleken. hasennues. *(auch Siedlingh.)*

hâsen-mûleken = hâsenklê. *(Fürstenb.)*

hâsenmûs, *n.* = hâsenklê. *(Brilon.)*

hâsen-narf, *schafsgarbe. (Weitmar). syn.*
schâpsribbe, schâpsgarwe. arwe *wird
von versch. pfl. gebraucht. vgl. Schiller
z. thier u. kräuterb. II, 28.*

hâsen-peper, *m. hasenpfeffer.*

hâsen-schâr, *m. hasenscharte. vgl. ags.*
sceard, *n.*

hâsen-schêr, *f.* = hasenschär.

hâsen-sprung, *m. kinderspiel: es wird
über einen von stöcken errichteten
galgen gesprungen. in Schwelm und
Albringswerde dafür das syn.* katten-
sprung.

hâsen-faut, *m. 1. hasenfuss. 2. wind-
beutel: rda.:* dai het en hâsenfaut in
der taske = *das ist ein windbeutel.
eigentlich von jägern, die nichts ge-
schossen haben, aber einen abgeschnit-
tenen hasenfuss aus der jagdtasche
hervorstehen lassen.*

hâsen-fell, *n. hasenfell. rda.:* dai het
en hâsenfell vör der fuot.

haskeln *für* harskeln, hraskeln, rascheln.
(Brilon.) syn. v. rispeln, raspeln.

haspel, *m. 1. garnwinde. 2. drehkreuz.
s.* ümlöper.

haspeln, *f. garn winden. 2. fig. sich
drehen und wenden.* du laiwe wic
weld, hat haspels du im dûstern. *spr.:*
wamme haspelt, dann spiunt me nitt.

Häsne, *Gerhard, sonst* Gerd.

hasselêren, *haselieren, windbeuteln. Vilm.
„ursprünglich: sich wie ein hase ge-
berden."*

hasseliscus, *m. windbeutel, flatterhafter
mensch.*

hasselitcher, *m. schelte, etwa* hanswurst.

hasselitsig, *flatterhaft.* h. strêke.

hassen, *hassen. spr.:* sypers laiwet sik,
freters hosset sik.

hässig, *hassend:* se werd em h. tau.
*platthd., wie auch bei Iserlohn gewöhn-
lich* hassen *für* häten *gesagt wird.*
? hatsig *für* hatisk?

hast *für* harst, *m. eigentlich gebratenes
-oder zum braten bestimmtes; daher
portion fleisch,* speck, *wurst, fleisch-
brei; vgl.* pottharst, pannharst. *Teuth.*

95

braide. crap. harst. massa. massula.
mnl. harst, spinæ porci cet. rda.: in
den hast lôpen = anbrennen, vom
mus (kraut), syn. anslagen. — harst
wird aus hardan, härten, entsprungen
sein, da es auch vom erhärteten schnee
gebraucht wird, vgl. Stalder und hŗr-
schen. ahd. harstjan, herstan = rösten;
ags. hearsting = frixio; hearstepanne
= satago. — Auch eine gewisse anzahl
fusssoldaten. (So bei Köppen.)
häst, fast. Weddigen.
hăst, f. hast, eile: in aller hast. — mhd.
haste, eile. v. Höv. urk. 64 to der
haste. Teuth. haist. snel. bald. scheint
kein anderes wort als das ags. hŗest
(violentus), mwestf. heyst. das a in
unserm worte (also auch in asto animo)
muss urspr. lang sein. st kann für
ft eingetreten sein, dann passt goth.
haifsts. darauf deutet auch haftig.
hăsterich für harsterig, durch räuchern,
brennen verdorben, von fleisch, speck
und anderem. stark riechender ran-
ziger speck. K. zu hast. ă wird hier,
wie auch sonst wol (plåster) vor st
eingetreten sein.
hütt ꜱ, hits, his werden füllen angerufen.
hatsböck, für hartsbock, m. hirschbock.
se lôpen as de hatsbocke; vgl. Zumbr.
dꞟ bist jă as en hirz to bêne.
Hatzfeld bei Barmen ist = alts. Hirutfeld.
haü, hai, n. heu. spr.: der wässet võl
haü, äffer nich so võl, dat me allen
lüen de müler stoppen kann. syn.
hügg. mnl. hoy. goth. havi. mwestf.
hoy. genit. hewes. v. St. IX, 176.
howes 177. v. Hövel urk. p. 37 hoy
schlagen. urk. 75 how (hoves). Tross
saml. 84: heuwass. vgl. holtwass.
haü, m. hieb. mwestf. hew, urk. v. 1486.
hew, n. hauwald. Speller-Hew beim
Franzberge, auf der grenze der Iserl.
waldmark. vorm Hew.
haud, m. 1. hut. bä kann den haut ût
den ögen setten = er hat ein gutes
gewissen. 2. die kappe am ende der
handhabe eines dreschflegels. syn. häp-
pelse. — ags. hôd.
haud, f. hut, obhut. — ags. hôd, f. cu-
stodia.
haude, haue, f. hude, hut. — mnd. houde.
mwestf. hoede, 1397. Alten. Stat. hoide-
loss, ohne hut, hüter.
haudgarwe, f. dicke garbe, die wie ein
hut über mehrere zusammen gestülpt
wird.
haüdken-draiger, m. hütchendreher. spr.
s. spiggebecken.

handmęker, m. hutmacher. v. Höv. urk.
41 (1452): houtmckere.
haüen für haüden, præs. haüc, höss,
hödt; præt. hodde; ptc. hodt, hüten.
fig. he hödt ächter ümme, er hegt
heimlichen groll. vi haüet di in den
kôl, sagt man, wenn jemand zu spät
zum essen kommt. — sik haüen, sich
hüten. he hodde sik nitt dervȯr, er
erwartete (befürchtete) das nicht. då
hödde ik mi nitt vȯr, das kam mir
ganz unerwartet. — ags. hêdan, custo-
dire. mnd. hoden, hoyen. F. Dortm.
III, p. 238: hauden.
hauer, m. hauer, beim bergbau. (Hat-
tingen.)
haugen, hauen, præt. hochte, hoch, in
Schwelm: haif; ptc. hocht, hauen.
rda. enen öwert år haugen. spr. bä
me holt haiget, flaiget späne. dai
hett sik mål recht in de brödexe hocht,
sie haben sich einmal gehörig abge-
küsst. — altn. höggva.
haujänen, gähnen. (Fürstenb.)
hadhüpper, m. heuschrecke.
hauk, m. pl. haüke, hecht. im kinder-
reim. s. bêl. — syn. snauk. — vgl.
ags. hôe, m. uncus. ahd. huoh. das
verwante ags. hacod.
haüken, n. eine art weibermantel, der
auch den kopf bedeckt. noch in die-
sem jh. wurde er auf dem lande von
frauen, wenn sie zur kirche oder mit
der leiche gingen, getragen. dass vor
1500 frauen mit haüken den leichen-
karren begleiteten, lehrt das Schwelmer
vestenrecht. s. kęrkweg. rda.: he wêt
et haüken nàm winde te draigen; vgl.
schickede den heiken na den winde,
Scheveel. — in der Heess. renteirechn.
v. 1385: grawe laken to heyken uud
kogelen, do red myn here sine bede-
vart to Acken. Schüren chr. 17 houke,
f., was er im Theut. für einen zu bei-
den seiten offenen mantel erklärt.
mantel to beiden syden apen. heuck.
Tappe 60b: heuke, m. RV. hoike,
f. ostfr. heike. holl. huik. das
genus unseres haüken hat sich verirrt,
weil man darin ein deminutiv haüken
(hütchen) zu fühlen glaubte. das wort
wird nebenform von huok (mantel)
sein.
haükenhauger, mantelträger nach dem
winde.
hauler di bauler = holter di bolter.
(Solingen.)
haun, n. pl. hauner. spr.: de hauner
flaiget çm nitt gebräen int mûl. dai

de hauner friotet, kann ŏk de fęren krigen, *wer die einträgliche arbeit bekommt, mag auch die wenig einträgliche übernehmen.*

hauner-tucht, *f. hühnerzucht. spr.:* ne groute h. un ne groute lintucht dä brenget dem bûr sin verdęrf. *Meinerzagen.*

hauner-tunge, *f. Hühnerzunge.*

hauner-węer, *alle wetter. ein schwur, gleichbedeutend mit* duanerwęer. hauner *passt lautrecht zu* alln. boenir.

haupîpe, *f. locheisen. ein werkzeug für sattler, schuster und schneider zum ausschlagen von löchern. — ostfr.* haupiepe. *schwed.* huggpipe.

hausten, *husten.* ik well di węt hausten. — *ags.* hvôstan.

hausten, *m.* **hauste,** *m. husten. — ags.* hvôsta.

haüte, *böse, gram. alts.* huoti, infensus, iratus. *goth.* hvotjan. *Scheller* hot, *schlimm.*

hauf, *m. huf. alts.* huof, hôf.

haufisern, *n. hufeisen.*

haufsmied, *m. hufschmied.*

hauftange, *f. hufzange.*

hauflattck, *m. huflattich. syn.* lęke.

haufte, *præt. hob. Grimme.*

haüwen, *præs.* hauc, haus, haut, *pl.* haüwet, haüt; *præt.* hofte, *pt.* höften; *ptc.* hoft, *nötig haben, müssen.*

have, *vieh. Schwelm. vestenrecht:* die have schütten. *Teuth.* have = vieh. *eben so im Alten. statut. s.* hab.

haft, *m. hochfahrendes wesen.* dai hett en haft im koppe. *vgl. huspost. besök. Marie:* so hochdragende vnd euthafftich vnd stolt.

haftig, *hastig.* à *verkürzt. in Kärnten:* haftik, *rüstig, schnell.*

hafuss, *ein geistiges getränk in Altena. Alten. reimchronik bei v. St. stück XX p. 1218 ff. v. 58:* man hat hier auch woll Rienschen Wein. Die meisten trinken Brantewein. Hafuss ist hier in Abundant, Man trinkt ihn oft mit Unverstandt. ? *für* hâl-fuss. *bei Kil. hat* hael *auch die bedeutung:* subtilis, tenuis, acutus, acris; hacl bierken, tenuis cerevisia *vielleicht aber ist dieses* hael *aus* half *entstanden, wie in* halöllerte. fuss *könnte* fusel *sein. ostfr.* fûsje. *vgl. ma.* V, 337. ? **haarfusch** *Gr. wb.*

hâwek, *m. habicht. syn.* stôthâwek, stôthnogel. — *ags.* hafoc, *alts. engl.* hawk.

hâwer, *f. haber. fig.* drôge hâwer ǜtdailen = *prügeln.* — *altwestf.* havoro.

hâwer-äsche, *f. ebcräsche.* hâwer = after. *Kil.* haueressche, sorbus silvestris.

hâwer-klâwen, *pl. aberklauen, afferklauen. syn.* hâsenklâwen. hâwer = affer.

hâwern, *von haber.* hâwern męl.

hâwer-rût, *n. aberraute, eberraute,* artemisia abrotanum. *Teuth.* averuyte. aefrnyt. eyn kruyt. abrotanum.

Hâwer-spänien, *neckname für einen teil des oberbergischen landes, vom haber, der da besonders gezogen wird.*

hâwerstrô, *n. haberstroh. spr.:* hui un h. es der kalwer fôer; bai de dochter friggen well, hâll sik bi de möer.

he, *wie? was beliebt? fr.* hein?

he, *er. auch bei anreden.*

hê, he! *hülpe* hê! *hülfe!*

hęb, *schrank, v. St. I p. 419. — vgl.* hęrf *und* hd. habe.

hêbe, *f. geissfuss. für herwe und verwant mit* heoru. *s.* gæsc.

heberei = hûsbören. *(Schwarzenb.)*

hêberte, *f. heidelbeere. (Warburg.) für* hêdberte.

hechen, *lächeln, keuchen. s. unten* hêgen. hä hächet at en kŭlläpper. *vgl. ndhess.* hechzen. *für* ch *vgl.* echelte, snchelte.

hecht, *m. hecht. fig.* en ällen hecht. *syn.* hauk, snauk. — *ags.* hacod. *Teuth.* hechte. snoick, lucius.

hecht, *n. für* heft, *heft. vgl.* locht, schacht. — *Teuth.* hechte, heffte, manubrium.

heck, *n.* 1. *zaunähnliches einfahrtstor an einem gehöfte. spr.:* en smiod hängt sin hecke an de wiod. 2. *pferch für schweine, die nicht mit ausgetrieben werden. (Fürstenb.) Teuth.* hecke. valder. semiostium.

hecke, *f. heckkorb.*

hecke, *f. in den rda.:* he es frô bi der hecke, he es glik bi der hecke, blif bi der hecke.

hecken, *hecken. spr.:* de häse hüppet gęrne wfer hen, bä he hecket es.

-hed, -haid, *dafür auch* -te: begiowente.

hêd, *m. heidekraut. Teuth.* heyde. merica.

hêdappel, *m. hirschtrüffel. der abergl. meint, es wüchse daranf eine blaue blume.*

hêdhacke, *f. hacke zum aushacken des heidekrauts.*

hêdhępe, *f. werkzeug zum abhauen des heidekrauts. (Marienh.)*

hêd hêd, *ruf des heidmännchens.*

hêdmünnken, *n. ein waldspuk, der sich den leuten, die ihm seinen ruf* hêd hêd *nachmachen, auf den nacken setzt und sich von ihnen tragen lässt. Kil.* heydmanneken, cicada.

hêdmöpsgen, *n. heideblume,* gnaphalium. *(Eckenh.)*

hêdmucke, *f. heidelerche, grasmücke.*

hêdslange, *f. blindschleiche.*

hêdslîke, *f. blindschleiche.*

hêdwortel, *f. blutwurzel,* tormentill.

hêe *für* hêde, herde, *f.* werg. *syn.* werk. ê *aus* ai. — *ags.* heord, stuppa. *mnl. (Kil.)* herde, fibra lini.

hegebêren, *pl.* heckenbeeren; *syn.* melberen.

hegel, *m. geflappter mensch. (Schwarzenb.) verwant mit* hick.

hêgen, *streben, begehren.* he hêget nå wot. he hêget noch op wot anners. — *mnl.* byghen, anhelare, animam celeriter ducere. *ags.* higian, tendere; *engl.* to hie. *F. Dort. urk. II, p. 151.* geheygen = *begehren.*

hegern, *lange warten. (Schwarzenb.)*

hêl, *1. ganz.* den hêlen dag. *spr.:* wan't half es, maut me't hêl lowen. *2. unverletzt, nicht zerrissen.* hêl fôer. in hêler hûd es guət slåpen. *s.* klingelbûl. de pott es noch hêle bliawen. *3. geheilt.* de faut es wier hêle. *4. reim.* hêl kårn. *Weddigen.*

held, *m. held.* dat es en held in der knollenschüətel. ächter dem owen es hai en düchtigen held, åwer nitt im feld.

Helke, *iserl. familienname. Henneb.* helk, *saftlos, kraftlos;* goth. halks, χενός, πτωχός.

hell, *schnell.* — *mnd.* hilde. *F. Völk. St. I, 182:* hille. *köln.* hellig, *adv. schnell, plötzlich.*

helle, *f. hölle. aus* halja, *wie* schelle *aus* scalja. *spr.:* dai et in de helle gewuənt es, dem es et niene pine. bai vôr der helle wuənt, maut den düwel hêr haiten.

Helle, *f. ortsname bei Sundwig, bei Lüdenscheid, bezeichnet hier eine durch bergbau entstandene einsenkung des bodens* (pinge). — *ahd.* halda, declive præcipitium, *dän.* helde, *einsenkung des bodens, ags.* heald, *abschüssig, alts.* afheldit, declivis.

helle-bock, *m. höllenbock. K. S. 66. syn.* süntebock.

hellig, *geplagt, geneckt und daher wild geworden; wütend.* de hellige düwel.

Wooste.

so viel als schellig. *syn.* hellsk. — *im älteren niederrhein.* hellig, *eilig, müde;* syn zonge hinck eme uyss as eym hellige hunde. *Köln. chr. (Wallr.)* hei hait sich hellig geurbeitet. *ib., überangestrengt. H. Sachs, St. Peter mit der geiss: machtlos,* hellig, gantz müd vnd matt. *vgl. behelligen und nd.* helgen = *belästigen. Seib. urk. 463. mnl.* hillighen, moeyen. *Bugenh.* matt un hellig.

hells, hellsk, *wild, toll rennend, vom vieh.*

hellsk, *höllisch, ungeheuer.* de hellske jæger, *der wilde jäger. (Plettenb.) adv.* ik hewwe hellske lôpen.

helm, *m. helm.* he es med 'me helme geboren = *er ist ein glückskind (franz. né coiffé).* helm = *häutchen, welches den kopf eines neugebornen bedeckt.*

Helmes, *Wilhelmus, Wilhelm.*

hêlo hê, *heissa! engl.* hilli-ho! Christmas carol. *mnd.* heilo = hêl o, *o heil!*

helpe, *f. 1. eine art hosenträger. 2. = lichte.*

helpen, *præt.* halp, holp, hulp, *pl.* hölpen, hülpen; *ptc.* holpen, hulpen, *helfen.* de lü könnt sik guət helpen = *sie sind wohlhabend.* ênen üm wot helpen = *einen um etwas bringen.* ik kann mi nitt helpen, ik maut u. s. w. = *ich kann nicht umhin, vgl. engl.* I could not help smiling. dat helpe ek seggen = *dat segge ek med = das sage ich auch. häufig bedrohend.* wachte, ich will di helpen prümen plücken *(dem pflaumen stehlenden). cfr. Aesop 6, 16.* „wulde ju so helpen doren."

helstern, *sich übereilen. (Velbert.) s.* hell.

helf, *n. stiel eines beils, einer axt.* bilenhelf. Elsey. in den letzten 60 jahren ist es bei Iserlohn meist durch stial ersetzt, handhabe am reckhammer. — *Wigg. Scherft. II, 45.*

hêlf, *s.* hailf, hêf.

hêm, *n. heimat.* nå hêm, *nach der heimat.*

hêmaud *f. heimat.* — *ahd.* heimoti; *mnd.* heimode.

hême *f. heimat. spr.:* ôst un west, de hême am best. — te hême, *daheim, zu hause:* he es van freten un süpen te hême.

hêmedrift, *f. heimtrift, heimtreiben, heimreise. Gr. tüg 40.*

hêmelik, *traulich, gemütlich.* et es hir so h., se sid so h. unner sik. — *Vgl. Seib. Urk. 516:* hemelik, *zur familie*

gehörig, vertraut, verwant; Münst.
beitr. IV, 416: hemelich; köln. heim-
lich.

hêmlichkait, f. abtritt. — mnl. heimel-
camere, cloaca.

hêmisk, heimatlich. àch Gǫd! et worte
nî ganz hêmisk ûmme't hęrte. Gr.
tüg 78.

hempel, geziertes mädchen. (Velbert.)

hempeln, n. ziererei.

hempeln, coire. de lûninge hęmpelt op
dem dàke.

hęmstern, 1. arbeiten. 2. prügeln. vgl.
hamster, wie hamster aus der wurzel
ham, am geflossen. -stern ist verbal-
bildung.

hemstern, räuspern. s. rämstern.

hendälen, herunter. (Paderb.)

hengel, m. henkel.

henger für hinger, hinter.

hengest, m. hengst.

hengest-kærl, m. hurenhengst.

hênke = hengel. (Eckenh.)

hęnken, n. hühnchen. de hęnkes, dä so
frô kraiget, dä stiǝket me innen pott.
lât dat h. kräigen. vgl. span. alza el
gallo. mnl. haen, homo imperiosus.
den haen maecken, omnia pro imperio
agere, cristas erigere.

henkuǝmen, n. auskommen. he hęt sin
h. — Soest. Dan. p. 25: henkomen.

henne, f. henne. kuhnamen mit henne
zusammengesetzt: klëhenne, kôlhenne,
nęrhenne, rôdhenne, strålhenne, fäl-
henne, feldhenne.

hennen-ai, n. hühnerei.

hennen-küken, n. weibliches küchlein;
vgl. gòsekûken, hęrgǫdskûken.

hęr, m. 1. der raum über dem herde.
2. die kammer, durch welche der rauch
vom herde auszieht. syn. ässe. dasselbe
hari, welches in hęrbrand steckt.

hęr, her. bà bûste hęr? dat kûǝmt hęr
as dęr = das kommt auf eins hinaus.
(hęr = hieher, dęr = dorthin.) an-
derwärts: dat es hęr as tær. hai
kwâm hęr un schrêf ęr en braif =
er schrieb ihr einen brief.

hêr, Iserl. = hær, herr.

hêr, m. hirt. — goth. hairdeis, ahd. hirti,
mnd. herde. v. Höv. urk. 44 heyrde,
schweinhirte. Teuth. herdde.

heraf, herunter.

hęrberge, f. herberge. — ags. hereberga.

herbęrgeren, beherbergen.

hêrbrand, m. so auch bei H., feuriger
drache. er zeigt die gegend an, woher
eine braut kommen wird. s. hęwen-
brand. — ęr in hęr kann aus a-i ent-

standen sein, so dass hari sich neben
hara (anhöhe) stellen würde; also hü-
henbrand, was dem hęwenbrand ent-
spricht. hęr in hęrrǫk ist dasselbe.

herchstell. N. Westf. Mag. herstell, n.
herstellnagel am wagen.

hęrden, härten. Wenn mehl von ge-
keimter frucht verbacken werden soll,
„hęrdet" man das wasser oder den
teig mit einem glühenden eisen oder
eichenkohlen, die man darin löscht. —
hęrden = ags. heordian.

herdstowe, f. feuerstübchen, gewöhnlich
achteckig von messingblech gefertigt,
früherhin zur winterzeit in den kir-
chen von den frauen benutzt.

hêren = hęrden (Balve). vi wett de
blle hêren.

hêren, ausdauern. Kil. herdden, durare,
indurare.

hêren enge, ein schwur bei Grimme.

hęrgǫd, herr gott. spr.: use hęrgǫd wêt,
wann't tîd es. use hęrgǫd hęt ne op
twê faüte stalt, hä mant nu saihen.
datte futt küǝmt. en hûs bà use h.
den arm ûtstrekket = schenke. he es
unser h. siner lû ęner = einfältig,
blödsinnig. du büs en kêrl as en
hülten h.

hęrgǫds-blaud, n. 1. hartheu, hyperic.
perforatum. syn. jésusblaume, chri-
stusblaume. vgl. die span. sage (Co-
lecc. 16, 67): Estaba un rosal al pie
de la cruz cuyas rosas eran blancas;
cayo una gota da preciosa sangre des
señor sobre una rosa (incarnat oder
jerichorose) y les dió ese divino color.
— 2. eine gewisse rote wiesenblume.

hęrgǫds-hän, m. ein kleiner käfer aus
der familie der bockkäfer. rhagium
oder leptura. (Kanstein.)

hęrgǫds-haünken, n. marienkäfer. syn.
hęrgǫdsperreken (Brackel, Schwerte),
sümmerflögen (Eckenh.), sunnenkin-
ken (Rheda), sunnenschinken (Kierspe,
Krengeldanz), hęrgǫdsvûgelken (Un-
na). Hęrgǫdshaünken fleig op, dann
kümste wir innen hiomel (wenn es auf
die fingerspitze gesetzt ist). (Siedlingh.)
Myth. 658.

hęrgǫds-küken, n. einfältiger mensch,
frommer schlucker.

hęrgǫdsôgelken, pl. rainfarrn (Brilon).

hęrgǫds-perreken, n. marienkäfer (Apler-
beck).

hęrgǫds-finger, m. 1. epilobium. 2. roter
fingerhut (Bolwerk). syn. knapprôse
(Weitmar), oligblaume, weil oel daraus
gewonnen wird (Stephanopel), pisspott

(*Fürstenberg*), snackcublaume (*köln.
Sauerland*). *3.* gentiana campestris.
hergods-fûel = hillige vuagel (*Volmetal*).
hergodsfüale *sind:* swalûe, léiwik, bia-
kestęrt, roudbörstken, roudstęrtken,
nachtegalle, gaidlink. (*Valbert.*) krit-
swalften *aber sind keine* hilligen vüa-
gel. (*Brackel.*)
hergods - vüagelken, *n. marienkäfer.
(Unna.)*
herk, *m. hederich, heidenrettich. heiden
=* campestris. *Teuth.* hederick, zi-
zania.
herkel-mai, *m. grüne zweige, mit wel-
chen der letzte getraidewagen in der
ärnte besteckt wird; auch das letzte
getraide. s.* mai.
herkel-mann, *m. brunnen- oder teich-
geist, der die kinder hineinzieht. syn.*
watermann.
herkelsse, *n. zusammengehacktes bei der
ärnte.*
hermel, *n. hermelin. — ahd.* harmo.
hermeling, *m. =* hęrmen. (*Kamen.*)
Hęrmen, *1. Hermann. ein bauer in
Kesbern soll gesagt haben:* slecht węg
Hęrmen salle haiten, hai sall ächter
de kâue. *2. Hirmin* (Airmin). *rda.:*
dęm kamme wis mâken, use hęrgod
hedde Hęrmen; *du* mains ock, use
hęrgod hedde Hęrmen; *he* hett nitt
Hęrmen, *he* hett laiwe bęr = *deine
forderung ist eine heidnische, keine
christliche. du* mains ock, use hęrgod
hedde Hęrmen *un* sæte oppem appel-
bôme = *du forderst übertrieben. du*
hęs Hęrmen op dem nacken, *sagt man
zu dem, der keine lust hat zu arbeiten.*
es Hęrmen bî di, *ruft man dem ermü-
deten und rastenden zu. demselben
auch:* Hęrmen hęt di wol in der plâge.
*kommt uns ein bekannter entgegen und
versäumt tageszeit zu sagen, so rufen
wir ihm zu:* hęt di Hęrmen 't mûl
tausnęrt? *3. de starke* Hęrmen, *eine
märchenfigur. auch II. hatte in seiner
jugend davon erzählen hören. 4. der
ziegenbock, in der tierfabel. de* bock
hett hęrmen. (*Iserlohn.*) *5. =* schiat.
*6. zur bezeichnung von etwas grossem.
s.* kęrspels-hęrmen. *7. als schelte. s.*
hummelhęrmen. *8. für mensch im
allg.* med der tid kömmt Hęrmen int
wammes. — *Der name Hirmin findet
sich nicht selten in ortsnamen:* Her-
mes-loh *bei Hagen;* Hermes- *oder*
Herwesloh *bei Klusenstein;* Hermes-
land *bei Iserlohn. vgl.* Hearmes- *oder*
Hearwes-knapp (*kamp*) *bei Beckum,*

Esselleu Aliso *p. 211.* Hermes-hagen
bei Plettenberg. Irmin-lo *werd. trad.
und Beda* Venerab.
hêrn, *n. gehirn. ê ist aus *ai *verdichtet
und verlängert.*
hernächer, *nachher.*
hernôgest, *demnächst.*
hêrnelsse, *n. gehirn.*
hêrniatel, *f. eiternessel. syn.* hairniatel
(*Fürstenb.*). — *ahd.* heitirnezila. *chr.
d. nds. st. I,* 118° Ludeke Hedernettel.
milteld. gloss. heidirnezila. *oldenb.*
keddernettel, *wo kedder wie ledder =*
leiter, *Goldschm. V. Med. 129.* hêr
= hêdir. *unsere bauern hacken die-
selbe und mischen sie unter das futter
für junge puter.*
hêrnkasten, *m. hirnkasten, schädel.*
hêrn-panne, *f. hirnpfanne, schädel, stirn.
vgl. dän.* pande, *pfanne, stirn.*
Herodriän, *herr Urian.*
hêrôk, *m. heerrauch.* (*Hemer.*) *syn.* hęr-
rôk, haidrôk. — hê *mag hier hey
(dürre) sein, wie es Brem. G. Qu. p.
106 vorkommt. Andresen sagt: „von
den formen huarrauch, heerrauch (hö-
henrauch) bliebe die erste vielleicht
besser ganz fern, den beiden andern
steht der gebrauch zur seite. Aber
weder heer noch höhe scheinen den
ursprung zu berühren, vielmehr bei,
das in der bedeutung heisstrocken noch
in mundarten lebt." haarrauch und
heerrauch sind berechtigte formen, sie
bedeuten beide höhenrauch. für ę tritt
nicht selten â, so steht wârwulf neben*
węrwulf.
hęrpauke, *f. heerpauke, sonst beim Iser-
lohner* schüttenspial *gebräuchlich.*
hêr = hari.
hęr-rôk = hê-rôk.
herschen = röstern, rösten. — *vgl. ver-
harschen von wunden. Voss: der
schnee erharscht durch frost. Schmel-
ler: der* harsch = *gefrorner schnee.
Stalder:* harst = *harter schnee. vgl.
Teuth.* harsten. roistren. braiden. —
s. hêsten.
herte, *n. herz. wo* en *ander* en *hęrte
hęt,* dâ hęs du doch kainen stên. *he
es van* hęrten *gesund. dat* es *et im*
herten wærd. dâ hädde min hęrte
(= *ich*) *nitt an* dacht. *wenn kinder
schlucken haben, sagt man:* et wässet
ene 't hęrte. *spr.:* bat nitt van
hęrten küemt, *gêt* ock *nitt* tu hęrten.
sin hęrte *begaiten, sich bezeehen.*
Grimme.
Hęrteberg, *m, Harzberg, Blocksberg.*

hęrte-bock, *m. 1. hirschbock.* dat hęrte slätt ęm im lïwe as en hęrtebock. se sprüngen asse hęrteböcke. he lachet as en hęrtebock, *vom teufel, der vielleicht so heisst, weil er den Brocken besucht. 2. ein fastnachtsbackwerk zu Soest.*

hęrteken, *n. herzchen.* hęrtekes sind *zu* Brilon *herzförmige fladen, deren 5 in einem kucheneisen gebacken werden.* man bäckt sie auch von geriebenen kartoffeln.

hęrte-lêd, *n. herzeleid. spr.:* holt un hêd un hęrtelêd dä kuomet van selwer.

hęrtens-mainunge, *f. herzensmeinung.*

hęrtlik, *1. herzlich. 2. von speisen im gegensatz zu* kwäbbelig.

herüm, *herum, umher.* so herüm: et es acht ür àder so herüm = *ohngefär. ähnlich mnd.* dair omtrent. *vgl. engl.* about, *franz.* 8 heures ou approchant.

herût, 'rût, *heraus.* usse hęrgod kêk tem fenster rût un saggt': et werde nix derût.

hęrf, *gerüst über dem feuer zum holztrocknen. vgl.* hęb *und* harfe = hręf, hrif; *vgl. rep. Sieg.:* hêaw, *f. der untere geräumigere teil des schornsteins, worin das fleisch gedörrt wird; vgl. Kehr. 186 (Heinz. 83).*

hęrwest, *m. herbst, eigentlich ärnte, wie noch engl.* harvest.

hęrwestrûe, *m. herbsthund, f. flachsbrache.* ik hêre laiwer de schâpeslammer bläddern as den hęrwestrüen bliaken.

hês, *heiser.* so hêsk as ne krägge. — *alts.* hês, *dän.* hæs.

hęseken, *n. 1. häschen. 2. pl.* hęsekes, *der teil am geschlachteten schweine, der an der kuh* lummer *heisst.*

hêsk = hês, *s.* hês. — Laiendoctr. 60: hesch (flesch). hai bliekere sick sô hêsk as ene àlle tiawe.

hęsken, *n. füllen. s* hissken.

hęssâpen, *stark, heftig keuchen. auch im münst. — v. St. I, 291.*

Hesse, *m. Hesse.* drop, dropt et es en Hesse, *vgl. auf ihn! er ist von Ulm.* hä slätt drop as en Hesse. en blinnen Hessen.

hęsse-bitten, *pl. blutegel. (gegend von Wesel)* ss doppelt weich.

hęsse-dä, *lockruf an ziegen. (Fürstenb.)* ss doppelt weich.

hęsseln, *laut, toll lachen. vgl.* hisseln. ss doppelt weich.

hęsselte, *f. haselstaude. — mnd.* hassel. *ags.* häsel. *unsere form und die ags.*

sprechen *für* hasila; *vgl. Gr. gramm. II, p. 111.*

hessen, *hissen, hetzen, hass hass sagen. — mnd.* hyssen. *mnl.* hisschen, hitschen, hussen, hetsen, instigare. *hissen s.* reytzen.

Hessen-land, *n. Hessen. — Wigg. II scherfl. p. 41:* Hessenlant. So Th. *vervem.* Westphalenlant.

hêsten, *rösten. für* hersten.

hêstebrod, *n. geröstetes brod. mnl.* ghehęrstet broodt, panis tostus in pruna.

hêster, *f. junge buche, wie sie ein mann tragen kann. vgl. Vilm. 161. in einer Iserlohner urk. von 1695:* eichenheistern. *auch bei Richey und im Oldenb. wird es von der eiche gebraucht. das Iserlohner limitenbuch (2. hälfte des 18. jh.) verwendet es nur von buchen:* junge beucken hestergen, kleine beucken heister, böcken heister *und öfter, während es von eichen nur* telgen *gebraucht. Holthaus erklärt: baum im allgemeinen, besonders aber die dürren kleinen bäume auf den vogelherden. dass das wort ursprünglich auch eiche bedeutete, wird durch franz.* hêtre *ganz unwahrscheinlich. — mhd.* heister, *stm.* virga faginea. *alter ortsname:* Heistras. *vermutlich hängt das wort mit* heien (urere) *zusammen und bedeutet* brandholz, *so dass ein* tra (baum) *darin steckt. zu alten zeiten war in Westfalen gewis die buche vorzugsweise das brandholz. vgl.* telge *und Vilmar hess. idiotic.*

hesterkamp, *anpflanzung von jungen buchen.* K.

het *für* et (it) es, *(noch zu* Siedlingh.)

hêt, *1. heiss.* et es so hêt, dat de katten biaset. *s.* biasekâter. hêt hêt! *wird der blindekuh zugerufen, wenn sie sich irgendwo hin wendet, wo sie schaden nehmen kann. 2. fig.* et es noch te hêt *im niggen lechte, üm te saigen.* ênem de platte hêt maken *wie* échauffer les oreilles à qu. Molière.

hête-wigge, *f. heisse wecke, bei Iserl. rund und verziert, wie sie auf fastnacht gegessen wird. vgl.* koiken *(stuten auf aschermittw.) bei Seib. urk. 951.*

hêt-külsche, *f.* = hête-wigge *(köln. Sauerland), erstes wort betont. s.* kölsche.

heuer, *m. knicker* (hauer). *vgl.* klatscheuer.

hette, *schüreisen der schmiede. (Remsch).*

hęttebock, *hirschbock (Brilon).*

heiter, fûrheiter, *ein comfort, worauf mit holzkohlen gekocht wird.* K.

heute, hôte, *böse, gram.* Shiglb. (Scheller) *p. 1 188:* de hoiter = *desto schlimmer.* — *alts.* hoti, huoti, infensus, iratus. *goth.* hvotjan.

hêf, hêlof, *buchweizen.* (Ründeroth.) *vgl.* hailf.

hęwe, *f. hcfe.* drôge hęwe. (Unna.) — *ags.* häfe, *n.; mnl.* heffe, hevel. ę = a + i. *zu Fürstenb. heisst die eigentliche hefe* gäst, *der hefenartige bodensatz des biers* hęwe.

hęwen, *m. himmel, horizont, nur in sinnl. bedeutung.* — *alts.* heban, *ags.* heofon, *engl.* heaven. ę = ĕ. Teuth. heven *ebenso.*

hęwenbrand, *m. feuriger drache. syn.* hęrbrand. *vgl. zu* brand *in Münst. g. qu. III, 112:* sêbrandt, *wahrsch.* = *nordlicht.*

hewwen, *præs.* hewwe, hęs, hęt, *pl.* hett; *prœt.* hadde, *pl.* hänn; *ptc.* hatt, *haben.* vi glöften, de kau hädde melk wåren. *spr.:* wamme siot: häddik! dann es et te läte. ên hewwik es bęter as twê häddik. hädde schitt int bedde, wann hälde wær opstân, hädde et kain nôd dân. — hewwen es bęter asse krigen. me maut viel dauen bâ me nix van hęt. *als hülfztw. für sein:* se möchten wir ümmekärt hewwen. ik mainede, hai hädde krank wåren. hai hädde kuęmen. hai hädde gân. hęs du allêne gân. se hän weg gân. ik hewwe lopen, hęt bliąwen. *beim reflex.:* ik hewwe mi fallen. ik hewwe mi będt. ik hewwe mi restet, — stǫrtet. hai hęt sik in de stǫwe lôert. *für halten:* dęn hęt me as en fisch am stęrte. *refl.* hewwen = *sich benehmen, sich verhalten:* du mausti annera hewwen. bu hęt sik dat? *wie verhält sich das? schon mnd.* sik hebben mid = *sich verhalten gegen.* bu hęstu di dämet hatt? *refl.* hewwen = *sich zanken:* se hett sik hatt. ik hewwe mi med ęm hatt. derby hewwen = *betrügen, anführen:* ênen derby hewwen (àder krigen). hai hęt us derby hatt. *andere hatt.:* dat hęt wat op sik = *ist wichtig.* dat hęt wat te seggen, *ebenso.* dat hęt nix te seggen = *das macht nichts.* hai hęt et annen tępen, *wie das span.* haberlo de las muelas.

hewwe-rechter, *m. haberecht, rechthaber. vgl.* lâkenfeller, hampelknüffer.

hewwerechtig, *rechthaberisch, eigensinnig, störrisch.*

hêza, heisa. hêza sunte mêrts vüągelken! *kinderreim.*

hî, *anruf an esel zum halten.*

hibliwens-kęrken, *n. hierbleibens kärrchen:* du sass op h. fôren = *du sollst zu hause bleiben. auch* Gr. tüg 35. — *arr oder* ḱr + i = ęr.

Hick, *m. 1. einer aus dem Hickengrunde. 2. der held eines märchens.* — *engl.* hick = *tölpel. vgl.* hegel. Hicken, *zigeuner.* K.

hicken *im sprichw.:* bai well helpen hicken, maut ock helpen picken. (Brackel.)

hickeln, *wackeln, von der messerklinge.* — hicken = *hinken, engl.* hitch, *wol eigentlich: eine biegung machen.*

hick-haek *für* hacke, *wie* snick-snack *für* schnacke. Firm. I, 352.

hick-hick, *maden im käse, vom springen benannt.* — hickan = hippan, *wovon* hüpfen.

hiąge, *f. 1. hecke. 2. weichen, der reihen oder die linie, wo sich der bauch an den schenkel schliesst.* — *ahd.* hegadruosi, inguina. Gr. gramm. II s. 417.

hiąge-disse, hiąge-dissel, *f. eidechse. syn.* ląge-disse. — *alts.* egithassa; *mnl.* haghedisse; Nieheim: aidesse; Wilge im Wald: ägedesse; Kil.: haegdisse, heghdisse lacertus ab haeghe siue heghhe quod circa sepes in dumetis etc. degat.

hiąge-düst, *m., eine geschwulst am halse oder unter den armen.*

hiągeling, *m. geschwulst am halse, bei tieren.* (Marsberg.)

hiągenknîpe, *f. heckenscheere.* (Marienheide.)

hiąge-stôter, *m. heckenstösser, falsche grasmücke. vgl.* Schamb. *bei uns sagen die kinder:* ik well di en hiągenstöter wisen. *wenn der kamerad dann mit zur hecke geht, wird er hineingestossen. auch* H. *kennt dies.*

hiąkel, *f. hechel. statt zur erhaltung des kurzen a den cons. zu verdoppeln,* (heckel) *wurde io gesprochen.*

hiąkel-kræmer, *m. hechelkrämer.* he spêrt sik as en hiąkelkræmer.

hiąkeln, heckeln. hiąkelt flass.

hiąkeltand, *m. 1. hechelzahn. 2. ein durchzieher.*

hiąkster, *f. häher,* corvus glandarius *und* nucifraga *gehen unter dem namen* hiąkster. *so bunt as* ne hiąkster. bai ne hiąkster ûtschicket, kritt en bunten vuogel wier. — aus hag-egester. mnl. hiestre, graculus.

hialstråte, f. milchstrasse. vgl. hialwęg.

Hialwęg, m. hialw. K. Hellweg. MB. III, 710 Helweg, 720 Helleweg = heerweg. die noch unter dem volke geltende meinung, dass hial = hell sei und auf einen durch wald gehauenen weg gehe, wird richtig sein.

Hialwes-loh, Hęrwes-loh, Hęrmes-loh, ortsb, welche wechseln.

hiamd, n. pl. hiamder, 1. hemd. du büs en schelm äs wid di't hiamd gęt. spr.: et hiamd es mi uręger as de rok. 2. federhemd. de henne hęt en hiamd åne, volksreim.

hiamdknöpken, n. 1. hemdknöpfchen. 2. pl. römische kamille.

hiamd-slippen, m. hemdzipfel, schoss am hemde.

hiamds-mouge, f. hemdärmel.

hiamedsnapp, die schlitzen am mannshemde trennen den vorderen und hinteren snapp.

hiamel, m. himmel.

hiamelfard. wan't in der nacht vȯr h. früset, gerät 't kårn nitt. de bür liet am Åvend vȯrher en naten siden dank derbüten hen. es dai am morgen stif froren, dann siet 'e: nů kann 'k 'ne flasche win drinken, nů stätt 't kårn op. gegend von Iserlohn.

hiamelmêsen, rögel, die noch nicht ganz flügge sind, auf einen schwebenden stab oder ein brettchen setzen und durch einen schlag auf diesen stab in die höhe schnellen. syn. wippgalgen, krewippen (Alberingw.), wipsen (Rheda), tántewippen. — das wort scheint zu vergleichen dem engl. skylark. skylarking bezeichnet das auf- und niedergleiten der matrosen als belustigung. in diesem falle müsten meisen zuerst von rohen hirtenbuben so behandelt sein. vgl. das krötenemporschnellen (to fillip) bei Engländern. anmerk. zu Shakesp. King Henry IV.

hiameln, sterben. vgl. dän. himle. die wörter hängen wol mit himen, spirare, vgl. Hennink de hån, zusammen.

hiamelssiage, f. donnerziege, heerschnepfe, scolopax gall. man hält sie für ein gespenst. vgl. d. myth. s. 168. — Wedd. III, 277: himmelsbock.

hiemsen, abfüden, z. b. erbsen. Weddigen.

hiawe, f. hüfte. vgl ahd. hebi.

hiawelsche, f. hebamme. köln. hevelsche. syn. mnl. hemoeder. köln. hevemoeder, westf. urk. v. 1379: heyvemoder, hevemoder, wisemöer.

hiawen, heben. dat küomt van allem hiawen un bören. de wind, då sik med der sunne hiawet un liat, brenget selten regen. — mnl. hebbian, heffian, hevon. hir bei anlehnung für hirt, liet, hiewet: spr.: de brannewin es en schelm: hai smitt ümmes in den dreck un hirne nitt wir derüt.

hiawig, schwerfällig. he gęt so hiawig. he hęt en hiawigen gang. ags. hefig, alts. hebig, engl. heavy, ahd. hebig, gravis, molestus.

hilde, f. = hille. (Fürstenb. b. Büren.)

hilgen, m. heiligenbild; bild überhaupt.

hilgen-drai-küaninge, pl. h. drei könige. he süht de h. drai küeninge fȯr spitsbauwen an = er ist trunken.

hiling, m. ehegelöbnis, verlobungsfeier, polterabend auf dem lande. — mnd. hillik für hiwelik.

Hilkenhȯl, ortsname an der grenze des Iserlohner stadtgebiets. s. tillitken. derselbe name bez. einen grossen tiefen teich bei der kleinen burg unweit Ardey. cfr. Pieler Ruhrth. s. 94.

hille = hilde, f. 1. unterboden (über dem kuhstalle) für futterheu und stroh. ostfr. wie bei uns. dat wer fȯr op de hille = das würde einen schlimmen zank veranlassen. vam balken op de hille = vom pferde auf den esel. — holl. hild. Ravensb. hêle. osnabr. hile. Kil. schelf, hilde, foenile, tabulatum, pabularium. 2. emporkirche. K.

hillesblaume, f. gelbe wucherblume. syn. hilligesblaume (verlobungsblume), kwåe blaume.

hillig, heilig. — alts. helag.

hillige dage, pl. speckwürfel in würsten.

hilligen-frętor, m. abergläubischer, bigotter mensch. vgl. hiligen-biter, scheinheiliger. Shigtbook 144.

hilligen-blaume, f. = hillesblaume. (zwischen Valbert und Meinerzagen.) die blume mag wegen ihrer gelben farbe einer ehegottheit heilig gewesen sein.

hillige-für, n. gewitter. Dortm. dat hillige für es dröwer gån, sagte ein alter gärtner und wollte damit die ursache der kartoffelkrankheit nachweisen. vgl. hillige wetter = gewitter, Münst. g. qu. 3, 144.

himmerte, f. himbeere. syn. himperte, immerte. — ags. hindbęrje (= hind-

berige), *dän.* hindbær, *Teuth.* hyns-
bere.
himmerten appel, *eine sorte süsser äpfel.*
(Siedlingh.)
himperte = himmerte.
himphamp, *m. eine verwickelte, verwor-*
rene, verdrehte sache. etwas liederlich
gemachtes. dat es en himphamp op
de ølgckrûke = *er will mit der wahr-*
heit nicht heraus. — *Laurenb. IV, 444.*
vgl. hampelu, hampelhannel.
hinger, *hinter. (Marsberg.)*
hingerÿwermorgen, *tags nach übermor-*
gen. (Fürstenb.)
hinken, *hinken.*
hinkebûr, *ein spiel. mit gefalteuen hän-*
den hinkt einer den andern nach. bis
es ihm gelingt, einen zu schlagen, der
dann seine stelle einnehmen muss.
(Unna.)
hinner, *hinter. Must. 1.*
hinnern, *hindern.* em hinnert alles, so-
gar de flaige an der wand.
Hinnerjettken, *Henriettchen.*
Hinnerk, *Heinrich. s.* knollenhinnerk,
stinkhinnerk. *im anfauge des 13. jh.*
Henricus *und* Heidenricus; *ersteres*
scheint also nicht aus Heidenr. *zu-*
sammengezogen.
hipp, *m. hüfte.* — *ags.* hyp, hyppe;
engl. hip. *spr.:* wann 't en unglücke
sin sall, kann me op den rügge fallen
un tebręken den hipp.
hippe, *f. ziege. westl. Mark und Berg.*
de hippe hûen, *ein kinderspiel. Heyne*
(Gr. wb.) stellt heppe *zu* hapar, haber,
ziegenbock.
hippe, *f. hypochondrie.*
hippenbang, *bange wie eine ziege. s.*
hitte.
hippenbârd, *pfl. bocksbart?*
hippendaif, *schmetterling.*
hippendutz, *so pflegen kinder zu sagen,*
wenn sie die köpfe zusammengestossen
haben.
hippenbock, *m. ziegenbock; fig. schneider.*
(Weitmar.)
hippken, *n. zicklein. spr.:* en åld hipp-
ken lüstet doch noch wol en graûn
blädken.
hirâd, *f. heirat.*
hirâen, *heiraten.*
hirâensmâte, *heiratsfähig.*
hirts, *n. hirsch.* — *köln.* birz, *n. holl.*
hert, *n.*
hirtssprung, *hirschtrüffel,* cerviboletus,
wird im kr. Iserlohn gefunden. syn.
hêdappel.
hirümme, *hier in der umgegend.*

hissen, *hetzen.* — *mnl.* hissen, sibilare.
spr. ik hisse dt un dû hissest mi,
dann siffe van allen sien fri. — *Bugenh.*
hitzen.
hissken, *n. füllen. fig. als liebkosender*
lockruf. hiasken kiasken bit da 'k di
am séle heffe. *rda.* ik segge nitt:
hissken hissken! = *ich gebe keine*
guten worte. — *ags.* hise, mas. *Seib.*
urk. nr. 511: hisseken — kamp. — *Firm.*
III, 89ª. Mda. IV, p. 35. s. hesse-
bitten.
hissperreken, *n.* = hissken. hissfülleken,
ganz junge füllen. K.
hitt hitt! *lockruf an ziegen. syn.* hesse
dä.
hitte, *f. ziege (östl. Mark).* 'ne bange
hitte.
hitte, *f. 1. (selten) hitze:* de hitte bren-
get de witte. — *altn.* hiti; *mnd.* hitte;
holl. hitte. *jetzt bei Iserl.* hitse. *2.*
stück heisses schmiedeeisen. (Lüdensch.)
hittenbock, *m. ziegenbock. Dortm.* hit-
tenbuck.
hittenbêr, *m. 1. ziegenhirt. 2. weber-*
knecht (afterspinne).
hitten-mai-ránke, *f. geissblatt. (Iserl.)*
syn. honigblome. *(Solingen.)*
hitten-moer, *f. frau, die eine oder meh-*
rere ziegen hält. de ållen hittenmôers
giət bi us noch wol den hitten nåmens.
Sundwig.
hittenranke, *f. geissblatt. (Kalthof.)*
hittlamm, *n. ziegenlamm.*
hiwamme, *f. hebamme. (Siedlingh.)*
hiwelte, *f. in de hiwelten springen* =
aufgebracht werden. zu hicwen. *Sparg.*
fäden, durch welche das zu verarbei-
tende garn geht, verschieden von kamm.
cfr. Curtze, wald. glossar. *garn, durch*
welches das zu verarbeitende gespinst
durch geht.
hô! *beginnen sätze, deren inhalt verwun-*
derung erregen soll: hô, bat was dat
en zech!
ho hô! *verwundernd.*
hobbeln, *watscheln, von der ente. s.*
huobeln. to hobble, hoppeln, *hinken.*
Hôborn, *f. n. entstand aus* „dat (gud)
Hovetborn" *in Oberhemer. Luth. vorr.*
z. Sap. Salom.: houetborn, hauptquelle.
hüchte, *f. höhe* = hôgede.
hochtíd, *f. 1. hauptfest:* op de vèr hoch-
tidsdage (h. *selten). 2. hochzeit. spr.:*
van dåge es h., tin måren krüzeser-
finduug.
hodde *s.* hoddelte, horre. hodde *oder*
hardkopp, *fisch.* gôse, aland, cyprinus
jeses.

hoddel, *hode, geile.* — *ahd.* hodo. *vgl.*
hûdel *und verhuden, castriren.*

hoddel, *m. zerrissenes gewand, lappen,*
lump. — *mhd.* hadel, hader. *ahd.*
hadara. *märk.* huadel. *Frisch* hudel.

hoddelig, *zerrissen, zerlumpt.*
sek hoddeln *in* et hoddelt sek, man
„lappt" sich so hin.

hoddelte, *f.* = grunselte, *ein kleiner*
fisch, der besonders hechten zur nah-
rung dient.

hodder! *fuhrmannsausdruck* = jü;
Firm. V.-St. I, 418.

hodderschuadel, *schaukel (auf dem*
lande). K.

höge, *1. hoch. compar.* högger; höchter.
Grimme. superl. höggest. ek well di
wat höge leggen, dat du di nich haufes
te bücken. ût dem höggesten bôme
wie ex summa arbore. 2. östlich. de
wind es höge. *ebenso hängt* wist *mit*
winster *und* west *zusammen. steckt*
in hott *ein* ho = *rechts, so muste*
man das gesicht nach norden wenden.
auf den Färöer bezeichnet der hoj *at*
den nordwind, der lav *at den süd-*
wind. cfr. Landt. p. 159. hohe seite,
niedrige seite = isl. atta. *cfr. auch*
oben — *unten. wir nennen das ber-*
gische unten.

högg, *n. heu. (Paderb.)*

hoggen = haugen, hauen.

högreve, *noch zu anfang d. jh. amtstitel*
in Schwelm. v. St. XX, s. 1343:
amtman of hogreve. hogreve *und*
schepen besetzten das gericht, *für*
welches Lüdenscheid der overhoeff *war.*

hoi hoi ! *ruf der schlachtviehtreiber.*

hüjæger, *m. der wilde jäger (Massen,*
Kessebüren.) syn. jäger Joil, ewige
jäger.

höjänen, *gähnen. (Paderb.)*

hoibaum, *m.* = wiasebôm. *(Fürstenb.)*

hüig, *was auf einmal an getraide ge-*
hauen wird, schwaden.

höker, *kleiner heuhaufen. vgl.* höcker,
gibbus.

hol, *hohl.*

hol, *n. loch. pl.* höler. mûsehol. —
Seib. qu. I, p. 417: leym holleren =
lehmgruben. siupen as 'en hoâhl.
N. l. m. 30.

holängter, *holunder. (Velbert.)* — *ahd.*
holuntar, holantar. *Pf. Germ. 9, p.*
21: sambucus, holenderboum. *Teuth.*
holenter, vlyederen.

hold, *hohl. Iserl. limitenb.: „eine holde*
eiche".

hol-dâwe, *f. ringeltaube. (Lüdensch.).* —

ahd. hola tuba. *Pf. Germ. 9, p. 17:*
holduua. *Kil.:* holduyue *jetzt* hout-
duyue. *dies* hol = *hohl. unser* dûbha
wird einst thumba *gelautet haben und*
lat. columba *für* colthumba *dasselbe*
wort sein.

holepipe, *f. hohlpfeife. s.* flaüten.

holerich, *hohl.* flaütepipen sind holerich.

Holland, *Holland.* nû was H. iu nôd
un guaden râd dûr.

Hollen, *pl. für* Holden, *zwerge. sagen*
im kr. Altena. s. schon hollen.

hollern fôr, *wirbelwind. s. Myth. 599*
und 247.

höllerte, *f. holunder. syn.* allerte, ho-
längter, alhôrn *(Rheda). Kil.* holder-
tere, sambucus. höllerte *ist zunächst*
= holder.

holl öwer troll, *alles kraus und bunt*
übereinander. K.

hölpen, *hosenträger. (Velbert.)*

holschenhinnerk, *tölpel. K.*

holske, holsken, *m. holzschuh.* latt di
nitt in dinen holsken pissen, *leide*
nicht, dass man sich in deine häus-
lichen angelegenheiten mischt, eigent-
lich aber wohl: leide nicht, dass dein
weib einem andern zu willen ist. s.
pissen. 't es en holsken = *es ist*
eben nur ein weib. — *das* n *stammt*
aus dem plur., der natürlich am mei-
sten vorkommt vgl. hansken.

holsken-mäken, *n. holzschuhmachen.* de
hunnerdste menske verstêt 't h. nitt.

holsken-meker, *m. holzschuhmacher.* dä
sittet sik im lechte as in h. *v. Höv.*
urk. 41: holtschomekere.

holster, *f. jagdtasche* = holfter. — *altn.*
hulstr, theca; *dän.* hylster; *ahd.* hu-
luft, hulft, hulst. *Teuth.* holfter dat
leder dair men en armborst mit be-
schuyrt. *vgl. oldenb.* holster, *kleiner*
junge.

holstern, *eigentl. aus der holster packen,*
cacare.

holt, *n. pl.* hölter, *1. holz.* de blagen
wasset op as et holt im berge. dai
lü hett kain guad holt am troge. dä
het de bûr noch enerlai holt am diske,
wird von denen gesagt, die mit ihrem
gesinde an einen tisch gehn, wie es
früher allgemein war. 2. wald. im
repplied: gà löp mi int holt. *zu*
Büren: int holt gân. *mwestf.* holter
= *gehölze. v. St. IX, 176.*

holtaske, *f. holzasche. im 15. jh. war*
noch von aschenholt *die rede, d. i.*
gewisses holz wurde zur gewinnung
von asche verbrannt. so wird bei v.

St. IX, 176 bernholt, kollholt, aschen-holt *und* timmerholt *unterschieden.*

holtdaif, *m. holzdieb. spr.:* en h. het god laif; àwer he kûomt nitt in 'n hiomel.

holtdûwe, *f. holztaube. (Fürstenb.)*

holter, holder, holunder. *(Odenthal.)*

holter ti polter, *hals über kopf, drunter und drüber.* — *dän.* hulter til bulter. ti *oder* di *auch in* klupp di klapp, grubbel di grabbel. *über* h—p *vergl.* hoppel poppel, hample pamp. *für p auch* b: huller buller, stolterboltern.

holtern = **stoltern** = **stolpern** = **holpern,** *daher der beiname* Holters-koken *(dictus H. Seib. urk. 556, p. 124) stolperbein bedeutet.* stoltern *vermutlich* = stholtern.

hölting, *m.* hölzing, holzhund. *mit här* hölting *pflegte man, wie mir alte leute erzählt haben, den wolf anzurufen, als es deren noch dann und wann in unserer gegend gab. der glaube an wer-wölfe war damals hier recht im schwunge und man sah leicht in dem schon selten gewordenen wolfe einen werwolf, der durch jenen ehrentitel vermutlich begütigt werden sollte. vgl. myth.* hölzinge, waldhunde Wodans. — *v. Höv. urk. 77:* holting = hol-zung.

höltken, *n. kleines holz.* dai lôpet med 'me höltken = er ist halb verrückt. *osnabr. (Lyra 155):* de löppt met 'n dölfken.

holtmark, *f. holzmark.* — *alts.* holt-marka. *Werd. register.*

holtsrk, *m. holzapfel.* so saite as en h. *K. s. 64.* Dortm. holtschurk.

holtweg, *holzweg.* du büs oppem holt-wege. *prov. 12 anm.* holdtwech.

holwe, *f. der frontbalken, auf welchem das strohdach ruht und der den hä-nenhöltern parallel läuft. unner der holwe, im winkel zwischen strohdach und grundbalken.* — *vgl. Frisch,* holm, querhols.

Holwe, *f. n. früher* Holoj *geschrieben, was aus* ho-loh, hochwald, *entstanden ist.*

honeke, hornisse. *K.*

hönerbeeren, *pl.* = melbeeren.

hönerhörd, *f. 1.* = haonerhord, hauner-fiskel. *2. die höchste empore in der alten Schwelmer kirche.* Holth.

honertse, *f. hornisse. (Halver, Marien-heide.)*

honig, *n. honig.* dai well honig ût allen blaumkes sûgen = *er versucht alles.*

— *ags.* hunig, *n. huspost. trinit.* = dath honnich.

honig-ber, *f. honigbirne.*

honigblöme, geissblatt. *(Solingen.)*

honsdag, = godensdag, mittwoche. *vgl.* hûdråwe, hamfen, hulfern. *Ravensb.:* jonsdag. *vgl. den Hodenjäger und dazu engl.* Hooden *bei Kuhn, westf. sagen I, s. 95.*

honschaft, *f. bauerschaft. (im Bergi-schen.)*

hôp, *m. 1. haufen. 2. hauf eisenstein zu Sundwig* = 60 möllerkarren. *Eversmann.* te hôpe, *zu hauf, zusammen.* wann't kûomt, *dann* kûomt et te hôpe. te hôpe kuemen, *sich heiraten.*

hôpen *in en* hôpen. *1. viele.* wulf wulf tûh, et kuomt en hôpen lû! se sid en hopen verfroren, *viele davon sind erfroren. 2. viel, oft, sehr.* he es en hôpen krank.

hôpen, *häufen.*

hopedôd, todtgehofft. *spr.:* hopedôd het kain nôd. — hôpe = gehofft, *wie* hacke *in* hackedûse, hackemaus.

hopen, *hoffen. spr. et beste muot* me hopen, *et böse* kûomt *van selwer.*

hopenunge, *f. hoffnung.*

höpken, *n. 1. häufchen. 2. fig.* en klain h. = *ein kleines kind. vgl. Vade-mecum* Tremon. 1719: *er ist und bleibt ein kleiner hauff und wächst wie reiffe gerste auf.*

hoppel, *m. dicker knicker. s.* höppel. es ist = hopper, höpper, hüpfer, springer, läufer. *vgl.* drängel *und* dränger.

hoppela! *ausruf, 1. wenn etwas fällt, wohin es nicht soll. 2. wenn man kindern über gossen, gräben u. s. w. hilft.*

hoppelpock, advocatenschnapps, *ein ge-tränk von rum, eiern, rahm, zucker. (Wenigern.) vgl. Teuth.* en stemme macet men guot mit desen dranck. Fonasgum *vel* fonasga *indeclinabiliter. kann punsch daraus entstanden sein?*

hoppelpoppel, *m. ein getränk von bier, eier u. a. syn.* hoppelpock. — *poppel ist emphatisch zugesetzt, wie* polter *in* holter di polter. *vgl. mnl.* hobbel sobbel, hobbel tobbel, nit wilt, on-dereen, *ein „durcheinander".*

höppel-tiewe, *f. läufische hündin. (Kr. Brilon.)*

hoppen, *m. hopfen. spr.:* an dem es hoppen un mält verloren.

hoppen, zurückgehen.

höppen = hüppen. *(Odenthal.)*

höppling, *m. frosch. (Odenthal.) vgl.* höpper.

höpper, *m. frosch. (Nieheim, Fürstenb.)*

höpperstöile, *pl. pilze. ibid.*

Hoppetluchen, *name eines erdmännchens.*

hoppe *in* nich hoppa hügger kommen = *nicht bemittelter werden, nicht voran kommen.*

hoppsassa kanînenflês, *ein kinderspiel in Iserlohn.*

hôr, *f. 1. hure.* hôren làtt sik vörüt betälen. jo slimmer hôr, jo beter glück; jo grötter daif, jo dünner strick. ik sin et allêue nitt, es der hôren er trôst. dai ne hôr sik niamt te êren, es en schelm of well êneu wêren. *2. die dame im karnüffelspiel.* — *Schon goth.* hôrs *(ehebrecher), ahd.* huorrâ *(aus* huorja) *und* huorâ, *mhd.* huore. *f.*

hôr *für* hôrde, *f. hürde, schafhürde, flechtwerk sum trocknen.*

hôrd, hourd, *pl.* hôrden, *f. 1. heck,* (Kierspe.) *goth.* haurds, *die verschliessende tür. 2. gestell, namentlich* haunerhôrd, *f. gestell, auf welchem hühner übernachten. vgl. engl.* bookhord.

hôrdelse, *f. hornisse. (Valbert.)*

hôrdpost, *m. heckpfosten.* dûwel oppem h.

hôren, *huren.* dâ hôert, dâ snôert.

hôrenblâge, *f. hurkind.*

hôrenjæger, *m. hurer.*

hôrenpack, *n. hurenpack.*

hôrken, *horchen.*

hôrkind, *n. hurkind. spr.:* en hôrkind het kæn unglücke.

Hôrkenstên, *m. (bei Hattingen) wird ags.* eorcanstân, *heiliger stein entsprechen. syn.* Tiebelssteine, Düfelssteine *und* Herkensteine. *N. Westf. mag. II,* 215: *einer in Brunsteinshofe bei Bochum, ein anderer bei Buscheishofe am wege nach Herbede.*

hôrker, *m. horcher. spr.:* h. an der wand, hært sine êgeue schand.

hôrnsche, *f. hornisse. (Meschede.)*

hôrnte, *f. hornisse. (Hemer.) — ahd.* hornut, *ags.* hyrnet, *f. Teuth.* hornte.

horre, *f. kleiner fisch. syn.* hodde, hoddelte.

Hôrsch, *f. n. — alts.* horsc, alacer, prudens; *ags.* horsc, celer, prudens. *wird zusammenhangen mit* hors = hros *(ross) zu* hreosan, ruere.

Hôrst, *f. ortsn.* hurst *eigentlich staude, stengel. die brechung* uo *erscheint*

schon *bei Cæsar. Dial. mirac. I, 71:* in castro Huorst.

hose, *f. strumpf. — ahd.* hosa, *f. calza.* dat es em in de hosen drôget *(backen)* = *das hat er vergessen; auch bei H.* dat es ne hillige hose, mär der es so'n swærenôds sock âne = *es ist scheinheiligkeit.* dai het saihen, dat de weld niane hose es. blâe hosen, *die der brautwerber sonst für seine mühe bekam. (Menden.) spr.:* wol âu, es guot för ne enge hose. me lôpet nitt so med hosen un schau in'n hiamel. ik well em wol de hosen opbinnen.

hotschel, *f. getrockneter apfelschnitz. es muss den begriff „zusammenschrumpfen" enthalten; vgl. Geil. v. K.:* der buer fing an lachen, das er ineinander hotzlet. *s.* hotse, hotto.

hotse, *f. zigeunerin.* wicke-hotsen = *wahrsagende zigeunerinnen. syn.* swatte wiwer, heiden. — hptse = hotsel.

hotsel, *f. verschrumpfte alte.*

hott, hedd! *ruf des fuhrmanns, wenn das pferd rechts gehen soll.* — ist hâr (links) *verkürzt aus* wist hâr (links her d. h. nach der seite, wo der fuhrmann geht), *so wird* hott *oder* hodd *ein rechts hin enthalten. ich denke, dem* höh (rechts, s. höge) *wurde dar beigegeben. vgl.* hoddir, *daraus entstand leicht* hotta, *welches sich weiter in* hott *oder* hodda *verkürzte. vgl. franz.* hurhaut, *altn.* hott, equisonum clamor.

hott, *molken. (Lüdensch.). — vgl.* schotten, *ahd.* scotto. *als* sc *sein s verloren hatte, konnte c in h verschoben werden. vielleicht ist* scotto = scorto, scroto *und hängt mit* schrâen *zusammen.*

hotte = hott, *pl.* hotten *oder* hottenmelk, *geronnene süsse milch. — holl.* hot, *molke. Kil.* hotte; *matten.*

hottekietel, *m. kessel mit geronnener milch.* de krûne-krânen nemet im herwest den hottekietel med, im frôjâr brenget se ne wier. (Frömern.)

hotteln = hoppeln, wabbeln, *in zitternder bewegung sein:* et es so fett, dat et hottelt.

hotteln, *gerinnen.* det blaud sall ug imme liwe hotteln âse de melke bi gewitter. op de àlle hacke 44.

hotten, *hotten bilden, gerinnen.* de melk hottet.

hottenstên, *m. faulschiefer* = hortenstên = hrotenstên, *dachstein, schiefer? oder denkt man an seine entstehung*

im wasser? ein gewisser fauler stein,
der sich leicht spaltet. (Weitmar.) —
goth. hrot.

hotteperd, n. pferd in der kindersprache.
von hott, hotta.

hotteperreken, steckenpferd.

hottewäge, m. im kinderreim: sige säge
hottewäge u. s. w.

hottrümme, rechtsum. Muster. 76.

höft, n. = höwed, haupt. ten höften,
zu den häupten, am kopfende.

hof, m. pl. höwe, hof. in Dortm. patri-
zierwohnung.

hoven, feierlich einherziehen.

hofmud, m. hochmut. (Hamm.) — dän.
hovmod.

hofor, f. hochfurche. — mnd. hoge foere.

hoffärd, f. hoffart. spr.: h. maut pine
lien. = hö fard.

hoffärig, 1. hoffärtig. 2. starr, von der
butter. 3. hoffärig hungrig, nach de-
licater speise verlangend.

hofferen, cacare. — Tappe 28b: du
magst wol jung sein, du hoffierest aber
durch eyn alten ars.

höwed, n. haupt. et stiget em int hö-
wed, 1. er wird stolz. 2. er wird auf-
gebracht. f. n. Rödhöwed (Rothöft),
Witthöwed (Withöft). — alts. höbid,
mnd. hövet.

höwed-band, n. ein teil des pfluges.

höwed-enne, n. der teil des bauernhauses,
der stuben und küche enthält. vgl.
nien-enne.

höwed-like, f. hauptleiche, leiche eines
erwachsenen.

höwed-krankhait, f. s. dull.

höwen, præt. haufte, heben. Gr. tüg 21.

hu! ausruf beim erschrecken.

hü! ausruf des fuhrmanns = sachte,
sinnige. hü-hott! = sinnige hott!
hü-hàr! = sinnige hàr!

hâ, hui. im hû = im hui.

hubbelich = humpelig, hinkend.

hubbeln, hinken. — engl. to hobble. s.
humpeln.

hücheln nà wot, nach etwas verlangen.
vgl. hüchen, hauchen, aspirare. syn.
nücheln, gilen.

hucht, m. 1. strauch, staude, auch der
kartoffelstrunk. gailhüchte heissen bei
Büren üppige stellen im getraide. 2.
haufen (heu). — mnl. hocht, frutetum,
fruticetum. — Wald. huft, m. hohes,
dichtes getraide, gebüsch, haufen.

huck, sitzen, aufsitzen. spr.: des àwends
huck. des morgens tuck.

huck, m. winkel, ecke. — ags. hylc.
holl. hoek. dän. huk. Teuth. hoyck.

hucke, f. kröte. so fals as 'ne hucke.
so giftig as 'ne hucke. so swart as
'ne hucke. ick maut doch alleu
hucken de köppe selwer afbiten. ik
hewwe der hucke den kopp afbiaten
= ich habe kurzen process mit ihm
gemacht. spr.: ne hucke un en frau-
menske sitt twe glensche dira: se hett
bai kainen stert. — Seib. qu. hucke-lo,
ortsname. hucke hängt mit hûken,
hocken zusammen. Alts. huc. Mda.
VI, 15: hötsch, h u t z k e.

hucke-dicke, so dick wie eine kröte. 'ne
huckedicke flês. (Altena.)

hucke-dôd, mausetodt. vgl. ostfr. pogge-
dôd.

huckeln, rollen. Sparg. K. s. 75. s.
hukstern. de thrönen huckelden.

huckemäigen, mähen, aber nur vom
mähen der linsen. (Fürstenb.) Wald.
hucken, mit der sichel abhauen und
dann walkweise hinlegen. (Curtze.)

hucken-blad, n. eine pflanze.

hucken-krûd, n. 1. nasturtium amphyb.
2. polygonum persicar. amphyb.

hucken-pâl, pilz. (Elsey.) vgl. Ravensb.
poggenpohl, champignon.

hucken-pol, 1. polyg. persicaria. 2. eine
in mistpfützen wachsende pfl. polyg.
hydrop.

hucken-pult, pilz. pult = bülte, aus
boletus.

hucken-spigge, f. kuckukspeichel, saft
der schaumcicade.

hucken-staal, m. pilz. (Hemer.)

hucken-ströper, m. benennung eines
hirtenknaben bei den pfingstgebräuchen
im kirchsp. Lüdenscheid.

hucke-packe, huckepack, auf dem rücken
hockend wie ein pack.

hucke-pôte, f. krötenfuss. 'ne huckepôte
op de stern drücken, vom geisterbanner.

huckepucke, eichel, im rätsel: hucke-
pucke heng, huckepucke fell, kämen
vêr rûfaite, wollen huckepucke hêm
saiken.

hûd, f. pl. hûe, haut. — mnd. hût.

hûdeappel = hûeappel, m. apfel, der
sich hält, daueräpfel wie audacker,
ossenkopp.

hûdelte, f. flasche von weidenbast, wie
sie kinder machen, um darin beeren
aus dem walde mitzunehmen. syn.
basselte, rump, schollerte, schrûwe,
trottelke, schelle. gehört wie hûd zu
hiudan, hiuthan, tegere.

hûdrâwe, gunderebe. (Fürstenb.) — holst.
schrote. mecklenb. schreu. ahd. gun-
dereba. rave für rebe hat auch L.

v. *Suthen.* huder, *bei Schiller (Zum Kräuterb. I, 22b), scheint doch nicht aus* hedera *verderbt. ich denke* hûd *für* hund = gund, *wie* honsdag *für* gonsdag.

hâd-sad, *ganz satt.* Barbieux antibarb. s. v. soûl (tout son soûl, houtsatt).

hudel = hoddel, *der hudel, lappen, lumpen.*

hûelen, *wühlen. vgl.* hol, küol-bær.

hûen *für* hûden, *præt.* budde, *ptc.* hudt, *hüten, verwahren.* — ags. hŷdan, abscondere. *vgl.* sik tauhûen, sik verhûen.

huop, m. *1. wiedehopf, fr.* la huppe. *2.* = huppelte. Teuth. huyp, eyn vogel.

huop, m. *pl.* hûope, *hüfte.* — goth. hups. ags. hype, hup. findl. 42. huffe, femur. *op de* hûfe *sitten, zur arbeit treiben?* Weddigen IV, 303.

huowe, f. *haube.* — ahd. hûba. ags. hûfe, f. *zu ags.* heófan, *woraus* hîvan. *unter die haube kommen (nubere, sich verhüllen), uralte sitte der braut.*

hüowel, m. *hügel.* — mhd. hübel. köln. hovel, m. ags. hofer, gibbus. urk. v. 1278. Huvel *j.* Hövel. Teuth. hoevel off cleyn berch of dat oeverste van en berch.

hüowel, m. *hobel.* — findl. 42. hôvel eft schave. altn. hefill. schwed. höfvel.

hüoweln, *hobeln.*

hüowel-bank, f. *hobelbank.*

hüowel-spån, m. *hobelspan.*

huffen, *stossen, schlagen. räts.:* ik huffe di, ik puffe di, ik well di pimpernellen, de bûk dâ sall di swellen. *lösung: das bett, welches gemacht wird.* — Kil. boffen en poffen, celeusma clamare et buccas inflare. *vgl. engl.* huff *und* puff. *alts.* hiovan, *wie* plangere *eigentlich schlagen. s.* nuffen. Teuth. huffen, stoten.

huft, m. = hucht, *strauch. (Siedlingh.)*

hufti kanufti *im rätsel v. Fürstenb.:* hufti kanufti morgen well ik up di, well di karnellen, din bûk sall di swellen. *lösung:* stûtendêg. *verderbt aus* ik huffe di, ik knuffe di. *cfr.* Sieg. hutze, *stossen,* to hit, *vom hornvieh.*

hûge, pl. = hûke *in* hûge un strûke.

hûk, pl. = hûke, *hügel, in* hûke un strûke. *aus* qwer rûke *kann indes* qwer hûke *entstanden sein; das wäre* = rûk busch.

hûk, m. *1. geschwollener zapfen,schlucken.* ênem den bûk trecken (schûwen). Regel progr. s. 34 s. v. slehbuk. *2. jede er-*

kältung, husten. *vgl. dän.* hulke, *engl.* hickup, *franz.* hoquet, Teuth. huyck, singultus. huyck in den halse. squinancia.

hûke, f. *hocken.* op der hûke sitten. *vgl. Minden: in der* hurke. *dän.* sidde paa hug.

hûken, *præt.* hôk, *pl.* hüoken; *ptc.* hoken, *hocken, kauern, sitzen.* — fastnachtssp. 978[38]. Teuth. huycken neder. °

hukstern, *sich hockend fortschleichen. vgl.* buckeln *u. für die form:* kikstern.

hûldopp, m. *brummkreisel. syn. in Rheda:* brumm-küesel, *bei Schamb.* küsel.

hûlen, *weinen.* se hûlt med drôgen ôgen. hûle nich, der sid noch erften genaug im potte. Teuth. huylen. ululare.

hûlensmâte, *dem weinen nahe. vgl.* mündkesmâte, slachtensmâte, hîrainsmâte *u. a.* Seib. urk. 1001 hengemaite, *der gehängt zu werden verdient.*

hûllg, *weinerlich, der viel weint.*

hûlle, f. *grosse menge:* vi kriegen knollen de hülle un de fülle. hä het de hülle un de fülle. *anders bei Luther:* hülle *und* fülle = victus et cultus, *aber daraus entstanden.*

hülle, f. *kindermütse, bestehend aus einem viereckigen lappen, von welchem zwei zipfel unter dem kinne gebunden wurden. weissleinene bedeckung kleiner kinder.* — ahd. hulja, hulla, velamen. Teuth. bulle. doickhulle.

hullen, m. *tuch, das man über den kopf zu binden pflegt. (Velbert.)* — *vgl.* Luth. Jes. 25, 6: hüllen.

hallerbuller, *1.* = holter di bolter. *2. name einer biersorte im märchen.*

hülpe, f. *hülfe.*

hülpeb! *der hülferuf.*

hülper, m. *helfer.*

hüls, f. *die tille, in welche etwas hineinpasst; auf hammerwerken.* — *vgl.* hülse, f. *zu* hüllen.

hülse-busk, m. *stechpalme.* — alts. hulis. hulisa; ndl. hulst; fr. houx; vgl. ags. hylsten, *was* tortus *heissen soll. das genus des wortes wechselt: ndl.* hulst *ist fem.* Voss (Luise I, 536) *hat: der* hulst; *ahd. mhd.* hulis, huls *ist masc., nd.* hulse *ist fem., es kömmt aber meist nur im plur. vor.* Teuth. hulse. eyn boem altyt groen. *syn.* ruddelbusk.

hülse-krabbe, f. = hülsebusk.

hülten, *1. hülzen, hölzern. 2. fig. linkisch.* he stellt sik hülten an. *3. fig. nicht wirklich.* 'ne hülten hochtîd, 'nê hülten kinddôpe, *die nicht wirkliche trauung und taufe haben, wo aber von den geladenen eben so geschenkt wird. s. apostel.*

hülten-apostel, *ungeschickter, steifer mensch.*

hülten-jåkob, *1. tölpel, tapps. syn.* påpstoffel. *2. grosser hölzerner löffel.*

hulwern, *1. schluchzend weinen. (Hattingen). Gr. tüg 43. syn.* gulfern. *vgl.* zulfern *und* gehulwer. *andere synon.:* hülken, galpen, günseln, jaúlen, krîten, krîschen, kwerken, bûlen, lollen, ræren, schraien, zimpen, znckeln, *Bielef.* hulbern. *2. laut weinen, was grînen nicht gerade besagt. (Paderb.)*

humme, *f. tonwerkzeug der kinder aus bast. vgl.* summen, sumban. h = s.

Humme, *f. n. ich habe einen Humme gekannt, der stumm war; wohl ein familiengebrechen. findl. nr. 18* erhummen, *obstupescere.*

hummeke, *f. hummel. (Nieheim.)*

hummel *in* alle h. *= altes messer, besonders ein ausgeschlissenes.*

hümmel, *m. abgebrochene mutzpfeife.* h = st. *vgl.* stummel *und* hummel.

hümmelken, *verdriessliche sache.* dat giet en hümmelken. *K.*

hummeln = grummeln, *donnern.*

hümmeln, *? stroh zerbeissen.* de mûse hümmelt da rümme. *vgl.* hümmel.

hummelte, *f. hummel. in Seib. qu. I, 404 der f. n.* Humelte. *ags.* humble. *alth.* humbal. *syn.* hummeke, *Marsb.* brummeke. *vgl.* hummeln.

hummelte, *himbeere. (Remsch.)*

hummeltenblaume, *f. taubnessel.*

hummeltenkrûd, *n. eine pflanze, wol die vorige.*

humpeln, *sich hinkend fortbewegen.*

hund, *m. pl.* hünne, hund, *selten aber in sprüchen. vgl.* Tappe 149b. Teuth. lmnt. roedde.

hundenamen. erdin, erdmann, tela *(hofhund),* roller, waldin, fix, wasser.

Hûne, *m. 1. riese. für* dutte *(riese) fanden wir als grundbedeutung schwerfällig, träge; darnach dürfte Gr. vermutung (Myth. 496*) wol begründet sein.* hûni *ist für* biumi *eingetreten und dieses bedeutet schläfrig, träge. in der volksüberl. des kr. Altona findet sich* rise *statt* hûne. *sonst kommen in der grafsch. Mark (nach Möller) die ortsnamen* Hünenberg, Hünenfeld, Hünenklippe, Hünentränke, Hünenteich, Hünenstein *(bei Altena* Hünengraben), *bei Limburg die* Hünenpforte, *an der Enneperstrasse eine bergspitze, der* Hünentimpel, *vor. H. bemerkt, er habe ein frauenzimmer „de gröte hûne" nennen hören. unter* Hünen *versteht man die riesenhaften urbewohner des landes. im Rheingau (nach Braun) die riesenhaft gedachten deutschen vorfahren.* vinum hunicum, hunischer wein, *ist nach alten urk. der* altei Eberbach *der weisse aus ursprüngl. einheimischem, aber veredeltem weinstock gezogen. gegensatz v.* francicum *(frenscher wein) d. i. roter aus eingeführten stöcken. Braun, weinbau im Rheingau. auch im Nassauischen kommen* Hünenstein, Hünengrab *vor.*

hunger, *m. hunger.* hunger mackt röe bönen saúte.

hungrig, hungrig. he es te hungrig as dat he kacken könn = *er will gross tun und es ist nichts dahinter.*

Hunne = Hûne. *(Paderb.) beruht auf einer verwechslung der spätern Hunnen mit den ältern Hünen.*

hünneken, *n. hündchen. im* bastlösereime: det hæren hünneken, *wo sonst* köttken *vorkommt* = eichhörnchen. *vgl. Tappe 149ᵃ:* junffern hündeken.

hunsfaot, *m. hundsfott. spr.:* all to guad es jédermanns h. en hunsfoet dä sin wåd nitt hält. *(Lüdensch.)*

hậpe, *f. häufung, fr.* comble. — *ags.* hype, *m. vgl.* strîkmâte.

hậpen = hûpe,

hậpen, gehậuft. en hậpen teller vull.

hậpendîge, *adv. gehäuft.* h. vull, gehäuft voll. *vgl.* swickenige vull, nâkenige. *adv. aus dem ptc. gebildet.*

hupp, *m. hüfte.*

hupp *für* huck *in* nest-hupp.

hupp happ! *ausruf im kinderreim.*

huppe, *ein kinderpfeifchen, aus einem roggenhalme geschnitten. K.*

hüppe, *f. 1. erdfloh. 2. grille. (Alberingw.) 3. hüpfer, der abspringende flachsknoten im volksliede.*

huppelig, *holperig.*

huppelte, *f. tonwerkzeug aus bast, welches den ton* hupp *gibt. syn.* huap.

huppen = hoppen, suppen, *zurückweichen. — Richey. Wald.* hufen.

huppen, *sich auf der jagd mit* hûp *zusammenrufen. — fr.* houper.

hüppen, hüpfen.

hûr, *f. miete, pacht. (westl. Mark.) — ags.* hÿre, *f.*

hûren, *mieten, pachten von häusern, äckern.* (*westl. Mark.*) — *ays.* hŷrjan.
v. Höv. urk. 67: hüren. 41: huirknecht. *Teuth.* hueren. myeden.

hurkebuəter = baist.

hurken, *1. brüten. 2. wärmen. 3. sich wärmen.* hä hurket bim ŏwen. *fig.* dai hurket (brödt) 'ne krankhait = dai het 'ne krankhait in der hûd. hurkepott. *K.*

hürker, *m. der durch hurken heilt.* de àlle hürker, *name eines volksschauspiels.*

hürksk, *1 brütig, zum brüten geneigt. 2. fröstelnd.*

hürksken, *n. schwaches geschöpf, welches gehurkt werden muss.*

hôrpęrd, *n. mietspferd.*

hûs, *pl.* hûser, *n. haus.* hai es vam giəwen nitt te hûs (nitt te hême, nitt giəwesk).

hûsbäks, *wirtschafterin, scherzh.*

hûsblîwen, *n. zu hause bleiben.* du sass op hûsblîwens kàr fōren = *du sollst nicht mitychen.*

hûsdûwel, *m. hausteufel. s.* strátenengel.

hûseken, *n. 1. häuschen. 2. abtritt, engl.* little house.

hûsgerǎe, *n. hausgeräte. Teuth.* huysrayt.

hûshällen, *haushalten.* hushállen es kaine kunst, äffer hûsbehällen dat es kunst.

hûshéllerske, *f. haushälterin.*

hûshällinge, *f. haushaltung.*

husk husk, *husch husch.* (*Brilon.*)

hûslôg, *n. hauslauch. cfr.* donnerlòg. *Teuth.* huysloick. barba jovis.

hûssittend, *haussitzende.* hûssittende lü, *hausbesitzer.*

hûste *oder* **hûsten**, *m. haufe. für* hurst. — *Teuth.* huyst van koren, koernhoip.

hûsten, *einen haufen machen.* — *auf der Eifel:* hausten.

hûswęrd, *m. hauswirt.* use hûswęrd *nennt die ehefrau den mann, früher häufig, jetzt selten. ein brief v. 1580:* mynes selligen huswerdes pytzer (*petschaft*).

hûswęrk, *n. hauswerk. spr.:* hûswęrk es blind, dai et saüket, dai et findt. schopp. boide.

hûtsel = hotschel. (*Lüdensch.*)

hütte, *f. 1. hütte, eisenhütte. 2. winkel. die form mit tt ist schon alt im nd. vgl. Seib. urk.* 795 *p.* 540: Vᵒ fl. de Hutten (*Hüttenwerke*) *proprie et decimam proprie ysenwerk. Teuth.* hutte.

huwe, *planlaken, leinwanddecke auf frachtwagen, auch hofeigentum.* he sitt warm op sine huwe. *K.*

huzen = uzen. *K.*

I

î, *pron. sg. ihr. mit î werden hin und wieder eltern von kindern, ültere personen geringeren standes von höherstehenden angeredet. der alte tagelöhner Kind ist am düngerhaufen beschäftigt gewesen. der arbeitsgeberin fällt es auf, dass der alte mann sich so rein gehalten hat.* sie: „Kind, bat könn-I u raine hällen!" — *Kind:* „Frau, bà me dû tau siot, dä måket sik driəterig, bà me î tau siot, dä håldt sik raine."

ialig, *fett.* (*Altena.*)

iat = et, es. (*Altena.*) *in einem gedruckten gedichte von A. aus dem j.* 1788: yät.

ichtens, *irgend, irgendwie, eben.*

idel, *lauter, rein, unvermischt.* dat es idel geld. *K.*

iəge, *f. 1. egge. alts.* eggia. dat es ęm iəge un plaug = *das ist sein geschäft. s.* iget. *2. ein sternbild?* cassiopeja.

iəgedisse, *f. graue eidechse. s.* hiəgedissel.

iəgel, *m. igel. s.* iel.

iəgemǎener, *m. hirschkäfer. syn.* niəgenmǎener, hiəgenmǎener, *im Paderbornschen:* niəgenkniper. iege = egge; *das wort wol aus* niəgenmǎerder *entstellt. vgl. Vilmar s. v. neuntödter und was dasselbe* niggemoere. *Aus* ôke (*eiche*) *kann* iəge *nicht verlautet sein.*

iəgen, *eggen. alts.* giekkian.

iəgenslien, *m. eggenschlitten.*

iəgete, *f. egge. (Siedlingh.)*

iək = ik, ich, *verstärkt* iəke. *vgl. ahd.* ihha, egomet. *zu Siedlingh.* iək, mai, miak; din, def, diak. *aber plur.* veî, us, us; eî, uch, uch.

iel, *m. igel. (Liberhausen.)*

iəsel, *m. esel.* bu siət de iəsel wanne in de müəle küəmt? — hai saüket den iəsel un ridt derop. — wenn em iəsel te wol es, denn gĕt he oppet īs un briəket en bēn. — ein iəsel maket den annern. — hä schicket sik so prächtig dertau as de iəsel taum viggeline-spiəlen. — Dat diək en làmen iəsel slätt! — De iəsel het ne ût der wand slàgen (stott) = *er ist ein uneheliches kind.*

iəselbęren, *pl. saftreiche graue birnen. syn.* jüttenbęren.

iəselkirssen, *pl. dicke kirschen. (Weitmar.)*

sik iəseln, *sich zum esel machen, eselhaft sein.*

iəselsåren, *pl. eselsohren in büchern.*

iət = it, *ihr, plur., alter dual, entstanden aus git, was stellenweise noch gebräuchlich ist. gedrucktes gedicht von Altena (a. 1788):* yet.

iəte, *f. egge. Lac. Arch I:* ette. *Rich. 409:* eide, occa; ciden, occare.

iətengrai, *kette, welche die egge mit dem schwengel verbindet. syn.* koppel. ? = gerai, *gerät.*

iəterbiət, *m. eiterbiss.* en iəterbiət vam jungen = *ein frecher böser junge.*

iget, *egge.* Grimme.

ike, *marke, bleichzeichen.* K.

ike, *de, kleiner sumpfiger bach vor dem burgtore z.* D. *K.*

îken, *1. stehlen;* afîken, *abstehlen.* 2. aichen. *ostfr.* îken *und holl.* ijken = aichen. *dass es auch in Westfalen diese bedeutung hatte, lehrt Seib. W. urk. III. 316:* ikung = aichung. *bei Curtze* ikern = *beleidigen.* ?îken, *æquare; gaunerwits = stehlen.*

ikken *s.* flitsen.

ile, *f. eile.* dai het 'ne île as wann et int haü soll.

île, *adj. eitel.* île brôd, *trockenes brot. s.* aitel.

ilek, ilekes, *immer. Wald. H.*

îllig, *adj. eilig.* dai es so îllig as en slipstên, dä in siawen jår nitt smert es.

illekanên, *ununterbrochen. auch* illek.

illekatte, *f. iltis. (Meinerzagen, Liberhausen.) syn.* märk. ülk, *m.; berg.* illekatte, *f.*

illerbest, *allerbest. eben so in der prov. Preussen, s. Firm. V. St.*

illebattek, *m. iltis. (Siedlingh.)* Schwenck *führt nds.* allenbutt an.

illig, *immer. Schöller im berg. ags.* ealne veg, ealnig, *allewege.*

îme, *f. biene.* de imen làtet *(schwärmen). syn.* imte. *vgl. Mda. VI, 45. Fürstenb.* ümme. *cod. trad. Westf. I, 200 (nr. 25):* dat ymme.

imen, *m. bienenschwarm, bienenstock.* de imen es fett. — en fetten imen suien = *grossen gewinn haben.*

imenbiker, *m. bienenkorb.* äh, dai sittet im imenbiker un kürt dört làthol = *der führt unpassende reden. Fürstenb.* ümmenkorf.

îmenbrôd, *n. 1. was nach absonderung des honigs und wachses an unreinigkeiten übrig bleibt. 2. zittergras,* briza. *syn.* krönəmel-an-de-wand, biəver; *zu Unna:* biəwer-ût.

imenfręter, *m. bienenfresser, bienenwolf.*

imenhütte, *f. bienenhütte.*

imenküoning, *m. der bienenverständigste eines dorfes oder einer bauerschaft.*

îmenkuogel, *f. bienenkappe. vgl. mnd.* koggel, kappe, *caputze.*

îmentîd, *f. inbisszeit, 7—8 uhr morgens. das volk leitet von imen ab, weil die bienen um diese zeit am zahlreichsten ausflögen.*

îmes, *n. inbiss, inbisszeit. Wallraf:* imbitze, imetze, *frühstück,* jentaculum. *Teuth.* mailtijt. ympsen. *prandium.*

immenfät, *n. bienenkorb. (Marienheide.) s.* bēienfass.

immenküel, *f. bienenkappe. (Marienh.)*

immerte, *himbeere.* K.

immt, *frühstück (von den bienen).* K.

imte, *f. biene. (Bochum.)*

in, *præpos. mit dat. und acc.* in der kårte spiəlen; *vgl.* jouer aux cartes. in de wàlberten gån, *heidelbeeren suchen; vgl. Mda. III, 521.* in = an. in de fîftig. *Husp. Mich. 1:* in de dusent ossen.

in, *præfix, durch und durch, sehr;* inbräf, *sehr brav;* infett, *sehr fett.*

inær, *n. eingeweide der kuh; s.* inhèr. *mwestf.* innehr, *Fahne Dortm. III, s. 227. syn.* ingedömte.

inbüten, *einheizen.*

inbollen, sik, *st. præt.* bald, *sich einbilden.* he bald sik wot in.

inbellung, *einbildung.* i. es slimmer as 't draidagsche fêwer.

inbestęn, sik, *einheiraten, ins haus der schwiegereltern heiraten.*

inbestędnis, *n. einheirat.* en inbestęduis dauen.

inbęren, *erheben (abgaben).*

inbøerer, *einnehmen. v. St. XX s. 1343.*

inbręken, *st. v. einbrechen.*

inbręngen, *einbringen.*

inbrocken, *einbrocken.* du hęs dat in-
brocket, du mausiet ock ûtęten. *bei
Tappe 97ª:* Heffestu eth in gebrocket,
so moestu eth all vyth ethen.

inbucken, *sich nieder ducken. (Marsberg.)*

indå, *ein spiel, wo in die erde gegra-
bene kleine löcher das ziel des balles
sind. K.*

indauen, *einthun (frucht, heu, rieh).*
weske väih haut me nitt intedauen?
de îmen.

indęm = in dęm ôgenblick: indęm kwâm
he ân.

indęm dat, *indem, da.*

indęssen dat, *1. bis. 2. während. s.*
dęsseu at.

indrôgen, *eintrocknen.*

induaseln, *einschlafen.*

indarmeln, *einschlafen. vgl. s'endormir.*

inên, *ineinander, verwirrt.*

inênlôpen, *ineinanderlaufen, gerinnen.*

inênplengen, *zusammentreten.*

inênschrecken, *erschrecken.*

inêntręen, *zusammentreten.*

inęwen, *den dünger in die furchen wer-
fen. ags.* efenjan, adæquare.

infall, *m. einfall.* hä hęt infälle as eu
åld hûs.

infallen, *einfallen.* et fallt ęm in as
dem rûen et mîgen.

infęmen, *einfädeln.*

infôr, *voraus.* infôr betalen. *(Hamm.)*

infôren, *einfuhren.*

invriwen, *einreiben.*

-ing. *auf dem Hellwege (Asseln) findet
sich ein merkwürdiger wechsel dieser
endung in familiennamen mit* mann.
*Büdding und Büddemann bezeichnen
dieselbe person.*

ingedêne, *n. mobilar. Osnabr.* inge-
doente. *Wallr.* ingedoeme, ingedomte,
hausrat. ostfr. ingedômte, eingeweide,
hausgeräte. *Ebenso bei Richey. MBtr.
II, 356:* ingedompte.

ingedômte, *eingeweide einer kuh. K.*

ingemäkse, *n. eingemachtes.*

ingerest, *n. eingeweide (herz, lunge,
leber).*

ingesęten, *eingesessen.*

ingestęken von haaren. *H.*

inhang, *m. einhang d. i. ein knochen,
der in den erbsentopf gehängt wird.
die erbsen sollen sich daran zerstossen!*

inhêr, *n. eingeweide. Iserl. (Siedlingh.)*
ahd. inniherdar. hêr *entstand wie*
hêr *(hirte) aus* hairdi. *s.* inær.

ink, *pl. dat. und acc., euch. alts. dualis.*
östlich geht ink *bis Neheim. Remsch.*
önke. *s.* it.

inke, *pron. poss., euer.*

inkels, inkelst = inkst. *II.*

inkenkøker, *n. dintenfass. (Weitmar.)*

inket, *n. dinte. Must. 46. Theoph.
(Hoffm.)* inket. *Teuth.* int, inct, vnck,
hlack, incaustum, encaustum, sepia,
atramentum. engl. ink. *s.* enkels,
inkst.

inketfatt, *n. dintenfass. (Siedlingh.)*

inkiken, *hineinsehen.* et es kaine löchte
bå me inkiken kaun! sagg de møer.

inkippen, *schwach einhauen, einkerben.*

inknicken, *einknicken.*

inknöpen, *einknöpfen, fig. von speisen.*

inkørt, *über kurz, in kurzem. vgl. R. V.*

inkrîgen, *1. einbekommen.* vi hett et
haû guad inkrîegen. *2. einholen.
(Möhnetal.)*

inkröppen, *einkröpfen, füllen mit speise.*

inks, inkst, *n. = inket. (Iserl.)*

inkstfręter, *die sogen. seele in der schreib-
feder. H.*

inlichten, *einspannen. vgl. Kurtze,
Schamb.*

inlûen, *einläuten.* se lüdt in; se hett
all inludt.

inmęten, *einmessen.*

innęmen, *einnehmen.*

inne, *im hause.* is de vikarjus inne?
N. I. m. 46. vgl. d. englische.

inplocken, *einbrocken. (Paderb.)*

inręken, *1. einrechen, einscharren (das
feuer in die asche). 2. einrechnen.*

inremsen, *einschärfen. (Paderb.)*

inriwen, *einreiben.* dat es fér inte-
riwen.

insaihen, *n. einspruch, einhalt.*

inschaiten, *1. einschieben (brot in den
ofen). 2. einschiessen d. i. verlieren.*

inschünken, *eingeben (im bösen sinne).*

insępen, *1. einseifen. 2. verklagen.* då
es insêpet, et sall rasêrt weren, *sagte
einer und zeigte auf den mit nebel
bedeckten wald.*

insetten, *einsetzen.* de pocken insetten.
kinner as 't ingesatte gewicht.

insgelike, *gewöhnlich.* me siät insgelike
*(beim anführen eines sprichworts).
alts.* is gelika, ejus initia.

inslag, *m. einschlag beim weben.*

inslân, *1. einschlagen. 2. vom gewitter.
3. = geraten.* de kau es gued in-
slägen.

insmęren, *einschmieren.* sik i., *sich
einschmeicheln.*

insnôren, *hineinessen.* schneren, eten
iut gemeyn, snollen. snueren (snorren).

instęken, *einstecken (wäsche).*

instippen, *eintauchen.*

instivelêren, *eine sache einleiten, einfädeln.* K.
instoppen, *hineinstecken.*
insülten, *einmachen.* s. sülte.
intappen, *einzapfen, z. b. kaffee.*
inte, *præp. in.* (Breckerfeld. H.)
intêren, *einzehren, von seinem kapital verzehren.*
intsund = itsund. *urk. v. 1430* itzont.
intüsken, *inzwischen.* s.entüsken,(Witten.)
innogen, *unterstunde halten; vgl.* ungern, enonger.
in wärend tîd, *während:* inwærend tîd ik schrêf.
inwerken, *ins werk setzen.* s. tulpenning.
inwüsner, *m. einwohner, mieter.*
inzig, *einzig.* Gr.
Ipen, Ipern, *Ypern.* hai süht ût as de Dôd van Ipen = *er sieht graunhaft elend aus.* Körte (sprichw.) *verzeichnet p. 29: „Er sieht aus wie der tod von Ypern" und bemerkt: In der hauptkirche daselbst sieht man in stein gehauen einen gräulich magern, wenigstens 6 fuss langen Tod.*
irrlöchte, *f. irrlicht.* (Brackel.) *syn.* wipplöttschen, widumlecht (*Westf. Anz.* 9, 1553).
îs, *n. eis. auch engl.* ice *erklärt sich aus scharfem* s.
îsbân, *f. eisbahn.* isbân slân, glandern. (Berg., Gummersbach.)
îsdopp, *m. kreisel, weil man ihn auf glatter eisfläche laufen lässt.* (Hoerde.) *s.* isopp. *syn.* spinneklaud (*Rheda*); *vgl.* de katte spinnt = *snurrt.*
isel (esel) = hânenjuakel. (Siedlingh.)
îseln, eiseln: et îselt, *es fällt eisregen.*
îsenbârt, *m. eisenhart; s.* îsernbaud. *beim Teuth. ist* isenbart *eyn vogel gebeert als golt, aurifex.*
îser, *f. ein kleiner bach bei Deilinghoven, der sich in die Desel (Sundwiger bach) ergiesst. im bachgrunde finden sich eisenerze, so dass sich an verkürzung aus* îserbiəke *denken liesse.*
îserappel, *m. eisenapfel, ein etwas platter, sehr fester und haltbarer apfel.* (Weitmar.)
îserfarwe, *f. eisenfarbe, ein metallischer stoff zum anstreichen der eisernen öfen und anderer eisengeräte. syn.* pottlôd, îserswęte.
îserkaaken, *m. eisenkuchen, ein backwerk aus mehl und zucker oder honig, zu Brilon auch wol von geriebenen kartoffeln, ganz dünn und von runder form. gewöhnlich werden die fladen*

zusammengerollt (hohlhippe). *in der gegend von Lüderhausen backt man sie auch von habermehl und geriebenen möhren. da sie vorzüglich neujahrsabend gebacken werden, so heissen sie auch* niggejârskauken. *syn.* aflatte, f. (Eckenhagen.)
îsern, *n.* 1. *eisen; alts.* isarn. kâld îsern, *wie im Hel.* cald isarn. Hä slätt drop as op âld îsern; *span.* como si diese sobre madera. — Dat męken hęt en isern aftręen = *es hat seine unschuld verloren.* 2. *pl. eisen = fesseln. spr.:* ät es bętter in den risern as in den isern. H.
îsern, *adj. eisern.* en îsern wammes = *sicheres geleit.* H.
îsernhaand, *eisenhart, die blaublühende verbena, die man zum weihbusch nimmt.* (Warstein.) — *vgl. auch die benennungen:* îserbard, *eisenhart, gelbblüh,* rauke, sisymbrium officinale (*Siedlinghausen*) *und* îserharat (*Fürstenb.*) *und* îserkrûd.
îserrost, *pflanze z. weihbund.* (Fürstenb.)
îserswęte, *f. =* îserfarwe. (Fürstenb.)
îsfuegel, *syn.* waterhainken, *westf. n.* Ysavogel, 1396. *Seib. urk.*
înhûs = flautkasten. H.
îskâld, *eiskalt.*
îskękel, *m. eiszapfen. ags.* isgicel, *engl.* icicle. *Hoffm. Findl. 42:* yskegel. *holl.* ijskegel. *ostfr.* injökel. *syn.* isstange.
îsmeken = kassmänken.
îsopp = îsdopp. (Hemer.)
îspe, *f. eine ulmenart. holl.* ijp, iep = *ulme. ostfr.* îper. *frans.* yprêau, *soll von Ypern gekommen sein. Kil.* ypenboom j. iepenboom.
îspert, *m. ysop. unser wort scheint aus* Isop-wurt *entstanden, vgl.* rainert.
îsstange = îskękel. (Brilon.)
it, iət, *pl. ihr. entstanden aus dem alten dual.* git. *vgl.* git, giət, get. *s.* ink.
Îte, *weibername in* kungelîte.
Îtenbrink, *name eines hügels bei Westig. dafür auch* Nîtenbrink, *vgl. Namberg für Amberg. t in diesem wie in dem vorigen worte wird für d eingetreten sein. Kungelîte kann ein Ida enthalten, dieser name wird aber dasselbe bedeuten, was Idis. bei Itenbrink ist schwerlich an Ida, viel eher an ein* ida, idis = *weib, nymphe zu denken.*
itik, *m. essig. so* sür asse itik. *aus* etik (*acetum, alts.* etig) *entstand* ętik, *dann* itik. *ausser diesem in der gegend von*

Büren vorkommenden *sprichw. wird itik nicht für essig gebraucht. 's. sûr.*

îwer, *m. eifer, zorn. unser iwer kann ahd. lfar entsprechen, wie saiwer ahd.*

seifar. *für f (v) wird in dieser lage w gesprochen. lher (Rheda) setzt dagegen ahd. lpar voraus. Rgb.* yver.

îwerig, *eifrig, zornig.*

J

jà, jâ, *Iserl.* **jeȧu,** *ja, gewiss, durchaus, wohl. Dat es jâ (gewis) guad. wann hai jâ (durchaus) hengȧn well. niȧm di ȧwer jâ (wohl) vör dem rûen in acht!*

Jȧb, *Jakob.*

jȧbröer, *m. jabruder, einer der zu allem ja sagt.*

jacht *nennt das Altenaer statut den fischfang.*

jȧchtern, *sich jagen (von kindern).*

jack, *n. jacke. s.* beddjack.

jacke, *f. v. Hövel urk. 67:* yacke. 41: yackenstickere.

jacke, *f. =* juskel. *s.* hȧnejacke.

jackeu, *jagen, schnell reiten. (Schwelm.) tadelndes wort für einen menschen der öfter müssig und zwecklos ausreitet, für ein frauenzimmer das häufig ausser dem hause unterhaltung u. zeitvertreib sucht. K.*

jackeln *und* **jȧckeln,** *reiten. (Altena. Hemer.)*

jackhȧlse, *sturmhut. syn.* papenmütsche.

jacks, *s.* liederjacks. *vgl.* Jacques, Jacob.

jȧgen, *1. jagen; sik j. (Kinderspiel). 2. verjagen, vertreiben; süntevugel jȧgen.*

jȧgebarweu, *eine art fischfang. Altena. statut: ein Altenaer meint, es bedeute „barben fangen". scholfische sind vorzugsweise barben. noch jetzt gebr. (Elsey.)*

jæger, *m. jäger.* jæger Joil, *der wilde jäger. (Asseln.) syn.* höjæger.

jaimen, *gähnen. (Siedlingh.)*

jaja, *jaja: jaja es so guad as twêmȧl jeȧu. (Kreis Altena.)*

jȧjâ, *verwundernd: jȧjâ bat brenk i mi dȧ!*

Jȧkob, *Jacob. Dat es de rechte Jȧkob. Must. 26: De ware Jacob dai es da. en hülten jȧkob, hölzerner löffel. Rätsel: en isern hûs, ne isern dör nn dȧ en hülten jȧkob vör.*

jalpern, *schreien. Must. 64. s.* galpern.

jȧmer, *m. jammer. mnd.* jȧmer.

jȧmerkȧppken, *das käppchen, welches der braut am abend der hochzeit aufgesetzt wird.*

jȧmerlûne, *f. mit* nȧ, *heimweh nach. (Grimme.)*

jȧmern, *jammern.*

jammerlȧppken, *n. dürftiges überhemd. H.*

Jan, *Johann:* Jan un jedermann, *jedermann.*

jȧngeln, *1. mistönend spielen; engl. to jangle, to jingle (klimpern), bei Shak.* twangle. *Hayward übersetzt Goethes „verdriesslich durcheinander klingt" mit „jangles out of tune and harsh". 2. eigensinnig weinen, um etwas zu erreichen (von kindern).*

janken *(westmärk.), heulen (von kindern und hunden). Kantz.* jancken; *ostfr.* janken. *vgl. R. V.* anken *(stöhnen), dän.* anke *(klagen).*

Jann, *m. (westmärk.) spalt, hiatus; hê es dör den jann = er ist ins weite gelangt, durchgegangen; he gêt dör den jaun. jain bei Schamb. vgl. mwestf.* janen, *gähnen. Wigg. 2 Scherfl. 40. zu jinnan = ginnan. s.* jȧunebeck. *vgl. Sprachw. 7, 143 niederrh. sich durch die cord (cordel, seil) machen.*

jȧunebeck *= gianop, gelbschnabel. K. s. 76.*

jȧpek *iu* bummeljȧpek, *bummelndes frauenzimmer. (Siedlingh.)*

japen *=* gȧpen. *Gr. tüg 3 (auch Dortm.)*

japperen *=* gapen: *ik jappere fake as ne krägge oppem tûne.*

jȧr, *n. jahr. Int lange jȧr gȧn = heiraten. nȧ jȧr = vor einem jahre, vor längerer zeit. oppet jȧr = künftiges jahr. te jȧr = voriges jahr. alts.* gêr, iȧr.

jæerling, *m. einjähriges rind u. s. w. (Siedlingh.)*

jasken, *schwatzen. (Elspe.) vgl. franz.* jaser.

jȧsper, *dummer, stockfisch. s.* jèsepêter.

jæsperig, *schwächlich. (Schwarzenb.) H. s.* jȩperig.

jass, *m. bequemes hausroamms, joppe. K.*

jass, *s.* a jass *a* jass; *a* jasses. — *oldenb. (v. St. III, 17):* i jarsis.

jauontant, *zuweilen. entstanden aus .*jo *and* dan.

jaülen, *heulen; engl.* to jawl. *s.* jôlen.

jaum, *das miauen der katzen. abzählreim.*

jaamen, *miauen. schwed.* jama. *vgl.* staul *aus stal (stahl). syn.* mauen, maumer.

je. je dâ! *einleitender ausruf, wenn erzählt wird, wie etwas weit über oder unter erwartung ausgefallen sei.* 'u je! ei! *wirklich! (ausruf der verwunderung).*

jêderên, *jeder; engl.* every one. en jêderên, *ein jeder.*

jeier, *euter. (Paderb.)*

jeld, *drossel.* swatte j., gris j. *(Velbert.) vgl.* gelder.

Jemmigjâ, *Jesus Maria ja.*

jöperig, *schwächlich.* K.

jêselâken, n. = kwâtrige, drêlige kærl, *eigentlich wol einer, der den ausruf* jêses jâ *(Jesus ja) immer im munde führt. oder ist* jêse = *ags.* gese, *engl.* yes, *so dass eigentlich ein jabruder gemeint wäre?*

jêsemännken, n. = jêselâken. *kleiner, schwächlicher, zimperlicher mensch.* K.

jêsepêter, m. = jêselâken.

jêses jâ, *Jesus ja! beteuerung.*

jetterbietsch, *eiterbissig, natterbissig, bösartig.* K.

jêwen, *gähnen.* Grimme. *syn.* gêwen.

ji, *pron. sg. ihr. (Hattingen.)*

jickjack, *im volksmärchen* = himphamp. *volksreim:* De müale gê jick de jack, dat beste mel in mînen sack.

jilig, *jählings. (Odenthal.)*

jippe, *jacke. (Siedlingh.) vgl.* Waldeck.

jippen, *pipen, von jungen vögeln. s.* gilpern.

jo = jo, je = je.

jö (jeäu), *ausruf, s.* puppjo *und* ferjeäu.

joch = jâ, *ja doch.*

joch, *joch:* hai dat joch alle dage driaget, dem es et kaine last. *joch ist hd. form für jok, juk.*

johanneskrûd, n. *fette henne.* sedum telephium.

johannenwörmken, n. *leuchtkäfer. (Fürstenb.) syn.* glôrmsecken.

joite, f. *altes weib. (Paderb.)*

jôlen, 1. *jodeln, fiedeln.* 2. joilen ase de katten in der Merte. Grimme.

jôleken, joileken. *heulen (von hunden). n. l. m.* 50.

jôljagd, *wilde jagd.* K.

Jômer! *Jesus Maria!* K. *s.* 27.

Jômer jâ, *Jesus Maria ja!* K. *s.* 99.

jöperreken, *steckenpferd.* K.

jösêp, *kinderkleid.* II.

jösken, n. *ehemalige kleine silbermünze, von* jôst.

Jôst, Jobst, Jodocus.

jûche, f. *dünne, schlechte brühe.* Teuth. broede, juchen. *Hort. sanit. c.* 461: honrejûche, *hühnersuppe. (Schiller, II,* 30b). *Magd. bib. judic.* 6: jieche. Kil. juche, jusculum. *vgl. ostfr.* jüche *und hd.* jauche.

juchen, 1. *jauchzen.* Bugenh. juchen *für Luthers* jauchzen. 2. *keichen; s.* jûchhausten.

jüchen, jüchten, jüchtern, *ächter de mannslů, hinter den mannsleuten her sein. vgl. ostfr.* jachtern, juchtern, jüchtern.

jûchhausten, *keichhusten.*

juchterig, *auf mannsleute versessen.*

jückruse, pl. *früchte des hagedorns. (Fürstenb.) syn.* buttelte. *vgl. franz.* grattecul. *osnabr. (Lyra):* jockäuse-angeln.

juckelte = juckenbârd. *(Fürstenberg.)*

juckern = jucksen. *(Elspe.)*

jucks, m. *scherz, spass. lat.* jocus.

jucksen, *scherzen, spassen.*

juckserigge, f. *spassmachen.*

jucksig, *scherzhaft, spasshaft.*

Judaswęke, *woche vor ostern in betreff des wetters.*

jûde. mars mettem jüden, hai het speck frêten.

jûdenbârd, m. *schlafapfel oder auswuchs des hagedorns. man setzt ihn wol mit brantwein an. syn.* kwast. *(Siedlingh.)* ? zaunwinde.

jûdenblâe, pl. *judenblaue, eine art kartoffeln.*

jûdendâm, *berberis. syn.* mülholt. *(Elsey.) gekochte rinde gegen mundübel.*

jûdenêken pl. *werden zu Brackel bei Paderborn die grössten und ältesten eichen genannt.* jûden, joden *scheint ein syn. von* goden, woden *zu sein. so in alts.* judinashuvil.

jûdenviôle, f. *sinngrün,* vinca. *der name muss aus der plattd. bibel geflossen sein.* Schiller I, 30a: *„Die Magdeb. bibel v.* 1578 *übersetzt* 2 Maccab. VI, 7: So dwanck men de jöden dat se dem Bacho tho eeren ynn Sygrön (Luther: Epheu) krentzen musten herghan". *Bugenh. wird übrigens unter* sygrön *nichts anders als* epheu *verstanden haben. syn.* wintergrain.

Judote *soll im heidentume eine gottheit beim volke geheissen haben und im Jüberge (älter Jodeberg, Jutberg) bei Deilinghoven verehrt worden sein. der* name erinnert an To jodute, *vgl. R. A. 877; Schiller II,30b; Wiggert II,37. Scheveclot p. 107; Fastnachtsp. 983⁸.*

jüe! *auch* jüaetâ! hû! *ruf zum antreiben der pferde.*

jück, *m. jucken.*

jückel, *joch in* hânenjuakel. *goth.* juk. *ahd.* joh.

jückeln, juckeln, *reiten, schlecht reiten.*

jücken, *jucken.*

juffer, *f. jungfrau. vor dem franz. kriege war* frölen *(fräulein) eine adeliche, die töchter höheren aber bürgerlichen standes hiessen* juffer, *(H. eine vornehme benennung für jungfrau), doch auch adl. stiftsfräulein. s. juffernsplitter. seit 1807 mamsell, endlich fräulein, wie jetzt jede heissen will, die ein seidenes kleid erschwingen kann. um grosse verwunderung auszudrücken hatte sich vor 1807 in Hemer ein sprichwort gebildet:* Nu slätt der dèwel int drithûs; pastôrs juffer well all wier 'ne blâge! — Ne juffer smiten, *einen flachen stein so auf das wasser werfen, dass er wieder aufspringt = heiden werfen.* juffern un witte schotteldäuke dö maütet nich op alle kermissen gân, süs kommt se driaterig wier. *Gr. myth. 173. s.* hôr.

jüfferken-im-graünen, *n. braut in haaren, nigella damascena.*

jufferukind, *n. bastard.*

jufferspinn, *m. (schelte.)*

juffernsplitter, *splitterholz, welches von höfen an das kloster Fröndenberg geliefert werden musste.*

jufferte, *f. feldmohn. (Fürstenberg.)*

juffertittkes, *pl. jumfersitzen, jehovahblümchen* (saxifraga umbrosa). *ostfr.* jüfferke.

jukstern, *sich lustig machen. (Weddigen.)*

jümmer, *immer. (Paderb.)*

jung, *jung; jung weren, geboren werden.* Et sall noch jung weren dat *= il est à naître que. jüngst:* am jüngsten middage es en kaufiad so guad as ne pistolle. jünge frau *ist anrede, junge frau = junge ehefrau.* junge döchter, *neugebornes mädchen;* jünge dochter *ist jungfrau.*

junge, *m. knabe, jüngling. de junges, die unverheirateten mannspersonen in einem hause, die knechte. mit dem pronomen* er *bedeutet junge einen lieb-*

haber, freier. *de junge is guad genaug, wann't de lü men wüsten.*

jungen, jüngen, *gebären:* wä de hâse jünget es, dâhen trachtet he ock wier.

jungmüole, *f. jungmüle:* ik hädde wol nödig, dat se mi in de j. dæn = *ich werde nachgerade alt.*

junker, *m. junker. junkers, leere roggenähren.*

junkern = jankern, janken, *schreien wie ein hund. H.*

junkern, 1. *wildern von wildpret.* 2. *angegangen sein, von fleisch überk. H.*

jupp! „jupp!" siat de rûe, wann se ne innen stert knipet.

jupp, *m. weiberrock; franz.* jupe.

juppjägen *oder* **juppjo** *hiess in Hemer das fangen (kinderspiel). den ersten teil des ausrufs* jupjô *beim auslauf halte ich für goth.* iup *(sursum);* jôjäh *für eine alte partikel = goth, jah, jau, woraus in der folge das mhd. und nd.* â, î *als affigierte interjection geworden ist.* jeáu *auch in* serjeäu *= feur-jo. vgl. Reuter, reise na Belligen 253. — hophei, rumor, trödel, anhang, gefolge. zu Albringwerde heisst dasselbe spiel:* juphéi, *in Deilinghoven:* brunêi, *welches vielleicht = bruhèi. vgl. franz.* brouhaha *und den scheuchruf* tpru *(Upst. 1494), unser* prru! *oder* prrr!

Jürgen, *Georg.*

jürken, *pl. eine art überröcke. (Weddigen.)*

jusch, *schwanker dünner zweig. (Odenthal.) vgl.* duschen, rauschen; ginsen, schlagen; drûst, zweig.

just, justemente, *gerade, eben:* ik krêg just en braif. *vgl. engl.* just.

justêrt, *angezogen, geputzt; franz.* ajusté.

Jütte, *Judith. kinderreim:* Dä kwäm de juffer Jütte un smêt et intem pütte. *Wallr.:* Jutte, Jütgen, Judith. *verachtname eines frauenz., das sich durch körpergrösse, lebhaftigkeit auszeichnet. H.*

jütte, *im riffelliede:* Du hes so'n dicken bük, dä kikt siawen junge jütten 'rut.

jüttenber, *jüttenbirne, eine art kleiner grauer saftreicher birnen, die sich aber nicht lange halten. syn.* iaselsber. *(Hemer.) vgl.* sünt-jüttenbraüe, sünt-jüttendag.

jüttendag, *bona dicti juttendach. s. urk. I, 632. Seib. urk. no. 484 p. 632* juttendach *f. n.*

K

kabácke, *f. hütte, elende wohnung. nds.*
kabache, *ebenso Immerm. Münchh. III,*
116; vgl. ml. bacca, *gefäss. die ton-*
stelle in kabacke, kabuffe, kabuse, ka-
fikke, kajütte *zeigt, dass* ka *præfix ist.*
vielleicht entstand es aus kwâd, *schlecht,*
gering. die vocalverkürzung rührt dann
aus der composition. ebenso möchte ich
das ca *im franz.* Cagot *(schlechter d. h.*
ketzerischer Gothe) verstehen.

kabätte, *f. (für* krabätte), *faxe, posse,*
ausgelassenes betragen. s. krabättsig.

käbbeln, kabbeln, *keifen.* sik käbbeln,
im wortgezänke sein. käbbele di nitt
ûm kaisers bârd. *zu Iserlohn gibt es*
eine käbbelgasse, *die man vor ein paar*
jahren in mühlengang umgetauft hat.
vgl. ostfr. kibbeln , kabbeln. *osnabr.*
kibbelkawweln. *dän.* kiävle *und schwed.*
käbbla *werden wie so viele andere dem*
nd. entlehnt sein. ähnliche deminutiv-
bildung sind knäbbeln *zu* knappen,
schräbbeln; *dass das verb. mit stf.* kei-
fen *zusammenhängt, versteht sich. s.*
kächeln.

käbbelerigge, *f. wortgezänk; dän.* kiävleri.

kâbel, *n. tau. am* kabel, *ort an der un-*
teren Lenne. hd. die kabel; *engl.* cable.
franz. câble. *Teuth.* cabel, lyn, reep,
seel, tow dair mede men syn schyp
an dat lant vestighet ofte merret.

kabûs, kàbûs! *interj.* bauz! puff! *von*
fall und knall. das subst. bûs = knall
oder schall eines fallenden körpers;
das præfix ka *scheint bedeutungslos,*
in einem abzählreime findet sich kî,
kâ, bûa. *vgl.* kawuptig.

kabûse, *f. schlechtes haus, schlechte stube.*
ndl. kabuys; *schwed.* kabysa. *Diez II,*
s. v. busse. *eine alte rostige flinte,*
ein grosses weitbauchiges trinkgefäss
(scherzweise). K.

kabûsken, *n. häuschen, stübchen, wacht-*
stube. Must. 4.

kächeln, *zanken.* ch *für* ff, *wie* Rachen-
berg *für* Raffenberg. *es ist also =*
käffeln, *was aus* käffen *und weiter aus*
kîfan, kaf *geflossen ist, also mit* keifen
zusammenhängt.

kächelerigge, *f. zänkerei.*

kacke, *f.. kacke.*

kacken, *kacken:* wann kinner kacken
wellt as àlle lü, dann birstet en de êrs.

kackeln, *gackern, gatsen. Tappe* 211^b:
wer eyer will hebben, der moeth der
hennen kackelen lyden. *engl.* to cackle.

kädder, *augenbutter. (Fürstenb.) vgl.*
kwädder.

käddern, *zanken. f. r. 20. ostfr.* kä-
keln, *schnattern, zanken, engl.* to chatter,
lärmen, spectakeln.

kaf, *kaff, spreu.* et sittet der so vull
as kaff an der wand. *s.* käwe. *mhd.*
kaf; *ags.* ceaf (tegmen frumenti, palea);
Soest. Dan. 25 *und öfter:* kaf *zu* ka-
fan *bedecken, einschliessen, wohin auch*
käfter *und* küffe *gehören.*

kavêren, *bürgen für. lat.* cavere.

käferte, *käfer. H.*

kaffaibraiken, *n. kaffeebrödchen. (Für-*
stenb.)

kaffen, *kläffen. (Fürstenb.)*

käffen, *husten, hüsteln. vgl. altn.* qvef (ca-
tarrhus), *engl.* cough. *aus dem stamme*
kw-f *konnte* k-f *werden, wie auch* kwast
neben küstig *zeigt.*

käffen, 1. *kläffen. vgl.* böcken = blöcken.
2. *heftig gegen etwas sprechen. H.*

kaffensse, *f. kaffeeschwester. (Fürstenb.)*

käffer, *m. keifer, zänker.*

käffert, *m. keichhusten. in manchen wör-*
tern er-t *neben* er.

küffhansten, *m. keichhusten.*

kaffmenger, *ein mensch der sich in al-*
len handel mischt. K.

kaficke, käficke, *zuweilen auch* käfftke,
f. schlechte hütte, elendes zimmer. nur
der letzten form liesse sich kaffetchen
von kaffate (lat. cavaedium) *verglei-*
chen, aber die bedeutung widerstrebt.
ich verstehe quade ficke = *schlechtes*
loch. da ficke *den ton hat, so ist kein*
käfich zu vergleichen.

kafitte = kaficke. *(Elsey.)*

käfter, *m. verschlag. ahd.* chaftare; *es*
gehört mit kaf, *käfich zu* kafen.

käggeln, *kauen und ausspucken. N. l.*
m. 93. cfr. kagein, *spalten. vgl.* kau-
gen, kaiwen.

kailen, *platthd. für* kîlen, *keilen, schla-*
gen. (Iserl.)

kailen, *s.* nâkailen.

kailer, *m. platthd.* 1. *wildschwein.* 2.
= *kaimer von anderen tieren:* en düch-
tigen kailer.

kaimen, *kämmen. schon mwestf. bei*
Tunnic. Teuth. keymen. *ags.* kamp-
jan; *ags.* cemban *zu* camb (kamm).
Seib. urk. 946: kämed (gekämmt.)

kaimer, *m. in:* en düchtigen kaimer =
ein schweres, fettes tier. es entstand

wol aus kambar, gambar (streuuus) *und wird als subst. vorab den wilden eber (kämpe, kämpfer) bezeichnet haben.*

kain, *kein. durch hd. einfluss für* gên *und* nên *eingeschwärzt.*

kaipen, *rühren, um z. b. das überkochen der grütze zu verhindern. H.* syn. kaüschen. *verwant mit altn.* keija, *supprimere =* knopjan *z.* kapan, knop.

Kaisberg *bei Herdecke. hier will Detmar Mülher im 17. jh. eine römische inschrift, welche sich auf die 21. legion bezog, gefunden haben; sie scheint unecht, vgl. mit den Blankenhein. inschr. in Hüpsch epigramm. Ist die angabe, dass eine 21. leg. in Deutschl. verwant worden, aus dieser inschrift, so steht es schlechtdarum.* „die für die vernichteten drei legionen unter Varus wieder eingereihten erhielten nicht die alten nummern, sondern 1, 21 und 22; von diesen gingen nur 1 und 21 nach Deutschland". *Esselen, Aliso s. 75 anm. der* kaisberg *konnte damals* mons caesius *von den Römern genannt werden. es ist unwahrscheinlich, dass* Caes = Heis. *die lautverschiebung war damals schon eingetreten; doch sind ausnahmen möglich.*

kaisehen, *s.* kaüschen.

kaisen, *ptc.* kören, *wählen, begehren:* he well alles hewen, bat sin herte man kaiset. *alts.* kiasan, kiosan; *mwestf.* keysen.

kaiserskêrls, *kaiserliche, Oestreicher.*

kaithân, (kuithan), *von leuten, die noch spät in der nacht tun, was am tage getan werden sollte:* dai daut (*spielt*) kaithan in der nacht. (*Elsey.*) *Kil.* kuythaen, *acer potator. famil.-name.*

kaiwen, *kauen. s.* ûtkaiwen.

kajack, kijack, *ruf der gans. (Helden bei Attendorn.)*

kâk, *m.* 1. *hölzerner knebel an der tür. bedeutung und vocal weisen auf ags.* cæge. 2. *halseisen, pranger, schandpfuhl. ebenso kann das wort (2) etwas einschliessendes bedeuten. inhd.* kak (*wol* kàk); *von steinen:* kaek; *schwed.* kåk; *dän.* kaag; *holl.* kaakbucke, *schandpfuhl. vgl. Kil.* kaecke, *der es mit* kaecke (*fass*) *vergleicht. ostfr.* (*Doornkaat*) 2. kake, kake.

kâkelfiste, *f. ein stück holz, woraus am herde der saft treibt und pfeiset. vgl.* fisten *und* fisen, *in Gr. wb.* apfelpfeiser. kàkel (*zu* kagelu, *spalten?*) *gespal-*

tenes holz wird = hd. kachel *sein, die eigentliche platte.*

kâkelhaans, *einer der häufig* kâkelt. *K.*

kakelig, *grell, bunt, geschmacklos. K. vgl. Stürenb.* kakelbunt, *gackernd bunt. Schamb.* kækelig, *kritzelig.*

kâkeln, 1. *schwatzen. K. s. 38.* 2. *schnattern. Grimme. vgl.* kackeln.

kâkeln, *grelles entgegensprechen. K.*

kâl, *adj. kahl. ags.* calo.

kalaschen, *derb durchprügeln. K.*

kalberze, *f. johannisbere. verd. aus* kasberte. (*Elsey.*)

kàld, *adj., comp.* kæller, *superl.* kællst, *kalt.* et es so kàld dat et bitt. et es so kàld asse is du büs so kàld as en forsk. et es so kàld at et swart es. de kàlle hand, *ein doppelhaken zum abnehmen der kessel vom hahl, syn.* pothäken. kàld isern, *poet.* waffe, mordgewehr. dat kàlle, *das kalte fieber.* se lätt eren seligen manne de bêue nitt kàld weren. *alts.* cald.

kaldûnen, *pl.* kaldaunen. *Upst.* colûnen. *deutlich ein compositum oder fremdwort.*

kalenner, *m. kalender:* dai den kalenner mäket, dä etet ôk brôd.

kalf, *n. pl.* kulwer, *kalb:* bat dem kalwe vörbl gêt, dat driepet de kau àder den ossen. van kalf op, *scherzh. von jugend auf. mwestf.* kalf. *Tappe* 177*a:* kalver.

kalf-fell, *n.* 1. *kalbfell.* 2. *trommel. Soest. Dan.* kalffell = *schurzfell.*

kalfflêsk, *n. kalbfleisch.* kalfflêsk — halfflêsk. et es noch en höpen kalfflêsk deràne.

kälfken, *n.* 1. *kälbchen.* hai kritt ne kau med me kälfken. en kälfken anbinnen = *vomieren.* 2. *das faulichte im obste.*

kalf-lëer, *n. kalbleder.*

kalk, *m. kalk. lat.* calx; *ags.* ccalc.

kälken, *mit kalk überziehen.*

kalk-lëke, *f. huflattig, der gern auf kalkboden wächst. (Meinerzagen.)*

kalk-ôwen, *m. kalkofen.*

kalle, *v. n. Teuth.* kall, *gait, canale. vgl. mnl.* kalle, gote, *canale.*

kâlle, *n. kaltes fieber. Teuth.* calde, tzage, *febris, cortze, reede.*

kallen (*berg. und westmärk.*) *sprechen. ahd.* challôn; *mwestf.* kallen: Soest. *Dan.* 43. 86. 195. *Alten. stat.:* die op borgemeister und raidt gekallet hefft. *Tappe* 157*a. Teuth.* callen, spreken, reden *etc.*

kalleråten, *pl. gerede, geschwätz. rom frequent.* kallern mit roman. atu.

kållerig, *adj. etwas kalt. vgl.* fçrsterig, dçrsterig, hrännerig.

kalwen, *kalben, auch wol von menschen:* se hçt te frô kalwet = *sie ist zu früh nach der hochzeit niedergekommen; vgl.* bçrsten. *Tappe* 186ª kalven.

kalwer-bäs, *m.* so hiess zu Blankenstein der stückwirker im gegensatz zum unternehmer. *vgl.* Jacobi gewerbswesen *s. 73 und 457.*

kalwer-hof, *m. baumhof, in welchem man kälber weiden lässt.*

kalwerkrösen, *spitzen an oberhemden. (Weddigen.)*

kalwern, *kälbern, ausgelassen sein.*

kalwersack, *m. bärmutter einer kuh.*

kalwerstråte, *f. (obsc.) vagina.*

kåm, *m. kamm. s. kamm. Teuth. cam.*

kåm, *m. kahm, schimmel auf flüssigkeiten. vgl.* schin, schimmel.

kåmen, *kahm zeigen.*

kåmer, *f. kammer. mwestf.* kumer. *Teuth.* camer. kemenade.

kamesöl, *n. camisol.* en kamesölken köpen = *sich betrinken.*

kåmig, *kahmig. Teuth.* camich als alt bier ind der geliken.

kåmigge, *f. kamille. gr.* χαμαίμηλον. gg für ll. ka vor der tonstelle erhält oft den laut kà. *Teuth.* camille.

kåmîse, *m. grenzzollbeamter (commin) zur zeit, wo die grafschaft Mark, zum herzogtum Berg geschlagen, unter franz. herschaft stand.*

kåmisig, *adj. niederträchtig, verächtlich:* en kåmisigen kêrl. *vom vorigen.*

kamm, *m. kamm.* dai sid alle ǫwer énen kamm geschǫren. *ags.* camb.

kamp, *m. eingefriedigtes ackerland, weide, holzung.* man sagt: raüwenkamp, klödkamp, kaukamp, pçrrekamp. *lat.* campus. *Teuth.* camp. velt.

kåmpken, *kleiner kamp.* köstere kåmpken, *kirchhof.*

kamucke: he slǣpet as de kamucken. *Iserl.* der zeug kalmuck heisst engl. bearskin, sollt hier kamucken bärenhäuter bezeichnen?

kanail, *m. kaneel, zimmt. franz.* canelle. *vgl.* panail, holl. paneel. *Gr. wb.* känel, kändel, canal, röhre, rinne, und kändelen, rinne im eise bilden.

kanail-nâme, *m. spitzname. (Deilingh.) vgl.* canaille zu canis.

kandelung, *öffnung im eise. (Altena.) H.*

kaneggesnåme, *m. spitzname. N. l. m. 35.*

kangel, *m. dorfgefängnis ? für kandel =* hd. kanter, keller. pandhüsken.

kanîne, *f. kaninchen. Hoffm. Findl. 42:* kanyneken. *Lacombl. arch. 6.*

kanînken, *n. kaninchen:* he lǫwet as en kaninken so saûte.

kann, *n. das können:* sett' et kann an de wand un dau et med der hand.

kanne, *f. 1. kanne, als kaffeekanne u. s. w. 2. ein mass. mhd.* kanne. *Teuth.* can.

kännken, *n. 1. kleine kanne. 2.* ¹/₁₆ *mass. engl.* canakin. *syn.* gütt.

kansseln *(berg. und westl. Mark) fractur schreiben. syn.* prempen. *vgl.* cancelli, canzelei, canzler. im mwestf. *(urk. von 1427) bedeutete* kanseleren *eine schrift auslöschen, beschädigen nach ital.* cancellare *und Pandect.* cancellare = *ausstreichen, durchstreichen.*

kansselinken, kantelinken, *n. eine art feiner bretzeln, die zusammenhängend gitterförmige tafeln bilden, daher der name. vgl.* cancelli.

kanstett, *staket, gitter; einfriedigung von holzlatten. versetzt aus* stankett.

kante, *f. pl. kanten. 1. ecke, seite.* hä settet de dâlers laiwer op de kante = *er spart sie.* hä måkede sik van kanten *(auf die seite).* selfkante. *2. spitze, ein gewebter stoff:* bråbänner kanten. *ahd.* kante, ora, latus; *altn.* kantr; *holl.* kant; *ital.* canto. *Teuth.* cant, oirt, hoyck, wynckel.

kanten, *umdrehen, widerrufen,* sik kanten, *sich umgestalten. K.*

kanthåken, *m.* haken zum umkanten der ballen. him k. krigen, *packen, festnehmen.*

kåntken, *n. kleine kante.* mine frau was am käntken = *sie war ihrer niederkunft nahe. vgl. engl.* about; *R. V.* bykant = *ungefähr, Alten. statut:* bykant *(beinahe)* nymandt.

kantôr, *n. schreibstube eines kaufmanns. franz.* comptoir; *holl.* kantoor.

kantôrig, *adj., adv. 1. keck, stolz:* he gêt so kantôrig dåhçr = *er geht daher, wie ein lebemann. 2. freundlich, dienstgeschäftig.* zu kantôr.

kåpenêren, *umbringen. H. s.* krepenêren.

kåpert = *?* klåpert.

kapött, kåpött, *adj. kaput, besonders: entzwei, zerbrochen:* 'ne kåpotte büxe; de pott es kåpött. kåpott gån = crepieren. *vgl. franz.* capot, *it.* capotto, labeth, matsch, geschlagen, besiegt (im kartenspiele).

kapp in kapp un klår sin = *völlig rich-*

tig, klar und ausgemacht sein. es steht vermutlich für klapp, *vgl.* dän. at være klappet og klart = *ganz in ordnung sein. engl.* to clap = *einen kauf durch handschlag bestätigen; mnd.* kôpslàgen.

Käpp (Balve, Kepp, *westl. Mark*), Kaspar.

kappe, *f. 1. mütze der männer* (casquette, calotte). dat küemt em op de kappe. wat an der kappen hewen = *einen haarbeutel haben. F. r. 24. 2. haube der weiber.* nà der kappe sin, *Gr. tüg 3* (bonnet). *3. fingerkuppe. ahd.* kappa; *ags.* cappa.

käppelse, *n. käppchen am schlägel (des dreschflegels), um diesen vermittelst des wörgels an der handhabe zu befestigen.* ?*altwestf.* kappisli. *s.* fliagel.

kappen, *kapiteln, den text lesen,* dęn hef ek kappet. K.

kappes, *m. kopfkohl. ahd.* chapuz; *engl.* cabbage; *ital.* cavoli cappuci. *syn.* kumpst.

kappeziner, *m. capuziner.* kappezinerfrôstücke, *n. prise schnupftabak.*

käpphèrm, *fischname.*

käppsel, *n. käppchen* (calotte). *syn.* pättsel.

kapatt, *n. (leinen) wamms mit ärmeln.* (Fürstenb.) *ebenso in Waldeck, anders nhd.* kaput. *Gr. wb.*

kàr, *f. karre, karren. R. V.* kare; *mwestf.* kair, *f.* vi maūt dat op 'ne annere kàr làen = *wir müssen das anders anfangen.* he es van de kàr fallen = *er ist unehelich geboren.* nu stèt de kàr in der drîte = *nun sind wir in verlegenheit.* hä slätt in der kàr, *ist hergenommen von einem jungen pferde, das sich zwar einspannen lässt, aber eingespannt hinten ausschlägt; figürl. gilt es von einem menschen, der sich anfangs willig, nachher aber tückisch zeigt.*

kær, kôr, *f. mal;* düese kær = *dieses mal. eigentlich: wendung.* êr für err; *ags.* kerr, *vgl. Ettm. p. 379; holl.* keer.

karanze, *f. schelte:* du àlle karanze. *so hörte ich zu Iserl. eine riege schelten. etwa: du hässliche quälerin. vgl.* kuranzen. *Gr. d. wb.* currenzen, fuste percutere, *heute auch* curanzen.

karbätzig, *s.* krabätzig. K.

kàren, *n. pl.* kàrner. *1. korn. 2. korn, bes. rocken.* dat kàren stèt dat me en rad dertiogen stellen kann. *Lud. v. Suchen:* korn, *von der weinbeere. alts.* corn; *mwestf.* kàrn.

kàren, *beschmecken. ahd.* korôn, gustare.

vgl. kǫren *und* kaisen. *Teuth.* cairen. smaken. proeven.

kæren, kêren, *præt.* kàr *für* kàrde, *ptc.* kàrd, *daneben præt.* kèrde, *wenden. ahd.* kêrjan, chêrèn; *ags.* cerran; *alts.* kêrian, kêrôn; *mwestf.* kêren, *ptc.* gekàrt (*Soest. Dan.* gekòrt).

kàrenbänner, *m. karrenbinder.* bat es für en unnerschêd tüsken kàrenbänner N. un der màne? kàrenbänner N. es ümmer vull, de màne màn alle vèr węken.

kàrenblaume, *f. kornblume.* ôgen asse kàrenblaumen. *syn.* buxenblaume, engelblaume, quast, trems. centaurea montana 170ª, κύανος ἄγριος. *ital.* battisegola salvatica. *gall.* blaueole sauvage.

karengûl, *m. karrengaul. volksl.:* du àlle k. (*schelte*).

kàrennelke, agrostemma (lychnis) githago. *Siedlingh.* ragen.

karête, *f. s.* hacken-kurête. *Gr. wb.* carrete.

karfrîdag, *m. charfreitag. syn.* stille frîdag. *ahd.* chara; *alts.* kara = *trauer, leid; ags.* cearu; *engl.* care = *lat.* cura. kara *steht Hel. 499 (Heyne) im sinnreim mit* harm. *vermutlich stammt* harm *mit* kara *aus einer wurzel, jenes verschob sich im anlaut, dieses blieb auf der stufe des lat.* cura. *ags.* cyrman (clamare) *ist süderl.* karmen, *nds.* krimen.

kargidseln = flàkeln. kar *ist præfix, wie in* karnüffeln *u. a.* — gidselu *zu mhd.* geisel (*peitsche*).

karjölen, *i. q.* krajölen. kar *ist præfix.* **karjölen,** *im wagen herumfahren mit dem nebenbegr. des müssigen, nutzlosen. K.*

Kàrl, Kàrel, Karl. — Kàrel-quint, *Karl V. in der süderl. volkssage.* — Kàrdel *cfr.* erdelen. *Weist. 3, 142.*

kærl, kæl, kêrl, *m. kerl. es wird auch im guten sinne gebraucht:* dat es en bàs kærl. hai es kærls (*wie* manns) genaug. *im munde der zärtlichen ehefrau* (minen kærl) *hat es den sinn des ags.* carl. kærl un kain ende! *verwunderung; vgl. Voss idyll: de winterawend.* den kærl (*oder:* den Tigges) brengen. *vgl. südwestf. gebräuche.* — *Bergische mda. zeigen die sonderbare erscheinung, dass aus dem pl.* kæls *ein neuer kælse gemacht ist. unser* kærl *ist* = kirl, kaírl, *ags.* ceorl.

karmäntsel, *f. ameise.* (Lennhausen, Stockum.) karm = kram (*s.* krumäntsel) *bezeichnet den haufen.*

karmen, *seufzen, klagen. Koene will es zu kara stellen. s.* karfrIdag. *Siegerl.:* kàrme, *sich über armut, mangel beklagen ohne eigentlichen grund, sehr sparsam leben, darben. davon:* gekàrm, kàrmer. *(Heinz.14).* Teuth. carmen, *suchten.*

karnellen = knellen, *im rätsel. s.* hufti.

karnüffel, kanüffel, *ein kartenspiel, welches noch in Iserl. geübt wird.* karnöffel, karniffel = *landsknecht ist aus* karnuffen *abgeleitet. s.* karnüffeln. *vgl.* Grimm, *d.* wb.

karnüffeln, *prügeln mit faustschlägen* (med der verkuufften füst). *nds.* kàrniffeln, karnüffeln; *schwed.* karnyffla. kar *ist præfix; vgl.* knüffeln, knuffen, nuffen.

kärnüte, *gewöhnlich nur im plur.* karnüteu, *kameraden, genossen, meist im übeln sinne von wildfängen beiderlei geschlechts. in* Bruns *beitr. p. 340 wird eine* begyne: suster cornûte *angeredet; nds.* karnûte; *in mwestf. urk.* cornôten; kar, ku, cor = *zusammen.*

karsberte, *f. 1. bei* Hoerde: *alle ribesarten. 2. bei* Iserlohn: *Johannisbeere;* swatte un röe kasberte (ribes nigrum u. rubrum). *3. stachelbeere; zu* Kierspe: k a r s belte, *auch zu* Siedlingh. *syn.* gehanneskirsse, striapkasberte. *aus* karsbere = *kirschbeere; vgl.* Firm. V. St. 1, 327: kespern = *kirschen. zu* Rheda: sulberte.

kàrte, *f. karte: in der* kàrte *spielen.*

kàrten, *karte spielen.*

karthaune, *f.* karthaune: *dat es en dick ai, àwer et birstet noch as 'ne karthaune.*

kàrtken, *karte spielen. (Paderb.) nds.* kartjen.

karwai, *1. kümmelbranntwein. 2. starker branntwein. vgl.* carum carvi, kümmel. *engl.* caraway.

karwatschen, *prügeln, peitschen. ungr.* korbatsch.

käse, *f. kotten, schlechtes haus. lat., ital.* casa; quickb. kæsel, *häuschen.*

kæse, kêse, *m.* käse. *alts.* kêse, *lat.* caseus. *vgl.* Gr. g. d. d. spr. 1005.

kæsehochtld, *f. hochzeit, wo die gäste mit spirituosen, butter, stuten und käse bewirtet werden.*

kaséik, *eichhörnchen. (Velbert.) vgl.* katzéiker.

käsek, *m.* = kęsek. *(Elsey.)*

kàvek, *m.* = kęsek. *(Fürstenb.)*

kæsemêse, *f. eine art kleiner meisen, blaumeise. Gr. wb.* kæsemeischen.

kæsemess, *n.* käsemesser, *infanteriesäbel.*

käske, *f.* kartoffelhacke. *(Fürstenb.) für* karstke.

Kasper, Kaspar. De swarte Kasper, *der Teufel. syn.* kratzkäpp.

Kàsperken, *1.* Käsperchen. *2. der name des Teufels im märchen.*

kass, *geschwinde. II. hamb.* kasch, *mutwillig, frisch. für* kaRsk = kradisk. krad = *ags.* hrad. *s.* katzgrå. *ostfr.* krass, *rüstig. Schamb.* kasche, *hurtig, schnell.*

kassement, *n.* (es ist *weich), schub, abschied.* He het em 't kassement giawen = *er hat ihn verabschiedet, weggejagt. vgl. ital.* cacciamento *oder franz.* casser (cassieren).

kassendäler, *m. preussischer taler.*

kassengeld, *m. preussisch oder berliner* courant. *dieser ausdruck, sowie* kassendäler *und* kassmänuken *entstanden in der zeit, wo preussisches geld selten bei uns war, gleichwohl aber von der steuer- und postkassen verlangt ward. man legte damals die preussische münze, die zu häulen kam, sorgfältig zurück, um bei den königlichen kassen fertig zu werden.*

kassmänuken, *ein* 2½ *silbergroschenstück. vgl.* fettmännken. *H. sagt, er habe dieses wort vor 1770—1775 nicht gehört.*

kassmesiss, *komischer ausdruck für geld. f. r. 7.*

kasten, *m.* kasten. verstannes - kasten, *altkluger mensch.*

kastenkêrl, *hausirer.* de winterberger kastenkêrels. *op d. a. h. 21.*

kästig, *adj. windbeutelig, eitel, hoffärtig, hochmütig, aufgeblasen. K.* = kwästig, *vgl.* kwast.

kästig, *adj. 1. müffig, vom brot. 2. nach dem kasten schmeckend. II.* Teuth.: kestich, *verstickt.*

kasute *für* karsuchte, *1. frühkirche am weihnachtstage. 2. als ausruf in einem kinderspiel bezieht sich* kasute *auf die rumpelmette in der karwoche, wo von den wenigen kerzen in der kirche eine nach der andern ausgelöscht wird. Frank. System 13, s. 12.*

katholsk, *adj. katholisch.* Enen katholsk maken = *einen fügsam, willenlos machen. schaff geld àder ik were katholsk.* use ǫweken bǫtert sik auk; et wêrt ganz kathollesk. *Gr. täg 85.*

Kàthrine, *Katharine.* kà *hat den ton.*

kathrinenblaume, achillea ptarmica *(Fürstenberg.)*

katte, *f. 1. katze, felis.* so nàt as ne katte, *vgl.* uvidi tanquam mures *(Pe-*

tron.) — bind de katte vȯrt knai, bat
dû nit sûhs, dat sûht sai. — et es so
dûster as in der katte. — sundag mat
de katte ûtem rechten lǫke un dâmed
basta! = *muss die sache ins reine ge-
bracht werden.* — dat màk der katte
im dròme wis! — hä lätt sik wis mâ-
ken, de katte lägte en gôseai. — dęm
lȯpet de katte med dem liǫgen mägen
nitt fudd. — dęm es de katte med dem
verstanne węglȯpen. — hä kiket as ne
katte, dä int häckelse schitt *(verlegen).*
— hä kiket as ne katte, dä duǝnern
hȇrd. *s.* denkeǫ. — dai hęt en tä lę-
wen as ne katte, *auch schwed.* ega so
mângǝ lif som en katt. *2. geldgürtel:*
geldkatte. *3. fichtenzapfen:* dannen-
katte. *schwed.* kòtte. *4. teil eines
spinnrades.* *5. maikäfer:* maikatte.
6. vielleicht = cattus, *kriegsmaschine
zum untergraben der mauern:* dat es
fȯr de katte = *das ist verloren.*

Kȧtte, *Käthe.*
kȧttegadde, kȧttegarre, *f. 1. schlechtes
zimmer. 2. ein gefängnis zu Hemer.
es fragt sich, ob* = qwȃde gade (ga-
dum), kwȃde garde *(alts.* gardos), korte
garde (la garde)? *s.* korte garde.
kattendans, *m. schwerttanz zu Attendorn,
was die Attendorner nicht gern hören,
weil es an kattenfillers erinnert.*
kattenfillern, *pl. werden die Attendorner
gescholten. die volkssage führt die
schelte auf vorfälle zurück: bald, die
Attendorner hätten eine katze mit bla-
sen an den beinen vom turme gewor-
fen, bald, sie hätten bei der belagerung
einer burg eine katze im burgfenster
geschossen. vielleicht ist der name ein
ehrenname und das katten darin* =
Katten, *Hessen, wie denn auch Atten
in Attendorn* = Hatten, *Hessen sein
könnte.*
kattengewinn, *m. katzengewinn.* ȇrst-
gewinn es kattengewinn.
kattengold, *n. kirsch-, pflaumenbaum-
gummi. Dortm., Soest. Teuth.* catten-
gold dat uyt den boemen loipt. *s.* kat-
tenwass.
kattenkȧese = pöppelkrud. *(Fürstenb.)*
schwed. kattost.
kattenkläwe, *f. katzenklaue, frucht des
spindelbaums,* evonym. europ. *syn.* gęl-
bȯm.
kattenkopp, *m. böller. vgl.* katte 6.
kattenkrig, *m. katzenkrieg.* dai es im
kattenkrige west = *zerkratzt, übel zu-
gerichtet.*

kattenlǫk, *n. katzenloch.* hai es dȯrt k.
= *er ist ruiniert.*
kattensnuader = kattenwass. *(Unna.)*
kattensprung, *m. 1. katzensprung, kleine
entfernung:* dat es mär en kattensprung.
2. = *hasensprung.* *(Weitmar, Al-
bringwerfe.)*
kattenstęrt, *m. 1. katzenzagel, schaftheu,*
equisetum. *syn. nach einigen:* wåter-
grafün. *2. hundsveilchen,* viola canina.
3. ackerscabiose. K.
kattenstaülken, *n.* = kuckukesstaul.
(auch Siedlinghausen).
kattenwass, *n. gummi an pflaumen- und
kirschbäumen. Waldeck:* kattengold.
syn. hånenpęk. *mitteld. Pf. Germ. 9,
22:* gummi, kazzengolt vel flens. — *nach
dem Froschm. wendet Murner daumen-
harz an, um Reinekens wunden zu ver-
kleben. „mit daumenharts als wol ver-
kleben“. kinder ziehen das gummi fa-
denweise über den daumnagel, so dass
eine dünne scheibe entsteht.*
katthaltern, *sich zanken, zerren, katz-
balgen. ostfr.* katthalsen. haltern *und*
halsen gehen auf halan *(fr.* haler, *zie-
hen) zurück.* halster *aus* halsȯn *zu
hd.* halfter, *wie* holster *(zu* hclan) *zu
hd.* holfter. *nach unserem* halter (=
halster, halfter) *ward* haltern, *am* half-
ter ziehen, *dann* ziehen, zerren *über-
haupt gebildet.*
kättken, *n. 1. kätzchen. 2. in* smiǝds
kättken, *schloss und riegel:* et es äch-
ter smiǝds kättken. *3.* kättken van
Aken: *du* maus et gewǫnt wären äs’
et kättken van Aken. *H.*
kattlux, *katzenluchs, eine luchsart. Seib.
qu. 3, 386 (1669) wo auch* kalblux *er-
wöhnt.*
kattschrå, *dumm, ängstlich, furchtsam. K.*
katsche, *f. kerbe. (Solingen), franz.* coche.
katzéiker, *eichkätzchen, eichhörnchen.*
katteiker *(Reuter.)*
katzgrå, *schnellbereit, in der redensart:*
he es so katzgrå nitt, *er ist so bereit-
willig nicht.* nds. karsk = kardisk
von kard, krad, *ags.* hrad, *konnte zn*
kads, katz, kass *werden;* grå *wird* holl.
graag, *bereit, sein. H. verzeichnet* ge-
rah, *geschwinde. s.* kass.
kätzût = fȯr de katte, *verloren. (Paderb.)*
kau, *f. pl.* kaüe (kaie), *im* köln. süderl.
kögge, *kuh.* et kuǝmt mi vȯr as der
kau de kermisse. wat wȇt de kau vam
sundage. et es as wann de kau ne äl-
berte slûket. et werd manige àlle kau
gęten, ba dû nix van med krist. biäm
de kau bȇrt, dai gripet se bim stiärte.

ahd. chuo, *ags.* cû, *alts.* kô *pl.* kôii, kûgii; *mwestf.* kô *pl.* koye, kögge; *im Dortm. zolltarif von 1350:* keye, *was man gewiss* kaie *aussprach. man wird also auch sonst* ey *wie* ai *gesprochen haben! ein etym.* aü *wird durch* ey *ausgedrückt sein!*

kau, *f. die hütte des vogelfängers beim heerde; (Rousdorf.) darnach verstehe ich Seib. urk. nr. 484 p. 621:* infra emunitatem dictam de Gate proprie Vilekanvessunder. — *Kil.* kaue, kouwe. *rgl. d. wb. rgl. auch* kogge *in* spinnekogge.

kaubalg, *m. kuhbalg.* et es so dûster as im kaubalge. *vgl. dän.* bälgmørk, balmørk, *stockfinster.*

kaubëst, *n. kuh.*

kaublaume, *f. 1. die auf wiesen häufige weisse wucherblume* chrysanthemum leucanthemum. *syn.* morgenblaume. *2.* löwenzahn, taraxacum. *3. ein kuhname.*

kaubülte, *f. kuhpilz, den man in der gegend von Kierspe für ein gutes viehfutter hält. schwed.* koswamp.

kaudokter, *vieharzt. H.*

kaudolske, *unordentl. gem. frauenzimmer. (Siedlingh.) schwed.* dolsk, *träge, faul, hinterlistig.*

kaudrässel, *f. misteldrossel,* turdus viscivorus, *die gröste drosselart bei uns. vgl. westf. anz. 11. juli 1800:* schnarren, schnarrziemer, *von den vogelstellern des Süderlandes* kuhdrosseln *genannt. zu Balve ist* swarte kandrässel *= schwarze amsel, woron man* grise k. *(singdrossel) und* gele k. *unterscheidet.*

kauert, *eichhörnchen. s.* köerd.

kaufell, *n. kuhfell.*

kaufladd, *m. kuhfladen. s.* jung.

kaügatt (kaigatt), *n.* kauloch, *mund.:* glik kriste enen int kaigatt! *(Iserl.)*

kaugen, *kauen. ags.* ceovan, *engl.* to chew; *holl.* kaauwen, *mnd.* kouwen. *vgl.* nåkaügeln.

kauhacke, *f. tölpeliges frauenzimmer. vgl. nhd.* hacke, *dirne.*

kauken, *m. kuchen. ahd.* kuocho, *schwed.* kaka, *engl.* cake. *Seib. westf. urk. 951* wird der auf aschermittw. gebackene *stuten* koiken *genannt.*

kauken, *kuchen backen. (Liberh.) — Upst. 1361* köken. *Teuth.* coicken. tortare.

kaukenisern, *n. eisen zum backen der fladen* (iserkauken). *alts.* bakisern. *Kil.* koeckyser, *wafelyser.*

kaukenpanne, *f. kuchenpfanne.*

kauküppe, *pl. kühe. vgl.* beste haupt; *engl.* cattle (capitale).

kaukørf = kåwekørf. *(Iserlohn, Limburg.) s. zu* köerd.

kaul, *adj. kühl. ahd.* chuoli, *ags.* cöl. unser wort von kuol, *nicht von* cuoli *= ags.* cêle.

kaülen, *i. q.* knüschen. *(Elsey.)*

kaülunge, *f. kühlung.*

kaün, kain, *adj. kühn. altes* kuoni; *Soest. Dan.* kon.

kaunâme, *m. kuhname: jede kuh führt bei uns einen namen; auf grossen gütern ist der name einer jeden kuh neben ihrer stelle im stalle zu lesen.*

kaupländerk, *m. kuhfladen. (Grimme.)*

kaurôse, *f. pfingstrose,* pæonia offic. kau *bezeichnet wie* perd *das grosse. syn.* makundel.

kaurôt, *dunkelrot wie eine kuh. H.*

kaüschen, kainschen, *siedende flüssigkeit durch zugiessen von kaltem wasser beruhigen. nds.* küschen. *syn.* kaülen, kaipen. *vgl. d. wb.* kauzen. *man ist geneigt es für ein transitiv verwendetes fr.* coucher *zu halten; vielleicht aber hängt es mit alts.* cusco *zusammen.*

kaustall, *m. kuhstall.* dør de kaustallsdør gêt ôk en weg nå Köllen = es gibt viele wege zum ziele. hai werd wol in kaustall im balge hewen = er ist ein stinker. wasket de kaustallsdør un schüert 'et süll, (? daffe regen kritt).

kaustęrt, *m. kuhschwanz.* hai wässet as en kaustęrt *d. i. in die erde. vgl. engl.* he grows downward like a cow's tail *(von kindern, die nicht wachsen wollen).*

kautrappe, *f. kuhtreppe; flurname bei Iserlohn.*

kaüt, kait, *n. ungehopftes bier; dünnes bier, K.* weissbier, weizenbier. *Alten. stat.* kent; *v. Steinen:* koet, *wie denn auch noch jetzt* käit, köit *gesagt wird. das wort wird nur noch selten gehört. der name soll von dem ersten brauer dieser biersorte* Keutius *rühren. das Hammsche* keit *war berühmt; vgl. Möller, gesch. der hauptstadt Hamm, 1830. Münst. geschichtsqu.* III, 77: koit. *v. Höv. urk. 112:* koyt. *v. St. stück XX aus der Alten. reimchronik (ende des 17. jh.); v. 59:* Man braut hier auch wol ziemlich Bier — doch trinkt man Kait und Lüd alhir, — der wird vou ander Ort gebracht — das Bier wird oft dadurch veracht. *auch der Breckerfelder* koet *war berühmt. v. St. stück XX p. 1257* kaütban. *s.* dauen.

kawansch *(selten), adj. spasshaft.* cfr.

9*

Kil. wausch *und* kalacnsch, *elegans,* scitus, lautus. *II. hat* karwansch, *verkehrt. zu* wan, *schön. vgl.* kawuptig.

kåwe, *f. getreidehülse, spreu.* dat es män ût der kåwe dorsken = *das ist nur anfang der arbeit, es muss noch besser kommen. Kantz.* kau; *nds.* kåwe; *vgl.* kaff *und* verkåwen. *Teuth.* caff. migma.

kåwekorf, *m. länglich-runder flacher armkorb von spänen, dessen sich die weiber bedienen, um gemüse aus den gärten zu holen.* hä küert ût dem kåwekorf, *er spricht einfältig. s.* kaukorf. *der rechte name ist* kaukorf. kåwekorf *ist ein grösserer korb mit zwei ohren, der gebraucht wird, um nach dem dreschen und reinigen die* kåwe *auf den boden zu bringen. (Rhee bei Elsey.) s.* kòerd.

kåwesack, *m. spreusack. im rätsel von der kuh:* Vôr as ue schûddegaffel, midden as en kåwesack, âchten as en snickdisnack.

kawupptig = wupptig: kawupptig fällt dat perd hen un tebrioket den hals.

kefflen, *(1670) murmeln:* in dem becke kefflen; *vgl. holl.* kabbeln.

kéilen, *kegeln:* dà sind se noch es recht wier am kéilen *(vom gewitter). (Meinerzh.)*

kekel, *m. zapfen, nur in* ìskekel *(ags.* isgicel, *engl.* icicle) *eiszapfen. Seib. urk. (v. 1659):* keckel. *offenbar liegt im worte der begriff des walzen- oder kegelförmigen und verwandschaft mit* kiogel *(kegel) lässt sich nicht abweisen. holl.* ijskegel.

kele, *f. kehle. ahd.* këla; *ags.* ceole.

kelle, kölle, *f. källe. setzt awestf.* kuldî, kuldi *voraus; vgl. alts.* còlitha.

kellen, köllen, *källen; ags.* caljan, *alts.* còlon.

keller, *m. keller.*

kellerschråt, *m. der in ein zimmer vortretende kellerhals. s.* schråt.

kellersuune, *in:* van der k. beschënen sin == angetrunken.

kelwitte, *1. wasserstaar. (Lüdensch.) syn.* wåtergaidling. *2. ein kuhname. vgl. die kuhnamen:* klèwitte, nôrwitte. *darnach könnte* killefitte *heissen* fettkehle.

-ken, *ableitungsendung bei verben:* suppken (sappe).

kennen, *prǣt.* kannte, *ptc.* kannt. *1. kennen. 2. unterscheiden:* hai kennt speck för späne.

kennlik, *adj. kenntnisreich, erfahren.*

kennsse, *f. bekanntschaft. holl.* kennis.

-ker, *wofür auch* ken *eintritt* = gefäss. *nur in compos. s.* biker. *goth.* kas, *ags.* cere, *m.-Ztschr. d. berg. geschichtsver.* I, 282: glich wie bien na dem kare.

kër, *f.* kêr, *f.* = kær.

kerdel, *knicker. II.*

kerdreck, *m. kehrdreck, kehricht.*

keren, *prǣt.* kêrde, *ptc.* kert, *kehren (mit dem besen). ahd.* kerjan, kerren; *Tappe* 239b keren.

keren, wo kërt mistns, dà kërt ock kristus.

kerf, *n. kerbe, einschnitt; aerskerf. engl.* kerf; *vgl. ags.* ceorfan.

kerke, *f. kirche:* nà kerken gån. me maut måken, dat de kerke im dorpe blitt. *ags.* cyrike; *alts.* kerika; *mw.* kyrke, kerke.

kerkendåler, *m. pfennig.*

kerkhof, *m. kirchhof, gottesacker. syn.* kösterskämpken, knokenkamp.

kerklü, *pl. kirchleute, leute die zur kirche gehn.* Wann 't den kerklüen regent innet pâd, dann es et de ganze weke nät.

kerkmester, *m. kirchmeister, der die kirchenkasse führt;* mwestf. kerychmester.

kerktôrn, *m. kirchthurm.*

kerkweg, *kirchweg. Schwelm. -vestenrecht:* „der kerckweg offte notweg" soll so breit sein, dass eine frau zu jeder seite „unbeschuirt orer hoecken" neben dem leichenkarren gehen kann.

kerkwigge, *f. kirchweihe; mw.* kerckwigninege.

kermisse, *f. 1. kirmesse, jahrmarkt.* Bà heste dat kriogen ? *(krankheit.)* Ik hewet nitt opper kermisse halt un ock nitt vam markede. Hai kûmet nå der kermisse (post festum). Dat maut en slecht dorp sin, dà nitt mål ne kermisse inne es. Dä maint üchter jêdem buske wær 'ne kermisse. Et es kermisse in der Helle *(von schnell wechselndem regen und sonnenschein). 2. kirmessgeschenk:* ne k. giowen; *vgl. Theoph. (Hoffm.)*

kermissjuffer, *f.*

kern = kêrn, *korn.*

kern, kern, *m. kern. L. v. Suchen:* korn.

kêrne, *f. kern.* borstkêrne, brustkern. *im hd. wird wohl* kirschkern *gesagt, in unserem plattd. immer nur* kirssensten, *prûmensten.*

kêrne, *f. kirne zum absondern der butter. R. A.* 580: keerne = butterkirne, nicht handmühle. *die bearbeitung des rahms mit einem grossen löffel konnte* kirnen *genannt werden ; daher das gerät zum buttermachen* kirne *und die verwandtschaft mit ags.* cveorn *(mühle), goth.* qairnus. *Teuth.* kernne tot botteren. *die butterkirne nach dem Schichtbök d. st. Brunswik schon um 1294 in gebrauch, weil der p. n.* karnestaff *vorkommt.*

kêrneu, *kirnen. ags.* cernan, agitare butyrum. *Ettm. 380. ein altwestf.* knirujan *würde entsprechen.*

kêrnemęlke, *f. buttermilch. engl.* kernmilk. *Teuth.* kernmelck. balbuca.

kęrs, *kresse. (Siedlingh.)*

kęrspel, *n. kirchspiel. mwestf.* kirspell, kerspell; *Th. vervem. 107:* kerkspel. *aus* kerke *und* spill = menge(?)*; vgl. geldspiel, menschenspiel (Göthe, Götz). mda. III,426 wird es aus* spill = rede, *sprache erklärt: so weit die sprache einer kirche geht.*

kęrspelshęrmen, *m. die dickste blutwurst.*

kęrsten, kersten *(Köln. Süderl., selten), zum christen machen, taufen.*

kęrssen, *pl. kirschen. spr.:* de ersten kerssen gelten 't geld.

kęrwel, *m. kerbel;* scandix cærefolium. *Gr.* χαιρέφυλλον, *ags.* cærfille, *engl.* chervil.

kęrwelgraûn, *n. kerbel:* dai hęt kęrwelgraûn gęten, hä sûht alles dubbeld, *wird von einem gesagt, der übertreibt, oder einen verkehrt aufgefassten vorfall berichtet. vgl. Fisch. Garg. c. 19:* „Dann ir wûsst, dass körbelkraut grosse kraft die leut zu verändern hat, also dass jene frau ihren manu, der sonst einen bei ihr fand, uberredt, er hett korbeln gessen“.

kęrwelspâne, *pl. hauspäne. vgl. zu dem euphon. l.* wiskeldauk, węrkeldag *u. a.*

kęrwen, *kerben, einschneiden. ags.* ceorfan.

kês, *m. käse.*

-kes, *diminut. adverbialendung:* nettkes, stillkes, efkes.

kêse, *m. (Iserl.) s.* kœse.

kęsek, kâsek, *m. mark des kohlstrunks. syn. ostfr.* pittköl. *Montan. p. 149 führt als westf. namen des holunders auch* kèske, kaiseke *auf. vgl. Kil.* keest, nucleus, granum, germen; keest, medulla, cor, matrix arborum. *verwant mit* kęrn, *mda. VI,* kas, *f. (Tyrol.)*

kêserblâm, *f. käseblume. (Eckenhagen.)*

ketschen, *für k., feuer schlagen. Hingb. 2, 85.*

kęf, *von hartem holze, welches schwer zu verarbeiten ist. (Siedlingh.) cfr. ostfr.* kiflg, kiwig, kibig. *Schamb.* kiwig.

kęfergail, *adc. vorlaut, dumm gesprächig. H.*

kęwe, *f. käfer.*

kęwek, *m. käfer. s.* maikęwek. *(Altena.)*

kęwitte, *maikäfer. H.*

ki ki! *lockruf an die schweine. (Weitmar.)*

kibbese, *s.* mûsekibbese.

kick, *in* kick àder kack seggen, sich mucken. ostfr. kik, mucks, leiser laut. rgl. kicken.

kicken, *mucksen, leisen laut hören lassen.* nu kicke di es noch! *nun gib noch einen laut von dir! =* muck dich nicht mehr! *dä hęt nitt deran* kicket *àder ręmet, er hat nicht das geringste davon verlauten lassen. vgl. ostfr.* kikken, *engl.* to kick.

kickes-węrdken, *das geringste wörtchen. H.*

kidse = kniffte. *vgl. alts.* kith.

kidsken, *n. ein klein wenig.* kain kidsken, *nicht das geringste. syn.* kniftken. *diminut. mit eingeschobenem* s *von* kid = alts. kith; hunsr. käh, keitche; *Firm. V. St.* en kritzken.

kîe, *f. kette. wie* stie = alts. stedi, stidi. lat. catena; ahd. ketina; *L. v. Suchen 58:* kede. *s.* kioge, kiote.

kioge, *f. kette. f. r. 96.* g *für* d.

kiok, *m. blick.*

kiokstern, *kichern, halbunterdrücktes lachen. vgl.* däckstern, delstern, helstern, müstern, tjükstern.

kiel, *m. kittel. mhd.* kittel; *holl.* kedel, keel, kiel; *engl.* kirtle; *altn.* kyrtill; *dän.* kjortel. *nur* d *und* tn *können ausfallen, aber es kann neben ags.* cyrtel *ein* nd. kirdel *gegeben haben, woraus sich* kiddel *assimilierte. vgl.* kîe, d. i. kede *neben* kiote. *Teuth.* kedel, wenckel rocket.

kiole, *pl.* kiolen *in* gesseln-kiolen. *blattstengel mit dem kiel einer feder verglichen.*

kielen, *eilen.* he kielde üm noh. *Hingb. III, 84.*

kiolen, *schreien (von kindern); vgl.* kęle.

kielwitte, *(weisskehle) wasserstaar. s.* wâtergaidling *und* kęlwitte.

kiênblaume, *f. kettenblume, löwenzahn. syn.* rösenkrüd, rösentöppe, busterpost, saumealke.

kioper, *f. 1.* keper, köpper *oder schräg durchkreuztes gewebe. für* kipper, *zu holl.* kip, keep *(kerbe) oder unserem* kippen = *picken, hauen, per conseq.* rauh, uneben, wund machen. 2. kleine trockene offene wunde, schrunde. H.

kiosel, *m. kiesel; vgl.* kiotel. *ahd.* kisil.

kieseling, *m. kiesel. Hoffm. Findl. s. 154:* keserlink.

kiete, *f. 1. kette,* catena. *2. kette (reb-hühner):* ne kiate van vér stück. *(Bochum.)*

kietel, *m. 1. kessel.* goth. katils; *alts.* ketil; *ags.* cetil. iə *ist a-brechung. 2. grube beim nutten-trecken:* dat gêt kiotel üm.

kietel, *m. kitzel. ags.* citel; *Soest. Dan.* kettel, kittel. iə *ist erweiterung von* i, *um ohne verdoppelung des* t *eine gewisse kürze festzuhalten.*

kietelig, *adj. kitzlig.*

kieteln, *kitzeln:* med der mistgaffel kiəteln. *ahd.* kizilôn; *ags.* citeljan.

kietelläpper, *m. kesselflicker. v. Hövel. urk. 112:* kettellepper.

kiewipp, *kibitz.*

kiffe, *f. schlechtes haus. syn.* kàficke. *engl.* kip *(Vic. of Wakef.); dän.* kippe *(kneipe); berg.* kipe; *holl.* kuf, küffe; *mhd.* keibe; *mda. III, 116:* keiche.

kiffen, *kläffen; vgl.* kàffen. *(Brackel.)*

kiggeln, *1. kegeln. 2. knickern. (Siedlingh.)*

kijack, *m. 1. hals, schnabel.* énen am kijack krigen. dä sorget fŏr sinen kijack. *2. gans. 3.* = himphamp *(im märchen). altmärk.* kijak, *luftröhre der geschlachteten gans; Gr. d. spr. II, 864:* giguk.

kijacken, *schnattern; vgl.* gigaken, *bei Schiller* gagaken. *vgl. Froschm.:* gigack gigack flog sie daher, als wenns der römische adler wer.

kik-dŏr-den-tûn, *guck durch den zaun, gundelrebe. syn.* krüp-dŏr-den-tûn, hûdrâwe.

kiken, *præt.* kêk, *ptc.* kieken, *gucken, sehen. Soest. Dan.* kiken; *holl.* kijken. *Bgh. spr. sal. 7:* kykede.

kikeswördken, *n. nicht das geringste wörtchen.* kikes wird genit. des partic. subst. kikend *für* kickend sein; *s.* kicken.

kik-in-de-weld, *m. guck in die welt, gelbschnabel.* du büs jà män en k.

kil, *m. keil.* duənerkil! *wofür in Iserl.* duənerkail; *vgl.* kailen. kil *ist wahrscheinlich aus* kigil = kwigil *contrahiert, so dass es dem* wigge begegnet; *vgl.* kwiəgelte. *ahd.* chîl; *mhd.* kîl.

kile, *f. krug für bier:* ne kîle bêr. *(Altena.) ags.* cille, *hd.* kelle. kîle : kille = pile : pille.

kilen, *1. keilen, schlagen. 2. in Lüdensch.: fluchen* d: i. duənerkil sagen.

killeüts, *m. geizhals, knicker. vgl. Seib.*

westf. urk. Killefite, *familienname. es bedeutet wol eigentlich: dickkehle, dickhals, vgl.* kiəlwitte.

kilorum gân, *komischer ausdruck für fortgehn. spr. u. sp. 8.*

kim kim ! *lockruf an die schweine. (Fürstenb.)*

kimmeln, *zanken. H. zu Kil.* kimpen, luctari, certare *oder für* kibbeln. *Teuth.* kyblen.

kin, *m. pl.* kinen. *keim.*

kinbedde, *n. kindbett. syn.* krâm; de haiden sid inbroken. de fmeu sid an de brandrigge trocken. sîne frau es im krâme. use Hergŏd hed se med ner jungen dochter, med me jungen suone sęgent. sine frau was am kàntken. se hęt te frô kalwet, se es te frô borsten.

kinbeddersche, *f. kindbetterin. syn.* krâmfrau; *vgl.* krâmhær.

kind, *n. pl.* kinner, kind. klaine kinner klaine last, grŏte kinner grŏte last. wänn de kinner klain sind, dann tredt se em den schôt, wänn se grŏt sind, dat hęrte *(machen herzeleid).* hai hęt nitt kind of kûken. et es alles noch mân kinnerwęrk.

kindken, kinneken, *n. kindlein. plur.* kinnerken.

kindöpe, *f. kindtaufe.*

kinen, *præt.* kên, *ptc.* kiənen; *3 præs.* he kint *(wie he schint, von* schinen); *ptc.* gekenen, *keimen. goth.* keinan; *alts.* kinan; *mhd.* kinen. *Teuth.* kynen, schoeren, ryten, splyten als die erde off anders wat. das keimen ist ein reissen, spalten des samens.

kinkel, *f. pl.* kinkeln. *1. streifen fleisch und speck, wie dergleichen von schinken abfallen und zur bereitung der mettwürste verwendet werden. 2. speckwürfel in blutwürsten. mda. 6, 214. (Fürstenb.) ähnlich nds. 3. doppelkinn, unterkinn. vgl. Vilm.* kinken, *pl. (an der Diemel.)*

kinn, *n. kinn. alts.* kinni.

kinnerbêr, *n. in reimen* = kindtaufe, tauffest. *westf.* kindelbeyr.

kinnerdauk, *m. tuch, welches kleinen kindern um den leib geschlagen wird.*

kinnerkäppken, *n. kindermützchen.*

kinnerkraike, *f. eine art kriechenpflaume.*

kinners ! *ausruf der verwunderung; auch* jesses kinners! *vgl. Firm. III, 147.*

kinnerzech, *m. tauffest, kindtaufschmaus.*

klöneng, *m.* = kŭening. *(Altena, gedicht von 1788.)*

kîpe, *f. 1.* keipe = risp, *korb mit zwei henkeln. (Siedlingh.) ein aus rohen*

*weiden geflochtener igelrunder hand-
korb. K. 2. tragkorb für den rücken.*
dẹn kenn ik so guəd, as wann ik ne
in der kipe drẹgen hädde. *3. im Berg.*
= *schlechtes haus.* 4. = nds. kike in
fürkipe, *ein messingenes oder kupfer-
nes geschirr zur aufnahme von glü-
henden holzkohlen, um die füsse darauf
zu wärmen.* kipe, kuipe, *f.* = *klucht,
spaltholz der kinder. (Lethmete). vgl.
Vilm.* kippe. *Teuth.* kyppe, corff.

kipele, *hanbutte. Teuth.* hyepel, buttel.

kiperling, *faxtnacht. (Altena. H.)*

kiperte, *hanbutte. (Remsch.) in Schwelm:*
buttelte. *H.*

kipp, *m. n. spitze.:* rüggenkipp = rüg-
genkamm, *speckstück aus dem rücken
des schweins.* Hänenkipp, *name einer
bergspitze bei Hemer. ags.* kipp = *den-
tale; holl.* kip, *f.* = *kerbe, einschnitt.*
kipp und pick sind eins, wie kippen
und picken.

kippers, *m. wolf (vom reiten). von einem
stumpfen messer:* dà kamme op nà Köl-
len rien un. ridt sik doch kainen kipp-
ers. *mhd.* kipars, *oldenb.* hikèrs; *vgl.
holl.* kip *(kerbe),* kippen *(einschnei-
den). Teuth.* bickers. bicken = kippen.

kippe, *f. in* blinne-kippe, *graue stech-
fliege.* kippen = *fr.* piquer.

kippen, *schwach anstossen, anschlagen,
anhauen.* med der bile kippen = *ker-
ben.* med aiern kippen, *so dass, wer
dem andern eine beule ins ei schlägt,
das beschädigte ei gewonnen hat. Wal-
deck.:* keppen. *vgl. tie* kip *vom picken
der vögel.* ûtkippen, *ausschlagen, knos-
pen treiben. s. tiepschen.*

kippgarwe, *f. dicke garbe, früherhin die
schwere garbe, welche die mäher als
lohn mitnahmen. (Dortm.) syn.* baud-
garwe.

kippkär, *f. sturzkarren.*

kipps, *(? =* kippisk), *adj. angestossen.*
et es kipps! *sagen die kinder beim
knickern, wenn der getroffene knicker
sich ein wenig bewegt hat, ohne gerade
seine stelle zu verlassen.*

kirsse, *f. kirsche.* wann usse Hẹrgod
kirssen giət, dann giət he ok kọrwe.
worten: iəselskirssen u. s. w.

kirssfuegel, *m. kirschvogel, goldamsel,*
oriolus galbula, *der zur zeit der kir-
schenreife frühmorgens auf kirschbäu-
men geschossen wird.*

kirssenblaud, *f. 1. kirschenblüte. 2. zeit
der kirschenblüte.* so as 'et wẹr es in
der kirssenblaud, so es et ock wann
de rogge blött.

kirssenbôm, *m. kirschbaum.* wann de k.
tüsken twẹ lechtern blaumet, giət et
kaine kirssen. *ahd.* kirsboum.

kiserling, *m. kiesel. K. s. 75.*

kisse, *f. ein werkzeug für den brotbä-
cker.* se nemen 'et bröd vör der kisse
wẹg = *so warm vom ofen weg. ahd.*
kissa, tractula. *hess.* kiss. *vgl. wald.*
kisk. *Lacombl. arch. III, 221:* kissell,
eynen isser kyssel, da men den hert
mit affizuycht. *Teuth.* kyssen dat is sul-
ken geluyt to maken. *id.* kysse in
den perstal. *Sieg.* kess, *m. stange mit
halbkreisförmigem brett an einem ende,
um die glühenden kohlen aus dem back-
ofen zu entfernen. vgl. Vilm.* kiss.

kistekauken, *m. pfefferkuchen.* dat es
bröd asse kistekauken.

kitsche, *f. kerngehäuse des obstes. vgl.
alta.* kith, germen; *Hunsr.* keit, *klei-
nes samenkorn.*

kitschen, *das kerngehäuse ausschneiden.*
den appel k. *(Solingen.)*

kitse, *in:* ik nẹm et kaine kitse *(nicht
im geringsten)* ûwel. *op de a. h. 8.
Kil.* kritse, zierken, atomus.

kitsken, *s.* kidsken.

kitswammes, *n. weste. (Velbert.)*

kiwe, *f. pl.* kiwen, *mundwinkel, kinn-
lade. ahd.* kith, kiwa; *mhd.* kiwen; *dän.*
kiäve. *Teuth.* kyewe.

kiwen, *keifen. unsere väter sagten beim
gewitter:* kinner, bẹd ink! use Hẹrgod
kiwet. *Soest. Dan.* kywen.

kiwig, *schelmisch, naiv.* sai süht so ki-
wig ût den ögen. *K. — Doornk.* kiffig,
kiwig, kibig. *so recht wie es sich gehört
und sein soll. (sd.* kiebig, *stark, heftig.)*
Schamb. kiwig, dick, *stark, v. holze. s.* kẹf.

kiwwe, *f. ferkel. nds.* kiwwe.

kiwwe kiwwe! *lockruf an die ferkel.
syn.* ki ki, kim kim. *münst.* kûe kûe,
kûr kûr. *(auch Siedlingh.)*

klabastern, *laufen, dass es schallt.* se
klabastert ächter en 'rin. *nds. ebenso;
Scheveel.* knabestern. *offenbar ist* kla,
kna, sla *præfix, da es ein* bæstern *(zu
basan)* = *laufen gibt.* rût klabastern,
hinaustreiben. N. l. m. 49.

klabastern, *unreinigkeit am after. K.*

klabästern, *in:* herüt kl. = klamûsern.

klachte, *f. klage.*

klachter, *f. klufter. Teuth.* clater, claf-
ter; later; *Köln.* gelater. · *vgl.* lachter.

klack, *in:* nitt klack noch smack = *ge-
schmacklos. die reimhafte formel scheint
mit beiden wörtern dasselbe zu sagen.
beide wörter, ursprünglich den lippen-
schall bezeichnend, sind auf den ge-*

schmack übertragen. **smack**, *der stamm von schmecken, ist ursprünglich schallwort und demnächst auf das gierige hörbare essen angewendet. ostfr. ebenso:* **gên klak of smak.** *dem nds.:* **weer lack noch smack** *wird der guttural abgefallen sein; an salzlake darf nicht gedacht werden. vgl. berg.* nitt **ràk of smàk,** *ohne wohlgeruch und wohlgeschmack,* insipidus.

klack, *m.* **klacks,** *m. fleck. vgl.* **clæc,** vitium. *vgl.* **verklicken, klunke.**

kladátsche, *f. klatsche. vgl.* **sladatsche.**

kladátschen, *klatschen.*

kladderig, *adj. schmutzig, weich, schmierig, von teig u. a. vgl. Wallr.* **kladd.** *cfr. schw.* **klöttra.**

kladdern = **kluadern.**

kladisen, kledisen = **kladistern.**

kladistern, *laufen; vgl.* **dlsen.** *cfr. auch* **klöstern.**

klaffen, *1. schwatzen. (Olpe. Meinerzagen.) Soest. Dan. 166.* **klaffen für klàpen** = **kàpen, gàpen,** *den mund aufsperren und luft herausstossen. Upst.* **lapen,** *vom offenen backofen, aus welchem rauch und heisse luft fährt. Teuth.* **claffen,** *callen. 2. ausplaudern.*

klæfken, *n. dietrich, diebesschlüssel. zu* **klåwe.**

klæger, *m. de kl.* hęt wǫl wat, wann de præler mān wat hådde.

kläggen s., *sich krauen. (Grimme.)*

klaien, *kratzen, krauen. v. Steinen:* **kleyen.** *s.* **klauen, kläggen.**

klaimen, *schmieren.* hä klaimet de buater as waun se kain geld kostede. *(Hoerde.) ahd.* **kleimjan,** *ags.* **clæmen.** *Münst. beitr. IV. 648:* myt wasse to geklemt. *ostf.* **klêmen.** *s.* **klaume, klaiwen.** *Kil.* **kleem** *j.* **leem** argilla; **kleemen** *j.* **leemen,** incrustare argilla.

klain, *adj. compar.* **klenner,** *superl.* **klenst,** *klein. adv.* **klain,** *wenig.* mēne katterlisebett schannte nitt **klain.** op d. a. h. 20. et es nix klaines: 'n issel op der buaterschuatel un 'n ai op der mistdręge. **klain** geld. ik kann dat nitt **klain** krigen = *begreifen.* de **klainen** sid dūt jår alle nitt grôt. hai giot **klain** bî = *er kriecht zu kreuze, gibt nach.* **klaine** vertiən dęs, *14 tage woran etwas fehlt. sonst = fein.* **kleyne** drait, *Alten. Draithordn. Teuth.* **kleynlick** *(fein) von leinwand.*

klainhêe, klainhaie, *f. feinere hede, die zwischen flachs und hede die mitte hält.* **klain** = *fein, rein; vgl. ags.* **clæne, clâne,** *engl.* clean.

klainigkaiten, *pl. sind im karnüffelspiele:* påpe, twist, drûdde *und* vêrde.

klainlauk, *n.* = **smållòk.** *(Fürstenb.)*

klainnaigerske, *f. kleinnähterin, weissnähterin.*

klainröggelken, *n. ein sternbild. (Alberingwerde.) vermutlich der gürtel des Orion, der nach Gr. myth. 689 in Scandinavien* friggjarrockr, friggerok *hiess.*

klainroggen, *m. länglichrunder stuten von ausgesiebtem roggenmehl. H.* **klenroggen,** *kleine ungesäuerte feine rockenbrote. Seib. urk. 268:* cleyne rogge = panis rotundus; *Münst. beitr. II. 56:* panis de siligine qui vulgariter roggo subtilis dicitur; *v. Steinen:* klein rocken = panis siligineus a furfuribus perpurgatus. *klein hier = rein, fein. s.* **röggelken.**

klaiwen, *schmieren. K. s. 98. Seib. qu. 11. 346:* gecleivet. *s.* **ûtklaiwen.** *vom maurer. (Fürstenb.)*

klämes, *unschlüssig, z. b. im essen. H.* ? = **klæmend.**

klamm, *adj. 1. klebrig, feucht.* min rokk es klamm nat. *K. dän.* klam; *nds.* klam; *vgl.* **klaimen.** *2. trocken kalt, steif kalt, was in seiner bewegung gehindert ist. vgl. ahd.* klamjau, coarctare; *alts.*antklemmian; *Theoph.(Hoffm.)* sik beklimmen, *sich fesseln anlegen; præt. conj.* beklumme, *z.* verklummen, klemmen. *Goethe, 21, 254:* klamme. *Teuth.* clam, vucht, sam, nat.

klämmen sik, *feucht werden.* de snê klämmet sik. *Hamm. H.*

klamûser, *m. grübler, ausdenker. mda. III, 426. Wallr.* kalmuiser = *karger mensch. weisheitskrämer, klugscheisser.*

klamûsern, *ausdenken, ausklügeln* (ûtklamûsern), *nachsinnen, seinen gedanken nachhängen, grübeln über* (ower, *Must. 59) etwas. nds.* klamûsern, *wald.* kalmûsern. *vgl. engl.* to muse.

klander, *f. tuchpresse, warmpresse. engl.* calender.

klandise, *kunde, kundmann. H. s.* **klant.**

klängen, *s.* **klinke** 4. *ein eisen, welches an den zugketten* (klinken) *befestigt ist.*

klanke, *f. 1. falte, starke biegung. als von jemand gesprochen ward, der an einer eingeweidekrankheit schnell gestorben war, meinte man: de dęrme sött 'me wol 'ne klanke slågen hewen. 2. eine handvoll gehechelten flachs, diesse; vgl. ahd.* geklankjan, torquere; *engl.* to kling; *mda. III, 117:* klenken.

klanken s., *sich krümmen, falten; sich krümmen, winden (bei schmerzen).* K.

klankig, *adj. sehr gekrümmt.*

klant, *m. pl.* klanten, *bursche, gesell (verdächtlich).* Teuth. clant, compaen, *gesell, socius.* F. I, 375 klanten, *holl.* kalant, klant, *kunde, gönner; franz.* chaland.

kläpert, *m. klappertopf, rhinanthus minor.* Mda. IV, 174; klaffer. *es ist* = klappwort; *vgl.* golfert, graunert, lunkert, mådert, rainert.

klapp, *m. schlag. engl.* clap, *ital.* colpo, *fr.* coup; *vgl.* klack *und* kapp.

klappe, *f. 1. klappe. 2. hosenlatz. dän.* klap, *engl.* flap; *vgl.* flappen = *klappen.*

klappegge = kladatsche. *(Siedlingh.)* — Kil. klappeye, garrula, lingulaca.

klappen, *schlagen. vgl.* kloppen, flappen.

klüppen, *die klappe am taubenschlage zuziehen;* düwen klüppen, *tauben so fangen.* K.

klappern, *klappern;* hä laip dat çm de kläwen klupperden.

klapps, *m. schlag.*

klappsen, *schläge geben.*

klaputt, *schlechte brühe.* sicurjen — klaputt. N. l. m. 27.

klâr, *adj. klar.* dà sastu klâre ögen nà krîgen = *das soll dir übel bekommen.* s. kapp.

klâre, *m. klarer, nicht gefärbter branntwein.* hä drank sik en glas klâren.

Klêr, Clara. Balven Clêr = *Clara Balve. der umlaut wird sich nach dem deminutivum* Klêrken *(Clärchen) eingefunden haben.*

klâr-knitter-sâlt, *durchaus nichts als:* de bueter es k.

Klâs, 1. Claus. Nicolas. Sünte - Klâs, *St. Nicolas oder sein fest.* de lampe es so dröge as Sûnte-Klâs in der fuət. *2. (berg.) tölpel:* en rechten klâs. *klotz lautet* klâtz, *märk.* kloss.

klâter, *f. klunker von augenbutter. auch berg.:* he hêd klâtern in den ögen. *vgl.* nds. kläter. *vgl.* kolter.

klâterig, *adj. und adv. 1. schmutzig. 2. von klunkern in den augen:* klâtrige ögen. *3. fig. schlimm, misslich:* dat es ene klâtrige sake. et süht klâterig ût. *(berg.) 4.* klaterg, *schadhaft, schlecht,* klaterge fensters. N. l. m. 46. · nds. klâterig. *vgl.* beklętert, *mit kot bespritzt,* éclaboussé; klęter-pòt, *ortsbez. in* Deilinghofen = *pfütze, wo man sich beschmutzt;* Kletterpolsche, *personenname im Soest.* Dan.

klætern, *klettern;* giəf acht, du klæters

oppeine glasernen dûke herûmme. nds. klâtern, Fürstenb. klâtern, wald. klatern. *hängt mit* klette, *ags.* clate *zusammen.*

klatsch, *m. 1. weicher kot, der ansprützt. 2. fleck.*

klatschheüer, *m. grosser knicker, steinkugel.*

klatschig, *adj. nass, vom brote.* nds. klatschig.

klätschnât, *adj. pudelnass.*

klatschnatt, *ganz durchnässt.* K.

klatse, *f. rest. (Iserl.)*

klatsig, *kotig auf der strasse.* K.

klauen, 1. *wühlen im dreck. 2. (Schwelm) gehen.* Weddigen: *laufen.* H. dâ klaude he nàm sch. *3. treiben, betreiben,* he klaud' et. H. Upst. 1428 klowen; *ags.* clavjan, scalpere, *engl.* to claw. *zu* kläwe. Teuth. clouwen. crouwen.

klauk, *adj. klug.* dat es en klauken kêrl, *wann* 't de lû män wûsten. hęt din vâr der klauken kinner noch mær? dan kan he d'r wol drioıthûser met dekken. *(im spott).* mwestf. klôk *für* kluok.

klaume, *f. butterbrot. s.* klaimen.

klaute, *f. ackerwalze. (Fürstenb.)* syn. welle, klôte.

kläwe, *f. 1. klaue.* dà lôpet dat çm de kläwen klappert. *2. handschraube. ags.* clavu; *ahd., alts.* klawa; *mnd.* klauwe. *unser* û *durch das folgende alte* w *herbeigeführt.* Teuth. cla *off* clawe. ungula.

kläwer, *m. klee. ags.* cläfer, *engl.* clover, *holl.* claver, *nds.* klêwer. *unser* kläwer *hängt mit* klaue (kläwe) *zusammen; die ähnlichkeit des blattes mit einer vogelklaue veranlasste die benennung.*

klawern, *kratzen in den haaren. (Weddigen)* mit den händen im schmutze herumwühlen. K.

kläwer-vêr, *vierlappiges kleeblatt.*

klê, *m.* Paderb. klegg, klee.

klêblaume, *f. 1. kleeblume. 2. kuhname.*

klêd, *n. pl.* klêer, *kleid.* sô klêd, · sô mann. *ags.* clâd, *engl.* cloth. Koene z. Helj. 2846 *vgl. alts.* hlidan.

kledäsche, *f. kleidung. deutsches wort mit franz. endung (age). vgl.* stellâsche. schenkâsche.

klędertasche, *schwatz- und klatschsüchtiges frauenzimmer.* K.

klêen, *præt.* kledde, *ptc.* kledt, *kleiden.*

klêerkasten, *m. kleiderkasten, kleiderschrank.*

klêerschapp, *n. kleiderschrank.*

klêhenne, *kuhname.*

kleinbergische anslçge *(nicht* Beckum-sche) *sagt man im Paderbornschen. H.*

klemme, *f. 1. klemme.* hai es in der klemme. *2. gespaltenes holz, worin einem hunde der schwanz geklemmt wird.* hä schraiet as wann he 'ne klemme am stçrte hädde. *3. (Lüdensch.) ein spaltholz, worein kinder heidelbeerensträucher stecken. syn.* klucht, kloe.

klemmen, *klemmen.* et es 'ne beklommene tid, de êne klemmet op den annern.

klemmen, *præt.* klumm, klomm, *pl.* klömmen, *ptc.* klommen. *1. klettern, klimmen,* hoge klomm ik, *volksrätsel. 2. stehlen; vgl. Laiendoctr. 53:* klemmende vogele = *raubvögel. ags.* climban, *mhd.* klimmen, *engl.* to climb.

klemm-op, *1. epheu. Doornkaut, ostfr.* klim-up. *2. indianische kresse. vgl.* gion-op, kölsch-op. wipp-op, tçrop. *Kil.* klimop, *holl. j.* klemmerboom, hedera.

klenke, *winkel. s.* klinke böwen an den klenken, dà hangen di langen schenken. *kinderreim.*

klênlik, *adj. etwas klein. (Alberingw.) nds.* klenlig.

klênroggen, *m. (Alberingw.) s.* klainroggen.

kleppel, *m.* = klepper. *Soest. Dan. 81:* kleppel. *Teuth.* clepel in der klocken.

klepperke, *f. klapper. (Siedlingh.)*

kleppen, *die glocke anschlagen. ags.* clipjan. *(Ettm. 392).*

klepper, *m. klöpfel in der glocke. ags.* clipur, *engl.* clapper.

kleppstûwer, *m. eine besondere einnahme des landküsters.*

klepsterken, *rassel, klapper. (Grimme).*

klêrôse, *kuhname.*

klêstern, *so laufen, dass einem der kot anfliegt.*

klçter, *f. klatsche, geschwätziges weib. s.* klåter.

klçterdull, *adj. reintoll.*

klçtern, *klatschen, klappern, rauschen. vgl.* osnabr. kletergold = *rauschgold; engl.* clatter; *ags.* clatrung *(Ettm. 391).* klçterpôt, *ortsbez. in Deilingh., wohl pfütze wo man sich beschmutzt (beklçtert, beklatscht,* éclaboussé): *vgl. Soest. Dan.* Kletterpolsche.

klçttergold, *rauschgold. H.*

klçwen, *kleben. ags.* cleofjan; *Soest. Dan.* kleven.

klçwerkçrste, *f. 1. klebkruste, anstoss am brot. 2. fig. von einem menschen.*

klçwekrûd, *aparine. Kil.* kleefkruyd. *syn.* dûk.

klewitt, *kauz.*

klêwitte, *d. i. weissklee, kuhname. vgl.* kiolwitte.

klicker, *tüncher. K. s. 97.* — klicken, argillare. *(Diefenbach.)*

Cliems, *Clemens. (Solingen.)*

klief, *n. abhang, hügel, klippe. halbappellativ. bei Hemer sind zwei. vrk. von 1500:* op dem groten clyue, *heute:* om kliowe. *alts.* clif, *fels. ags.* clif. *Teuth.* cleff, doil, tzyl.

Kliafe, *Cleve.* et gèt nirgend doller hçr as in der weld un te Kliofe.

klieweken, *n. so heisst jetzt das eine der kliffs bei Hemer.*

kligge, *f. pl.* kliggen, *kleie.* sie wird davon benannt sein, dass sie den kern einhüllt, umwickelt, bedeckt. *ahd.* kliwa, klîa, *wol* = *goth.* hlija, *m. unserm* ligge, lêic *für* hliwa *(windel). cfr.* lackklack, lachter-klachter.

klimmop, *klebkraut, galium aparine. K. Stürenb. 111, s.* klemmop.

klimperklain, *adj. äusserst klein. Gr. tüg 12. vgl. Vilm. hess. idiot.*

klinge, *f. 1. hirtenstab mit ringen. 2. eisen zum flachsriffeln:* de klinge dä klang. *syn.* krummelte, *ringelbengel.*

klingel, *f. klingel, schelle.*

klingelbûl, *m. klingelbeutel (in der kirche).* hai med dem klingelbûl ûmgèt, maut hêl fört in der taske hewçu.

klingellaie, *f. klangstein.*

klingelingeling! *zur bezeichnung des schellenklanges oder des schalles von zerschmettertem glas und porcellan. vgl. Dörr. Kalend. II.*

klingeln, *klingeln.*

klingen, *præt. klang, ptc.* klungen, *klingen.*

klink! *bezeichnung des schalles eines klingenden körpers. im märchen:* dà sagg et klink! *Teuth.* clyncken, clyngen, luyden.

klinke, *f. 1. türklinke; ahd.* chlinka. *2. zwickel an strümpfen. 3. winkelförmiger riss. 4. zugketten an der karre, daran ein eisen, klängen genannt, befestigt. 5. ein eisen zum messen des drahtes; s.* klinken. *6. nasenschleim, speichel.* dem schaitet de klinken ût der nase. *im Lüdensch.:* dä lätt de kliuken schaiten = hä saiwert. *7. eine krötenart, welche den ton kliuk hören lässt:* stenklinke. bufo obstetricans, accoucheurkröte.

klinkefisten, *neugierig umherstreichen.*

nds. klingfisen, *osnabr.* schlinkviisen. *vgl. mda.* IV, 174 : klinkenschlagen *und* unser 'ne klinke slån. *Pick, monatsschr.* I, 577, 96 : im lentzen gaen klinken slaen, *sich müssig umhertreiben.* unser fisten *entstand aus* fisen, *was aus* finsen *(schlagen) hervorgehen konnte. es bezeichnet sonach das öffnen der türklinken um zu horchen oder neuigkeiten mitzuteilen.*

klinkefister, *m. neuigkeitskrämer. das rotwelsche* klankvetzer, klangvetzer, klingenvetzer *ist wol dasselbe. mensch der alles besser wissen will. syn.* wisenase.

klinken, draht messen. *s.* kloven. *cfr.* klöfken.

klinkendonnerkil, *neuer fluch.*

klippern, *ein deminutives* klappern, *heller als* klappern. me horte nix ase snorken un af un tau det klippern van den krallen an erem rausenkranze. Gr. tüg 82.

klippklar, ganz klar. K. — *s.* Doornkaat 3. klip.

klippkram *(Dortm.)* knippwinkel, *wo allerlei kleine bedürfnisse zu kaufen sind.*

klippkrämer, kleinkrämer. K. — H. Laurenb.: klippkrämer, 72.

klippschaule, winkelschule. K.

klippschulden, schulden für allerlei kleinigkeiten; *so auch ostfr.* Doornkaat.

klipsch, krigt kainen klipsch.

klitschig, schmierig, kotig auf der gasse. K.

klocke, *f.* glocke. me maut dat nitt an de gröte klocke binnen (hangen). de hülfenen klocken = das dreschen : de wind gèt all öwer de stoppeln un me hært de hülfenen klocken gåu = es ist herbst. Soest. Dan. klocke. vgl. klacke *und* locken.

klocken, geschlagen. ik stohe hey niu ol ne klockene stunne. N. l. m. 85.

klöckelkes, *pl. roter fingerhut. (Siedlingh.) auch hd.* waldtglöcklin.

klockenblaume, *f.* 1. glockenblume. 2. ackelei.

klockensêl, *n.* glockenseil.

klockesberg, blocksberg, *wo die hexen tanzen. (Siedlingh.)*

kloe, *f.* spaltholz zum heimtragen der heidelbeerbüschel. (Balve). vgl. handkloe, schraubkloben des schmieds.

klöfken, *n. kerbe am wagbalken.* gerade im kl. = genau gewogen. vgl. Heinzerl. vocal. d. Siegerl. mda. 70. Teuth. clave, reete, splete, spalde, glyppe, kernne, schram. vgl. weghen int clof. Fahne Dortm. II.

klöftig, *adj.* klug. *nds.* klüftig; *dän.* klögtig. *zuweilen geht* gt, kt, cht *in* ft *über; vgl.* münst. (Zumbroock): düftig = düchtig. Ravenb. klüftig, verständig.

klompe, *f.* holzschuh. *s.* klumpe.

klopp, *m. pl.* klöppe, schlag. vgl. colpo, coup.

kloppe, *f.* 1. alte nonne, bigottes frauenzimmer. 2. peitsche mit mehreren riemen. 3. = kluppe. 4. waschholz. Kil. klopsüster. *s.* klophengest.

kloppen, klopfen. he hęt ne op de finger kloppet. Soest. Dan. kloppen.

klöpper, *m. schlägel an der tür.*

kloppespån, *m.* = waskeholt. (Siedlingh.)

klopphåmer, *m. hammer.*

klopphang, im rätsel von der kuh: vêr hangen (striche am euter), vêr stangen (füsse), en klopphang nå (? schwanz) un twê wegewisers (hörner). z. f. d. myth. III, 4.

klopphengest, *m.* 1. zwitter; syn. üterbock. 2. unvollkommen kastrierter hengst. nds. klophengst. vgl. mda. Kil. kloppen, vetus castrare.

klopptůg, *n. gerät zum sensenklopfen.* (Elsey.)

kloss, *m. klotz. ahd.* kloz. Teuth. closs, block. Seib. urk. 1112: klosachtwerk (nr. 1322).

klöster, *n.* kloster.

klösterken, *n.* klösterchen. rätsel vom ei: ik kloppede mål an en witt klösterku, då kam en gęl männken, dat dœ mi open.

klöt, *m. runder körper.* 1. rübe. (Altena). vgl. klöthacke, klötkamp, klötland, klötsad. 2. pl. de klöte, die hoden. vgl. klötsack. 3. Soest. fehde, s. 695 : clot, pl. clote, geschützkugel; Theoph. (Hoffm.) klöt = kugel; dän. klode = kugel.

klötbri, rübenbrei (veraltet). H.

klöte, *f.* ackerwelle. (Siedlingh.) *s.* klaute.

klöten, damit bearbeiten. vi wellt de häwer klöten. (Siedlingh.) vgl. wald. klůten, erdschollen entzwei schlagen.

klöthacke, rübstiel und ‚käseke' durcheinander gehackt. (Altena).

klötkamp, *m. rübenfeld.*

klötland, *n. rübenfeld.*

klötsåd, rübsamen.

klötsack, *m. hodensack.*

klötschen, pl. überschuhe. Hoffm. Findl. s. 153. gallotze, fr. galloche vom lat. gallica.

klöwehåmer, *m. hammer zum holzspalten. s.* klöwen.

klǫwen, me maut dat flass nich ǒer lǫwen, bit dat me 't het im klǫwen. *im osnabr. ist ein klǫwen = 10 rissen.*

klǫwen, *m. 1. eine art schraubstock. 2. techn. ausdruck bei der drahtfabrikation, s.* klǫe. *vgl. Skp. II, 13. 1 gl.* cloven, *m. zange. Seib. urk. 540⁴⁶:* clouen *des wollwebers. 3. das mittelste eisen am schwengel eines wagens.*

klowen, *im Alten. stat. von der beurteilung des drahtes mit dem* cloven. *syn.* klinken.

klǫwen, *præt.* klofte, klof, *ptc.* kloft, *spalten.* mnl. kloven, *Tappe 100ᵃ:* geklofft. *Teuth.* cloeven, spalden.

klucht, *f. 1. ein gespaltenes holz, zumal wie kinder es verwenden, um beerenbüschel hineinzustecken und so nach hause zu tragen. syn.* wälbertensnaise, klemme, klǫe, klpe. *obige verwendung des* klucht *im* ma. *Seib. qu. I, 409:* fustes fissas repletas cum uvis maturis. *2. zange:* dat lütt as wamme 'ne klucht op de sǐe hänget. *s.* kluft, *woraus es entstand. ahd.* kluft, forceps. *Teuth.* cluchttangh.

kluck, *klümpchen von etwas z. b. nasenschleim. H.*

kluck, kluck! *schall des getränkes, welches verschluckt wird.*

klucke, *f.* glucke. k *für hd.* g *im* anl. *auch in* klocke, kuckuk.

kluodern, *lotterig gehen, sich liederlich umhertreiben.* kluddern = luddern, *nds.* luntern.

kliøksteren, *ausklügeln.*

kliøksteren, *1. umherlaufen, von hühnern. 2. umherkramen, umherkrabbeln, von kindern.*

kliøksterer, *m. ausklügler.*

kluft, *f. pl.* klüfte, *zange am herde des bauern.* (Lüdensch.) *s.* klucht. *Pf. Germ. 9 p. 25:* forcipula, clufta.

klüggen, *n. auch* klüggel, *knäuel. ags.* clive, *mwestf.* klivede, klurde, *Tappe 74ᵃ:* kluwen, *engl.* clew. *s.* klöüen. *Teuth.* cluwen, glomus.

klump, *kloss. K. pl.* klümpe.

klumpen, *pl. holzschuhe. spr.:* wǎt mode es, da gǎtt se met klumpen in de kerke. *H.*

klüngel, *m. 1. zerlumptes kleidungsstück. 2. sehr krummer weg; vgl.* klanke. *ostfr.* Doornkaat, *von faules, gemeines und liederliches weibsbild.*

klüngelig, *adj. 1. sehr zerlumpt:* en klüngelig hiəmd. *2. sich unzeitig und unordentlich umhertreibend:* ne klüngelige pille.

klüngeln, *gehen, aber verächtlich von*

lottrigem, müssigem, zwecklosem umhertreiben, fast = kluədern, wie klüngel und klunter zuweilen syn. gebraucht werden: fudd klüngeln. du klüngels un kruəmels den ganssen dag ün çui herümme. vgl. f. r. 132. v. St. III, 198 wird Köln. klüngeln erklärt „etwas nicht auf dem geraden wege, sondern unter der hand mit hilfe des einflusses der verwandten, bekannten etc. betreiben und zum eigenen oder auch gegenseitigen vorteile der zusammenwirkenden personen wenden."

klunke(n), *m. fleck, klecks. Teuth.* luncke, *flecken, schmutz;* luncken, besudeln, cluncken, ontreynen. *nds.* klunker, klunter, *aber nicht gerade wie bei unserm* klunke *vorzugsweise von dinteflecken.*

klunkenpapir, *n. löschpapier.*

klunte, *f. altes weib. H. Rich. Ditm.* kluntje, *schwerfälliges, langsames, plumpes, ungeschicktes mensch.* klunt, klumpe.

klunter, *f. 1. schmutziger klüngel. 2. schmutzige, unsaubere person:* 'ne klunter vanner dérne.

klunterig, *adj. schmutzig, zerlumpt.*

kluntern, *das unreine im flachs. K.* — *cfr.* lustern, nuttern. *vgl. ags.* clūt, *engl.* clout; *Sündenf. 1578:* klut; *holl.* klont, sordes.

kluppe, *f. 1. zange.* ēnen in de kluppe krigen. *2. klemme, gespaltenes holz. syn.* klucht. *3. grosser schraubenschneider. ahd.* kluppa, forcipula, *nds.* kluppe; *vgl. ags.* cleòfan, *schwed.* klippa af.

klüppel, *m. 1. knüttel, was wol mit unrecht aus* ml. contulus *abgeleitet wird.* de klüppel ·list bim rüen = er tut es aus zwang. *2. schlägel am dreschflegel. Rüd. recht:* clupel; *Tappe 109ᵃ:* kluppel; *engl.* club. *Teuth.:* clyppel, cluppel.

klüppelrüe, *m. = weldrüe, gespenstiger hund.*

klüppelsoppe, *f. prügelsuppe.*

klüppelwaite, *m. eine weizenspielart, die man von angelwaite unterscheidet.*

klupperig, *klappernd. klupperige schau, dicke vollgenagelte schuhe, die beim gange laute tritte verursachen.*

kluppern, *mit dicken schuhen sehr hörbure tritte machen.*

klupp ti klapp = klipp klapp. *vgl.* holter ti polter. ti = zu; *vgl. dän.* til.

klüse, *f. häufige ortsbezeichnung, die zuweilen* klause, *wohnung eines klausners, meist wol nur felsen- oder berg-*

spalte meint. klûse *in der letzten be-*
deutung = klunse, *wofür hd. noch*
jetzt klinse *(spalte) in gebrauch ist.*
Mda. IV, 171 verzeichnet schles. klunse,
klunze = *höhle;* Goethe 21, 254 klunse,
spalte; *wald.* klus, f. *bergschlucht, durch-*
pass. *natürlich wählten* klausner *oft*
schluchten, der geschützten und verbor-
genen lage wegen zu ihren einsiede-
leien. in einer kleinen schlucht bei
Iserlohn hat wirklich einst eine ein-
siedelei gestanden, wie die urk. bezeich-
nung lehrt.
klûsener, *m.* klausner. *ahd.* klûsinâri.
klûsenstên, *auf einem felsen an der*
Hönne, ehemals grenzburg (slot) den
grafen von der Mark, erbaut oder wie-
derhergestellt 1353 und der familie Wer-
minghûs verliehen, hat den namen von
dem spalt und der höhle des felsens,
auf welchem er steht.
klûte, f. klûten, *m. 1.* klumpen: en klû-
ten dôg. *2.* erdscholle. *3.* schneeball.
ags. clud, *engl.* clod, *mwestf.* (Seib. urk.
942) clude, *nds.,* ostfr. klûte. *Teuth.*
cluyt, massa, en cluyt loits, *bleikugel.*
klûten, klûtern, *mit schneebällen werfen.*
klûtenhâmer, *m. hölzerner hammer zum*
zerschlagen der erdschollen.
klûtentreer, *m. schollentreter, 1. spöt-*
tische bezeichnung eines (Hellweger)
bauern. 2. eines infanteristen. vgl.
engl. clodhopper.
klûter *oder* klûtert, f. *name einer gros-*
sen höhle bei Voerde unweit Schwelm.
vgl. ags. clûd, *fels; engl.* cloud, wolke.
Wedd. w. m. III, 271.
klûthân, *m.* = stûspelhane.
klûthaun, stumpfhuhn.
klûthôner, *pl.* stumpfhühner. *(Fürstenb.)*
klûwer, *s.* drite-klaûer.
knâbbeln, nagen, knaupeln.
knâgen, nagen, *alts.* cnagan, *engl.* gnaw.
knai, *n. 1.* knie, *auch fig. z. b.* knai an
der owenpîpe. *2. (Siedlingh.) häufig*
in flachs. alts. cnio, *ags.* spork (sper-
gula arv.) *cfr. Schiller:* negen-knee.
knaibûxe, f. *kniehose, kurze hose.*
knaidaipe, *adj. knietief.*
knaien sik, *niederknien.*
knaif, schustermesser. *ags.* cnif, *mnd.*
knif, *holl.* knijf, *engl.* knife. *vgl. Vilmar.*
knaisen, knaisten, ächzen, stöhnen. *holl.*
knijzen. *mda. VI, 298.* kneiste *(Hat-*
ting.) F. 1, 367. Teuth. kneesten, dren-
sen, stoencn, suchten.
knall, *m. pl.* knülle. *1.* knall. *2. im*
plur. schläge. *3.* = *franz.* coup *in*
beaucoup: dat was ock en knall mist

= viel mist, menge mist. hü het sik
en guaden kuall opscheppet. knall un
fall, *plötzlich.*
knallbûsse, f. knallbüchse.
knalle, f. *wird (wie* snalle) hure bedeu-
tet haben; daher mag der knallenbrink
in Iserlohn benannt sein.
knallen, *1.* knallen. *2.* futuare: se lätt
sik knallen. *s.* snallen. *ostfr.* knallen
= futuare.
knäller, *m.* schlechter tabak.
knällern, sich als knäller erweisen.
knallhütte, f. schlechtes haus. *Vilm.,*
hess. idiot. erklärt: bretterne tanzhütte.
knallhütte *bei Wendgaten, wahrsch.*
kanaillenhütte. *H.*
knapp, *m. 1.* hügel, abhang. *2.* absatz
am schuh. *3.* stück brot: en knapp
stuten. *mwestf. (Dorow denkm.) engl.*
knap. *Hagen, Köln. Rchr. 14:* knapp,
pl. knappen.
knapp, *adj. adv. 1.* enge. *2.* kaum,
schwerlich
knappbüsse, f. = knallbüsse. *(Weitmar.)*
knappen, *1.* knacken: nûste knappen.
ik moch mi plägen as en mûlissel, dat
mi de knappen kuappeden. ät früset
dat üt knappet. *H. 2.* essen; *vgl.*
knappsack.
knäpper, *m.* knacker.
knäpper, *knabe von 5—7 jahren.* en âl-
len knäpper = *ein alter knabe. syn.*
âlle hecht, âlle rabaûser.
knapprôse, f. roter fingerhut. *(Weitmar.)*
knappsack, *m.* schnappsack. he spêrt
sik as ne katte im knappsack. *klei-*
ner aus holzspänen geflochtener kober
für mundvorrat. K. engl. knapsack.
knappsaite, *eine art süsser äpfel.*
knäppsk, *adj. was leicht bricht, spröde,*
fragilis, de twiolen sind k., dat is es
k. *K.*
knappûle, f. *käuzlein,* strix passerina.
(Linné.) syn. klewitt.
knappwiäge, f. brechweide, salix fragilis.
knappworst, f. *eine von schlechtern blu-*
tigen fleischteilen des geschl. schweins
gemachte wurst. syn. lirendraigers-
worst. *(Elsey.)*
knappwortel, *s.* stinkhinnerk.
knaschen, *pl.* kinnbacken, gebiss eines
hundes. *ital.* ganascia.
knatsch, knats, *adv. ganz, ganz und gar,*
im höchsten grade: ek sagg em dat
knats förn kopp, auf einmal, geradezu.
et genk knats caput. *K.* knatsch ka-
pott = *ganz entzwei, wie zermalmt.*
syn. knioder kort. knatsch dör de

hiəge = *unaufhaltsam durch die hecke.*
s. kuetsch.

knatsche, *f. 1. weicher kot. 2. halbauf-*
gelöster schnee.

knatschen, knarschen, *hörbar essen, bes.*
von unreifem obste. dän. knaske. *rgl.*
engl. to gnash the teeth.

knätschig, *adj. von nassem ungahrem brot,*
ungahrem kuchen.

knattern, *1. knattern. 2. vom specht:*
de specht knattert oppem drögen häller.

knaust, *m. knorren. holl.* kuoest. *s.*
knûst, naust, aust. *Rick.* knast.

knautschen = knatschen. *H.*

knecht, *m. 1. knecht. 2. knecht am spinn-*
rade; der teil, welcher die verbindung
des trittbretts (trędspåu) *mit dem rade*
vermittelt.

knęen, *præt.* knęde, *ptc.* knęd t, *kneten.*
ags. cnēdan, *engl.* to knead.

kneffer = kniewel, *stämmiger, unter-*
setzter kräftiger mensch. K.

knéiht, *m. knecht. engl.* knight. *so:* nèiht
(macht), néiht *(nocht),* pèihten *(pach-*
ten), schléihten *(schlachten),* wèiht
(wicht, mädchen).

knetseh, *adv. oder interj. um die schnelle*
vollführung einer sache zu bezeichnen.
knetsch brak et af. *(Remsch.) H.*

knettergold, *rauschgold, flittergold. K.*

knibbelig, *adj. wird von der arbeit an*
kleinen gegenständen gesagt: 'ne knib-
belige arbëd.

knibbeln, *1. abkneipen. 2. zwinkern:*
knibbeln med den ögen.

knibbelögen = med den ögen knibbeln.

knibschen, *wegschnellen. H.*

knick, *n. genick.* he es fallen un het
sik dat knick afstott. *vgl.* nicken *und*
nacken; *ags.* nicljan, *incurvare.*

knick, *m. 1. bruch, biegung, bruchstelle.*
2. = knapp, abhang, steiler berghang.
3. in: dat es män en knick (knuck)
un en stôt = das ist schnell abgemacht.
ostfr., holl. knik; *vgl.* knicken.

knick, *m. = krick:* knick des dages,
morgendämmerung. s. anknicken.

knickebëen, *n. schelte für einen, der mit*
geknickten beinen geht. rgl. ostfr.
knikbênen, *holl.* knikkebeenen =
schlotterig gehen.

knickebëne, *im hirtenreim:* 'O hëmo
kniekebëne o lirgenblad! usse kaû sind
sad, dann gätt se nâ hûs, dat se God
bewart. *(Grafsch. Limburg.)*

knickel, *m. schusser, wenn grösser, ba-*
stert. (Weitmar.) altn. hnickill, *glomus.*

knickelte, *f. schusser. (Balve.)*

knicken, *1. knicken, krümmen.* knicken
in de kuai. *2. brechen.*

knicker, *m. 1. schusser. holl.* knikker.
Rich. knicker. *nordh.* schösse *pl.* schos-
sen. *2. knauser. syn. für 1.* knickelte,
bickel, knippstên, kuipfel, bäster, ba-
stert, hener (kędel. *H.) Hunsrück.*
klicker. *Rochh. Alem.* kinderl. *s. 421*
„der name des schnellkügelchens glu-
cker *holl.* klicker *scheint dem schall*
zu gelten, den es beim anstossen macht".
urspr. werden sie aus hartgebranntem
ton bestanden haben; holl. klinker
dürfte dasselbe wort sein. noch jetzt
macht man sie hin und wieder aus thon.
V. St. III, 470. zu Neumünster (Hol-
stein) heisst das spiel „löpern", mit
knickern, *d. i. aus thon gebrannten*
kügelchen spielen.

knickerigge, *f. knauserei.*

knickern, *1. mit schussern spielen. holl.*
knikkeren. *2. knausen. 3. knistern:*
knickeren un knackern. *Solingen:*
schibbelen. *Rheda:* knippeln. *Unna:*
hickeln. *Siedlingh.:* kiggelen.

knicks, *m. kniebeugung.*

kniəder, *m. zorn:* he es im kniəder =
er ist aufgebracht. wie der zorn ent-
brennt, mag er auch knistern (knia-
dern) oder knirschen (kniədern).

kniəderig, *adj. aufgebracht.*

kniəderkort, *adj. zerknittert, ganz entzwei.*

kniəderhuckedöd, *adj. mausetot. s.* kuitter.

kniədern, *knittern, knistern, knirschen.*
Märk. märchen: dat sält hadde so un-
gehür kniədert as hai et int für smët.
he kniəderle oppen tęnen. kniədern
= knidern *(hd.* knittern); *rgl. ags.*
forenidan (comminuere), guldan (fri-
care, comminuere), knistjan (conterere).

kniədertenstrük, *m. wachholderbeer-*
strauch. rgl. Schiller z. thier- u. kräu-
terb. I, 19: knirk, knirkbusch. *die*
meinung, dieser name sei onomatop.
(s. 20) hält wol nicht stich. knirk *wird*
aus kniderik zusammengezogen sein
und unserm kniəderte, kniəder *entspre-*
chen. warum heisst die wachholder-
becre so?

kniəp, *m. pl.* kniəpe, *kniff. 1. das knei-*
pen. 2. kneipmal. 3. die kleine ver-
tiefung, welche nicht durch kneipen
entstanden ist. 4. fig. kniff, listiger
streich: dai kërl het niske kniəpe. kniəp
= knip, *zu* kulpen.

kniəwel, *m. pl.* kniəwels. *1. knebel, bes.*
ein drehbares holz zum verschliessen
einer tür. syn. kåk. *2. ein derber*
kerl. ahd. knebil, *dän.* knevel.

135

knifte, *abgekniffenes stückchen:* nisne knifte = *gar nichts. zu* knlpen; ft *durch lautabstufung.*

kniftken, *n. deminutiv vom vorigen.*

kuine, *f. kaninchen.* kanineken.

knip, *1. messer. (Grimme). einschla-gemesser, taschenmesser. H. Teuth.* kniif, *snydiness. Rüd. stat. 81:* knyp *(des schusters). 2. brille.*

knipe, *f. 1. zange. (Altena.) 2. geiziges weib:* dat es ne rechte knipe. *Aesop 81:* knype, *kneifzange, falle.*

knipen, *pract.* knêp, *ptc.* kniapen. *1. knei-fen, auch fig.:* wamme mål hlrädt het, sagte jemand, dann kann em usse Her-god recht knlpen. *2. knicken, vom froste.* et het vauuer nacht düchtig kniapen, *weil der frost die pflanzen kneift (knickt). vgl. engl.* the frost knipped leaves. *3. sich wegmachen.* he geng knipen. he es kniapen *(durch-gebrannt).* knlpen öwert slpen. *(Bri-lon.)*

kniper, *m. knicker, geizhals:* en rechten kniper.

knipig, *adj.* knickerig, filzig.

knipmess, *n. ein taschenmesser, weil es sich „tauknipen" lässt.*

knipp, *m. taille:* im knipp. *ostfr.* knäp. *Rich.* knêp.

knippe, *f. oder* **knippbôm**, *hebel. syn.* böe, *(Hagen.) H. für* klippe *im reime.*

knippen, *1. schnellen:* knippen in de locht. *2. schussern. (Marienh. Gum-mersbach.) — nds., Rheda, Waldeck:* knippeln = schussern. *3. schnipp-chen schlagen. Teuth.* knyppen, nippen, comprimere, contorquere.

knipper, *einer der häufig schnippchen schlägt. volkssage. der bekannte wie-dertäufer Knipperdolling wohnte vor-her zu Unna und schrieb sich* Doring, *von seinem vielen knippen erhielt er aber den namen Knipperdoring. er konnte das knippen so wenig lassen, dass er einst im trunkenen zustande von seinem weibe in den stadtgraben gestossen, noch knippte und rief:* mannshand boven, he ligge unner äder oven.

knippfalle, *f. vogelfalle. holl.* knip. *Aesop 81:* knype.

knipphalsken, *geschirrstück; syn.* kop-pelring.

knippken, *n. eine art börse, die zuge-knippt wird, bügeltasche. holl.* knip-beugel.

knippken, *n. schnippchen:* en knippken mäken med der hand. *Tappe 217ᵇ:*

knipgen = schnippchen. *syn.* knilsen, knippen.

knippscheer, *scheere womit die baum-zweige abgeschnitten werden. K.*

knippstên, *m. (Marienh.),* knippestên, *m. (Gummersbach), kleiner knicker, während der dicke bastert heisst. bei Seib. urk. III, p. 374 steht* knipfel.

knippwäge, schnellwage. *H.*

knippwerk, *aus k. und erde werden dämme gebildet.*

Knips, *märk. familienname. vgl. Vilm.* kuipsch *und* knups.

kniptange, *f. kneifzange.*

knirrix, *knauser.*

knistär, *schelte. H. Dortm.* knisår, *ein zäher schlauer patron, der's hinter den ohren hat. K.*

kniste, *f. eingetrockneter schmutz, schmier. nds.* gnist, *m.*

knisten, *leicht schmutz annehmen. H.*

knister, *m. knicker, knauser. ostfr.* Doorn-kaat *gniser,* kuiser, *holl.* knijzer *(gräm-licher mann).* st *für* s (z) *auch in fi-sten für hd.* pfeisen, klinkefisten *für nds.* klingfisen. *dem* kniser *wird ein* kniuser *(hd.* knauser*) vorhergegangen sein.*

knistert = **knister**. *(Lennep.) H.*

knistig, *adj. was* knisten *hat.*

knisterilnken, *pl. rühstiel. (Paderb.)*

knite, *f. kreide.* knitewitt.

knitse = knifte.

knitsken, *deminut. von* knitse.

knitte, *f. kreide. lat.* creta. *übergang von* kr *in* kn; itt = lt (krite).

knitter, de böter es mä klär kuitter sält. *H.*

kniwe, *f. stück:* kuiwe speck, kniwe bröd. *im volksliede* „Et woll en bür in acker gån" *heisst es:* dü näm de bür ne kniwe speck *(:beck), wie desgleichen hand-lich neben dem herde aufgehängt wird.* kniwe speck (= stripen speck) *scheint besser als* knevel spet; *vgl.* Lyra, plattd. br. kniwe *vielleicht = kliwe zu nds.* kliwen *(spalten, abtrennen); bei Rich.* knagge.

Knobbert, Kunibert. *v. St. III, 194.*

knoen, *kneten, in eine weiche masse tre-ten:* dör de drite knoen. *vgl. ostfr.* knojen. knoen = knodôn, *wie* roen = rodôn.

knoesel, *1. lichtschnoppe. 2. gröbs. (So-lingen.)*

knoken, *m. knochen.* ik kann wol noch med sinen knoken beren afsmiten = *ich überlebe ihn wol noch. syn.* scho-ken. *nmhd.* knoche. *vgl.* noken.

knôken, *stossen, zerstossen, wie es die gerösteten flachsstengel auf einer breche (knôke-brẹke) erst werden, und dann völlig auf einer raine-brẹke gebrakt werden. H.*

knọkenhard, *adj. knochenhart.*

knọkenkamp, *m. totenhof. syn.* kẹrkhọf, kösterskâmpken.

knôkern, *knöchern.* düse kn. Hẹrgọd, op d. a. h. 5.

knolle, *f. 1. knollen. 2. kartoffel:* vi hett de knollen ût. *holl.* knol, *m. rübe.* *Kil.* knolle *j.* rape, rapa.

knollenhinnerk, *m. kartoffelpfannukuchen. syn.* riwekauken.

knöp, *m.pl.* knöpe. *1. knopf.* knôpe âne nôseu = *geld.* — de kaûe hett kainen knôp mär te frẹten. *vgl.* nitt en gedanken, niane knifte, nitt haus âder krans, niane kreuzkruamel, niane spitse, niau spîr. kain grâd, nitt ne hône, nitt en lammerstẹrtken, nitt schiat noch driat. *2. kleiner hügel. hd.* knauf.

knöpken, *n. knöpfchen.* gẹle knöpkes, *gefüllter gelber hanenfuss; vgl.* luamdknöpkens.

knöpnâtel, *f. stecknadel.*

knoppe, *f. knospe. vgl. franz.* bouton *für knopf und knospe. das hd.* knospe *ist aus* knopse *versetzt, wie* wespe *aus* wepse. *versetzungen von* ks, ps *sind häufig:* lask = laks.

knoppeln, *pl. von hagelkorn,* dicke knoppelen. (*Siedlingh.*) *vgl.* knubbel.

knọrdschen = knọen. *in de drite* knọdschen. *K. vgl.* knatschen.

knotte, *f. flachsknoten. ags.* cnotta; *nds.* knutte, knudde. *Teuth.* knote off bolle van vlass.

knottenkaff, *n. hülse vom flachssamen.*

knüttling, *m.* 40 risten flachs. (*zu Siedlingh.* = stige).

knubbel, knubben, *m. 1. knoten, knorren, klumpen. ein durch knüpfen entstandener knoten heisst nie so, sondern* knüpp. *holl.* knobbel, *engl.* knot. *2. geschwulst. auch Dortm. Rich. 3. cactus. (Paderb.)*

knubbeln, *zerdrücken, faltig machen. H.*

knuck = knick. *vgl.* nucken, *nicken.*

knucks, *innere verletzung.* ek heffe enen knucks wẹg, *wenn sich jemand bei schwerer körperl. arbeit innerlich verletzt. K.*

knûdel, *f. nudel.* *zu* knûdan = knẹdan.

knuader = kniader. *K.* et genk gans knuader inẹn.

knuodern = kniodern.

knüakel, *m. knöchel. ags.* cnuel, *ahd.* knuchil. *s.* nọakel.

knüasel, *m. 1. lichtschnuppe. 2. schmutz. ostfr.* nôse an 't lûcht; *nds.* nôsel, nôsel. *s.* nôsel, knöesel.

knuaseln, *drücken, knittern, faltig machen:* inẹn knuaseln, *zusammendrücken und zerknittern, von kleidungsstücken. vgl.* knûsen *und ags.* cnyssan, *ahd.* farknusjan, *dän.* knuse.

knüaselig, *adj. beschmutzt.*

knüaselig, *adj. zerdrückt.*

knüasterbröer = knûasterer. *H.*

knüasterer, *m. künstler in besonderem sinne. s.* knûestern.

knüastern, *künsteln, nur von dem der allerlei macht und ausbessert, wozu andere sich des handwerks bedienen müssen. Weddigen: mit mühe zu stande bringen. H. — geringe fingerarbeit tun, die langsam geht. zum zeitvertreib sich mit etwas beschäftigen; ausklügeln. K.*

knüasterig, *adj. künstlich.*

knüasterbürkse, *f. verdriessliches kind.*

knüasterig, *adj. verdriesslich, brümmisch. nds.* knôrig.

knüastern, knuastern, *brummen, von verdriesslichen menschen. nds.* gnötteln, knôren; *schwed.* knota (*murren*), *dän.* gnaddre. *Vilm.*knuttern. *schwed.*knôttra.

knûf, *pl.* knûwe, *dickes rasenstück, torfrasen, worauf torfasche zum düngen gebrannt wird. K.*

knuffel, *f. falte, wo sie nicht sein soll.*

knuffelig, *faltig.*

knuffeln, *faltig machen. s.* knubbeln.

knuffen, *1. schlagen, stossen mit der faust. ahd.* nuvu (*tundo*). *2. die faust ballen:* he knuffte de fûst. *K. s. 110.* hä slaug ne med der (ver)knufften fûst. *vgl. dän.* knyttet næve, *geballte faust.*

knullok, *n. knoblauch. ahd.* klowolouh.

knüll, *adj. besoffen. vgl. mhd.* knülle, ?lolch. *Kil.* knol, *ebrius.*

knüpp, *m. 1. knoten, der geknüpft worden. 2. fig.* de hase mäket en knupp (*schlägt einen haken, engl.* doubles). dat mant all en guoden rûen sin, dä den knupp losmaket. *daher vielleicht auch:* he es in'n knüpp gerâen = wirre, *confus.*

knüppel, *m.* = knüppel. knüppelhageldick. *K. in* knüppelduane, *besoffen (Must. 6) wird euphonisches* l (*wie in* wiskelddauk) *anzunehmen sein, so dass* knüppe *zu* knüppen *gehört.*

knüppen, *knüpfen. ags.* cnyttan. *wechsel von pp und tt.*

knurren, *1.* knurren. *2.* grunzen. *schwed.* knorra.

knurrpott, *m. ein irdener topf mit blase und rietpfeife, womit zwei weiber und zwei mädchen auf Lüttkenfasseläwend umhergingen und gaben sammelten. (Menden.)*

knüsen, *drücken. ags.* cnyssan, *alth.* chnusan, *quassare.*

knüst, *m.* knüsten, *m. 1.* knorren, *klumpen brot, speck:* en dicken knüsten. *2. auswuchs, geschwulst am holz, am menschlichen oder tierischen körper. 3. figürl.* dat well mi en knüst an den kop kären = *der will mir etwas weis machen.* he het et knüstendick ächter de ären. *K.* hai küömet an de knüste, — ächter de knüste; hai es an de knüste — *er muss büssen, herhalten. syn.* anst, naust, knüwen, knubben, kulwe. — *vgl. Upst.* 1371: knüst, *nds.* knüst. *holl.* knoest (knorren, höcker, auswuchs) *passt zu* knaust, naust, anst. knüst *entspr. einem stv.* kniusan, *neben welchem es ein* knausan, knuos *gab, das in* nasan, nuos, asan, uos *abgekürzt ward.*

knüwen, *mit vollen backen langsam kauen, drücken d. i. essen.* kniuweden öhr fröihstücke rin. *N. l. m. 26.*

knüwen = knubben.

kö, *f.* kuh. et wörd kene kö bohte gehett, *ader* se het ock fläcken.

kobbe, *f.* spinne. *ostfr.* kobbe (möve), *engl.* cob (möre, spinne in cobweb); *ags.* ättorcoppa (aranea). *das dickwerden der kühe wird den gespinnsten der kobbesen (fliegende sommer) zugeschrieben (Elscy), anderwärts dem giftworm. der bei unsern bauern gebräuchlichste name der spinne ist* kobbe. *dieses kann für* koppa *eingetreten und ein* atter *(ehedem gift, jetzt eiter) weggefallen sein. auf die eigentliche bedeutung scheint unsere volksüberlieferung zu führen:* de kobben süget vergift üt der locht in mäket se raine. *das liegt wol angedeutet in* ättorcoppa = Attorcopja, *welches nach ags.* copjan *mit* giftuchmerin, *giftsammlerin wiederzugeben ist. Kil.* kop, koppe, *fland.* araneus. *holl.* moeskoppen, *freibeuten, könnte von coppa (schröpfen) hergenommen sein. — vgl.* spinne-koppe, araneus *und* orchis andrachnitis, *cujus flos aranese similis. Kil.*

köbbeken, *n. kleine spinne.* Glücks-köbbeken.

kobbenjæger, *m. langstieliger borstwisch. syn.* üle.

kobbenuest, *spinngewebe.*

kobbese, *f. spinne und afterspinne. (Elsey).*

kobbesen-fęme, *pl. fliegender sommer.*

kobbenwebbe, *n. spinngewebe. engl.* cobweb. *Kil.* kopwebbe.

Köbes, Köbes, *Jakob.*

köcheln, *gaukeln. oft mit dem zusatze:* vör den ogen. *Theoph. (Hoffm.)* köcheln. *Teuth.* coechlen, jocular.

köcheler, *m. gaukler. Teuth.* coechler. varende man. *nette* boeue. *histrio.* joculator.

köchelerigge, *f. gaukelei.*

kodde, *f. schweinchen. man unterscheidet* sogkodde, *saugferkel (v. Steinen:* kodde = *spanferkel) und* spænkodde, *gespäntes ferkel. (Hemer, Brackel.) nach andern heissen die saugschweinchen* fickel, *dann werden sie* kodden *und nach drei monaten* schöter. *Kil.* kudde, (vetus), porcus. *Teuth.* coedken, pegsken, puggen, jong vercksken, cudde. *Upst.* kudde, vieh. *ml.* kodde, *mutterschwein, mwestf.* kudde, herde. *Ettm. vermutet, dass* kudde *aus* kwihidi *entstanden, sodass es dem* mnd. *quek entspreche.*

keddendrês = talps. *K.*

kodderig, *adj. schmutzig, unsauber.* kodderige snüte, *maulwäscher. vgl.* kädder. *vgl. Teuth.* codde, vlecke, luncke.

Köerd, *Kurt,* Konrad.

köerd, kauerd, *m. unzuverlässiger, schlechter mensch:* dat es mi de unrechte köerd. *vgl.* de de unrechte gaidling. *bei Kil.* cuwaerd, lepus, vulgo cuardus i. e. ignavus, imbellis, timidus. *(koerd, koord, kocherde, kocherder, bubulcus gehört nicht hierher.) Osnabr.* koord, kördken = *hase. der hase hat diesen namen nach engl.* coward, *franz.* couard, *ital.* codardo, *span.* cobardo = *feige, das man gewöhnlich nach der ital. form auf* cauda *zurückführt. jedenfalls ist die verwendung in der tierfabel älter als die in der heraldik. wie könnte eine ableitung von* cauda *auf den hasen passen? wahrscheinlich ist das wort dem Italiener und Spanier von Deutschen zugetragen, als es schon die bedeutung feige, furchtsam hatte und dann erst mit dem gedanken an einen furchtsamen hund dem lat.* cauda *angepasst. woher haben die Englän-*

*der ihr cow, bange machen, erschrecken,
ihr cower, kauern und wir kauern?
lassen diese wörter nicht ein einfaches
verbum vermuten, dem die bedeutung
niedrig sein, zustand, oder vielmehr
ein adj. mit dieser bedeutung? ich
vermute, dass unser* kawekorf *(Iserl.*
kaukorf) *nichts weiter als den niedri-
gen korb bezeichnet.* coward wird
ducker, kauerer sein. *auch auf das
eichhörnchen passt die bezeichnung*
kauerer, ducker; *daher heisst es zu
Liberhausen so. nach H.* kauert; *so
in Randeroth und Wald.*

koffe, *m. kaffee.*

koffedote, *f. kaffeeschwester. vgl.* dote,
dotke.

koffer, *n. der koffer.*

koffetüg, *n. kaffeegeschirr.*

kogen = kofen.

koggen, *kauen. (Fürstenb.)*

köggeln, *kauen. K. s. 79.*

kok, *m. koch, köchin.*

koken, *kochen.* dai sall et em wol ko-
ken, *fig. vgl.* kwickel.

kokenig, *adj. kochend:* dat kokenige
wäter. *aus dem ptc.* kokend *mit* ig
gebildet, wie glaßenig, glaßendig.

koker, *n. köcher, in* inktkoker *(dinten-
fass),* nätelkoker *(nadeldose),* sandko-
ker *(sandbüchse). ags.* cocor, *ahd.*
kochar, *Teuth.* caicker *vur eyn schri-
ver,* — *vur eyn schutte.*

kokerigge, *f. köcherei, gekochtes.*

köl, *m. kohl.* ik maine, ik sœte med
em im kol, *dann* sitte ik med em
in den strünken. dai hött em im köl.
vgl. Tappe 220ᵇ.

kol, *n. kohlenmeiler. Vilmar:* kole, *n.*

kolbär, *m. plump lärmender kerl. s.*
kollerbast. *ostfr.* küllig, zornig etc., *ags.*
collen tumidus, magnus, vanus ; colla
terror, horror.

kolberg, *m. kohlenbergwerk. so schon
bei Lac. Arch. VI,* 229 *ff.* wänn de
k. es gekert, dann es dat geld vertert.

koldriwer, *m. kohltreiber, leute welche
auf pferden oder karren steinkohlen
nach den abgelegenen städten und an-
deren ortschaften führten.*

koldocke, *f. ein angenutztes pferd, wel-
ches zum kohlentragen gebraucht wurde.
s. docke.*

kole, *f. 1. kohle.* so swart as ne kole.
ik stu as op héten kolen. *ags., mnd.*
kole. — in der asche sin un kolen freten.
= *noch ungeboren. 2. lichtschnuppe.*
„Dat es en comoude dingen!" saggte

de bûr, dä såg he en lampensnûter,
knep de kole af un dæ se derin.

kölen, *1. dampfen, schwelen. syn.* swælen,
rerkohlen, glimmen. *2. plagen. H. s.*
küllen.

Köl-, Kolhenne, *f. kuhname.*

kolk, *m. 1. wassertümpfel. 2. dreck:*
kölke mäken = kölken, *aber auch vom*
nasenschleim. friat kolk, giof gold,
dann werd alle weld di hold. *holl.*
kolk *(abgrund, loch). N. westf. Mag.
I,* 275. *ostfr.* kolk, *tiefe in einem teiche,
flusse oder bache.*

kolken, *jammern, von kranichen.*

kylken im *für, eine zierblume,* adonis.

kölken, *einen wassertümpfel machen, be-
sonders von kindern, welche fliessende
wasser abdämmen.*

Küllen, *Coeln.* ik well di mål Köllen
wisen, *d. i. bei den ohren aufheben.*
dä wiotet se te Köln nix van. — hu
es de érste flô nå Köln kommen? —
hu es de érste nagel in Köln geslagen?

kollera, *f. ein ackerunkraut (ackerminze)
so genannt, weil man es beim erschei-
nen der cholera in den dreissiger jah-
ren dieses jh. zum thee sammelte.*

kollerbast, *m. lärmender, kollernder kerl.
s.* kolbär.

kollergerste, *Gr. tüg 7. ? taumellolch.*

kollern, *1. rumpeln, poltern, lärmen.* et
kollert mi im liwe. *2. kollern, vom
truthahn; vom hahn. Gr. tüg 7.* Fritz
Wilm van Hohenzollern, lät us recht
düchtig kollern! staut an dfon glas,
drink ût bis oppen grund, dann wätt
de kranke, laiwe hål gesund.

kolliriän, *? truthahn im rätsel.*

köllsch, *adj. kölnisch.* dat köllsche land
*(Süerland), im gegensatze zum märki-
schen.* en köllsch jår mäken, *seinen
dienst bald wieder verlassen. vgl. Tappe*
162ᵇ: ich wil eyn colnisch gebot thun
und will die halbscheit bieten. *auch
vom ellenmasse kann jene redensart
herrühren: man unterschied sonst in
der grafsch. Mark grosse oder bra-
banter und kleine oder kölnische ellen.*
de köllsche sträte *wurde zu* Asseln
*die milchstrasse genannt und dabei be-
merkt, sie existiere seit der Pariser
bluthochzeit.*

köllschen, *pl. in* hét-köllschen = hête-
wiggen; *so nannte man diese im köl-
nischen Süderlande.* kollatsche, *ein
gebackenes. Frisch. vgl. Gr. d. wb.* col-
latsche, *vom lat.* collatio, *oder böh-
misch? die aufnahme dieses wortes,*

wie die der böhmer groschen (bemer) *als üblichste münze könnte sich aus einem lebhaften handelsverkehr im 14. jh. erklären.*

köllsch-op, *name eines fangspiels zu Albringwerde. vgl.* klemm-op.

kolpütt, *n. kohlenschacht. engl.* coalpit.

kolter, *pflugmesser. syn.* sech., *lat.* culter, *fr.* coûtre.

kolter, *augenbutter. (Siedlingh.) syn.* korren, *vgl.* klater = kläter.

koltern, *augenbutter zeigen.* de augen soll' ne koltern vör verwunderunge. *Op de alte hacke 30.*

koltkatte, *f. espe. (Iserl. landgemeine.) syn.* espe, aspe, wiewispe. *ags.* colt, *pullus. Scheppau, pred. s. 4 :* dai kolte, juvenca, *von einer dirne. engl.* colt *(füllen) bildet pflanzennamen , z. b.* coltsfoot. *so dürfte die espe den seltsamen namen :* juvencae cunnus *führen.*

konegger, *feldkümmel, quendel.* H.

können, *præs.* ik kann, *præt.* ik konn (konde), *ptc.* konnt, können. *pregnant :* bai kann vör God! = *man muss sich ins unglück schicken ;* du kanns mi nix; he kann et çm = *er ist ihm überlegen ;* de lü könnt et gued *(sc. stellen)* = *sie sind wohlhabend.* ik kann et gnot med çm = *ich werde gut mit ihm fertig, bin befreundet.* ik kan d'r nitt bi; ik kan d'r nitt in; ik kan d'r nitt för, me wêt nich er dat me wat kann as wämme maut. dä nix kann, dat es kaine schanne, äffer dä nix lëren well, dat es schanne.

Konrad, *Konrad.* konràd draigen = *die karten verkehrt auf den tisch legen; im karnüffelspiele.*

konsehaite, *klumpen geschmolzenes eisen am eisenstück. Osemunds fabrication.*

konstantinöpels-blaume, *f. eine rote gartenblume.* auch konstantinöpel *ohne* blaume.

kontzen, *von bienen, wenn sie anfangen einzutragen :* de imen kontzet all. „*die bienen* konzen. *was tun sie dann eigentlich ?* in Altena *heisst* konzen *etwas (heimlich, halbheimlich) von kindtaufen, hochzeiten und dergleichen mit nach hause nehmen.* man tadelt das, *wenn man's so nennt.*" H.

köp, *m. kauf.* gnad köp, *wohlfeil.* gued kôp giewen, *klein beigeben. alts.* kâp; *Tappe* 123: coep.

köpen, *præt.* kofte (koff), *ptc.* koft, *kaufen. alts.* côpan *ptc.* gicopot.

köper, *m. käufer.*

köper, *n. kupfer.*

köperbröd, *n. bäckerbrot.* ha! sagg se, dä frät se noch en köperbröd.

köpern, *adj.* kupfern.

köpern, *adj.* 1. *wählerisch, einer der es genau hält.* 2. *karg. holst.* krupern, *sparsam, ordnungsliebend.*

köplingsmann, *m. kaufmann. Iserl.* 1670.

köpmannschop, *f. kaufmannschaft, handlung.* he lert köpmannschop. *mittelwestf.* köpenschop, koypenschap.

kopp, *m. pl.* köppe. 1. *kopf.* da hew' ik nix van im koppe = *ich denke nicht dan zu tun.* wachte, ik well di den kopp tösken twê ären setten! vgl im koppe heffen = *viel zu behalten haben.* dem daut de kopp nich mär wê. *s.* tçne. se het et in den kopp kriegen = *ist verrückt geworden.* 2. *sie hat den eigensinnigen einfall.* ik kann et nitt in de kopp kr. = *nicht begreifen.* en kopp krigen as en tiushân. H. *fensterflaigen im kopp heffen* = *unnütze Dinge. s.* bunte vûagel. kauköppe = *kühe ; vgl.* manahoupit (mancipium). 3. *bergkuppe.* 4. *samennarbe* (hilum) : de bönen hett all swarte köppe. 5. *schröpfkopf :* köppe setten = *schröpfen, dän.* kopsätte.

koppel, *f.* 1. *haube bei vögeln.* koppelpille. *ahd.* kuppa, kupha, *haube.* 2. *syn.* von iotengrai.

koppelëren, *copuliren.* vi sid nitt koppelürt! *sagt wol eine magd um anzudrücken, dass sie ihren dienst verlassen könne.*

koppeln, *koppeln, verknüpfen, verbinden, kuppeln. lat.* copulare.

koppelring = kniphalsken.

koppelsmann, *m. brautwerber.*

koppen, *kuppe am finger, am himmel.* H.

köppen, 1. *köpfen.* 2. *zu kopfe steigen, von geistigen getränken. ostfr.* koppen.

köppsk, *adj. eigensinnig, störrisch. ostfr.* kopsk, *vgl.* entêté.

köppken, *n.* 1. *kleiner kopf.* 2. *kleiner berggipfel.* 3. *obertasse. engl.* cup. *ags.* copp, calix, culmen.

Köpstad, *f. ortsbez. in der grafschaft Limburg. alts.* köpstad = telonium, emporium. *vielleicht war die stelle ein alter handelsplatz.*

kör, *f. wahl.* du sass de kör hewen. *niwestf.* kor, *m. tot* oirem kore, *urk. v.* 1522. *ahd.* kür *und* nld. keur, *f. ahd.* kuri; *ags.* cyre. *s.* kür.

körböm, *ausgewählter baum, vorzüglich guter baum.*

körbömen, *herumwählen.* hä gêt so lange

kŷrbŏmen, dat hä endlik fulbŏmt =
er wählt so lange nach einer frau
herum, bis er endlich eine schlechte be-
kommt. vgl. ostfr. de kŏrbŏm söcht,
de fŭlbŏm findt. Tappe 176ᵇ.
kŷron, kosten, schmecken um zu prüfen.
kinderrätsel. alts. coron; berg. kären.
kŷrf, m. pl. kŷrwe. 1.korb. dat gêt ŷwer
de kŷrwe = das ist übertrieben. Rol-
lenh.: „das wasser wol über die körbe
geht." 2. als milchsieb. s. melken.
3. kohlenmass im Märk. = 4 tain märk.
kŷrfwiege, f. korbweide.
kŷrhengest, m. kürhengst.
koriutenkacker,m. (schelte). ostfr.krinten-
kacker, kleinigkeitskrämer, geizhals.
kormandiken (?).
korre, f. = kodde.
korren, m. trockene augenbutter. vgl.
kŭdder.
kŷrsing, auch kŷrsek, kŷrsak gesprochen.
m. rock, urspr. wol pelzrock. (Altena).
ags. crusene (Ettm. s. 401); mhd. kür-
sen, vgl. kürschner.
kŷrsk, adj. wählerisch, eigensinnig.
kŷrste, f. kruste.
kŷrt, adj. 1. kurz. te kŷrte kuemen. sik
te kŷrte dauen. op en kŷrt. in kŷr-
ten jären = in letztverflossenen jah-
ren. du sass med kŷrtien däge
ophä‧ren. 2. entzwei. kniederkŷrt.
kŷrt un klain gân.
kŷrte garde (kurze wacht, gefängnis)
ist holl. auf dem hause Witten war
ein solcher behälter, der in früheren
zeiten zu einer kurzen haft gedient
hatte.
kŷrtens, urk. v. 1445: korts. adv. kürz-
lich.
kŷrtswile, f. kurzweile. mi lüstet (plä-
get) de kŷrtswile sö nitt.
köse, f. butterdose, wie sie der hirt mit-
nimmt. da es ein hd. butterhose und
ein nnl. kous (strumpf) gibt, so wird
dieses köse mit beiden zusammenhän-
gen und in der lautverschiebung zu-
rückgeblieben sein.
kost, f. kost. gŷf den ŏgen de kost! =
sieh wohl zu.
kosten, kosten. lat. constare.
kösten, pl. kosten. op kösten driwen.
köster, m. küster. du küames as kösters
kau, dä was drai däge nàm rêne (re-
gen) hêm kuamen = post festum.
kösterigge, f. küsterei, küsterwohnung.
Seib. qu. I, 150: costerigge neben co-
sterie.
kösterskämpken, n. kirchhof, weil der
küster das recht hatte, seine kuh auf

demselben zu weiden. als dem lehrer
und küster Lamberti zu Hemer im an-
fange dieses jh. jenes weiderecht strei-
tig gemacht wurde, gewann er es rechts-
kräftig auf grund des alten namens.
kostgänger, m. kostgänger. usse Hergŷd
hęt viöl kostgängers = es gibt wun-
derliche leute in der welt.
kostmŏne, kostfräulein. v. St. II, 755.
köten, pl. 1. köthen am pferdefusse. 2.
verächtlich und spöttisch: füsse des
menschen. 3. kothen, ein verbotenes
spiel. (Altenaer statut.) ags. cŷat
(Ettm. 387):
kŷten, m. (auch in Hessen ist das wort,
m. vgl. Vilmar s. v. kode). 1. kothe,
f. koth, n. kleine landwirtschaft. ahd.
chota; ags. cot, n.; engl. cot (hütte);
nwestf. koten, koiten, kocten. Berg.
urk. v. 1639: kath. Kindl. Volm. II,
273: domuncula dicta Wytsteyn que
Cottin appellatur. 2. = slipkoten,
schleifwerk. et es nitt recht im kŷten
= es geht etwas übernatürliches zu.
zwergsage von Albringwerde.
kŷter, m. kötter, inhaber einer kleinen
ackerwirtschaft. engl. cotter (häusler).
köter, m. schlechter hund. meklb. köter
= männlicher hund. Rich. Staph. 2¹,
195: hisse de groten hunde vp de lüt-
ken köters.
köterei, das anwesen eines kötters. K.
kötern (obscen.) coire.
kotse, f. gespei.
kŷtse (auch kŏatse), kiepe. Gr. tüg 48;
(im Schwarzenb.) — koetse bei Kil.
= couche.
kotsen, sich übergeben, erbrechen. auch
von den bienen gebraucht. kotschen,
(Dortm.)
kotsig, adj. zum bespeien.
kott = kwâd. (Düsseldorf.)
kotten = korren.
kütte, sing., kötten, pl. heimatloses ge-
sindel.
köttenkerl. dä was en köttenkerel (va-
gabundirender kesselflicker) — bähęr,
dat wuste ik nitt, un dat wuste hai
nitt; kotten hett jä kain hême. Gr.
tüg 79 s. kottentüg. s. kötthochtîd in
Grimme galanteriwâr.
köttentŷg, heimatloses gesindel, kessel-
flicker, zigeuner, vagabunden.
kofen, eine herrschende kleine krankheit.
s. kogen. H.
kŷwen, m. 1. schweinekoben. 2. koben
beim mütteken-halten. ags. cofa, ahd.
chovo. Teuth. coeven, swynstal, suw-
stal, verckenstal.

krabätsig, *adj. munter, ausgelassen (von kindern). vgl. nds.* krabäte, *dän.* krabat. *auch in Mitteldeutschland als* krabate, krabat *allgemein verbreitet; vgl. Vilmar, s. 222. man leitet es von* Kroaten *(Weigand im wb.) her und erklärt es von der sprichwörtlich gewordenen ausgelassenheit dieser im 30-jährigen kriege.*

krabbe, *f. 1. kleines kind. 2. strauch, verkrüppelter baum. vgl.* hülse-krabbe = *stechpalme, bei Shakesp.* crab = *wilder apfel. ags.* crabba (krebs), *nds.* krabbe.

krabbeln, *1. kriechen. 2. krauen, kratzen. nds.* krabbeln = *kriechen, engl.* to crawl.

krabbig, *adj. verkrüppelt, von bäumen.*

kracke, *f. schlechtes pferd, auch kleiner störriger junge, K. syn.* krücke, *prov.* racca, *ebenso; nds.* krake. *vgl. isl.* kraki, *engl.* crack (knirps). *Richey, Vilmar.*

kradde, *f. kröte. Teuth.* crade, pedde, breetworm, *bufo.*

kraddenstoul, *pilz. Wald. H. s.* pûkrâd.

kræe, *f. krähe. (kr. Altena.)* „Guon dag et hundert kræen!"" „nê!" harr êne van dem tropp saggt, „wenn unser noch ens so viol un noch en half mâl un noch en vêrden dêl mâl soviol wæren, un dann du kræe, dann wæren unser hundert."

krägen, *m.* = krânen. *(Deilingh.)*

krägge = kraige. „Et es te lâte," saggte de krägge taum forsche, dâ harr se 'ne packet.

kraige, *f. krähe. alts.* crâia, *ags.* crâve, *dän.* krage.

kraigen, *krähen.* dâ kraiget nitt hâne of henne nä. *ähnlich Münst. geschichtsqu. III, 113:* menden dar solte kein hund na geblecket haben. *ahd.* krâgan, *nds.* kraien. *andere märk. formen:* kræen, kräggen.

kraigenfoss, *m. frankfurter heller mit herald. adler, in Hessen* fledermaus *genannt.*

kraigennest, *n. 1. krähennest. 2. mistelstrauch. syn.* wispel, zupp *und d. f. w.*

kraigenkaul, *kreuzwurzel. s.* spiggewour.

kraigenkwioken, *pl.* ackerhahnenfuss. *(Elsey.) s.* kwioke.

kraigenschoken, *m.* ackerhahnenfuss. *(gegend v. Soest.)*

kraigenslugder, *m. mistelstrauch.* winne.

kraigensnugder, *m. Dortm.* kraiensnuder. *1. mistelstrauch.* viscum album. *nds.* snut, winne. *2. nostock. syn.*

libberse. *3.* = bauenpek (bauensnuder, kraigensnuder, *Kalthof.)*

kraigentwiek, *m. dürrer ast. nach der volksmeinung wird ein ast dürr, auf welchen die krähen sich oft setzen.*

kraigenwiøten, *pl.* ackerhahnenfuss. *s.* wiøte.

kraike, *krieche. Teuth.* pruyme, kriecke, crecke.

kraikenböm, *kriechenbaum. Pf. Germ. 9 p. 21:* cinus, krichboum.

krajölen, *schreien. ostfr.* karjolen, karjölen, kerjölen, kriölen, *laut, lärmend singen, saterl.* karijolje. *Zys. aus* kreien *und* jolen.

kraischen (*hd. form*), *rufen, vom kuckuk. (Medebach.)*

kraischen, *oel sieden. vgl. Gr. wb. s. v.* kreischen. *es ist factitiv von* krischen, *um das schreien (geprassel) des oels, fettes zu bezeichnen. Köln.:* kreizen.

kraitern, *iterat. zu* kriten, schreien. *H. Dortm.:* jammern, keifen.

kraits-krümmel *in* kaine kr. = *gar nichts. vgl. ital.* non mica *und die hd.* kreuzdumm, kreuzfidel. *aus alts.* crûci.

krakēlen, *1. zanken, schreien. 2. händel suchen.*

krakēler, *m. zänker, schreier.*

krükelhans, *krakehler. K.*

krakeln, *stets recht haben wollen und deshalb andern immer widersprechen. K.*

krækerling = kräkling.

krækling, krætling, *m. kringel, bretzel. (Altena.) Teuth.* crekelynck, britzel; *Fahne Dortm. III, p. 257:* krackeling; *Kil.* krueckelingh; *ostfr.* krakeling, kràkling; *franz.* craquelin, *vom nd.* kraken.

krākmandel, *f. knackmandel. dän.* krakmandel.

kralle, *f. pl.* krallen, koralle, perle. flöutkrallen, *bernsteinperlen.*

krallen, *perlen, von wein und branntwein. vgl. nds.* krall = *hell, klar.*

krām, *m. pl.* krŷme. *1. waare. 2. verächtliche, geringe sache, wie zeug; bat es dat für* krām. *auch wol von menschen. mhd.* krām = kramme, *kann zu* krimmen = krimpen *gehören. vgl. unser* schrām *neben* schramme.

kräm, *m. kindbett: sine fran es im* krām. *Teuth.* crame, gardyn; crame, kyndelbedde. *in einem artik. des westf. anz. v. j. 1804 wird es aus* karmen (lamentari) *abgeleitet, dagegen spricht der vocal. vermutlich ist* krām *ein zusammenges.* kradam (strepitus)?; *vgl. un-*

ser: dà sid se in der unraue = *da ist
eine niederkunft.*

kramäntsel, *f. grosse ameise. (Valbert.)
es ist also = sprick-ampelte. die klri-
nen ameisen heissen in V.* àmantsel.
(Arnsb.) so lebännig as ne kramänzele;
Wald. kramenze, krameize = *ameise.*
antsel = *ente, engl.* ant *aus* amete.
zu kram *vgl. nds.* krimmen, krinen =
zusammenscharren. Vilm. gramenzel.

kramantseln, *1. prügeln. 2. futuere.*

krambambel, *schnapps.*

krâmen, *kramen:* he krâmet der wot
derinne rümme = *er kramt darin
umher.*

krâmen, *niederkommen, wochenbett halten.*

kremer, krêmer, *m. krämer.* Ik hewe
di so laif as de kremer den daif. *auch
zu Marienheide steht* krremer *neben*
krâm, *welches ein* krêmer *erwarten
liesse.*

krâmfrau, *f. kindbetterin.*

krâmhær, *m. mann der kindbetterin.*

krämmeln, *murren, knurren, II. vgl.*
kribbeln. *Kil.* kribbigh, morosus. *ostfr.*
kremmlg, krämig, scharf, pikant. *ndd.*
kriemig, krimmeln; *Kil.* grimmen, fre-
mere, *und* kriemen, querulum esse.

krampe, *f. 1. krampe. 2. krampf.*

krämpel, *m. 1. menge oder masse in
bausch und bogen, das zusammenge-
fasste. 2. kleinwaare, trödel. vgl.*
gremplen, *handel treiben, trödeln.
Schade, satyren I, p. 183. Kil.* grim-
pel, gherimpel, grempel, scruta. grim-
pelen, nandinari. *vgl.* krâm.

krämpen, *abzüge machen. s.* krempen.

krâmpott, *m. irdene casserolle gefüllt mit
zucker und gewürzen. ehemals wurde
gesorgt, dass der* krâmpott *bei der nie-
derkunft bereit stand. syn.* trisêdöppen.

krâmrôren, *n. besuch der nachbarinnen
oder freundinnen bei der wöchnerin,
wobei gewöhnlich eine mischung von
branntwein, zucker und pfefferkuchen
genossen wird.* rôren *mag hier den
sinn des ahd.* karori (conventus) *ha-
ben; vgl. alts.* hrôr, hrôrian.

krâne, krünekrâne, krükrâne, *f. kra-
nich. Teuth.* craeu, *m. ahd.* cranuh,
ags. cran, *m. engl.* crane, *gr.* γέρανος,
lat. grus. *vgl. Teuth.* cranen, roepen,
arissare.

krânegôs, *f.* = ècrgôs.

krânek, *m. kranich. alts.* krank.

krânen, *m. 1. zapfröhre oder hahn am
fasse, an der kaffeekanne. s.* krügen.
2. hebezeug, krahn. urk. v. 1399: le-

veren to Coilne an den kraenen in oir
behalt.

krânen, *s., sich brüsten, eigentlich: lan-
gen hals machen.* hè krânede sik as
en schrûthânen. *engl.* to crane =
*langen hals machen um besser zu se-
hen. vgl. ital.* pavoneggiarsi.

krängel, *1. gewundene verzierung auf
den* hêtewiggen. *2. kringel, bretzel.
(Fürstenb.) s.* krengel. *3.* = kraus.
(Siedlinghausen.)

krängeln, *s., sich winden.*

krank, *adj. 1. schwach, unfähig, un-
vermögend.* sik krank mâken = *sich
unfähig stellen.* kranke lü mâken =
*unfähigkeit vorschützen, wenn ein dienst,
eine gefälligkeit begehrt wird.* krank
im geldbül. *2. krank.* ik sin fan dâge
so krank as en haun, mag wol te èten
un kann niks daun. *vgl.* ûtkranken
und mda. II, 38.

kränkede, *f. krankheit. syn.* wêh. de
fallende kränkde. *vgl. mda.* III, 120.
IV, 1. VI, 11. mnd. krenkde. *(II.*
krükede, *fallsucht). syn.* kränker.

kränken, *n. 1. kleiner kranen. 2. bei
kindern auch* membrum virile.

kränker *für* kränkere, kränkede. *syn.*
ransen, raisen.

krans, *m. 1. kranz. 2. kreisrundes pol-
ster zum unterlegen, um etwas auf dem
kopfe zu tragen. Teuth.* crants op dem
hoifde dair men wat op drveght. Hans
àder krans = *mag sein was es will.*
Nitt haus àder krans = *gar keiner,
gar nichts. syn.* krängel, *zu 2.*

kränseln, *sich krümmen, rund drehen.*

krünssel, *n. ausschuss, unreinigkeit, die
vom korn abgesondert wird. Kil.* krinse
= pargamentum frumenti. holl. krenselen,
ostfr. krensseln = *mittelst der wanne
oder futterschwinge getreide reinigen.
span.* granzas. *Kehrein, sammlung, s.
16: „crinzin* aunonæ per wannum
excussæ quæ dicitur crinzin. *sm. der
und die* kreinzen = *wagenkorb, der
sich mit der wanne vergleichen lässt."*

kräpps, *m. in der redensart:* bim kr.
krigen, *beim kragen nehmen. ostfr.*
bi de kripse krigen; *nds.* bin gripse
krigen. *vgl. Vilm.* kribbes, larynx.

krâse, *f. schmutzige arbeit:* vi sid recht
in der krâse.

krâsen, *sich unordentlich oder unrein-
lich beschäftigen. zu Marienheide:*
ærpel krâsen, *kartoffeln gäten oder be-
hacken. s.* krâser 2.

krôser, *m. 1. der sich unreinlich oder unor-
dentlich beschäftigt. 2. kleine güthacke.*

krässeln, *1. dichten, von den ersten tö-*
nen der jungen singvögel. 2. von den
tönen der hühner, die bald legen wol-
len. dän krasle.
krassen, *kratzen.* he niomt bat he kri-
geu uu krasseu kann.
krässer, *m. 1. kratzer. 2. ein pferde-*
name. 3. ein werkzeug.
krätse, *abkratzen:* ät gĕt in der kr. =
et eu fŏr de katte. *II.*
kratskäpp, *kratzender Kaspar, name des*
teufels, weil er mit krallen abgebildet
war. (Schwelm.)
krauen, *kratzen. syn.* krabbeln. Krausto
mi deu kopp, dann füll ik di deu pott!
siot de mor *(morrübe). ahd.* chrawön,
gratitare. *Teuth.* clouwen, crouwen.
krallen, *grob, niedrig sprechen. H.*
kraume, *f. krume. ags.* crume, *altn.*
craumr, crumr. au *in unserem worte*
= *älterem* no. *bei Büren* kräume *wie*
bläume *(unser* blaume).
kraus, *m. trinkkrug, gewöhnlich von*
steingut mit zinnernem deckel. ags.
cruse; *mnd.* kroes, kros, kroz.
krewippen = biomelnésen.
krègenschoken = ? kraigenwioten.
krempel, *trödel, rummel. Vilm.* grem-
pel. bat kostet de ganse krempel. *K.*
krempen, *præt.* krump, *pte.* krumpen,
sich zusammenziehen, schrumpfen. dat
läken es all krumpen. dat flés es im
potte krumpen. *ahd.* krimfan.
krempen, *krempen, schrumpfen machen,*
zusammenziehen. dat läken maut érst
krempet weren. sik krempen, *sich*
krümmen, sich einschränken. Piek,
monatsschr. I, 580. Huhn, reimspr.
120: krimp dich nicht to kort, streck
dich nicht to lauck.
krempfri, *adj. kein krempfen bedürfend.*
dat wüllen läken es krempfri, *das woll-*
tuch zieht sich beim nasswerden nicht
zusammen, braucht daher vor der ver-
arbeitung nicht gekrempft zu werden.
kreugel, *pl.* krengels, bretzel. *(Sied-*
linghausen.)
krenken, *n. 1. kleiner kraien. 2.* penis.
krente, *f. korinthe. ostfr.* krinte.
krentenbård, *m. ausschlag um den mund.*
ostfr. krinte- *oder* krinten-bård.
krentenstüten, *m. stuten mit korinthen.*
ostfr. krint-stute.
krentseln, *pl. johannisbeeren. n.* krent-
seln. *anderwärts* krëzeln.
krenzeln, *pl. ausschuss beim reinigen*
des korns. K. schlechte, fast taube
körner. H. s. kränssel. *Weddigen:*
krenzel, drespe.

krenzeln, *n., sich krümmen bei körperl.*
schmerzen. K.
krepeuéren, *umbringen. vgl.* crepéren.
krepéren, *ärgern.* dat krepért em. *holst.*
krippéren.
kresche, *f. kresse,* nasturtium. *ags.* cresse,
f. Seib. qu. II, 304: keirssc. *Teuth.*
kersse eyn kruyt, nasturtium. *syn.*
kers.
kribbelig, *adj. reizbar. nds.* kriwelig.
kribbelkopp, *m. reizbarer mensch. nds.*
kriwelkop.
kribbelköppsch, *adj. reizbar.*
kribbeln, *reizen. Kantz.* kryweln, *Sün-*
denf. krevelu, *nds.* kriweln. *Bgh. apoc.*
kreuelen *für Luth.* grimmen *(im bauche).*
kribbenbås, *m. s.* krübbenbås.
kribbmester, *m. s.* krübbenbås.
krick, *m. eigentlich = krach.* krick des
dåges, *morgendämmerung, engl.* creek
of the day. med krick des dåges, *in*
aller herrgottsfrühe. syn. knick. *vgl.*
kråken, kricken, *holl.* kricken, *zirpen,*
krachen, dämmern, 't kricken van den
dageraad. *Gr. myth., p. 708. Kil.*
krick, krack, *crepitus, fragor; vgl.*
kricken, *eben hervorbrechen, vom tage. II.*
krickännerk, *m. wasserhuhn. (Rheda:*
krickbeneken, *wasserhühnchen.) Kil.*
kricke, querquedula, *anas* parva.
krickeln, *kränkeln. II.*
krickelpläge, *f. grillenplage, fig. Kil.*
krekel, cicada. *s.* krickeln.
kricken, *krachen. im sprichw.:* Bai well
med kricken, maut ock med bicken =
wer essen will, muss arbeiten. Kil.
krickeu, kracken, crepare, crepitare,
strepere.
krick ti krack, *im rätsel:* Bi dåge gĕt
et krick ti krack, des nachts stĕt et
iu éner ecke, *auflös.:* bessem. das ti
wie in holter ti polter *wird oft di ge-*
sprochen, ist aber = dän. til, *zu.(?)* di
krick di krack, *von der wiege, im berg.*
wiegenliede: di wĕg di gĕt di krick
di krack.
krioderk, *in:* so sūr as krioderk = kritsūr.
krioft, *m. pl.* kriofte, krebs, cancer. vi
wett kriofte löchten. *westf.* kreuet,
nds. krewet. *auf dem lande brät man*
krebse auf der heissen ofenplatte oder
in der glutasche am herde; sie sollen
so besser schmecken. der krebs schreit.
(Elsey.)
kriogel, *adj. regsam, munter.* Bçter klain
un kriogel as en gröten fliogel.
kriokeling = krütling. *K.*
krieme, *f. weibliches schwein. (Ecken-*

hagen.) *Teuth.* cryme, soegemutte.
porca. *Syberger urk. v. 1651:* krieme.
kriəmelátin, *n. kritzliche, unleserliche
schrift. syn.* hånenschoken. *Firm. I,
18ᵃ:* kremerlatien, *holl.* kramerslatijn,
küchenlatein, holl. kriemelschrift, *kleine
kritzliche schrift. Hoffm. gloss. belg.*
kraemerslatijn = lingua fictitia men-
dicorum et nebulonum erronum. *(aus
Kil.)*
kriəmeln, *1. krümmeln, von einer sich
durcheinander bewegenden masse.* kriə-
meln un wiəmeln, *krimmeln und wim-
meln. 2. krimmeln, von einem gefühle
im menschlichen körper:* et kriəmelt
mi in den bênen. *3. anfangen zu ko-
chen:* et kriəmelt all. *syn.* krȧpen.
vgl. kriweln. de dag kriemelde. *syr.
n. sp. 62.*
kriəmlig am hęwen, *dunkelnd am him-
mel. Grimme, s.* griəmlig.
kriəwek, *krebs als krankheit. (Siedlingh.)*
krigen, *præt.* krêg, *ptc.* kriəgen; *præs.*
ik krige, du kriss, hä kritt. *1. grei-
fen, nehmen.* ik krêg ne him arme.
krig mål ęwen de bile. *2. bekommen,
erhalten.* ik krêg en braif. et gêt:
bä wǫt kritt, dä wǫt het. hä kritt et
med mi te dauen. de kau maut sik
verfangen hewen, ʋi könnt de buater
nitt krigen. wärs du ęr gekommen
as din våęr, dann håste de möęr ge-
kriǫggen = *du gehst auf widersinniges
aus. prægnant:* nù krig ik et, *nun
werde ich dafür hergenommen.* he
krêg et med der angest. he krêg et
mettem fraisen, *er ward vom fieber-
froste befallen. 3. fig. zanken, strei-
ten:* ik hewe mi med ęm kriǫgen; *vgl.
ital.* prendersela c. alc. du sass der di
mål med krigen, *du sollst dich einmal
damit versuchen. 4. redensarten:* ik
hewe ne drån kriǫgen *d. i. angeführt.*
ik koun ne nitt dran krigen *d. i. dran
bringen, vgl. engl.* i could not set him
upon it. ik krêg 'ne ant schriwen =
engl. i set him upon writing. *5. im
Berg. entspricht* krigen *als* auxiliar
dem engl. to get: du kriss geschwadt
= *du wirst geprügelt, bekommst schläge.*
wenn ek nå hûs komm krig-ek ge-
schangt = *bekomme ich schelte.*
krikelig, *schwierig verwickelt, kritisch.*
dat es eue kriəkelige sake. *K.*
krimisig, *adj. munter, ausgelassen. syn.*
kåmsig.
krimmenällig, *lustig.* bat worten se fi-
däll un kr. asc de immen te gehannes-
dag! *Galant. 37.*

krimmenèrig, *adj. 1. bunt von gewäch-
sen (namentlich blumen) und zeugen;
gleichsam krimmelnd. 2. munter, lustig;
gleichsam beweglich. es setzt ein vb.*
krimmenêren *(wie* mantenêren) *voraus.
vgl. nds.* krimig.
krimpe, *f. eckchen, z. b. des auges. H.
Kil.* krimpe, locus angustus inter
parietes.
krimpe, *f. 1. buchfloh, flohkrebs,* gam-
marus pulex, *engl.* shrimp. *gegen
krämpfe bci jungen schweinen wer-
den* krimpen *in ungerader zahl (etwa
drei) gegen dem tiere eingegeben. 2.
krämpfe der schweine in den füssen.
so auch im Waldeckschen nach Curtze's
glossar.*
krimpmåte, *f. verlust am messen, beim
kornhandel. fig.:* das würde mit
krimpmass und mausefrass so und so
viel kosten = mit allen unvorhergese-
henen unkosten. *v. Höv. urk. 112:*
krympkarn vnd muysetzell.
kring, *m. pl.* kringe, *kreis. ahd.* hring
(ring).
kringeln, *n., sich winden, sich krümmen.
vgl.* kring, *engl.* to kriukle.
kriõleu, *von rohem jubelgeschrei, krei-
schender musik. K.*
kripps, *m.* = *kräpps.*
krischen, *præt.* krêsch, *ptc.* kriǫschen.
kreischen; v. Steinen: krischen = *hell
schreien. s.* krisgen, krisken. *2. wie-
hern. H.*
krisgen, *præt.* krêsge, *ptc.* krêsgen, *wei-
nen. (Eckenhagen).*
krisk, *schrei. Gr. tüg 23.*
krisken, *præt.* krêsk, *schreien.* so sûr
att et kriskt. *s.* kriten.
krispeln, *rispeln.* de mûse krispelt im
stróh. *vgl. nds.* krispeln, kraspeln.
Krist, *Christian.*
kriståg, *m. christtag.* en grȧnnen kr.,
en witten påschedag.
kristanie, *f. kastanie; r versetzt, weil
man hd.* karstanie *sagte. von Hövel
chron. (Fahne) 83:* tidige christannie.
kristen, *zum christen machen, taufen.
mhd.* kristen, *mwestf.* kersten.
kristör, *n. klystier. gr.* κλυστήρ *von*
κλύζειν *(spülen.)*
Kristiân, *Christian. syn.* krist.
Kristine, *Christine.* de dicke Kristine,
die grosse zehe. (Deilingh.)
kristlik, *adj. christlich. s.* linse.
Kristus, *Christus. sprichw.:* Wå nitt es
Kristus, då es nitt mistus.
kristusblaume, *f. 1.* hartheu, hypericum

perforatum. *sie stand unter dem kreuze Christi, von dem darauf gefallenen blute des Herrn erhielt sie ihre roten tropfen und ihre heilkraft. (Hemer.) vgl. Hölscher, nd. geistl. lieder XVI:* et spruten gelle blomekens an gron heide. *syn.* Jesusblaume, Hergodsblaud. 2. *farnkraut.*

krite, *f. kreide. lat. creta; mw. Dortm. zolltarif v. 1350:* krite; *berg.* knitte. *Teuth.* crijt, knijt.

krite, *in:* so sûr asse krite. *vgl.* kriaderk, kriten.

kriten, *præt.* krêt, *ptc.* kriaten, *schreien, weinen. fig. vom winde:* im kritenden winne *(kreischenden, rauhen). ostfr.* kriten; *mhd.* krizen, *rufen, schreien; und.* krit, *streit, geräusch, hader; alts.* griotan; *goth.* gretan, *fig.* et ca so sûr dat et kritt; *s.* krisken, kritsûr. *anl.* k *für* g, *wie in* klocke, klucke, krime, kuckuk. *das alts. reduplic. lässt auf ein griutan, graut, das goth. redupl. auf ein greitan, grait (= unserm kriten) schliessen. auch alts. griotan hat sich als graiten (grüssen) swv. in der Mark erhalten. Teuth.* krijten, garren, garrire.

kritraisen, *pl. kinderkrämpfe, bei welchen sie schreien. s.* kriten, raisen.

kritsûr, *adj. sehr sauer. ostfr.* kritesûr. *vgl. nds.* ritzeräd, grellrot; *hunsr.* ritzeroth, grellrot, kritzegrob, *ganz oder sehr grau.*

kritswalwe, *f. grosse mauerschwalbe, die ausser dem hause nistet, während die* hilgenswalwe *in scheunen und auf dehlen ihr nest macht. die* kritswalwe *ist kein* hilgenvogel. *(Brackel.)*

krittelig, *adj. kurz angebunden, närrisch.*

kriwek, *m. krebs. vgl.* piwik *neben* piwit. *s.* kriswek.

kriweln = kriomeln. *syn.* afkraischen.

krücheln, *husten, von anhaltend bösem husten.* K.

kröchen, 1. *husten, auch von schweinen.* 2. *keichen:* med kröchen un zöchen. *Gr.* tüg 23. *Kil.* krochen, gemere. *vgl. nds.* köchen. *in unserem worte kann ein* r *eingetreten sein, wie in* gröte *für* göte; *ahd.* rohòn *(röcheln), br.* hörcheln = hröcheln. kr = hr.

kröchert, *m. keichhusten.*

kröckeln, *schwach, locker in den fugen sein.* H. *vgl. Teuth.* croecklen, runtzelen, rympen, van croeckel of rymp eyne spleete.

kröcken, afkröcken, *fressen, abfressen. im Alten. stat.:* „item id sall nyemandt op eyns andern manns erve oder guede krocken, doch mag man woll in den marken kröcken, *ibid.* nemandt sall kröcken, de gemeyne heerde hebbe dan vorhin opgedriven. wolde aver jemandt — selvest met sinen beesten erst afkröcken und weiden laten, sall nycht gestadet werden. *vgl. fr.* croquer, *engl.* to krop, *die spitzen des grases abfressen.*

kroll, *m. dichtes und krauses gewirre:* dat stét op énem kr. = *das steht dicht und kraus zusammen. vgl.* krolle, *gerollte locke,* krüll, krull.

krollen, s., *sich lockenförmig kräuseln. vgl.* rollen.

krollig, *adj. lockenförmig, kraus.*

krûne, *f.* 1. *krone.* 2. *schädel:* he het wat in der krûne = *er ist trunken.*

krûnen, *tadeln. (Weddigen). s.* krûne.

kronteseln, *pl. stachelbeeren. s.* krocheln.

kropp, *m.* 1. *kropf.* 2. *kopf (salat).* 3. *schlechtes zeug* (kropptüg). *ags.* cropp, *vgl.* krôpen, kropps. *urspr. etwas geschwollenes, ahd.* kroph, *struma, vesica.*

kropp, *hölzernes hahl neben dem cisernen; man gebraucht es, speisen zum warmhalten daran zu hängen. ahd.* krapho, *Soest. Dan.* 25, 104: krop.

kroppen, *sich zu einem kopfe bilden, sich schliessen, von salat.*

kröppen, *den bäumen, z. b. weiden, die äste nehmen.* K.

kreppen, *vollstopfen:* wörste kröppen.

kröpper, *m. kropftaube.*

kröpphorn, *werkzeug zum wurstkröpfen, aus einem kuhhorn gemacht.* H.

kropps, *m. kleiner kerl; syn.* krotts, *vgl.* krotte.

krocheln, *stachelbeeren. (Wülfr.) grossularia.*

krôse, *f.* 1. *ein gemisch von gehacktem fleisch (eingeweideteilen) und gerstegraupen oder hafergrütze (Siedlingh.), ohne zweifel ein altes gericht.* 2. *jedes andere mischmasch. altn.* krâs, *pulpamentum; ahd.* chrose.

krosseln, *schwätzen.* op d. a. h. 40. *vgl.* krässeln.

krosseln, *pl. ein gewächs, welches zum gründonnerstagsgemüse genommen wird. (gegend v. Büren.) syn.* perrekümmel.

kröte, *f. rote runkelrübe. vgl.* caróta Apic.

krütschen, *kriechen, von kleinen kindern. engl.* crouch; *vgl.* rötschen = rutschen.

krotte, *f. fig. kleines kind. ahd.* kreta, krota = *kröte.*

kretis = kropps.

krottsig, *adj. krüppelig, klein. K. s. 110.*

krübbe, *f. 1. krippe. alts. cribbia. 2. flechtwerk zur uferbefestigung.*

krübbenbâs, *m.* kribbenmeister.

krücke, *f. 1. krücke. ags.* cryce, *f.* baculus. *2.* = kracke. *(Fürstenb.)*

krucken = mechten. *(gegend v. Olpe.) vgl.* kruuken, kröcken.

krucks, *kleiner unansehnlicher mensch. K.*

krûd, *n. 1. kraut:* graûn krûd, *würz-kräuter des gartens, wie petersilie, sellerie und dergleichen. fig.* der es wat im krûe = *im stocke, nicht richtig. II. 2. mus:* prûmenkrûd; *vgl.* zûndkraut = *schiesspulver (schwed.* krûd). te krûe gân =: *kräuter, blumen pflücken auf pfingsten. (Deilingh.) Tappe* 74ª: moyßen oder kruyden. *1. und 2. sind wol zu trennen. zu 1. vgl. ags.* croda, *m.* compressio. *zu 2. wird* k *für* g *stehen; dän.* âblegröd *(äpfelmus).*

krûdbedde, *n. krautbeet, rabatte. (Weitmar.)*

krûdbuster, *n.* brot mit mus (kraut) be. strichen. *s.* buster.

krûden, *s., sich unterstehen. Teuth.* croeden, onderwynden etc. *Weddigen:* krûen, *wagen, sich unterstehen.*

krûdgâren, *m. küchenkräutergarten.*

krûdhacke, *f.* gâthacke.

krûdhof, *küchengarten. K.*

krûdhünkel. iusem Heergoät seyn kriut-hönkel. *N. l. m.* 88.

krûdken-rör-mi-nitt-ân, *n. sumpfbalsamine,* noli me tangere. *syn.* küsken-rör-mi-nich-ân-âder-ik-herste *(Weitm.),* krûtzgen-rör-mek-nich-ân *(Marienheide). Kil.* kruydken roert mij niet.

krûdlâken, *n. krautlaken. syn.* dregelâken. ik hewe 't med sack un krûdlâken gewunnen = *ich habe es ganz gewonnen.*

krûdwigge, krûdwîe, *f. krautweihe, Mariæ himmelfahrt:* krûdwigge brenget 'et salt in de appeln. *Simr. myth.* 543: „*zur krautweihe gehören am Nieder-rhein neunerlei kräuter.*" eine frau aus Fürstenb. sagte: 24 und nannte mir folgende 19: âlandsköppe, beddstreó, bîfant, blaudköppe, dust, duonerkrûd, wilde hoppen, îserrost, îserharst, kuuflök, kundel, kathrineublanme, johannesbl., willen klê, uase un mûl, ôsterligge sigge, rainefân, santor val-rianspîpen, wermaud.

kruad, *n. gefahr, risico, nachteil, ver-kümmerung:* bai dat guad erwet, dai erwet ok dat kruad. *Teuth.* crot, last, moyenisse, verdriet etc.

krüen, *krauten, d. i. gäten. für* krûden.

krüamel, *f. krümmel, bröckchen. fig.* kaine kr. = *gar nichts.*

krüamel-an-de-waud, *zittergras. syn.* îmenbrôd.

krüameln, *krümmeln, brocken.*

krüameln = krîameln: dat kind krüa-melt im hûse herümme.

krüpel, *m. krüppel:* he hält ân as en krüppel am wege. *ags., engl.* cripple; *Tappe* 30ᵇ: kröppel.

kruapûg, *n. verwachsene, verkümmerte, verkrümmte gewächse. vgl.* kropp, *nds.* kröp, krûp.

krüsel, *m. gruppe:* en krüasel bôme. *für* kräsel, krüssel *zu* krûs. *vgl.* meklenb. küsel.

kruig, krûg, *adj. kümmerlich, gedrückt; adv.:* et gêt em kruig, *es geht ihm kümmerlich, er muss sich sehr behelfen. vgl. Teuth.* croedelick = *ver-driesslich,* Vilm. kroedlich, *unzufrieden.*

kråke, *f. pl.* krûken. *krug. ags.* crocca, cruce; *alts.* cruca; *Findll.* 42: kruke.

krû-krâne, *f. kranich:* wann de kr. trecket, blîtt et noch drai dâge guad wer. *vgl.* krâne, krânek.

krüll, kröll, *n. pl.* krüllen, *dichtes, ver-worrenes haupthaar. 1. scheitelhaar, stirnhaar bei tieren, bes. rindvieh. 2. für kopf:* he het et im krüll = *er ist stolz;* bâlwisk lüll, dat stiget em int krüll = *b. l. macht rausch. mhd.* krülle; *engl.* curl.

krüllen, *auskrüllen* (erbsen), *von bohnen* sagt man döppen. *(Fürstenb.)*

krullen, *den schiebkarren führen, Wed-digen. — mit der karre schieben,* krüllen. *K.*

krüllkar, *schiebkarre mit kasten. K.*

krumm, *adj. krumm.* so kr. as en pott-hâken; med 'me krummen arme kuamen = *den hochzeitern einen korb bringen. Richey.* krumme aier = *ex-cremente. Hemer:* krumme guanstag, krumme midw·ke, *d. i. mittwochen vor ostern. Homeyer, stadtb. d. m.* 67 *und wb. s. v.* bedagen.

krumme, *m. acc.* den krummen, *hase. (Halver.)*

krumme, *f. krummes holz. syn.* krumm-holt, bricke.

krümme, *f. krümmung, krummweg.*

krummelte, *f. hirtenstab. (Fürstenb.) syn.* krümmel *(Waldeck.)·*

krammeniəxel, *m. kellerassel.* (*Fürstenb.*)
krummenöd, *gieht oder lahmendes übel.
K. ein schwur.*
krummhauer, *ein grosses messer für
zuckerpflanzungen. Kil.* kromhouwer,
harpe, ensis falcatus. *s.* hæpe.
krummholt, *n. krummholz.* (*Fürstenb.*)
syn. krumme.
krûne, *in:* guən öwend, frau hucke op-
pem pöte! gistern öwend dö kwâm de
lankermansjunge, alle libbertange, dä
sagte: guən dag, du krûne! *Seib. urk.
1067:* Elricus Crune. *vgl. Teuth.* croc-
nen, murmureeren, moettelen, proctc-
len. *ders.* cruyne, plat. wybyng. ton-
sura. *engl.* cröne, *altes schaf, altes
weib.* ? *für* krûde = kröde (*ags.* crux).
krûnekrâne, *f. kranich.* (*Brackel. Dortm.*)
krünkel, *gröbs.* (*Fürstenb.*) *vgl.* krun-
kel, *falte.* (*Waldeck.*) *Teuth.:* rymp,
runtzel, kroeckel. *Schomeenb. chr. §
127:* krunke, rympe.
krunken = krucken. *K. vgl.* krunksen
r. St. III, 128.
krünklich = mechtend. *spr. u. sp. 10.*
krûpen, *præt.* kröp, *ptc.* kropen, *krie-
chen. ahd.* crifan; *ags.* creöpan. *in
bewegung geraten,* de hâr krüspen mi
te berge = *die haare standen mir zu
berge. vgl.* meck krevelt alle mîne hâr,
Sündenf. 1044. et wâter fänget au te
krûpen. et krûpet = *das wasser fängt
an zu sieden.*
krûp-dȯr-den-tûn, *gundelrebe. syn.* kik-
dȯr-den-tûn.
krûper, *m. 1. kriecher. 2. zwerghuhn.
3. zwergbohne. 4. wasserdurchlass. K.*
krûperbȯne, *zwergbohne.*
krûperhaünken, *zwerghühnchen:* so ver-
laiwet as en krûperhaünken. *Grimme.*
krûs, *adj. kraus.* so kruse hâr as en
besmen.
krâsche, *pl.* krûschen. *1. karausche
(fisch). Teuth.* cruysen dat synt visch
die tot allen maynden schaiden. *2.
eine schweinrace des Münsterlandes.*
krûse, *f. falte. zu* krûs.
krûsel, *lämpchen. N. l. m. 33.*
krûz, *n. 1. kreuz. 2. leiden. 3. der un-
tere teil des rückgrats.* — de krûz un de
quer, *kreuz und quer.*
krûzbȯm, *m. 1. feldahorn. abergl.:* kühe
*damit geschlagen geben blutige milch.
2. wilder schneeball.* (*im Lüdensch.*)
krûzbrȯken, *n. kreuzförmiges backwerk*
(*Fürstenb.*)
krûzdȯrn, *m. kreuzdorn,* rhamnus cathart.
*er wächst häufig auf unserem über-
gangskalkgebirge; ein schönes baum-*

*artiges exemplar war in Sundern bei
Iserlohn zu sehen. an manchen orten
wurde es fast ausgerottet durch die be-
nutzung seiner rinde gegen krätze.*
krûzer, *m. 1. kreuzer (münze). 2. kreuz-
wurzel.*
krûzwȯrtel, *f. kreuzwurz,* seuecio vul-
garis.
ksch ksch, *scheuchruf für hühner:* wamme
ksch ksch siət, dann maint me de hau-
ner alle.
kubbe, *schlechtes zimmer der gemeinen
leute.* (*Weddigen.*)
kubbelik, *adj. ein. wenig krank, krän-
kelnd, fieberfröstelnd.*
kübbelken, *s.* nestkübbelken. *cfr. engl.
cub, das junge versch. tiere.*
kubben, *im staube (mulm) arbeiten, spie-
len. H. s.* kuabeln.
kuck, *l. in:* kuck un kack = *jedermann.*
en pipken tuback es guəd för kuck un
för kack, giət et ock nitt viəl int lîf,
es et doch guəd för tidverdrîf. *2. in:*
smalle kuck. *vgl.* kwick ȧder kwack;
ostfr. kwik *u.* kwak = *kleinigkeiten
aller art; hd.* kix und kax.
kuckel, *f. feuerherd im freien:* op der
k. brâken *d. i. im freien bei einem
stükenfeuer, über welchem der flachs
auf einem gerüste liegt. Frischbier,
1555* kuigel, *der mächtige ofen in der
flachsbrechstube. nhd.* quickel = *for-
culare, Benecke-Müller, 893. s.* kwi-
ckelpium.
kückel, *m. hahn. Grimme.*
kuckelduse, *im rätsel:* ächter uesem hûse
dâ stêt ne kuckeldûse; jo mær at de
sunne schinnt, jo mær at kuckeldûse
rinnt. (iskęckel.) kuckel = *kunkel;*
dûse, *der stock* = woekenstock. *vgl.
Gr. ueb.* dûse.
kuckelkûseken, *n. kosewort.*
kuckelȯwen, *m. kachelofen.*
kuckhûen, *n. versteckspiel. s.* pipstoppen.
kuckuk, *m. 1. guckuk.* so frö as en k.
kuckuck nȧm mai helpt mang ûem
op de knai. *zu Liberhausen fragt
man den k.:* kuckuk, wu lange liev
ek noch? *und zählt seine rufe. grain
tüg 67:* kuckuk, kuckuck! segg mi
wâr: bûviəl friggers in düsem jâr?
statt „de kuckuk raüpet" *sagt man bei
Medebach:* „de kuckuk kraisket." *2. ein
kinderspielzeug, welches den guckuksruf
nachahmt. 3. eine uhr, die dasselbe
tut. 4. der deckstein auf rauchfängen.
5.* blinne kuckuk, *eine stechfliege.* (*Weit-
mar.*) *6. tannzapfen.* (*Fürstenb.*)
kuckuk, *ruf beim* kuckhûen.

kuckukes-staal, m. *binnenstühlchen, wie es hirtenknaben machen. (Lüdensch.) syn.* katteustaülken.

kuckucks-blaume, f. *name für orchisarten.* witte k. = *nachtschattenkuckuk. syn.* nachtviole. *(Büren.) Kil.* kockocksbloeme, cardamine.

kuckuks-klê, m. *sauerklee. Kil.* kockocksbrood.

kuckukskrûd = ? kuckuksblaume.

kuckuks-maus, n. *sauerklee. (Elsey.)*

kuckuks - spigge, f. *guckuksspeichel, schaum der schaumcikade.*

kudden, kuen, *eine krankheit junger ziegen. s.* maikudden. *vgl. ags.* côde, f. = *morbus; engl.* uncouth *aus* uncôt.

kuabeln = kubbeln, *von hühnern, welche sich im staube wälzen. (Albringw.) syn.* kuadeln; purken. *s.* kubben.

kuadeln = kuddeln, *von hühnern, die sich im staube wälzen. Z. f. d. mda. II, 38 und 221, wo richtig auf wälzen gewiesen wird.*

kuaderig = kudderig. *1. schlecht im stande, von der gesundheit. 2. struppig, wirre von haaren.*

kuadern = kuddern, *klagen, sich krank zeigen (von tieren). vgl. alts.* quithean = *lamentari. Teuth.* cudren, infirmari.

kuagel, f. = kuggel. *1. kugel. 2. ein kleidungsstück:* dai verfriatet kappe un kuagel *d. i. alles. vgl. R. V.* koggel *(kappe);* Köln. koegel, f. capucium. *v. Höv. urk.* 67: rúterkogele, *mantel mit kapuze. 3. besonders:* îmenkuogel, *bienenkappe. Marienh.:* immenkûel.

kuagen, m. = kuggen, kränkeln. *vgl.* kûken, kagen. *es scheint, wir haben hier ein wort, worin* dd, bb, gg *wechseln. Kil.* koghe *contagium vaccarum, porcorum, ovium.*

kuagelken, n. *haube eines vogels. kinderrein:* Sünte Mêrts kûagelken.

kûeke, f. *küche.*

kûel, f. *kugel. (Marienh.)*

kûel, m. = kûatel.

kûelbâr, m. ? *wühleber. schelte für kinder, welche das bett verwühlen.*

kûm, m. *1. kümmel,* carum carvi, *der mitunter auf unsern wiesen wild wächst. 2. kümmelbranntwein. lat.* cuminum *aus griech.* κύμινον. *Bugenh. bibel:* kömmen, *Jes.* 28, 7. .

kuamen, *præt.* kwâm *und* kâm, *ptc.* kuamen, *kommen, eigentlich zum vorschein kommen, erscheinen, von aufgehendem samen:* kuamt se nitt, *dann* kuamt se (die erbsen). *vgl. alts.* quiman, *Hel.*

(Kuene u. Heyne.) aus quiman *ging* quiman *hervor, welches* hd. keimen, *nd.* kînen *mit ihrer sippschaft lieferte.* kuamen *mit* hewwen: wann se wacker kuamen hän = *wenn sie schnell gekommen wären.* he kûamt te löpen = *er kommt gelaufen; (früher mit dem blossen infinitiv:* ik kom sliken. *Dan.* 44.) de buoter well nitt kuamen. te korte kuamen = *verkürzt werden; vgl. Wondorf. mäg. V, 16:* they come short of it = *sie werden daran verkürzt, sie bleiben unter der normalzahl.* kuamen = *helfen, nützen:* bafôr kûamt mi dat lêwen. *umschreibendes* kuamen: ik kwâm hêr un gaf em wot te swêten. sik kuamen = *sich ereignen:* dat kwam sik anners.

kûamstig, *adj. künftig.*

kûaning, m. *könig.* fuagel-k., *vogelliebhaber;* îmen-kûoning, *kenner der bienenzucht;* hitten-kûoning, kaninen-kûoning *u. a. nach* Braun, *weinbau im Rheingau p. 20 nennt man einen im auffinden röm. altertümer besonders geschickten bauern Heidenkönig, da das volk dort unter Heiden die Römer versteht. vgl. Massmann. alts.* kuning. *s.* kiôneg.

kûaningessträte, *alte hauptstrasse. — Schwelm. vestenrecht:* Item eine rechte koningesstrate die sall men entrumen so witt dat ein ritter heme ride met sinem vullen harnische und vôre sine gelaue vûr sick twars up dem perde, die sall sien 16 voet lanck unbesperret und uubekummert in dem wege.

kûerig, *adj. gesprächig.*

kûern = kuddern, *reden, sprechen:* barum söffe nitt kûern, geldtellen hefli uitt. *der lange vocal rührt wie bei* kaudern *(vgl.* kauderwelsch*) aus dem wegfall eines* d. *es ist alts.* queddian *dessen* e *irrig für umgelautetes* a *gehalten wird, vgl. ags.* cviddjan, *goth.* quithan *(sagen, sprechen, meinen). Bruns beitr. 358:* kurre = *weder — widerspreche. vgl. Richey. eine genaue parallele zu* kûern *ist* tûern *(zaudern).*

kûersam, *gesprächig. (Weddigen.)*

kuase, f. *1. mutterschaf, wofür sonst* moerschäp. *2. bauernschaf mit kurzem schwanze. (Marienh.) 3. altes tier überhaupt.* 'ne älle kuase kann auch eine alte kuh bezeichnen.

kuasel, f. *unreinliches frauenzimmer.*

kuaselig, *adj. unsauber.*

kuaseln, *unsauber arbeiten, unsauber zu werke gehn. vgl.* verkossen.

kuəsenkopp, *m. schafskopf, dummkopf:*
schæper schœper kuəsenkopp. (*He-*
mer.) (*Velbert:* kûsekopp).

küətel, *m. 1. menschen- oder tierkot. 2.*
fig. klaine küətel = kleines kind. vgl.
ags. cvead, n., ahd. chot. kûətel =
küttel, kûtel; *t steht wie oft in dieser*
lage für d. s. köttel.

küətelber, *f. kleine birne. syn.* trum-
melte.

küətelhàie, *f. ein weisser kurzfasiger*
werg, der vom Rheine bezogen wird.
(*Siedlingh.*)

küəteln, *kot fallen lassen, cacare.*

küətelndraiger, *m. schelte für fingerhut-*
macher und cigarrenarbeiter.

kuff, *alter hut. H.*

koff kuff, *laut des schweingrunzens.*

küffe, *f. schlechter hut, schlechte haube.*
nds. küffe = *altes haus.*

kujôn, *m. schelte:* du kujôn. *fr.* coïon.

kujonéren, *wie einen hund behandeln,*
hudeln. fr. colonner.

küken, *1. keuchen. 2. kränkeln:* he gêt
un kûket. *Heinzerl. 34:* „sech kucheln,
niederkauern, sich auf die fersen nie-
derlassen. demin. von kuche, zusam-
menkrücken, zusammenkauern, hess.
kauchen, *Vilm. 145.* ww. wie sieg. ne-
ben kauche ein demin. käucheln, ww.
kauchig, zusammengedrückt, namentl.
von schwächlichen körpern mit einge-
drückter, enger brust gebraucht.“ *vgl.*
keuchen; *wie die bedeutung lehrt ist*
an fr. coucher *dabei nicht zu denken.*

küken, (*præt.* kûkede) = kiken. (*Her-*
stelle.) *vgl. hd.* gucken, guckte.

küken, *n. küchlein.* he het kain kind
äder küken = *er hat niemanden, wo-*
für er sorgen muss. vgl. engl.: the
old gentleman had neither chick nor
child. *Warren, Ten thous. I.* — dumme
küken. *vgl. span.* hurlado como un
pollito. — *Zs.* hennenküken, *bei Lyra:*
gausekūken, ūntekūken. *ags.* cicen;
Tappe: kuyken. *Teuth.* cuycken.

kükendaif, *m. hühnchendieb, habicht:*
häwek häwek k. het sin vär un môr
nitt laif. *holl.* kuikendief, hühnergeier.
Kil. hoenerdief, milvus.

kükenkasten, *m. kasten für glucke und*
küchlein.

kükenkorf, *m. korb für gl. u. k. s.* wann.

küksken-rôr-mi-niek-än - äder-ik berste,
sumpfbalsamine, impatiens noli me tan-
gere. (*Weitmar.*) *syn.* krûdken-rôr-
mi-nitt-än.

kukstern, *laut lachen, laut fröhlich*
sein. H.

kûlap, *ruf des raben.* kûlap kûlap ächt-
term berg dà liot âs.

kûlaps, *m.* = kûling.

kûlber, *m. 1. eberschwein, welches ge-*
mästet wird. 2. soll auch für über-
bock gebraucht werden. s. knalber.

külde, *f. kälte. Kerkhoerde:* kulde. *s.*
kelle, kölle.

kûle, *f. grube, grab, loch:* lémkûle, mist-
kûle, fillkûle. *gr.* κοίλη, *lat.* caula;
Tappe 57a: kule.

kûlenkopp, *m. froschlarve.* (*Niehein.*)

kûling, *m. kaulquabbe. hess.* kolingk =
froschlarve. Mel. jocos. II, p. 26.
Teuth. euylynck is eyn cleyn visken.

kûlingeskopp, *m. kaulquabbe.* (*Fürstenb.*)

kûlken, *n. 1. grübchen. 2. kleines grab,*
kleine grube. kûlken in de backen,
het 'n schelm im nacken. *K.*

kûlkopp, *m. kaulquabbe. Gr. tüg 37.*
syn. dickkopp.

kûläpper = kûlaps. hä hächet as en
kûläpper.

küllen, *anführen, täuschen, zum narren*
haben. (*Hagen, Dortm. und Berg.*)
Weddigen: umher leiten.

kûls, *m. schädel.* niu binnet ne mol en
schwart dank üm den kûls. *N. l. m. 37.*
osnabr. vor de köllen (*stirn*).

kûlshân, *im sprichwort:* dô en nöüen äs
kûlshân. *vgl. ostfr.* kûlhàu = *männ-*
liche ruthe, penis.

kûlstern, *husten.* (*Paderb.*)

kûlter, *schlafkasten. K. s. 12. bett.*
N. l. m. 35.

kûm, *kaum.*

kûm, *adj. engbrüstig. vgl. alts.* kumian
= *beklagen, beweinen; altm.* = *lecker*
im essen. (*urspr. matt, schwach?*)

kûmen, *engbrüstig sein. alts.* kumian.

cucummer, cucummer, *f. gurke. lat.*
cucumis, *fr.* concombre.

kummer, *m. kummer, mangel:* risket den
kummer int land. *vgl. alts.* kummer,
mnd. kummer = *mangel; so Lud. v.*
Suthen: waters-kummer.

kummer, *m. 1. abraum, schutt, erdreich.*
2. zu Fürstenb.: der nicht fruchtbare
untergrund. vgl. altn. kuml = *cumu-*
lus; fr. combler, décombrer; *ml.* com-
brus; *Lud. v. Suthen:* kummer edder
brak = *schutt oder gebröckel von*
mauern.

kummerkürn, *n. mutterkorn, welches sich*
besonders in nassen, ungünstigen jah-
ren zeigt. man sagt, es habe seinen
namen daher, weil mit ihm der kum-
mer (mangel) ins land komme. (*He-*

mer.) auch bei Büren heisst es so,
man gebraucht es daselbst mit milch-
aufguss zum fliegentöten. syn. hunger-
kärn, kummert, kummertenkärn.

kummerpöttken, s. wiggepöttken.

kummerschop, f. kummervolle lage: in
der kummerschop scheelt sik de frönd-
schop. Holth. erinnert an rheinl. ko-
merschaft (handel) und fröndschop
(verwandschaft). beim handel, bei mein
und dein kommt die verwandschaft
nicht in betracht.

kummert, m. mutterkorn. (Unna.)

kummertenkärn, n. mutterkorn. (Brackel.)

kump, m. 1. napf. Jung-Stilling: kum-
pfen. 2. becken einer fontaine. 3.
trog für das vieh.

cumpábel, fähig. fr. capable.

cumpän, m. cumpan, kamerad. aus com-
panio (mitbrotesser), fr. compagnon.

kümpel, m. tümpfel, wasser haltende ver-
tiefung.

cumpelment, n. compliment: he es so full
cumpelmente as de bock full küäteln.

cumpeni, cumpenigge, f. compagnie: cum-
peni es lumperi.

cumpir, m. gevatter. fr. compère. syn.
vadder.

cumpirsche, f. gevatterin.

cumpismaas = cumst, m. (Altena.)

cumpst, m. weisskohl, kopfkohl. mhd.
chumbost (compositum). kumst im mai
(gepflanzt) giet köppkes as en ai.

cumpstkopp, m. kohlkopf: eu kopp es en
kopp, en cumpstkopp es ôk en kopp.

cumpstmaas, n. i. q. sültenmaas.

kumt, n. stück des pferdegeschirrs, wel-
ches dem pferde um den hals geht. mhd.
kumet zu goth. cumbjan = ϰόπτειν.

kumför, eiserner feuerbehälter mit einem
rost, um speisen und getränke warm
zu halten. II.

kundel, quendel. (Fürstenb.) syn. feld-
kundel.

kungelite, f. schelte für ein frauenzim-
mer, welches kungelt. ite kann hier
aus Ida oder idis (weib) entstanden
sein. s. ite.

kungeln, heimlich tauschen und verkau-
fen, wie von weibern ohne wissen ihrer
männer, von kindern ohne wissen der
eltern geschieht. g für d. Seib. urk.
805: verkuden; Teuth. kuyden, wes-
selen; Wallraf: kuden, wechseln, tau-
schen. kude, kuydt, kudung, wechsel,
tausch. kungeln ist deminutiv verb. von
kunden = kuden. nds. kungeln, kunkeln;
holl. konkelen; Hunsr. verkutzeln.

kunkelfüse, f. pl. kunkelfüsen, ausreden,
winkelzüge, wirrwar, täuschung. Wed-
digen: = verwirrung. im rätsel wird
die brennnessel kunkelfüse genannt. va-
rianten dafür: funkelküse (Brecker-
feld), kuckelküse. vgl. kwinkeldänse.
bei Richey = verwirrung; er meint,
es sei aus confusio entstanden. Lyra
28: kunkelfusert, spielbeträger.

kunkelfuserigge, unterschleife, wo es nicht
mit rechten dingen zugeht. K.

kunststück, n. kunststück.

kunststürksken, n. kunststückchen: et
es en k.: viel köppe unner enen haud
brengen.

kunte, f. weibliche scham. bei Dortm.
hörte ich jemanden in seiner erzäh-
lung sagen: de kunte was mi bälle
innefallen, wann'k dütsk spreke = das
herz wäre mir bald in die hosen ge-
fallen. lat. cunnus, engl. cunt. syn.
kutte, miglok.

kunterbunt, bunt und kraus durcheinan-
der. K.

küpe, f. kufe. alts. copa (dolium),
Upst. küpe. mnd. küpe, schüpe =
mhd. kuofe, schuofe. s. küppe. Teuth.
kuyp, kuyven, boede.

küper, m. küfer. Teuth. knypper, boe-
deker.

küppe, f. i. q. küpe.

küppkenblick, wachtelschlag. zu Brackel:
küppkenblick küppkenblick kannwan!
ostfr. (Stürenburg 127b): kütjenblik.
beisp. für verwechselung der tenues,
zugleich für den zusammenhang von
kuppe (küppe) = kufe und kutte (cun-
nus). vgl. mda. V, s. 76.

kür, f. jagdausdruck.

kür, f. kur. küren dann = wirken, ohne
rücksicht auf arznei. lat. cura.

kür, f. sprechen. (Schwelm.)

curänzen, heftig angreifen, strafen. Voss.
koranzen = abgerben, durchprügeln.

kurbäksken, art tauben, möofchen. II.

küre, f. i. q. kür.

küren, s. küern.

kürerigge, f. geschwätz.

kuréte, f. ziegenname.

kuréte, f. = karête in hackenkuréte ==
frack.

kürfull, adj. gesprächig. Grimme.

curjös, sonderbar.

kurken, quacken, von fröschen. engl.
to croak.

kurkeln, gurren, ruken, von tauben. engl.
to crookel, fr. roucouler.

kürkunte, redselige person. K.

kür kür, lockruf an schweine.

kurmel, *m. getümmel, gewühl, lärmendes durcheinander. ahd. carmula, seditio.*

kurmelig, *adj., wo sich kurmel zeigt.*

kürre, *f. schweinchen.*

kûrwâter, *n. wasser zum reden. H.*

kurwel, *in: en k. an der müske hewwen = einen haarbeutel haben. Grimme.*

kûsch, küsk, *adj. keusch. man wird das wort selten hören. ahd. kiuski, alts. adv. kiusko. vgl. kaischen.*

kûse, *f. kolben, keule: wulfsküse. an dem stocke es 'ne dicke kûse = keulenförmiges ende. (Marienb.) Dan. 34, 37, 46, 55. Teuth cuyle, cuyse, fustis.*

kûsekopp, *m. in: kûsekopp slân = kopf-überschlagen, purzeln.*

kûsen, *m. kolben.*

kûsenkopp, *froschlarve. (Albringw.) syn. külenkopp.*

kuss, *m. kuss.*

kusselig, *adj. = knusselig. (Fürstenb.)*

küssen, *n. kissen.*

küssen, *küssen.*

küssentøg, *m. kissenüberzug. (Rheda: -böire.)*

küssken, *pl. blühendes zittergras, der blüten wegen so genannt. (Fürstenb.)*

kût, *n. 1. zipfel in tasche, beutel, netz. 2. tiefste stelle eines baches. im kût dâ findt et sik.*

kûtsen, *unpässlich sein.*

kûtse, köütse, *f. 1. kiepe. (Marsberg.) 2. cunnus.*

kutte, *f. = kunte.*

kuttenkrässer, *kardendistel. K.*

kuttken, *n. deminut. von kutte. s. küppkenblick.*

kûwen, *n. kübel, zuber. alts. Werd. hebereg. cuvin ad balneum; fr. cuve.*

kûz, *m. in: dickkûz, kaulkopf. (Marienh.)*

kûzerē, *f. unpässlichkeit. (Remsch.)*

kwabbel, *f. fetter, hervorschwellender körperteil. altn. qvab, pinguedo. Richey: kwubbel.*

kwabbelig, *adj. 1. fett, hervorschwellend. 2. von weichen und fetten speisen, die einem zuwider sind = kwâbbelig. — schwed. quabbig, ostfr. quabbelig, quabbig. Richey: kwubblig; vgl. kwabbel.*

kwabbeln, *hervorschwellen und quellen, von fetten oder weichen körpern: dat kwabbelt van fett = strotzt von fett. s. quebb. vgl. 1 Matth. 9,45 gequebbe, wo luth. Lachen gibt.*

kwabbelfett, *name der wachtel zu Albringwerde. sie ruft dort: wack (? mack) di wack!*

kwabbelfett, *adj. sehr fett.*

kwack, *m. 1. schall eines hingeworfenen,* weichen körpers. 2. = quark d. i. weicher kot, schleim. 3. das quaken der ente, die stimme des frosches, der elster. segg du quick âder quack.

kwäckeler, *m. stümper.*

kwackeln, *1. etwas schlecht betreiben. schweed. quackla, leichtsinnig handeln; a) vom betrieb in jeder art, sin geld verquackeln, unnütze ausgeben, besonders für kleinigkeiten. K. in specie b) vom schreiben (Paderb. quackeln, unordentlich schreiben) und von krankenheilungen, vgl. quacksalber, quackbroder. 2. schwätzen, in specie auch von der schwalbe, für kwatteln, vgl. λάλε, χελιδών. Anacr. 12; s. kwack 3.*

kwackelschüllen, *pl. schulden für kleinigkeiten. vgl. ostfr. kwik u. kwak, klip-schulden.*

kwacken, *vom schall eines fallenden (weichen) körpers: ik smét 'ne dâhen, dat he kwackede.*

kwacken, *= kwacken.*

kwâd, *adj. und subst., böse, schlecht. nur noch wenig in gebranch: Es mât bai west, den het en rûe bioten; rûe, siat de mann, ik well di nix dauen, män en kwâen namen we'k di mâken; hô lül raûet he dann, dai rûe es dull! da hett sik dann de lüe binén vergâdert un hett den rûen dôd slâgen.*

kwâe blaume, *gelbe wucherblume. ostfr. krodde.* **kwâe rûden,** *grind.* **kwâd lecht,** *1. irrlicht; 2. lichtstreif an der wand, der dem abergl. jemandes tod bedeutet, aber vom schleime der tausendfüsser herrühren soll.* **kwâd sêr, kwâd schorf,** *böser kopfgrind.* **kwâd maut kwâd verdriwen.*

kwädder, kwęder, *m. schleim. ahd. querdar, esca, köder; altes kräuterbuch: koder = schleim; vgl. küdder, kodderig.*

kwädderig, kwęderig, *adj. 1. weich, schmierig. 2. = kwâterig, von weichlichen, schwächlichen kindern, denen leicht etwas fehlt.*

kwäddern, *vom hervordringen der flüssigkeiten, in specie des eiters aus geschwüren, des saftes aus bäumen.*

kwaif, *m. ausflucht: mak mi kainen kwaif. nds. queif; vgl. ags. væfan (obvolvere, tegere).*

kwâken, *1. quaken vom frosche; vgl. Tappe 118ᵇ: qwaken. 2. von der stimme der elster und ente. Bgh. vorr. z. Apoc. quarcken.*

kwæken, *von der stimme der hasen und mancher vögel.*

kwæl, 1. docht. 2. = kwærel, borte,
besatz, an einer schürze. altm. quärl,
büxenquårl. s. kwærel. (aus kwardel.)
kwällen, in aufquällen, aufstauen. „das
wasser zur flosszeit auffquellen. die
bach soll nicht auffgequållet werden."
urk. von 1704. (Velbert.)
kwalm, m. qualm, dampf. ags. vealm,
fervor, æstus, ignis.
kwalmen, dampfen.
kwalster, f. 1. grüngelbe baumwanze:
so gęl as 'ne kwalster. Richey. 2.
zungenkrebs. (Weddigen.) engl. knol-
ster; hd. qualster, zäher schleim. Teuth.
wie hd. Kil. qualster, pituita.
kwalstern, schleim auswerfen. (Paderb.)
Teuth. qwalstren, screare.
kwängel, f. verzogener, verwöhnter, ver-
weichlichter mensch. was Schambach
unter quengelær als bedeutung angibt,
trifft auch bei uns ein hauptmerkmal
und zwar wol das ursprüngliche, er-
schöpft aber die bedeutung nicht, die
das wort bei uns hat. eine kwängel
zu heiraten ist ein grosses unglück,
denn sie ist das schnurgerade gegen-
teil von githwungan wif. die kwängel
ist genau ahd. dwengil, sie will überall
aus blossem eigensinn andere leute also
auch ihren mann zwingen. kwingan
= thwingan; vgl. holl. kwengeln =
mit wasser besprengen, unausgesetzt
begiessen.
kwängelig, adj. und adv., von den eigen-
schaften einer kwängel.
kwängelkunte, person die immer quän-
gelt. K.
kwängeln, sich als kwängel zeigen, nör-
geln, mäkeln, mit nichts zufrieden sein.
nds. quengeln.
kwant, kwants, in: för quans, verkwans
= zum schein. vgl. för ęnds, för
häups. holl. kwant und kwint. för
kwant = für gleichviel, für nichts und
wieder nichts. kwant, schein, schein,
windbeutel. f. r. 65.
kwappål, m. quappe, aalraupe. Teuth.
qwapp, eyn vysch : allota.
kwærel, in: buxenqueerel (Gr. tüg 40)
erklärt durch quernat. es bedeutet be-
satz, (quarder, Richey; borte, Fürstenb.)
s. qwæl. Kil. querdel, segmen corii;
ostfr. queder.
kwäs, in: kwåsbuoter ist brot mit but-
ter und darüber mit mus oder käse
bedeckt. statt hier von kwäsen (un-
nützes tun) abzuleiten, möchte ich lie-
ber in kwås ein wort für kæse sehn.
vgl. Eichw. spr. 671: qnas = käse

oder molken. mda. V, 476. d. spr.
II, s. 1005.
kwäs, m. f. schwer befriedigt. engl.
queasy, ekel.
kwåse, f. 1. reis, rute. (Hemer und ge-
gend von Unna.) dän. quas, reisholz,
reisich; hd. wasen, m. reisbündel. 2.
dicker knüttelstock. syn. kwäsel.
kwäsel, f. rute. vgl. schwed. quast.
kwäseln, matschen.
kwäsen, schlagen, prügeln.
kwäsen, unnützes, albernes tun, vergeu-
den: das kind kwäst im köppken =
matscht in der tasse, verschüttet das
getränk. v. Steinen hat quatern in
dieser bedeutung. kwäsen = dwäsen.
zu mnd. dwas, narr. vgl. Firm. V.
St. I. Paderborn: quasen = unserm
kwatern, einfältig schwatzen.
kwäserigge, f. eigenschaft dessen der
kwäset, handlung des kwäsens.
kwæsken, n. deminut. von kwås.
kwast, m. 1. quaste. 2. pinsel des tün-
chers (wittelkwast). 3. blaue korn-
blume. (Marsberg.) 4. schlafdorn.
(Elsey.) 5. verkehrter, eigensinniger
mensch, querkopf. 6. windbeutel; vgl.
freluquet mit freluche. 7. ut dem kwaste
= gehörig. K. s. 22. f. r. 24: gönnt
sik einen ut dem quaste. Must. 94.
spr. u. sp. 21.
kwastig, adj. 1. verkehrt, eigensinnig.
2. windbeutelig. vgl. kästig.
kwäterfuat, f. person, welche kwätert.
kwäterig, adj. wer kwätert, weichlich,
verwöhnt.
kwäterkunte, f. = kwäterfuat.
kwätern, 1. = kwängeln, verwöhnt und
verweichlicht sein. 2. albern schwatzen.
3. = kwäsen.
kwatsch, albernes geschwätz. K.
kwatsche, f. kot, halbaufgelöster schnee.
vgl. nds. patsch.
kwatschen, durch kot und dergl. gehen.
nds. patschen.
kwätschen, albern schwatzen. auch berg.
kwatschmichel, alberner schwätzer. K.
kwatteln, schwatzen, von der schwalbe.
ahd. quatilôn.
quebb, sumpfiger boden. K.
quebbich, sumpfig, feucht, nass auf wie-
sen und weiden. K.
kwele, handtuch.
kwęle, f. strieme, beule. aus kwadila,
nds. quadel, f. aus kwidila (ags. evi-
dele) würde es wol kwiäle lauten; engl.
weal, strieme, narbe.
kwęlen, in qual sein, leiden: de planten
kwęlt un kuamet nitt vöran. Upst. 174:

quelen = *schmerz empfinden. vergl.
engl.* to quail = to languish, to sink
into dejection. *Teuth.* qwelen, suyeklen,
languere.
kwęlen, *quälen.* sik kwęlen as en rûen.
alts. quellian; *Upst. 640:* quellen.
Teuth. qwellen, pynygen.
kwêlen, *schwelen, verkohlt werden.* de
lampe kwêlt = *die lampe brennt nicht
hell. nds.* quêlen.
kwęlkig, kwęrkig, *widrig, unangenehm.*
kwęlkig saûte. *H.*
kwell, *adj. quellend, schwellend, voll.*
kwell flêsk, *fleisch von jungem schlacht-
vieh, welches quillt, nicht einschrumpft,
wenn es gekocht wird.* en kwell mę-
ken. *K. s. 26.* quell miâcksken. *spr.
u. sp. 27.*
kwellen, *1. quillen. 2. dicker werden.
Teuth.* quellen. dynden. dick werden.
ibid. qwellen, qwicken, opspryngen als
water uter erden of berghe.
kwêmelig, *adj., was kwîmt,* kwînt.
kwęrken, *widerlich schreien. ahd.* querca
= gurgula; *hd.* quarren, quarre; *ags.*
cearkjan stridere.
kwęrken = mechten. *(Velbert.)*
kwęrsaeck, *m. schelte für ein* kwęrken-
des *kind.*
kwesten, *drücken. f. r. 53;* ik mot
kwesten, da 'k de stiąweln ankrige.
(Fürstenb.) s. kwetten *und* rûtkwestern.
kwetsche, *f. zwetsche. holl.* kwets; *ostfr.*
quidse. *vgl.* quehle — zwehle, quâsen
— dwâsen; querxe — zwerge. kwiąk,
twiąk, *zweig. Schwenck denkt an quitte,
von gelben pflaumen auf andere über-
tragen. vielleicht ist* kwetsche *dem
goth.* makka *analog, sodass es weiches
obst bezeichnet.*
kwetsche, *f. ein im hammerwerke zu fa-
sern zerschlagenes birkenholz, welches
beim nächtlichen fischfange als fackel
diente. (Meinerzagen.) vgl.* kwetschen,
kwetten, kwetsen. *Mont. volksfeste, 2,
1:* „starke birkenart, die in vollsafti-
gem zustande mit schwerem hammer
zu fasern zerklopft und mehre wochen
hindurch ausgeklopft ist. es wurde als
fackel bei der Tyrjagd gebraucht."
kwetscher, *verschnittener bulle.*
kwetten, *1. drücken, quetschen. 2. kla-
gen. H. Teuth.* qwettzen.
kwick, *in:* segg du kwick âder kwack
= *sag was du willst.*
kwick kwack, *im rätsel* = ferkel.
kwickelpinn, *m., i. q.* kwâterkunte. *vgl.*
wisepinn.

Woeste.

kwickenfetten, *pl. vogelkirschbaum,* sor-
bus aucup. *(Kanstein, Warburg.)*
kwicksilwer, *n. quecksilber.*
kwickspring, *m. lebendiger, nichtversie-
gender quell. cfr. ags.* cvic, Lankash-
wick = *lebendig.*
kwiągel, *f.* kwiągelte, *f. federkiel. für*
kwiggel, kwigel; *engl.* quill; *oberd.*
kengel. *syn.* kwiąle. g *könnte hier
für* d *eingetreten sein.*
kwiąk, *m. das quiken des schweines.*
kwiąk, *im segenspruch beim* kalwer-
kwiąken.
kwiąk, *m.* = twiąk, twick, *zweig:* en
kwiąk kirssen, *ein zweig mit kirschen,
syn.* drûst. kwik *ist wol älter als*
twik, twig, twaug. *vgl.* querxe, twęrke,
zwerge; quetsche, swetsche.
kwiąke, *f. vogelkirschbaum,* sorb. aucup.
ags. vice; *altm.* quitz. *syn.* kwicken-
fetten, kwiąkesche, haweresche; *die
früchte heissen* dûwelskirssen, kwiąk-
kerssen.
kwiąke, *f. 1. queckenweizen,* triticum re-
pens. *syn.* taierwiąte. med kwiąken
dęrsken = *dem kalbe* kwiąken-wiąten
(triticum repens) *auf den rücken le-
gen und diese mit einem stocke klop-
fen, was zum gedeihen des kalbes die-
nen soll. (Ohle a. d. Ruhr.) 2. jedes
üppig wuchernde unkraut, besonders*
ranunculus, kraigenwiąten.
kwiąken, *mit den zweige vom vogelbeer-
baum unter segenspruch ein kalb wei-
hen, was am 1. mai geschieht.*
kwiąk-kęrssen, *pl. vogelbeeren.*
kwiąkęsche, *f. vogelbeerbaum,* sorb. aucup.
(Weitmar.)
kwiąksken, *n. kleiner zweig.*
kwiąle, *f. federkiel. für* kwiggel, kwid-
del. *engl.* quill. *vgl.* kailen *und* kai-
gelen.
kwięssel, *f.* kwissel, *f. nonne. holl.* kwe-
zel, *scheinheilige, heuchlerin. Köln.*
quissel, *betschwester. in V. St. III,
202 erklärt* „quæ sola".
kwięseligge, *f. frömmelei. holl.* kweze-
ling.
kwięssel? *so viel als* dråle. *H.*
kwiken, *præt.* kwêk, *ptc.* kwiąken. *1.
quieken von schwein, stute, esel:* dat âs
(eine stute ist gemeint) sprung un kwêk
di as en iąsel. *2. schreien, v. vogel. H.*
kwîmelig, *adj.* = kwängelig, *verweich-
licht, der dessen körper leicht nach-
teilige einflüsse erhält.*
kwimen = kwiuen, *kränklich, schwäch-
lich sein.*
kwîne, *f. ein rindvieh, das weder männl.*

11

noch weibl., so ist mir von viehkennern gesagt. *H. Kil.* queue, vacca taura, vacca sterilis. *Rich.* quene, *p. 201.*

kwinen, *præt.* kwên, *ptc.* kwianen, *kränkeln, hinsiechen, vergehen. ags.* thvinan, decrescere, minui. *Bugenh. Jes. 10, 3:* quinende sûke = darre. *s.* kinen.

kwinke *(quinke), f. n.*

kwinkeldaus, *m. winkelzug:* mâk mi kaine kwinkeldânse. he mâket mi so kwinkeldânse dàtûsken. de awekâten wiatet de kwinkeldänse (chicanen) sô te mâken, dà kann kaiu menske ût klauk weren. *syn.* kunkelfûsen, *weshalb zu glauben, dass dieses* kunkel *aus* kwinkel *entstanden ist. ostfr.* quinken = *winken; vgl.* twink = *wink. vgl. ags.* vince, trochlea, gyrgillus. kwinkeldaus *wird die bewegung eines runden körpers ausdrücken,* kwinkel *einen runden körper, daher* kwinkelte = *beere.*

kwinkolte, *f. 1. preisselbeere, heidelbere.* (Volmetal, Kierspe.) *2. beere des wilden schneeballs.* (Halver, Ap-

lerbeck.) *ähnlichkeit mit* kalinkenbeere *(d. wb.) liegt auf der hand; slavisch ist unser wort aber nicht.*

kwinkwänke, *winkelzüge, seitensprünge, ausflüchte. K.*

kwintken, *n. quentchen.* hçs du kainen stûwer för en frönd, kaiuen stûwer in der nôd, un kainen stûwer för den dôd, dunn wigestu kain kwintken noch waiuiger en lôd.

kwirlefix, *unstäter unruhiger mensch. K.*

kwit, *los, frei:* ik sin de snûwen kwit. bat me fudd giat, es me kwit. kwit weren, *los werden, bestohlen werden. Dan.* quit; *Scherecl.* quid (: tid). — lange borgen es kain kwid to giofen. *aus lat.* quietus.

kwit àder ens so wit, *eine art loos. H.*

kwitung, *f. quittung.*

kwitipsche, *f. dortin.* kwidipsche, cunnus. *Siegfr. v. Lindenb.:* en alten quidipps. *Vilm.* quintipse, *f. V. St. VI, 461.* — *(Itzehoe):* den lütjen quidips. *ahd.* quiti, vulva.

L

labêt, *erschöpft, entkräftet. der ton kennzeichnet das wort als ein fremdes. es ist franz.* la bête *und dem kartenspiele entlehnt, wo der, welcher keinen stich hat,* bêt (bête) *heisst. s.* bête.

laberdân, *m. laberdan, eingesalzener kabeljau:* prickæle un l. — *engl.* Aberdeen fish. *Kil.* abberdaen, asellus salitus; *engl.* habberdyse.

läbdesdag, *m. lebenstag;* min l. nitt = *in meinem leben nicht.* — läbdes (läptes) *für* levendes, *lebendes von* levend, *lebend =* leben.

lachen, *1. lachen.* hai kann wol lachen. dà (dat) saste lachen as en bûr, dà tânpine hęt. lachen un hûlen sittet bi kinner in ênen sack. lachen un zimpen hanget an eme timpen. hai lachet hinnen im halse. *op d. o. hacke 52.* et es noch wit vam lachen, harr' de brûd saggt, dà harr se hûlt. *2. wiehern.* — *goth.* hlahjan; *alts.* hlahan.

lachsnûte, *f. der gern lacht.*

lachter, *f. klafter. eine klafter holz im Märk. 6 fuss lang und weit, 4 fuss hoch, im Kölnischen* miete *genannt.* (Eversmann). — *s.* klachter. ch = f.

lachterhult, *n. klafterholz.*

lack, *n. lack, z. b. siegellack.* — *Kil.* lacke, lacca Arabum.

lack, *n. flecken, fehler, schimpf.* dai hęt en lack an me æse. dai hçt sik en lack mâket, dat klęwet çm tidlęwens an. — *Teuth.:* lack, ghebreck; *Kil.:* lack, vituperatio, vitium; *Sündenf.:* lak, *n. fehler; Tappe 180ᵇ:* idt is ghein mensch sonder eyn lack. *Aesop. 81:* lac, vitium.

lacke, *f. lache. Altena 1592.* — *Kil.* lack j. laeck, lacus; *Bugh. Hes. 47:* lake, lache.

lacken, *mit lack zumachen.*

läcker, *spassvogel.* (Paderb.)

lacks, *m. =* lapps. *Muster. 12.* — *Vilmar:* lacks, *fauler mensch. Theoph. 1:* lak = slack, laxus, remissus.

lacksig = *lappsig. Muster. 7.*

laderitt, *hin, verloren.* — *fremdwort.* ? à la déroute.' *cfr.* ridderitt, pissewitt.

lâe, *f. lade. s.* buoterlâe. — *Kil.* lade j. laede, arca. *vgl. alts.* hladan, condere, reponere. *Teuth.:* lade, dose, schrîn.

lâen, *pr.* laud, *pl.* lûen *oder* ladde, *ptc.* lâen *oder* laden, onerare. de rogge ladt. de imen hett dûchtig ladt. bat es för'n unuerschêd tüsken 'me jæger un 'me roggenhalme? de jæger ladt èrst, dann schütt he; de halm

schütt êrst, dann ladt he. *s.* wâter-
lâen. — *goth.* blathan; *alts.* hladan;
v. Hövel urk. 112: dey den mystwagen
ladden.
lâen, *pr.* ladde, *ptc.* ladt, *laden,* invi-
tare. he ladt gêrne geste, he wêt
âwer, dat se çm nix kostet; he lätt
vêr schütteln opsetten, drai sind lieg
un in der vêrden es nix inne.
lâestock, *m. ladstock.* vedder richtop!
he gêt so strack as wenn he en lâe-
stock ('ne pilhacke) sloken hädde.
lager, *n. pl.* legers, *stellen des feldes, wo
sich das korn gelegt hat.*
Läger, *f. ein tal südlich von Iserlohn.
wahrscheinlich hat sie das genus von
einem abgefallenen* â = aue. Läger,
Leger *wird der alte name des baches
sein' und zusammenhängen mit* leke
(ags. hleke*), leck, rinnend; es bezeich-
net also, gerade wie* kelt. Liger (Loire),
*nichts anders als fliessendes wasser,
hier bach, dort fluss. bei der deutung
von fluss- und bachnamen wird oft
auf vordeutschen lautstand zurückge-
griffen werden müssen.*
lägge = laige, laie.
-lai, *hd.* lei *in* allerlai, twêerlai *u. s. f.*
— *mwestf.* leyge. *nach Gr. vom altfr.*
ley, *fr.* loi = *art, weise. Gr. III,* 79.
laid, *n. pl.* laier, lied. me maut alle
guorren laier nitt ûtsingen.
laie, *f.* = laige.
laien *(für* leden*), pr.* ledde, *ptc.* ledt,
leiten. he well mi drûm laien, *er will
mich drum helfen.* ûmt hâl laien *(braut,
magd).* de maged ledde med der kau
nâm oassen. *im mwestf. ist* leden *viel-
leicht* = ledden: doe leden *der* coep-
lude mid camels. *vgl.* he fôrt med lê-
men. dai wêt, batte ledt, wann he ne
lûs am sêl het. et es bêter en blin-
nen laien, as en lâmen drêgen, *sagt
man beim pferdekauf.* — *alts.* lêdian.
laige = lêge. bu laige es et mi! *wie
traurig sieht es mit mir aus.*
laige, *f.* 1. *steiles felsgehänge.* 2. *schie-
fer, schiefertafel.* — *goth.* hlaiv, *n. ags.*
hlâv. *alts.* hlêa. *ahd.* leia. *engl.* lay.
holl. lei. *Teuth.:* leye.
laigen, *pr.* lòg, lüggen, *ptc.* logen, *lügen.*
bä lüget, dä lüget, *wenn't gedrucht wær.* hä lüget in si-
nen êgenen sack. nu lüg dû un der
Düwel! — *alts.* liogan, liagan.
laigendecker, *m. schieferdecker.* quit-
*tungsrolle d. Pancr.-brüderschaft(Iserl.)
1508:* leyendecker.
lailâken, *bettluch, leichentuch. K.*

laise, *n. geleise. (Fürstenb.)* — *ahd.*
leisa. *auch f.* de laise *(Siedlingh.)*
laisk, lais, *n. liesch.* s. lindlaisk. —
ahd. lisca; *altnd.* lesc; *nhd.* liesch;
mnd. liesc, *m.* lêsk; *Kil.* lisch *j.* schelp.
carex; *fr.* laiche; *v. St.* lüsch. *vgl.
Gr. III,* 370; *Dies, I,* 252 *zu ital.*
lisca. lisk *ist jedenfalls ältere form
als* liusk, *woraus* liesk, laisk *und* lüsch.
ich denke, das wort stammt aus lisan,
liusan *für* wlisan = *spalten, einschnei-
den, wohin auch* fliese *(gespaltener
stein) und* geleise *(einschnitt des wa-
gens) gehören.*
laitüegel, *m. leitzügel beim fuhrwerk.*
laif, *lieb.* ik hewe diok so laif, as de
rûe den daif. wä laif heffen well, dä
maut ock laif fâren lâten. *alts.* liof.
laifde, *f. liebe.* älle l. rostert nitt un
wann se siawen jâr im schotstên hän-
get. — *altwestf.* liubitha; *Seib. qu. II,*
353: levede; *Köln.* leifde; *M. chr.* lefte.
laifhewer, *m. liebhaber.* — *M. chr. I:*
lefhebber.
laifhewerigge, *f. liebhaberei.*
laiflik, *lieblich.* — *alts.* lioflic.
laiwen, *lieb sein, gefallen.* dat laiwede
enc. — *alts.* giliovon, delectare.
laiwe beddstrô, *n. unser lieben frauen
bettstroh,* galium verum.
laiwe fingerkes, *pl. schotenklee,* lotus
cornic. *hier wie bei dem vorigen wird
frauen oder fruggen zuweilen zugesetzt.*
lâk, *m. pl.* lâke, *grenze, grenzstein.* de
berg es in lâk un pâle = *die gren-
zen des waldes sind gehörig bestimmt.
die bei dem* lâk *eingeschlagenen klei-
nern steine heissen zeugen* (tûgen). —
die altn. form hlâc (*inciso arborum*)
steckt in hlâcbergon *(Freckenh.); mnd.*
de luecke; *eine urk. von 1572:* lack,
m. s. aflacken. *Iserl. limit. 28ᵃ:* scheid
oder lackstein.
lâkbôm, *m. grenzbaum.* — *ahd.* lâhboum;
mnd. laeckbôm.
lâken, *n.* 1. *gewebe:* wüllen l., linen l.
2. *tuch:* bedde-, bûke-, drêge-, krûd-
laken. *fig.* en lâken spraien = *gähnen.*
lâkenfeller, *kuh oder huhn, vorn und
hinten schwarz, in der mitte und grösten-
teils weiss. das weisse scheint mit ei-
nem übergehängten weissen bettluche
verglichen zu sein.* — *man denke sich*
lâkenfell *entstanden aus* lâken op dem
fell, *dann aber wie* hewerechter *mit
der endung er versehen.*
lâkse, *f. lection, aufgabe.* jêde lâxe het
twô sien. brüm daût de hâne de ôgen
tau, wann hê kraigen well? — will at

he sine lexe van büten kann. — *lat.*
lectio; *alts.* leccia; *mnd.* lectie; *M. chr.*
lexe.

lällebeck, *m. lallemund, fader schwatz-
hafter junger mensch. vgl.* lallen *und*
beck.

lâm, *lahm.* — *alts.* lamo.

lamm, *n. pl.* lammer, *lamm.* — *alts.* lamb.

lämmel, lämmer, *klinge. lat.* lamina,
lamella.

lammen, *ein lamm werfen.* dat lammen
gèt nitt as 'et bocken, hadde de schæ-
per saggt.

lammern, *schlecht behandeln.* lammerste
mi, dann pêtre ik dî. „*behandelst du
mich schlecht, dann geh ich auf petri-
tag (wenn sich die arbeit mehrt) aus
deinem dienste*" *sagt der bauernknecht.*

lammerstertken, *n. 1. lammschwänschen.*
nitt en l. = *gar nichts. vgl.* nitt ne
bône, nitt schiot noch driat. *2. träger
mensch* = lôlamm.

Lammert, *ochsenname.*

Lammert = Landemert, *dorf bei Plet-
tenberg, ein süderländisches Beckum.
syn.* dullen Lanmecke. *Gr. tüg 6.*

lammertsche strêke, *landemertsche
streiche.*

Jampe, *f. lampe.* de lampe briont as en
geborstenen jûden.

lampenhâken, *m.* = lampenhâl. *(Für-
stenb.)*

lampenhâl, *n.* lampenhahl. *es ist von
holz oder messing und an einem be-
weglichen arme befestigt. nds.* krûsel-
hâke.

lampenkwæl, *n.* lampendocht. *s.* kwæl.

lampenlecht, *n. lampenlicht.*

lampenschicht, *f. pause (ruhe) vor dem
lampenanzünden.* bä sâtersdag nâ l.
spinnt, dä kritt en swarten brûmer.
(Hemer.)

lampensnûter, *m. lichtscheerchen zum
putzen der lampe.*

lampenfett, *n. oel.*

land, *pl.* länner. *1. land. kinderspiel:*
ik sin hær in minem lanne! *2. acker.*
— *Soest. schrae:* lant hyr en buten
upme velde. *Seib. qu. 153:* twe len-
der in der twerbecke; dat ene is eyn
weze. *(anno 1416.)*

landgetaier, *m. landfuhrmann.*

landhawe, *Schwelm. vestenrecht. (v. St.
XXI, 1355)* Item, die Landhawe to
halden, und wûive to jagen, und Land-
were to macken, dat mogen die Vro-
nen doin, off sie mogen idt bestellen
met dem Burrichter.

Landkrône, *kuhname.*

landskinner, *pl. kartoffeln.*

landtaier, *m. landfuhrmann. K.*

lang, *comp.* länger, *superl.* längst, *adv.*
lange. he mâket lange finger. he het
lange finger. bai lang het, lätt lang
hangen. bat lange dûert, werd guad.

lange-martin, *m. mittelfinger. (kinderreim).*

langen, *reichen.* — *aus* langön. *vgl.*
lengen.

langewîle, *f. langweile.* langewîle nitt
= *bei weitem nicht, weit entfernt.*

langhernigt, langfaserig, *vom flachs.
(Weitmar.)* — *vgl.* dickhęrrig *und
nhd.* kleinhârig.

langmann, *m. mittelfinger (kinderreim).
syn.* lange-martin; *vgl. Gr. III, 404.*

langs, *c. acc. entlang, vorbei.* he gèt
langs de dören, er bettelt. he gèt der
langs. — *Köln. mnd.* langes.

langsam, langsam. l. nęrt sik ôk.

lanke, *f. weiche. (Marsberg.) syn.* hiege.
— *ahd.* lancha; *Kil.* lancke; *Teuth.*
lancke. sijde. *fr.* flanc; *nhd.* flanke, *f.
altwestf.* folglich wlanca.

lankermansjunge = junge schlange im
volksreim.

Lanmecke = Lammert.

länneken, *m. ländchen, äckerchen.* —
M. chr. 1: lendeken.

läntern, herümme l., *sich müssig
umhertreiben.* — *Kil.* lenteren, lente
et ignave agere. *vgl. Kil.* landtrefant,
vagabundus, landtrefanten. *Wolke:*
lanterfaut; *nachtgedanken:* lendern.
mhd. lenderen, *nebenform zu* slende-
ren. *vgl. Diez s. v.* landra, slandra,
metze.

lantsam, langsam. *(Düsseldorf.)*

lanfer, *f. stiel, der den hinterwagen mit
dem vorderwagen verbindet; bei last-
wagen mit dem spannagel befestigt. K.
mda. II, 32:* lânfer, *unterer teil an
einem mistwagen; Wald.* lamper; *ags.*
langfere, continuus.

lanfer, *f. landwehr, ein erdwall als
grenze.*

Lanfer, *f. name eines kleinen baches bei
Sundwig.*

Lanzen, *dorf Landhausen.* — *urk.* Lan-
tensel.

lapîne, *f. lupine.*

lappe, *m. in:* 'smachtlappe, schandlappe,
smęrlappe. — *V. St. I, 389:* gizlappe.
vgl. hd. laffe, *unser* lapps, lûlapp, *berg.*
lipplapp.

lappen, *flicken.* he lappet (sik) fan ênem
dâge taum annern = *er hilft sich mit
mühe fort.* van dage süllt jey den
sack lappen = *heute sollt ihr dafür*

büssen. *N. l. m. 26. — ahd.* lapôn.
Soest. Dan. 43: thosammen lappen,
*zusammenflicken. Hagen 142: von
schuhen. s.* knapp.

lappen, *m. 1. lappen. 2. schuhsohle*
(schaulappen). he måket sik op de l.
ik well ne jågen, dat çm de lappen
affallt.

läpper, *m. flicker, pfuscher.* wann de
künstler kûəmt med der kunst, dann
es de läpper all med dem gelle fudd.
s. kiətelläpper.

läppken, *n. läppchen.*

läppken, *n. kleiner laffe.* ümmes för en
l. brûken = *einen zum besten haben.
s.* lappe.

lapps, *m. laffe, pinsel. — Hoffm. findl.
18:* lapp, obtusus in ingenio ; *holl.* lobbes; *dän.* laps. *vgl.* lacks.

lappsack, *m.* = lapps. *K. s. 109.*

lappsig, *pinselhaft, erbärmlich.*

lâre, *f. lehre. Grimme. -- vgl. engl.* lore.

læren, *1. lehren. 2. lernen.* ik lære katholsk = *ich werde im katholischen
glauben unterwiesen.* he lært oppen
docter. lær wọt, den kannste wọt;
stiəl wọt, dann hęste wọt, àwer làtt
dem annern dat sîne. nümmes es te
àld ûm noch wọt te læren. me werd
nitt so àld, me maut noch ümmer læren. *alts.* lêrian.

låren = læren. *Munster. 5. — also auch
altwestf.* lâron. *vgl. Gr. I³ 253.*

lârifâri, *leeres geschwätz.* dat es men
lârifâri.

lasch, lask, *m. pl.* lesche, *lachs. in den
jahren 1730 und 1735 wurden in der
Lenne bei Limburg zwei lachse gefangen, wovon der eine 39, der andere
50 pfund wog. eine abbildung hievon
ist noch in einem nebengebäude des
fürstl. schl. Hohen-Limburg zu sehen.
Alten. wbl. jg. 1937. — Br. chr.* las, *pl.*
lasse.

lasche, *f. einsatzstück zwischen arm und
rumpf eines hemdes. — Kil.* lasche, immissura panni aut vestis; *schwed.* laska;
engl. lask. *syn.* spîle. *s.* windlasche,
bünnerlasche.

last, *last.* dat sall last hewen = *das
wird schwer halten.*

lästerlik, *adv. schändlich, abscheulich.*
ik hewe mi lästerlik verbrannt. he
hęt mi lästerlik anefört. — *mnd.* laster,
schande, schimpf; Köln.: lasterlichen,
schändlich.

lastermale, *pl. verletzungen, beschädigungen einer urkunde.*

lastkindken, *lachsforelle, weil sie die
lachse begleitet.*

låt, *m. bienenschwarm, sofern er auszieht.*

låte, *adj. und adv., comp.* låter, læter;
superl. låtest, lætest, *spät.* bai te låte
kûəmt, maut ůəwel sitten (çten). —
alts. lat, latoro, letisto.

låten, *pr.* lait, *ptc.* låten. *1. lassen. sowol mit acc. c. infinit. als mit nom. c.
infinit.* làtt 'ne (eum) kûəmen! làtt
hai (ille) men hengån! làffi (vi = nos,
nominat.) nå bedde gån! lå 'k et em
al giəwen, *lass mich es ihm geben.* låt
he mi mål kuemen! *lass ihn mir einmal kommen. auch die Engländer haben bei* let *die constr. mit nominat. c.
inf. z. b.* let you and I endeavour
(Southey). let he that looks after them,
look on his hand (Scott). làtt et di
guad gån! *möge es dir gut gehn (gewöhnlicher abschiedsgruss).* datt làtt
sik saihen, *das ist ansehnlich.* dat flês
làtt sik biten, *das fleisch ist hart.* de
erſten latt sik guad koken. dat lå 'k
lûen, *sagg de köster,* då was sine frau
storwen. lå en annern *(sc.* sin) *sin,*
dann blîfes du ock, wat du bůss. *2. von
sich lassen, absondern, verlieren.* hår låten, *haare lassen, d. i. schaden leiden.*
batt de rûe làtt, dat friət he ock, *2 Petr.
2, 22. — 3. ausziehen, schwärmen (von
bienen). — Kil.* laeten, *fland.* examinare, vernare more apum; *vgl.* låt. *4.
unterlassen.* làtt dat *(sc.* sin)! probéren es 'et genauste, låten 'et klaikste.
wọl låten! gelåten ôk! = *mit nichten, nicht doch. 5. aussehen, scheinen.* bu làtt dat! dat làtt nitt guad
= *das schickt sich nicht.* dat làtt di
guad = *das steht dir gut.* dat kind
làtt (scheint) recht gau te sin. *6. sichtbar werden, erscheinen. s.* ûtlåten,
nålåten. — *alts.* låtan, liet *steht für* wlåtan *und ist verwandt mit goth.* vleitan. *es bedeutet auch im Helj. zuweilen: erscheinen, sichtbar werden: so*
liet thie luft an tue = *so erschien
die luft gespalten. Helj. (Koene) 6284;
oder betrachten, ansehn:* låt ina thi an
thinon hugie lethan = *sieh ihn für
einen leidigen an in deinem sinne.
ibid. 6473.*

låter, *1. eingeschobene abweichende färbung, z. b. die weisslichen streifen und
flecken in den blättern der mariendistel. 2. eingeschobener abweichender
stoff. spalte, die sich mit etwas fremdartigem füllt. vgl. ahd.* lâz, *intervallum.*

låthọl, *n. flugloch der bienen.* syn.
tûhlọk.
lau, *lau. — Teuth.* lawe dat is tuschen
heyt ind kalt. tepidus.
lauerig, *langsam, träge. — platthd. für*
lûerig.
lauermann, *m. langsamer, träger mensch.*
— platthd.
lauern, *langsam, träge sein.* herûmme
lauern, *sich faulenzend umhertreiben.*
intem dọrpe l. bà woste heu lauern.
— *platthd. — holl.* luijeren.
laulam, *träger, schlottriger mensch. K.*
laut, lout, *f. luft.*
laut, *links. (Remscheid.) — s.* lucht.
läute, *ein gerät der bäcker. (Fürstenb.)*
laüwering, *m. lerche. (Marsberg.)*
laff, *fade, geschmacklos. fig.:* ik mag dat
laffe tûg nitt anhê:ren. — *Kil.* laf van
smaecke, fatuus, insipidus; *nds.* lack;
vgl. alts. lef, infirmus. *Teuth.* lack,
ongesalten.
läffel, *m. löffel. (Eckenh.) — ahd.* lafil.
lâweg = låwer.
lâwek, *m. lerche. (Fürstenb.)*
lâwen, *laben, erquicken. Teuth.* laven.
lâwer, *gallertartig weich, dickflüssig.*
l. drîte, *weicher kot.* he fell in de l.
drîte. — *vgl. altm.* dôdlâwr, dôdlâgr
= *unserm* dôdbrauk. *scheint mit* lau
zusammenzuhängen; ags. wlawan, lique-
scere, dilui. *s.* vlau.
lâwerig = lâwer. *schmierig, breiig.*
lawrige drite. *K.*
läwerkrûd, *n. leberkraut.*
lebäunig, labännig, *selten* lewendig, *le-
bendig.* so lebännig as ne kramänzele.
lebbese, *lefze. K.*
lecht, *n. licht.* — liuht, lecht *setzt ein*
älteres liht *voraus, woraus unser* lecht.
— dat schwarte lecht, *peitsche.(Paderb.)*
lecht, *hell.* miwintermọrgen lecht, dann
werd de bûr en knecht.
lechtdümpel, *m., löschhorn; fig. als*
schelte. — Kil. dompen, dempen, suf-
focare, extinguere; domphoren, demp-
horen.
lechtmisse, *f. lichtmesse.* es l. hell un
klâr, dann giọt et en guad flassjâr: es
l. dunker, dann word de bûr en jun-
ker. *fig.:* sai burren det ganze jâr l.
in der tasken *(leere taschen). Gr.tüg 71.*
lechtputse, *f. lichtputze, lichtscheere.*
lechtstunne, *f. abenddämmerung. (Lü-
densch.)*
leck, *m. schlag, wunde.* dai het en leck
kriọgen. — *engl.* lick. *vgl. ags.* sli-
can, percutere; *mnd.* sliken, percutere.
oder ist es leck, rima?

leckedrộpe, *f. lecktropfen. fig.:* dä het
ne nette leckedrôpe krien = *der hat*
etwas abgekriegt. (Lüdensch.) — s.
das vorige.
lecken, *lecken.* dat es men wọt te lecken.
vam lecken kûəmt me ant çten.
lecken, *flecken, vom fleck kommen =*
glücken. dat sall wọl lecken. *vgl.*
lanke.
lecker, *lecker, schmackhaft. fig. und*
iron. en leckern jungen.
leckerigge, *f. leckerei, leckerbissen.*
leckersk, *leckerhaft.*
lecktân, *m. leckermaul. compositum wie*
ital. conciatetti. *s. d. folg.*
lecktappe, *m. näscher, eigentlich zapfen-
lecker oder tatzenlecker. — vgl. Kil.*
leckplatteel, catillo, liguritor. *im sp.*
f. d. upst. heisst einer der teufel leck-
tappe.
lêd, *leid, bange.* mi es l. du kannst et
nitt drêgen. — *vgl. RV. 520; Dan.*
50. 130. Bugh. annot. c. 1b: Josua
was vor solckem valle lede.
lêd, *n. 1. leid, schmers.* he het l. an-
nen ôgen. dat daût em l. *(weh)* an
den ôgen. bà oppen annern wọt wêt,
het selwer grôt lêd. dä wêt van Gọd
kain lêd. dat daût mi lêd = *das tut*
mir leid. 2. fallende sucht. — alts. lêth.
ledder = letten. *K.*
ledder, *f. leiter. — ahd.* hleitar; *ags.*
hlæder; *Keller fastn.* ladder; *engl.*
ledder; *engl.* ladder: ledder: *leiter =*
edder: *eiter.*
leddiggang, *m. müssiggang. Alten. stat.*
— vgl. liədig.
lêder, *leider.* lêder Gọdes!
lẹer, *n. leder.* he gèt sf as wanne lçer
frẹten hädde. he flicket çm wọt am
lçer. énem wọt ûmt lçer giəwen. *s.*
ribbenlẹer, rühlẹer, stiflẹer.
lçerberg, *m. im märchen für glasberg. —*
vgl. dän. glarbjarg, *oder ags.* leadhur,
engl. lather, *seife.*
lçeren, *dat ludt gerade as wann*
de kau innen l. emmer schitt.
lçerhâmer, *m. lederhammer der schuster.*
lçerspecht, *m. fledermaus. (Soest.) vgl.*
schwed. lârlap. *2. in:* he schraiet as
en l. *mhd.* lederswale.
lêge, lẹge, laige, *1. schwach, mager,*
krank. lège ôgen, *schwache augen.*
lège kau, *magere kuh.* he es so lêg,
er ist so krank. Hẹrmen Lêg es un
çme, *vgl. d. f. 2. böse, schlimm. —*
ags. læge; *Teuth.* leghe, syde; *Aesop*
81: lêch, *schlecht; Kil.* leegh, humilis,
depressus; *Rich.* leeg *1. niedrig,*

flach. 2. *schlimm, böse. besser wol*
= lèdig, *leidig.*

l**e̜ger,** *liegend.* de̜m liət He̜rmen Le̜ger
op der hûd = *der ist ein faulenzer.*
— *ags.* leger, jacens.

l**e̜gersk,** *matt, etwas unwohl.* et es mi
so l. = *es ist mir, als ob ich mich
hinlegen müste.*

leggehenne, *f. henne, die am eierlegen
ist.* se sûht so rôd ût as ne leggehenne.

leggen = liggen.

leggen, *pr.* laggte, *ptc.* laggt, *legen.* —
alts. leggian, lagda, gilegid.

léiweling, *m. lerche. (Marienh.)*

l**e̜k,** *leck, rinnend.*

l**e̜ke,** *f. huflattich. ahd.* huofletticha.
syn. puppe̜lcke.

lêken, *s.* we̜erlêken.

lêlik, *für* lèdlik, *hässlich.* de lêlike Dû-
wel. — *alts.* lêthlic, odiosus; *M. chr. I:*
lelik, *hässlich; Kil.* leelick q. d. lee-
delick, fastidiosus, turpis.

lêmen, *m. lehm.* — *alts.* lêms *für* hlêmo ;
ays. clâm.

lêmenkûle, *f. lehmgrube.*

lêneklêd, *m. kleidleiher.* lêneklêd heme
gèt, nåkenæs allêne stêt.

l**ênen,** *pr.* lende, *ptc.* lent. *1. leihen,*
commodare. *2. entlehnen.* — *ags.* læ-
nan *zu* lîhan, *wie* (ent)wenen. *(M.chr. I)*
zu wîhan.

lengede, *f. länge.* — *aus* langitha.

lengehâl, *n. kesselhaken. (Fürstenb.)*
Teuth. lengelhail, pendulum, prolongale.

lengelang, *nach der ganzen länge.* hä
fell lengelang hen.

lengelanges = lengelang.

lengen, *1. verlängern. 2. sich verlän-
gern. Teuth.* lengen, lanck maken.
— *aus* langian. *s.* strengen.

lenghaid, *f. länge.* med l. der tîd. —
Köln. lankheit, *f.* longitudo.

lênko̜ten, *m.* lehnko̜tten.

lenne, lende, *f. lende.*

Lente, *Lorenz.* — *Frisch: Lenz =*
Landolt.

lente, *f. 1. lenz. 2. zeit des ackerbe-
stellens im lenz.* et gèt op de lente
= *man lässt lange warten.* dat kûa-
met op de lange lente = *das wird
verschleppt. lehrte nicht ags.* lengten,
dass lenz *zu lang gehört, so würde
unser gebrauch es vermuten lassen.* —
vgl. engl. to lenghten. *im Schwelm.
vestenrecht ist* lent *masc.:* buten dem
lenten und bauwede.

lenten, *den acker im lenze bestellen.
(Herscheid.)*

lentefôr, *n. 1. futter für die lentezeit,*

wo man anderes zu tun hat. 2. *fut-
ter zum vorrat überhaupt.*

lenz, *in:* nu hang mek de lenz nitt an
= *mache mir nichts weiss.*

leplen, *löffeln, erotisch. hochzeitscarmen
v. 1670. s.* lispeln.

Lêpold, *Leopold.*

leppen, *mit der nassen hand reiben.* ik
well ug leppen med wåter. *up d. a.
hacke 10.*

leppern = löppen.

l**e̜rbeck,** *m. gelbschnabel, junger laffe.* —
zu le̜r *vgl.* lier *in* lierwe̜k.

l**e̜rm,** *m. lärm. syn.* spektakel.

l**e̜rmen,** *lärmen.*

l**e̜sebauk,** *n. lesebuch.*

l**e̜sen,** *pr.* lûs, laus *(Grimme:* lauste), *pl.*
læsen, laûsen, lûesen, *ptc.* le̜sen, lo̜sen,
lesen.

l**e̜serigge,** *f. leserei.*

lesken, *löschen.* — *mnd.* leschen.

lesken, *in:* galgenlesken *für* letten.

lest, *letzt.* hai de leste es, de̜n driəpet
et. — *alts.* lezt *für* letst, *wie* bezt *für*
betst; *altwestf.* latist.

lê̜ste, *f. leisten.*

lesten, *letzthin, neulich.* — *RV.* latesten.

letten, *c. acc. aufhalten.* sik letten, *sich
aufhalten, verweilen.* — *goth.* latjan ;
alts. lettian; *ahd.* lezjan. *Teuth.* let-
ten, vertueven.

lètter, *m. chorstuhl der kirche, der lett-
ner.* — *ml.* lectorium, *der erhöhte platz
zum lesen. v. St. II, 763:* lessner.

l**e̜fenig,** *lebendig.*

l**e̜vleng,** *m. lerche.* — léiweling, *m.
(Marienheide.)*

lê̜wedâge, *pl. tage des wollebens. f. r. 6.*

l**e̜wen,** *leben.* me maut l. un l. lâten.
et es wol en klain hûs, men me kann
der sik dôd inne l. nê, sô wot le̜wet nitt!

l**e̜wen,** *n. 1. leben.* sin l. nitt = *nie-
mals. Gr. III, 140. 2. pudenda.* du
dais mi wê: du kûoms mi ant le̜wen.

l**e̜wendig,** *lebendig.*

l**e̜wensård,** *f. lebensart.* dai es te Basel
op der ossenschaule we̜st, då he̜t hai
le̜wensård lært.

l**e̜wer,** *f. leber.* he he̜t ne drôge l. =
er trinkt gern. — *ahd.* libara; *ags.*
lifer; *Teuth.* lever.

lêwerk, lêwek, lêwering, *m. lerche. syn.*
låwek, léiweling, le̜vleng, laûwering. —
ahd. lewerche; *Sch.* lerich, lewerick;
ags. låverk; *schott.* laverock. *vgl.* dû-
wek *für* dûwerk.

l**e̜werkrûd,** *n. habichtskraut,* hieracium
pilosella.

libberig, *1. gallertartig weich. syn.* kwe̜-

derig. — *altm.* glibberig. *2. widerlich süss.* — *ostfr.* libbe, libber, libbrig. — *ahd.* sleffar, sleprag, lubricus; *Schevecl.* slippern; *Kil.* libbe *j.* lebbe, coagulum; *nd.* slibberig; *wald.* gelibbert, *geronnen. Kil.* klibberigh, tenax. *Bgh.* glypperich , *schlüpfrig. Siegen:* lewweren, *gerinnen. vgl.* lieferblut *bei Andr. Scultetus (Lessing 2, 299.) Heinzerling* 63.

libberigge, *f. Kil.* librije, libraria, bibliotheca; *ebenso M. chr. I:* liberie; *auch in einem Soester br. (Vorwerk , Dan. v. Soest):* „an ere liberie schetende" *wird die bibliothek eines klosters gemeint sein.*

libbersê, *f.* (*Lüdensch.:*) liowersê, (*Breckerf.:*) liaffersê, *gemeines* nostock, tremella meteorica, *die gallertartige dem froschlaich ähnliche masse, die das volk für erloschene sternschnuppen hält. der name* sêwàter (*Lüdenscheid) dürfte andeuten , dass man glaubte, diese masse werde aus der lebersee hergeführt. Benzenberg (westf. anz. 2. mai 1800) sagt, dass es zu Schöller leversee heisse. bei Fahne, Dortm. urk. I , 281 eine orts-bezeichnung* leversoe. *vgl. ahd.* lebarmeri, *Brandan* 226: levermêr, *nl.* leverzee. *syn.* wetterglitt; *vgl. ostfr.* poggeglidder. glidderglatter *ist =* gallert. *syn. in der grafsch. Limburg:* kraigensnuader, *womit man sonst mistel bezeichnet.*

libbertunge, *f. sich bewegende zunge. s.* krûne. — *Kil.* klibbertonghe, *fland.* lingua præcipitante hæsitans seu titubans; *vdH. Germ.* 10, 162: lepezungen = *zůngeln, vom skorpion; Froschm. æsop. hist. d. III b.:* muss nicht ein hundt mit seiner zungen lippern; *vgl. Luth. 2 Mos.* 11, 7: soll nicht ein hund mucken, *wofür Bugenh.:* schal nicht eyn hundt ayne tungen rôgen. *Frisch* klippchen, klippern.

libe, liwe, *f. eine schleihenart in der Ruhr. im berg. hat man gern eine schleihe in fischteichen. man sagt, sie sei der doctor für die andern fische. natürlich, weil sie den karpfen löcher in den schlamm bohrt. — Teuth:* lywe, luwe, slye; *ahd.* slio; *ags.* sleove, *f.,* sliv, *m.*

liberälsch, *freundschaftlich.*

liberin, liberût, *verderbt aus* ligge binnen, ligge bûten. *reim beim ballverstecken:* ball ball ŷwerall, dà ik ûmme rûen sall, liberin, liberût, *N. N.* gïof

den ball herût! *ein engl. reim, der dieselbe bestimmung hat, lautet in der dritten zeile deutlicher:* lie butt, lie ben.

lichem, *n. leichnam. s.* lîkem. — *alts.* lic-hamo.

lichemslû, *pl. leichengeleit. s.* lîkemslû.

licht, leicht. — *goth.* leihts, *ahd.* lihti.

lichte, *adv. leicht.* dat mag lichte.

lichte, *f. tragband; syn. rheinl.* helpe. — *ags.* lîhtan, levare; *Kil.* lichte, halsband, helcium, collare bajulorum aut vectorum, quo onera levius ferunt et subvectant.

lichtêken, *n. s.* lîkteken.

lichten, *leichtmachen, erleichtern.* alle frachten lichtet, sagg de schiper, dà smêt he sine frau ŷwer bârd.

lichten, *heben.* — *ags.* lîhtan; *Kil.* lichten, tollere, asportare; *hd.* lichten (*d. anker). s.* inlichten, ûtlichten.

lichtsinnige, *adv. leichtlich, gewöhnlich. auch bei Holthaus.*

lichtslag, *m. leichtsinniger mensch.*

lichtslegesk, *leichtsinnig.*

lichtfeddig *für* lichtferdig, *leicht,* facilis.

lichtfeddige, *adv. leicht.*

lichtfinke, *f. leichtsinniger mensch. s.* mistfinke.

lieker, *leider.*

lid, *pl.* lie *in* ougenlîa, *augenlider.* (*Elsey.*)

lidârn, *m.* (*Fürstenb.:* pl. lidârn), *leichdorn; auch K. s.* 110. *syn.* exteröge. — *Kil.* lickdoren.

liderlik, *leidlich.* themelyke lyderlicke termyne setten. *Alten. stat.*

liad, *n. glied.* alle liad lang, *jeden augenblick. Grimme. — goth.* lithus ; *ags.* lidhu; *ahd.* lid; *mnd.* lit; *Kil.* lid, led.

liederjacks, *lüderlicher Jakob. (schelte). Must.* 25.

liederlik, *lüderlich.*

liadig, lieg, ledig, leer. bim liegen potte es guad hungern. — *ags.* lidhig; *Lud. v. Suth.* leddeg.

liadwâter, *n. gliedwasser, nahrungssaft eines gliedes.* — *Kil.* lidwater, aquosus humor membrorum; *holl.* ledwater.

liagstrioper, *m. müssiggänger, faulenzer. s.* striopen.

lien = leggen. ik lie di onk es wier en stêin innen wêâg, *wird dem ungefälligen gesagt.*

lien = lîden, *præt.* lêd; *ptc.* lien, *gehen. davon nur das ptc. in* verlîen = *vergangen, übrig.* — *alts.* lîthan, *farlîthan; Kil.* verleden.

lîen = lîden, *pr.* lêd; *ptc.* lien, *leiden* sik lien, *sich gedulden.* sik lien med *sich gedulden, sich genügen lassen mit*

— *Dan. 172:* mit sinem wive he sik nitt liden kunt. *ohne sik, Thiersch, verv. 62.*

liepel, *m. pl.* liepels, *löffel.* ik wet dem l. kainen stial; *vgl. der hacke keinen stiel finden. s.* snüoderliapel. — *ahd.* lafil; *mhd.* leffel; *s.* läffel. *v. Hör. urk. 41:* leppelmeker. *vgl.* schiopel. *wie hd. löffel verhalten sich unsere wörter* mömme, pöppelkrûd.

liepeln, *s.* lepeln.

lierwêk, *1. biegsam, schwach. 2.* liewêk, *liederlich gemacht. ahd.* liduweich; *ags.* lidhuvâc; *mhd.* lideweich; *Hoffm. Findl. 18:* lidweich, *flaccidus. vgl. engl.* lither, *biegsam und Göthe's lederweich.*

liewern, *liefern.* — *urk. v. 1550:* lievern.

ligge, *pl.* liggen, *leihe d. i. windel. — nach* kligge = kliwa, klia *führt es auf ahd.* liwa, *was sonst impluvium bedeutet, aber den begriff des schützenden, wärmenden enthält. goth.* hlija, *m. zelt, weicht nur im genus ab. vgl. ags.* hleov, *umbraculum;* hleovjan, *calere, calescere. alts.* hlea *ein* hlöh *in ags. schreibung. vgl. engl.* to sley, *winden, wickeln.* kligge *(als umhüllung des korns) ist vermutlich eins mit* ligge.

liggen, lag (lagte), *legen, liegen.* he liot ümmer im wêrdshûse. dat fûr lag te swêlen un woll nitt brenen.

lîk, *gerade, eben.* op lîker êrde.

like, *adv. gerade.*

like, *f. leiche.* et es ne l. = *es wird jemand beerdigt.* — *alts.* lîk, *n. Kil.* lijck.

likede, *f. 1. gerade richtung. 2. ebene.*

lîkem = lichem. — *ahd.* lîhhamo; *M. chr. I:* likem, licham = *leib, körper.*

likemslû = lichemslû.

lîken, *1. zielen, die richtung treffen. 2. einfädeln.*

lîkenprêke, *f. leichenpredigt.*

lîkentreckes, *lineal. K.*

likenzêch, *m. leichenschmaus.*

lîkeswâr, *gleichschwer.*

likeviäl, *gleichviel, einerlei. auf ein* „dat es mi lîkeviäl" *wird wol verweisend geantwortet:* likeviäl es lîkeswâr. ät es ne likeviöl, of de gôs op den aiern oder der binçffen sittet. *syn.* êndauen.

lîkefîn, *eine blume.* wille l. *s.* lîkefriss.

lîkefriss, *name einer niedrigen zierblume, welche sich gut hält (gleich frisch bleibt). (Weitmar.)*

lîktêken, *n. zeichen. — eigentlich wol*

= liklawe *(Dorow denkm.* lyklae), *cicatrix* (lawe = vlawe, *engl. flaw), wie auch nl.* lijckteecken *sowol cicatrix, als signum bedeutet; Teuth.* lycktecken = wairtecken, *intersignum; Dorow denkm.* lycktecken, *zeichen.*

liktêknen, *1. zeichnen. 2. schildern. s.* lichtêken, lîftêken.

lilge, *f. lilie. s.* lirge.

lîm, *m. leim. — Kil.* lijm, *viscus, gluten, colla.*

limen, *leimen. — Kil.* lijmen, *glutinare.*

limkiotel, *m. leimkessel.*

limmesgen, *n. lämmchen. (Marienheide.)*

limpott, *m. leimtopf.*

limstange, *f.* limstange, *f. streichgarn zum fischen. syn.* strikgâren. — *der name vom vogelfang auf den fischfang übertragen.*

lîn, *m. leinsaat.*

lind, *n. band, pl. bänder, besonders leinenes. — ags.* linde, *n. balteus, zona; ml.* linta; *Kil.* lint, *n. urspr. wol lindenbast.*

linde, linne, *f. linde, tilia.*

lindgetan, *f. bandwebstuhl.*

lindkrêmer, *m. bandkrämer.* he het en wârd as en lindkrêmer.

lindlaisk, *n. bandgras.*

lîne, *f. langer strick.* tûgline. — *M. chr.* lyne.

linen, *leinen.* linen bönen; *vgl.* wüllen bönen.

linendäntser, *m. seiltänzer. — M. chr. III, 91:* linendenzer.

linendauk, *n. leinwand.*

linewçwer, *m. 1. leinweber. 2. mehlkuchen, worin kartoffelscheiben.*

lingeling, *m. kleiner finger. kinderspruch.*

link, *link.* ower de linke schuller = *im gegenteil. syn.* lucht.

linken, *sich bewegen aus schwäche, schwach sein.* du maus nitt linken = *du must steif halten.* he lätt et linken = *er hält nicht fest. — für die alte sprache sind gleichbed. ablautende* linkan *und* limpan *anzunehmen. von jenem stammt* links, *von diesem* lucht *(luft) und* laf. *die linke hand (mano manca) ist die schwache.*

linkerwçg, *links.* linkerwçg nâ Bilefald. *(Fürstenb.) s.* rachterwçg.

linse, *f. linse. fig. christlike* linsen = *geld.* „in Menden haben blos die Juden christlike linsen?" *Grimme Sauerl. 38. — ahd.* linsi *vom lat.* lens. *vgl.* knôpe, knöpfe = *geld, und* galinseu, slênseken,

lintneht, *f. flachsbau.* ne groute hauner-tucht un ne groute lintucht dä brenget dem bûer sin verdęrf. (Meiners.)

lipp = slippen, rockzipfel. Grimme.

lippe, f. lippe. — Kil. lippe, labrum.

lippen, schlitzen. (Valbert.) vgl. lübben; Teuth. glyppe, claeve; slyp, reetc, claeve.

lippisch (lippstädter) recht, darunter verstand man, dass derjenige, der die neige vom bier ausgetrunken, aus der vollen kanne zu trinken wieder anfangen muste. vgl. curicus. antiquar. I, 578.

Lipps, Lippes, 1. Philippus. 2. katername.

Lipsik, Leipzig. richtig med L. wann ek L. krige, dann sastu ock Danzig hewen.

liren, leiern. Gr. tüg 7.

lirendraiger, m. 1. leiermann. 2. eine schelte.

lirendraigers węrst, f. = knappwǫrst.

lirge, f. = lilge.

lischen = fössken stęken, ein spiel mit geld.

lisseninge, f. linderung. (Altena.) vgl. Kil. lijns, lins, lentus, mitis, placidus. lijs = lijns. alth. lisi, leise, sanft; fr. lisse, glatt.

liste, f. leiste. — Liliencr. h. volksl. II, nr. 184, 8: liste, swf. Teuth. lyst, rant, soym, boird.

lister, m. singdrossel. (Lüdensch. und berg.) — ahd. listera; Kil. lister, turdus; holl. lijster, f. krametsvogel.

litse, f. litze. lat. licium. Kil. litse, letse j. lace.

litter, f. buchstab. s. tęlitterken. zaser des holzes. vgl. flitter, vlinder. lat. littera.

litter, n. kirchenbank am chore. könnte urspr. gepolsterte bank bedeuten. vgl. engl. litter, vom lat. lectuaria. doch s. letter.

lif, n. leib. dem kinne gęt et lif ût = ihm tritt der mastdarm vor. dat lagg mi wol om liwe = ich ahnte, befürchtete das.

lifken, n. 1. leibchen. 2. schnürleib.

lifpine, f. leibschmerz. s. pine.

liflęken, n. s. liktęken.

liftucht, f. leibzucht. de ällen lû wellt sik op de liftucht setten. urk. von 1484: liftucht.

liftüchter, m. leibzüchter.

liwen, leiben. in der allit. formel: as he liwet un lęwet un — mwestf. liven un ·leven. Z. d. b. G. V. 8.

lö, lôh, n. wald, ein halbappellatives wort. — hleon (Frekenh.) ist gewis späteres lôn, lä heutiges lôh. lôh für

älteres hlauh wird einem ablautenden hliuvan, hliuban = bedecken. entstammen. ortsnamen mit lôh zsgs. sind im südlichen westfalen überaus häufig. beispielsweise aus dem amte Hemer: Pretinholo um 1072, zuletzt Brehlen; Hellingklo (1611), heute Rosenhof; Jahloh, Bardeloh, Hasselloy (c. 1500); Dudeloh j. Dulloh; Bockeloh; Langeloh; Siggeloh; Osterloh; Rinssloh.

lobbe, f. 1. hemdkragen zum überschlagen, wie ihn sonst die frauenzimmer trugen. 2. manchette. Kil. lobbe; engl. lobe; vgl. lat. labium, rand.

Löbbeke, f. n. Lac. arch. I, 143: Joh. de lobeke, also eigentl. ortsname, etwa lobbiki; vgl. das Werd. heberegister. Seib. qu. I, 397: Kerstian Lobbeke. M. btr. II, 325: lutteken Lobeke.

locht, f. luft. — alts. luft, m.; mnd. lucht. s. lucht.

locht, f. licht. man sagt dem, der jemand im lichte steht: was din vǎr en gläsemęker, dattu mi sö in der locht stęs?

löcht, luftig, los. de nûate sind löcht, sie lassen sich leicht aus den hülsen ziehen. — vgl. altm. ûtluchten, nässe von der sie einhüllenden schale befreien. ? altwestf. hlufti.

lochte, fensteröffnung. K.

löchte, f. leuchte. — mwestf. luchte.

löchten, 1. leuchten. kriǫfte l., krebse mit der l. fangen. 2. fig. müssiger, unberufener zuschauer sein; vgl. Shakesp. candleholder. 3. lichten. en berg l., einen wald durch aushauen lichten. — alts. lichtian und lûhtian. aus liht vergröberte sich liuht, woron liuhtian, liohtian und lûhtiau. das letzte lieferte nach einem lautgesetze (verkürzung des vocals vor cht) luhtian, woraus allmählich lohtian, lochten, löchten wurde.

löchter, m. leuchter.

lochtig, 1. luftig. 2. munter, aufgelegt. hü was so lochtig as ne älle. es war so jüngere bildung, daher kein umlaut. Kantz.: luftig, leicht, lebendig.

lock, n. pl. löcke, büschel gras, wolle, haar. — ags. locc, m. cirrus; Kil. locke, vlocke; nda. lock, m.; dän. lok; ags. loca, m. floccus lanæ evulsæ; vgl. plock, plücken nebst ags. pluccjan.

locke, f. locke.

locken, locken.

lockfinke, f. lockfinke, lockvogel. — Seib. urk. 1001.

lockvnagel, m. lockvogel.

lôd, n. lot. — ags. leád. v. St. I, 5[b]:

luad = *blei. M. chr. I.:* krud un lod, *kraut und lot, pulver und blei. s.* pottlöd.

lǫdern, *üppig wachsen.* et es so gail dat et lǫdert. — *vgl. alts.* liothan.

lǫdken, *n. kleine lote.* lǫdken slån, *ein kinderspiel.*

lǫe, *f. für* lode, lote, *schössling.*

löe, *f. lohe zum gärben.*

loö, *im süderl. hirtenrufe:* hē loë loë loë loë!

löen, *gärben.*

löen, *löten. — Teuth.* loeden, tzoideren, consolidare.

löer, *m. gärber.* de l. un de schinner sind süster- un bröer kinner. — *M. chr. I.* loer.

lǫer, *pl.* lǫern. *fig. magen, därme.* he het de lǫern vull. — *ahd.* lûdara, *altm.* lûdr, culeus, saccus; *Vilm. s. v.* liere *(ranzen) führt ein älteres* lûre, lore *(schlauch) an.*

löern, *den hirtenruf* he loë *hören lassen* dä junge löert nich god.

lôge, *f* lauge. bûkelôge, séplôge. *auch* löwe. *(Siedlinghausen).*

loggen, *lugen. s.* tauloggen. *(Möhnetal.)*

lǫgnen, *leugnen. — ahd.* loucnen; *alts.* lôgnian, *eigentlich verbergen, verhüllen, da das verbum aus* laugns *(vgl. goth.* analaugns, κρυπτός*) stammt. man spricht* löchnen. *schwierigkeit ein solches g vor n auszusprechen.*

löhken, *buschwerk, schattiges anmutiges wäldchen.* K.

lôk, *n. lauch.* smållôk, knuflôk, hûslôg, donnerlôg.

lǫk, *n. pl.* löker. *1. loch.* se lätt sik för en halwen pänni en lǫk dört knai bören. *Grimme.* et es beter eu tǫk as en lǫk. en lǫk innen dag brenen. ek saih der kain l. dör = *kein durchkommen. 2. höle.* et Sünteker lǫk. *in fuhrmannsherbergen zeichnete der wirt mit kreide einen kreis auf den tisch, in welchen das trinkgeld für die magd gelegt wurde, das hiess* en lǫk.

lǫkebören, *faulenzen.* hä gēt dä rümme l.

lǫkern, *schreien, vom specht. (Weitmar.) schallwort wie* tökstern.

lǫlepeper, *m. mus von heidelbeeren. (Altena.) Kil.* lulle peyre, pyrum fracidum.

Lollakûle, *bergwerk im kr. Altena. — vgl. alts.* Lullanburnan.

lollekâter, *m. fig. weiner, heuler.*

lollekêrl, *m. popanz zum bangemachen der kinder.* dä küəmt de lollekêrl. *syn.* bollekêrl. *Petersen (Weitmar) be-*

zieht dies auf den römischen feldherrn Lollius!

lollen, *1. laut.weinen. 2. ein gewisses miauen* (felire), *welches dem lauten weinen ähnelt. — Kil.* lollen, mussitare, mutire, numeros non verba canere, sonum imitari; *vgl. nhd.* einlullen.

löllen, *schreien. (Weitmar.)*

lollerigge, *f. schreien. — bei Seib. qu. I,* 295 *ist* lolerie *spöttische bezeichnung der* horen, *messen u. dgl.*

lômüəle, *f. lohmühle.*

lön, *m. lohn. — alts.* lôn.

Lôn, *Iserlohn.* nå Lône gån. — Lôn *dat. pl. für* hlôhon, *älter* hlauhun, *ad* sylvas; *vgl.* Hadolaun (Hadeln) = Hadohlauhun. *die älteste urk. form ist* Loon *(zu entnehmen aus* Loonensis moneta *des 11. jh.) für* Lohon.

Lonekenrode, *ortsn. bei Iserl., urk. von* 1448, *wurde allmählich in* Lünkerode, Lünkerohl *entstellt.* Loneken *ist genit. von* Loneke *für* alts. Luniko, *deminutivname von* lun *(pflock), wozu* lunisa (lünse) *gehört.*

lônen, *1. lohnen. 2. erwidern. die letztere bedeutung rührt von den antwortgruss* „Gǫd löne!" *auf den gruss* „Gǫd help!" *vgl.* kennen of lonen *myt rechte dat is ja off neyn seggen. Alten. stat.*

lûnken, *lauern. (Weddigen).*

lünkern, *zielen. (Düsseldorf.) — Kil.* loncken, leviter obliquare oculos, retortis oculis tueri.

Lǫnsehedt, *f. n. giət L. (ehemals reicher bauer bei Hüllscheid)* wǫt, he het wǫt wier se giəwen.

lôp, *m. lauf. reimhaft:* lôp un kôp. ik will darvor geven wat loip un koip iss. *Alten. stat. s.* löpen.

lǫp, *m. lauf.* he gaf sik oppen lôp. he het et imme lôpe låten.

löpen, *pr.* laip, *ptc.* löpen, *laufen, gehen.* he löpet bat giəste bat heste. he laip heste nitt saihen. he löpet dat em de kläwen klappert. *s.* snien. he laip so harde at he im lǫpke konn. bai löpet het schuld. låt löpen! *sagg de* alle, *wird beim trinken gesagt.* he maut löpen, *er hat den durchfall.* et lôpet alles med mi ümme, *es wird mir drehend vor den augen.* bai lôp mi int holt, *er kann mir gestohlen werden, ich mag ihn nicht. (lied.)* di löpet se wol den rüggen heran, *wird zu cinem müssig sitzenden gesagt, um ihn anzutreiben.* et es beter en verdǫrwen löpen us en verdǫrwen köpen. dat kind

lôpet all, *das kind geht schon. — goth.*
hlaupan; *alts.* hlôpan, *pr.* hliop, hliep;
*Tappe 23*ª*: lopen vnd kopen will nicht
tho samen.*
lôpen, *n. handfass.* kaulôpen, sâdlôpen.
— *ags.* leáp, *corbis; v. Höv. urk. 112:*
eyn loepen.
lôper, *m. 1. läufer. 2. rad am spinn-
rade.* — *Kil.* looper, cursor; *Teuth.* loe-
per, baide.
lôperigge, *f. vieles hin- und herlaufen.*
lôpken, *laufen, gehen. diminutivverbum
der ammensprache.*
löppen = leppen, *ein kind, ein junges ohne
mutterbrust, euter aufziehen. vgl.* liapel.
löpper-swîn, *schwein, welches einer mit
milch aufzieht, wenn die mutte nicht
so viel zitzen hat.*
lôpsk, *1. läufisch, von tieren.* lôpske
tiƏwe. *2. von menschen, die zusam-
menlaufen.* dat gansse dǫrp wôr lôpsk.
— *Teuth.* loipsch, tuchtich, spelich; tuch-
tich = en dyer dat wynnen wil, speelich.
lǫrk, *m. lurch, kröte; nur als schelte.
der ortsname* Lurxel *(1448) heute* Lös-
sel *bei Iserlohn mag krötenwohnung
bedeuten.*
lǫs, *los. (Hersch.) s.* lǫss. *urk. v. 1337
(Z. d. B. G. V. 8, 210)* loas.
lôs, *n. Loos. platthd. s.* lott, lǫt.
lôse, *in:* Bęrkenlôse, *wüstung zwischen
Iserlohn und Landhausen.* — *urk.* Ber-
kenloese.
lôse, *f. 1. lauge, schaum beim waschen.
2. schaum bei heissgerittenen pferden.
3. speise von rahm, die mit einem be-
sen geschlagen wurde, geschlagene sahne;
ehedem eine neujahrs- oder christtags-
speise. vgl. Teuth.* loiss. ondycht als
kese. broit, swam, porosus, rarus.
lôsen, loosen. *platthd.*
lǫss, *los.* he lôpet am lǫssen sêle. lǫss
am stiƏl sin = *leichtfertig sein.* —
M. chr. I: lose = *leichtfertig.*
lǫssdrîver, *herumtreiber, vagabund. K.*
lǫsskǫrstig, *loskrustig, vom brote.*
lǫsslik, *auf eine lose, lockere weise.* me
maut den silât nitt in de sigge drücken,
me maut ne lösslik 'rin schüdden. —
Kinderl. gesch. d. nds. spr. 348: lǫs-
liken, *sanft.*
lǫssrock, *m. losrock, fig. leichter, lusti-
ger vogel.*
lôsunge, *f. loosung, musterung.* he es
in der lôsung. *platthd.*
lǫt, *n. loos. (Albringw.)*
lǫten, *loosen. (Albringw.)*
lott, *n. loos.* — *goth.* hlautr; *ahd.* hlôz;
alts. hlôt; *Teuth.* lott; *Kantz.* lot.

lottsen, *m. lumpen.* — *lat.* lacinia.
lôf, *n. laub.* — *ags.* leáf; *mnd.* lof, *pl.*
lovere = *blatt.*
lǫf, *n. und m. lob.*
lôfblad, *n. pl.* lôfblęer, *baumblatt. auch
zur bezeichnung eines kleinen masses,
im kinderreim:* en lôfbladd vull. —
altn. laufblad. *Gr. III, 411.*
lôfschobben, *m. laubschuppen.*
lôfstruddek, *m. strauch, an welchem das
trockene laub hängen geblieben.*
lǫfte, *f. gelöbnis. (Lüdensch.) — mwestf.*
lovede, lofte, loefte.
lôffǫrsk, *m. laubfrosch.*
lôwe, *f. offene halle unter einem über-
baue. Freytag. n. bilder:* löben, *be-
deckte gänge, welche einst in einem
grossen teile Deutschlands durch das
unterstock der markthäuser führten,
die gehenden in der regenzeit schütz-
ten und das leben des hauses mit der
strasse verbanden. Kil.* looue, umbra-
culum frondium; projecta, compluvium,
pergula vulgo lobia; looue, pand, por-
ticus. *Teuth.* boide, hutte, schop, leuve.
lôwe, *m. und f. löwe,* leo.
lôwen, *1. versprechen. vgl.* geloben. blâ-
gen un bedelers maut me nix lôwen.
lôwen un hällen dat dǫ̂n de ällen. me
maut nitt mær lôwen as me hällen
kann. *2. loben.* — *Kil.* louen, laudare;
vetus *j.* belouen, promittere.
lôwen, *pr.* lôfte, *ptc.* loft, *glauben.* dat
we 'k lôwen. dat kannste men drîste
lôwen. bai nitt lôwen well, dai lôpe
med dem kopp tiagen den dǫrenpost,
dann fault he 't.
Lowîs, *Luise.*
lü, *pl. leute.* bai med sösken lüen te
bedde gę̂t, dä stę̂t med sösken lüen op.
reimhafte formel: dä sin ik bi l u i e n un
r u i e n bekannt. *Gr. tüg 54.* sô
lü, sô rêskop = *wie der mann, so
sein kram. als ausruf* jâ lü! — *mwestf.
1555:* luyde; *Teuth.* luyde, volck.
lü, *aufmerksam, verwundert.* ich hâr
lui op.
lü = *lüt, dünn.* lü sæget, clair semé.
(Lüdensch.) — *Regel progr. 30 s. v.
rogge:* dat lude.
lübbeling, *m. castrirter ochse.*
lübben, *castriren.* bai de kunst verstê̂t,
dä kann den bock med der hæpe lüb-
ben. *s.* lippen. *Teuth.* lubben, boeten,
heylen; lubber, castrator.
lübbestiok, *m. liebstöckel,* ligusticum. —
ahd. luberstical; *Teuth.* levestock, lub-
steke.
lübbosse, *m. castrirter ochse.*

lûber = lûdbar, *klar.*

lucht, *f.* = locht. dai kiket in de lucht as en vuogelfänger.

lucht = lecht, *subst. N. l. m. 29.*

lucht, *f. link, linkisch, ungeschickt.* dai es nitt lucht = *der schlägt tüchtig zu.* — lucht = *luft, welchem ein* ags. lyft *entsprechen wird, woraus altengl.* lift, *engl.* left, *mnd.* luchter; *vgl. Gesch. d. d. spr. 992. Teuth.* luchtes, loirtz, lyncks.

luchten, lüchten, *lüften, aufheben z. b. das heu. fraglich, ob zu* lucht *(luft) oder zu* lichten, to lift.

lück = lüttk, luttik, *wenig.* giəf mi en lück med! — *alts.* luttic; *M. chr.* luttick. *s.* lütteken.

lûd, *laut.* — *M. chr.* lude; *Teuth.* luyde, helle.

lûddâge, *pl.* lauttage. — *Bugenh. 3 Mose 25 gibt halljahr durch* lutyar. *s. aber* lûtûâge.

lûder, *n. 1. luder, aas. 2. eine schelte. s.* schindlûder.

lûderk, ?lork, kellerlork.

luoderhans, *m. lotterbube, vagabund.* — *ags.* loddere; *Wigg. Scherfl. II, 14:* loder; *Teuth.* lodder, boeve.

luodern, *herumme l., müssig umherstreifen, liederlich leben. s.* kluodern.

lûoge, *f. lüge.* dai es ôk van der ersten lûoge nitt borsten. en lüag taum gemâke küəmet nitt te fâke.

lûogen, *m. lüge.* dat es en dicken lûəgen. — *alts.* lugina.

lûogenbûl, *m. lügner. s.* prâlbûl, smərbûl, windbûl.

luen, *für* lûden, *pr.* ludde, *ptc.* ludt, *lauten.* bu ludt dat! et ludt nitt alle guəd, bat me siət.

luen, *für* lûden, *pr.* ludde, *ptc.* ludt, *läuten.* et lüdt, *es wird geläutet. mwestf.* luden, *præt.* ludde.

lûer, *f. lauer.* he stęt op der lûer.

lûerbass, en, *einer der im stillen auf seinen vorteil sinnt, heimtückisch ist.*

lûerbiətsk, *lauerbissig, heimtückisch; auch bei Holthaus.*

lûerig, *träumerisch, langsam, matt, verdrossen.*

lûern, 1. *lauern.* 2. *horchen, lauschen.* 3. *langsam sein.* 4. *schleichen.* he lûert sik węg = *er macht sich leise (unvermerkt) weg.* he lûert sik herin, *er schleicht sich hinein.* dat fûr lûert = *es glimmt nur, brennt schlecht. s.* lûrfûr. — *ahd.* hlôsen; *Teuth.* lupen, luren, observare, insidiari. *vgl.* sik verlûern = *sik verwilen.*

lûerschau, *m. pantoffel.*

lûerûks, *m. aufpasser, kundschafter.* — *v. St. (Meurs):* Luer Viet; *vgl.* viskebönen *für* vitsbönen.

lûerfûr, *n. glimmfeuer.*

lûhorken, *aufmerksam horchen, lauschen.* he lûhorket as ne sûe dä sichten hört. *(Lüdensch.)* — Vilm. *aus d. westf. Hessen:* schlûhorken = *die heimlichkeiten anderer auszuforschen suchen; vgl.* slûbiətsk *und* glûbiotsk, slô *und* glau. *nds.* glû, *ostfr.* gloo. *ostfr.* glûren = lûren; lû.

lûk, *halboffen.*

lûke, *f. luke.* op de lûke stân lâten, *halb offen lassen.*

lûke, *f. luke.* — *altn.* lûca, janua. *M. chr. I:* luke, loch, kellertür. *Kil.* luycke, fenestra foci.

lûken, *halb offen stehen lassen.*

lûken, *ziehen, d. i. den heber oben zudrücken, mittelst eines hebers abzapfen.* — *ags.* lûcan, leócan, claudere; *Kil.* luycken, claudere, occludere, operire, operculare, sepire.

lûker, *m. heber.*

lûlamm, lôlamm, *faulenzer.*

lûlapp, *faulenzer.* — *Kil.* luy, piger; *holl.* luilak, luilap; *altn.* lû, lassitudo. *s.* dodendanz *(Bruns 344).* Sunte Loye (Eligius): du holdest sunte loye vor einen patrôn, dat is eyn teken, dat du nicht gerne vele machst don. *nd.* loi, *träge, faul.*

lûlappig, *träge, faul.* — *münst.* lulaksig.

lûlau, *adv. von geschäften, die flau gehn.*

lûlômen, *in:* jâ lûlômen! *Galanteriewaar 75.*

lûling, *m. lûning, m. sperling.* en lûling draf nitt so lange slâpen as ne ûle. dâ hęt kaiu lûling sad âne, *von einem magern menschen.* — *Teuth.* luynink. *vgl.* lûtse, *was auf* lütt *(klein) weiset und* ags. lytling. *darnach* lûling *für* lûtling = *kleines geschöpf. Lübben, tiern. im R. V. meint,* lûne, lûning, lûnke *weise auf einen menschlichen eigennamen und sei wahrscheinlich verkürzte form von* Lunfrid; Luningus *findet in urkunden mehrfach als mannsname. syn.* müsche, mösche.

lûlingsspenker, *spatzenscheuche. Gr. tüg 43. Kil.* spenen, continere, abstinere. *nds.* spenkeren, *wegjagen.*

lûll, *n. 1. berauschendes bier zu Balve.* Bälwisk lüll dat stiget əm an den krüll. — *in W. Brauns lat. hexam.:* bibulis est lullia Balvis, *wozu Kampschulte bemerkt:* lüll *hiess das ehemals in Balve gebraute weissbier.* 2. *schlechtes, trü-*

166

bes, dünnes getränk. K. Fischart (Gargant.) lüllzäpflein. der name vielleicht von der einschläfernden (einlullenden) oder betäubenden kraft; vgl. ahd. lolli, lolium; Kil. lollebancke j. slaepbancke.

lumbum, *schelm.*

lummer, *f. lende vom rinde. — holl. lumme, f. hinterstück vom rinde. ahd. lumbal vom lat. lumbus.*

lummerbräken, *n. lendenbraten. — Vilm. lummer, f. syn. mörbräken.*

lummerig, *matt. Gr. tüg 59. — Wald. lumm, locker, schlaff. Vilm. lumm, lummer.*

lummern, *1. langsam gehen. de hund lummerde dann langsam wier ter dör 'rut. Gr. tüg 60. 2. langsam spielen mit spielsteinen und dabei doch auch zielen.*

lump, *m. 1. pl. lumpen. 2. eine schelte.*

lumpen, *zerrissen. de hänne werd em lumpen = die haut an den händen zerreisst. lumpen kierl, lumpen hüs, lumpen mess.*

lumpen, *matt, steif von kälte. de hänne sind mi so lumpen. syn. verklumpen. — verwaistes ptc. von limpan, lamp, zu welchem engl. limp (schwach, matt, lahm) und lumm (s. oben lummerig) gehören.*

lumpen, *plump, gross. ät es en miserabel lumpen dir, von einer grossen schweren kuh. (Rade.)*

lumpen, *nur negat. sik nitt lumpen läten, s. b. sich durch übertriebene sparsamkeit und sonst in den augen anderer nicht zum lump machen. klaine wer di, gröte lätt di nitt lumpen! sagt man, wenn sich zwei jungen von verschiedener grösse in den haaren liegen.*

lumpenbüän, *m. lumpenboden in der papiermühle.*

lumpensämmler, *m. lumpensammler.*

lumpensnier, *m. lumpenschneider.*

lumperi, *f. lumperigge, f. lumperei. s. cumpeni.*

lüne, *f. laune. med lünen fechten, launisch sein. s. möerlünen. — zu ahd. lüne, erscheinungen des mondlichtes; vgl. d. spr. 1026.*

lünenköster, *m. launenhafter mensch.*

lünenfechter, *m. der mit launen ficht, arbeitet.*

lunge, *f. lunge. et was as wann ik lunge un lçwer hädde van mi giäwen sollt.*

lungen, *verlangen, schmachten nach. et herte lunget em derna. — vgl. to long, hd. lungern. eine volksetym. liegt viel-*

leicht in Münst. chr. III, 78 : diessen bieden henck die lunge na dem gelde.

lünken, *hinüber schielen, mit den augen winken. K. Kil. loncken limis obtueri, leviter obliquare oculos, retortis oculis tueri.*

lunkert, *für lungwort, lungenwurz, lungenkraut, eine an buchen wachsende flechte, die zum thee gegen husten dient. — vgl. golfert, goldwurz.*

lüns, *schlechte tabakspfeife. æren lüns irdene pfeife. s. lünse.*

Lünsche, Lünsched, *Lüdenscheid.—1072: Luidolfessceide. eine der vielen örtlichkeiten, welche scheide hiessen, erhielt einen Luidolf oder Ludolf zum ersten bewohner. dies war zu Altenlüdenscheid, von wo ein spross sich nach Lüdenscheid übersiedelte und den namen mitbrachte.*

lünsk, *in: l. kiken. vgl. lünssenkiker.*

lünsken, *n. pfeifchen. Grimme. — Wald. lunze, irdene pfeife.*

lünsse, *f. achsnagel. — ags. lynis. f.; Teuth. lunse van en rade.*

lünssenkiker, *schelte für den ackerbaulehrling, der eine zu genaue controlle über die feldarbeit führt. allgem.: du büss mi ock en lünssenkiker.*

lüpert, *m. verschmitzter bösewicht. — Teuth. lüpen, luren, observare, insidiari; luypper, observator, insidiator; Vilm. s. v. lüppert. vgl. Jübbe, übel.*

luppe, *f. klumpen glühenden eisens auf hammerwerken. vgl. Diez II. s. v. loupe.*

lürbitsig. *Hinz. 2, 93: he makden eu luhrbitsig gesich.*

lürig, *laurig.*

lurks, *schieler, eine schelte.*

lurksen, *pl. augbrauen. he kiket unner de lurksen her = er sieht seitwärts. vgl. gesch. d. spr. 991: lirk; Kil. lurts, sliuck, sinister.*

lûs, *f. pl. lûse, laus. 'ne lûs im potte es beter as gar kain flôs. (Altena.) he es nitt lûse werd = er ist gar nichts wert (vgl. Tappe 105b). — dai wêt batte ledt, wann he ne lûs am sêl het. hä lçwet as ne lûs im schorwed. den fretet de lûse noch op. dä sa'k wol nix van krigen, dai sall mi wol im êwigen lçwen derför lûsen mäuten. zu lûsen. — zu liusan, perdere, consumere, wie φθείρ zu φθείρειν.*

lüsche, *f. meist pl. lüschen, weisskohl der sich nicht zum kopf gebildet hat. — aus wlüsch, vgl. thüring. fusche.*

sprachw. I. 300; vgl. flûsch, flausch.
syn. bastert.

lüschenmaas, n. kohlgemüse von lüschen.
syn. sluəderkappes.

Lûsebrink, m. mehrfach vorkommende
halbappell. ortsbezeichnung. so bei He-
mer, im kirchsp. Gevelsberg.

lûsebusk, m. lausebusch. kindern, die
sich nicht gern kämmen lassen, wird
gesagt: du küəmst iu den lûsebusk.
zu Fürstenb. sagt man: wann du di
nit kämmen läss, dann kummt de lûse
un drəget di int holt. — Kil. luys-
bosch, caput pediculosum. vgl. Rochh.
alem. kinderl. s. 318.

lûseken, n. läuschen. dəm es en guəd
lûseken an den bârd kropen = der
hat glück gehabt; vgl. Fischart, floh-
hatz: die bürgermeisterwahl. J. P.
ausw. aus d. Teufels papieren nach
Hommel nennt eine bürgermeisterwahl
zu Hardenburg in Westfalen.

lûseknäpper, lauseknacker, daumen. syn.
dûmen, dûmeling.

lûsekrûd, n. herbstzeitlose. (Meiner-
zagen.)

lûsemelle, f. lausemelde, ein unkraut.

lûsen, lausen.

lûsepüngel, m. lausiger junge. lause-
junge, unreinlicher junge. s. püngel.

lûsepark, m. lausiger junge. — Fürstenb.
lûseprûk. syn. lûsefuddek.

lûsefuddek, schelte. (Siedlinghausen.)

lûseflks, m. eine schelte. s. lûerflks.

lûsig, lausig. — Teuth. luysych, vol luyse.
pediculosus.

luspern = lustern. Gr. tüg 9.

lust, f. lust. dat. pl. lusten; mcd lusten
sin = ein gelüste haben.

lust, m. strauss blumen; syn. dust. —
nach Vilm. s. v. luststiel scheint es
aus diesem compos. gekürzt zu sein.
auch Siedlingh. lust.

lüsten, behagen. dat lûstet mi nitt =
ich mag das nicht. dem soll wot graû-
nes lüsten.

lustern, 1. horchen, lauschen. 2. flüstern.
lustern int âr es nümmer nich wâr. 3.
gehorchen. ènem lustern. — altn.
hlustar, er lauscht; ags. hlystan, engl.
to listen. Teuth. luystern wie 1. und 2.;
Fischart lausteru. im hd. flüstern ist
altes w zu f verhärtet.

lustern, pl. ohren, gehör. du kriss wot
ûm de lüstern. ik well di de lustern
besaihen, ich will dich ohrfeigen. —
alts. hlust, f. auricula, auditio. vgl.
kluntern, pl. f. zu klunt wie lustern
zu hlust.

lusthûs, n. gartenhaus, laube.

lût, luit, pl. luiters, mädchen, tochter.
(Paderb.)

lût, dünn. lût saiget. dat gras stêt lût.
(Hemer.) — vgl. lû und Kône Helj.
3565.

lût, verwundert. ek word lût. ek hârde
lût op. lûhd, like lûhd, sehr betrof-
fen. vgl. Kône Helj. 3565: lüten, ver-
legen. syn. nl, lui.

lûtdâge, pl. heissen die zwölften, weil
sie das wetter für das ganze jahr be-
stimmen. = losstage, schicksalstage.
(Voswinkel bei Menden.) — zu hleótan,
sortiri; vgl. jedoch lûddage und ags.
hlydmonudh (märz) = strepens mensis.

lûte, f. flaches fischnetz. Seib. urk. 1039:
luute. syn. tûtebelle.

lûter, nur (lauter). für diese verwen-
dung vgl. ital. pure. — alts. hluttro,
sincere.

lüttken fasselâwend, m. kleine fassnacht.

lûterwęg, immerfort.

lutter = lûter.

Lüttekens dik, teich der kleinen (kin-
der) auf der Sümmerhuide.

lûtterlichen, adv. lauter, rein. urk. v.
1367.

lütsling, süss-bitterer holzapfel. (Rün-
deroth.)

lüttse, f. sperling (Hattingen.) — vgl.
lutsich. Kône Helj. 759 und struthio.

Lutse, Ludwig.

M

mü, für mâr, aber. (westliche Mark.)

machochel, f. altes weib. ne àlle m.,
ne dicke m. — vgl. ags. maca, woraus
wie in lachachen (cachinnari) aus lachen
durch einschiebung von ca (cha) ein
neues wort mit modificirtem begriffe
gebildet sein kann; vgl. noch kladatsche
für klatsche. Kil. machache, macha-

chel, mulier ignava, sordida, deformis.
Schamb. machukele. unser epitheton
„àlle" kann reines ornans sein und
hässlich ausdrücken, wie das volk der-
gleichen oft anwendet.

machelle, hinfällig. judensprache.

macholler, m. wacholder. — vgl. altm.
machaldel, machandelbôm. w und m

tauschen zuweilen; vgl. män — wän, mispel — wispelte, maikâm — maikâwe.

machsachte, *der vordere ungefaltene gewöhnlich aus grauer leinwand gefertigte einsatz des weiberrocks, den die schürze bedeckt.* K.

macht, f. *macht, kraft.* macht hewen, *kraft* haben. dai heat macht. *macht ist der echt nd. ausdruck für kraft, dies zeigt sich auch bei Jud. 8, 21: (darnach der mann ist, ist auch seine kraft), wo die Magd. bibel hat:* darna alse de mann ys, dar na ys ock syne macht. van macht sin, *verfügen können; vgl. Seib. qu. II, 272:* se weren des nicht van macht. bi macht sin, *in seiner gewalt haben, berechtigt sein:* bai dat klaine nitt en acht', es dat gröte nitt bi macht; *vgl.* de geste sind bi macht ungewrogete kannen platt te slan. *Lüdensch. recht.* nich wârdes macht heffen, *nicht sprechen dürfen, keinen grund dazu haben.* macht an wat hebben, *recht an etwas haben.*

mächtig, 1. *mächtig.* 2. *kräftig, leicht sättigend.*

mack, n. 1. *mischmasch.* es et dâ ock raine? = *wie ist es da im hause?* so hack un mack. 2. *gesindel.* et es so hack un mack. *s.* mecke.

macke, f. *schlag mit der hand. (Altena.)* (*aus hebr.* maccâh, *schlag.*)

mackelshiemd, n. *hemd als lohn für heiratsmäkler. Grimme Sauerl. 63.*

mackelslôn, m. *mäklerlohn.* f. r. 98.

mackelsmann, m. *heiratsmäkler. Teuth.* mekeler, oudercoeper.

mackelsmôr, f. *mäklerin, kupplerin.* f.r.72.

mackemente, *verdriessliche umstände.* K.

mackes, pl. *schläge. (aus hebr.* maccôt) f. r. 64.

mackelwe, f. *häher.* marcolfus. Kil. markolf j. roetaerd.

mädepalme, f. *immergrün,* vinca. (*Odenthal.)*

mâdert, m. *für* môderwort, m. *mutterkamille,* matricaria. — *engl.* motherwort. Teuth. mater.

Maes, Mais, *Matthias.*

mâge, m. *magen.* dem hänget de mâge op êner sid, *er ist hungrig.* en mâgen heffen as en saldôten ranzen. den hew'k im mâgen, *den mag ich nicht leiden. s.* beschaiten. — *Tappe 113*b: mawe; Kil. moeghe. *s.* saumâge, duonermâge. Teuth. maghe, *schw.* f.

mâged, f. *magd.* es de mâged brûd, dann es de denst ût. bai het im hîmel den swöggesten denst? de mâged allêne (Magdalêne.)

mâger, *mager.* en mâger jâr maut noch kainen annen auwer smîten. so mâger dat em de hûd oppen kneken faste wassen es. dà kuemt de magere van te jâren, *von einem starken kalten winde.*

mâgermännken, n. ? megerling, *ein kraut.*

mäggen = maigen. — *urk. v. 1512:* megen.

mäggerske = mêsche. *(Fürstenb.)*

mägkâwel, m. *maikäfer. (Lennhausen.)* — *zu* mäg *(mai), vgl. ital.* maggio. *syn.* maikâwel *(Werl),* maikewe, maikâm *(Schwerte),* maikatte *(Iserlohn),* waukewe *(Hagen),* aiksnâwel *(Nieheim),* eckernschewek *(Lippe).*

maglichte. *so hiess sonst der unter der schürze verborgene (oft linnene) schlechtere teil des frauenrockes. entstanden aus:* et mag lichte, dat et dâ guad genaug es. — *vgl.* machsachte.

mai, m. 1. *mai.* hîr nâ mai, sagg et schâp, dä slaug em de hâgel vör de fuot. „hîr nâ mai" *drückt die stimme des vom hagel gepeitschten tieres aus. sinn des ganzen ist: nach diesen aprilschauern kommt der mai. der spruch ging vor 300 jahren schon in einer verderbten form um und ward von Evert Tappe (126*a) *aufgezeichnet, wie folgt:* hier nae mey, *sagte die* sugge, do sloich se der hagel vor den erss. 2. *grüner zweig* (maibusk). berkenmai. wann de mai den mai brenget, dat es beter, as wann he ne findt. *im engl. gilt may speciell vom weissdorn.*

mai, *miete, mietgeld, das denen, die man mietet voraus gegeben wird. für* maide. Kil. miede.

maiâwend, m. *maiabend, walpurgisabend. (Stockum.)*

maiblaume, f. 1. *maiblume.* 2. *kuhname.*

maibôm, m. 1. *abgehauener, grüner baum, der bei einem hause aufgepflanzt wird. frühlingsgebrauch. Neues westf. mag. II, s. 131 von abholung des maibaums zu Bochum.* 2. maibôm, *auch* maibock, *purzelbaum.* eu maibôm schaiten. *syn.* aibom, aibum, bussbôm, berbôm, trummelskopp; *vgl.* stolterboltern.

maibrûd, f. *ein geschmücktes mädchen, welches pfingsten umhergeführt wird. pfingstbrauch zu Albringwerde; vgl.* pingstbrûd, österbrûd.

maibusk, m. *grüner zweig.*

maidag, m. *maitag, erster mai.* op maidag. ûm maidag. bat kann mi maidag helpen, wann de kau kapot es. wänn ek un mine frau dôd sind, dann

mag maidag kommen, wänn he well.
(Hagen.)

maidgeld, *n. mietgeld. s.* mai.

maidrank, *m. würzwein von maikräutern:
waldmeister u. a.*

maien *für* maiden, *praes.* maie, *mess,*
medt, *praet.* medde, *ptc.* medt, *mieten.*
— *und.* meyden, meden; *Kil.* mieden.

maienstrůper, *m. der erste beim wett-
lauf. pfingstgebr. zu Liberhausen.*

maier *s.* flassmaier. *wie* maier *wird auch*
majòr *für composita verwendet.*

maigen, *mähen. s.* mäggen, mägen, mån.

maiger, *m. mäher.*

maihenken, *ein leichter junger bursch
mit den besten anlagen ein taugenichts
zu werden.*

maikām, *m. maikäfer. (Schwerte, Kult-
hof.)*

maikatte, *1. im mai junggewordene katze.
2. maikäfer.*

maikāwel, *m. maikäfer (Werl.)* mai-
kāwel *(Fürstenb.)*

maikerw ? maikewe. *K.*

mainen, *pr.* mainde, mende, *meinen.* jå,
saggte Henrik Halfmann, hai mainere
(mainde) åwer nè. dat· ju Gott met
trügge mein, *dass Gott es treu mit
euch meine,* 1670. sik wot mainen, *viel
von sich halten; vgl. sich etwas ein-
bilden.* — *mnd.* menen.

maipîr, *pl.* maiplrs, *fischbrut, welche in
krügen eingemacht wird.*

mairegen, *m. mairegen.*

mairöse, *f. kuhname.*

Maismecke, *name eines kleinen baches
bei Iserl.* -mecke *häufige entstellung
aus* -becke. mais = *alts.* magathis;
vgl. holl. meisje.

maiwǫrm, *m. maiwurm,* meloe proscara-
baeus.

måke, *f. mache.* de rock es in der måke.
fig. in der måke hewen = *prügeln.* —
·*holl.* maak, *bearbeitung.*

måken, *pr.* måkede *(Hamm:* mock, *Paderb.:*
maik, *Marienh.:* matte; *pl. Witten:*
se mocken, *Dortm.:* se möcken), *ptc.*
måket *(Marienh.* matt), *machen.* måk
nitt da'k di wǫt üm de åren giåwe!
sik måken, *sich ereignen.* måken =
måket *oder* måkend *in* selfmåken lineu
dauk.

mæken, *vom schrei des hasen.*

makúndel, *pæonie (Brilon.)* macken, *be-
sänftigen, vgl. nd.* mack *und* wundel,
ags. vundel, *wunde.*

mål, *n. mal. fǫr düst mål. twè mål. —
eine berg. urk. v. 1639:* jahrmahlen =
jahrgänge. syn. raise, bot.

mål, *adv. mal.* gêste. mål nå hûs! kuǝm
mi mål wier!

malderbroit *v. St. XXI s. 1355:* dat
m. sall wigen 8 punt.

målen, *mahlen,* molere.

målen, *malen,* pingere. lått di wǫt målen,
dann hęste ock wǫt buntes; *für*
målen *auch* flaüten, backen, åppeln,
äpsen. ik kann et di nitt målen *wird
gesagt, wenn z. b. dem kinde ein butter-
brot nicht gut genug ist.* en kind as
en gemålet bild; *vgl. span.* como pin-
tado, *ital.* par fatto col pennello.

måler, *m. maler.*

malk, *jeder.* — malk = manlik, männig-
lich.

malliken, *männiglich. (Wald im Berg.)*

malkander, *einander.* laten by malck-
anderen kommen = *zusammen kommen
lassen. Alten. Stat.*

Mälle, Melchior.

måller *für* malder, *n. malter. malter =
32; daher auch = 32* spind. — *im
16. jh.* molder. *s.* åller.

mållersaek, *m. maltersack. s.* gewiəten.

mållersse, *n. malter land.* — *urk.* malder-
sede, malderze = *maltersaat. Wallr.:*
ein mallerseth of anderthalue morgen
goed lautz. *Urk.* 1566.

malmert, *m. schnellkäulchen von marmor.
mascul. auf* r *nehmen gerne noch ein*
t *an; vgl.* melchert. drinckert *für* drin-
ker, *Ztschr. d. berg. geschichtsvereins
I,* 373.

måls, *gewöhnlich.* he kömmt måls, *er
pflegt zu kommen.*

målt, *n. malz.* en ędelmann åne målt es
en puddek åne smålt.

målum, *trunken.* he es målum.

män, *s.* meu.

måne, *f. mähne.* — *ahd.* mana, *f. juba.*

måne, *f. mond.* — *ahd.* mano, *m. luna.
s. möne.* de lui sid achter der måne
her *(von Warburg etc.) bezeichnet leute
die in der aufklärung noch sehr zurück.*

måne, *f. mohn.* lutherske, katholske un
refermérde månen. — *ahd.* mågo, *m.
Kil.* maen; *syn.* jufferte.

månen, *mahnen. vgl. Koene z. Helj. 4478.*

månenschîn, *m. mondschein.* hai hęt sine
frau bim m. frigget.

mang, **mank,** *zwischen.* midden mank,
mitten dazwischen. mauk de annern,
unter den andern. — *v. Höv. urk.* 54:
mang anderen worden; 55: manck an-
dern.

mange, *f. für* mande, *zweihenkliger gros-
ser korb. [langer tiefer korb.] ags.*
mande, *f. Kil.* mande, corbis. *vgl.*

mengel *für* mandel; ungen *für* unden; ungern *zu* undarn.

mangel, m. *1. mangel. 2. gebrechen.* m. an den ögen.

mangelkorf, m. = mange. (*Brilon.*)

manges, mangest, mangst, *1. mitunter, zuweilen, manchmal. 2. bald, nachgerade.* he werd mangst åld. *vgl.* middens, enhand.

mangesten, *mittlerweile.*

mank, *art fischotter.*

manken, n. *möndchen. s.* sünnken.

maakgarn, *.garn zum fange der* mänke. *Iserl. bürgerbuch v. 1670 fol. 1*.

maakse *für* manske. *s.* mans.

mann, *pl.* männer. *1. mann. auch anrede an einen fremden, bettler:* mann, i maût dûtmål vörbi gån! *an vornamen gehängt für kleine knaben:* Fritzemann, Karlemann. *2. ehemann.* en guaden mann, en netten mann : sett ne oppen diss un friat dervan! *3. redensarten.* te mann, te manne = *jeder,* à *personne. des mannes* sin, *gross sein (auch von sachen).* se es manns *(gross, tüchtig)* genaug dertau.

manneken, n. *irgend ein lebendiges ding.* — *Kil.* manneken, maa, homunculus.

männeken, n. *1. männchen. 2. pl.* männekes, *männchen, possierliche bewegungen.* männekes måken, *vom hasen. 3.* männerkes = hilgen, *bilder. vgl. Gr. III, 680*.

mannsmenske, *männliche person. pl.* mannslû, *mannsleute. vgl.* frau-menske.

mans, manske, mans kau, *f. ein kuh die nicht kalbt, die fěr geht. Kil.* manskoe, mansekoe *j.* guste koe. *vgl. die analogie bei Diez s. v.* bréhaigne *für* baraigne, *mannweib, unfruchtbares weib.*

mäns = men, *nur.*

mænsch, *von einer krankheit bei pferden.* — *mwestf.* mensch. *Kil.* maene oft vel op de ooge; maenoogigh peerd, equus pterygio siue vngue laborans. *Teuth.* meensch. luynsch. maynsieck. *Frisch.* monäugig, *ein mangel einiger pf. in den augen, der mit dem monde ab- und zunimmt.*

manschen, *rühren, plattschen, mengen, mischen, mit dem nebenbegriff des unpassenden.*

mänt = men, *nur.* (*Paderb.*)

mantel, f. *mantel.*

mantelstock, m. *ist nicht das unter diesem namen bei Frisch verzeichnete, sondern ein gestell (mit vorhang), um kleider aufzuhängen.*

mappe, f. *mund (selten).* glik kriste ĕnen

op de mappe. — *vgl.* thüring. bappe, bäppe, *ferner unser* möpen *und* mopp, möppel. *umgedreht heisst eine* mappe *bei uns* papp.

mår, f. [mår, n.], *alp.* — s. mard. *Teuth.* maer eyn gedwesniss nachts dye luyde in den slayp qwellende.

mär, *aber.* mär, mä *westmärk.* men, män *ostmärk. mnl.* maer *aus* ne wåri, *Gr. III, 245. 290. mar in einer märk. urk. v. 1429; sie mischt hd. mit nd. formen. Verne chr.* (*Seib. qu. I, 36*) *hat* ,mehr'.

mær, mer, *1. mehr. 2. öfter.* dat hęw'k mær saihen. all mær, *sonst schon.*

måråkel, *lärm.* måråkel måken. — *lat.* miraculum; *altm.* maråkel. *syn.* spektakel.

mære (*in* semære) *ist* merula. *Teuth.* merle.

mård, måd, n. *1. marder, martes. syn.* stennäter, måter. *2. alp, nachtmahr.* 't mård ridt ęn. *syn.* mår, nachtmarre. — *engl.* mare. *Shakesp.:* I'll ride thee o'nights like the mare. *Kil.* mære, nachtmerie, incubus ephialtes.

måren, mårné, *morgen (demain).* tin mårne. jå, tin måren! *iron.* = nein, niemals.

mærenmige, f. *eine pflanze.*

margenblaume = mergenblaume. (*Fürstenb.*)

marjauh, *ausruf* = Maria Joseph. *s.* jĕses marjŏsėp.

mark, n. *mark. Teuth.* march of pyt.

mark, f. *1. gehölz.* holtmark. *2. feld, flur, feldmark. vgl. myth.* 60.

mark, f. *münze.* ĕkener mark. 1 mark Dortm. = 12 schill. 2 mark Dortm. = 2 thlr. 1 Dortm. schilling aus der ersten hälfte des 17 jh. hatte den silberwert eines silbergroschen.

marked, n. *markt.* — *Rud. stat.* yarmarket, n.

marketgeve, *marktgåbe, korn wie es zu markt gebracht werden kann.*

mårkol, m. *häher.* (*Breckerf.*)

markölwe, makölwe, f. *häher* (*Hemer.*) *d. i.* Marcolfus, marklof (*Elberfeld.*)

marolwe, f. *häher.* (*Marienh.*) *s.* makolwe, mackolwe.

mars, *marsch.* mars mettem jûden, hai hĕt speck freten.

marschop *für* matschop, *gesellschaft.*

märsch, n. *marschland, viehweide.*

mart, p. *mätte, alp.* 't mart ridt. (*Liberhausen.*)

mærte, f. *märs. Teuth.* merte.

mærtebiese, f. *märzschauer.*

mærteblaume, f. knotenblume, leucojum vernum. — Kil. meerts bloeme, hyacinthus bifolius; ostfr. märtenblôme, schneeglöckchen, nakend wiefken.

mærtegaldling, m. märzdrossel.

mærtegeck, m. knotenblume.

mærtenlocht, f. märzluft. du mausti wären vör m. un aprillenwind, dann blistu en schön kind (su mädchen gesagt). (Brackel.)

Mærten, Mært, Martin. s. Mert.

mærterôse, f., mærterôseken, n. edelleberkraut, hepatica nobilis.

Martin, Martin. langer Martin, zeigefinger.

mäsch, moos. s. most.

masematte, f. eigentlich entwendung, profit; pl. masematten, geschäftchen. gaunerspr., fr. détourne, ostfr. musematten, allerlei kleine beschäftigungen.

mäserk, m. holzmaser. (Marsberg.) — ahd. masar. s. vermäsert. Kil. maeser, tuberculum aceris arboris.

mast, f. frucht der eiche und buche. wostu in de maste? sagt man su dem, der sich befleckt hat. dies wol darum, weil mastschweine gezeichnet wurden. — engl. mast. Shakesp. the oaks bear mast. mwestf. mast.

mästig, mastig, eigentlich fett, dick, dann grob, ungeschliffen. sik m. benęmen. — nds. astig; engl. nasty; ostfr. mastig, ungeheuer.

mâte, f. mass. mâte es tau allen dingen guad, kwer melke op de gyrte kamme nitt te vial dauen.

mâte, passend, fähig, geschickt zu, einer sache nahe. dat tüg was er mâte. sind di de schau nitt mâte? — nê! — dann tüh holsken an! — hîrânsmâte, hûlensmâte, mündkesmâte, schüatmâte, slachtensmâte, sterwensmâte. — Schueren chr. 235: sydensmate, dem siedepunkt nahe, siedend. Seib. 1001: hengemaite, hängenswert.

mâten, mass nehmen. s. opmâten.

mâdhâken, m. werkzeug zum wetzen der sense.

mâter, m. marder. (Fürstenb.)

matirge, f. materie, eiter. — lat. materia.

matkorf, m. waarenkorb. — dän. madkurv, esskorb, speisekorb.

matsche, f. koth und andere unsaubere weiche massen.

matschen, i. q. manschen.

matsfuatse, f. verächtliche dirne, vgl. bürenfuat. — holl. mata vot, bauernflegel, tölpel; ostfr. matzfott, tölpel. in Pens. d'Oxenstirn I, 17: matsfotscu

von Dresden; vgl. Berckenmeyer cur. antiq. I, 526: unter derselben (elbbrücke zu Dresden) ist signor Mattheus Fotius das wahrzeichen der stadt. s. fuatse. — Matzfuatz, schwacher, unschlüssiger mensch. K.

matt, mart, markt. — vgl. engl. mart für market.

mätte, f. in gęle mätte, emmerling. (Hattingen.) — mätte, mette = Mathilde.

mattêr, mörser. — lat. mortarium; ahd. mortâri; engl. mortar.

mattêr, eine münze, deren 2 = 1 mgr., 3 = 1 ggr.

mau, f. ärmel. de mau striken = schmeicheln. s. mauge.

maud, m. mut. maud het kraft. ik sin üawel te maue. hä es üawel te maue (te passe) kuamen. et es em nitt wol derbi te maue. hêi wêit nitt bu dem armen manne te maue es.

maudig, mütig in âldmaudig, guadmaudig, öwermaudig, wêhmaudig u. a.

maudsack, im Gimborn-Neustädt.

maudwille, m. mutwillen. — alts. muodwillio. Urk. v. 1418: moitwillen = voluntas.

maue = mauge.

maue, f. mühe. et giat wol en biatken maue, men et giat ock vial beddens un kaûe. — ahd. muohi; Kell. fastn. 971[17] müye.

maûe, müde. mann, i sid doch maie im gesichte, sagte jemand zu einem trunkenen. — ahd. muodi; mnd. mode, später meude; Dan. mude.

mauen, 1. miauen, felire. 2. lächerlich jammern, schreien. — Tappe 32b: mauwen; Halbsuter: mauen, kläglich brüllen. Teuth. mouwen als eyn katt.

maüen, s. möggen.

mauer, f. mutterkatze. (Lüdensch.) syn. mouer.

mauge, f. ärmel. du hes wol wâter in den maugen = es scheint dir nicht geraten zu wollen. wol zunächst vom feueranmachen. — Kil. mouwe, manica; mhd. mouwe. s. mowwe.

maumen = mauen.

maus, n. gemüse. en stück flês es et beste maus. maus es ôk kost. flês wat un maus satt. dat dög dem düwel int maus nitt. se lätt sik et maus oppem koppe hacken. hä lätt raûwen guad maus sin; vgl. vorlorn son 566: laten roven beren sin. 2. môs, d. i. kraut. (Siedlingh.) — alts. muos; mwestf. moys; Seib. urk. 992: an schoden vnd anderem moyse.

maäte, f. begegnung. in de maüte kuamen, begegnen. dat liat mi in der m., das ist mir im wege, hinderlich. — alts. muoti; muratf. mote. Verne 27: to moethe getogen; engl. mote. s. maüten.

maäten, præs. maut, auch mat (Brilon): mauste (musst du) auch maste; prœt. mochte, moch; ptc. mocht: auch zu Marienh. gilt dieses mochte, mocht, 1. müssen. mauten es en düvelstwang. 2. pregnant für haben müssen, nötig haben. ik maut nen kalf, siat de jüde. so sagt man, wenn man nicht handels einig werden kann. — alts. muot, möt; prœt. mosta. schon im Heij. scheint mohti für müste zu stehen. vgl. Koene 1443. wie ungericht muosta (9887) konnte = durfte beieutet. mnd. mogen hat hau ds die beieutung aurfen, müssen. s. k. Herf. KR. p. 251 zo he des nicht gheuen ne mochte. mnciernm kommt heute mauten für mögen vor. bei Burm: se moste't (sie möchten es) my verführen.

maäten, pr. meäkle, moete, piur. möeten. ptc. mått, begegnen. — alts. muotean muoten. mnd. moeten. Kü gbemoeten, tegbcekoumen. vgl. to meet.

maätig. 1. massig. dat kind het en maütigen menseken ading. 2. ferug. ik kan mi maütig weren. — ahd. muoǧig. Tuck muretch. moite maase.

me for mi. me Gott = sall mi Gott helpen! eine betouerung. auch bei Hisebaus. — Theogd. Hofau 611: me Got.

me for eme, em, ihm.

me for wen = man. — med men maurten auch me; vgl. Schoecci — din mi dran hära em jorem, nach s la siam em emmer.

mocbbren. tracben, schleen mit dem lcie krualen mach seueruhen. he krudenư se berber. mocated es le lauw arbeid. vgl. mir gud kraana schaen is 's luwe wark. — luwe wolied se sint nicht krank. je vil mebbren, wo efferher de laren 5 roren sam pôk as ameoora ho d we vrecken nu alles vral an cruaeueten so mebbren na maltats. is se row veruumd nu moath mate.

sick mebbtigen. sich maausigen. sich ermülden. allm. saz

mechte, wiabe für bosaägueler un saz bataren en gruma.

med. mebe, mit. med Gude med verde. med mundaus. be krig es mei het ungefull. er ward ungefauag. be [...] ud er. he s guad mei het [...]

---

kinne, er behandelt es gut. med rövers vull, voll räuber. he fört med lêmen, er fährt lehm. hä ledt med der kau näm ossen, s. laien. lätt mi med frien! lass mich in ruhe; s. wæren. med us draien, selbdritter. ellipt. dat segg ek med, das sage auch ich. dat dau 'k nitt med. dau 't mal med! trink mal mit, tu mir bescheid! hä daüt et nitt lange mär med, er lebt nicht lange mehr. ik well med sin, ich will teil nchmen. Teuth. mede wesen, interesse. du büss med! sgt der spieler, welcher dem mit am nächsten gekommen ist und den ersten schuss hat, zu dem andern, der später schiesst. ik well med anstln. teunchmen. dat es all guad med, das lässt sich schon gebrauchen. dat hört der med tan, das gehört ebenfalls dazu. sine lü was he guad med.

medbrengen. mitbringen.

meddaaen. mitten. mitgeben. dat sall em wol meddän weren. das wird man ihm schon zeigen. diu em dat régenschirm med.

med dem. mittlerweile.

med dem ersten. zuerst.

med dem losten. zuletzt.

meddelen. mitteilen.

meddriaken. mittrinken.

med ens. auf einmal. Gr. III. 26.

meder. u. maiber. (Hegen.) — ahd. mädari.

medgau. mitgehen.

medgawen. mitgeben. du maass em wot wedig. sins buak em 't herte.

medknmen. mitkommen.

medkäaen. mitsprechen.

medlappen. sich unter schleppen. von eineygen lesern. Gr. täg 39.

medien. s. mdeinen — Kü. medlijden.

medlopen. mitlaufen. dai läpet ik med as es kaml in sese von emem unliebsamen geselscbafter.

medmaken. mitmachen. me maut nitt ales m.

medneme. mitnehmen.

mednemt. zunächst dai de gerste saiget vg Silteru'ta. dat es se medmmd dem su et evit.

mednveen. mitschlendern.

medpiaien. mitspielen.

medpaier. s. mitspieler.

medecien. mitzishen.

medwrcken. mitwirken.

medwaten. mitessen. he firtat med as Pucms kin. he maoe med as Braäers zia, e braur lan s felt wines

geschäftes noch etwas auf seite. Brauker hatte seinen hund zum holen von fleisch u. dgl. abgerichtet. einst von einem grössern hunde angefallen, gibt er sich mit diesem ans fressen.

megerling, *m. ein kraut.* — *vgl. Kil.* megherkruyd, galium.

megesken, *n. kleiner magen.*

Meinerzagen. *um 1067:* Meginhardeshagen d. i. Meinhards hain.

męken, *n. pl.* mękes, *mädchen.* et es lichter en sack med flôc verwâren as en jung męken. en męken op allen festen un en hiæmd in allen weaken, dâ es nitt viəl àngelęgen. — *mnd.* megedeken.

męl, *n. mehl.*

męlbęren, *pl. früchte des weissdorns (westf.* berbōm); *syn.* hönerbęren. *bei Bodelswingh wurde das freigericht unter einem alten weissdorn* (berbom) *gehegt.*

męlbülken, *n. pl.* męlbülkes, *früchte des weissdorns.*

męldau, *m. mehltau.* — *engl.* mildew.

męldüppen, *n. mehltopf.* he sittet as ne mûs im męldüppen.

męle, *f. kornschaufel.*

melessin, *f. medicin.* — l *für* d *wie im span.* melecina; *vgl.* milliges *für* milldiges.

melk, *milchen, milchgebend geworden. fig.:* de balken werd melk, *es wird abgedroschen.*

melkblaume, *f. eine pflanze.*

męlke, *f. milch.* hai sall wǫl wachten, he giət kaine męlke. — *Tappe 62ª:* melck, *f.* hä het wat in de męlk te brocken.

melkemmer, *f. milcheimer.*

melken, *pr.* molk; *ptc.* molken, *melken.* me melket in kain fatt, et maut en bǫm drinne sin. he melket in kainen korf, sieb, oder he wêt, dat he 't fatt drunner het. *mnd.* melken, *præt.* malk. *Keller fustn.* 972⁹⁰.

męlker (mälehert, *berg.), m. milcher (hering).* — *Kil.* melcker, melckerlinck, milte van den visch, lactes, lacteum intestinum, insigne piscium marinum.

melkkrûd, *m. eine pflanze.* — *vgl. Kil.* melckkruyd, polygala, glaux.

melkstaul, *m. melkstuhl.*

męlkstrâlen, *pl. milchstrasse.* — *vgl.* strâle, *landstrasse.* (gaunersprache.)

melkstrâte, *f. milchstrasse.* wann de m. guəd stêt, blitt et węer ock guəd. *syn.* węerrauge, węerstrâte, męlkstrâlen, biəlstrâte.

melle *für* melde, *f.* melde. — *ahd.* malta, melda; *Kil.* melde. *s.* lûsemelle.

mellenblaume, *f. marienblümchen,* bellis. *syn.* męrgenbl., margenbl., *zu Albringw.:* mälgeublaume.

mellen *für* melden, 1. melden. 2. befehlen. du hęs nix te mellen, du slępes âchten. — *ahd.* meldên; *Teuth.* melden. apenbaeren. *für die doppelte bedeutung vgl. lat.* mandare.

melm, *m. staub,* mulm. de melm stûwet. vam melm oppen fǫrst, dat es nitt guəd. — *ahd.* melm; *mhd.* melm; *ital.* melmo.

melodî, melodigge, *f. melodie.* dâ gêt ne höge (swâre) m. op, *das ist schwierig.*

melpott = mẹldüppen.

mẹlsack, *m. mehlsack.*

memme, *f. frauenbrust.* — *Vilm.* memme, *f. mutter. Teuth.* memme-borst.

men, mân, 1. *aber; auch* men âwer. men allêne *(allein):* men allêne dat passede mi nitt. 2. *nur.* men twê kuəmmen! men dat, *nur dass, ausser dass, als dass.* ik hewe ęm nix dân; men dat ik ęm saggte *u. s. w. F. Dortm. urk. no.* 444 *(anno 1388):* wen *(sondern)* he sal sich snellen. *Gr.* III, 66, 3. *bekräftigend.* dat segg 'k di men. — *in der bedeutung ‚nur‘ ist* men *überaus häufig im mnd.; in der bedeutung ‚aber‘ haben es manche schriftsteller gar nicht. bei R. V. kommt es für ‚aber, nur und als‘ vor.* m *tritt zuweilen für* w *ein, wie umgedreht* w *für* m; *vgl.* Meisner *für* Wiesener *(Hessen),* wiapelte *für* mispel. *so ist* men *wahrsch. aus* wen = wan *entstanden. dieses* wan *war aber* newan, ni huan. *vgl. Gr.* III, 280, *der es anders erklärt.*

mener, *m.* mahner. ,helder *(inhaber)* vnd meuer‘ *eines briefes. urk. v.* 1453.

mengel, *f.* griebs. — *aus* mendel *(Rheda)* = maudil, *wie franz.* amande *die kerne mit dem gehäuse bezeichnet. syn.* kitsche *(berg.)* Frisch butze. *teile des griebs sind* a. skärsen, kerngehäuse, b. kêrne. krünkel, stüngel, græge knôsel.

mengel, *n.* ¹/₂ *mass.* — *Emminghaus memorab.* 407: vier mengelen weins; *Fahne Dortm.* III, *p.* 218: so gelden sie malch ein mengelu; *Wallr. wörterb.* minckel, *der vierte teil einer mass; Kil.* menghel *j.* pinte; *Frisch* mingel, *ein mass beim trunkochen; ostfr.* mengel, ¹/₂ kanne. *Teuth.* vat van en echtel of menghlen, dat is en halve quarte. menglinum. vat van eynre pynten dat is eyn half menghlen.

mengelenpott, *m.* topf, welcher ein mengel fasst.

mengemaus, *n. gemengsel von speisen.*
— *Kil.* menghmoes.

mengen, *pr.* mong, *ptc.* mongen, mungen,
1. mengen. 2. brotteig machen, kneten.
Teuth. mengen, myschen, plengen; *engl.*
to ming (mung; mong).

menske, *m. und n. mensch.* menske *ist*
noch ehrende anrede an den fremden,
wie: mein freund. dat menske, en arm
menske, mannsmenske, fraumenske *sind*
nicht gerade verachtende ausdrücke.
vgl. Riehl, familie p. 28.

menskenmüəgelik, *menschenmöglich.* dat
es nitt m. = *das ist schlechterdings*
unmöglich, fr. c'est hnmainement im-
possible.

ments = men, *nur. Muster. 1 und öfter.*

mepelte, acer campestr. *(Fürstenb.) ags.*
mapolder, mapeltreó. *engl.* maple.
Münst. Ur. IV, 683: miepelen baum,
worin ie ein iä ausdrücken soll.

mer, mür, *aber, nur. — Kerkh.* mar,
mer. *Dortm. eben, nur. K.*

mêr, *f. 1. stute. 2. pferd überh. — ahd.*
meriha; *engl.* mare.

mêr, *f. märe.* strâten- un möllen-mêr,
eine überall bekannt gewordene sache.
— *Verne 19:* mehre.

mære: dat es ne gemokede mære *(ab-*
gemachte sache). (Deilingh.)

mêrsk *in* niggemêrsk.

merdel, *f. schwarzdrössel. — lat.* merula;
fr. merle; *Kil.* merle; *vgl.* séméle.
Teuth. merle.

meriggen-münte, *marienmünze, ein sup-*
penkraut. (Siedlingh.)

mergel, *m. mergel. — lat.* marga; *ahd.*
mergil; *Kil.* mergh, merghel.

mergelmondag = blâemondag, *montag*
der charwoche.

mergenblaume, *f. gänseblume,* bellis pe-
rennis (? *Teuth.* medesuete of marien-
bloemken, solsequium helitropium.

merkedag, *m. merktag, wonach die be-*
schaffenheit der witterung bestimmt
wird, anderwärts notteldage *genannt.*
Wedd. W. M. III, 719.

merken, *ptc.* merket, *auch* morken, mer-
ken.

Mêrt, *Martinus. — vgl.* op sunte merte
dach des hilgen bisschops. *urk. v. 1488.*
sünte Mêrts fügelken, *n. ? rotspecht.*
kinderreim. — mhd. sant Martins
vögalin.

mêse, *f. meise. · s.* fïsten. — *alts.* mêsa.

mese, *f. korb. eine* mese *stahl wog 140*
pfund nach Müller chorag. v. Schwelm
s. 68. 1 karre rotstahl *im Märk.* = 7
mesen = *980 pfund Kölnisch.*

mêseken. *n. kleine meise.* tittmêseken,
pittmêseken, *von kleinen kindern. vgl.*
titmouse.

mêske, mesche, *f. 1. frau eines meiers,*
schulten. 2. wohlgenährtes frauen-
zimmer; auch dicke m. *3.* kaumêske,
viehmagd. — mêske *für* maierske, vil-
lica. *urk. v. 1603* schon mesche. *s.*
mäggerske.

mess, *n. messer.* dat mess snidt so scharp
as en död rûe bitt. — *wwestf.* messed,
woraus messt, mess. · *Dan. 34:* mit
messen steken; *v. Höv. urk. 109:* mesz.
11: mesmeker. *Teuth.* mess.

messing, *1. messing. 2. mischsprache. —*
v. d. H. Germ. X, 150: messinc; *Kil.*
messingh. *zu mhd.* messe = *lat.* massa,
metallklumpen. no. 2 im sprach- *und*
sittenanzeiger von 1817 p. 44 vom
franz. messin *(der unreine franz. dialect*
der stadt Metz) hergeleitet.

messinges, *von messing.* ne messinges
lampe. *(genitiv statt adject.)*

mêst, meist. de hâne kraiget sin mêste
un sin beste = *er kräht aus leibes-*
kräften.

mêst all, *beinahe, gröstenteils.* he het et
mêst all geten. — *vgl. engl.* almost.

mestbâre, *f. misttrage. (Fürstenb.)*

meste, *f. ein kohlenmass,* ¹/₁₈ tain. —
vgl. salzmeste.

mesten, *1. mästen. 2. sich mästen, fett*
werden.

mester, *m. meister.* he werd em mester,
er bekommt die oberhand.

mêster, *f. schulmeister.*

mestern, *gut wirken.* dat mestert guod,
das lässt sich spüren.

mesterschop, *f. meisterschaft.* etwas in
de m. dauen = à qui mieux.

mêstlik, *meistens.*

mêt, *n. maal, ziel, bei kinderspielen, oft*
ein über den boden gezogener strich.
— *Kil.* meete, kerbe; *ostfr.* meet; *dän.*
meed, öiemeed. *vgl. auch ags.* mætian,
fines ponere.

meten, *pr.* mât, *ptc.* meten, messen. dat
het de foss meten un den stert tau
giəwen. med dem knairəimen den
rüggestrang meten.

meter, *m. 1. messer. 2. eine raupe.*

mett, *n. fleisch, um mettwürste zu machen.*
— *goth.* mats; *alts.* meti, m. cibus;
engl. meat.

mette. ne lâte mette.

mettens = middens. so mettens, *so nach*
und nach.

mettworst, *f. mettwurst, schlackwurst.*

metz, *n. messer. (Schwelm. Köln ebenso.) schon schwelm. vestenrecht:* metz.

mẹwe, *s.* sềmẹwe.

Mewes, Meves, *Bartholomæus.* syn. Meis, Mees, Meus.

mi, *mir, mich.* pleonast. bat es mi dat! ek mi op, *ich stand schnell auf.* hä mi nich fûl, *er nicht faul, er frisch drauf los. s.* miək.

middag, *m. mittag. neben dem jüngsten tage kennt unser sprichwort auch einen jüngsten* middag. *s.* jüngst.

middages, *n. mittagsessen. ellipt.*

midde, *f. mitte.*

middel, *n.* 1. *mittel.* 2. *mitte.*

middel, *n. geschwür am zweiten gliede des fingers. — vgl.* medel, 'vermiculus.

middel, middelst, middelerwîle, *mittlerweile, unterdess, derweilen.*

middelband = wọrgel.

myddeldrôme, *pl. s.* mutten, *eine drahtsorte. Alten. drahtordnung.*

middelimet, middlîmet, middlîmen, *n. frühstück gegen 10 uhr morgens (zwischen* imes *und* middag).

middelmâte, *f. mittelmass.* en mẹken van der m. dat allêne zirt de strâte.

middelmọrgens, *n.* = middelîmet. — *ahd.* der mittimorgen, *gegen 9 uhr vormittags*; mjddenmorgenstîd, *Lud. v. Suthen.*

midden, *mitten.* midden-in, midden-ût.

middens, *mit der zeit, nachgerade, bald, beinahe.* et werd middens tîd. *s.* mettens.

middewinter, *m. zeit des kürzesten tages.* — *urk. v. 1505:* op dat hylge hochtyt mydwynter.

middig allêne, *ganz allein. (Altena.)* minnig allên. ik was blûts milliges allêne, *ich war mutterseelen allein. (Hemer.)* vi kwæmen so plötz milliges te hôpe, *wir kamen so ganz unerwartet zusammen.* middig und milliges *können aus* middiges *entstanden sein, einer genitivform, welche mit* allêne *uneigentliche composition bildet, in der weise wie* alters-eine *(Gr. II, 356). es hat auch die urspr. bedeutung dieses altares* eino, *nämlich die: in der welt allein; denn* middiges *wird wol nichts anders sein, als ein stark contrahirtes* middilgardes, *von* middilgard, *welt.*

middsommer, *m. die zeit der längsten tage.*

mĩdigen, *meiden.* — *aus* mithian; *vgl.* reddigen (redian), endigen (endian).

miək. *v. St. stück XX, s. 1210 in Altena vor 1500 die brechungen* myeck

(*mir*), yeck (*ich*), verwielkeden Sara (*verwelkten Sara*).

miəle, *f. milbe.* — *ahd.* miliwa; *Kil.* miluwe, meluwe.

miəlek, *m. eine krankheit, welche hühner in den flügeln bekommen, wenn sie in einen stall gesperrt werden.*

mige, *f. urin.* — *Kil.* mijghe. *Teuth.* myghe, seycke, harne.

migen, *pr.* mêg, *ptc.* miəgen, *harn lassen. fig.:* et rẹgende at et mêg. *Teuth.* myghen. seycken. streulen.

migampelte, *f. ameise; vgl.* pismire.

migenkiker, *m. harnbeschauer, harndoctor.* guən dag herr docter migenkiker! *s.* pissekiker.

migénte, *f. ameise. (Warburg.)* — ênte = *engl.* ant *für ags.* âmette.

mighainken, *n. ameise. (Nieheim.)*

miglək = kunte.

mijəmeken, *n. ameise. N. l. m. 29.*

micke, *f. wecke, semmel. (Iserl., Unna, Krengeldanz, Weitmar).* — rûggemicke, rockensemmel. K. — FahneDortm. III, p. 250 (no. 1700): micke; *v. Hövel urk.* 67: myckenslûter, bäckergesell; Kil. micke parvus panis j. witbroot; ostfr. mikk; *lat.* mica; *vgl. ein westf.* micke unter waike. *Teuth.* mycke, wytbroyt. **micke**, name der ziege. micke dutz! *vgl.* metke. R. V.

Micken, *Marie Catharina.*

mickenpadd, *galgenpfad. (Paderb.)* — *Kil.* micke, furca.

Micks, *Maria Çatharina. (Weitmar.)* **Mike**, *Marie.*

milddẹdig, *mildtätig.* de milddẹdige giət sik rike un de gîzige niəmt sik arm.

mille, *f. milde, mild.*

milte, *f. milz.*

miltekûle, *f. stelle wo die milz liegt (von der kuh).*

min, *min, mein.* min Péter = *der Peter, in drolligen erzählungen.*

mine, *Mina.*

Minn, *verächtlich, gering.* dat es mi te minn. *compar.* minner. minner ñder mær, *mehr oder weniger. superl.* minnest. te minnesteu, *zum mindesten.* — *Verne p. 22:* minner, geringer. hd. minder *ist eine comparativform wie* dürder (teurer), *wie engl.* farther.

minnachtig, *geringschätzig.*

minnachtung, *geringschätzung. K.*

minnern, *mindern, vermindern. ausdruck beim stricken.*

minnig allêne, *mutterseelen allein. s.* middig allêne.

minze, *katze. (Siedlingh.) s.* blinge minze.

mîr, *n.*; **mire**, *f. meiern, ein unkraut.*
— *Kil.* muyr *j.* muer, muer-kruyd.
alsine offic., morsus gallinæ. gal. mouron.
mire, *f. ameise.* — ags. mira, *Kil.* miere.
mireaier, *pl. ameiseneier.* — *schwed.*
myrægg.
mirrak, *m.* = mirrçk. *(Fürstenb.)*
mirrçk, *m. meerrettig.* — mçr = meriba
(pferd) und rçk = radik *(rettig).*
mis, *übel, fehl.* t' is nich ganz mis =
es ist noch kein unglück, es ist noch
nicht ganz gefehlt. ek daue et mis =
ich tue es ungern. *K.*
misdullen, *verdacht haben. (Weddigen.)*
misekatte, *f. katze.* — ? = mûsekatte; .
vgl. ital. miccia.
miseken, miskken, *n. kätzchen.*
mispel, *f. mistel.* — mnd. eken myspel;
vgl. Schiller z. tier- und kräuterb. III,
37. s. wispelte.
miss, *f. katze. s. minze.*
miss, miss! *lockruf an katzen.*
mysdunken, *argwöhnen.* gesneden drait,
waran ebn myssdûchte nycht recht ge-
smedet were. *Alten. stat.*
misse, *f. messe.* dat dûert niane Franc-
furter m. mær. s. hômisse, kçrmisse,
frômisse.
missen, *entbehren.* he kann nix missen,
er gibt nicht gern. — miss missjan.
missgellen lâten. *für ein erlittenes un-*
recht einen unschuldigen büssen lassen.
missfalle, *f. düngerplatz.* — *Dän. 168*
mistfal; *Scib. qu. I, p. 110:* faldt, *m.*
hofplatz. *Teuth.* myststede, vaelt, fima-
rium.
misstraggen, *mistrauen.* dat fell çn int
m., das machte sie besorgt.
mist, *m. 1. mist.* ik well dînen mist ôk
nitt kçren. hâ nitt es mistus, dâ es
nitt kristus. jedenfalls gelehrten ur-
sprungs und doppelsinnig: 1. wo nicht
gehörig gedüngt wird, da krigst du
keinen ernteertrag. 2. wo nicht ist
μισθός, da ist nicht χριστός. = köp-
pern gelt, köppern selemissen. 3. nebel.
so nât asse mist. 4. = missfalle. —
Tappe 52ᵇ: eyn hane ist vff seinem
miste seer kûne. jetzt miste als fem.
mistdrçge, *f. misttrage.* et es nix klai-
nes, en iosel opper buoterschûotel un
en ai opper mistdrçge. dâ unnen sind
mi en par fçrske begiagent, dä hün 't
opper mistdrçge. syn. mestbâre.
misten, misten. — Keller fastn. messeu.
mistfake, *f. unreinliches frauenzimmer.*
vgl. Immerm. Münchh. I, 131: der
mistfink.

mistfûl, *faul wie mist.*
mistgrçpe, *f. misthaken.*
mistgaffel, *f. mistgabel.*
mistjûche, *f. mistjauche. (Siedlingh.)*
mistkûle, *f. mistgrube.* du liss geråde
as en prins in der mistkûle.
mistklûte, mistklâwer, *stallmagd.*
mistnatt, mistnass. (auch Paderb.)
mistus s. mist.
mîte, *f. haufe gespaltenen und nett auf-*
einander gelegten holzes. *Kil.* mijte,
meta, strues in altum, in conum sub-
ducta. mijte houts, meta strues lig-
norum. mite (miete) hiess im Köln.
das klafter holz.
mîte, *f. milbe.* — *Kil.* mijte *j.* meluwe,
vgl. ahd. mîza culex; *Keller fastn.*
984ᵇ: myeth. ostfr. mite. — *Aesop. 4,*
71: mitse.
mödder, *f. 1. tante. (Deilingh.) 2. nichte.*
—*R. V.* medder, *muhme, mutterschwester.*
Fahne Dortm. I, p. 106: pl. moddderen.
vgl. fader : fedder = moder : mödder.
zu Marsb. vedder = oheim. *Teuth.*
moeye, moddere, moyne, wase.
möder, *gewöhnl.* môr, môer, *mutter.* —
alts. muodar, mwestf. môder. die ausspr.
môr, nicht maur (uo sonst au) rührt
vom folgenden r, wie auch wuorth zu
wôrd, fuorth zu förd, fôr wird.
möder-selig-allén, *mutterseelen allein.*
vgl. môder-wint-allén. V. St.
môdi, *mode, sitte.* bû et môdi is, dâ gâtt
se med holsken in de kçrke. môdi
eigentl. genitiv von modus.
moerkrûd, *f. mutterkraut.* ik hew' et am
môerwçrk. dann dau môerkrûd un
mâdert in de panne un slâ der en ai
op un dat niom!
môerlûnen, *pl. mutterlaunen, von kin-*
dern; davon
môerlûnsk, *mutterlaunig.*
môerschôt, *m. mutterschoss.* môerschôt
es warm, he si rike åder arm.
môerwçrk, *n. gebärmutter.* se hçt et
am môerwçrk.
môerwçrk, *n. magenkrampf. frauen-*
krankheit bei abnahme der fruchtbar-
keit. K. — ahd. muodar, alvus. wçrk
= alts. werk, ags. veorc, värk, schmerz;
schwed. värk.
môerwçrk, *vom kinde, das immer von der*
mutter verwahrt sein will.
môers fûlen s. rîen.
mogge, *f.* = mauge.
mögge, *f. mühe.* giot et ock viol mögge,
et giot doch viol beddens un kögge.
s. mane. môi (Altenbüren).
möggen *für mauten. (Essen.)*

möggen, *gereuen.* et mögget mi. *(Möhnetal.)*

mocken, *m. brocken.* - en dicken mocken. — *mhd.* mocke; *Kil.* mockeye offa, bolus; *holl.* mockel; *mwestf. beiname* Moc.

molberte, molwerte, *f. stachelbeere.* *(Unna.)* o rührt von der composition her. name der maulbeere auf ribes übertragen. Vilmar führt mülbern aus einem weihnachtsspiele (ende des 15.jh.) an, wo stachelbeere gemeint sein kann.

mol, *stück.* säs mühle laken (gröbere leinwand). Gr. täg 79. — *Mda. VI, 356 aus Lippe:* mol, n. linnen, 12 ellen; = 17 ellen. *(Siedlingh.)*

moll, *1. locker. 2. weich. vgl.* mull. — *Teuth.* moll, morwe, weeck.

moll, *m. maulwurf. (Schwelm.)* — *Kil.* mol, talpa; *mwestf.* mol, m.; *engl.* mole. bei moll von molde (erde) könnte worm oder worp ausgelassen sein; *vgl. Teuth.* mollworm, moiltworm, ghoere.

molle, *f. 1.* = moll. *2. bunter molch. (Fürstenb.)* — *md.* mol, stellio; *Teuth.* moll, unck, eyn fenyn dyer.

molle, *f. 1. mulde, becken.* et regent as wann et med mollen güote; *vgl. lat.* urceatim pluit; *ital.* fa acqua a catinelle. *2. muldenförmige vertiefung des bodens.* — *mhd.* mulde, *f.; Teuth.:* molde, back.

mollshôp, *m. maulwurfhügel. rätsel vom herdfeuer:* bi·däge as en gülden knöp, des nachts as en mollshôp. — *Kil.* molhoop.

mollfellken, *n. maulwurf-fell.* so wêk as en mollfellken.

mölleken, *n. kleine mulde.* du sühst üt as en mölleken vull strätenmüll. *Op de älle hacke 32.*

molke, *f. milch die gemolken wird.* middagesmolke, äwendmolke. *es bezeichnet nicht* molken = serum lactis.

molken, *milch erzeugen.* düt hatt molket nitt guod. de kau molket dör den hals. *vgl. fries. (V. St. III, 5):* ham skal a kü troch a hals molki (molken).

molkentövener, *m. nachtschmetterling. (Eversb. bei Meschede.) syn.* hippendaif.

molkentöwer, *m. schmetterling überh. (Hemer.)* dat es en kêrl as en m. es sollte nur die sog. molkendiebe bezeichnen, die man nicht selten bei den milchnäpfen findet. so zu Marsberg, wo man andere schmetterlinge smaudlecker nennt.

molkenfatt, *n. molkenfass.*

mülkig *in* äldmölkig, frissmölkig.

mollmûs = *erdhund.* K.

molm, *m. mulm.* — *Kil.* molm *j.* mul, gemul, molm, olm, caries; pulvis ligni cariosi. *Teuth.* olm, olmich holt, caries, verolmen, cariare.

molmen, *trocken faul sein, bes. vom faulenden kern des eichenholzes.* dat holt molmet. — *Kil.* molsemen, cariem contrahere.

molmen, *staub werden, modern.*

molmerig, *zu staub zerfressen, vom holze.*

molmig, *trocken faul, vom holze.*

moltworm, *m. maulwurf. (Fürstenb.)* — *Teuth.* moltworm, moiltworm. goere.

môme, *f. mutter. (Paderb.)* en krummen vâr, ne ûtgehöilte moime un drai stracke stäne = pott med hengeln un stälen. *(Fürstenb.)*

mömme, *mutter.* — *wohl aus* mammi, *wie* pöppelkralt *aus* pappila. *sp. f. d. upst. (Ellin.)* 108: mome; *Keller fastn.* 971^11 973^12: moeme; *Hoffm. findl.* 70: mome; *Kil.* mome, matertera.

mond, *f. monat.* in der maimond, in der christmond.

mondag, *m. montag.* mondags wçer werd nitt wçken äld. *s.* mundag.

mondûwe, *f. monatstaube.* — *Tappe 232 :* maendtduve.

mondûren = *ûren. (Elsey.)*

mône, *f. mond. (Iserl.)* dat sind so lui van gensäld der mône hçr = wildfremde. et es so gewis as vör de Wçrmingser pôte (pforte) de mône opgêt.

mône, *f. tante.* — *Seib. westf. urk.* 516 : moyne = nichte. *Teuth.* moyne, wase, moeye, moddere ; *Bgh. 3 mos.:* bademône, wehemutter. *Kil.* muyne *j.* mueme, matertera. *ibid.* mome *j.* moeme, matertera, muyne.

mône, *f. elritze, ein fisch, der in der Volme vorkommt.* — *ags.* meune, mine, myne; *engl.* minnow. *Teuth.* moyne, eyn visch.

mönkeskappe, *f. sturmhut, pflanze.*

mônfisk, *m. mundfisch.* *s.* mundfisch.

möpen, *1. gesichter schneiden. 2. nicht recht einbeissen wollen. 3. geziert essen.* du môpest as ne brûd. *s.* nöpen.

möpp *in* ik well di drücken datte möpp siüst.

müppel, *m. mops; vgl.* mappe.

nöppeln, *ohrfeigen geben; vgl. altm.* moppe, ohrfeige.

moppen, *kleines gebäck, wovon 20 für einen stüber.* pfeffernüsse.

môr, *? sau.* in mûs as môr, sterte hett

se alle. — *Kil.* mor *j.* moire scropha.
vgl. Mar. 218: weder mus noch muore;
Lessing I, 28: maus wie mutter; *altm.*
mus as moen; *Froschm.:* gruntzten wie
die wilden morn. mör *wird mhd.* muore,
möre, *zuchtsau; das hd.* mutter *wie*
saumutter, *unser* mutte *zu verstehen.*
mộr, *f. 1. schwanz von kühen und pfer-*
den. et perd het men de blecke *(blosse)*
mộr. wamme de mộr trecken kann bit
op de hacken, dann gêt de kau nitt
güste. *fig.* vi sittet em doch nitt op
der mộr, *wir hindern ihn doch nicht.*
2. möhre; *ahd.* moraha; *ags.* veald-
mộra; *Kil.* moore *j.* partinake. *Teuth.*
moren, wortelen.
mộr, *n. in einem* oppet mör hållen,
einen prügeln.
mộr, *mürbe, reif.* de appeln sind mộr.
— *ahd.* muruwi; *mnd.* morwe; *Kil.*
morwe, mitis, mollis, tener. *Teuth.*
morwe, weecke, moll. *s.* vộrhewen.
morast, *m. morast.* — *Kil.* morasch.
morast, *m. morast.* êut allen morasten
(kasten). *(Reiste bei Meschede.)*
mộrbrêken, *schmorbraten. K.*
mộrbrêkes, *pl. stücke schweinfleisch, die*
der schlächter, nachdem er das nieren-
fett weggenommen, vom rückgrat reisst.
syn. hesekes. *bei der kuh heissen sie*
lummer *oder* lummerbrêkes.
morensâd, *mohrrübensamen. (Paderb.)*
morgen, *m. morgen.*
morgenblaume, *marienblümchen. (Sied-*
lingh.)
morgenrôd, *m. morgenrot.* morgenrôd
dat füllt den pôt, âwendrôd dröget
den pôt.
morgenstern, *m. 1. morgenstern. 2. weisse*
narcisse, narc. poet. *syn.* pinkstblaume
(Lüdensch.); tillôse.
mộrhâse, *mutterhase.* drop drop et es
en mộrhâse!
mormel, *frühstück. in Remsch.* = *mit-*
tagsessen. s. âmes.
morsch *für* mordsch, *tüchtig, kräftig.*
en m. jong. *(Odental.)*
mösche, *f. sperling. (Liberh., berg.)* —
Köln. musche; *Teuth.* luyninck, sper-
linck, musch. *s.* müsche.
mộse, *cunnus, vulva. K. Kil.* mose, *ab-*
zug am spülstein. Dann. mês, *cunnus.*
ostfr. mêsken.
most, moss, *m. moos.* most am bârde
= *flaumhaar.* — *altm.* mosi, *m. mhd.*
mos, *n.* so sûr âsse most. *(Siedlingh.)*
mosterd, *m. senf.* — *mhd.* musthart,
mostert; *Teuth.* mostart. senep; *engl.*
mustard; *fr.* moutarde. *soll vom wein-*

most benannt sein, weil der senf damit
angemacht wurde.
mosterdsâd, *senfsamen, der in bratwürste*
getan wird. Teuth. mostart sayt.
mosterdstücke, *n. stückfleisch, welches mit*
senf gegessen wird. Fahne Dortm. III,
83: senffleisch. *vgl. Immerm. Münchh.*
III, 17. s. stücke.
mộtig *für* mortig, *mürbe, vom holze; syn.*
fûl, sprock, mộr. — *ags.* myrten, mor-
ticinus, corruptus.
mott, *sumpferde. in* mottgrund, mott-
karpen, *vgl. v. Hövel urk. 112:* müt-
vysche. — *engl.* moat; *ndl.* mot; *ital.*
motta. *s.* mudd.
motte, *f. 1. motte. 2. fig.: umstände.* mak
mi kaine motten! — *ags.* modhdhe,
mogdhe, mohdhe; *Kil.* motte; *nds.* mutte.
mottenkopp, *m. eine schelte.* — *Münst.*
Zumbr. p. 26.
mottke, *f. mit epith. ornans:* dicke m.,
dickes plumpes frauenzimmer. Auerb.
dorfgesch. mockig, *von einem kurzen*
und dicken mädchen. s. mocken.
mottkêrl *für* mordkêrl.
mottske, mottsche, motts, *adj. und adv.*
für mordske, *stark, tüchtig, gross,*
sehr. eig. mörderisch. (mộrt *personi-*
ficirt = Teufel, mnd. wb.) Teufels-,
verteufelt. en mottsken kêrl. et was
mottske hộge, — kåld. mottske viol.
et het mottske regent. — *nds.* mordsch.
s. mursch, murz.
mottwainig, *mordwenig, überaus wenig.*
mowwe, *f.* = mouge. *(Fürstenb.)*
muetig, *schwächlich. (Weddigen.)*
mudd, *moder.* — *engl.* mud. *s.* muoder.
muddekarpe, *karausche.*
mudde, *n. mütte, fruchtmass von 4 scheffel.*
— *Fahne Dortm. III:* 12 müdde Soest
= 1 malter Soest = 4 malter Dortm.,
also 1 malter = 3 müdde. — *lat.*
modius; *mwestf.* mudde.
muddeze, *acker für 1 müdde aussaat.*
muddig, *moderig, müffig, mulstrig.* —
engl. muddy, mouldy.
muoder, *m. moder, schlamm.* — *Kil.* mod-
der, moeyer, moeder, grondsoppe.
müögelik, *möglich.* dat es nitt ser müö-
gelik bit östern un pinksten op ênen
dag fallet.
müögen, *pr. mochte, ptc. mocht; präs.*
mag, müöget, *1. mögen. 2. gern essen.*
bå knoken sind då düöget, då sind
ock rüens dä se müöget.
müöle, *f. mühle.* hä maut noch dộr de
hültene müöle.
müölenrad, *n. mühlenrad.* der gêt mœr
rüm as en müölenrad.

müəler, *m. müller.*
müəne, *f. s.* mône.
müənek, *m. 1. mönch.* de müənke trecket, et giət noch kain bestänniğ wğer, *sagt man, wenn es an den bergen hin regnet.* de müənke jaget sik. *2. bohnenkäfer; vgl. Kil.* munck, curculio; *s.* wibbelbône. — *mhd.* munich, mönecke; *Kil.* munck, moninck.
müer *s.* mûr.
müer, *f., pl.* müren, *maner.*
müerhaime, *f. heimchen. (Deilingh.)*
müerhainken, *n. heimchen. (Hemer.)*
müerhenken, *heimchen, grille. K.*
müermann, *m. pl.* müerlü, *mauermann.* müermanns swêt es dür. — *v. Höv. urk. 112:* muyrlüde.
müern, *mauern.*
müerviöle, *f. mauerviole, gelbe viole, goldlack; eigentl. die wilde (fr. prov.* muret); *engl. wall-flower.* müe = müer.
muəts = mottske, *sofort, augenblicklich, reinweg.* he was muəts dôd. et genk muəts entwê.
mügge, *f. mücke.* de müggen pisset = es fällt staubregen. — *ags.* mucge. *Kil.* mugghe.
müggenstiak, *f. mückenstich.* ik frâge nitt mêr dernà, as nà me müggenstiak.
müggentôme, *pl. mückenzäume.* bä hannelt i med? med müggentômen, kattenhaufiseru un ögentwialen.
müggenfett, *n. mückenfett, welches man am 1. april holen lässt.*
mu (ğəd! = me Gəd. *Müller bettelmann p. 13.*
Mücker, *f. n. eigentlich bewohner von Much. vgl.* Mucken.
muck, *m. pl.* mucken, *launen, tücke.* muck bewen op.
muckə, *f. s.* hêdmucke, grasmucke. *dass es nicht = hd.* mücke, *lehrt unser* mügge.
Mucken, *pl. bewohner von Much. sie machten jährlich die weite bittfahrt nach Werl z. t. barfuss und wurden deswegen selbst von katholiken belächelt.*
mucken, *s., sich rühren, sich bewegen.*
mucken, *einen einfachen ton von sich geben, von hunden.* sik nitt mucken, *nichts sagen.*
muckhans, *m. einspänner, der nur in der gegend hin und her fährt im gegensatz zu den landgetuiern. Müller choragr. v. Schwelm p. 65.*
muckel, *f. mark in pflanzen, zu* muck = mük, *weich. ein geschrieb. recept gegen alte schäden aus thüringen hat: das* macks von kuhbeinen.

muckelholt. *n. holunder. (kr. Altena.)*
mückelken, *n. herschen (liebkosend oder spottend).*
Muckenland, *n. gegend, in welcher das dorf Much liegt.*
muckniğ *für* muckisk, muckisch, *der* mucken *hat. — vgl.* politsig.
mük, *zu Fürstenb.* muck, *mürbe, mulschiğ, malsch, vom obste. (Marsberg.)* — *Kil.* muyck, *mollis, lenis, mitis; vgl. goth.* muks, *schwed.* mjuk.
müke, *f.* moke *(andere formen:* muake, murke, *zu Fürstenb.:* müke), *versteck für obst, welches kinder in heu oder stroh anlegen.* — *wnd. Hoffm. hor. belg. 7, 19.* mudeke, pomarium, dicitur locus, ubi poma reservantur. *Kil.* muyck, muydick, *locus ubi poma asservantur; Auerb. dorfgesch.* maunkel; *nds.* modek, môk, mork; *Vilm.* muttich, mutch, *m. offenbar liegt die form* muddak, muddeke *zu grund. Vilm. will zu* mutt *(schlamm) stellen.*
mûl, *n. 1. maul.* hai es nitt oppet mûl fallen. dai hält et mûl open, as wann et brî regent *(ist verwundert, neugierig).* — *mhd.* mûl, *n. s.* mûle.
mûlapen, *pl. 1. maulaffen.* mûlâpen fæle hewen; *vgl. nds. übersetz. von Luth. pred. 8 p. trinit.:* mundtapen de nichtes konnen alse de mundt apen holden *(der dialect hat hier* apen *für* open). *2. blaue iris; vgl.* hêsâpen. — *der sg.* âpe *ist hier kein anderer als* âpe *(affe), ein wort, welches mit* âpen, *offen sein, zusammenhängt. davon auch* gâpen *(für* giapan), *gaffen, den mund offen halten. s.* âpe.
mûle, *f. maul.* hai het et grôt in der mûle, âwer klain in der fuat. wat sall sik de mûle freuen, wann et âwend es *(von einem schwätser).* ik hewe ən de mûle open hällen *(ich habe sie am brote gehalten).* hä lätt de mûle hangen bit op de schau *(Lüdensch.)* — *ahd.* mûla, *f.*
muldworm, *m. maulwurf. (Warburg.)* — *ags.* molde. *s.* moltworm.
mûldworp, *m. maulwurf. (Brackel.)* — *Kil.* mulworp. miulworp *(Siedlingh.)*
mûlen, *maulen.*
mûlenhoniğ, *n. mundhonig d. i. küsse. hochzeitscarmen v. 1670.*
mûlholt, *n. berberitzenstrauch, dessen rinde aufgesprungene lippen heilen soll.* — *bei Kil. ist* mondhout *der liguster.*
mûliəsel, *m. maulesel.*
mûlken, *n. 1. mäulchen. 2. kuss, vgl.* osculum. *syn.* snütken.

mûlopp, *m. maulaffe.* he stêt dâ as en mûlopp. *syn.* gianopp. *vgl.* hansopp, flüggop, wippop.

mûloppig, *maulaffig.*

müll, *n. 1. staub, trockene erde. 2. der ort vor der hoftür* (niendôr). *(Herscheid.)* Teuth. mul, stubbe, stoff.

müllen, *stauben, müll zeigen.*

mullshöp, *m.* = mollshöp. *(Arnsberg.)*

mûlrîten, *n. maulreissen.* dat mûlrîten ôwer wot hewen. *syn.* mûlwasken.

mûls, *spitze am schuh.*

mülsen, *vom vorigen. schusterausdruck.*

mulster, *müllerlohn in getreide.* K.

multer, *n. mahllohn.* — *mnd.* multer; *Kil.* molster, molter, pretium molarium.

multern, *metzen, vom müller.*

mûltrumme, *f. maultrommel.*

mûlfechten = *kabbeln.*

mûlfechterigge, *f. wortgezänk.*

mûlwasken, *n. maulgeschwätz.* ein m. ôwer wot hewen.

mummel, *trockener nasenschleim. (Fürstenb.) vgl.* mulm.

Mummelke, Mummelbecke, Mümelbecke (*Murmelbach*), *name eines kleinen baches bei Iserlohn, urk. v. 1446. heute* Mummelke. *entweder* = *murmelbach, oder von der mummel* (iris pseudac, nymphæa lutea) *benannt, oder endlich von einer mummel* = *nixe (Grimm, d. myth. 457).*

mummeln, *murmeln.* — *alts.* murmulon; *Bugenh. Jes. 29:* mummelu; *Kil.* mummelen *j.* mommelen.

mümmeln, *1. ohne zähne kauen, langsam essen, von zahnlosen leuten. 2. so essen, dass es scheint, man sei satt. 3. fressen, von hasen, kaninchen.*

mund, *m. und f. pl.* münde, münne, *mund.* dat es men den mund' getergt. de mund es en schalk: dat me er anbütt, dat se genütt. — *Tappe 157ª: plur.* munde; *huspost.:* münde. *Synonyme:* kaûgatt, mûle, suûte, fręte.

mund *in* ôsemund = muth *(in muthspelli), erz, materie.* ôsemund *wäre ein hd.* ansemut = *stab- oder stangeners. so ist* wissmut = *weissurs.* mund *kann material überhaupt bezeichnen, so* füllmund = *mörtel. vielleicht ist lat.* muudus = muth *in muthspelli (weltzerstörung).*

mund *in* vôrmund (*oormund*) = *schutz.* — *ahd.* munt.

munder, *munter.* — *ahd.* muuter; *mhd.* munder. *s.* munter.

Mundex, Siegmund. *Gr. tüy 13.*

mundfisch *s.* mónfisk. *Statist. v. Altena*

1866 *s. 53:* rothaugen hier mundfische genant.

mündken, *n. mündchen.*

mundkesmâte, *mundrecht.*

mundopp *in* van mundopp in den hiamel kuamen. *f. r. 44.*

mundstücke, *n. mundwerk.* se het en guad m., *sie hat eine geläufige zunge.*

münte, *f. münze.*

münten, *münzen. fig.:* wat münten, *etwas sehr genau machen. s.* stürer.

munter = munder.

munterwâter, *scherzhafte benennung des kaffees.*

mür, *f. grossmutter. (Weitmar.)* — ? *ags.* mŷr, tenellus.

murjän, *unreinlicher mensch.* K.

muriaener, *m. mohr (schelte).* — *Kil.* mooriaen, æthiops; *dän.* morian.

mark, *m. in* swarte murk (*schelte*). — *ags.* myrce; *engl.* murk; *alts.* mirki; *vgl. Scib. qu. I, 160:* morkeskule.

murken, *mengen.* dŷrên murken. — *altm.* murksen, *durcheinanderwühlen, wobei beschmutzt wird.*

mürker, *m. maurer.* K. s. 97. — *altm.* mürker.

murksen, *saures gesicht machen, mürrisch sein.* — *nds.* murken, murren, brummen; *altm.* murksen. *s.* murken.

murmlig, *wurmstichig. Must. 86.* — *versetzt aus* mulmerig.

murf. in den murf werfen = in den iasel flicken. *(Remsch.)*

murzkâld, *sehr kalt. s.* mottske.

mûs, *pl.* mûse, *f. 1. maus.* he rûket mûse = *er merkt unrat.* ne versopene mûs es lichte te wâgen, *sagt der tierarzt, wenn er einen letzten versuch macht. 2. muskel.*

mûs, *f. in* blinge mûs = blinde kuh. *(Marienh.)* — *Vilmar führt* mäus, maus *als schmeichelwort und lockruf für die kuh an und bezieht darauf den namen des blindekuhspiels:* blinzelmäus. *anno 1525 in der Schweiz:* blindermaus, *s. pasquille I, 42. vgl. Rochh. alem. kinderl. 431.*

mûs, *panzer.*

mûs *s.* rûkemûseken.

müsche, *f. sperling.* — *mhd.* musche; *Kil.* mussche. *s.* mütsche, mösche.

muscheln, *stöbern.* — *altm.* ein muscheln = *buscheln, fuscheln.*

mûseär, *n. mausohr, pflanze.*

mûsebickeler, *m. mäusehabicht.*

mûsehündken = *erdhund. (Siedlingh.)*

mûsekibbese, *mäusehabicht* (falco lagopus).

(Hörde. Dortm.) — kippen, kibben =
picken, bicken; ags. cippan.
müseküstel, m. mäusedreck. dat es en
anner kårn, sagg de mülar, då bêt
he dör en müseküstel.
müsen, 1. mausen. wann de katten mû-
set, jaumet se nitt. 2. kleinigkeiten
entwenden.
musgurt, panzerschurz. Iserl. bürgerbuch
1670 fol. 1ª.
mûsig, mäusig, keck. sik mûsig måken.
müske, f. 1. mütze, haube. et es çm
går nitt nå der müske (gar nicht recht).
se het de guate müske nitt ʼop. dau
dat l jå med der müske (stehende ant-
wort). 2. cunnus. du brûkest mi de
müske nitt te töern (abweisung eines
freiers). — mlt. almuzium, chorkappe,
woraus mhd. mutz, mutsche und mütze.
mutse (Kil.) wurde zu mutske, woraus
weiter müske. für 2. vgl. mûtzken,
müsken.
müsken, n. kühchen als lockruf. (Brilon.)
kälbchen. (Balve.) = prüts. (Siedlingh.)
auch Ravensb. mûsken. s. mütsken.
musklige megge, waldmeister. (Brilon.)
— megge = maikraut, musklig =
nach moschus riechend. Voss: môserich.
cf. rûkemûseken.
mussel, f. muschel. — ahd. muscula.
Teuth. moschel, schoelpe.
mûstern, kosen. im dûstern es guad
mûstern, åwer nitt guad müggen tômen;
s. smûstern. — Wigg. grammat. sik
smeustern, kosen. dûster : thinstar =
mûstern : minstrian (? liebeln). Kil.
muysteren. fland. perscrutari, inquirere,
indagare ist mustern.
mûten, muthen, vom bergbau. — Wallr.
sie sullen dat leen zur zyt muten (be-
gehren). urk. v. 1473.
mûten, sich trocken waschen.
mûter, m. kater. (Lüdensch. Marienh.)
aber wol ein schwarzer; vgl. so swart
as en müter. en swarten mûter. en
dreckmûter. auch bei Holthaus.
mûtern, 1. mausern, federn verlieren.
2. fig.: zurückgehn in seinen vermögens-
verhältnissen.—lat. mutare; ahd. mûzôn;
mhd. mûzen; Kil. muyten, muyteren,
plumas in aviariis amittere; fr. muer;
Teuth. muyten, cavere, explumare,
mutare.
muts, gestutzt, verkürzt, kurz. mutspîpe.
— Kil. moetse, mutilus, truncatus
membro aliquo; ital. mozzo; Kil. mut-
sen, moetsen, mutilare, truncare; ital.
mozzare.
muts, m. sauertopf, murrkopf. s. mutsig
und mucksig. für smuts, vgl. hä kîket
swart. doch kann es auch für muks
stehen, vgl. muck (laune), mucksig,
launisch.
muts, mütsken, kühsech, lockruf an kühe.
s. mütsken.
mutse, f. = mutspîpe. (Unna.)
mütsche = müsche, sperling. Kil. mussche,
passer. gal. moisson.
mutsig, sauer, mürrisch. — dän. muit,
mut.
mütsken, n. junges kalb. syn. prüts,
prütsken. — ließ. idiotic. muzze, kleine
dirne. Mda. IV, 310 muz, vulva, vacca
(pars pro toto wie in fuotse). hess.
mutz, vulva. mhd. muzze, hure. bair.
musch, meretrix. vgl. Kil. mutse, amoris
oestrum.
mutte, f. sau, weibl. schwein. — Kil. motte.
fries. j. sogh; Teuth. mutte, soghe,
cryeme. tt = kk. mhd. mocke; nhd.
mucke.
mutte, f. klaue des hornviehs. weil man
beim muttkenhauen eine rindsklaue als
mûttken verwendet.
müttken, n. 1. kleine sau. 2. hornklaue
am schweinefuss. mûttken hauen oder
mutte hauen heisst das kolben (maille)
spiel, welches hier meist nur bei hirten-
knaben vorkommt und jetzt im ganzen
schon selten geworden ist. wenn die
knaben die muttenkûsen (kolben, knit-
tel) in den kôven (das grosse loch)
halten, singen sie dreimal: rôr ümme,
rôr ümme! dat sûpen werd dünne,
oder: mûttken rund ümme! dat sûpen
werd dünne. der italiener G. Bruno
nennt das spiel: stracquare a palla e
maglio. im drama sagt der wirt: questo
è gioco da facchini, bifolchi (ochsen-
bauern) e guardaporci.
mutten, pl. abfall, schrot. Alten. stat.:
wan aver ein banktôger solcke myddel-
drome aff anders wat in den drait aff
mutten steecke, welcke men wol theyn
und tho gudeu makeu könde, so sal
dieselvige banktôger derdenhalven
schyllink gebroken hebn und dann noch
gelycke woll dieselvige myddeldrome
off anders dat ungeschickt ys tho gude
und nütt maken.
mutter = unserm nuət. osnabr. büsse
am spinnrade. (Siedlingh.)
muttern in åå muttern un dai vernaitet
= ich lasse mich nicht foppen.
muff, m. 1. schimmliger, übler geruch.
2. schlechtes gebräu, schlechter kaffee.
Kil. muf, mucidus, redolens situm;
ital. muffa.

maffeln, *mit vollem munde essen.* herin muffeln. — *Kil.* muffelen *j.* maffeln. buccas movere. *vgl. hunsrück.:* munfel, mundvoll. *Teuth.* muffen, sluycken, doemen.

müffen, *schimmligen, übeln geruch verbreiten.* — *Teuth.* muffen, styncken.
müffig, *von dingen, die nach schimmel riechen.*

N

nà, *præpos. c. dat. nach:* nà der hand, nà der tîd = *späterhin.* nà dęm dat = *je nach dem.* — *zu:* nà der hochtîd gàn. nà bedde gàn. nà kęrken gàn. — *vor:* nà jàren. — *gemäss:* wann et nà mî *(nach meinem willen)* gêt.

nà, *adverb, nachgesetzt mit vorausgehendem op* = *bis auf, ausgenommen.* op twintig dàler nà. op dūat nà. op ên nà de leste. op mîn sūster nà.

nà (nàge), *comp.* nęger (nœger), *superl.* nęgest (nœgest), *nah.* dat es siner vere te nà. *spr.:* jo nęger bi ktôm, jo slechter christ. hai es am nęgesten dertau. hàrnà = *um ein haar.*

nà, *adv. beinah, ziemlich.* nà schütt me kainen hàsen.

nàbęen, *nachbeten.* se sött di kain guad gebęd nàbęen.

nàbbeln, *nagen, kleinigkeiten entwenden.* K. *cf.* nibbeln.

nàbel, *nabe am rade.* (Fürstenb.) *syn.* nàwe.

nàbel *für* snàbel *in* rodnabel, erodium. *vgl. ahd.* kranichesnabel.

nàbęr, *m.* (Iserl. nôber), *nachbar.*

nàbêr, *n. nachbier, der zweite hochzeitstag.*

nàbern, *besuche bei den nachbarn machen.*

nàberske, *f. nachbarin.* de nàberske schütt et bedde ût = *schneeflocken fallen.*

nàberskop, *f. nachbarschaft.*

nàbliwen, *zurückbleiben.* de mâne blitt nà.

nàbölken, *nachbrüllen.* de kaūe, dä den kalwern am mêsten nàbölket, vergętet se am êrsten.

nàbrengen, *nachbringen; deutlich angeben, beweisen.*

nacht, *f. nacht.*

nachtigalle, *f. 1. nachtigall.* en ding gebrūken, worop de nachtigall en par jàr gesungen hęt = *rute. 2. ein tonwerkzeug, welches kinder aus einem weidenast bereiten.*

nachtmarre, *f. nachtmahr.* (Fürstenb.)

nachtmess, *n. abendessen. (auch Ravensb.)* *Lippisch:* nachtmisse. *in compositis konnte, wie* barwes (barved, *barfuss)*

lehrt, *ein* t *in* s *übergehen.* mess *wird daher* mett *(engl.* meat) *sein. vgl. bei Firm. I, 418* nàimet, *ausserdem:* ommet, mormet. *wie* nachtmess *ist auch unser* àmes *zu beurteilen.*

nachtràwe, *m. 1. ziegenmelker. syn.* dagslæper. *2. schelte in pfingstgebräuchen. ags.* nihträfn, *m.*

nachtspàke, *flecken, die sich in feucht gefaltener und eingelegter wäsche bilden.* (Fürstenb.)

nachtspōk = nachtspàke. (Iserlohn).

nachtwächter, *m. nachtwächter.* wo de wege unner allem nachwächter sind = *wo die wege überaus schlecht sind.* (Witten.)

nęcken, *entzwei machen, töten. Kil.* necken, necare.

nàd, *f. pl.* nàe, *naht.* ênem op de nàe kuæmen = *einem auf die jacke steigen.* sitt mi nitt sô op der nàd! dä dôg inner nàd nitt = *der taugt ganz und gar nicht.* ênen dǫr de nàe gaiten = *ein glas trinken. Must. 28.*

nàdächtig, *nachdenkend. Grimme op d. a. h. 16.*

nàdenken, *nachdenken.*

nàdenklich, *nachdenkend.* (Altena.)

nàel, *m. nagel.* (Altena.)

nàfràge, *f. nachfrage.* danke der nàfràge, *wenn nach jemandes befinden gefragt wird.*

nàgàn, *1. nachgehen. 2. leid tun.* dat gêt ęm nà. dat hęt ęm en hôpen *(viel, sehr)* nàgàn.

nàgàns, *nachgehends, später.*

nàge, *nah. Must. 3.*

nàgedanken, *pl. nachgedanken d. i. überlegung, vorsicht.* du hęs ok gàr kaine nàgedanken.

nàgede (nêchte), *f. nähe.*

nàgel, *m. nagel.* nęgel un köppe màken, *von gerichtlichen acten.*

nàgelblaume, *f. syringa, phlox. syn.* sirêue.

nàgelken, *n. nelke.* (Paderb.)

nęger *s.* nà.

nàgrass, *n. nachgrass.*

nàhäü, *n. nachheu.* — *mwestf.* nae hoy. *v. St. IX, 176.*

naigen, *nähen. dat hęt de snider med der hęten nätel naiget = das genähte ist bald entzwei. ahd.* nâhan, nâwan, *nähen (eigentlich stechen). dahin wird* alts. nesso *für* nebso (nafhso) *gehören und stecher bedeuten. dass fränk. auch* nesso *steht, liegt am übersetzer, der das sächsische wort nicht begriff und darum seine form beibehielt.* syn. **süggeln.**

naigerske, *f. näherin. mnl.* nacyersse.

naimert, *n. nachtessen. (Solingen.) es steht für* nuihtmet.

naiten, *nieten.*

nåkaien, nåkaülen, *verunstaltend nachsprechen.* s. **nåkraülen.**

nåkaigelen, *dasselbe. beide wörter hängen wol nicht mit* kallen, *sondern mit* kauen *zusammen.*

nåkres, *nackt-arsch.*

nåkend, *nackt.*

nåkenig *für* nakendig, *nackt.* adv. **nåkenige.** *vgl.* **glaientig.**

nåkig, *nackt.*

nåkraülen, *auf eine grobe art nachreden.*

nåkuomen, *nachkommen.*

nåküomling, *m. nachkömmling.*

nåküren, *hinterher schlecht von jemand sprechen. ik well mi nitt nåküren låten = ik well mi nitt beküren låten.*

nåkürerigge, *f. nachrede im übeln sinne.*

nålåt, *nachschwarm bei bienen. K.*

nålåten, *nachlassen. de måne lett nå = nimmt ab, geht später auf.*

nålen, *1. säumen, nergeln, zögern. dän.* nøle. *H. hat* nölen *das verzögern einer niederkunft, während sich die vorzeichen zeigen. 2. unsinn schwatzen. das* nds. netelkutte *(langsames weibsbild) zeigt, dass in* nälen *ein* d *ausgefallen ist. die alte form war etwa* nådaljan *(?* nådeln*). vgl.* mnl. neutelen.

nåmåt, *grummet. K.*

Namberg, *name eines hügels bei Oberhemer. es ist* amberg *mit angewachsenem* n *aus:* vi welt op den amberg gån. *vgl.* **nåwend.**

nåme, *m. name. he hęt den nåmen = er steht in dem rufe. he well den nåmen nitt hewwen. se hęt den nåmen, dat se gizig es. vgl.* schwed. han har namn för at vara girig.

nåmes in alle nåmes, *alle abende.*

næmlik, *1. nämlich. v. Höv. urk. 55* nemelyke. *2. adj. dat es næmlik = das ist gerade so. et es sö næmlik. vgl.* **Helj.** endi thin word so self. *3. sicher, gewiss, ja. H. v. Höv. urk. 55*

einen nemelichen *(genannten, bestimmten) dach.*

napp, *m. pl.* nüppe, *napf.* alts. hnap.

nappen *für* knappen, knacken, *vom gewehrfeuer in einer sage vom Hüllok:* harstu ock dat nappen wol?

nårksack, *weinerliches kind. bergischer wiegenreim:* slöp du klēne nårksack. s. **norker.**

narr, *m. narr. he hęt recht den narren an em frēten. wenn usse Hęrgod en narren heffen well, dann lätt hä äm allen kērl dat wif afstęrwen.*

närrisk, *1. närrisch. 2. leicht beleidigt, zu reizbar.*

narwe, *f. narbe.* s. grassnarwe. **Bugenh.** narc.

nåse, *f. nase. he spęrde nåse un mûle open. he hęt ümmer wot an der nåse = er ist naseweis. tûh di selwer bi der nåse. treck di selwer an der nåse, du möchtes sûs op den rüggen fallen. vgl. R. A. 143.*

nåse un mûl, *name einer pflanze, die in den weihbund kommt. (Fürstenb.)*

nåselang, *sehr kleines mass von raum und zeit. alle nåselang = jeden augenblick. vgl. Gottschall nationallit. II, 40:* „jeder fühlte sich als sieger, der den andern nur um eine nåsenlänge schlug.“

nåsen, *naseweis sein.*

nåstån, *nach etwas stehen = streben.*

nåt, natt, *1. nass. so nåt as ne katte. nitt nåt of drȫge = weder trank noch speise. 2. trunken.*

nåt nåt, *ruf der enten.*

nåtel, *f. nadel. Herv. R. B. p. 43: nå-tele. ahd.* nâdala. *das* t *in* nåtel *deutet auf die verwandtschaft mit* nietel *(nessel). wörter derselben wurzel zeigen teils* d, *teils* t.

nåtelenöge, *n. nadelöhr. huspost.* natelenoge.

nåteler, *m. nadler. Herv. R. B. 42:* neteler.

nåtelkoker, *n. nadelbüchse.*

nåtelpir = stickling.

nåter = åter.

nåter, *m. marder. (Weitmar.)* n *für* m.

nåterer, *m. nachzehrer. man schneidet den namen aus dem totenhemde, damit der tote kein nachzehrer werde d. i. einen überlebenden nachhole.*

nau, *noch. Must. 3.*

nau, *genau. et hält ęm nitt nau.*

nauge, *adj. genau.* naûge lü. *(Deilinghoven.)*

naule, *m. tadelsüchtiger, schelte für leute,*

die tadeln, wo es sie nicht angeht. (Hörde.) vgl. holl. naûl, genau.

naülen (Weddigen: neulen), *unwillig sein, weil man etwas nicht bekommen hat (von kindern).*

naülig, *der dem es genau hält.* he es so naûlig. *Firm. I, 423:* janz neulich *= ganz genau.*

naämen, *nennen.* mwestf. nomen = nuomian. *Teuth.* noemen, *nennen.*

naune, f. *unterstunde.* he hält sine naune. *lat.* nona, *eigentlich die neunte stunde, 3 uhr nachmittags. Teuth.* none, myddach. noua, meridies.

naunen, *unterstunde, mittagsschläfchen halten.* he naunet. *syn.* ungern.

naust, m. *knorren, überrest eines astes.* apocopirt aus knaust, holl. knoest. *da aust und ast aus einer wurzel sind, so könnte sich in mundarten ein* knast *finden, wie es im dän. und schwed.* (knast = knorren) *wirklich der fall ist.*

naustig, *knorrig. Firm. I, 386:* nusteg, *vgl. ahd.* nusta; *fig.:* naistig, *von der gemütsart.*

nâfolgen, *nachfolgen.* bat di nâfolget, dat slätt di de hacken kapott.

nâwâren, *mit den augen verfolgen.*

nâwe, f. **nâwel,** m. *nabe am rade.*

nâwend, m. *abend.* fan nâwend.

nê, *nein.* nê bat! ei was! = nein! nê! *wirklich! verwundernd.* nê doch! *wirklich?* nê! ja! *bekräftigung zu anfang eines bejahenden satzes.* nê nix dâ! nein nein! *alts.* nên. *negation verstärkt:* nain grâd s. knôp. nitt en lammersterteken. nitt ne bône. nitt schiat noch driat.

negeln, *nageln. alts.* neglian.

neggen, *neun.* neggen vnd neggentich. 1590.

neyst, *nächst.*

neyderst, *niedrigst.*

nêit, f. *nacht. ags.* niht. *engl.* night. *die verlautung des* nht *zu* ît *ist im berg. schon alt. in der ersten hälfte des 13. jh. kommen die namen* Rupreit, Herbreit *vor. Lacombl. arch. VI, 122.*

nêiten, *nächten, nachts.*

nêitigal, f. *nachtigall.*

nelle? *(scheint vulva, dann femina zu bezeichnen?) glocke in den kuhnamen* Silwernelle, Rinnernelle, Buaternelle, Wackernelle, Buntenelle, Rainnelle. *vgl.* nellen s. karnellen, knëllan. *Kil.* quackernelleken, puella venusta, lepida, lasciva.

nemen (nâm, nomen), *nehmen.* se nemt sik nitt viel = sie unterscheiden sich nicht sehr (in der grösse, im alter).

nemer, m. *nehmer.* alle friggers sid kaine nemers.

nemet, m. *nachtessen.* = nêihtmet.

neynerlegge wyn, *keinerlei weise.*

nene, -en, *keine.*

nepen. im nepen, im interlunium. (Valbert.) nepen *ist infinitiv wie* drepen. *für* nipan, *woraus sich erst ein* nipan *entwickelt hat. ags.* nipan, obscurare, nip, caligo, nubes. *ags.* huipan, se molinare.

neren, *nähren.* sik neren c. gen.

nergens, *nirgends.* he wêt nergens van = er weiss von nichts. *vgl. r. Hör. urk. 65:* nerghen ane = an nichts, *Bgh. act. 19:* nergen vôr (für nichts).

nerhenne, f. *kuhname.*

nerje, f. *nahrung.* (Paderb.)

nerig, *der sich fleissig nahrung sucht, auf erwerb bedacht.*

nesselkack, m. *nesthuck, nestling. engl.* nestlecock. *ital.* cacanidolo. *vgl. Gr. d. spr. I, 24.*

nest, n. 1. *nest.* lût di nitt in din nest fêmen (schiten) = lass dich nicht bei deiner braut, deiner frau ausstechen. 2. *schelte:* du nest vanner dêrne, naseweises mädchen. (Düsseldorf.)

neste, *vorrathskammer, hüterkammer (für obst). ahd.* nest, cibaria.

nestekübbelken = nesthuck. (Brilon.)

nesten, *nisten. Aesop 81.*

nesten, *zögern, langsam sein.*

nesterig, *langsam, träge.*

nestig, *nährig. H. vgl.* nerig. *ahd.* nest, cibaria.

nesthupp *für* nesthuck, m. *der schwächste vogel einer brut.* (Marienheule.)

nesthark, nesthuaderk, m. = nesthupp.

nett, 1. *schön.* 2. *rein.* dat well ek di nett seggen. H.

Nette, Nettken, *Antoinette.*

netten, *netzen, nass machen.*

nettkes, *hübsch.* du sass nettkes hir bliwen. *vgl.* stillkes, efkes.

newen, *neben.* der newen, daneben. (Paderb.)

ni, *nicht.* worümme ni? (Paderb.)

nî, *verwundert. Mülh. a. Ruhr: Hingh. 2, 76* si kecke ne i op; *3, 30* hoard ue i op. *syn.* lût.

nibbeln, nippeln, 1. *das äusserste abbeissen, von ziegen.* 2. *kleinigkeiten entwenden. engl.* to nibble. *vgl.* knibbeln, nippen.

nibbeln, nubbeln = niäweln.

nichte, f. 1. *nichte,* niftel. 2. *tante, wie* vedder = oheim. (Fürstenb.) — *ags.*

nifte *gehört zu* nipan, *wie* knifte *zu* knipan.

nidsgiewig, *neidisch.*

niods, niodsch, *neidisch, falsch, boshaft.* K. *vgl.* niots.

niodsig, *1. neidisch.* sig = isk, *wie in* politsig. *2. der andere gern beleidigt.* ags. nid, odium, zelus.

niogen, *neun.* ags. nigon.

niogenhûte, *pl. neunhäute, dicke schwären. vgl. Teuth.* negen oghe, *eyn* qwait awere.

niogenmörder (niogenmäner, *Dortm.), 1. neuntöter, würger,* lanius. *nach dem volksglauben muss er alle tage 9 insecten morden. 2. hornisse. syn.* dârnexter.

nion, *kein. aus* ni-ên. *in der grafsch. Mark ist* nion *das ältere wort,* k a i n *das durch das* hd. *eingebrachte. im Volmetale lautet es* nen, *im Valbert* nain. *vgl. Grimm III, 66**.*

nien *für* niden, *nieder, z. b.* Nien-Hemer. alts. *Werd. register:* in nitharrun Embrikni.

niendôr, nierendôr, *f. niedertür, die zur* dehle *führende grosse tür. s.* ôwerdôr. med der nierendôr wenken = *einen sehr deutlichen wink geben, mit dem* zaunpfahl *winken.* K.

niendôr slütel, *ein beweglicher pfosten, der vermittelst eines zapfenloches in der schwelle und eines andern oben befindlichen senkrecht eingefügt ist. er kommt da zu stehen, wo die beiden flügel der niedertür zusammenstossen, so dass diese tür dadurch geschlossen wird. zu Rheda:* rängel.

nien enne, *n. niedere ist der teil des bauernhauses, welcher* tenne *und* stallungen *enthält. s.* hôwedenne, küokenenne.

niopentüksch, *heimtückisch. s.* nepen.

niest *für* nidest, *niedrigst, unterst.* op der niesten Oese.

niodrächtig, *demütig, bescheiden. Hoffm. findl. 18* nidrächtig = humilis. *Seb. Frank. n. = bescheiden.*

niote, *f.* nisse. *engl.* nit.

niotel, *f.* nessel. giof pass, dai kacket noch mâl in de nioteln = *er geht zu grunde, macht bankerott.* ags. netele, ahd. nezzila.

niotelküonink, *m. zaunkönig. Hoffm. findl. 42* nettelkünik.

nioterbiotsk, *natterbissig.* io *brechung eines aus* a + i *entstandenen* e. *vgl.* ioterbiot. *in diesem wie in folgendem wird ein* n *vom artikel angewachsen sein.*

nioterig, *wer sich leicht beleidigt fühlt. H.*

nioterkopp, *m. eiter(?)kopf, hitzkopf.*

niots, *schr.* dat dait mi niots wêb. münst. nitske, *schr.* niotsch, *tückisch. H. ganz, radical, durchaus.* et geuk niots entwê. K.

niowel, *m. nebel.* dai gèt der dôr as de kau dôr den niowel. io *brechung eines aus* i *entstandenen* e. *alts.* nebhal.

niowelkappe, *f. nachthaube der weiber.*

niowelkâr, *f. nebelkarre.* op der niowelkâr fôren = *im dunkeln auf stehlen ausgehen. Kil.* nevelkarre, carrus tenebrosus.

nioweln, nibbeln, *nebeln, ein wenig regnen. s.* nubbeln.

nigge, *1. neu. 2. neugierig, begierig.* ik si gar nitt nigge drop. *alts.* niwi, nigi.

niggelik, *1. neugierig. 2. eigen, sonderbar.*

niggelikait, *f. neugierde.*

niggemêr, *f. neugierde. Gr.* tüg 68. *neugikeit. Spr. u. sp. 60.*

niggemêrsk, *neugierig.* niggemêrske hitte, *neugierige ziege. schelte. F. R. 108.*

niggetid, *m. neugieriger, neuigkeitskrämer. vgl.* tyden to, *nach etwas hineilen.*

nigirig, *neugierig.*

nickel, *m. nichtsnutz.* snagenickel, flütsnickel. *münst.:* du fûle nickel.

nickelken, *n. verächtliches frauenzimmer.* et es mi so'n nickelken.

nicks, *nichts. für* nihtes *(ein genitiv, wobei niht ausgelassen ist. Gr. III, 68). auffallend ist der übergang des* ht *in* ck, *während* wiht *zu* wicht, *wacht wird, man vergl. aber* wickse, wicksen. nicks *ist zuweilen verstärktes* nitt, *also gar nicht:* ik sin nicks mâde. *vgl. lat.* nihil *für* non *und engl.* nothing loath. se hau nit kêrd u n nicks = *und sonst nichts getan, was zur reinlichkeit gehört. husp.* nichtes. *Heinzerl. p. 98 meint, wegen häufung der conson. sei* t *ausgefallen.*

nicksen, *nichts. F. R. 26 und öfter; auch märk. Hans Sachs:* nichtsen. *es scheint aus* nicks-en *(ne) zusammengesetzt, wie auch* nitten *(= nitt-en), nicht, zuweilen vorkommt.* dä nix es en ût nik selfs nix mâket, dä es fortens nix.

nilât, *m. 1. neugieriger. 2. neugierde.* ni *ist hier negation,* lât = ruhe, befriedigung. *vgl.* gelassen. *3. einer, der es mit dem essen zu genau hält. (Siedlingh.) Weddigen:* nichlut = neugier.

nilütig, *der, den die langweile plagt.*

nillnâ, *peitsche. ein kinderwort. (Fürstenb.) vgl. altm.* nill, *penis.*

ninne, *kind, im wiegenliede. ital.* ninna,

kleines mädchen. ninna nanna, *wiegen-lied.* ninnare, *in den schlaf singen.* span. niño, niña, *kind. Teuth.* nynnen, als dye kynder dryneken.

ninneken, n. *kindlein. im wiegenliede:* sûse, ninneken, sûse.

nipe, *genau.* nipe tau saihen.

nipen. *Teuth.* nypen = knypen. *s.* be-nispen. *vgl.* nepen.

nîre, *f. niere.* hai es em ûm de ntren as de katte ûm den hêten brî. *ahd.* nioro, niero, *m. vgl.* dîr *(tier).*

nîrenkäuen, *wiederkäuen. H. Kil.* er-kauwen, ruminare.

nîrūcken *oder* **nîrrucken,** *wiederkäuen (Siedlingh.) Vilm. (s. v.* niederrucken) *meint, es sei entstellung aus* nrncken, idarukjan, *abermals aufstossen. vgl.* nirenkäuen. *Kil.* edericken *j.* ericken; *ags.* êdrocjan; *ahd.* itaruchjan, ruminare.

nîschen, *niesen. ahd.* niusan. *Hoffm. findl. 18:* neuschen. ? nisigen. *Teuth.* nyesen, pruysten, hoisten.

nîsgirig, *neugierig. (Marienh.)*

nismänken, *n. junges kalb. (Weitmar.) vgl.* nûseken.

nîterig, *strebsam, begierig, eifrig. vgl. alts.* niud, *studium.* t *wie öfter aus* d *verschoben.*

nitt, *nachdrücklich* **nitte,** *nicht. (östl. Mark.) vgl.* nich. *zuweilen ist* nitt *noch von* en (ne) *begleitet, z. b.* dat heww' ik nitt en wust. *mwestf. 1347:* neit-en. *1429:* nyet.

nitueb, *schnell, geschwind. (Wald.) H.*

nîwer, *genau.* nîwer taukiken. *vgl. ags.* neovol, pronus, prostratus.

no, *nun! wohlan! (antrieb).* no dann! *ei! (verwunderung).* no! lass mich in ruhe! *(unwille).* no no! lass das *(unwille n. abwehr).* no? nun? *(erwartung).*

nö, *noch. (kreis Meschede.)*

nô = nôd.

nô, *verlangend, begierig.* ek sin nit nôe drop, et es mi nit nôe drum, *ich bin nicht neugierig darauf,* habe just kein verlangen darnach.

noch, nech, *noch.* dat sî'k ok nôch! *(wirklich).* dat es ok nôch wâr! wat der dûsend noch ôh! *(verwunderung).* God nâch oh!

nöchtern, *nüchtern.* nöchtern spigge gilt *kranken augen heilsam.*

nöchtern, *n. frühstück. (Lüdensch.)* 't nöchtern breken, *frühstück geniessen. vgl. engl.* breakfast.

nôd, *f. not.* dat het kain nôd. hai künamet van nôd te brôd.

nôd, nô, *compar.* nôer, *ungern.* hai gêt

---

nôd hen. *alts.* otho, *facile,* unotho, *difficile. mwestf.* node, *schwerlich, un-gern. Wallr.* noede. hei lies ihn gar noede van sich. *urk. v. 1410. vgl.* unnô. *Teuth.* noede, ongern.

nôdig, *nötig.*

nôdigen, *nötigen, einladen. mnl. fasc. temp. 241b:* noden = einladen. *Teuth.* noeden, bydden, invitare, *während* nordigen = benauwen.

nôdnâber, *m. notnachbar, der unter an-derem verpflichtet ist, den verstorbenen auszukleiden, daher bei Bielefeld auch* kleenaber *genannt.*

nôdlik, *not habend, unwohl, von kindern. Teuth.* noitlick, wunderlick, ghemelick (= verdrietlick).

nôdrîpen, *zu schnell reifen.*

nôdwęg, *weg für leiche und kirchgänger. s.* kęrkweg.

nęken, *m. knorren, harte erdscholle, fels-stück. vgl. ital.* nocca *und* knoken.

nôckes, *beinahe.*

nôlik, *schlimm. (Weddigen.)*

Nölke, = Nölleke, Nolkin, Noldekinus *d. i. Arnold.*

Nölle ? = *Arnold.*

Nolte = *Arnold. in Iserl.* der Nolten *sc. durchlass. vgl.* Woeste, Iserlohn (1871), *s. 15.*

nomes, *abend. (Hattingen.)*

nôpen, *den mund verziehen. H. vgl.* môpen.

noppe, *f. klunker im flachs. ags.* hnoppa, villus. *mnl.* noppe of vlo op den doeck, lanugo; tumentum, illud quod in filo vel in tela tumet nec subtilitatem habet. villus, floccus. *Fahne Dortm. III, 235:* laken ovel genoppet.

noppen, *nik, mik stossen, sich schlagen.* wann de insels sik noppet, dann giet et anner wer. *mnl.* nappen, taggen, vetschen, nipschen. *dän.* nappes, *sich* zanken, raufen. *vgl.* nuffen, gnappen.

nęrk, *m. 1. verkrüppelter alter stamm. 2. —* naust. *fig.:* dat es en fasten nęrk *(von einem langlebigen alten).*

nęrk, *m.* = nęrker.

nęrken, *weinen, verdriesslich sein (von kindern).*

nęrker, *m. verdriessliches, weineriges kind. s.* nârksack.

nęrkig, nęrkerig, *verdriesslich, weinerig.*

nôse, *f. 1. schlinge, schleife, öhr. vgl.* öse *und engl.* noose. *2. beim strumpf-stricken =* masche. *H.*

nôrre *am Hülsenbusche im Oberberg. der dünnländige acker, der auf der „faulen ley" liegt. H. —* Vilmar hess. *idiot.* nürn, norn, *f. felsen, felsblock.*

Kehrein volksspr. in Nassau: nörr, norr, unfruchtbare, besonders nasse stelle im acker. ostfr. uur, eisenschüssige harte erde.

nûte, f. nuth, rinne. tischlerausdr. syn. fier.

nôtfûr, n. ein durch holzreiben angemachtes feuer, wodurch das vieh dreimal getrieben wurde, um eine senche abzuwenden. Wallr. nootbrand.

nöthüəwel, m. nuthenhobel..

nötter = nûtter.

nû, nu, 1. nun, jetzt. 2. so eben. vgl. K. fastn. 964³². nu guəd! (concessiv). nu sûh! (verwundert). nu help mi! hilf mir doch! (ungeduldig, ungehalten). nu help mi doch! (mehr bittend); vgl. ital. or m'ajutate.

nû, nie. 1603 ausgespr. nuy, wie heute. Lud. v. Suthen nê = ags. nà.

nû ens (es), neulich.

nû mer, nimmer, niemals.

nû un dann, dann und wann. engl. now and then.

nubbeln, knuppern. s. nibbeln.

nubbeln, nebeln, fein regnen. s. niəweln.

nûckeln, na wot, schielen nach etwas. vgl. nûckels. H. nickend schlafen. ek slå di dattu nûckelst = wankst. vgl. nucken. auch hier = einnicken, in schlaf fallen.

nücke, pl. tücke, mucken, eigenheit, launen, hintergedanken. holl. nuk. he hęt nücke im kopp. K.

nückels, pl. augenknochen. he kiket unner de nückels hęr = he knibbelöget.

nucken, 1. mit dem kopfe nicken. Must. 45: jå nucken. 2. rucken = nicht dicks hällen, beim knickern. engl. nudge. Hoffm. findl. 15 nucken.

nûdlik, niedlich. alts. niudlik.

nûkel, m. hügel, unebenheit.

nûəsel, m. 1. lichtschnuppe. 2. nasenschleim. 3. nase. he hęt énen am nûəsel = er ist trunken. ne älle nûəsel. engl. nozel, nosle. Siedlingh. nûsel. mwestf. ôsel, tote asche. Hoffm. findl. 43.

nûəseln, näseln. K.

nuət, f. 1. nuss. als sinnbild des glücks: du sass då lange sitten (liggen), ær dat di de kraige ne nuət brenget. als sinnbild der heirat: wamme nitt herût gêt, brenget çm de kraige kaine nuət. dai hęt noch ne nuət te knappen. 2. am spinnrad syn. spille.

nuətebieke, f. = rämmekleter.

nuətebulster, f. nusshülse. Teuth. van eynre not dye uterste bolster of schale. Kil. notbolster.

nuəte knäpper, 1. nussknacker. 2. häher.

nuəten, nüsse pflücken. nds. nöten.

nuətkap, m. der gemeine nussknacker, spechtmeise (sitta europæa); „sie verengt die löcher der hohlen bäume durch mauerwerk von koth, frisst haselnüsse, die sie geschickt mit dem schnabel zu bearbeiten versteht." Tschudi p. 84.

nülle in visenûlle scheint wie nelle in muliebria zu bedeuten.

nummer, f. zahl.

nümmerken, fig.: bi dęr hält hai sik en gutt nümmerken. op de-a. h. G.

nümmes, niemand. 1547: nümmandes. vgl. Mda. I, p. 259. Gr. III, 772. .s. ömmes.

nûpeln = môpen. (Siedlingh.)

nuppe, f. laune. F. R. 106. nds. nupen, tücke. s. noppe.

nûr, n. euter. vorgesetztes n kann nicht vom artikel rühren. Wald. nûder, n. und nûdern.

nûren, vom schwellen des euters. auch holl. ostfr. ûren. bei einer trächtigen kuh heisst es, wenn die milch eintritt: se es vullens nûrens. K.

nuren = knüətern, knurren. Sp. u. sp. 32. F. R. 9. Soest. Dan. 55: uurren.

nuren, brummen. (Paderb.) Teuth. norren, twisten, hamplen.

nûse, f. kuh.

nûseken, f. kühchen, kälbchen, ungehörntes rind. bei Schamb. nûseken schmeichelwort zu kindern. er führt mit ? tûseken = kälbchen an. s. mûsken, nismäunken.

nuseln, summen, undeutlich sprechen, durch die nase schnarren. K. S. 75. Must. 13, 27. nuselde tüsker den tęnen. Gr. tüg 9. nuselde in den bort. N. l. m. 33.

nüskeln oppem hǫve 'rûm. K. S. 78.

nuts, m. grösseres kalb. (Velbert.) = muts.

nuts, nütze. dat es nitt nuts. dat hęste nitt nuts måket.

nütte, nütze. ahd. nuzzi.

natsen, m. nutzen. platthd. mnd. nutt.

nütten, nützen.

nütter, nützer, lieber, vielmehr.

näsgirig, neugierig. dän. nysgierig.

nuff, m. stoss (gelinder).

nuffen, stossen mit der faust. s. noppen.

nüwerlde, nimmer. Alten. stat.

O

O, *f. und n., der buchstabe* o. *fig.: ende, ausgang. spr.: dat k es de schåpstall, dat ô es de fossfall.*

ô, oh, *interj.* oh! *ausdr. der verwunderung.*

ô, ôe, *interj.* o weh! au! *ausdr. des schmerzes.*

obacht, *f. beachtung, acht.* in obacht nęmen, beachten. *Müller 22:* betrachten. giəf obacht! *merk auf! jetzt häufiger:* giəf oppass! pass op!

obdåk, *n. obdach.*

obsternâtsch, *hartnäckig.*

ödenskopp, *m. alant,* inula helenium. d *für* l; *vgl.* ålangskopp.

öder, *1. ader. 2. ähre. (Velbert.)*

öge, *n. auge.* he gəf mi en öge. du maust den ögen de kost giawen. ögen asse kårenblaumen. *spr.:* de ögen open åder den bûl. *ags.* eáge. *alts.* ôga.

ögeln, *äugeln.* he ögelt ęm, *er gibt ihm ein auge.* he ögelt dernå, *er zielt darnach.*

ögen = ögeln. *s.* knibbelögen.

ögenbrane, *f. augenbraue. Teuth.* ogbraden. *Hoffm. findl. 42:* ogenbrane, palpebra.

ögendainer, *m. augendiener. spr.:* ögendainer hett hœren leif, stęlt noch slimmer as en daif.

ögenmåte, *f. augenmass.*

ögenschin, *m. augenschein. spr.:* de ögenschin es der weld tûge.

ögesken, *n. äuglein.*

ögge, *f. mutterschaf. (Fürstenb.) vgl.* kögge *(kühe). mnl.* oye, ouwe.

öggelamm, *n.* = aûlamm. *Fr. 105.*

ohå, *interj. ausdr. des unerwarteten:* ohå! tausend! *das wäre beinahe nicht gut gegangen. II.*

ôhairde = ôr. *(Siedlingh.)*

ohé, *interj. ausdr. der verwunderung, des zweifels.*

ohå, *interj. des fuhrmanns, wenn das pferd stehen soll.*

ok, ock, *auch. ags.* các, *alts.* ok. *mwestf.* ôk, oyk, ouck. ik danke ock = *ich danke.*

ökern, *sik, sich äussern, sich zeigen. vgl. Wallr.* oepern.

öksken *in* haidöksken. *alts.* ôkan *(vermehren) wird auch erzeugen bedeutet haben, so dass aus dem ptc.* ôkan *ein subst.* ôke = *kind entspringen konnte.* ǫke = *(ungezogener) junge (Firm. 1,*

278) findet sich im Ravensbergischen. kann wie blage erst nachher den übeln sinn erhalten haben.

ôl, *n. häufig vorkommende halbappellative ortsbezeichnung, womit gewöhnlich die besten striche der feldmark gemeint sind. vgl.* ôlsse. *gehört es zu* alan, nutrire? *ist es ahd.* sol, *n. urbares land. Gr. gr. III,415*? *s könnte abgefallen sein, wie bei* oller. *man vgl. auch lat.* olca, olcha — *campus tellure foecundus. tales enim incolae* (Campani) olcas *vocant. Greg. v. T. altfr.* ouche, oche. *in zgs. ortsnamen ist* ôl *mitunter aus* ho loh *entstellt.*

ôlf, oulf, *trocken, vom wetter. cf.* howen. et es ôlf. *(Lüdensch.)* hôloft.

ǫlge, *n. oel. lat.* oleum. *N. Schrae 19:* oilge.

ǫlgeblaume, *f. roter fingerhut wegen seines ölreichen samens. zu Stephanopel liessen leute aus diesem samen öl schlagen und rühmten dasselbe als ein gutes speiseöl. syn.* knapprôse, hergodslinger, rôe fingerhaud, snakkenblaume.

ǫlgekauken, *m. ölkuçhen, der beim schlagen des öls übrig bleibt.*

ǫlgemüsle, *f. ölmühle.*

ôlig = ǫlge. *alts.* olig.

ôlk, *m. zwiebel. lat.* allium. *ahd.* clovoloch. *fr.* aulx.

oller, *m. 1. feuerfeste bodendecke von lehm.* en ollern opsmîten. *(Lüdensch.) 2. boden. syn.* åller, ouler. *entstanden vielleicht aus* soller, *lat.* solarium. *vgl.* osnalw. oul, *aufgewühlter schmutz. Teuth.* ollant, broyck.

ollern, *einen oller machen.*

olmes, *bier mit honigkuchen. vormittags zum willkomm auf hochz. gegeben. II. (Remlingrade.)*

ôlsse, *der teil der feldmark, der (bei vierjährigem wechsel) für roggen bestimmt ist. (Balve.) s. ôl.*

ôm, ôme, *m. pl.* ômens, *1. oheim. 2. kindern bezeichnet man gute freunde als* ôme *oder* onkel. *in einer urk. bei Seib. von 1360 kommt* oeme *bald für oheim, bald für neve oder vedder vor.*

ommeln = süchten, ächzen, stöhnen. *(Wald.) II.*

ommelt, *n. mittagsessen.*

ommet, *n. mittagsessen. s. ânes.*

op, 1) *præpos. mit dat. und accus. 1. auf.*
2. an, wie franz. sur, *mit dem neben-*
begriffe des höherliegens: op dem springe,
an der quelle; op der för, *an der furt.*
wann de buren op den stöcken stàt,
dann daut se et mëiste supen. *vgl.*
Mart. Pol. X^d: uf dem mere *(von der*
stadt Ostia). 3. nach: en vêrdel op
siøwen, *ein viertel nach 7, was ander-*
wärts durch „ein viertel auf acht" aus-
gedrückt wird. redensarten: op affe-
kote leren = *jura studieren. Must. 26.*
he studêrt oppen pastòr. opper stund,
zur stunde, jetzt. se hàldt oppên, *sie*
halten zusammen. spr.: bai de kau
köpen well, dai knôme oppen stall.
op de dôpe hàllen. op sin lif sin. op
glöwen. op en kort, *über kurz.* sik op
sik selwer setten = *sich etabliren. II.*
en wcg op fif vêrdel = *umweg.* hai
spielt oppem klavêr. hai blâset opper
flaite. blâs mi oppet âr. op dûot nâ,
bis auf dieses, à cela près. op ênt nâ,
bis auf eins. op 'ne ârd, *gewisser-*
massen. op giøn sîd, *auf jener seite,*
jenseits, dort. op düssid Rhins, *dies-*
seits des Rheins. op sik (à la) Elber-
feldsch, *in Elberfelder mundart.* op den
muk *(strich)* hevven. *K.* op den stipp,
sofort, auf der stelle. du kömst op de
stipp nâ hûs. *K.* 2) *hinauf.* wan de
fiskeraiger 'et water-op flûget, dan hält
he water.
opbersten, *aufbersten, aufspringen.*
opbinnen, *aufbinden. fig.:* ik well êm màl
de hosen opbinnen.
opbliwen, *aufbleiben.*
opböken, *aufstossen, von speisen.* s. böken.
opbören, *aufheben.*
opbreken, *aufbrechen.*
opbuggen, *aufbauen.*
opdäk, *n. obdach.*
opdauen, 1. *aufthun.* vi wellt den roggen
opdauou. 2. *erhalten, erlangen, auf-*
finden. so schon *Th. vervem. p.* 58:
opgedaen = *aufgedeckt, aufgefunden.*
3. sik opdauen, *sich aufheitern:* et wer
dait sik op. *syn.* sik opschiren.
opdraigen, 1. *aufdrehen, z. b. de ûr.*
2. *fig.:* dêm weffe màl ênen opdraigen
= *den wollen wir zum narren haben.*
opdriwen, *auftreiben, z. b.* dat vêh.
opduonern, sik, *sich putzen. sich auf-*
donnern vgl. Gr. Wb.
ópen, *pl. für opern, narrenspossen:* dat
sind ópen.
open, *offen.* dau de dör open; *vgl. den*
gebrauch des alts. opan. hai dæ' mûl
un nàse open, *er machte grosse augen.*

open dauen, sik, *einen streichen lassen.*
„me kann sik selwer nitt truggen!"
hadde de bûr saggt, dä wol sik open
dauen un drêt in de bûxe.
opgän, *aufgehen.* de sunne gêt op. de
dêg gêt op. dat geld es mi opgän.
opgiøwen, *aufgeben.*
opgräwen, *aufgraben.* et hält der nitt
ümme, de weg es jà nitt opgräwen.
ophàllen, 1. *aufhalten.* hàld ne op! 2. *ein-*
halten, aufhören. 3. *beherbergen:*
friiomde lû ophàllen; *vgl. N. Schrae* 56.
ophangen, *aufhängen. fig.:* ênem wot op-
haugen. sik ophangen, *sich aufhängen.*
ophêren, 1. *aufhören.* dat hêrt sik op.
2. *erkunden.* ik hewwe êm saggt, hä
soll mi ne mâged ophêren. *Gr.* tüg 79.
ophiøwen, *aufheben. Gr.* tüg 79.
opkeren, *aufkehren.* spr.: wann de bessem
opkert es, dann wêt me êrst, bu'guad
atte wêst es.
opkippen, *in die höhe schlagen, von karren.*
opknøen, *aufkneten, aufbürden:* he woll
mi dat ôk noch opkuçen, men ik flodde
em wot.
opkøken, *aufkochen.*
opkomyngen, *pl. einkünfte. in urkk.*
opkøpen, *aufkaufen.*
opkøper, *m. aufkäufer, vorkäufer.*
opkrassen, *aufkratzen.* sik opkrasseu,
sich herausputzen.
opkrempen, *aufkrempen.*
opkrigen, *aufkriegen.* 1. *aufessen. fig.:*
he kann sine fraûde dà wol opkrigen.
2. *durchbringen:* he sall sin geld wol
opkrigen. 3. *von seinem erstaunen über*
etwas zurückkommen: ik kann et noch
ümmer nitt opkrigen.
opkummen, *aufkommen.*
opkumst, *einkünfte. in urkk.*
opkwaddern, *nass u. schmutzig werden*
durch aufquellendes wasser, von sum-
pfigem boden.
oplàen, *aufladen.*
oplâge, *f. auflage.* he was in der oplâge,
nu he storwen es, kritt sine frau 60
dàler.
oplaten, *überlassen, auflassen.*
oplatinge, *auflassung.*
opleggen, 1. *auflegen, vom unvermeid-*
lichen schicksale. spr.: bà et êm àne
oppelaggt es, dà kritt et êm àne. 2.
zurücklegen, sparen.
opleppern, *auffüttern, von kleinen kin-*
dern. sik leppern, löppern.
oplesen, *auflesen.*
oplüchten *für oplichten, z. b.* en bên.
(Mda. II, s. 28 *aufflauchen). vgl. die*
anker lichten, engl. to lift.

oplüern, *auflauern.*

opmäken = *versliten.*

opmäten, *aufmessen:* ik well· den haud opmäten un saiheu, of he mi mäte es.

opnäme, *f. aufnahme.*

opnęmen, *1. aufnehmen.* 2. *empfangen, bei der begattung.* 3. de stçwe opnęmen = *mit einem nassen tuche den staub von den dielen wischen.* sik opnęmen, *1. sich aufschürzen.* 2. *auffliegen.* 3. *sich bäumen.*

oppacken, *1. aufpacken, aufladen.* 2. *aufbrechen, sich weg machen.*

oppassen, *1. auflauern.* 2. *einen bedienen:* ik danke ock, ik well di mäl wier oppassen, wennste brűd büss. vi wellt se mäl wier oppassen, *wir wollen sie mal wieder bewirten, oder: wir wollen ihnen mal wieder dienen.* vgl. *schwed.* uppassa.

oppässer, *m. 1. aufpasser, laurer.* 2. *aufwärter.* *schwed.* uppassare.

oppässerske, *f. aufwärterin.* *schwed.* uppasserska.

oppe, *adv. auf.* hai es noch nitt oppe *sc.* stäu *(aufgestanden).* hai es oppe *(verbraucht, decrepitus).* he es so raiu oppe as ne stripe speck. *spr.:* toppe un dä nix oppe.

opperstund, *gegenwärtig, jetzt. s.* opstunds.

oppicken, *aufpicken.* nitt so lange as en haun en kärn oppicket.

oppülten, *wasser aus dem brunnen (pütte) ziehen.*

opraien, *aufbereiten, zurechtmachen.*

opraier, *m. haarkamm. auch Gr. tüg 13.*

opraspeln, sik, *sich aufraffen.*

oprēken, *hinauf reichen.*

oprispeln, sik, *sich aufraffen. K. S. 38.*

opriñeln, *gestricktes, gewebtes auflösen. K.*

oprütschen, *aufrücken. fig.: bekommen:* dat sall di ñowel oprütschen.

oprütsig, *aufsätzig:* énen oprütsig mäken = *einen aufhetzen.* vgl. *nhd.* aufrütten.

opsättig, *aufsätzig. Schüren chr. p. 58.*

opsäüken, *aufsuchen.*

opschällen, *aufschalten.* 't häl opschällen. *syn.* opschörten.

opscheppen = opfüllen, *speisen aufgeben.*

opschiren, sik, *sich aufklären, schön werden, vom wetter. vgl. engl.* to cheer up. *ahd.* sciaran, rectificare. *mnd.* schyren. *Ztschr. d. berg. geschichtsv. I, 307.*

opschörten, *aufschürzen.* 't häl upschörten, den kesselhaken höher stellen.

opschüwen, *aufschieben.*

opseggen, *1. aufsagen, kündigen.* 2. *hersagen.*

opsläen, *1. aufschlagen, teurer werden.* *spr.:* wann de kuckuk nä dem halwen april raüpet, slätt de rogge op. 2. *aufwachsen.*

opslag, *m. 1. verteuerung.* 2. *nachwuchs, wurzelsprossen.* 3. *nachkommen.* 4. *aufschlag am rocke.* fig.: dat es en fïnen med growen opslęgen.

opsnappen, *auffangen.*

opspiken, *aufstauen, eine stauung (spik) machen.*

opspilern, *einen speiler (spiler) untersetzen.* ne falle opspilern.

opstän, *1. aufstehn.* *spr.:* opstét, de stïe vergét. 2. *aufgehn, von der sonne.* düt krűts banne den dü hir ÿwer. gét, so lange hir hen, bit do sunne op stét.

opstęken, *1. aufstecken.* 2. *gewinnen bei etwas:* he sall der wol nitt viel bi opstęken.

opsternätsk, *obstinat. (Möhnetal.)*

opstippeln, *stapeln, aufsetzen.*

opstökern, *aufstochern, aufhetzen.*

opstunds, *gegenwärtig, jetzt.*

opstüwen, *aufwärmen, fleisch u. dergl. s.* stüwen.

optaihen, *aufziehen, in die höhe ziehen.* tüh op, dä hęs der énen ääs *wird scherzend zu jemand gesagt, dem der schleim aus der nase hängt.*

optilen, *aufthielen, die garben in reihen setzen. N. Westf. mag.*

optômen, *aufzäumen.*

optômen, sik, *sich aufzäumen, sich aufputzen.*

optrecken, *1. aufziehen, erziehen.* 2. *aufziehen, etwas gestricktes.* 3. *hänseln, zum narren haben.*

optuihen, *aufziehen, auffüttern. spr.:* et wær schade, wann dai nitt opfott wær, *von einem tüchtigen esser. Husp. brudl. pred.* ere kinderken in Gades fruchte vpfôden.

opvall, *m. auffallen, aufsehen.* dat was en opvall.

opvlaigen, *auffliegen. fig.:* du maus dermede opvlaigen, *du musst dir damit genügen lassen. vgl.* to put up with.

opvolgen, *auffolgen, einer aufforderung folgen.*

opvôren, *aufführen.*

opvôren, sik, *sich aufführen.*

opvręten, *auffressen.*

opwasken, *aufwaschen.*

opwippen, *aufwippen.*

opwoeken, *aufstossen aus dem magen. K. cf.* opbôken.

ör, *m. beihirte.* um im frühjahr beim ersten austreiben die schweine zu ge-

wöhnen (wennen), *stellt jeder beteiligte dem hirten für bestimmte tage (je nach der zahl der schweine) einen gehülfen. das ist der* ôr. *von diesem sagt man:* he gêt ôr. *durch die teilung der gemeindewaldungen ist an vielen orten der dorfhirt weggefallen und das wort* ôr *in vergessenheit geraten. in den Altenaer statuten wird der dem hirten beigegebene* oiherde *mehrmals erwähnt. er kommt da sowohl beim herden (kuhhirten), als beim* swêuen *(schweinhirten) vor.* ôr *ist stark zusammengezogen aus* ôherde, *worin* ô = *mhd.* ou secundarius *bedeutet; vgl.* oumet, foenum secundarium. *andere westf. formen für* ôr *sind* ouhêr, *bei Firm. I, 182:* auheere.

ôr, *ihnen. (Dorsten.) Firm. I, 374.*

orbere, *ertrag. mhd. urbor.*

ôrdel, *n. urteil. auch* urdêl *wird jetzt gesagt.*

ôrden, *einen* ôr *mitgeben. in einer Wetterschen urkunde des 14. jh. heisst es:* It. van einer koc und twe swinen sall men enen dach voden, lonen und orden. *man sieht daraus, dass die zusammenziehung des wortes schon alt ist.*

ôrgel, *n. orgel.* hai es so fett as de karl am örgel.

ôrgeln, *orgel spielen, orgel drehen.*

ôrgelister, *orgelspieler. K.*

ôrhâne, *m. auerhahn, urogallus.* drop drop, et es en ôrhâne.

ôrkunde, *f. urkunde.* oirkunde, *gebür an gelde, die ein beamter bekommt. Alten. statut.*

ôrlof, *urlaub.*

orleven, *beurlauben:* georlevet. *Alten. stat.* oirloven.

ôrndlik, *1. ordentlich. 2. als adverb auch* = *wirklich:* ik hewwe mi ôrndlik schemt.

ôrosse, *m. auerochse, urus.* den drafste nitt schönen, dat es en ôrosse. *Teuth.* vyross.

ôrsâke, *f. ursache.*

orthe, *f. überbleibsel vom viehfutter. N. Westf. mag.*

ortswerk, *n. obst allerlei art. für* owetswerk. *Teuth.* ovet, aift, vrocht.

üschel, *ärger, kummer. (Düsseldorf.)*

ôse, *f. öhr.* hâken un ôsen. *D. spr. 215.*

Oese, *bach im amt Hemer.*

Oesemes-kopp, *eine anhöhe am Oese-tal.* ôsemes *kann hier nur aus* Ocsemanns *entstanden sein.*

ôsemund, *m. eine art stangeneisen. auch* ôsemoth. *in einem holl. zollregister von 1326:* sutland. osemund *oder* osemoth, *der nach vaten taxirt wurde.*

ôse = ansa, *stange.* mund, moth = *ers. der* wismuth *(für* wixmuth) *enthält eben dieses* muth; *auch* muth *in* muthspelli *wird dasselbe wort sein.*

osse, *m. ochse.* et küamt sik as dem ossen de melke. *spr.:* bat kamme vam ossen mær verlangen, as en stücke rindflêsk. *alts. ohso.*

ôssel, *Ursula.*

össen, *den ochsen begehren, von der kuh.*

ossenber, *f. pfund- od. speckbirne.*

ossenkopp, *m. eine sehr haltbare apfelsorte.*

ossenpiederk, *ochsenziemer. K.*

ossenschaule, *f. in:* du sass uä Basel op de ossenschaule.

ossentange, *f. eine pflanze, ochsenzunge benannt.*

össig, *den ochsen begehrend:* de kau es össig.

ûst = aust. *(Büren.) mnl. oyst, oest.*

ôsten, *n. osten.*

ôstenwind, *m. ostwind. Bgh. ps. 78:* ostenwindt, südenwindt.

ôsterbrûd, *f. ein geschmücktes mädchen, welches von seinen genossen am 1. ostertage unter absingung eines reimes umhergeführt wurde. man beschenkte sie mit eiern. (Brackel bei Dortm. vor 50 jahren.)*

ôsterhâse, *m. auf ostern werden buntgemalte eier in die hecken gelegt und von kindern gesucht. man sagt ihnen, der osterhase habe sie gebracht. (Büren.)*

ôsterlecht, *n. osterlicht, osterkerze.* strack as en ôsterlecht. *Gr. tüg 20.*

ôsterlike sigge, *f. osterlucei.*

ôsterwęke, *woche vor ostern.*

ostôrig = àstôrig.

otlich *für* itlich, *jeder.* eyn otlich.

ôtlich, *langsam. alts. otho, leicht.*

otte, *f. kuh. (Warburg.)*

ôtteken, *n. kühchen.* strô weffe dem öttken giowen, öttken sall us melk giowen, *Ringelreigen.*

otter, *m. fischotter. ags. oter. lat. lutra.*

otter, *f. eine schlange,* hûsotter. stinket as ne otter.

otterlaie, *f. fauler tonschiefer.*

of, ef, *1. ob. 2. oder, noch:* he kann nitt lęsen of schriwen. *bei zahlbestimmungen* of = *oder für das ungefähre:* en jâr of twęlwe = *etwa 12 jahr. vgl.* âwwer. *alts. oftha. mnd. ofte, offt, ift, icht. engl. of. gif, if.*

ôfel, *s. üäwel.* kainer het so ôfel gedân, hä woll, hä hädde wol gedân.

ôferkommen, *s. sträfe.*

ôferfaringe, *f.* = ôwergang.

offermann, *m. opfermann, küster. Lac.
arch. VI, 403:* opfernan = küster.
Sch. shigtb. 34, 250 und Upst. 1125:
oppermau. *Schamb.* oppermann.

ŏwen, ŏwe, *m. ofen. ags. ofen.*

ŏwen, *oben.* he es nu ŏwen drop. *vgl.*
è a cavallo, ha vinto.

ŏwen = oiwen, aüwen. *(Fürstenb.) impf.*
owwte.

ŏwendŏr, *f. ofentür.*

ŏwendŏr, *f. die obere tür am bauern-*
hause. sie führt aus der küche in den
hof oder garten. wind vŏr der owendŏr.

ŏweniesel, *m. ofenesel, ein gestell zum*
holztrocknen.

ŏwenpîpe, *f. ofenröhre.*

ŏwer, *præpos. mit dat. und acc., über.*
so lange atte *(sc. der leichnam)* ŏwer
érden stét. hai es ŏwer de sorgen
(trunken). H. als. obar.

ŏwer, *adj. übrig.* hai het alles fŏr mi ŏwer.

ŏwerall, *überall. als.* obarall.

ŏwerêrds, *über der erde.*

ŏwerbāk, *rücklings.*

ŏwerbên, *n. überbein.*

ŏwerblîwen, *überbleiben.*

ŏwerblüffen, ènen, *einen überhauen =*
verblüffen. protelare dictis. *einen so*
anfahren, dass er aus der fassung
kommt. engl. bluff, grob.

ŏwerdrag, *m. übertrag.*

ŏwerdregen, *1. übertragen. 2. mit sich*
umhertragen: de kranke het dat lange
ŏwerdregen.

ŏwerdriwen, *übertreiben.*

ŏwerdŭwel, *m. grösserer teufel. spr.:* et
es kainen so slimmen dŭwel, he het
sinen ŏwerdŭwel.

ŏwerdŭweln, ènen, *1. einem schlauen*
einen streich spielen. 2. überfordern,
betrügen.

ŏwerên, *übereinander.* ŏwerèn smiten,
über den haufen werfen. ŏwerèn kuo-
men, *in streit geraten.*

ŏwerens, *übereinstimmend.*

ŏwerentsig, *übrigens. eine urk. v. 1651:*
das überentzige = das übrige.

ŏwerfalle, *zur befestigung eines hang-*
schlosses.

ŏwergân, *übergehn.* se bedraiget em, dat
em de ŏgen ŏwergàtt.

ŏwergang, *m. leichte krankheit, welche*
gleichzeitig viele befällt. et es so en
ŏwergaug. *spr.:* et es men en ŏwer-
gang, sagg de foss, dù tröcken se em
'et fell ŏwer de âren.

ŏwerhâlen, *herüber holen.* hàl ŏwer!
anruf an den fährmann.

ŏwerher, *allgemein, überhaupt, ganz und*
gar. F. R. 126 u. öfter. Op de àlle h. 6.

ŏwerhiamd, *n. vorhemd.*

ŏwerhŏp (? ŏwerhŏps), *überhaupt. oft*
hört man das falsche ŏwerhaupt.

ŏwerhosen, *pl. gamaschen. syn.* bind-
strümpe.

ŏwerilen, *übereilen.*

ŏwerkopps, *bis über den kopf. Müller 24.*

ŏwerköpsch, *mit den augen spielend. K.*

ŏwerkuomen, *überkommen, zustossen.*

ŏwerlagg, *m. überlegung.* dat was en
slechten ŏwerlagg.

ŏwerlast, *f. überlast. mnl. und R. V.*
overlast.

ŏwerleggen, *überlegen.*

ŏwerlesen, *1. überlesen. 2.* de kerke
ŏwerlesen = ŏwer de kerke lesen, *eine*
bekanntmachung in der kirche ablesen,
wie sonst geschah. 3. en kind ûäwerliäsen
(dem etwas angethan ist). (Paderborn.)

ŏwerlocht, *f. überluft.* vi hett hir ŏwer-
locht, *wir sind hier vor dem winde ge-*
schützt.

ŏwerlochtig, *vor dem winde geschützt.*

ŏwerlöpen, *überlaufen.*

ŏwermären, *übermorgen.*

ŏwernemen, *überwältigen.* dat ŏwerniamt
den mensken gans. sik wot ŏwernemen,
etwas unternehmen.

ŏwerripe, *überreif.*

ŏwerschaiten, *überschiessen, überbleiben.*

ŏwersétten, *überstehen:* dat kann ik nitt
ŏwersétten. *vgl.* je ne traverserai pas
cette crise.

ŏwerslän, *überschlagen.* vi wett màl
ŏwerslän med flês. en kind ŏwerslän
läten, *von einem kinde, das auf dem*
arme getragen wird.

ŏwerpŏrnig, *1. knorrig, vom holze. 2.*
querköpfig, zanksüchtig.

ŏwerspraien, *überspreiten.*

ŏwerstän, *überstehen.*

ŏwerstellig, *übermässig.*

ŏwerstülpen, *überrumpeln.*

ŏwerstülpunge, *f. krankhafter zufall,*
ohnmacht.

ŏwertog, *m. überzug.*

ŏwertŭgen, *überführen.*

ŏwertŭginge, *f. überzeugung.*

ŏwerût, *überaus.* he es der med ŏwerût.

ŏwervallen, *überfallen.*

ŏwervlaigen, *überfliegen.*

ŏwervlaiger, *m. überflieger, ausbund von*
kopf.

ŏwervlaiten, *überfliessen.*

ȫwerflaut, *m. überfluss.* taum ȫwerflaute.
spr.: et es bętter énmal in ȫwerflaut,
as alle dàge in armaud.
ȫwerflaütig, *überflüssig.*
ȫwerwęg, *überweg.* hai konn nitt med
ȫwerwęg.

ȫwerwinnen. wann ȫwerwunnen es de
nȫd, dann küömet de dȫd.
ȫwerwitteln, *überweissen, übertünchen.*
ȫwes, *n. obst. ahd. obaz, obęz. mnd.*
ovet. *mnl.* oeft, ovet.
ewwen = aüwen. *N. l. m. 28.*

P

P. ne p, ne harde p drop setten, (poena?)
Tappe 84ᵇ: ich will ein p für das hauss
schreiben; *auf schlechte wirte bezüg-
lich. T. nennt es ein westf. sprichw.
Danneil:* toef man, dà will eck di 'n
p vȇr schriwn. *Eichw. nd. sprichw.
1467:* dar hebb ik en p vör schrewen.
cf. spruchw. 2, 381.
páampeten, *rossameisen.* pà *für* page,
pferd.
pack, *n. 1. pack, packet. 2. gesindel.*
syn. hack, mack.
pärkelück, *pflaumenmus.* (*Fürstenb.*)
packen, *præt.* pock, packede, *bei Grimme*
peck, *ptc.* packet, *1. packen, fassen.*
spr.: sorte he sorte, sagg de düwel, un
pock en schotsténfęger. he hęt énen
packet (*getrunken*). *2. packen, zusam-
menlegen. 3. umarmen, s.* pipen. packen
ist vielleicht syn. von pipen, *vgl. Teuth.:*
packen, cussen. *reflex. 1. sich fassen.*
2. sich wegmachen.
packen, *m. pack, packet.*
pärkerigge, *f. gepäck.*
parkgärn, *n. bindfaden.*
packhūs, *n. packhaus.*
packnätel, *f. packnadel.*
päcksken, *n. 1. packetchen:* en päcksken
tuback. *spr.:* jéderen hęt sin päcksken
te dręgen. *2. windeln:* dat kind es
noch im päcksken.
packstȫwe, *f. packstube.*
packsfȃm, *m. bindfaden.*
pȃd, *m. pfad. ags.* pädh; *mwestf.* pad.
padde, *f. ? dickwerden der kühe (z. b.
auf jungem klee).*
päderbȫrner, *m. paderborner:* et kuem
mi mȁl wier en päderbȫrner int hûs.
padhucke, *f. kröte.* (*Elsey.*)
pȃe, *m. und f. pl.* pȃens, *1. taufzeuge.
2. täufling.*
pȃenstück, *n. patengeschenk, besonders
medaille oder grosse münze.*
pȃenwiomel, *m.* (*Elsey:* pàwiomel), *ross-
käfer, H.* pȃwioffel, *scarab. stercor. L.*
Ilänse hett de slȇerten ock schoken,
fraug de bûr, dà hadde 'n pȃenwiomel
sloken. — *für* pagenwibel. *syn. hannöv.*

pagelworm, *bei Beverungen:* pȃeufist,
bei Grimm, myth.: powimmel. *vgl.*
pęrrewiomel, pęrremäener, wȃgenpüm-
mel, schitefrenter.
pȃge, *pferd.* (*Siedlingh.*)
pȃgelȫn, *pfau.* (*Paderborn.*) pagelûne.
(*Fürstenb.*)
pȃgenknǫken, *m. pferdeknochen.*
pȃgenkopp, *m. pferdekopf.*
paigen, *kraftlos, erschöpft sein.* (*Für-
stenb.*) *s.* pęgen.
paisak, *m. bauer, besonders schulte; soll
auf dem Hellwege vorkommen; II. sicht
darin ein entstelltes paysan.*
Paits, *s.* Peits.
paitsig, *schlau. s.* Peits.
pajas, *m. hanswurst. ital.* bajazzo.
pȃl, *m. pl.* pȃle, *1. pfahl. 2. keil:* ein
pȃl driwet den annern. *vgl.* pȃlexe.
3. fig.: en düchtigen pȃl brȫd, *ein tüch-
tiges stück brot. — lat.* palus; *ags.* pal;
ahd. phal.
pȃl, *steif, unbeweglich, fest.* pȃl hȁllen,
stand halten, stich halten. — ostfr.
pall, *was zu* pȃl *und weiter zu* pȃl
werden konnte.
pȃlærse, *pl. schläge auf den vor den
hintern gehaltenen dreschflegel; eine
strafe, welche die zu spät auf die dresche
kommende person trifft.*
pȃlærsen, pȃlærse *geben. — vgl.* pfanarsen
bei Dasyp. s. v. ars. *Hoffm. findl. 43:*
panersen, fuliginea patella nates ver-
berare.
pȃlbȫrger, *m. spiessbürger.* bu mȃket
et de Mendeschen pȃlbürgers, wann en
de büxe op baiden knaien kapott es?
se leggget en knai ȫwert annere un
oppet bȫwerste settet se den bęrkraus.
— *ehemals die ausserhalb der stadt in
einer umpfählten vorstadt lebenden bür-
ger; nach andern: diejenigen, welche
keine eigenen häuser haben und doch
das bürgerrecht geniessen.* Fahne dortm.
urk. I p. 211: day pailborgere buten
Dortmunde der mochte man wall ent-
beren in der staidt to D. want sey
schedelick syn dem gerichte. *Wullr.*

aus einer urk. v. 1403: einge darbie woren landsinsasse veele aüdere auer palburger, die hie imme laude *(Berg)* geynen heymet hadden.

pęlen, pêlen, *1. schwere schallende hiebe austeilen:* he pęlde drop. *2. laufen:* he pęldo węg. ęel *kann hier aus* ell *entstanden sein.*

pęlen, *pfähle einschlagen.*

pâlęxe, *f. eine grosse axt, welche beim holzspalten den keil (pâl) vertreten kann.* schwed. pälyxa, *grosse axt zum einschlagen der pfähle.*

palm, *m. buchsbaum; vgl.* stechpalme. — *Kil.* palmboom *j.* busboom.

palmappel, *m. apfel, der auf palmsonntag gegessen wird.*

palme, *f. weidenzweig mit kätzchen. (Hemer, Fürstenb.) ostern werden die felder damit gepalmt.*

palmen, *durch geweihte palmen ein feld schützen. die am palmsonntage geweihten palmen werden auf die ecken der äcker gesteckt. (Büderich.)*

palmwisge, *f. weide, welche grosse kätzchen trägt.*

palsken, *durch wasser laufen. Gr. tüg 36.* s. plasken.

palsmen, *m. balsam, minze. (Siedlingh.)* ags. balsminte.

paltsen, *balzen, vom auerhahn.*

pammelig, *lose, nicht geschnürt, schlotterig.* — *nds.* bammelig; *vgl.* bammeln, bummeln. *syn.* toddelig.

pand, *n. pl.* pänner. *1. pfand:* en pand giswen. *2. einsatz beim spiel, beim knickern mit bohnen.* en pand bönen *sind zwei bohnen, die nebeneinander aufgepflanzt werden.* fig.: *sin lęwen te panne (aufs spiel) setten; alles te panne setten. Sassenchr. 3. teil, stück eines kleides:* vȯrpand, ächterpand. — *mnd.* pant; pand *nr. 3 könnte zu* panuns *gehören; s.* uunerpand, vȯrderpand, ächterpand. rockpand, rockschoss. *K.*

pandeljûde, *m. schacherjude.*

pandeln, *schachern: te hôpe handeln un* pandeln. — *Teuth.* panglen, cuyden, buytten. *ostfr.* pangeln, trödeln, schachern; *hier* g *für d. vgl. engl.* pander, kuppler. *ableitung von* pand; *eigentlich tauschhandel treiben.*

pandhûsken, *n. dorfgefängniss. syn.* kauzel. *(Siedlingh.)*

pandlösen, *n. pfandlösen. reime:* eck stâ hir unuer dem balken un löchte as en falken un schiue as en swert, si 'k nich en bräven junggesellen werd?

pandschau, *m. pantoffel, von tuchkanten geflochten.* — pannus.

pannail, *türeneinsatz.* — *dän.* paneel, *engl.* pannel, *fr.* panneau, *zu* pan, *fläche, stück.*

pänne, *f. 1. pfanne. 2. hohlziegel:* dai hęt röe pannen oppem däke, *von einem rothaarigen.* he hęt de unrechten pannen oppem däke. *3. schädel in* hèrnpanne; *vgl. dän.* pande *(stirn), mnd.:* slogen se up ere pande *(schädel, köpfe), vom blutbade in Lüneburg.* — *lat.* patina.

pannegÿrte, *f. 1. pfannengrütze; uneigentlich für* pannharst. *(Weilmar.) syn.* krôse. *2. in Elsey versteht man unter* pannengÿrte *ein anderes bauerngericht: dickgekochte hafergrütze, die man für den jedesmaligen gebrauch mit schmalz in der pfanne aufwärmt.*

pannekauken, *m. pfannkuchen.* pannekôken. dat verstêt sek am rañk, dat de p. rôñk es.

pannekauken-sundag, *m. der erste sonntag nach ostern. (Werdohl.)*

pänneken, *n. pfännchen.* fig.: en pänneken maken, *den mund zum weinen verziehen; von kleinen kindern. vgl. altm.:* dat kind mäkt en schüppken.

pännekenfett, *pfännchenfett.* hä lęwet pännekenfett = er hat ein gutes kosthaus. *vgl. Vilmar:* pännchenfett.

pännen, *pfänden.*

pannenbäcker, *m. ziegelbrenner.*

pannenstert = pannenstiel *im rätsel v. d. elster.*

pannenstiel, *m. pfannenstiel, scherzh. benennung eines kleinen kindes.*

pannharst, *m. (oft gespr.* pannhass), *ein brei aus gehackten fleisch- und eingeweideteilen mit buchweizen- oder weizenmehl vermengt, der in der pfanne geröstet wird.* s. harst.

pänning, *m. pfennig.* waun en pänning am däler fęlt, es hai nitt full. *pl.* pänninge = geld, wie schwed. penninger. — *ags.* pending; *alts.* penning, *von* pand *(gegenwert).*

pänningblęer, *pl. eine pflanze.* lysim. numul. *? (Büren.)*

pänningstellen, *n. geldzählen:* guenstag es 't pänningstellen. *vgl. volksüberl. p. 34.*

pännschen, *n. s.* pänneken. *(Berg.)*

pünse, *f. schmerbauch.* — *holl.* pens. *vgl.* pansen.

pansen, *m. 1. bansen der wiederkäuer. 2. wanst, schmerbauch.* med liagem pansen es nitt guod danssen. hä hęt den pansen full, *er ist trunken.* — *lat.* pantex, *fr.* panse, *ital.* pancia.

pantel, *unsaubere, unmoralische weibsperson (schlunze), die heimlich sachen verschleppt, vertrödelt, klatscherei und kuppelei treibt. K. vgl.* pandeln.

pantüfel, *m.* (ûf = uff), *pantoffel. syn.* tüfel, lüerschau, pandschau. — *ital.* pantofola, pantufola. *vielleicht entstanden aus* patt, *fuss (vgl.* patte) *und* tufola = tuber *(für* suber, *korkholz), wie* tufola *(diminut. v.* tufo = tuber, *knollen) in* tartufola, *kartoffel* steckt.

pâpe, *m. 1. pfaffe.* bu küəmste dû ân? jç, bu küəmt der dêwel annen pàpen nitt! bat uəse pàpe nitt wět, dat wět uəse köster. pàpe un huud verdaint çr bröd med der mund. junge pàpen un junge bəren, dâ maut me ûtem hûse kəren. *2. die 6 im karnüffelspiel.*

papenkutte = papenpitten, pipenpapen, arum maculatum. *K.*

pâpenmüsche, *f. 1. frucht des spindelbaumis,* evonym. *europ. syn.* kattenkläwe, rôkopp. *das holz des baums:* pinnholt. *2. ein viereckiges gebäck mit einem kreuze darauf. (Fürstenb.)*

pâpenpitten, *pl., auch* pittenpatten, *zehrwurz, besonders die blüte,* arum maculatum. *syn.* pittenpâpenpâppkes. — *nds.* pâpenkind *ist entstellt aus* pàpenpint, *hd.* pfaffenbint, *altfr.* vit de prebstre. pint = pitt, pitten *bezeichnet was fr.* vit (vita); 't lçwen, *hier* penis. *(auch zu Fürstenb.)*

pâpir, *n. papier.*

pàpiren, *papieren.* he hçt 'ne pàpirne büxe an. *Paderb.:* wänn einer wo sitt un nich wiäg kumen kann, dann seget me wal: hei hiät en papeyruen rock ane. *N. l. m. 87.*

pàpirmęker, *m. papiermacher.* en àllen pàpirmękergiət en niggen lumpensämler.

pàpirmüäle, *f. papiermühle.*

papp, *m. eine aus papier oder pappdeckel zusammengeklebte mappe. vgl.* pappen.

pappe, *f. kleister, mehlbrei.*

pâppe, poppe, *f. brustwarze des weibes.* dat hçt he ût der püppe nitt sogen. behâld se, bit di de püppen ût der fust 'rutwasset, *an einen verkäufer, der zu viel forderte. — engl.* pap, *ital.* poppa. *Teuth.* borste, bruste, memmen, peppen.

pâppel *ein emphat.* äppel *im kinderreim:* äppel pâppel *u. s. w. vgl.* ütpäppeln, täppeln. *zu Usedom:* wan de rauen eppel up dem bome peppeln.

pappen, *kleben mit kleister.*

pappendickel, *m. pappendeckel.*

püppensucker, *m. sucker, den eine wöch-* nerin eine zeitlang bei den brüsten zu tragen pflegte, weil man glaubte, dadurch werde entzündung der brüste verhütet. Er wurde nachher bei der taufe dem pastor geschenkt. auch sonst steckten gemeine frauen die zuckerdüte unter das brusttuch und reichten daraus ihren kaffeegästen.

pâppentömer, *m. der schnürriemen für das mieder. (Soester Boerde.) — corsett. (Dortm.)*

pappermen, *n. pergament. — mnd.* parment.

pappig, *breiig, kleisterig. auch von schlecht ausgebackenem brode.*

pâpsk, *pfäffisch.* hai es so gâpsk, wann hai so pâpsk wər, dann könn hai prçken.

pâpstoffel, *m. tölpel, tapps. syn.* hültenjâkop.

par, pâr, *n. paar.* en par stiəweln. *bei hochzeitsgästen verstand man unter* pàr: mann, frau und kind. pàr àder unpàr, *gerade oder ungerade.*

parchem, *m. park, pferch. — mlt.* parricum, parcum, *ags.* pearruc. *s.* meddelparchem.

pârêr, *n. schlagbaum. — barrière.*

perle, pêrle, *f. perle. — ahd.* perala. æ *oder* ei *steht für goth.* ai; *vgl.* mêrle.

part *in* half part, *halb mit! — lat.* pars, *fr.* part.

pârte, *f. Iserl.* pörte, *f. pforte.* pârte-in. pârte-ût. — *lat.* porta.

pêrtern, *oft ein- und ausgehen. — zu* pârte.

partû, *schlechterdings, durchaus. — fr.* partout.

partûre, *f. teil, mal.* ok drai partûren, auf drei mal. — anders partuere bei Kil.

pâs, pâst, *m. kleiner knabe von 3—4 jahren.* en pâs vam jungen. *s. nächst.* — *Teuth.* paeds, jong, sent; *ags.* fete, pedes.

pâsch, *m. strauss, blumenstrauss. wäre es hd.* busch, *so fiele auf, dass* busch *sonst* bosch *lautet. — vgl. engl.* posy.

Paschedag, *f. u. gespr.* Päschedag, Päskedag = *ostertag. namen der wochentage vor ostern: zu Unna:* palmsundag, mergelmondag, krumme dinstag, schéwe guonstag, graine donnerstag, stille fridag, pâschâwend. — *Hemer:* oldenmondag, schéwen dinstag, krummen guonstag, gr. d., st. frid., pâschâwent.

pâskai, *n. osterei. — Tappe 146b:* paescheyer.

pâsken, *ostern. sonst häufiger als* òstern. — *Tappe 221b:* paschen.

pâsken, *der wollige pfirsich. K.*

pâskefûr, *n. osterfeuer.*

pass, *m. 1. schritt.* sinen pass gån. *2. wo man hergeht, gang.* s. passgänger. *3. mal:* dat pass. *vgl. Dan. 161. 181. Kerkh.* umb dat pass. *lat.* passus. *holl.* pas. *Teuth.* dit pass, dit mail.

pass, *adj. u. adv. passend, mass.*

pass, *n. was passt. 1. rechten mass:* dat es van pass. *2. rechter ort, veraltet:* te passe brengen, *zu grabe tragen. v. Steinen II, p. 748:* wird zum dritten male geleutet, dasz man den körper zu passe bringt. *3. rechte zeit.* dat küomt mi te passe = *gelegen. vgl. dän.* komme til pass *und Mda. III, 431. daraus ging hervor:* üəwel (slecht) te passe kuomen, *übel anlaufen und ironisch* te passe kuomen *in demselben sinne. 4. acht, achtung:* giəf pass = pass op.

passelain, *n. porcellan.*

passelainen, *porcellanen.* he het 'ne passelainen büxe an.

passelåcken, *auch berg., mit weichem* ss, *1. laufen, besonders von kindern. 2. stolpern.* se paselackeden rup na 'm klauster. *N. l. m. 27. — Die weichen* ss *könnten, wie bei* passelatånt *durch die tonstellung hervorgerufen sein, so dass* passe *aus* passare *zu leiten wäre. mir scheint aber ein* baselhacke, *paselhacke verbalisirt; vgl. nds.* pasen, paseln, *unser* baseln *und* sladacken.

passelatånt *in:* för passelatånt *(weiche* ss), *zum zeitvertreib.* pour passer le temps.

passen, *præt.* poss, *1. passen, anstehen:* dat passet mi niit. *2. abmessen; vgl.* pässer. *3. warten:* ik passe der op. ik passe, *im kartenspiel. 4. in acht nehmen:* du maus op din stück passen; *vgl.* oppassen, aufmerken, acht geben. *— ital.* passare, *zu* passus.

passenigge, *f. parthe, abteilung, familie:* in düəm hüse wuont 3 passenigge.— *mnd.* partenie, *M.chr. III, 154:* passenie. *rt scheint zu* st *und weiter zu* ss *geworden zu sein.*

pässer, *m. zirkel als instrument, weil er zum massnehmen* (passen) *dient. — holl.* passer, *m. vgl. Mda. I, 95.*

passéren, *begegnen, sich zutragen.* dat kann 'me manne passéren, *dä frau un* kinner het.

passgänger, *im abergl. ein graues tier, welches dreimal um den nächtlichen wanderer geht, der dann besinstlos hinfällt. (Alberingw.) ein gespenstiger*

schwarzer kerl, *der den nächtlichen wanderer auf die ferse tritt. (Breckerf.) ein gespenstiger hund. (Berg.)* Holth. bemerkt: *„der irgendwo seinen pass (gang) hat."*

passpertånt, *für gleichviel.* Grimme. — passe pour tant.

pastór, *m. pastor:* wann't oppen pastor rennt, drüppet eat oppen köster.

padenstücke, päenstucke, *patengeschenk. vgl.* brüdstücke.

påter, *m. 1. pater.* påter giət mi 'n hilgen, ik lér im évangilgen! *riefen protestantische kinder dem bettelmönche zu. 2. = hilgen, heiligenbild.*

Påterborn. hä es nå Påterborn un holt morensåd.

patrize, *einfältiges, eigensinniges und dabei nicht hübsches mädchen. K.*

patrône, *f. muster, modell. — mlt.* patronus; *engl.* pattern.

pätsel, *kappe ohne schirm, käppsel.* Grimme. — Vilm. betzel, *f.*

patzig, *anmassend, frech in antworten. — für* parzig, *zu ahd.* parzjan, *wüten.*

pattken, *fuss.* gausepatken. *N. l. m. 33. vgl. fr.* patte.

paul, *m. pfuhl. heute nur als ortsname:* de Paul, *ein trinkbrunnen bei Wiblingwerde, woraus auch die kleinen kinder kommen sollen.* Swartpaul an der Giebel. Pragpaul *(im 15. jh.* Prachtepaul) *bei Altena. — ags.* pôl, pûl; *mhd.* pfuol; *die alts. form wird* puol *gewesen sein. Seib. qu. I, 100:* sægepoel.

påf, *paff, puff.*

pâffe, *m. pfaffe. — lat.* papa.

pâffen, *dampf hervorstossen beim rauchen.*

påwe, *f. pfau. — lat.* pavo; *ags.* påva; *mnd.* pawe.

påwest, *m. papst. — lat.* papa; *mnd.* paves.

påwiəffel *i. q.* päenwiəmel.

pechnen (pechtnen), *pachten.*

pechner (pechtner), *m. påchter. vgl.* pläntuer.

pechten, *pachten.*

pedde, *f. kröte. (Hörde, Dortm., Weitmar, Schwelm.) syn.* hucke. *— ags.* padde; *holl.* padda.

peddebük *nannte man zu Benninghausen den hirtenjungen, der pfingsten zuletzt auf die weide kam. — verderbt aus* beddebûk, bettbauche *d. i.* bettreicher.

peddemelke, *f. krötenmilch für wolfsmilch, euphorbia. (Lünern.)*

peddenbrüier, *m. krötenbrüter, ein vogel, der auf der erde nistet. (Weitmar.) es ist wohl die haidelerche (*hêdmucke), *von der die meinung ging, sie würde nachts zur kröte.*

peddenstaul, *m. pilz. (Hörde, Dortm.) syn.* buckenstaul, bülte. — *holl.* paddestoel.

pêgen, *kraftlos, in agonie sein, sterben wollen.* he pêget hälle, *er stirbt bald.* dann we 'k pêgen! *ein schwur.* — *rgl. alts.* pagan, *Kil.* pooghen, contendere.

pêik, *m. mark im holze. (Paderb.)* — *ags.* pidha; *Teuth.* march of pyt; *engl.* pith (mark); *königsb.* peddik; *altm.* peddik, petk; *oldenb.* peddik; *Kil.* peddick int hout *j.* marck, pit.

pêirk, *m. 1.* = pçrk. *2. kleiner fisch. s.* pir. *Z. d. berg. geschichtsv.* 6, 23: villa Perricbeci in pago Boretra (h. Pierbecke).

pçk, *n. pech.*

pçkedräd, *m. pechdrat.*

pçkedüster, *pechfinster.*

pçkfister, *m. schuster (schelte).* — *münst.* pickfister.

pelle, *f. schale, haut z. b. von kartoffeln.* — *lat.* pellis.

pellemçlke, *f.* = peddemçlke. *s.* pillemçlke, pillestand.

pellen, *schälen, die haut abziehen z. b. von gekochten kartoffeln; auch* = schrabben, *von ganz frischen, jungen kartoffeln;* walmate pellen, *die grüne schale abmachen. rgl.* schellen *und* fillen. — *engl.* to pill.

pçper, *m. 1. pfeffer.* ik hälle so gued minen pçper as du dinen safferân. *2. ein gericht in* hâsenpçper, lolepçper, waulepçper. *3. mus von äpfeln, birnen. 4. fig.: unter pçper un sält versteht man einen schwarz und weiss melirten stoff (engl.* thunder and lightning). *Freytag, n.* bilder: *die gewöhnlichste farbe ist seit den pietisten pfeffer und salz, wie man schon damals (1750) sagte.* — *lat.* piper, *ags.* peoper.

pçperböm, *m. seidelbast, daphne mezer.*

pçperholt, *n. seidelbast.*

pçpermüele, *f. pfeffermühle.* ik hâr 'ne pçpermüele snûwen *u. s. w. lied beim flachsriffeln.*

pçperpotthast, *ragout von fettem rindfleisch, Dortmunder leibessen. K.*

pçrd, *n, pferd.* he arbedt as en pçrd. he swettet as en pçrd. en gued pçrd blitt oppem stalle. et kuemt te pçrre un gêt te faute *(von krankheiten).* de pçrre dä de häwer verdainet, dä kritt se nitt. hä het sik vam pçrre oppen iesel haunelt. dâ trecket mi kaine hunnerd pçrre wier hen. en pçrd med vêr faiten vertriet sik wol, geswige

dann en menske med twêen. me maut de pçrre nitt ächter de plaug spannen. me maut de willen pçrre nitt te wit int mûl saihen. hai bor 'ne nitt oppet pçrd, nê drüwer = *er rühmte ihn ausserordentlich.* — *mlat.* paraveredus. *pl.* pçrre, reiterei. he het bi de pçrre dainet.

pçrk, *pferch.* swinepçrk. *(Lennhausen.) syn.* swinekçwen.

pçrk, pçrk, *m. 1. kernwurzel, pfahlwurzel. 2. eiterstock, bündel abgestorbenen zellgewebes in geschwüren; syn.* atterpost.

perreampelte, *f. grosse waldameise.*

perredissel, *f. nickende distel,* carduus nutans.

perrekamp, *m. pferdekamp.*

perrekrüd, *n. wolfsmilch. (Marsb.)* pçrre = pedde; *s.* peddemçlke.

perrekästel, *m. rossapfel, pferdemist.*

perrekümmel = krossçlte. *(Fürstenb.)*

perremäner, *m. 1. rosskäfer. 2. hirschkäfer. mäner für mörder.*

perremörder, *m. 1. hirschkäfer. N. westf. mag. I, 279: „ich weiss nicht mehr, ob pagensteker eine hornisse oder einen hirschkäfer bedeutet." 2. grüner laufkäfer. (Kierspe.) 3. mistkäfer. (Halver.) man sagte zu Bollwerk a. V., der laufkäfer heisse* perremörder, *weil er täglich 9 maikäfer umbringe. 9 ist dann runde zahl und* perremörder = *grosser mörder. rgl.* perrenuat.

perrenauwe: *Lise.*

perrenuat, *f. grosse walnuss; vgl.* ossenhçr.

perrestall, *m. pferdestall.*

perrewiemel, *m. rosskäfer. (Hattingen.) rgl.* päenwiemel.

perrewlapske, *f. hornisse.* sieben, meint man, können ein pferd totstechen. *(Werl.)*

perât, *fertig.* hai es perât = *er ist trunken.* — *lat.* paratus.

perforn, *mit gewalt, durchaus. schon im 15. jh. war* fr. parforce *fremdwort bei uns, vgl.* Seib. qu. II, 306.

Peits *schrieb sich um 1802 der torschreiber am Wermingser tor zu Iserlohn; daher:* he es so gau asse Peits. War der mann wirklich schlau? *und wenn, so mochte er seinem vorfahr ehre machen, den man der schlauheit wegen so nannte. rgl. ags.* pät, astutia; *pätig,* callidus; *nnd.* peit.

Pêter, *1. Peter. 2. penis. vgl.* pêtern 2 *und ostfr.* Peter-Christian.

Pêterken, n. 1. *Peterchen.* 2. *name für kater.*

pêtermänuken, n. *eine alte Trier. münze.* dä es wol so vøll as eu dubbelt p.

pêtern, 1. am st. *Peterstage aus dem dienste gehen.* 2.*beschlafen.* s.lammern.

pi pi, *lockruf an schweine.*

pi pi, *urin.* pi pí mäken. *kinderspr.* vgl. aá, ba bá, da dá.

picheln, *trinken.*

pidake, f. *peitsche.*

piøgel, m. *pfahl, pegel.*

piøkel, f. *pökel.* — *engl.* pickle. *Teuth.* peeckel, solper. *Barmer weist.* pikelherinch. — *Lüb. chron.* I, 253 z. 1342: de tid dat men scholde den haring solten to Schonen.

piølefaut, m. *eiserner plattfussleisten der schuster.*

piammel, *penis.*

piøsek, m. *penis. gewöhnlich nur in* ossenpiøsek, *ochsenziemer. Seib. urk.* III, 370: ochsenpieszerig, vgl. lèwek, lèwerik. *Kil.* peserick, penis.

pick, m. 1. *stich, schlag.* dat es en pick op min bessemør = *du stichelst.* 2. *groll, heimlicher widerwille:* en pick øp ümmes hewwen. — *fr.* pique.

pickelschen, n. *kleiner besonders runder körper, z. b. kleine kartoffel.* — *ital.* piccolo.

picken, 1. *picken, von vögeln.* 2. *schwaches schlagen; syn.* kippen. — *nach* alts. stênbikil *(steinhauer) wird es ein* alts. bikon *gegeben haben.*

pickert, m. *ein backwerk von kartoffeln, welches auf der ofenplatte gar gemacht wird. syn.* owenkouke *(Miste) und* gøsek, giøsek. *zu* pick, pech, *also* küchlein, *welches anklebt, anbäckt, vgl.* ostfr. pickerig, anbackend.

pil, m. *pfeil.*

pil, *pfeilgerade.* pil in de lucht. *(Ebbegeb.)* pil in de högte. *(Hattingen.)* pil richtop.

pile, f. = *pille, ente, hängt mit dem lockruf* pill pill *zusammen, nicht mit* peel, *sumpf, pfuhl, so dass etwa* ente *ausgelassen wäre.* pile = kile (kelle) : kille. *vgl. Vilm.* bile.

piler, m. *pfeiler.* — *nlat.* pilare, *von* pila.

pilhacke, f. *spitzhacke.* he gêt so strack as wänn he 'ne pilhacke sløken hädde.

pilhacken, *laufen.* he pilhackede derdõr, er lief durch dick und dünn. s. backepilen.

pille, f. = *pile.*

pillente, f. *ente, bes. in der kindersprache.* bä kann swämmen as ne blierne p.

pillõse, f. *gelbe narcisse,* narc. pseudonarc. *für* tillõse = tidlõse.

pill pill, *lockruf an die enten; syn.* ant ant!

pillekan, m. *vogel* pillekan, *pelican.*

pilop, *bolzgerade in die höhe.* pilop schaiten, pilop flaigen.

pilricht, *bolzgerade.*

piltern, *peinigen, quälen.* — ? *für* tiltern, *vgl.* to tilt *(stechen), oder mit* foltern *aus* poledrus.

pimpergicht in: ik woll datte de pimpergicht krieges! heste de pimpergicht? sagt man, wenn einem eine *kleinigkeit fehlt; vgl.* pimpeln, klagen, nds. pimpelig = pæpelig, *weichlich.* pimpen = pipen, *leiden, winseln, weinen.*

pimpernelle, bibernelle. *ital.* pimpinella, ahd. bibinella.

pimpernellen, *obscoen. im volksrätsel:* ik huffe di, ik puffe di, ik well di pimpernellen, de bûk dä sall di swellen. *auflös.: das bett.*

pimpernuet, f. *pfeffernuss. wol übertragen von der pimpernuss. für piper-* oder *pepernuet. vgl. die vorigen.*

pine, f. *pein, schmerz, weh.* hoffård maut pine lien. bä woll wol vør pine de wänne 'rop löpen. alle weld het sine pine, åwer jêder tasset de sine. in zusammensetzungen nicht smert, sondern pine: kopppine, lifpine, tânpine u. s. f.

pingel, f. 1 *kleiner gegenstand, z. b. kartoffel; vgl.* pickelschen. 2. *kleinlicher mensch:* 'ne pingel = quängeliges frauenzimmer.

pingelig, *kleinlich, engherzig; syn.* kwängelig.

pingeln, *läuten. (Paderb.) s.* bingeln. schwed. pingla.

pingelte, f. = pingel 2.

pinig, *versessen.* he es der pinig op. — *vgl. mnd.* sik pinen, *engl.* to pine for. *Koene Helj. zu* pina.

pinigen, *peinigen.* gepinegde erdäppel, *in der pfanne gebratene erdäpfel.* — ags. pinjan.

pinken, *geld in die höhe werfen; ein spiel.* = picken, *von dem tone der anschlagenden münze.* bei Schamb. pinken = picken.

pinkenleer, n. *leder von starken kälbern.* — *Kil.* pinck, juvencus; *holl.* pink, *junges rind; ostfr.* pinkefelle; — he handelt mit pinkefellen un aalshûden = er treibt einen trödelhandel.

pinkeren = picken, *feuer schlagen.* (Paderb.)

pinkestbessem, *m. pfingstbesen. sie werden von den hirten im Lüdensch. zu pfingsten den kühen am horn und am hause befestigt.*

pinkestblaume, *f. besenginster, wird zum bekränzen der kuh gebraucht, welche am ersten auf der weide ist.*

pinkestbrûd, *f. pfingstbraut, ein geschmücktes mädchen, welches auf pfingsten von andern umhergeführt wird; vgl. osterbrûd, maibrûd.*

pinkestbund, *n. eine tracht grünfutter, die man am ersten pfingsttage vor sonnenaufgang holt. (Marsberg.)*

pinksten, *pfingsten. me konn çm pinksten un pâschen saihen = er war ganz nackt. -- alts. pinkeston aus πεντηκοστή.*

pinkstfoss, *m. pfingstfuchs, spottname für den, der pfingsten zuletzt aufsteht; früher wol benennung eines fuchses, der pfingsten umhergetragen wurde. hä schraide as en pinkstfoss. ik lachede as en pinkstfoss.*

pinn, *m. pl. pinne, 1. pflock. dat passet as en pinn för 'n snâgetrog. wachte, dä we 'k di wol en pinn vör steken. 2. pinne, womit der zimmermann die pfosten und balken, der schuster die lederstücke aneinander befestigt. ût den pinnen sin = zerrüttet, fig. 3. dorn; worstepinn. 4. = pint, penis. pinn geht wie dän. pind (z. b. gniepind) verbindungen ein, durch welche menschliche eigenschaften bezeichnet werden: drælepinn, drögepinn, haicupinn, jufferupinn, twiaukepinn, wiatkepinn, wisepinn. ostfr. pinn.*
pinn *in: dat es mi gans pinn, das ist mir einerlei, das ist mir wurst.*

pinnefull, *ganz voll. — vgl. to pin up the basket. schwed. pinfull af.*

pinnen, *mit pflöcken, zwecken befestigen.*

pinnestelen, *n. ein kinderspiel.*

pinnholt, *n. gemeiner spindelbaum, evonym. europ., so genannt, weil die schuster das holz zu pinnen benutzen.*

pinnken, *n. 1. kleiner pflock. fürpinnken, reibhölzchen. 2. gläschen, schnaps; holl. pintje.*

pinnkesspiel, *n. ein kinderspiel: ein bündel pinne wird auf den tisch geworfen; dann gilt es, jeden einzelnen pinn wegzuheben, ohne andere zu erschüttern.*

pinnnägel, *m. nagel zum pinnen.*

pinnsüggel, *f. ahle.*

pinnswer, *f. blutschwäre. pinn — perk.*

pinôgeln, *scharf ins auge fassen, visieren, genau besehen. K.*

pinsel, *m. 1. pinsel. 2. penis; vgl. die jägersprache, wo pinsel den penis der wildschweine, rehböcke u. s. w. bezeichnet. s. visitenpinsel. — lat. penicillus.*

pîp, *m. kuss.*

pipe, *f. 1. röhre überhaupt. 2. ofenröhre, ôwenpipe. 3. tabakspfeife. 4. flötpfeife, flaitepipe. 5. beinröhre an der hose. zusammensetzungen: markpipe, markröhre; olkpipe, das röhrige blatt der zwiebel; ôwenpipe; schallpipe, angelica, wegen ihres hohlen stengels; schienpipe; flaitepipe.*

pipen, *gucken: bit de häwer pip siot = bis er sagt: schau, hier bin ich! vgl. fries. (Firm. III, 2): wan a raagh rippet, wan a berri (gerste) pipet. s. pîp stoppen. pipen = kiken, p = k; vgl. piwit = kiwit. engl. to peep.*

pipen, **pêp**, **piapen**, *1. pipen, von mäusen, jungen vögeln. 2. pfeifen. 3. leiden, ausstehen, wobei man winselt; dä het se wir 'ne tidlang an te pipen. — mnd. pypen, winseln.*

pipen, **pêp**, **piapen**, *küssen: he het se piapen (geküsst). hat dervören es en pipen un packen, dat giat dernâ en biten un krassen. pipen (küssen) in einem hiesigen gedichte von 1670. auch bei H.*

pipendopp, *m. pfeifendeckel.*

pipenkopp, *m. pfeifenkopf.*

pipenpäpen, *pl. zehrkraut. (Elsey.)*

pipenprašker, *pfeifenräumer, schwächling, kleinlicher mensch. K.*

pipenprökeler, *m. pfeifenräumer.*

pipenrör, *n. pfeifenrohr.*

pipenspitze, *f. pfeifenspitze.*

pipenstiäl, *m. pfeifenstiel.*

piper, *m. pfeifer.*

piperig, *jammerig, vgl. pipen.*

piperlings, **piplings**, *1. strömend, statt tropfenweise in dünnem strahle hervordringend. 2. gerade zu. 't wäter löpet çm piperlings ût der näse. de swêt es mi piperlings langs den kopp löpen.*

piphand, *f. kusshand.*

pipling, *m. kleiner finger.*

pipp, *m. verhärtung der zungenspitze, pfips der hühner. — K. fastn. 965, 12: pip. Kil. pipse j. pippe morbus gallinarum; vgl. Diez IIᵇ: pepin.*

pipps, *m. 1. pfips. 2. grippe (influenza), syn. russische pipps, afrikanische pipps. vgl. Schiller z. tier- u. kräuterb. III, 15ᵃ, wo der spansche pipp aus d. j. 1580 erwähnt wird. die gute alte zeit* *p. 920:* „anno 1580 starben binnen 8 wochen an die 134 personen von einer neuen krankheit, da sie heischer und ganz wund worden, darbei kopfwehe und bangigkeit des herzens gehabt. Man nannte dieses übel den spanischen zips." *(Dresden.) von dem berühmten Anton. Scarpa, prof. der anatomie, sagt Maffei (IV. c. XII. p. 231), dass derselbe 1782 England besuchte und als er sich anschickte London zu verlassen:* „fu sorpreso dal cosi detto c a t a r r o r u s s o, malattia contagiosa che desolò tutta l'Europa e che miso in presentissimo pericolo una vita cosi preziosa."

pippel, *m. penis; vgl. helgol.* pik, pip.

pippmëseken, *n. schwächliches, zartes geschöpf. — Kil.* pimpelmeese, parus minor, parus caeruleus: & metaph. homuncio debilis, imbellis, imbecillis.

pippmësig, *schwächlich, verzärtelt.*

pip stoppen = kuck hüen.

pipvögelken, *n, vögelchen, kinderspr.*

pir, pirek, *m. 1. kleiner fisch, fischbrut. 2. elritze: syn.* maipir græs. *an der Burg'im Berg.* rümpeher, *im Schwarzenburgschen* grahse. *dai es so wise, hü hiërt de* pire *im wäter hausten un süht 'et gras wassen. — Mda. VI, 120:* grässel, *f. ukelei, schusslauben, der kleine weissfisch* (cyprinus alburnus), *der gemeinste fisch im Bodensee. s.* blaier. *Teuth.* pyr, lumbricus ; *Theoph. (Hoffm.)* perink, *wurm ; holl.* pier, *wurm ; ostfr.* pier, *wurm ;* Clev. pier, *wurm zum fischfange. cf.* pëirk.

piren nå wot, *suchen nach etwas, z. b. fischen nach guten bissen in der schüssel. —* braunschw. piren, *gucken; engl.* to peer ; *osnabr.* pirken, *suchen,* pirkejaunöckel.

pirk, *m. pferch ; syn.* parchem. *(Marienh.)*

pirken, *n. pferchen. (Marienh.)*

pirken, *n. pl.* pirkes, *wurm.*

pirkesland, *n. totenhof.* int pirkesland gån, *sterben. —* Clev. pierekûle = grab.

pirsek, *m. pfirsich. — Seib. qu. I, 409 :* peyrsek.

pisakken, *1. quälen. 2. in Lüdensch.: prügeln.*

piss, *m. penis.*

pisse, *f. urin; syn.* mige.

pissekiker, *m. scherzh. bezeichnung eines arztes. schon in einem Iserl. hochzeitscarmen von 1670 wird der bräutigam (arzt und apotheker Hartunk zu Siegen) dei koorte* pissekiker *genannt; syn.* migenkiker.

---

pissen, *harn lassen.* ik maut hir mål erst pissen, dat gët vôrt danssen. se het im stäen pissen lært = *das fräulein ist in pension gewesen.* sünte Magdalène pisset in de nüste. sik weg pissen, *sich weg machen.* ëner in den bûk pessen, *eine schwängern. euphemismen für* pissen: pipi maken, dat kind het mi drinkgeld giowen, ik hewe drinkgeld kriogen. *syn.* migen, strullen, bruntsen.

pisserig, *der pissen muss; vgl.* kackerig.

pissewitt, *lockruf für hunde.* bu schriwet sik de rüens? pissewitt (ss *ist weich). das wort könnte compositum sein und ein* pise (hund, *vgl. slav.* pies) *und* wita = allons *enthalten.*

pissewittken, *n. kleiner finger.*

pissmann, *m.,* pissmänneken, *n. penis.*

pisspott, *m. nachttopf.* pisspötte, *pl. roter fingerhut. (Fürstenb.)*

pistolle, *f. pistol und pistole.* ënem ne sümmersche pistolle wesseln = *einem einen pfennig wechseln.*

pitt, *penis.*

pitten, *prügeln (gelinde). K.*

pittenpäpenplippken, *pl.* blüten des geflechten aron. *die kinder zu Iserl. hatten einen reim, den sie sprachen, wenn sie diese blüten funden. s.* päpenpitten *u. d. f.*

pittenpatten, *pl. zehnwurz, besonders die blüte. s.* pipenpäpen.

Pitter, *Peter.* en drügen Pitter.

pittmëse(ken) = pippmëseken, *kleiner schwächlicher mensch.*

piwik, *m. kibitz. (Lüdensch.) vgl.* kriawek *für* kriawet.

piwip = piwik. *vgl.* kiwip.

piwit, *m. kibitz.* du sast op der sümmer haie piwitte hauen, *wird zu leuten gesagt, die nicht voran kommen, weil sie zu ungeschickt oder zu faul sind. es gilt auch von alten jungfern. vgl. nds.* de bifitteke (gänse mit lahmen flügeln) hoien. — *Kil.* piewitvoghel *fl. j.* kieuit vanellus; *engl.* peewit; *nds.* kliwit *und* tifittik *(engl.* lapwing). *da nd. auch* tivit *vorkommt, so geht der anlaut durch* p, k *und* t. *das wort ist nach der stimme des vogels gebildet. syn.* kiwip.

plack, *m. pl.* pläcko, *1. fleck:* en swarten plack. me hett kaine kun bunte äder se het bå en plack. *2. ackerfläche:* en plack kläwer. *3.* = rüouring. *(Siedlingh.)*

plack, *flach:* he fell so plack op de ërde. *vgl.* planus *für* placnus. *s. Gr. Gesch. d. d. spr. s. 397.*

placke (Dortm. plaike), f. 1. = plack, fleck. (Fürstenb.) 2. = klunke. 3. = pläcke, kluppe, klatsche. fig.: ne Àlle placke, ein klatschweib, frauenzimmer von schlechtem rufe.

pläcke, f. fliegenklappe; vgl. ags. plätte, alapa. s. pläcken. twé flaigen med éner pläcke sláen.

plackebarwes, barfuss.

placken, plagen; sik placken.

pläcken, mit etwas flachem gegen oder auf etwas schlagen.

pläcker, platter holzschlägel, waschholz. K.

plackerig, wechselnd, vom wetter. plackerig wéer = plackwéer.

plackermann, m. mann, der sich plagt: en ackermann en plackermann; God sære, bai en handwerk kann, sagg de bessembinner.

plackern, 1. wechseln, vom wetter: et plackert. 2. plätschern: he plackert im wâter.

plackert, m. versehen, fehler. — altm. placker; Vilmar: blacker.

pläckig, fleckig.

plackschüllen, pl. kleine schulden.

placksniggen, schneien mit abwechselndem regen und sonnenschein.

plackwéer, n. wechselndes wetter, strichwetter (hier regen, schnee, dort sonnenschein).

pladâks, platsch, bezeichnet den schall fallender körper: pladâks störtede he hen. — schwed. pladask, osnabr. kladâts.

pladd, tuch. (oberes köln. Sauerland.)

pladden, m. tuch, lappen. schüstelpladden. vgl. plaggen, ? engl. plaid.

plädder, m. weiche masse, kot. syn. knatsche, kwatsche. — dän. pladder.

plädderig, weich.

pläden, falten. geplädt. fr. ployer.

plädern, flattern. s. plären.

pluel, m. bläuel, waschholz. (Ohle.) syn. waskeholt. ahd. pluel zu pliuwan, tundere.

plaggen, m. 1. lappen. 2. tuch, besonders halstuch: plaggen giət slünsse. compos.: halsplaggen, taskenplaggen. — Teuth.: plaggen, vestes attritæ; Kil. plagghe j. vodde; Tappe 110ᵇ: plaggen, tücher, betttücher; nds. plagge. vgl. hd. flagge.

plâks, knall und fall. plâks lag he dâ. ek slaug em plâks int gesicht. K. s. pladâks.

plämpen, verschütten, von flüssigkeiten. — ostfr. plempen, ins wasser werfen. vgl. sik verplämpern.

pländerk, m. fladen: kaupländerk. Grimme.

plaate, f. pflanze. — lat. planta.

planten, pflanzen.

plänter, m. 1. setzling. s. wiegenplänter. wenn de plänter (bôm) es gröt, es de pläntner dôd. 2. pflanzstock, stock zum pflanzen.

pläntner, m. pflanzer.

plären, plèren, 1. flattern. 2. platschen, flüssigkeiten verschütten. K. — aus plädern, pläddern.

plärmûs, f. = plèrmûs. zu plären 1.

plass, m. pl. plässe. 1. platz, ort, stelle. 2. herrenhaus, herrenhof. — vgl. fr. place, für 2 vielleicht lat. palatium, mnd. pallas.

plass, m. pl. plässe, auch plats, m. pl. plätse, ein plattes gebäck, brotkuchen. compos.: sâltplass, suckerplass. — für plattes von platt, oder aus lat. placenta. Teuth. plass gebacken, placenta.

plass in te plasse (passe) kuamen: übel anlaufen: dat es te plasse kuamen as de rüe te Kalle (bei Iserlohn). dem hunde, der zu Kalle eine hündin besuchte, ging es ungefähr wie Isegrim R. V. 4, 9. — vgl. R. V. to plasse bringen; plass dürfte aus pass entstellt und die redensart ironisch sein. sonst sagt man flawel te passe kuamen.

plassken, platschen, plätschern. — Kil. plasschen, palpare aquas, motare aquas. Schevecl. plasken; ostfr. plassken.

plässken, n. plätzchen, plattes rundes backwerk. — ostfr. plettsken.

pläster, n. pl. plèsters. 1. pflaster zum heilen. 2. fig.: schlechtes frauenzimmer. — lat. emplastrum.

plæster, f. sturzregen; schlechtes weibsbild: ne liæderlike plæster. vgl. pläster 2.

plæster, m. knittel: en dicken plæster. — aus hæster, so dass p durch eingeschobenes l hervorgerufen ward.

plæstern, plèstern, 1. stark regnen, vom platzregen. et plæstert. et es am plæstern. et regnet dat et plæstert. offenbar ein schallwort. 2. sich herumtreiben, von einem frauenzimmer. K.

plâte, f. pl. plâten, platte.

plätsche, f. gewöhnlich gröte plätsche, grosses flaches stück. (Marienh.) — vgl. plätschern. vgl. flâtsche.

plätt, s. plett.

plättschen, plätschern. vgl. plassken.

plättschnaß, ganz nass. nds. platschenat.

platt, flach. ahd. flaz. Gesch. d. d. spr. I, 397. vgl. plack.

platte, f. stirn, scheitel, kopf: kâle platte,

glatze. för de platte. måk mi de platte
nitt hêt = mach mir den kopf nicht
warm. es do platte schören, es ne
howelsünne gebören.

plattlûs, f. filzlaus. -- Kil. platluys.

plattfaut, m. 1. plattfuss. 2. fusssohle.

plaug, m. und f. pl. plänge, 1. pflug.
me mant de perre nitt ächter den plaug
spannen. bai hir den plaug nitt hällen
well, dä maut ne in Holland trecken.
auch plau, pl. plañ: wann de bûr wüste,
bu gnad dat wernen de im mai, hai
verbrännte iogen un plañ. 2. sternbild
des pfluges. man sagt, jemand der
seinem nachbar abgepflügt, sei an den
himmel versetzt, um da ewig zu pflügen.
3. in der redensart: he slätt twê plänge
med énem lappen. ? verderbt: plänge
für flaigen, lappen für klappe.

plaügen, 1. pflügen; fig.: med dem es
nitt gnad plaugen = nicht gut aus-
kommen. 2. eine sache stark betreiben.

plaugline, f. pflugleine.

plaugrad oder **plairad,** eine vorrichtung
auf dem dachboden eines hauses zum
aufziehen schwerer lasten. K.

plaugstert, m. 1. pflugsterz. 2. ein stern-
bild.

pleddern, 1. zerquetschen. 2. flüssigkeiten
aus unachtsamkeit verschütten. K.

pleddrig, breiartig. pleddrige soppe. K.

pleddernat, ganz durchnässt. K.

plêge, f. pflege.

plêgedôchter, f. pflegetochter.

plêgeellern, pl. pflegeeltern.

plêgemör, f. pflegemutter.

plêgen; pr. plåg, plochte, ploch; plc.
plögen, 1. gewohnt sein. 2. leiden: dat
kann he plegen.

plêgen; pr. plêgede; plc. plöget, pflegen,
für etwas sorgen.

plêgevâr, m. pflegevater.

plêke, f. s. mistpleke.

plengen, treten, laufen: herümme plen-
gen. comp.: afplengen, inenplengen,
verplengen. — Teuth. menghen, myschen,
plenghen, conficere etc. Schevecl. plen-
gen; nds. plengen.

plenger, m. einer der plengt.

plêr, kaffeegeschlapp. Gr. tüg 28. —
nds. plör, m. s. slör.

plêrmûs, f. fledermaus. syn. flådermûs,
lêrspecht.

plête, verloren, weg: dat es plête. — aus
dem jüdisch-deutschen pleite entstanden.

plêten, 1. processen: pleten gån. 2. strei-
ten. Iserl. hochzeitscarmen von 1670:
kivet nit, wau tegen avent sik dei
brüegam na ju pleite (sich eure nähe

erstreite). — Kerkh. pleit, rechtsklage;
plêtheden, processten. Kil. pleyten,
hol. j. placderen, litigare etc.; mnd.
pleiten, processiren. man weist es auf
placitum zurück; aber pleiten ist ab-
leitung vom sto. pliten (vgl. verpliaten),
worin p sich der lautverschiebung ent-
zog = ags. flitan, certare. wahrschein-
lich ist auch fr. plaider ein altfr.
plaidan, von plidan abgeleitet. gab es
doch wohl ein alts. adv. plidlo (eifrig,
aufmerksam), welches sich verstümmelt
in pliwåren erhalten hat.

plett, pl. plettern, tuch. Muster. 65.
K. S. 21. — s. snûteplått. Kil. plets,
segmen, commissura panni.

Plettenberger: bat geldt en Plettenberger
dåler? üftion stüwer.

pliandrik, m. dicker brei. (Olpe.) — vgl.
plädder, pländerk.

plicht, f. pflicht. Alten. stat.: by plicht
eres eydes = by vorbuntnisse eres eydes.

plichtig, c. acc. unterworfen, viel ausge-
setzt: he es dat plichtig, er bekommt
das (übel) leicht. he es den anflog
(den hausten) plichtig. — mnd. plich-
tich c. genit.

plinge, f. mondförmiges backwerk, auch
von roggen. syn. halwe måne. (Briton.)
= slinge, etwas gedrehtes, vgl. plnader-
fett.

plinken, blinzeln. (Elsey.) — Dann.
plinken; nds. plinkögen; Reuter H.Nüte.

plir, n. pl. plirs, pliren, augenlid. — die
aussprache pliren, nicht plireu, weiset
die identität mit fliren (hd. flieder) ab.
plir ist = plirr, wie geschir = ge-
schirr, verwandt mit hd. flirren. ich
denke, das wort bedeutet eigentlich
blende, vgl. Gr. d. wb. zu blerr. schott.
blear = something that obscures the
eye. vgl. das folgende.

plirögen, blinzeln. Wolke 210: plirögen;
dän. plire, blinzeln.

plîsterhölter, über die man die zimmer-
decke plistert.

plistern, die zimmerdecke mit lehm, mör-
tel und kalk überziehen. — Kil. plij-
steren j. placken, crustare, gypsare.
holl. pleister (fr. plâtre) ist mörtel,
gyps, kalk, von griech. πλάστης.

plîsternâgel, m. nagel, wie er zum be-
festigen der plisterhölter gebraucht wird.

plisterwerk, n. deckenputz, wandputz.

pliwåren, verderbt pliwåden, 1. jemanden
im auge haben, beobachten. 2. warten (?).
— vgl. plêten.

plock, m. flocke, häufchen: en plock gras,

wulle, une tonffe d'herbe. *syn.* lock.
— *holl.* plok *und* pluk, *handvoll; ostfr.*
plükk; *engl.* flock.

plọden, plụsden, *pl. siebensachen, kleidungsstücke.*

plöts milliges, *unvermutet.* -- *Kantz.*
np de plutz, plutzig, *plötzlich.* über
das verstärkende milliges *s.* middig
allóne.

plọtte, *f. stumpfes messer. s.* blọte.

pluddern, *von der stimme der gans.*
Grimme.

plüdern, *plaudern.*

plücken, *pr.* pluchte, *ptc.* plucht, *pflücken.*

pluơderfett = kwabbelfett. *(Deilingh.)* —
pluader *für* pludder, *zu* pluddern, *schlottern.* *anlautende* pl, fl, l *(für* hl), sl *
wechseln; vgl.* lếraspecht *für* plẹrspecht,
plock = lock.'

Pluane, *Apollonia.* — *Wallr.* Plọyne,
Plọuige.

plüane, *f. faules bettelndes weib. vgl.*
Pluane.

plûme, *f. pflaume. s.* prûme.

plûme, *f. weiche feder, flaumfeder.*
(Lüdensch.) — *lat.* pluma; *fr.* plume;
ags. plûmfedher; *Kantz.* plume; *Kil.*
pluyme.

plûmpelings, *plötzlich. vgl.* plumps.

plûne, *tuch. (Miste.)*

plụnnermẹlke, *f. geronnene saure milch.*

plụnnern *für* plundern, *gerinnen, von*
der milch.

plünnern, *plündern.* -- *Kil.* plunderen,
plonderen, *von* plunder, plonder, supellex. *und.* plunde, *lappen; olde* plunde,
schoplunde. *Brem. chron.* plunderware.
plündern *zu* plithan, plinthan, *wie* slündern *zu* slịthan, slindan.

plụnnerwêk, *breiig, weich, wie plundermilch.*

plụnschen, *m. flüssigkeit fallen lassen.*
(Dortm.) — *fr.* plonger = plumbicare.

pluntsen = plunschen.

pluntser, *m. ein gerät, um fische zu treiben.*

plụrren (pluren), *pl. lumpen, alte kleidungsstücke, alter hausrat.* — *s.* plọden,
plụsden, plüten.

plüse, *f.* 1. *federchen, flitter.* 2. *quast,*
troddel, klunker. — *vgl. span.* pelusa;
fr. pelouse. *s. Diez s. v.* peluche.·

plüssig, *dick, angeschwollen, vom menschl.*
körper. — *vgl.* blasen, blasig, blamse.
Mda. IV, 4. *ostfr.* plussig, pluss.

plüstern, *zerzausen, abpflücken und dabei*
beschädigen.

plüstrig, *was federchen, fesen verliert.*
— *Kantz.* plustern, zerzausen. *ostfr.*
plustrig, *zerzaust. s.* verplüstert.

plûte, *f.* = plotte, blọte.

plüten, *pl. habseligkeiten, kleidungsstücke.*
— *s.* plọden, plụrren.

pöbel, *v. pöbel. s.* gepöbel.

poche, *f. pocke, kleine schwäre.* — *ags.*
pocc, pustula.

pochelröse, *pæonie. (Siedlingh.)*

pocken, *fig.:* dä het gepocket un geriappelt = *der hat viele gefährlichkeiten überstanden.*

pogge, *f. pfau. syn.* pảwe.

poken, pōken, *schlagen, s.* bocken.

pọl, *s.* huckenpol.

pöllhacke, *f. dickes kind.* — *ostfr.* poll,
fett, wohlgenährt, fleischig rund; hacke,
schwein; vgl. hugk, haksch, verres.
s. sik bepọllhakken, *sich beschmutzen*
(wie ein schwein).

pöllhämel, *m. eigentlich fetthammel; gewöhnlich* dicke pọllhämel, *feister mensch.*

politsig, *schlau, verschmitzt, pfiffig.* —
versetzt aus politisk. *vgl.* nucksig,
niodsig, krabüttsig.

politsigkait, *f. pfiffigkeit.*

pọllen, pẹddeln, *handhaben, betasten, befühlen. s.* pẹddeln.

pọlsk, *polnisch.*

pọlskebock, *m. dudelsack.* — *Kantz. s.*
168: edder mit einer gautzen zegenhut,
de alse eine sackpipe was. *von Polen*
ist in dieser stelle die rede.

pọlwen, *stinken.*

pọlwen = dölwen; *vgl.* prall, drall.

pommel, *m.* 1. *rundes ding.* 2. *oft:*
dicke pommel, *von wohlgenährten kindern.* — *zu* pomum, *apfel. s.* pummel.

pöngel, *m.* = pụngel.

pöntäckel, *gewöhnlich* dicke pọntäckel,
dicker junge. — *för* pọlltäckel; *vgl.*
pọllhacke.

pöppelkrûd, *n. malve.* kattenkese. —
alts. pappila.

pöppelwiege, *f. pappelweide.* — *lat.* populus. *Teuth.* popel willighe.

pôse, *f.* 1. *gänsekiel, pose.*

pôse, *f.* 1. *pause.* 2. *eine gewisse arbeitszeit bis zur ruhe:* ik well ink ne pôse
helpen. hä werd med drai pôsen beludt. — *lat.* pansa. *syn.* ûtspann. *Teuth.*
mail, reyse of pose.

pôsen, *pause machen, ruhen.* — *Teuth.*
posen, rosten, ruwen.

pôseln, *spielend trinken.* — *vgl. engl.*
bezzle, zechen.

post, *m.* 1. *pfosten.* hä smitt ûm de pôste,
er predigt mit nachdruck. 2. = piork.
s. etterpost, atterpost.

postelain, *porcellan. Grimme.*

pọt, *n.* 1. *setzling.* 2. *stämmchen, junger*

14*

baum, *z. b.* prûmenpọt, rôsenpọt. —
r. Hövel urk. 29: pote, *baumpflänz-*
linge; Kil. poote, pote, *surculus. s.*
pọten.

pọt, *m. pfütze.* hä vergêt as en pọt wåter,
er schwindet dahin wie eine wasser-
pfütze, er zehrt zusehends ab. in Pil-
linges pọt kamme sik nitt raine was-
ken. oppem Pọte *(stadtteil von Iser-*
lohn) hat den namen von einer pferde-
schwemme, welche ehemals dort war.
— *Im ma. galt bei uns die dem hd.*
pfütze *lautlich genau entsprechende*
form putte; *so urk.* ein hundeputte *in*
der Hemerschen feldmark; vgl. katten-
pọt *in Iserlohn.*

pọte, *f. pfote. -- Kil.* poot, poote, *palma*
pedis; fr. patte.

pọten, *1. setzen, stellen :* ik pọte mi, ich
stelle mich auf, *wird beim königsspiel*
gesagt, wenn einer sich hinstellt und
den letzten wurf abwartet. 2. setzen
= *pflanzen. — holl.* poten; *engl.* to
put; *mnd. nds.* pọten, *pfropfen.*

pọter, *m. setzer, holz zum pflanzen.*

pọtit *und diminut.* potitken *hatten sich*
in der sogen. franzosenzeit eingebür-
gert, sind aber ziemlich verschwunden.
— *fr.* petit.

pọtken, pọttken, *schwimmfuss der gänse*
und enten. (Siedlingh.)

pọts *(auch* pọls) *in :* hai sagg mi kain
pọts wård = *kein sterbenswort.*

Pọtsdämmer, *m. grosser mann. veraltet.*

pọtt, *m. topf.* et es kain pọtt so schêf,
et passet en diåkel derop. vam ällen
pọtte küämt me unnen niggen. et es
guad dat se te pọtte küämt = *dass*
sie einen mann bekommt. hä lätt nix
te pọtte brẹnen, *er lässt nichts um-*
kommen. oppen pọtt setten, *eine strafe*
für faule spinnerinnen (auf dem Hell-
wege). man sagt dafür auch : oppen
dårnbusk, oppen trọg. — pọtt *ist hd.*
topf *umgesetzt, wie* zote, *zaute vielleicht*
das umgesetzte dott *ist.* pọtt *scheint*
verwandt mit puteus, putte, *ital.* potta.

pọttbäcker, *m. töpfer.*

pọttbrẹd, *n. schüsselbrett.*

pọttgebüdel, *n. gericht aus graupen und*
pflaumen. — holl. potzeheuling, *beutel-*
brei.

pọtthåken, *m.* = källe hand. so krumm
as en pọtthåken.

pọttharst, *m. auch* pọtthast, pọtthass,
stück fleisch, wurst. en guaden pọtt-
harst hȫrt oppet sûrmaus dattet går
werd. *(Fürstenb.) anderwärts bezeich-*
net es pȫkelstücke *vom schweine, z. b.*

schnauze, ohren, füsse. *(Gr. lüg zu*
n. 23. — v. Hövel urk. 30: to eme
potharste; *Kil.* potharst j. hutspot, *caro*
jusculenta. Soest. Dan. 99 : potharst.
Schmitz anmerk. dazu. vgl. harst, hast.

püttken, *n. 1. töpfchen.* he süht ût as
en püttken vull müse. *2. gläschen :* en
püttken fuusel. *3. samenkapsel oder*
becher bei pflanzen. s. wiggepüttken.

püttkesbål == pọttgebüdel.

püttkeskiker, *m. topfgucker, knicker,*
geizhals : dat es en rechten pöttkes-
kiker. — *syn.* görtenteller. *K.*

pọttkerf ? = pọttscherwen. *K.*

pọttlọd, *n. reissblei zum schwärzen der*
öfen. syn. iserfarwe. — *holl.* potlood,
reissblei.

pọttlöẹn, *mit eisenfarbe schwärzen. —*
holl. potlooden.

pọttschẹn, *n. kleiner ziehbrunnen :* de
klenen kenger kommen ûtem pọttschẹn.

pọttscherwen, *topfscherben.*

pọttschrappen, *n. ausschrappen eines*
topfes : et gêt ûmme as 'et pọttschrappen.

pọttschräpper, *m.* **pọttschråbber,** *m.*
1. einer der den topf ausschrappt. 2.
der zeigefinger : de pọttschråbber küämt
nitt in den hiamel.

pọẹost = bộẹst *(Siedlingh.), schwäch-*
licher mensch. K.

pracher, *m. bettler.*

prachervogt, *bettelvogt. K,*

prachern, *geld scharren.*

prachern, *betteln, zudringlich fordern,*
abdringen beim handel.

prackesēren, *nachsinnen :* prackesēren es
de kunst, sagg de frau, då satte se
den lappen binẹwen 't lọk.

präravēren, *bürgen, haften.* ek präca-
vere då fȫr, ich stehe dafür ein. *K.*

prain, *m. gerader pfriem. — ags.* preón ;
mnd. preen, *pl.* prene. *Bgh.* preen *für*
Luth. stachel.

prål, *m. geschwätz. K. S. 52.*

prålbûl, *m. prahlbeutel, schwätzer, prah-*
ler. — vgl. lüagenbûl, windbûl.

prålen, *1. schwätzen :* prålen es kain geld.
2. prahlen. prål sachte, hett et bier
rücken. *(Hulver.) — Teuth.* praleu,
proten, coeyeren, callen. *Zeller fastn.*
II. 972[a] *pralen. wie* drälen *wol aus*
dragalôn, *so mag* prålen *aus* pragalôn
contrahiert sein; vgl. altn. bragr, *kymr.*
bragal *(Diez s. v.* braire). *vielleicht*
aber hängt das wort mit språle *(sprehe)*
und so mit sprechen *zusammen.*

pråler, *m. 1. schwätzer. 2. prahler.*

prålken, *n. gespräch, geschwätz.*

prall, *gespannt. vgl.* abprallen. prall :

drall = prängen : drängen = prälen :
drålen = pölwen : dölwen.

prâme, *f. presse.* olgepràme.

prâmen, *pressen, besonders um obstmus zu bereiten:* bęren pràmen. — *lat.* premere.

prange = prängel: de kaiser well kuəmen med stangen un prangen. *volksr.*

prängel, *m. dicker knittel.* — *Vilm.* brangel. *vgl.* rängeln.

prangen, *drängen:* med prangen un prossen, *mit drängen und trotzen.* — *goth.* anapraggan; *Teuth.* prangen, wrangen, rangen, wrasselen, rasselen, worstelen, ryngen; *holl.* prangen, *drücken, pressen. Theoph. (Hoffm.)* bringen in prank *(drangsal).* prachen *hängt mit* prangen *zusammen. vgl. den wechsel con anlautendem pr und thr.*

prängesk, *prunkend. Gr. tüg 19.*

präteln, *1. von der stimme der hühner, die bald legen werden. 2. von gänsen. 3. plappern, schwatzen. vgl.* schräteln.

pratten, *1. trotzen, maulen, aus trotz nicht essen. fig.: unstätig sein, im rätsel vom besen:* bi dage gēt et tick di fack, des nachts stēt 't in der eck' un pratt. *(Elsey.) 2. frech, unartig werden. Muster. 51.* — *Teuth.* pratten, pruylen, mussitare. *Kil.* pratten, ferocire, tollere animos, superbire. *Kolln. kron.* pradden up, *unzufrieden sein mit. Wallr. s. h. v. vgl. hd.* protzen, trotzen. rotzen. tratten *für* thratten = pratten. *Coln. Herb. d. 14. u. 15. jh. p. 146:* prattede der buschof Dederich op de stat Collen.

prättsch, *trotzend, maulend.* — *nds.* pröttsch. *s.* pratten.

prattwinkel, *m. ort wohin der schmollende gehört. spott oder spass.*

prê, *n. vorzug:* en prê derüt måken, *besondern wert darauf legen, hervorheben, rühmen.* — *lat.* præ.

prê in: op min prê, *auf ehre, auf mein wort.* — *zum vorigen?*

prê, *n. aas:* bä tüsket dä hęt en prê åder kritt en prê *(vom pferdehandel hergenommen).* — prê *für* pri. *Teuth.* ayss, prijde, vuylick, cadaver. *Kil.* prije, cadaver, tetrum cadaver; *mnd.* pride; *holl.* prij.

prêke, *f. predigt:* dem bûr es et vanner korten prêke un 'er langen metworst. — *lat.* prædicatio.

prêken, *predigen.*

prêkstaul, *m. predigtstuhl, kanzel.*

prempen, *1. fractur schreiben. 2. zierlich schreiben. 3. langsam schreiben.*

4. sich zieren, aufschneiden, grosstun. de mule prempen, *das maul verziehen. K.* — *lat.* premere; *mnd. ostfr.* prenten; *engl.* to print.

prempeln, prenten = prempen.

prenken, prienken, *prickeln, von geschwüren, unangenehmen mitteilungen. vgl.* prain.

prick, *geschniegelt, schmuck.* 'ne pricke dêrne. *K.* — *Kil.* prijcken *holl. j.* proncken, dare se spectandum. *vgl. engl.* to prik up; *holl.* prijken, *prangen. Weddigen:* brik.

prickål, *m. pl.* prickále, pricke, petromyzon fluviatilis. — *Kil.* prick, lampreye. *vgl. ostfr.* pricke, *gabel zum aalstechen* (pricken). *Teuth.* negenogbe, eyn vysch geheyten eu prick.

pricken, *m.* = sprick. — *vgl.* pracken.

prickel, *m. 1. zwinge, metallne spitze eines stabes. 2. der mit solcher spitze versehene stab beim fahren auf handschlitten.* — *ags.* prica, *m.* stimulus, punctum; *ags.* pricele, *f.* aculeus, apex; *engl.* prickle; *Teuth.* preeckel; *Kil.* prickel. *kuxpost. Paul. bekehr. 22 p. Trin. und am guden donnerd.:* prekel.

prickel, *gefahr. aus* periculum *wurde im nd.* perickel *gemacht, und dieses ward zu* priskel, preckel, *nicht blos bei jenem knechte, der seines herrn „periculum in mora" zu einem „de prickel stäke in der mûr" machte, sondern auch in dem Iserlohner localnamen* Preckelort.

prickeln, *1. mit einem spitzen instrumente stechen. 2. kitzeln, z. b. in der nase:* et priskelt mi. *3. fig.: beleidigen.* et prikkelt ęm, *er fühlt sich beleidigt. 4. aufreizen.* — *Kil.* prickelen, pricken, stimulare, pungere. *dän.* prikke.

priəmel, *m. 1. kater. 2. eine pflanze,* equisetum; *syn.* kattenstęrt.

prisen, *pr.* prês, *ptc.* priəsen; preisen.

prister, *m. priester.*

pristerjehannesland, *n. priester-Johannes-land:* hä maint, he wær im pr. hä lęwet as im pr.

probéren, *probieren, versuchen:* probéren es 't genauste un låten *(sein lassen)* 't klaükste un geråen 't beste.

prökeler, *m. stocher.* tånprökeler, pipenprökeler.

prökeliseren, *n.* schüreisen. — *engl.* poker.

prökeln, *stochern, schüren. K.*

prökeln, *1. stochern in den zähnen, im ofen. 2. wühlen in der erde. 3. heimlich hetzen, aufreizen. K.*

pröl, *wort:* opt manns pröl. — *fr.* parole.

propper, *sauber.* — *fr.* propre; *engl.*
proper.

prüpperlik, pröpperlich, *eigentümlich,*
eigen.

prossen, *trotzig von jemand begehren.*
— *Kil.* prossen, *bullire, ebullire, bul-*
liendo bombum edere. vgl. prutzen,
trotzen *und* prü.

prostewéren = prossen. — *lat.* prostituere.

prött, *kaffeedrost. V. St. I, 412:* koffeprött,
schlechter kaffee. Frisch: prut. *s.* prutt.

pröttelig, *brummig.* — *holl.* prentelig.
s. prüstelig.

prötteln, *1. brodeln, den ton der kochen-*
den speisen hervorbringen. 2. = pros-
sen, *brummen.* — *holl.* prentelen. *s.*
prüstelm.

profentéren, *profitieren, nutzen von etwas*
ziehen. — *fr.* profiter.

proflukeln, *preisselbeeren. syn.* winter-
graän, kwinkelte, heidelbeere. *aus lat.*
pervinca *entstellt; die preissel bewahrt*
„*siegreich*“ *ihr grün, wie die* vinca.

profitken, *n. leuchterknecht.* — *fr.* profit.

proffen, *m. pfropf. syn.* stoppen.

pröwe, *f. probe.*

pröwen, *probieren, prüfen, versuchen.* —
lat. probare; *mnd.* proven.

prrr, *scheuchruf.*

prü, *scheuchruf.* — tprü. *Spiel f. d. apst.*
1494. vgl. brunē.

prüdeln, *eine arbeit schlecht verrichten,*
pfuschen.

prüdeli, *pfuscherei. K.*

prüawel, *hünsel, kleines mädchen. K.*

prüatelig, *protzend, brummig: s.* pröt-
telig.

prüateln, *1. protzeln, brodeln. 2. brum-*
men. *s.* pröttelm. — *vgl. d. myth. p.*
1174. Teuth. pratten, pruylen.

prüllen, *pl. siebensachen, plunder, aller-*
lei von geringem werte. alliter.: pötte
un prüllen. — *holl.* prul, *f. V. St. I,*
412: pröll, *plunder. nd.* prullen, *pl.*

prüme, *f. pflaume, pfraume. den prümen*
es et énerlai, bai se istet, communist.
scherz eines mannes, der sich pflaumen
aneignete. — *ahd.* prūma *vom lat.* pru-
num; *ags.* plūme; *Tappe 197b:* prume.

prümen, *tabak kauen.* — *holl.* pruimen.

prümenböm, *m. pflaumenbaum.*

prümenkyter, *m. pflaumenkötter, kleiner*
kötter.

prümenpyt, *n. pflaumenbäumchen.*

prümken, *n. mundvoll tabak: tüdlings en*
prümken het me lange wot vam pund.
dä süht üt, as wänn he nitt prümken
seggen künn = *dumm , einfältig.*
(Dortm.)

prünsel, *f. vor der reife vertrocknete*
oder beim dörren verbrannte pflaumen.

Prüssen, *Preussen:* dat fällt ök noch
nitt üt Prüssen.

prüst, *f. nase:* glik slä 'k di med der
füst an de prust, dat di de fręte im
kanstall liot.

prüsten, *1. niesen. 2. =* hausten, flaiten:
ik well di wot prüsten. — *Kil.* pruy-
sten, *sax.* sicamb. sternutare; *köln.*
pruisten. *Bgh.* prussen.

pruts, *n. kalb ohne namen. auch* prüts.
— *alts.* pruz, *burdo; siebenb. (V. St.*
II, 811): prutsch. *vgl.* mütsken, müs-
ken, zuckkälveken.

prütt = prött. *spr. u. sp. 28. (Dortm.)*

puckel, *m. buckel.* dai het ök all üftig
oppem puckel. *dasselbe bild im pie-*
montesischen, so dass ein inhumaner
arzt einem alten kranken das recept
gibt: feve gavè des ani d'an sul ghenb
= *lasst euch zehn jahre aus dem buckel*
schneiden.

puckeln, *mühsam tragen.*

puckelröse, *f. centfolienrose. (Balve.)*
vgl. pochelröse.

pucken, *m. =* püngel.

puckern, *pochen, schlagen, vom herzen.*
— *ags.* pyccan, pungere.

pucksen, *plumpen, vom schalle, den ein*
niederfallender körper verursacht.
(Soest.)

puddek, *m. (Dortm.* püdderk), *1. klump,*
kloss, pudding: edelmann äne mält es
en puddek äne smält. *2. wurst. (Al-*
tena.) — *vgl.* buddek, engebuddek *und*
fr. boudin.

puddeln, *lärmend waschen.* sik puddeln.

pudel, *m. 1. pudel. 2. fehlwurf beim*
kegeln.

pudeln, pollen, *pudeln:* du maust de
katte nitt pudeln.

puaden, *rühren:* dörên puaden. = pudden
für purren.

pudelnät, *pudelnass.*

puak, *sicher, haltbar:* hai es nit puok,
ihm ist nicht zu trauen. K.

pülke, pülken, *sanft, leise:* pülke an-
tassen. pülken gån. *v. Steinen:* pülke,
sachte. — *vgl. ags.* pilce. *ostfr.* püske,
pelz, könnte sich zu pilce *verhalten,*
wie unser söske, weske *zu* sölke, welke.

pulle, *f. flasche.* — *lat.* ampulla, *fr.* am-
poule.

püllken, *n. fläschchen.*

püllunge, *f. unterlage, ausfüllung, beim*
zimmerwerke.

pultern, *pl. lumpen. (Fürstenb.)*

pulterig, *unordentlich, lumpig.*

pülterken, n. ein gespenst (Brilon) = unserm gespenstigen schafe. — vgl. Z. f. d. myth. I, 6: pulczen.

pülf, n. pfühl. — lat. pulvinar; Teuth. polw; ahd. phulwi; engl. pillow; Wallr. pulv, pl. pulve, kissen: einge sieck luike hadden goude pulne, darop sye ihre heufte leggen en konden. urk. v. 1403.

pûk, m. 1. schweinchen. 2. kind: dicke pûk (vgl. dicke pollbacke). zu Marienh. neben pûk auch purk und pûts. — Teuth. puggen, iong vereckskeu. im sp. f. d. upst. heisst ein teufel pûk; altn. pûki; Mörs: pok = schwein; dän. pog; altm. polk; nds. pòk; hildesh. pòk = kind. s. lûsepurk.

pûk, schlecht genähtes. (Siedlingh.)

pûken, schlecht nähen. pûken = pucken = tucken.

pûkrad, für pulkrad, kröte. s. kradde. pûl, sumpf, pfuhl, möglicher weise puk = teufel. für pûk-krad.

pûksad, ganz satt. — pûk ist wol = gespannt, eng; vgl. das verwandte spucht und hd. pauke.

puks = puts. Grimme K. S. pux! dà legg! sau pux = sofort. Op de alle hacke 24.

pummel = pommel. hamb. pummel, kleines rundes ding oder mensch.

pummelsack, im kinderreim.

pumpen, 1. wasser pumpen. 2. farzen. s. puppen. Kil. poepen, submisse pedere.

pund, n. pfund. — lat. pondo; ags. pund.

püngel, m. 1. pack, bürde. 2. kind, sofern es getragen wird. 3. dicker kleiner mensch. — ahd. phung; ags. pung (sacculus), nach gesch. d. d. spr. I, 428 aus byzant. πουγγί; dän. schwed. pung; hist. ged. v. Niederrhein: lûsepung = unserm lûsepüngel. Z.d.berg.g.-v.II,96.

püngeln, mühsam forttragen.

püngelschen, püntelke, leise, sachte, z. b. reden. ersteres scheint eigentlich mühsam, schwerfällig zu bedeuten, das andere sich an pülke zu lehnen. vgl. pülke.

punk, stück. en punken fleisk. (Paderb.)

pupen, küssen. puphand, kusshand. K.

pupp, m. furz.

puppe, f. puppe. — Keller fastn. II, 971¹³: poppe.

puppeleke, huflattich. (Siedlingh.)

puppen, farzen. s. pumpen.

puppen, mit der puppe spielen.

puppenstrump, m. stutzer, von Holthaus als Iserlohner ausdruck angeführt, jetzt nicht mehr gebräuchlich.

puppern, schlagen vom herzen. mi puppert dat herte vör freude. K.

puppert, m. podex. — holl. poeperd.

püppken, n. püppchen.

püppken, n. püppchen: jeder het sin püppken, bä he med dausset.

purk, m. kleiner junge: lûsepurk. — dän. purk; ostfr. purks; Driburg: purre, kleines kind.

purken, im stanbe wühlen, von hühnern.

purren, stören, stochern. — Teuth. porren, reytzen. Kil. porren, movere, tendere, moliri, niti, conari, conferre vires, urgere, cogere, compellere. ostfr. purren. vgl. pudden, pullen, pûlen.

püseken, n. im kinderreime: müseken püseken, rättken kättken und in einem Altenaer dillenfuck, wo eine junge dirne so genannt wird. eigentlich kätzchen (vgl. engl. puss, holl. poes), dann wie engl. chitten = junges mädchen. — übrigens ostfr. püs, püske bedeutet auch cunnus, wie hd. pusekätzchen. Wieland II p. 24: pusschen. Kil. poesele, puella, pusa.

pusselen, mingere, von kindern.

püst, m. hauch: dat es men püst in de füst.

püsten, hauchen, blasen.

püstentreer, m. balgetreter der orgel.

püster, m. 1. blasebalg. 2. flinte. Gr. tüg 45. 3. fig.: dat es en dicken püster. Der alte götze Püster wurde als ein dicker jäger dargestellt. Teuth. puyster, balch.

püsterdreger, jäger. (Grimme.

püstig, aufgedunsen, gebläht.

püte, f. säuisches weibsbild. dicke püte. — Keller fastn. II, 976¹¹: böse pute. ital. putta, mädchen, liederliche dirne; span. puta, altfr. pute, liederliche dirne.

puthai, schmand, der sich auf gekochter milch sammelt. (Hamm.)

puts, 1. sofort. he was puts stille. 2. rein, ganz und gar. — lat. purus putus. R. V. pur stille; hamb. boots, sofort. s. pux.

putse, f. posse, schnake. vgl. butze.

putsekerl, m. barbier.

putsemess, n. rasiermesser.

putsen, 1. putzen. 2. reinigen. 3. rasieren. s. ütputsen, wegputzen.

putseméker, m. lustigmacher.

putsig, possierlich, drollig. — holl. potsig.

pütt, n. 1. ziehbrunnen: dat es en slecht pütt dà me 't wäter ingaiten maut. de wisemöer het en bröerken üt dem pütte hält. 2. schacht: kolpütt. —

alts. putte; *ags.* pytt, *m. Teuth.* putte.
vom lat. puteus.

pütten, *wasser aus dem brunnen ziehen:*
wâter pütten.

pütthâken, *m. brunnenhaken.* — *Kil.*
dafür putswengel, putsel.

pütthof, *m. hof der einen pütt hat; da-*
her hof- und familienname. Potthof
ist dasselbe.

Püttmann, *f. n.* — *mnd.* Potman, *engl.*
Pitman.

püttwâter, *n. brunnenwasser.*

puff, *m. 1. puff, schlag. 2. fig. wie* coup

in beaucoup: he het sik en düchtigen
puff slâpen.

paffen, *1. puffen; vgl.* buffen, huffen.
2. prahlen. Kil. poffen, turgere, grande
loqui.

paffert, *m. 1. hefenkuchen. 2. taschen-*
pistol. — *holl.* poffertje; *vgl.* puffen 2.

püffertkes, *n. kleiner hefenkuchen. syn.*
borböskcn.

paffmauge, *f. weit aufgedunsener ärmel.*
— *vgl. fr.* bouffer, *Kil.* poffen, turgere,
engl. puffed.

pfuiteka = fitâne. *N. l. m. 26.*

R

Rabaue, *f. graue renette (apfelsorte);*
syn. râbône. *holl.* rabauw; *fr.* pomme
de rambour, rampo.

rabaaenkopp *in:* Nassauer rabauenkopp,
schelte.

rabaliuer, *m.* âlle rabaûser, *altes stück vieh.*

râbbe, *m. rabbi,* rabbiner.

râbône = rabaue.

rabûse, *f. rappuse.* bui sik tûsken de
rabûse giat, dai maut lien datte der-
tüsken ümkfiamt. *vgl. nd.* râpen, rap-
pen, raffen.

rachailen, *c. acc. inire feminam. juden-*
deutsch?

rachailer, *rachen. vgl. holl.* ragchel,
dicker schleim, auswurf.

rachterwęg, *rechts.* rachterweg nâ Büren.
(Fürstenb.)

racker, *m. quäler; böser, gefährlicher*
mensch. eigentlich scharfrichter, fol-
terer. holl. rakker, *zu* recken, torquere;
vgl. engl. rack, *folter.*

rackern, *plagen, quälen; vgl.* sik afrackern.

rackertüg, *n. rackerzeug (scheltr); vgl.*
köttentüg.

rad, *n. pl.* râer, rad. rad ôwer rad gân,
kopfüber gehn. men iak pock int rad,
aber ik brachte ihn zum schweigen.
(Altena.) dem lôpet en rad im koppe
'rüm. dęm es en gued rad vam wâgen
flogen. dai es 'et fifte rad umme wâgen.
teile des rades: nâwel, spiken, felgen,
ring.

râd, *m. 1. rat. 2. mittel, heilmittel.* ik
wêt minem liwe kainen râd, *ich weiss*
mir nicht zu helfen. dai wêt râd, der
weiss heilmittel. tau allen dëlen es
râd, *wänn ne ëiner män wüste. (Lüden-*
scheid.) alts. râd, commodum.

rader ort, *eine münze der rhein. kur-*
fürsten, albus. V. St. stück XXI s. 1317.

radde, *f. schweinchen. Ravensb.* ragge,
mageres schwein. vgl. raiger. .

râdhûs, *n. rathaus.* wamme vam râdbûse
kûamt, es me altid klaûker, as wamme
derhen gêt.

radnâgel, *m. radnagel.* he het en rûen
mâgen, he kann rudnegel verdregen.

radenkauken, *m. (Holthans) napfkuchen.*
rodommkuchen. *fr.* raton. *Barbieux*
antib. s. v. raton *leitet das deutsche*
ratonkuchen *von* rotunda.

râduam, *sparsam, vorteilhaft.* dat lecht
briant râduam. *s.* râd.

râe, *f. wabe.* honigrâe. *(Marienh.) vgl.*
râte.

râe = rone.

râen, *præ.* râe, râs, râd, *pl.* râd; *præt.*
raid; *ptc.* râen; *imp.* râ, râd, raten.
wot se râen *vertritt oft das subst.* rät-
sel. râen ümme, *nach etwas* raten.
kinderreim: dâ ik ümme râen sall. —
alts. râdan (red, ried, rod); *ags.* rædan
(reórd, réd); *westf.* râden (reyd).

râgen, *m. 1. raden,* lychnis githago. *2.*
der same desselben. zu Rhe(a heisst
er râl = râdel *(pommersch). das g*
in unserer form ist nach ausfall des
d eingetreten; vgl. rauge, *ungern. ahd.*
rato. *die pflanze hat ihren namen*
wol davon, dass die in den reifen
kapseln enthaltenen samen geschüttelt
rasseln. syn. brôdblaume *(Unna),* vig-
lette.

rai für raide, *1. zubereitet, fertig. 2. bereit*
zu bereiten. dat es rai sâke. rai, *adv.*
für raide, *schnell, rasch. (Herstelle.)*
3. trocken. dat haû es rai. *syn.* rêd.
Seib. 484 s. 627: reyde maken, *tom*
heu. *ags.* ræde, râd; *westf.* reyde.
rai *und somit auch* raien *entspringen*
aus ridan; *der grundbegriff der be-*

wegung tritt besonders in sik raien
hervor.

raid, *n. riet. ahd.* hriot; *alts.* hriad *in
ortsn.,* ried; *ags.* hreód; *engl.* reed.

raidstock, *m. rohrstock.*

raielne, *n. die beim einmachen des rüb-
stiels abgestreiften blattteile. vgl.* rend-
else. isli = esle = else.

raien, *præt.* redde, *ptc.* red, *bereiten, zu-
rüsten.* vi wellt striapmaus (rübstiel)
raien *(abstreifen). mit verschwiegenem
objecte:* te potte raien, *kochwerk für
den topf zurecht machen, in den topf
tun; den topf besorgen. bildlich: in
die pfanne hauen.* sess röwers, dai he
te potte red *(3 sg. præs.)* an striameln
un straimeln. *fig.: aus einander reissen.
cf. Vilm.* reien. sik raien, *sich fertig
machen, sich beeilen, eilen.* rai di!
hai redde sik fudd, *er machte sich
eilig weg.* hai redde sik üm de ecke
as wanne der Dёwel freten woll. et
red sik nàm middage, *es ist nahe
mittag. vgl.* opraien, opraier.

raiger, *m. 1. reiher.* so s c h r e f a s e n
r a i g e r. he hefft raigers (geraisede)
bёne. wenn de raiger nitt schwemmen
kann, dann sall 't wàter de schuld
heffen. *vgl.* radde. *2. stock, um die
kohlen im backofen auseinander zu
scharren; vgl.* ragel *bei Vilmar. ags.*
hràgra; *ahd.* reigir; *Tunnic. 880:* reiger.

raigig, *dünnbalgig, von pferden. vgl.
das vorige und Keisersb.* ragen. *Vilm.*
ràn mager.

raimen, *m. riemen.* vam raimentrecken
kümt de rüe aut lçerfreten. hai trecket
am fúlen raimen = *er kann leicht sein
brot verlieren.* raimen te bоrde leggen,
sparen, vorkehrungen treffen. s. rimken.
*das ai schon in einem Mendener hexen-
prot. von 1592:* midt ghelen raimen.
alts. riomo; *Tappe 104b:* reimen.

raine, *comp.* renner, *superl.* reinst, *rein,*
dat maut mi raine sin, sagg de frau,
dà trock se ne katte üt der kёrne.
so raine as en fisk. den strid int raine
setten, *den streit schlichten.* ёner dau
hatte dau: raine band gёt dёrt gunsse
laud. *alts.* brёni.

Raiselle, *kuhname.*

rainert, *m. reinfarn, der zum weihbund
gehört. syn.* wçrmkrûd. rainefàn, rein-
farn. *(Fürstenb.) ahd.* reinefano, *worin*
rein *aus* hragin, hregin = *eximius
entstand; Kil.* reynvaeren. *vgl. für
unsere form die pflanzennamen* gol-
fert, graunert, lunkert, màdert, *worin*
ert = wurt. *alts.* wurt *ist sonst femin.*

rainige, *gemüse. (Paderb.)*

rainsne, *n. was die geburt begleitet.*

rais, *fort.* màk di rais! gà rais! *zu*
raisen.

raise, *f. 1. reise. 2. mal.* de erste raise.
Kil. reyse *j.* mael; *v. Hövel urk. 67:*
to twen reyssen *(malen); auch schwed.*

raisen, *1. reisen. 2. sich weg scheren.*
rais! *packe dich!* woste raisen! *willst
du dich wol scheren!*

raisen, *pl. krämpfe der kinder. vgl. ags.*
vràsen, catena, vinculum, *eigentlich was
gedreht worden, aus* vrithan, torquere;
ähnlich lat. torques *und* tormentum.
daher die hd. formen freise, freisig,
gefraiw, *worin* fr *ein verhärtetes* wr.

raisewçer, *n.* de h. 3 künige hett
schlecht raisewçer, *wenn in den zwölf-
ten schlechtes wetter eintritt.*

raister, *das streichbrett am pfluge. lat.*
raster; *ahd.* riostar; *ags.* reóst; *nhd.*
rûster, riester, *pflugsterz;* rüsterbrett.

ràk, *m. treffer, zufall.* dat was màl eu
ràk, datte den dràp. *zn* ràken. *vgl.
Vilm.* gerach, *n.*

ràk, *geruch.* et es nitt ràk of smàk
deràne, *die speise hat weder geruch
noch geschmack; vgl. ostfr.* gёn klak
of smak; *berg.* geu kràk of smàk.
dieses ràk *(altn.* rak) *bietet die nackte
wurzel für* rûken *(præt.* rök), *riechen.
diesem wie alts.* ruckian, curare, *liegt
ein præt.-præsens* rak *zu grunde.*

ràken, *m. 1. rachen. ahd.* hracho; *ags.*
hraca. *2. gaumen. Teuth.* rake *in den
monde.*

ràken, *1. reichen.* ràken nà wçt, *K. S.
2. erreichen, in seine gewalt bekommen.*
ik ràke di doch noch màl; *vgl.* ràke
ik di enes, du bist dot, *Wigg. 2. scherzt.
49. 3. anrühren. (Paderb.)*

ràlen, *aus der substantivendung* ràl *ge-
macht.* „min mann es wat wàren!"
sagg et wîf, „et ràlt sik so, ik wёt
nitt of generàl àdder kapperàl." *vgl.
Fr. Bremer Dalarne p. 72:* „Ja," sa'
K à r l n g e n, någonting på „ral" var
det, och var det inte amiral, så var
det korporal.

ràmbёm, *m. baum zur grensbestimmung.*
bramjan *(baumen) bedeutete: durch
einen baum oder pfahl die grenze be-
stimmen, im goth. auch: jemanden an
einen baum hängen; vgl. mlt.* adbramire;
mnd. ramen; *nhd.* anberaumen = *be-
stimmen; dän.* beramme.

ràme *oder* ràm, *m. krampf.* de ràme
trecket et, *von kleinen kindern, die
im schlafe lachen oder das gesicht ver-*

ziehen. de ràm ès mi in den arm
trocken, *der arm ist mir eingeschlafen.*
ik krêg den ràm in de finger. dat
ràmentrecken, *krämpfe.* ags. hramma,
spasmus; *hort. sanit.* de ramme. *den
wörtern* ramp, ràme, ràmen, rämster.
rämstern *liegt* hrimpa, hramp = krimpa,
kramp = krimme, *fasse, ergreife zu
grunde.*

ràmen, *m. ramen. dass dem worte ein
anlautendes* h *oder* w *für die ältere
form gebürt, lehrt engl.* frame. *Frisch
zieht zu diesem* ràmen *auch* ramme,
krampf.

ramm, *m. pl.* rämme, *1. widder. 2. männ-
licher hase. ein seltenes wort.* àlle
rämme hett de stiwesten hærne. *ags.*
ramm; *alts.* ramm *in* Rammashuvil;
mhd. pl. remme.

rammbast, *m. 1. die haut eines groben
menschen, dann die menschenhaut über-
haupt:* dü krist wot üm den rammbast,
dü bekommst prügel. *2. grober mensch:*
dat es en rammbast. *eigentlich widder-
fell; vgl.* bast.

rammeln, *bespringen, von hasen, kanin-
chen.*

rämmler, *m. rammler, männl. hase oder
kaninchen.*

rammsnàse, *f. widdernase, gebogene nase,
von pferden. vgl. Vilm.*

rammspaak, *ein im schlafe unruhiger
mensch.*

ramp, *m. das raffen, rummel.* im rampe
köpen, *in bausch und bogen kaufen.
holl.* ramp; *Stinchen von der krone,*
ramp = schicksal, zufall, unglück h 5ᵃ:
id is eyn ramp; b 6ᵃ: got geue v rampe
dar to.

rampen, *in bausch und bogen kaufen.*

rämsterig, *rauh in der kehle. vgl. ags.*
hremman, *impedire; nhd.* remmen.

rämstern, remstern, riemstern, *räus-
pern.* vgl. rämsterig *und* hemstern.

rämsters, *pl. eisenstangen vor den fen-
stern. s.* rämsterig.

rand, *m. rand.* üt rand un band gàn.
üt rand un riegel. *f. r.*

randàl, *m. lärm.*

range, *f. reihe. engl.* range.

rängel, *m.* = prügel, prügel. *im volks-
reim. der familienname* Wrangel *wird
prügel, knüttel bedeuten.*

rängeln, *prügeln; vgl.* dôr rängeln. *dass
das wort einst mit* wr *anlautete, lehrt
das Driburgische:* et giwt anner weader,
de isel frangelt *(balgen)* sik.

rängelade, *f. prügeln, prügelsitte, prügel-*

regiment. *dieses hybride wort im westf.
anz. 1819 sp. 1432:* rengellade.

rank, *m. rank. nur pl.* ränke: ränke un
slänke, *fig.: krumme wege. vgl. ags.*
vrincan, *woher* vreuce, *list, trug.*

ranke, *f. 1. ranke, wie in Bugenh. bibel
von der weinrebe. 2. horn, im kinder-
rätsel:* twê rüe ranken. *von* wrincan,
sich krümmen.

ranken, *pl.* rangen, *d. i. mutwillige buben.*
V. St. I, 376.

ranken, ranken.

ranken, *lärmen, geräusch machen, von
kindern, die sich balgen. Holth. er-
klärt: mutwillen treiben. vgl. nhd.*
rangen, *herumtoben, lärmen. s.* ran-
ken, *pl.*

ränksterigge, *f. balgerei, lärm, geräusch.*

ränkstern, *1. geräusch, lärm machen.
vgl. Zumbr.:* de musik ranksterde daobi.
2. wollust pflegen. 3. rennen. hei
ränksterde int hius. *(Paderb.) vgl.
altm.* reistern : rengstern = feistern :
feustern.

rannen, *laufen.* kann van hir bit nà
England rannen, *kinderrätsel. Kil.:*
rannen, *vetus* fland. j. rinnen, rannen,
currere, fluere.

rant, *m. lippe, maul.* häld den rant!
schweig. *vgl. ahd.* ramft, *nhd.* ranft.
Kil. rand, boord; *engl.* rant, *wortschwall.
vgl.* rantern.

rante, *rad, im rätsel:* twê rôe (rüe) ran-
ten. *anders:* vêr rôe ranten, sass
cummedanten, suick snack, görtesack,
rà rà wat is dat. *antw.:* fuhrmann
mit wagen und pferd. *vgl. Kil.* rand
van't rad.

rantekante, *radical, ganz. Gr. tüg 56.*

rantern, *schwatzen. K. S. 39. sich herum-
tummeln, balgen. K.*

räntsel, ränsel, *m. ränzel, bauch.*

rantsen, rannen, *m. ranzen, bauch.*

ransenêren, *laut reden, eifern. fr.* rai-
sonner.

rapp *oder* **rappsàd,** *m. reps. lat.* rapus;
Kil. raepe; *engl.* rape-seed.

rappel, *m. halbverrücktes betragen.* dai
het den rappel. *vgl.* rappeln.

rappeldröge, *so trocken, dass es ruppelt,
ganz trocken. wenn Heinzerling s. 30
das Siegensche* rôassedrij *als trocken
wie eine wabe nimmt, so ist das irr-
tum; es ist* rasseltrocken.

rappelig, *1. was leicht klappert, weil es
niet- und nagellos ist. 2. polternd,
albern, halbverrückt. s.* rappeln. rap-
pelig im koppe. *K.*

rappelköpsk, *reizbar, toll.*

rappeln, *1. klappern; getöse, geräusch machen.* hai rappelt an der dor. engl. to rap at the door. *2. halbverrückt sein:* dem rappelt et im koppe. *Teuth.* rappen, ruyschen, insolere, turbulentare. rappen, kerren (strepere) als en doere. sik rappeln, *sich beeilen, hurtig arbeiten.* K. *cf.* rippeln.

rappschüstel, *f. raffschüssel, schelte für einen gierigen menschen.* rappen, räpen =raffen. *Soest. Dan. 43:* to hope rappen.

rappeltasche, *schelte.* gousthär rappeltaske, most den gönsen den snabel intwasken. (*Altenbüren.*)

rår, *1. rar, selten. 2. ironisch: schlecht, werthlos.*

rieren, *1. blöken, selten; ahd. rêrên, balare. 2. brüllen, vom ochsen (Meinerzh.), von der kuh (Hemer.) 3. rêren, schreien, vom esel (Lüdensch.)* Aes. 15, 24. *R. V.* râren. *4. weinen, von kindern (Hemer.) ags.* rärjan; *engl.* roar, rear; *Teuth.* reren, balare, belken als koe, kalver, ossen; crijten. *vgl.* rêren.

råsen, *1. rasen, toben.* hat nitt jung råset, råset åld. *Teuth.* raiscn, ontsynuen, ddeven. *2. lärmen, von fröhlichen kindern. ags.* rasan, proruere.

råseln (*Fürstenb.* **råseln**), *im delirium sein, phantasiren.* Grimm hält rasen, delirare *für mehr niederdeutsch. Kil.* raselen, somniare ineptias; *Teuth.* raselen, akallen.

råserigge, *f. toben, lärm. Teuth.* raserye, onsynnicheit.

raskeln, *rascheln. (Brilon.)* s. riskeln.

raspe, *f. gitter, welches den grabhügel umschliesst und bedeckt; syn.* raste. *ahd.* raspón, colligere; *vgl.* unser grapsen *und* respel.

raspel, *f. art feile. Kil.* raspe.

raspeln, *mit einer raspel feilen. fig.:* woll op Prüssen 'rümme raspeln. *Kil.* raspen, radere.

rassel = *klinge. (Paderb.)*

rässelk, gerässelk *für* rästlik, *ruhig.*

raste = raspe. *(Dortm.)*

raste, *f. rast.* de rau' un de raste dat es de halwe maste. *alts.* rasta.

råte, råtel, *f. wabe.* ime du maust mi nitt verlåten, ik maut bröken dine råten. *alts.* råta; *vgl.* råe; *Kil.* ratel *j.* rate, favus.

råtel, *f. klapper, rassel;* s. reteln. *Kil.* ratel, crotalum, crepitaculum; *Rich.* råteldling; *engl.* rattle.

rats, *m. rascher schnitt, riss.* in ênem ratse, *auf einmal, in einem zuge. Schamb.* ratsch.

rats af, *rein ab, ganz ab.* rats vör dem êse af, *volksreim. Schamb.* ratsch. *offenbar ist* rats *aus* ratt, *schnell (ostfr.), bei Pfeifer Germ. IX:* rad, *entstanden; vgl. ital.* ratto *u. g. d. deutsch. spr. I, 400. der übergang des t zu s erscheint schon im mnd. Schüren chr. 206:* verrassen, *was er im Teuth.* verrassen, voircomen *erklärt; vgl. auch* rissen, krassen.

ratte, *f.* ratte.

rattenkål, *ganz kahl. Vilm.*

rattenkål, *radical. Vilm.*

rattenkrüd, *n. arsenik. Kil.* rattenkryd, arsenicum. krüd = pulver.

rattenstappen, *m. rattenfalle.*

raue, *f. für* raude, rute; *syn.* rauge.

raue, *f. ruhe.* de rau' un de raste, dat es de halwe maste. se niomt den kinnern de raue, von einer allen, die für eine hexe gehalten wird. bei Iserl. gilt platth. rûhe. mnd. rouwe. *Teuth.* rouw, rast, gemack. huspost. ruwe.

raützen, *n. traueressen, leichenschmaus. (Schwelm.) syn.* raüzech. *Teuth.* rouw, contritio, dolor, penitudo.

rauge, *f. rute; syn.* raue. *alts.* ruoda; *Tappe 18ᵇ:* rode; *Seib. qu. I, 417:* raude.

rauk, *pl.* röike. *1. mantelkrähe (Lüdensch.) 2. als neckname:* dat es ran rank = *ein* Kiersper; *s.* roke. *ahd.* hruoh, graculus; *engl.* rook, dohle.

raulne, *pl. trauerleute, leichengefolge. (Schwelm.)* s. raützen.

raupen (*alts.* hruopan), *præt.* raip, *ptc.* raupen, *rufen.* raipet de kuckuk alltid? nê, he raipet kuckuk. so at me int holt raipet, so raipet et wier herůt. he röipet as wenne oppem Breloh stönne. (*Albringw.*) de specht raipet. de steuklinken raupet. raupen flawer, *laut toben:* raupen üawer de weldage. raupen van der kanzel, *proclamieren.* spr. u. sp. 27. K. S. 26. *alts.* hruopan; *mnd.* ropen.

raut, *m. russ.* so bitter asse raut. et is raut in der küoke, *der herr oder die frau des hauses ist übel gelaunt; syn.* råut (*Fürstenb.*) *ahd.* ruoz; *ags.* hrôt; *Teuth.* ruet.

raute, *f. das mürbemachen des flachses im wasser.* flass in de raute leggen. (*Siedlingh.) s.* rôteln.

rauterig, *russig.* 'ne rauterige stemme. *f. r. 12.*

raüwe, *f. rübe. Fürstenb.* röiwe. he lett raiwen guad maus sin, er drückt ein auge zu. *R. W. verlorne son 55:* unde laten rowen beren sin, *und lassen* rüben birnen *sein. warum steht die* *rübe in diesem rufe? weil sie die wurzel des streits oder weil, wie der kinderreim sagt:* rüben die tun mich betrüben, hätte meine mutter fleisch gekocht, das wäre mir viel lieber. *man s. jedoch den reim s. v.* bedaůwen. in de raiweu biten, *ins gras beissen.* in de raiwen gån, dör de roiben gån, *weglaufen. vgl. ital.* andare ai cavoli. in de raiwen sin. *ahd.* ruoba.

raüwenkamp, *m. rübenfeld. syn.* klödkamp.

raüwesåd, *f. rübsamen.* wiwerråd un raüwesåd dä geràtt selten. *v. Höv. urk. 112:* roivesaid.

raüzech, *m. leichenschmaus. (Lüdensch.) vgl. ags.* hreóvan, ejulare, dolere. *dafür spricht die Schwelmer form* rüefen. hreóvan ' *und* hraiv *werden aus derselben wurzel stammen.*

råwe, *f. rahe. ahd.* brahan; *ags.* hräfen.

rebäll, *lärm.* rebäll slån, *op de älle* hacke 18. *fr.* reveille.

recht, *n. recht.* 't recht blitt owen.

recht, *recht.* tem rechten saihen. bat dem ênen recht es, es dem andern billich. ' wann mi recht es, *wenn ich* recht sehe. dat gèt nitt med rechten dingen tau. recht as of he, *gerade als wenn er; vgl. M. chr. J, 100.*

rechtschåpen, *adv. sehr, recht, tüchtig.* et es rechtschåpen käld.

reck, *n. 1. entfernung von einer fingerspitze zur andern, von einem pfosten des plankenzauns zum andern. 2. stange, welche eine zaunöffnung schliesst.*

reckdråd, *m. reckdrat.*

reeken, *1. reichen.* dat kind recket med baiden hännen an. *2. strecken, z. b. von der wäsche, die man reckt, ehe sie gebügelt wird. goth.* rakjan, extendere.

recken, *m. stange, z. b.* bönenrecken. *vgl. mnd.* rick, *n. stützende stange.*

reckhåmer, *m. streckhammer, eisenhammer.*

reckisern, *n. reckeisen.*

rêd = rai. *(Herscheid.)*

reddigen, *retten.* igen aus ieu, *altes* jan, *wie nhd.* endigen (entjan) *unser* sedigen (satjan). *ags.* hreddan, eripere.

rede, *ratio.* myt reden, *mit grunde. Alten. stat.*

redèern, *reden. (Grimme.) holl.* redeneeren, *raisonniren.*

rêdsel, *n. sage, erzählung, besonders solche, die dunkles und unbegreifliches enthält. hd.* rätsel *dagegen* = wol te råen. *ags.* rædelse.

regeldêtri, *f. regel de tri. præpos.* de betont und gedehnt.

---

rêgen, *m. regen. goth.* rign; *alts.* regan, regin.

rêgenak, *regnerisch.*

rêgnen, *regnen.* et dait as wann et de ganse weld vull rêgnen woll. wann 't rêgent, werd de süage raine un de mensken driaterig.

rêh, *n. reh. alts.* rè *in* Rèasford.

rêh, *rech, steif, von pferden.* wrig, worig kann es nicht sein. es gehört zu *ags.* rihan, jungere, *bedeutet also eigentlich gebunden.* im 17. jh. *die form* rehe. *vgl. Vilm. ? =* alts. hrê *(Köne 1865). aus dem begriffe „steif" erklärt sich das abgeleitete* hrêv. *goth.* hraiv, cadaver.

rêids *in:* rêids of mån, *bald oder morgen.* bis rêidu, *bis bald. in Schwelm dafür:* bis stracks. *nds.* reids.

rêiht, *n. recht.* ens werden es en rêiht. *(Barmen.)*

rek, *real, repositorium.* schüstelrek, pipenrek etc. *K.*

rek = *ags.* rådic, *wurzel,* radix, *in* mirrêk.

rêke, *f. reche, feuerherd. vgl. mnd.* beraken, *zuscharren. dass diesen wörtern ein* h *gebürt, lehrt* harke '= *ags.* race. *vgl.* rêken.

rêken, *m.* = rêke, *herd.* oppem rêken. *(Siellingh.)*

rêken, *1* rechen. hai råk (störte) in der aske rümme. du riakes den kummer int land, *fig. für: du rechnest unrichtig. 2. rechnen. imperat.* riak, *præt.* ik råk. *3. glauben, meinen. vgl. goth.* rika, rak; *ags.* raciau; *engl.* to rake up, *zurechen; alts.* rekkjan, exponere. *neben dem st. v* rêken *hat sich aus dem hl. auch ein schw. v.* rêkenen *eingebürgert. s.* anrêken, inrêken, taurêken, ütrêken, vörrêken.

rêken, *1. reichen. fig.:* he kann wid rêken, *er ist diebisch. 2. ausreichen, auskommen. 3. c. acc. erreichen.* bå de klainen nitt birêken kunt, då springet se bi. *ags.* rŵcan; *holl.:* reicken.

rêkenbank, *n. rechenbuch.*

rêkenmester, *m. rechenmeister.*

rêkenschop, *f. rechenschaft.*

rêkenstên, *m. rechenstein, griffel.*

rêkentåfel, *f. rechentafel; syn.* laige, laie.

rêkenunge, *f. rechnung.*

rêkussel, *niere bei kühen und schweinen. (Weitmar.) die tonstelle lehrt, dass entweder ein fremdwort vorliegt, oder composition stattfindet. letzteres ist der fall und könnte das wort durch ein hd.* reiche fett *wiedergegeben werden.* rek *ist sonach stamm von* rêken, *der*

*durch seine stellung vor der tonsylbe
verkürzten vocal erhalten hat. unsel
muss fett, talg bedeuten und dürfte die
brücke schlagen zwischen goth. bunsl
und insel, inselt, unschlitt. Kil. unsel,
unschlit.*

remel, *m. kater;* s. riəmelsk. *syn.* priəmel
*für primil. da auch sonst wol (prän-
gel, rängel, wrangel, vrangeln) pr für
hr, wr,. vr anlautet, so wird diesem
mit ramm (bock) zusammenhangenden
worte ein w (h) abgefallen sein.*

remeltat, *viel lärm um nichts. dat es
ne remeltat!* K.

remeltüt, *wischi waschi, albernes ge-
schwätz;* s. riəmeltätri. *vgl. Kil.* re-
melen *holl. j. reven, delirare, ineptire.*

reménten, *lärmen, poltern. Vilm., osnabr.,
Quickb., ebenso ostfr., altm.; nds.,
Richey* raménten. *die betonung deutet
auf entlehnung; man hat es aus regi-
ment herleiten wollen.*

remmeklæter, *m. baumkletterer, baum-
läufer, baumspecht. wahrscheinlich aus
renneklæter entstellt, was man sehe.*

remmel, *männliches kaninchen.*

remmeln, *rammeln.* K.

remmen, *die bewegung eines rades hem-
men. ags. hremman, impedire; nds.
rémen; holl. stremmen. Teuth. remmen,
stil doen staen.*

remmkie, *f. remmkette.*

rempeln, *stossen.*

remster, *m. 1. gitter;* s. rämster. *Teuth.
rempts, gerempt. 2. gallerie in einer
kirche. (Weddigen.)*

remter, remster, *gallerie, empore.* K.

remter, *n. refectorium eines klosters.
N. l. m. 28.*

rend, *n. rind.*

rendelse, *n. käselab. ahd. rennisal; engl.
rennet. Teuth. rennsel, coagulum. nn
zu nd geworden, ein vorgang, der bei
der bildung unserer starken verba auf
-nden statt gefunden haben muss. wie
es eine sprachperiode des assimilierens
gibt, so hat es auch einmal eine des
dissimilierens gegeben.*

rengen, *anderwärts rangen, laufen, sich
umher tummeln, nur in der redensart
rengen un plengen, von wilden kindern,
die durch dick und dünn rennen. das
laufen durch den kot. vielleicht hat
sich rennen dem plengen assimiliert.
es mag das wort aber auch mit mhd.
rangen, engl. to range und rangen
(wilde kinder) zusammenhangen.*

renlik, *adj. und adv. reinlich.*

renlikait, *f. reinlichkeit.* renlikait es
dat hulwe lewen.

renne, *f. rinne.*

renneklæter, *m. baumkletterer, baum-
specht. (Lüdensch.) Holth. verzeichnet
rennenkläter.* s. remmeklæter. renne
*ist assim. aus rende, rinde. im ags.
(Eltm. p. 257) heisst der apiaster oder
picus rindecliffe.*

rennen, *1. laufen., 2. rinnen.*

rentern, reitern. *1. vom stiere. 2. von
kindern auf liegendem holze. vgl.
ranten, hd. ranzen, springen, von der
begattung. Frisch glaubt, ranzen sei
aus rennen, holl. rannen entsprungen.*

rēp, *1. reif an fässern. 2. seil, nicht so
dick als eine toge. 3. ein gewisses
ellenmass bei der leinwand. nwestf.
en rep dar men laken mede striket off
meitet. alts. rāp; Teuth. rêpe; ags.
rāp; engl. raip, messschnur.*

rēp, *n. 1. traggestell, kiepe, korb; nhd.
reff (Göthe); Kantz. reff. 2. hölzerner
eselsattel. (Fürstenb.) 3. fig.: en rep
vam wiwe.*

rēpe, *f. seil. vgl. rēp, engl. rope.*

rēpe, *raufe, heuraufe in pferdeställen.* K.

rēpelen, *pl. rötelen, eine hautkrankheit.*
s. rüseln.

rēpen, *flachs raufen, riffeln.* K.

reppen, *eilen. (Weddigen.)*

reppschaie, *f. schwerberiemen, ein breiter
riemen, der die zugketten verbindet und
emporhält; er geht über das sielküssen
hin, auf welches der fuhrmann sich
setzt.*

rēpslęger, *seiler.* K.

rēren, *in menge fallen; syn. rīsen, rie-
seln. se rērt asse brādbęren. wo wat
es dà well wat rēren. he es so fromm
datte rērt. Tappe 145ᵃ reeren. unser
verbum entstand aus hrês, præt. von
hrîsan, verwandt mit ags. hreosan,
ruere, cadere; vgl. Laiendoctr. p. 79:
resen.*

rēschap, *f. gerätschaft. mwestf. reschap,
raschap, ratschap. Bugenh. act. 27, 19
überträgt Luth. bereitschaft mit reedt-
schop; dän. redskab.*

resp, *n. kohlenmass. (kr. Altena.)*

rēspe, *f. kohlenmass = ¼ tain. (im
Homburgischen.)*

respel, *f. ein flacher wannähnlicher korb.
(Elsey.)* s. risp. *Vilm.* rispe, *f. (im
sächsischen Hessen.)*

resten, *1. ruhen. nå gedän werk es guad
resten. 2. mit einem ethischen dativ
sik resten, ausruhen. alts. restian, rasten.*

retel dör't kerf, *rübstiel. (Iserl.)*

rẹtelen, *1. rasseln. 2. plappern. mnd.*
rettelen; *Rich.* rätelen; *nds.* rætern;
Kil. ratelen ende snateren, *garrire.*

rẹttelappel, *schlotterapfel.*

rêvebauk, *f. die bank, worauf die leiche
gelegt wird. vgl. mag. f. Westf. jahrg.
1798, s. 481 ff.*

revêr, *n. revier, bezirk. mnd.* revêr;
ital. riviera.

reffel, *material zum wandgeflecht, Mont.
II, 98[b]. vgl.* steffel.

rêwe, *f. rebe. Lud. v. Suth.* winravene.
mnd. a *deutet zuweilen auf vorhandene
brechung* ea, *so auch in* barg, warder.
vgl. riwe *und* hûdrâwe.

rêwestrô, *n. stroh, auf welchem die
leiche liegt. goth.* hraiv, *n. leiche; ags.*
hræv; *mwestf.* ree *in* reerouf, *leichen-
beraubung, raubmord. s.* ûtrêwen.

rîbak, rîvebak, *n. der sogen. holländer
in papiermühlen zum zerkleinern (*riven*)
des stoffes.* bak, *fr.* bac ═ *gefäss,
trog, führe.*

ribbe, *f. rippe.* ik kann et mi nitt ût
den ribben snien.

ribbenlẹer, *n. rippenleder, d. i. seite.*
int ribbenlẹer stöten.

ribbensmält, *n. rippenschmalz.*

richt, *gerade; comp.* richter, *superl.* rich-
test.

richte, *f. gerade richtung.* in de richte.
ahd. rihte, *rectitudo.*

richten, *1. richten.* strenge hærens dä
richtet nitt lange. *2. ersetzen.* schaden
richten.

richtop, *gerade auf.* vedder richtop! he
gêt so strack, as wenn he en lâestock
slọken hädde.

richttau, *gerade zu.*

richtût, *gerade aus.*

richtfâms, *nach der holzfaser, nach der
faser.*

Rickes, *Heinrich. aus* Henricus. *vgl.*
kölsche Drickes, *worin d aus dem d
von* Henderik. *V. St. III, 194:* Riks.

ridbulle, *m. zuchtochse. (Paderb.) syn.*
bârmann.

ridder, *m. ritter.*

ridderit *im kinderrätsel: wiege.* ridderit
hęt lôf edrẹgen - nû kain lôf
mær, drięget lîf un sêle. *zu* hridan,
schütteln. vgl. riadern.

riddergụd, *n. rittergut.*

ridderschop, *f. ritterschaft.*

ridhengst, *m. reithengst.*

ridperd, *n. reitpferd.*

ridfische, *pl. s.* riẹdfiske.

riạd, *m. ritt. fig.:* en riạd vọr hewen,
eine partie vorhaben. se es oppen riạd,
*sie ist weg, um mit männern zusammen
zu kommen; vgl. ostfr.* ritt, *täveritt.*

riạdern, *zittern.* he riạdert un biawet
an allen gliọdern. — *ahd.* ridôn, *tre-
mere; ags.* hrithjan, *febricitare; helgol.*
reddelken *Ma. III, 28; schwed.* rädas,
sich fürchten. Mda. VI, 1.

riạdfiske, *pl. ruhrfische, besonders die
sogen. mundfische, welche zum laichen
ziehn und dann scharenweise gefangen
werden; s.* ridfische. *vgl. ostfr.* ritt,
laich, froschlaich.

riạgel, *f., auch m. regel.* et es kaine
riạgel âne ûtnâme.

riạgen, *regen.* he kann sik nitt riegen
off wiegen. *ahd.* regan; *nds.* rẹgen.

riẹkel, *m. männlicher hund,* rekel. *nach*
liạpel ═ lapil *aus* rakil. *altn.* raki;
ags. räcc. *vgl. fr.* racaille.

riẹkeln, sik, *sich wie ein hund hin-
strecken,* rekeln. *nds.* rẹkeln.

riạmelsk, *brünstig, von der katze, die
nach dem kater (*rẹmel*) begehrt.* ia ist
weitere durch folgendes uk *bewirkte
brechung; vgl.* priạmel.

riạmeltätri, *wischi waschi, geschwätz; s.*
remeltüt.

riạmsterig ═ rosterig *2; s.* rämstẹrig.

rien, *praet.* rêd, *ptc.* rien, *1. reiten.* he
ridt op möers fũọlen, *er geht zu fusse.
2. belegen, vom ochsen. ags.* ridan;
mnd. riden.

riạpe, *f. aus* reppe, *riffe,* riffel, *raufe,
um die flachsknoten vom flachse zu
reissen. Teuth.* repe; *nds.* rẹpe; *engl.*
ripple.

riạpen, *1. riffeln, raufen, vom flachse.
2. fig.: riffeln, tadeln. mwestf.* reppen,
F., Dortm. urk. II, p. 207; Teuth.
repen; *holl.* repelen; *engl.* to ripple.

riạper, *m. riffler; syn.* striạper.

riẹpert, *? rïpert, tasche.*

riạs, *n. abgefallene ähren; zu* risen. *altn.*
ress; *nds.* rêr.

riạssel, *m. ═* rissel.

riạt, *m. riss; zu* riten.

riạterig, *rissig, zerrissen.* de biaterigsten
rũens hett de riaterigsten felle. *Rich.*
reterig.

rîge, *f. reihe, zeile.* ad rigas, *der reihe
nach, bauernlatein. Gr. tüg.* wier in
de rîge brengen, *wieder in ordnung
bringen, ausgleichen. ahd.* riga; *ital.*
riga.

rîgen, sik, *sich reihen, sich ordnen.*

rigge, *f. 1. brett als teil eines bretter-
zauns; syn.* schligge. *2. messlatte für*

handwerker. *altm.* rick. *3. querholz beim fachwerkbaue. K.*

riggen, *reihen, mit weiten, losen stichen nähen. der lange voc. wird durch verdoppelung des conson. compensiert und umgedreht; vgl.* pile — pille, kile — kille *(kelle).*

riggelif, *n. schnürbrust.* hai het en riggelif.

riggenätel, *f. nadel zum reihen, zum schnüren.*

riggesken, *n. schmale latte.*

riglet, *n. lineal. engl.* riglet.

rik, *endung zur bezeichnung des männchens ist mehr oder wenig unkenntlich geworden. beisp.:* ännerk, düwek.

rik, rike, *n. reich.*

rikdum, *m. reichtum.* rikdum künmt nitt an den drüdden erwen.

rike, *reich.* rike lü heft fette katten. riker lüe kinner un armer lüe rinner dä werd am besten verpleget. wann de riken sik können köpen un de armen verlöpen, dann stürwe nümmes. rike väer, rike möer, riko blågen.

Rike, *Friederike.*

riken, *reich machen. Bugenh. bib. summ.* unrecht gudt ryket nicht. *Tunnic.* 154: ryken, *reich werden.*

rillern = rüseln, *von erbsen. (Siedlingh.)* to rill, *rinnen, rieseln, laufen.*

rîm, *m. reim. ags.* rîm, *numerus.*

rîmken, *n.* in rimkes te laten leggen, *sich für einen zweck vorbereiten, s.* raimen.

Rîn, *m. Rhein.* dat kann us de Rîn nitt afwasken *(blutsverwandtschaft, rechte). satyren u. pasq. I, s. 51:* das wird im nicht abwaschen der Rein. wann dai kain geld het, dann het de Rîn kain wåter.

riud, *n. pl.* rinner, rind. *ags.* brîdh.

rindleer, *n. rindleder.* dat es so tåh asse rindleer.

ring, *m. ring.*

ringel, *m. 1. grosses waschfass, so genannt, weil es rund ist. s.* bükeringel. *2. steinkohlenmass im Märk., 6 ringel = ¹/₂ scheffel = 1 einspännige pferdekarre. (Wersmann). V. St. stück XXII, 1525:* wasche ryngell.

ringelbaum, *stange zum tragen des ringels. K.*

ringelbengel = klinge, hirtenstab mit *ringen. N. l. m. 68.*

ringelblaume, *f. 1. ringelblume; syn.* goldblaume, ringelröse. *2. kuhname.*

ringeldüwe, *f. 1. ringeltaube. 2. etwas seltenes.* dat sid ringeldüwen dä schütt

me alle dåge nitt. *3. kuhname. Keller fastn.* 957, 10.

ringeln (en höm).

ringelröse = gefüllte ranunkel. *(Siedlingh.)*

rinke, *pl.* rinken, *gewisse drahtsorten:* growe rinke, fine rinke. *s.* grinke *und* rinkleer.

rinkendråd, *m. rinkendraht.* rynckendrait, *Alten. draithordnung.*

rinkleer, renklöder, *n. riemen mit schnalle als strumpfband dienend. mnd.* rinken, *m. schnalle am gürtel; mhd.* rinke.

Rinnernelle = Rindernelle, *kuhname.*

rip, *m. reif, pruina. ahd.* hrifo.

ripe, *reif, maturus.* de beste tid taum haugen es de novembermond, dann es dat holt ripe.

ripe, *f. reife, maturitas. s.* gelripe.

ripen, *praet.* rêp, *ptc.* riapen, *reifen, de pruina. im westf. hd. hört man zuweilen:* es hat diese nacht geriffen. *in Lüdensch.* hörte ich ripet als *ptc. von* ripen.

ripen, *reifen, maturescere. alts.* ripon.

rippeln, *eine hautkrankheit; syn.* rêpelen, rüelen, *röteln.*

rippeln, *die röteln haben.* gerippelt un gepocket heffen.

rippeln, sik, *sich schnell fortmachen, sich beeilen. Rich.* sik reppen; *holl.* zich reppen.

ripprapp, *m. necklied auf die einzelnen familien eines dorfes. Grimme, Sauerl.* 36. *vgl. Firm. V. St. III. ablautende wortbildungen:* gribbel grabbel, harre tarre, birre tirre, himp hamp, kik kak, klipp klapp, krik el krak, kwik kwak, lipp lapp, pinke pank, pitten patten, pif paf, puf, ripp rapp, sing sang, sip sap sunne, snider wipp snider wapp, stimm stamm *(name eines berges im kr.* Meschede), stripp strapp strull, tri tra trull, fixe faxen, fikfackerigge.

ripsk, ripsch, rips, *entzwei, verloren.* et es rips. *in einem kinderspl. bezeichnet* rips *den büttel oder stockmeister.* man leitet es ab von den buchstaben R. J. P. S. — Hermen Tüdderholt was bi de saldåten west un kortens wier nå hûs kuamen. då göte mål med siner fröndskop oppen kerkhof. se bekiket de likensténer un Hermen bankstavert wat droppe stêt. se kuamet ok an ênen med dem namen Pêtrus Fix un derunner stêt R. J. P. S. (requiescat in pace sanctorum). süh, siet he, köster Pêtrus Fix is ôk rips, dat lęse 'k hir oppem stêne. dai is also storwen, der wîle at ik in Potsdam węsen sin.

riu, *m. reis,* oryza.

ris, *n. 1. reis. ahd.* hris. *2. ries (unrichtig riess)* = *20 buch papier. eben so führen fr.* rame, *engl.* ream, *ital.* risma *auf zweig, reis. vgl.* hrîsau, *sinken.* Tappe 9ª: ryser = *wald.*

risbrî, *m. reisbrei.* risbrî un dà nix bî, dat mag der swęrder ęten.

rische = vrasen. *vgl. ags.* risk, *binse.*

risen, *præt.* rês, *ptc.* riasen, *niederfallen, rieseln.* de niawel riset; *vgl. nhd.* das laub es wird bald riesen. *ahd.* risan, *cadere, pluere; Teuth.* rijsen, *afvallen, aber auch* rijsen, *verrijsen, opstaen. spr. u. sp. 3:* hör y nit rysen sprink an sprink. *die wurzel* hras *drückt bewegung aus, welche auf- und niedergehn kann, wie ähnlich* sigan (sêg) *im Helj. nicht blos niedergehn, sondern auch gehn überhaupt bedeutet. ich meine auch einmal bei uns* ,dat rês in de locht' *gehört zu haben.*

rîsen, *præt.* rês, *ptc.* riasen, *pfropfen. hier ist einmal ein denominativum (von* hris, *reis) zur starken conjugation gezogen.*

riskeln = rispeln. (Brilon.) *s.* raskeln, haskeln.

rispeln, *rascheln.* im strô rispeln.

risp, *n. flacher, länglicher korb für wäsche.* (Brilon.) *s.* respe.

risse, *pl. schläge. vgl.* Vilm.

risse, *pl. spässe; syn.* äpen. *vgl. witze reissen, zoten reissen. auch thüring.* risse = *witze, sprachw.* I, *s.* 362.

risseln, *rieseln, fein regnen. (Siedlingh.)*

rissen, *ritzen. vgl.* stênrisse *(für* stênritse), *spelunca, spisse (für* spitse).

rissel, *m. mit doppelt weichem* s, *zerrissenes, fetzen. gewöhnlich sind verbunden* risseln un bisseln (risseln un biaseln). *nach* triasel *ist* biasel *wol* = *rindsel; vgl. engl.* to rend; *ags.* hrendan.

rîsten, *m. reiste, bündel (handvoll) flachs. zu Fürstenb. machen 120 einen* bôten (bauten). *Teuth.* rijst, *henneps off vlasses,* roca; *ahd.* rista (?); *nds.* riste, *m.*

rîten, *præt.* rêt, *ptc.* riaten, *reissen.* dat ritt int gelt, *das kostet viel. alt.* writan.

rîterigge, *f. reissen.* riterigge am krâgen. (Turk.)

ritmell = erdhund.

ritmûs = erdhund. (Kalkhof.)

ritse, *f. ritse. vgl.* hitse *für* hitte.

rîfhännig = rîwe. Grimme.

rîwe, *adj. und adv. flott, verschwenderisch. mit anspielung darauf:* en dorslag un 'ne rîwe es nitt guad hi me wîwe. en rifen klaûer. *ags.* ryf, frequens; *engl.* rife, *häufig, herrschend; über die schott. endung* rife Fiedl. *engl. gr. s.* 198; *schwed.* rifwa; *Claws Bûr:* rive. *v. Hövel urk. grabschr. auf Peter Wiese zu Dobberan:* dat hefft he rive prelaten nude vorsten. Kil. rijve *j.* rijf, largus.

rîwe, *f. reibeisen. Teuth.* ryve dair men wat op ryft.

rîwe, *f. 1. same vom hederich. 2. vogelwicke, welche um das getreide rankt. vgl. ags.* ræfan, fasciis involvere; *ital.* refe *(zwirn) und hd.* rebe.

rîwen, *præt.* rêf, *ptc.* riawen, *reiben. s.* vriwen. *Teuth.* ryven.

rô, roh. *alts.* hra, *das* a *dieser form ist ein* â, *wie in* la, hrad, kap = lô, brôd, kôp; *ags.* hreáv; *Teuth.* roe, *ongare,* woest, rap.

rôbestig, *rohbalgig oder rohbestig (von* bestia), *von kühen* (kaubesten), *die sich schwer behandeln und melken lassen.*

rôchel, *n. amtskleid des kath. priesters. Teuth.* rochleu, choyreleit.

rôchtern, *rufen. Teuth.* rochleu, roepen, cryten.

rock, *m. pl.* röcke, rock. et sött wol röcke giawen, wann ik lange dôd sin. *s.* kâld. *ags.* rocc; *fr.* froc *weisel auf* wrok; *Teuth.* rock, eyn cleyt.

röckelken, *n. kleiner spinnrocken.*

rockeltenstock, *m.* = disten. (Asseln.)

rocken, *m. spinnrocken.* flassrocken, wergrocken. (Marienheide.)

rockenklüppel = disten, disselstock. *engl.* distaf.

rockenfaut, *pfaffenhütchen.* evonymus europ. *der name* rockenfaut *wird* = spindel, spille *sein.*

rücksken, *n. deminut.* von rock.

rôd, rot. röe hâr un erlenholt dâ wasset selten op guadem grunne. rôe foss om löke med sînem schêwen schoken, med sînem krummen finger hat kan de dûwel springen. so rôd as en kriaft. so rôd as en backowen. Grimme. ik sin im rôen lanne geboren, *auf der roten erde, in Westfalen.* dat rôe weh, *die rote* ruhr. *Vilmar s. v.* rûre: *die krankheit* (dysenteria) *hiess das rote (sc.* scheisses). *noch jetzt hört man diese bezeichnung, wie sie schon bei Alberus vorkommt:* „dysenteria, das blut, das rot." de rôe soppe = *das blut. alts.* rôd.

rôdbôrstken, n. rotkehlchen.
rôde, (hässlicher, ruppiger) hund. (Elberfeld.)
rôdhenne, f. kuhname, rote kuh.
rôdleke, f. sauerampfer. s. leke.
rôdlich, rote schafsgarbe, achillea millef. rôdlich (besser rôdlik) ist compositum mit lik für leke, was jede saftreiche pflanze bezeichnen kann. Rich. rühlke, millefolium; helgol. rôlk; dän. röllike; Goldschm. volksmedic. 146: rohlei oder rohlegge (achill. millef.) so genannt, weil die blätter am rande etwas umgerollt sind? im altm. rôlitz entspricht itz unserm ik, vgl. quitz für quicke.
rôdlôwerk (rotlerche), eine schelle. du stive rôdlôwerk. (Arnsberg.)
rôdmod, nasser eisenschüssiger tonboden. ahd. rôtmulti.
rôdnâbel, m. roter storchschnabel, geran. Robert. nâbel oder nâwel — snâwel. schwed. storknäf.
rôdôge, n. rotauge, ein fisch. in folge der compos. ist der vocal von rôd verkürzt. Teuth. roitoghe, voern eyn visch.
rôdsâd, f. 1. eine rumex.cart. 2. leindotter. Grimme.
rôdschimmel, m. 1. rotschimmel. 2. kuhname.
rôdstrank, m. = rôdsâd.
rôdwämmsken, n. rotwämmschen — teufel. (Paderb.)
rôe, n. das rote, blutharnen der kühe. s. gêc.
rôen, roden, reuten. ærappeln rôen, kartoffeln ausmachen. (Weitmar.)
rôgelken, n. eine art weisabrot. vgl. rogen, fischrogen, rogenstein. berg. rôuelsches, pl.
rôgen = riôgen. he kann sik nitt rôgen of wiagen. R. V. rogen, regen, rühren; Keller fastn. 967, 22: rögen = rühren; Bgb. syck rôgen.
rogge, roggen, m. rocken. de rogge es all so hôge, dat sik de kraigen drin verhûen künnt. alts. roggo; Tappe 31b: rogge. von Westfalen, die ein wenig sprachgefühl haben, hört man oft das richtige hd. rocken statt des gebräuchlichen roggen.
roggenblaume, f. kornblume.
roggensistel, bl. kornblume. (Siedlingh.)
roggenschiəp, n. roggenschiff. gêt en roggenschiəp af, dann künmt en waitenschiəp wier.
rôk, m. rauch. 't flôs hänget iin rôk. alts. rôk; mnd. rôk.
rôkbüən, n. kammer zum fleischräuchern über oder an der küche. syn. esche.
rôke, f. pl. rôken = rauk.

rûkels, unreinlich, garstig. (Remsch.)
rôken, rauchen. ags. rêcan.
rôkerig, räucherig, rauchicht.
rôkern, räuchern. alts. wohl auch rôkelen, vgl. rôkelwide.
rôkesteppen, pl. stielmus. (Altena.) rôke = rôiweke, rübchen; stepp = stengel, stiel. syn. ron steppen ist kiəle. (Marsberg.) s. rüstepitten.
rôkhâne, m. hahn, der den brautwagen ziert. (Deilinghoren.) es ist wol aus rôdhâne (roter hahn) entstellt, weil man vermutlich für den brautwagen einen roten wählte. der zinshahn (rôkhâne) veranlasste den umtausch. vgl. en kopp krigen as en tinshan (roter hahn).
rôkopp = rôdkopp, frucht des spindelbaumes, evonymus europ., pinnholt; syn. kattenkläwe, päpemüsche, rockenfant. Rôks, Rochus. Sünte Rôks.
rôliak, ausschlag am munde.
rolle, f. 1. rolle. 2. eine art wurst, rollsülze. 3. kleines wasserwerk für drahtzieher (drâdrolle) und schleifer. 4. rad im rätsel: vêr rollen, vêr stollen, in der midde en dicksack rom wagen.
rollen, 1. rollen. en rollenden stên settet kain moss. 2. in brunst sein, von sauen. vgl. Ma. IV, 118. Vilm. rollen.
Roller, name eines hundes. s. rollen 2.
rollert, m. dicker knicker beim küaningsspiel. (Deilingh.)
rôllig, röllsk, brünstig, von sawen; syn. bærsk.
rôm, m. ruhm. alts. hrôm.
rômen, rühmen. dat kann 'et rômen verdregen. alts. hrômian.
rômer, pl. rômers, eine art weinglas. im anf. des 16. jh. lautete zu Soest der pl. rummer. engl. rummer.
rônd, n. rind. (Marienb.) holl. rund; s. rind. alts. runth in Runtheshornan.
rône, f. dürrer ast oder stamm. (Marienb.) syn. râe. vgl. doue = duane, wouen = wuauen. ? roue = rode, rodde und dies für unser rotte (= rotten, mürbe werden). auch râe entspricht unserm râte; vgl. schâuen für schâden.
rônke, rabe.
rônken, balgen, lärmen. de blägen sid wier im bedde am rônken. vgl. schwed. runka, rütteln, schütteln, wackeln; belg. runken, schnarchen. Teuth. runcken, snarcken.
rônkern, geräusch machen im stalle, von pferden und kühen; s. rônken u. ranken.
rônkerigge, f. die beiden vorigen verba substantivisch aufgefasst.

'rop = herop.

röpe, *f. raufe.* dä well noch en biotken
dör de röpe trecken, *noch etwas aus
dem eigenen fallimente für sich retten.*
s. röpen.

röpen, *ptc.* roft, raufen; *s.* uteröpen.
goth. raupjan, vellere; *mnd.* röpen;
husp. Mich. 1: röpede syne hare uth;
Teuth. roppen, uyttrecken, pluycken;
Tunnic. roppen. *vgl.* ströpen. sthr *zu*
str, hr, r. *Soest. Dan. 85* roppen.

röppen, *n. lustbarkeit, gelag. (Plettenb.)*
syn. bänte. röppen wol = röpen *und
zunächst von den lustbarkeiten nach
dem flachsriffeln zu verstehen.*

rör, *n. rohr, röhre.* pipenrör. *unser
wort bezeichnet nicht die pflanze. altn.*
reyr.

rören, *præt.* rörde, rör; *ptc.* rört, rühren.
alts. hrörian; *Teuth.* roeren, movere.
vgl. krâmrören.

rörig, *rührig.*

rörkæse, *m. dicke milch. (Marienh.)*

rörsnå, *zum anrühren nah, sehr nahe;*
syn. hârsnå. *vgl. Diez s. v.* rez.

rörüm, *m. steifer roggenmehlbrei mit
milch. vgl. engl.* stirabout.

röse, *f. 1. rose.* dä plücket annere rösen
as disselköppe = *das mädchen ist ihm
nicht gut genug. 2. rotlauf. 3. rose
in kuhnamen:* dunkelröse, kléröse, mai-
röse, sprenkelröse; röseublaume.

röseablaume, *f. 1. rose. Teuth.* roesen-
bloem. *2. kuhname.*

röseakrûd, *n. löwenzahn, von der rosetten-
form; syn.* rösentopp, kaublaume, kien-
blaume, rüenblaume.

röseappl, *n. rosenstock.*

röseatopp, *m. löwenzahn.*

rösse, *alle roisse, schlechte kuh. (Paderb.)*
s. röze.

rost, *m. rost. ags.* rust.

röster, *f. rost im ofen, bratrost. s.* hæring.
ags. hrost; *Teuth.* roist, roister; *köln.*
roister, *f.; engl.* roaster.

rostern, *rosten.*

rosterig, *1. rostig. 2. rauh in der kehle;*
syn. riomsterig.

röstern, *1. rösten. 2. ein wenig gefrieren.
3. prügeln. ahd.* röstjan; *vgl. Vilm.
s. v.* roesten. *vgl.* herschen. *Teuth.*
harsten, roistren, braiden. *also zwei
ausdrücke im nd. zugleich vom hart-
werden durch feuer und durch kälte.*

roststertken, *n. für* rödstertken, *rot-
schwänzchen.*

röte, *f. 1. das mürbemachen des flachses
im teiche. 2. flachsteich.* in de röte dauen;
syn. röteldik, flassdik. *Vilm.* rösse, *f.*

röteke, *deminut. von* röt, *russ. (Warburg.)*

rötel, *m. rötel.*

röteldik, *m. flachsteich zum mürbemachen
(röteln) des flachses. syn.* raute.

röteln, *den flachs im wasser mürbe machen.
vgl. ags.* rotjan, putrescere; *schwed.*
lägga lin i röta *(röste für flachs).*

röts, *zernagt, morsch. vgl. alts.* roton,
corrumpi; *nds.* röt *in:* frö rip, frö röt.

rotsen, *s.* afrotsen.

rotsliappel, *m. rotzlöffel, schelte; syn.*
snuaderliapel.

rotte, *rotte. nach mlat.* rupta *von* rumpere.

Rottenbom, *ortsn. bei Iserl. urk. v. 1506.*
rotten *ptc. setzt ein st. v.* riutan *voraus.*

rotteful, *morsch, durch u. durch faul.
Munter. Vilm.* rotzfaul.

rôf, *m. raub.*

röwen, *1. rauben. 2. schlagen, stechen
im karnüffelspiel.*

röwer, *m. räuber.*

röze, *ne olle roize, alte schlechte kuh, ziege.*

rûbard, *frauenzimmer, das haare am
kinn (lippe) hat. K.*

rûbästig, *rauhrindig, von kartoffeln.*

rubbel, *f. unebenheit, holper. für* ruppel,
rumpel. *ags.* hrympel, *f.* ruga; *mnd.*
rumpel.

rubbelig, *uneben, holperig. ostfr.* rubbrig.

rûbutsig, *rauh.* en rûbutsigen jungen.

räch, *krätze.* ch *für* f *(althd.* hruf).
ags. hreóf, scabies.

rückæsen, *ruckwärts gehn; syn.* suppen.
ron rückæra = suppæra; rück *ist
imperat. von* rücken. *Kil.* ruckaersen,
clunes movere; *vgl. ital.* rinculare, *fr.*
recouler.

ruckeldûwe, *f. girrende taube, ringeltaube.*

rucken, ruckern, *girren, von wilden
tauben. nds.* rükûken, *fr.* roncouler.

rücken, *rücken.* dai wol sittet, dai lâte
sin rücken. *ahd.* rucchan.

ruddek, *m. 1. jedes unansehnliche tier.
2. besonders ein räudiger hund. 3. als
schelte:* du rurk = ruddek. *(Lüdensch.)*
dei ruddek vam kellnerjungen. *N. l. m.
97. vgl.* stênrüddek.

ruddelbusch = *hülsebusch. (Siedlingh.)*
? ruddel = *rote beere zu ags.* rud,
ruber. *vgl. nhd.* rötel. *oder: Mda.
VI, 196* roudel, *m. rührstab; nd.* rüd-
deln, *rütteln.*

rudder = rûder, rüder, *pflugstock. R. A.
57:* rüderstock; *syn.* stoke, rûe. *vgl.*
pflugreitel, -reute, -rödel. *Frisch:*
pflug-rodel, pflug-schorrer, rulla.

rûde, *pl.* rûden, räude. *ahd.* hrûda.

rûe, *f. pflugstock. (Fürstenb.) wird etwas*

anders ausgesprochen als rûe (hund).
rûden würde ahd. rintjan entsprechen.
rûe, rûde wäre riuti = riutel.

rûe, pl. rûens, hund. im märk. nd. wird
hund fast nur in sprickwörtern ge-
braucht. daher sagt man im Berg.
(Velbert), um die gebirgigen gegenden
der Mark zu bezeichnen: dä es dähёr,
wä de hongd rûe hett. doch wird von
Holth. rŏd(e) als Elberfeldisch angege-
ben. hä hält den rûen un hisset 'ne.
wann et en rûe wær, häddet di all
lange bioten. dai kann kainen rûen
ût dem pütte taihen, unner dem arme hёt. hä gёt dähёr
as de rûe nà der hochtid. smächtrig
as en rûe. me ledt kainen rûen dör
de drite àder me maut med derdör.
knöm ik öwer den rûen, dann kuəm
ik ock öwer den stёrt. jo schrȳwer
de rûe, desto mær flôc. en swarten
rûen an der kie hewen, kohlenbergwerke
besitzen. et giot mær bunte rûens asso
ênen. as de rûe wässet, wässet ock
de klüppel. de rûens dä so harde
blioket, sid selten de slimmsten. de
unseligsten rûens hett de mésten flôc.
wamme en rûen smiten well, kamme
lichte en klüppel finnen. hai mäket
et ock as de rûe, dä slöppet 't stück
flês êrst dör de drite, ær hai et friatet.
zum hunde, wenn er geister sieht, soll
man sagen: rûe gà dà wёg, là mi mâl
kiken, dann wird man über die rechte
schulter des hundes schauend die gei-
ster erblicken. hä plägct sik as en
rûe, passte für unsere gegend seit nicht
gar langer zeit; in Belgien wurden
schon im anf. des vorigen jh. die hunde
zum lastenziehen benutzt. ahd. hrudeo;
ags. hrydhdha; Teuth. roede; Pf. Germ.
9, 19 molossus, rudo. sollte das wort
nicht ursprünglich eine hunderasse mit
struppigem haare bezeichnen?

rûek, m. geruch.

rûeklos, rûeklôs, sorglos, unbekümmert.
hä gёt rûeklos med dem für ûm. ein
altwestf. rukilaus; mwestf. adv. roke-
lose, Dorow denkm. 1, 37; ahd. ruah-
halôs, negligens; engl. reckless. vgl.
alts. rokian, curare, cogitare, sollicitum
esse.

rûenblaume, f. 1. käseblume. 2. hunds-
kamille, anthemis cotula. 3. zu Elsey
syn. von kwäe blaume. 4. löwenzahn.
(Lüdensch.)

rûelen, pl. rötelen, masern. vgl. ags.
rud, ruber.

rûendiele, f. 1. hundskamille, anth. cot.

ahd. hundestilli. (Warstein.) 2. käse-
blume. (Fürstenb.) s. diɔle.

rûenhär. abergl.: heilt den biss des hun-
des. Cervant. Gitauilla: Tomò algunos
pelos de los perros friòlos en aceite —
le puso los pelos con el aceite en ellas
(sc. mordeduras).

rûeniəgel, m. igel. das volk unterscheidet
rûeniəgels und swiniəgels je nach der
hunde- od. schweineähnlichen schnauze.
nur die swiniəgels hält man für essbar.
Kil. hondsegel, erinaceus caninus.

rûenküster, m. hundeküster, hunderogt,
schelte. vgl. ital. scacciacani, span.
perrero.

rûenlaier, m. hundeführer, schelte.

rûeling, m. ein fingergeschwür; s. rûen-
ring.

rûenmâgen, m. hundemagen; s. radnägel.

rûenmâger, hundemager, sehr mager.

rûennamen, hundenamen. Hofhund: Tela,
roller.

rûenring, m. hundering, eine ringförmige
hautentzündung. wer seinem hunde
ein stück brot vorhält und gibt es ihm
dann nicht, der bekommt den hunde-
ring. (Deilingh.)

rûenstall, m. hundestall. me soll di in
den rûenstall te Lɔssel (Lössel, s.
Lurxel) schicken. vor zeiten liess wahr-
scheinlich der graf von der Mark seine
jagdhunde von den bauern zu Lössel
füttern. nach v. St. IX, 173 hatte der
graf in der Lessel marcke nicht allein
die hohe jagd, sondern auch schwein-
rechte. vgl. houdelager, v. St. IX, 209.

rûəselig, locker, von der erde. nds. riəselig.

**rûəseln, rüttelu, schütteln; rüttelu z. b.
erbsen, um sie zu reinigen, wozu ein
mit einem handtuche bedeckter topf-
deckel gebraucht wird. im ällewiwer-
mond dann rûəselt se de schorten.
(Valbert) vgl. goth. hrisjan; alts. hri-
sian; berg. rüsseln mit weichem ss.

ruotelig, was nicht fest steht. en ruote-
ligen disk.

ruotelkasten, m. = rappelkasten. en ällen
ruotelkasten vam wâgen.

ruoteln, intrans. 1. leicht in bewegung
geraten. de disk ruotelt. trans. 2. an
wət ruoteln, an etwas rütteln, schütteln.

rûeten, n. traueressen, leichenmahl.
Müller topogr. v. Schwelm, 17.

rûef, n. kruste auf wunden, geschwüren.
ahd. hruf.

rugge, f. ruhe. K. S. 73. F. R. 142.

rügge, rüggen, m. 1. rücken. hai hёt
en brêen rüggen. op den rüggen binnen.
zu anf. dieses jh. war es noch sitte,

*dem diebe das gestohlene auf den rücken
zu binden und ihn so umher zu führen;
vgl. Dortm. stat. (Fahne) no. 103. alts.*
bruggi; *s.* stênbrügge. *2. langgestreck-
tes ackerstück, gewöhnlich 1 morgen
gross. K.*

rüggebläud, *eine krankheit des rindviehs.
(Fürstenb.)*

rüggekamm, m. *rückenstück vom schwein.*

rüggekemken, n. *rückenstückchen.* kem-
mekin, *sündenf. 1220.*

rüggekipp = rüggekamm; *s.* kipp.

rüggelk, *ruhig. K. S. s.* rugge.

rüggen, *gereuen. alts.* hrewan; *ahd.*
hriuwên.

rüggenbri, m. *roggenbrei, ein steifer
brei, der mit süsser milch gegessen
wird. er war aus frischem roggen be-
sonders beliebt. jetzt wird dieses ge-
richt selbst auf dem lande immer sel-
tener. ein ähnliches gericht wird in
Meklenburg aus buchweizen bereitet.
Schiller III, 27.* rüggen *ist adj., alts.*
rukkin (? ruggin), *secalinus.*

rüggenüagel, m. *rückenriemen bei karren-
pferden; er geht vom hamen über den
rücken zum schweife.*

rüggestrang, m. *rückgrat.* woste mi ewen
den rüggestrang rop krüpen un bîten
mi 'et herte af? = blâs mi oppet âr!
(Iserl.) den rüggestrang snüten = ca-
care. *s.* meten.

rûh, *rauh.* dat rûhe bûten kêren. rûh
binnen, rûh bûten, so sind de finen
van Strûten. *Iserl. sprichwort. ags.*
hreóh; *ahd.* rûh; *Tappe 232ª:* ruw.

rûhbast, m. = rûhloer. *s.* bast.

rûhguss, m. *platthd. für* rûhgûst, *rauh-
guss.* bat küert dai mann, rûhgnss
(plattdeutsch) öder polêrt messing *(hoch-
deutsch)? Iserl. redensart.*

rûhig, *ruhig. platth. nach* rûhe *für* raue.

rûhloer, n. u. m. *rauhleder, rauher un-
gehobelter mensch; auch ein solcher,
der viel ertragen kann; vgl.* stifloer.

rûhpipe, f. *heilkraut,* heracleum.

rûhrim, m. *rauhfrost.* wenn de rûhrim
wêrd drai dàge âld, dann blitt et noch
drai weken küld. *(Albringw.) ags.*
hrim, *pruina.*

rûhrimen, *rauhfrosten. syn. am Nieder-
rhein* dörrimeln.

rûhrip = rûhrim. *K.*

rûhswimel, m. *rauher od. roher, unge-
zogener mensch; s.* swimel.

rûhtäg = rûhfoer. *Grimme.*

rûhfoer, n. *rauhfutter.* klâr wâter un
rûhfoer giet hard flês. *Seib. urk. 813:*
rufuder; *932:* rufoder.

---

rûkân, *riech an.* hä het nitt rûkân krie-
gen = *nicht den geruch davon, nicht
das mindeste. vgl. altm.* nich rôran
= *keineswegs, durchaus nicht.*

rûke, *pl. in:* dat gêt ŏwer rûke un strûke,
über rusch und busch; syn. ŏwer hůke
un strůke *(Hemer), über erdhöcker und
sträucher,* ŏwer hůge un strůke. rûke
hat sein r wol von ŏwer erhalten. *s.*
hůk *und* hůge.

rûkemûseken, n. *waldmeister, wird von
kindern in bücher gelegt, weil es trocken
gut riecht. (Fürstenb.)* zu můs, moos.

rûken, *prœt.* rôk, *ptc.* roken, *riechen.* hä
rûket můse, *er riecht unrat, er merkt
etwas.* dat rûket nâ geld. dâ rûk
derân, siet Büddemann, *so sagt man,
wenn jemand übel angelaufen ist.
(Iserl.)* dâ rûk op! *das fühle! mhd.*
riuchen.

rulli-bulli, *rummel.* vi hett gistern mâl
en rulli bulli hatt. *(Elsey.)*

rülps, m. *en rülps vam kêrl, ein schmutzi-
ger kleiner tölpel. vgl.* rülpsen.

rûm, m. *raum. alts.* rûm.

rûm, *geraum.*

'rûm = herûm, *herum.*

rûmen, *1. räumen. 2. von der hand
gehn.* dat rûmet gnad. dâ kamme
nitt an rûmen, *damit kann man nicht
voran kommen. alts.* rûmian.

rûmlik, *geräumig, weit. dän.* rummelig.

rûmlöper, m. *drehkreuz auf fusspfaden
zum abhalten des viehes und der reiter;
syn.* haspel.

rumme, f. = runge.

'rummedraigen, *herumdrehen.*

'rummegân, *herumgehn, umgehn.*

rummel, m. *1. lärm, unruhe. im rummel
es seggen, wahlspruch der wirte. 2. masse,
plunder.* de gansse rummel. *holl.* rom-
mel; *nds.* rummel.

rummelke, f. *runkelrübe. (Balve.) syn.*
runkelte, rummesket.

rummeln, *1. geräusch machen.* de kêrne
rummelt. *2. geschwind etwas tun. hd.*
rumpeln.

rummesket, *runkelrübe. - (Siedlingh.)*

rump, m. *pl.* rümpe, *1. rumpf. 2. weste.
3. ein gefäss von bast,* bastflasche.
(Lüdensch.); syn. hůdelte. *dann so*
Holth.: walbern rump, sprâtenrump.
4. med rump un stump, *alles ohne aus-
nahme; vgl. dän.* rub og stub. *vgl.
westf.* saltrump = saltmeste; *Vilmar:*
rump, *hölzernes gemäss für getreide.
mnd. wb.* bênrump, *bienenkorb.*

rumps in: dat gêt rumps slumps, *sehr*

schnell. vgl. Rich. rumpslump, *unge-
messen, ungewogen.*

rûmsträte, *reine bahn.* se hett rûmsträte
maket med de franzausen. *K.*

'rüm unt üm, *ringsum.* t *für* d *aus
unde, und.*

rûn (rûne, *v. Steinen), wallach. (Brackel.)*
alts. wrenno ; *holl.* ruin ; *Teuth.* ruyn,
pert sonder kullen, gelubt pert.

rund, *rund.* ruud gân, *eine kreisbewe-
gung machen.* dat es mi te rund af,
unbegreiflich. wot rund mâken, *z. b.*
'ne hîrâd, *in ordnung, zu stande bringen.*

rundêl, rundail, *n. etwas rundes, rund-
beet. vgl. M. chr. I, 336:* rundeel, *rundes
bollwerk an der festung.*

rûnen, *castrieren.*

runge, *f. stange, besonders die am wagen
als widerhalt der leitern.* dat es en
ka·rl, me könn em 'ne runge in der
fuat tebreken = *ein baumstarker kerl.*
goth. hrugga ; *ahd.* runga ; *ags.* hrung,
trabs ; *engl.* rung. *Aesop 81 :* runge.

runkelte, *f. runkelrübe; syn.* rummelke.

'runner *für berunner, herunter.*

rûnsch, *runisch, geheimnisvoll, zum
zauber dienend.* rûnsche wortel, *grüne
niewurz, die man ehedem als amulet
am halse trug und hin und wieder
noch jetzt bei schweinen anwendet ; s.*
vrengwortel. *ahd.* rûna, *mysterium,
character magicus ; alts.* girûni.

runt, *rind. v. St. XX, s. 1346. s.* rönd.

runtselkuntsel, *f. im rätsel für wiese;
aber mit anspielung auf* kunte. *vgl.
Vilm. s. v.* ruukunkel. *Ravensb.* kunkel,
altes weib.

rûpe, *f. raupe.* mnd. rûpe. *mit Wolke's
meinung (dûdsge sinnged. s. 20), dass
krûpen zu grunde liege, wird es seine
richtigkeit haben. auch dem lat.* repere
*ist die gutturalis abgefallen. im hd.
raupe ist die lautverschiebung nicht
durchgedrungen.*

ruppen, *rupfen, raufen.*

rüppeln = *rippeln.*

ruppig, *zerrauft, krätzig.* ruppige junge,
schelte.

· **Rûhr**, *f. Ruhr.* wann de Rin klär ·es un
de Rûr swart, dann es et märn guod
wêr. *(Valbert.)*

rûscher *in :* ouldrûscher, *händler, trödler
mit alten sachen. vgl.* oldrûse, altreis,
altflicker, antiquar. *zu* rûschen, tumul-
tuari, *von krämern. Kil.* ruyscher,
grassator. *Teuth.* ruyschen, boldern.
Heinzerl. 33. 34 : rusche, *rauschen,
auch tauschhandel treiben, in letzterer
bedeutung aber immer nur in verbin-

dung mit* dusche, tauschen, *vorkommend,
womit dann zugleich das tadelhafte,
trügerische ausgedrückt wird, z. b. die
duscht onu ruscht. vgl.* altrüscher,
tröller.

rûse, *f. 1. brotklumpen, wie solche von
loskrustigen broten abfallen. 2. hart-
gefrorene erde. 3. anfall. ags.* hreôsan,
ruere. *Eichw. ud. sprichw. 1612* rusje,
streit.

rûseken, *n. brotklumpen. anecd.* o de
rüsekes ! ach hä kûert fan lûsekes.

rûsel, *frostknorren. Teuth.* scharp, ruysch,
ruwe. *vgl. Ravensb.* rusig, höckerig.

rûseln, *den boden glätten, die kleinen
unebenheiten mit dem fusse wegschar-
ren. ein ausdruck · der kinder beim
knickern.*

rûsen, *m. 1. felsstück, erdscholle. 2. frost-
knorren. 3. klumpen brot. ags.* hruse,
rupes, terra: *westf.* rôse *in :* kalc-
rosen = *kalkfelsen ; nds.* rûse, *frost-
knorren, wie unser rûsel. zu* hriusan,
ags. hreôsan = dreôsan. *das nds.* kalk-
rôse *zeigt, dass* brisan *dieselbe bedeu-
tung bewahrte.*

rûsken, *rauschen.* wemme in der harre-
mond *(januar) 'et wäter härt rûschen,
dann kanme den roggen derschen as
büschen (leere garben). (Alberingw.)
weiterbildung von* hriusan, ruere.

ruspeln, *vom boden, der etwas gefriert.*
et ruspelt. *(Fürstenb.)*

rüstepitten un vriemelmaus dat mag der
Döiwel frêten, *sagt man, wenn* stielmus
(rübstiel) gegessen wird.

rüstern, *reinigen. ahd.* rustjan, ornare ;
ostfr. rössen, *mit der kratzbürste rei-
nigen.*

rüstern *in :* verrüstern un verplüstern.

rüstrô, *n. roggenstroh. ags.* ryge, roggen.

'rût = *herût.*

rûte, *f. raute, fensterscheibe ; berg.* rutte.

rûter, *m. reiter. schon Lipsius :* ,a rûta
sive turma militari.' *dafür spricht ausser
der form auch der ausdruck „rûter te
perre" und zwar nicht bloss im kinder-
reim, sondern auch sonst, z. b. M. chr.
I, 289 :* rueteren thô perde. *Teuth.*
ruter ; *berg.* rütter *stimmt zu* rutte,
viereckiger haufe krieger.

rûtergär, *halbgar, ziemlich gar. vgl. H.
Sachs landsknechtsp.: „frassens fleisch
hinein gar, wans kaum halb gesotten
war." oder wäre daran zu denken,
dass fleisch unter dem sattel mürbe
geritten wurde? s.* grütergär. *? osnabr.*
rôtegär *vom flachse.*

rûtern, *reiten.* (Paderb.) *vgl.* Rich.

rûtersalwe, f. *queeksilbersalbe zur ver-*
treibung der filzläuse. vgl. Rich.

rûtkwestern, *worte heraus quetschen.*
(*Grimme.*)

rûtriəkel, *hauhrchel,* ononis. *für 'rût-*
treckel, zum herausziehen von steinkot
und harn. syn. hårtreckelte, hårtriəkelte.

ruts. *im ruts, im hui, schnell.*

ruts, *interjection, schnelle bewegung be-*
zeichnend. ruts! *es de Bart wg.*
(Witten.) *von sachen, die schnell ent-*
zwei sind. angeblich glitt ein gewisser
Bart ins wasser und ertrank.

rûts, *kiepe.* (Schwarzenbergisch.)

rütschen, *rutschen, gleiten, von statten*
gehn. s. ruts.

S

sabbeln, *regnerisch sein.* et sabbelt.
(Fürstenb.) vgl. sabbeln *bei* Rich. u.
ostfr. s. sabbern.

sabbelwçer, n. *regnerisches wetter.* (Für-
stenb.)

sabber, m. *geifer, speichel;* syn. saiwer.

sabbern, *geifern.* Frisch 2, 139: sabbern,
salivare.

sachte, *adj. u. adv. langsam, leise, leicht.*
ën sachten gang. et es mi gans sachte
(*leicht*) dernå wären; *vgl.* unsachte.
dat mag sachte = lichte. — ik geng
sachte. ît *zu* eht geworden. alts. safto.
Fastnachtsp. 983, 16: sachte doen =
linderung verschaffen.

sächten, *lindern.* dat sall di sächten.
Fasc. temp. 108*: sachten = *sanft wer-*
den. ostfr. sachten = *lindern, besänf-*
tigen. engl. to soften.

sack, m. *sack.* hai verkpet di twê mål
in den sack un wir derüt = *er ist dir*
weit überlegen. de sack es des bannes
nitt wrd. bn me imme sack findt,
dn schütt me derin üt = *wer betroffen*
wird, muss herhalten. hä duût di in
den sack = *er ist dir überlegen.* ät
mag van sack åder van banne kommen.
H. *compos.* dicksack, drîtsack, klöt-
sack, kwçrksack, nçrksack, frçtsack.

sackdûster, *dunkel wie im sacke.* K.

sackgrf, *grob wie sackleinwand.* K.

sacken, sik, *sich senken, zusammen-*
schmelzen. de snê sacket sik.

sackerblits, m. (scherzh.) *säbel.* (Schwelm.)
auch bei Grimme.

sackerlöt, *ein fluch.* ? sacra lotio.

sackerment, *ein fluch.* sacramentum.

sackhaûer, m. *säbelförmiges werkzeug*
zum abhauen des zuckerrohrs; es musste
dazu eine scheide geliefert werden. sie
gehen nach den pflanzungen Amerikas.

såd, sadd, *satt.* he es so sadd datte bket.

såd, f. 1. *samen, saat. fig.:* dann es 'ne
guode såd an der ërden. 2. = pand,
zwei bohnen beim knickern. (Unna.)

— alts. såd, n. ags. svd, n. mwestf.
saet, n. ahd. sål, f.

srdinge, f. *kämerei.* — mw. sådinge.

sådkraige, f. *saatkrähe.* (Unna.)

sådlpen, n. *samenkorb, aus welchem ge-*
säet wird; syn. säggeschiəpel. — ags.
srdleáp; engl. seedlop.

saël (*für* sadel), n. *sattel.*

saëln (*für* sadeln), *satteln.* bai frô saëlt,
ridt late.

sage, f. *säge.* — ags. sage, f.

sagebock, m. *sägebock, gestell, auf wel-*
chem gesägt wird.

sagemel, n. *sägemehl.*

sagemüole, f. *sägemühle.*

sagen, *sägen;* syn. sçenen.

sçgen = saigen.

sagesnîer, m. *sägemüller.* — v. Höv. urk.
112: zagensnyder, ib. 41: segensnyder,
sagenschnyder. Seib. urk. 921: segen-
snider.

säggen = saigen.

säggeschiəpel, n. = sådlpen. (Fürstenb.)
anderwärts: saigeschiəpel.

saigen, sägen, = alts. saian. F. Dortm.
2³, s. 199: seygen.

saihen (*præs.* saihe, sühs, süht *pl.* saihet;
prat. såg *pl.* sgen; *ptc.* saihen; *im-*
perat. süh, saiht), *sehen.* — alts. sehan.
das g des *præt.* trat schon im alts.
für h auf. *wie in dem genau ent-*
sprechenden geschaihen ergriff das å
des plur. *auch den singular.*

saik (*selten*), *siech. umgesetzt aus* alts.
siok, siak.

saiken (*prat.* sochte, *ptc.* socht), *suchen.*
hä saeket dat an mi = *er macht mich*
dafür verantwortlich. — alts. suokian.

sail = *sele.* miu sail! *meiner seele!* —
goth. saivala; alts. seola. Iserl. *gedicht*
von 1670: seil (*sprich:* sail).

Sailer, f. *ein berg zwischen* Iserl. *und*
Landhausen. urk. des 17.jh. *nennen ihn*
,der Saûler' *oder* ,Sauler'. ? = Suolari.

saiuig, *adj. und adv., weich, sanft.* sau
sainig ase syde. *Grimme.* sainig an'n
bård gån. *ders.* sainig un sanfte. *ders.*
? sainig = sainig, *vgl. Mda.* 6, *483:*
seimig. *aber südwestf.* sèmig.

saisse, *f. sense.* — *ahd.* segansa ; *ags.*
sägese, *f.* (ensis). *gloss. belg.* scyssen,
falx foenaria *P. Bruns beitr. 326:* sètze.

saite, *1. süss.* so saite usse honig, —
as en nuotekérn, — asse swinefaite.
2. ungenehm, s. kanineken. — *alts.*
suoti *für* swoti. *mnd.* soete.

saitächtig, *süsslich.*

saiwer, *m. abfliessender speichel, geifer.*
— *ahd.* seifar, spuma. *Teuth.* seyver,
saliva. *Magd. bib. 1. Sam. 21, 13:* seyver
(*geifer*).

saiwerläppken, *n. geifertüchlein.*

saiwern (*Siedlingh.:* saiwern), *geifern.* —
dat kind saiwert. — *Magd. bib.:* seyvern.

saiwersack, *m. abguss an pfeifen.*

sake, *f. sache.*

säks *in der beteuerung:* min säks! *s.*
sexken. *vgl. Mda.* 2, *506.*

Sakser, *Sachse, bewohner des heutigen*
königreichs. — *schwed.* Sachsare; *vgl.*
den unterschied *von* Swaver *und* Swaf
(*Schwabe*) *in der lüneburger chronik.*

sâl, *n. saal.* — *ahd.* sal, *m. ags.* sal, *n.*

salappdauk, *grosses umschlagetuch für*
frauenzimmer.

sêling, *m.* (*für* sädling), *sämling.* —
engl. seedling.

sall, *soll. s.* söllen.

salm, *m.* (*pl.* sälme), *1. psalm.* (*Lüdensch.*)
2. langweiliger sermon. K.

Salmen, *Salomon. Iserl. ged. v.* 1670.

salstadt, **sailstadt**, *f. salstätte. Velb. urk.*
v. 1639.

sält, *n. 1. salz. 2. würze, geschmack.*
Sünte-Jåkob brenget 't sält in de beren.

sälten (*præt.* sältede, *ptc.* sälten), *salzen.*

sälterig, *1. salzig. 2. teuer. vgl.* il vol-
gersi agli avvocati costa carne salata
(*etwa schinken*). *Carlambr.*

sältlöpen, *n. salzkasten an herde.* (*Fürs-*
tenb.) — *Vilm. s. r.* laupe: 1 loupe
salcz. *s.* sältfat.

sältsûr (*für* sältsuder), *salzsieder.* so
rief früherhin der salzkrämer seine
waare aus. K.

sältfat, *n. 1. salzfässchen. 2. salzkasten*
am herde. (*Deilingh.*) *syn.* meste, sält-
löpen.

salwe, *f. salbe.* salwe aller dewel, em-
plastrum oxyeroceum. (*Iserl.*)

samd *in:* med samd *c. dat., zugleich mit.*
alts. samad mid.

saud, *m. sand.* — *Magd. bib.:* dat sandt.

Sander, *Zander, Alexander.*

sandkøker, *n. sandbüchse.*

sandlöper, *m. 1. sanduhr zum eierkochen.*
Kil. sandlooper, clepsydra. *2. totenuhr.*
syn. urmännken.

sandmänneken, *n. sandmännchen, d. i.*
schlaf. et sandmänneken küəmt.

sante = sünte. (*Meschede.*)

santór, *tausendgüldenkraut, erythraea.*
(*Fürstenb.*) — *aus* centaureum.

sanft, *sammet.* — sammit ward sampt
und weiter durch lautabstufung samft,
sanft, *wie* kopede, koped *zu* kofte, koft.

sanften, *von sammet.* ne sanften büxe.

sáp, *m. und n. saft.* — *ahd.* saf, *n.*

sappe, *f. brühe.* de röe sappe = blut.

sappken, *vom laute des getretenen wassers.*
dat water sappket em in den schauen.
— *deminutiverb wie* kartken, *w. m. s.*
vgl. sappen *bei Schamb.*

ser, **sêr**, *sehr.*

sark, *n.* (*pl.* serke), *sarg.* — *ahd.* saruh,
sarch.

serné, *beinahe.*

sernergest, *auf ein haar.*

sässen, *nachgiebig, geschmeidig.* he wurde
so sässen = er 'gab klein bei. K.
? = schassen, *vgl.* flessen.

säterdag, *m. samstag.* såterdag es nitt
so klain åder de sunne lätt sik saihn.
såterdag es guod weer, dat de arme
man sin biəmd drögen kann. — *für*
die entlehnung aus dies Saturni *ist der*
lange vocal kein hinderniss, aber die
verwendung des säter für ortsnamen,
so wie ags. sætere, scheinen für ein
germanisches sätari (insidiator), viel-
leicht beiname Loki's, zu sprechen; vgl.
miles v. Satersl. Z. d. berg. g.-v. VII, 39.

saal, *schmutzig, russig.* — *entweder wie*
staul *für* stal, *oder für* suol, swal (*zu*
swiliwan). *ahd.* salaw, salo, fuscus, ater;
mhd. sal, ater; *alts.* salu *in* Salu-beki;
franz. sale.

säumelke, *f. kettenblume.* (*Eckenhagen.*)
syn. kleublaume.

saur kold, *trocken kalt, scharf kalt.*
(*Fürstenb.*) — *s.* sör.

Saust, *Soest.* du büs en kærl as de grote
god van Saust (*spöttisch*). o du grote
god van Saust! (*ausruf der verwun-*
derung). — *alt* Suosat = Swasat, *vgl.*
saul = suol, swal.

saweln, *säbeln.* op de älle hacke 3.

schä (= schade), *m. schaden.*

schabbau, *schnaps.* kęnschabbau, *kir-*
schenschnaps. (*Bergisch.*)

schabbelüuter, *m. 1. der schabbet, ab-*
dringt, subtil raubt. II. 2. hinterlistiger

*schlauer patron, schuft, betrüger. K.
3. schláukopf. Grimme K. S. 104. 4.
schäbiger (geiziger) mensch. Niu lustert
26. 5. spåher, spürer, sykophant.* —
lünter *wird wie* lunterus *(Schamb.)*
lotterbube sein; *adj.* schabbe = *räu-*
berisch. vgl. übrigens Mda. IV, 504.
schabben, *etwas durch betrug erlangen. II.*
schäbbig, *hässlich im physischen und*
moralischen sinne, letzteres namentlich
von überstrengen beamten, welche leute
in schaden bringen. — *Verne chr. s.*
28: schabbe vnd slymme *(hinterlistige)*
boven; Teuth. schebbich, *grindig; engl.*
shabby; hd. schäbig.
schabrack, *andorn,* herba marrubii. *Niu*
lust. 90. — *wie andorn zugleich ein*
hautübel der kinder bezeichnet, so wird
schabrack *eine art grind oder flechte*
sein, welche durch das kraut gl. n.
vertrieben werden soll. ack *erinnert*
an ags. acc, dolor.
schacht *(für schaft), m. 1. stange, z. b.*
gåreuschacht. *2. senkrechte grube,*
vgl. engl. to sink *u* shaft. *3. der obere*
teil eines stiefels, pl. stiøwelschächte.
4. ein quadrat. schachtrauge. *fig. zu 1:*
en schacht vam jungen, *ein langer junge.*
schachtän, *m. ein gewisser zahn bei*
hengsten.
schachtrauge, *f. schachtrute, ein quadrat*
· *gebrochener steine u. dgl. vgl.* schichten.
schäd, *laich. s.* schråd *und* schånen.
Teuth. cruysen dat synt visch die tot
allen maynden schaiden *(laichen). zu*
Bielefeld: poggenschot, froschlaich. *in*
Cornwall heissen die zinnadern lode,
die zinngraupen shoad *oder* shode.
Wonderful mag. V, 20.
schade, *m. schade.* et wær schade, wann
dai nitt opfoldt wær, *sagt man von*
einem tüchtigen esser und trinker.
schaden, schäen *(præt.* schadde; *ptc.*
schadt), *schaden. eigentümlich die*
redensart: dat schadt eam nix = *das*
hat er verdient. — *ags.* scathan.
Schaholden, Schanholden, Schonholden,
myth. wesen, meist zwerge, zuweilen
riesen. — *das bestimmwort ist vermut-*
·lich scan = *klein. s.* schember.
schaie *(f.* schaide)*, f. scheide.* schai' in
karren, stühlen. *II. alts.* scethia.
schaiken *(pl.* schaikes), *n. schühchen.*
schaiten *(præt.* schöt *pl.* schüoten; *ptc.*
schoten), *1. schiessen. 2. von einer*
bewegung, schiessen: en maibôm oder
maibock schaiten = *einen purzelbaum*
schlagen; schieben, vgl. inschaiten.
3. schossen, von pflanzen, welche blüten-

stengel treiben. rätselfr.: hat for en
unnerschèd eu tüsken eme· jæger un
'me waitenhalme? de jæger ladt, dann
schütt he; de waite schütt, dann ladt
he. *4. anstossen, angrenzen.* min land
schütt deran, — schütt dertüsken. —
alts. sciotan; *mnd.* scheten.
schaldböm, *m. scheidebaum, grenzbaum.*
— *mnd.* schaltbom; *alts.* scaldan, *schei-*
den, trennen.
schale, *f. schale.* — *eine* schale *ist hart,*
z. b. aierschale, musselschale, nuøte-
schale. *eine* schelle *weich, z. b.* knollen-
schelle, appelschelle. *anders im ags.*
appelscealu *und beim Teuth.:* schael
van appel of beren, van ey, van
der not.
schåle, *f. tasse.* — *å verrät zusammen-*
ziehung, etwa aus ätha *oder* ada, *vgl.*
schädel. — *ahd.* scùla; *ags.* scùlu; *Teuth.*
schaile uyt to drincken; *alts.* scala.
schalk, *m. schalk.* he hèt en schalk im
herten. — *alts.* skalk.
schälken, *tasse, besonders untertasse;*
vgl. köppken.
schälle *(für* schalde), *f. stange, riegel,*
schalter; syn. schaller, schällere, gren-
del. — *ahd.* scalta, contus; scalmus;
sceltel, repagulum.
schälle, *f. dickes brett, bohle. K.* en ist
wol = schale, schälbrett.
schallen, *s.* schallen.
schällen, *s.* verschallen.
schällen, *s.* opschällen.
schaller = schälle, grendel. *(Siedlingh.)*
schällere = schälle, grendel. *(Fürstenb.)*
schällern = schellern. *Grimme K. S.*
schalllök, *n. schallloch am glockenturm.*
schallop *in:* Röseken schallop, *refrain*
eines volksliedes.
schallpipe, *f. waldangelik,* angelica syl-
vestris.
schalmaineken, schamaineken, *n. kleine*
schalmeie, rohrflöte. — *franz.* chalumeau
von calamus.
schalünsk, *eifersüchtig, neidisch.* — *franz.*
jaloux *mit anlehnung an* lune, laune.
schalfern, *abblättern, von sandsteinen. II.*
schålwern, *sich abschuppen.*
schälwer, *haut, die sich abschält; vgl.*
schorwel. — *Dann.:* schelwr, schulwr.
Schamb.: schilwer. *hd.* schelfer.
schampen, *streifen, leicht verletzen, z. b.*
die haut. *K. gloss. belg.* schampen, af-
schampen, fallere.
schamper, *scharf, von scharfem abstos-*
senden wesen; syn. schir. — *gloss.*
belg. schamper, contumeliosus, petulans,

procax. *Teuth.* schymps, schamper, spoetsch. *holl.* schamper, *scharf, arrogant. Hunsr.*: schamber, *unverträglich.*

schampschöt, m. *streifschuss. H.* — s. schampen.

schampsiën, m. *prallstein, eckstein, grenzstein, weil er abstösst, abhält.* s. afschampen.

schän, schäen *für* schäden (*præt.* schaid, *ptc.* schäen), *ertrag geben.* 'et kärn schädt guəd. et schaid dǖse tid guəd. et het guəd schäen; *vgl.* schänen, *laichen. mnd.* schäden, *nutzen, zinsen.*

schandlappe, m. *eine schelte.* (*Weitmar.*) lappe, *laffe; vgl.* smachtlappe, smerlappe.

schandpläster, n. *eine schelte.* schandpläster vam wiwe, *abscheuliches weib. Grimme.* — pläster, *pflaster.*

schänen (*für* schäden), *laichen.* — n *für* d, *wie* bekronen = bekroden, schonen = schoden. s. *oben* schäd *und* schän *und des Teuth.* schaiden.

schänert, m. *milcher; vgl.* grä̈nert.

schanne (*für* schande), *f.* schande. sünn' un schanne. schannen halwer = *um mir keine schande zu machen,* par honneur. te schannen maken, *verderben.*

schännen (schänden), *beschimpfen;* s. schennen.

schannickel, schannickelken, *schlechtes frauenzimmer, oft so gebraucht, dass es nicht gerade eine hure bezeichnen soll.* — *vermutlich aus* schaden-nickel *entstanden;* s. nickel. *die betonung des grundworts spricht dafür, dass das compositum schon lange umläuft. vgl.* schanäkl *bei Danneil.*

schänniekel, *sanicula europ., woraus es verderbt wurde.* wçgebrēd, schänniekel un ærenprīs, dat maket de Düwel dem büren wīs, *so soll ein arzt geklagt haben, weil sich die bauern mit kräutern heilten.* — *anderwärts* scharnickel. *Goth. arzn. 34:* symeckel *nebst andern stoffen* weder dat vallende ouel.

schännig (schändig), *verdorben.* ne schännige frucht. (*Halver.*) — *husp. Mich.:* schendich wordt, *schändliches wort.*

schantse, *f. holzbündel, reiswelle.* — *ostfr.* schantze; *mhd.* schantz.

schantwenlöper. *spruchw.* 9, 144: *mantel mit langabfallendem kragen und silberkrampe. holl.* schanslooper, *schifferfrack.*

schäp (*pl.* schäpe), n. *schaf.* mainstu ik wær vam schäpe gebiəten, *d. i. dumm. H. alts.* scäp; *ags.* scēp.

schæper, schæper, m. *schäfer.* de schæper hödt, *von* lämmerwolken.

schæperskär, *f. schäferkarren.*

schäpesgar, *f. schafsgarbe. H.*

schäpesgarwe, *f. schafsgarbe,* achillea millefol. *syn.* schäpesgar, schäpsribben, hasenarf. — *ags.* gearve.

schæpkes, *pl. schäfchen, lämmerwolken.* des morgens schäpkes, des āwends dröpkes.

schäpkölle, *f. schafkälte, ein paar rauhe tage zu der zeit, wo die schafe geschoren werden.* (*Fürstenb.*)

schäpsribben, *pl. schafgarbe.*

schäpsschinken, m. (*scherzh.*) *violine. H. vgl. franz.* gigot *vom veralteten* gigue (*geige*).

schäpstall, m. *schafstall.*

schapp (*pl.* schepe), m. *schrank.* — *alts.* scap, dolium. *gl. belg.* scap, armarium, *K. däu.* skab.

schär, n. *pflugschar.* — *ags.* scär.

scher, *f. scheere.*

schér, *f.* scharte. (*Fürstenb.*) — *ahd.* scarti.

scharbile, *f. scharbeil.* — *mnd.* schaerbile; *ahd.* scara, portio; scario (*dispensator*), *mnd.* schare, m. *ist der inhaber einer* scharbile, *ein waldberechtigter, der zugleich andern ihren teil anweiset.*

schärd, m. *scharte;* s. schär.

schäre (*für* scharde), *waare, ein wort der sauerländischen hausierer bei Grimme. eigentlich bezeichnet es trümmerhafte, beschädigte waare, wie sie solche hausierer oft führen.* — *ags.* sceard, n. *fragmen; adj.* fractus, laceratus; *alts.* sceard; *köln.* schart, *f. stück, trümmer. huspost. Mich. 1:* schauede sick mit pottscharden (*topfscherben*).

schare (*pl.* scharen), m. *waldberechtigter. Iserl. limitenbuch.* — *ahd.* scario. *M. btr. 2, 202:* schara, jus nemoris. *c. Höv. urk. 27:* scarren = scherherren.

scharjolen, *lärm machen, schreien.* (*Büren.*) *syn.* krajölen. — schar, scher *sind verstärkende präfixe und gleichbedeutend mit* kar, kor, kra; *man vgl. ital.* co (*für* con). *ähnlich und sinnverwandt dem* scharjolen *sind auch* scharwauen *und* scharwaulen.

scharp (*compar.* scherper), *scharf.* dat mess snidt so scharp as en dōd rūe bitt. all te scharp snidt ōk niet. de foss bitt am scherpsten ūt sinem loke.

scharperhase, m. *igel.* (*Paderb.*) — *Racensb.*: scharphase, *zaunigel.*

schartse, schätse, *f. friesdecke, zotteldecke.* (*Berg.*) — scrat, pilosus.

scharwank, m. *schabernack.* enem scharwank andauen, *einem einen streich spielen, verdruss machen, schaden. syn.* en tort andauen. *H.*

schassen *für* scharsen, *von* sarsche. en schassen rock. — *umstellung. Frisch 2, 150:* sarsche vulg. scharse. *doppelt-weiches* s.

schâtel, *werkzeug zum einschieben des brotes in den backofen.* — *mwestf.* schâtel. *vgl.* nâtel, râtel. â *für* al, *wie in* åkshârn, årönken, *also* = schaltel *für* schaldel, *hd.* scheltel. d *durch anlehnung verhärtet; vgl.* scalta, scaltan.

schatt, *m. 1. abgabe.* koppschatt. *2. schatz, geld.* brüdschatt. — *schwed.* skatt; *hd.* schatz; *engl.* scot. *zur bezeichnung eines geliebten wird die hd. form schatz verwendet.*

schattbâr, *ergiebig.*

schatten, *ertrag geben.* dat kårn schätt guod. K. s. schân.

schattrike, *schatzreich, sehr reich.*

schättsken, *n. schätzchen.*

schattung, *besteuerung.* K. *mnd.* schattinge.

schattendaler, *steuerthaler, d. i. kassenmässige münze, zur unterscheidung vom alten brabanter thaler und sonstigem nicht kassenmässigen gelde.* (schatten ist = schadden, *steuern nehmen*).

schau (*pl.* schau), *m. schuh. fig.:* sid di de schau nitt mâte? se willt in den schauhen stiärwen. *N. l. m. 26.* dem wuar et hatten in di schuhu gefallen. *Hingb. 3, 57.*

schauen, *schuhe machen.*

schäuläuken = schauldauken. *(Fürstenb.)*

schauldauken, *schule schwänzen. (Altena.) H. s.* schaullauken.

schaule, *f. schule.*

schaulappe, *m. 1. schuhlappen, schuhsohle. 2. ein backwerk.*

schaul-vörbi-löper, *m. schulschwänzer.*

schaunagel, *m. schuhnagel.* dat het sinen kopp as en schaunagel.

schauraimen, *m. schuhriemen.*

schausker, *m. schuster. (Paderb.)*

schauster, *m. schuster.*

schauf, *leichenstroh.* he stöt om schauf. *H.*

schaufretten, *n. schaugericht. Iserl. ged. v. 1670.* — *vgl.* au in warschauen.

schaffaien, *suchen, schnobern, von kühen gebraucht.* allerwegen röm schaffaien. *syn.* schewen.

schaffen, *1. zur stelle bringen. 2. arbeiten, klopfen im bergwerke, von den erdmännchen gesagt. (Valbert.)*

schaffauen, *pl. savoyerkohl, wirsingkohl.*

schawe, *f. 1. schabeisen. 2. hobel. (Weitmar.)* — *ahd.* scaba; *Teuth.* schave.

schawen, *1. schaben. 2. hobeln. 3. schawen med ener, inire aliquam.* — *Teuth.*

scharven als koil, *aber auch* schaven *(hobeln). Goth. arzn. 31:* scharven.

schawig = schäbbig. *(Fürstenb.)*

schærwigge, *scherweihe, scherschwanz,* falco cauda.

schàwik, *habicht. bei Büren rufen die kinder den habicht an:* schàwik schàwik din hûs dat brant, dine kinner dä ligget derin.

sche, *dir. (Mülh. a. d. Ruhr.) ? aus the* entstanden.

-sche, -ske = -in, *um weibliche namen abzuleiten, z. b.* de Brünske, *die frau Braun,* de kösterske, de mesche. — *isca schon alts. z. b.* abdisca, abtissin; *mwestf.* um 1320 *bei Seib. urk. 579:* vidua Ludolvesce.

-sche *oder* sched *in ortsnamen.* Mestersche (Mestersched), de llamersche *(Hamersched bei Hemer),* Lünsche *(Lüdenscheid). vgl.* scheid *und engl.* shed.

Scheê, Schee, *kloster Scheda.* du bells di so völl in as wenn dn de propst van Schee wärs. *H.*

scheden, scheen *(præt.* schedde, *ptc.* schedt), *scheiden.* et duanert: nu schedt sik winter un suamer, *von gewittern sehr früh oder sehr spät im jahre.* bim bûl dä schedt sik de fröndskop. vi sind geschedde *(geschiedene)* lü. — *got. reduplic. verb.* skaidan.

schedlik, *schädlich.* — *mwestf.* schedelik.

scheimer, *dünnbier. (berg.)* s. schember.

scheimersbrock, *biersuppe.* brock = bröd.

scheimpen, *spassen. (berg.)* s. schimpen.

schel, *1. scheel, schielend. 2. schief.* schel un schéf. med dinem schewen schelen kopp. *volksreim.* — *ags.* sceolh; *ahd.* scelah, scelh. *Fasc. temp. 11*ª: Lea hatte ,scheel oghen'.

Schelaike, *eine verrufene alte eiche zwischen Iserlohn und Hemer.* sie wurde oft vom blitze getroffen und mag schief gewesen sein.

schelen, *schielen. Muster. 67.* — *ahd.* scelahan, lippare.

schelle, *f. 1. weiche schale von obst, kartoffeln. 2. = hudelte. (Siedlingh.)* — es ist merkwürdig, dass der unterschied, den wir zwischen schelle und schale machen, das umgekehrte ist von dem, was bei den alten galt, noch merkwürdiger, dass der bei uns gemachte unterschied das ursprüngliche enthalten muss, da das verbum schellen = scaljan von scalja rührt. — *goth.* scalja = κέρχνος, ziegel; *ags.* scelle, concha testa; *gloss. belg.* schelle, squama.

schellegerste, f. geschälte gerste, gerste-
graupen.

schellen (præt. schalte, ptc. schalt), 1.
schälen. 2. entblössen. de tęne schellen,
die zähne zeigen, fletschen. 3. reinigen
oder fegen der gerste zu graupen; syn.
fęgen. ahd. scaljan; ags. sceljan, decor-
ticare; Teuth. schellen, die schale afdoin.

schellen, unterschied machen, differieren.
et schelt en pennink. (Hamm.) H.

schellern = schällern, schallen.

schellerfinster, n. schallfenster an einem
glockenturme.

schelltân, m. ein aus dem munde hervor-
stehender zahn, eberzahn; s. schellen.

schelm, m. schelm. de schelm stâk 'ne.
Grimme K. S. 16. dat was dem schelme
verdungen.

schelpen = gilpern, vom tone der küch-
lein, vögel. — engl. to chilp, zirpen.

schem, m. schemen, schatten. dat kanste
an dinem scheme wol saihen, buvial
ûr dat et es. s. schiam. — alts. scimo,
umbra; Teuth. scheme, umbra; Slüter
gesangb. schem, scheme, schatten.

schember, schemmer, eine art dünnbier.
H. bei Lac. Arch. III, 282 wird schem-
ber von beer unterschieden. vermutlich
ist es altes scau- oder scambior, klein-
bier. möglich wäre auch entstehung
aus schenkeber oder scherber (Teuth.)

schęmde, f. scham. Tappe 184ᵇ: schembde.

schęmel, teil des wagens, leiste über der
achse. (Fürstenb.)

schęmen, sik, sich schämen. schęm di
nitt! — ik hewwe mi ênmâl oppen
fridag schęmt, dù krêg ik kain flês.
fig.: de snê schęmt sik, er schwindet.
— ags. sceamian.

schęmlik, dessen man sich zu schämen
hat. et lätt wol schęmlik, àwer et giot
doch tęmlik. — schemelik, schändlich.
N. Schrae 53.

schemm, n. steg über bach, graben. —
M. blr. 3, 691: scemm. Teuth. schym,
stech, vonderen.

schemmel, ehrbar, rechtschaffen. eyn
arme schemmel man. Alten. stat. —
Teuth. schemell, hoefsch, seedich, ho-
nestus, moderatus, Kil. schamel, vere-
cundus, inops verecunde et demisse se
gerens. Tappe 39ᵇ: schemmel schoe.

schenkânge, bestechung durch geschenke,
doch in etwas milderem sinne. H.

schenken (præt. schonk, ptc. schonken),
1. schenken. eme geschonkenen gule
süht me nitt iu de mule. 2. säugen.
3. eingiessen.

schenken = schinken.

schennen = schenden (præt. schante, ptc.
schandt), a. transitiv. 1. schänden, be-
schimpfen. 2. schimpfen, ausschelten.
hai hęt mi schandt, er hat mich ge-
schimpft, für etwas ausgescholten. b.
intrans. schimpfen, schelten. hai schęnnt
as en kiotelläpper. sai hęt med der
maged schandt.

scheppe, f. schöpfgefäss. — Teuth. scheppe
dair men mede schept, hausorium.

scheppen, schöpfen. — ahd. scefjan; alts.
sceppian; Teuth. scheppen, putten.

schepper, m. gefäss zum schöpfen; syn.
fülle.

schêr, schęr, f. schere.

schęr in däkschęr, schelte für hexen.

scheren (præt. schôr, schôr, scherre, pl.
schüren, ptc. schoren, imperat. schęr),
scheren. sik schęren, 1. sich kümmern.
schęr di ûm dine saken! 2. sich weg-
machen. — ahd. sceran; ags. sceran.
Verne chr. p. 26: schore he se te rechte.

scheренoge, schęrrenoge, f. scheerenauge.
dat se dôrt scherenoge gân, dat küemt
in de helle.

schêrling, m. schierling und ähnliche
doldenpflanzen. — eine Iserl. urk. v.
1508 hat den familiennamen Scherlynck.

scherre (pl. scherren) = scherne, schare,
berechtigter in der holzmark. — Iserl.
limitenbuch 20: in beyseyn der Hener
marcken scherren. ib. 25: in beyseyn
des hern holtzrichtern Romberg und
andern scherren. — das wort kann aus
dem in urk. vorkommenden scherne
angeglichen sein.

schêrse für scherze, anderwärts skärse,
1. kerngehäuse ohne die kerne, also
die abteilenden fächer. 2. zeitpunkt. H.
mhd. schërziune, abteilerin zu schir-
zen, abschneiden; mhd. schërze, m.
abgeschnittenes baumstämmchen; bair.
scherz, m. stück, abschnitt, z. b. brot, zeit.

scherwe, f. 1. scherbe. 2. fig.: kopf,
vgl. testa. he is nitt ganz helle mär
in der schęrve. Gr. tüg 18. — ahd.
scirbi, f. ç für ai.

scherwel, m. scherben, bruchstück, z. b.
vom zahn.

scherwelig, zerbrochen, schadhaft.

scherwenzel, speichellecker, kriecher. K.
bair. allerweltsdiener.

scherwenzeln, schweifwedeln. K. bei
Schamb. ist scharwenzel ein mensch,
der sich zu allem gebrauchen lässt,
ein aschenbrödel; bei Regel ist schar-
wänzel eine lockere überall herum-
streichende person oder anderwärts ein
sehr beweglicher, übermässig höflicher

mensch, ein dienstbeflissener leichtfuss, der sich überall angenehm zu machen sucht, auch ein kleiner beweglicher hund, der freundlich wedelnd seinen herrn umkreist. mit recht sieht Regel darin keinen mannsnamen Wenzel. *man vgl. nd.* wenteln *(Teuth.* wentelen, weltren*), sich drehen und wenden. das vorgesetzte* schar *wird verstärkende partikel sein wie in* scharjolen.

schĕt = schiət. hä sagg nitt schĕt noch drĕt, *d. i. gar nichts. — vgl. Cl. Bür 682 f.:* enen buren van arden de nicht en wĕt van decreto efte codice schĕt efte drĕt.

schĕwen herûmme, *diebisch umhersuchen, umhersuchen um wegzunehmen, von katzen und weidenden kühen. — engl.* to shave. *s. d. f.*

schĕwesk, *diebisch; syn.* snaigesk. — *Chron. slav. 142:* scheuesche vorreders, pessimi traditores.

schĕf, *1. schief.* de mage hänget mi schĕf. *so schon Fastnachtsp. 974²:* myn mage is so rechte scheff. schĕl un schĕf, *ganz schief.* du schaiwe naud! bat was hai nöchtern woren. *Gr. tüg 65.* schĕwe dinstag. *(Hemer.)* schĕwe guonstag. *(Unna);* s. karweke. *2. trunken.* hai es schĕf. *3. angegangen, sauer, von der milch. (Marienh.) — Tappe 127ᵇ:* scheiff. *Teuth.* scheyff, slym, to warss, obliquus *etc. Gr. d. spr. 993.*

schĕfschichtig, *schlau stehlend.*

schibbeln, *1. körper von geringem gewichte rollend fortbewegen. (berg.) daher 2. speciell in Solingen* = knickern.

schicht *(für schift), 1. pause. 2. wie pōse* = *arbeitszeit. — ags.* scift, *f.* divisio; *engl.* shift. *s.* lampenschicht.

schichten *(für schiften), 1. teilen, bei erbschaften. N. Schrae 65. 2. geister, vorgeschichten sehen. (Menden, Scheidingen.) — ags.* sciftan, dividere, ordinare.

schichtern = schichten *2.* hai kann schichtern = hai es en spökenkiker. *(Hemer.)*

schichtig, *1. ausspähend, schlau; syn.* gau. *2. scheu, vorsichtig zurückhaltend. K. engl.* shifty, ränkevoll.

schick, *n. schick.* dat hĕt schick. hä es dermed oppem schick, *er ist damit zufrieden.*

schicken, *1. senden. 2. passen, geziemen.* dat sall sik wol schicken.

schicksken, *n. weiblein, frauenzimmer.* dat es eu nett schicksken. — *gauner-*

spr.: kochemer schicks, *eingeweihtes weib.*

schialwippop, *schieler. K. vgl. im volksreime* ,schele wipp, schele wapp'.

schiəm, *m. schatten; n.* schem, schim, schin. — *Kil.* schimme *j.* scheme, umbra. *Teuth.* scheeme off schade.

schiəmern, *schimmern, vom tagesanbruch.* et schiəmert so ewen. — *vgl. alts.* dagseimo.

schiəne, *f.* schiene. — *ahd.* schina; *ags.* scine, *f.* cruris pars anterior; *Teuth.* schene, tibia.

schiənströper, *1. halber feiertag wie brandbettag, hagelfeier. II.* schiənströper, *ebenso K. 2.* schiənströper, *oberteil eines strumpfes. K.*

schiənlȩr, *n.* schienleder. Bartlemēs verbütt de schiənlȩrs un de linen (witten) hosen. schienleder *werden beim roggenmähen getragen; zu Bartholomäus muss der roggen eingeerntet sein.*

schiəupipe, *f. röhrenknochen vom knie bis zum fusse* = schienen. hai hȩt de schiəupipen vull, *er ist trunken.*

schiənslȏter, *m. runder stuhl ohne lehne. (Fürstenb.)*

schiəpel, *n. scheffel. schon im 16. jh. in der grafsch. Mark 1 malter* = *4 scheffel, 1 scheffel* = *4 viertel. — ml.* scapilus; *ahd.* scefil. *Seib. Qu. 1, 150 :* schipel *(sprich* schiəpel*); um 1416 musste also die* iə *brechung* iə = e + i *schon eingetreten sein.*

schiəpelsȃd = schiəpelse *F. r. 121. — Seib. Qu. 1, 153:* schepelsad *und* schepelsed. *urk. v. 1566:* scheppelseth.

schiəpelse, *n. scheffelsaat.* eu schiəpelse land, *ein acker der mit einem scheffel korn etc. besäet wird. — urk. von 1520:* schepelzede. *Wallr.* scheppelseth. *vgl. märk. urk. v. 1622:* moldersede.

schiət, *m.* schiss. ik hewwe noch schiət noch driət *(gar nichts)* kriəgen. *s.* schĕt.

schiəterig, *1. kot absondernd.* schiəterige maikȩwe. *2. schmutzig, vom strassenkot. (Siedlingh.) 3. schlecht.*

schiəwe, *f. schäbe, splitter vom flachsstengel. — verwandt mit* schiefer. *Teuth.* scheve, vese, festuca; *dän.* skiäve, *splitter.*

schiəwerstȇn, *m. schiefer; syn.* laige, laie. — *Kantz.* schiver = schindel. *Teuth.* schiversteyn, leye.

schild, *n. 1. schild. 2. schildförmige bodenerhebung. rätsel von der eichel:* ik geng mal ȫwer en schild dä mi de laiwe god helpet, dä fand ik en klain mesterstücke *(eichel),* dä kunn ik üt maken twĕ mollen *(mulden, durch-*

schnittene fruchthaut), twê ayeu speck
(kernblätter) un en klain pipendöppken
(becherhülle). — M. chr. 3, 37: schild.
s. schildken.
schildken, n. 1. schildchen. 2. = schild 2.
eine ortsbezeichnung in Iserlohn, bei
Höcklingsen. — v. Hövel urk. 75: by
den 5 morgen eyn schildeken 3 schepell.
eyn schildeken dar men vnse vlas seget.
schillerigge, f. schilderei, bild oder ge-
wälde, welches an der wand hängt.
— schwed. dän. schilderi; holl. schil-
derij, gewälde.
schillerhûs, n. schilderhaus.
schillern, schildern. 1. schildwache hal-
ten. 2. wartend nach jemand aus-
sehen. — holl. schilderen, schildwache
halten, warten, harren.
schimbêrlik, offenbar. alts. scim, evidens.
schimmel, m. pferd und cryptogam. en
witten schimmel. pl. de schimmels, die
weissen haare. — ahd. scimbal.
schimmelig, schimmlig. schelte: du schim-
melige rüe dâ du bü̂! '
schimmeln, 1. schimmlig werden. 2. ohne
tänzer bleiben. se moch schimmeln.
syn. Gr. tüg 72: kainen ankriag hew-
wen un ümmer op der langen bank
sitten; zu Büren: twern verkopen; bei
Schambach: stästoffel sin; in Meklenb.
(Holtrevol.): petersilie plücken; in der
Neumark (V. St. 3, 125): de bank
drücken; in Ditmarsen (Rich. 406): se
hett block seten; Frischbier 602ᵃ: sie
hat die dranktonn' scheuren müssen;
im engl. frauenzimmer, die nicht zum
tanzen aufgefordert werden: wallflowers
(mauerviolen). vgl. galgen-schimmeln.
schimp, m. 1. schimpf. 2. spott. bai den
schaden het, bruket för schimp nitt te
sorgen. s. schêimpen.
schimpen, spotten. schimpe du der nich
med = spasse, spotte nicht, es möchte
dein spass verwirklicht werden. II.
schin, m. schein.
schin = schim, schimm, schatten. (Sied-
lingh.) vgl. Z. f. d. phil. Gr. Weist.
3, 136: schyn = schatten.
schindäs, n. ein schimpfwort.
schindkneke, m. ein schimpfwort.
schindlader, n. ein schimpfwort.
schined für schinend, ptc. v. schinen,
scheinend. op schineder dâd, auf frischer
tat. — andere ptc. mit ed für end er-
hielten schliesslich die endung es.
schinen (præt. schên, ptc. schienen), 1.
scheinen, hell sein, leuchten, glänzen.
he süht gern dat de sunne int water
schint. II. et es nitt alles gold bat

schint. 2. scheinen, videri. 3. glühen.
de owen schint. — alts. scinan, lucere.
schinhelle, lichthell. schinhelle juffern
(myth.) (Plettenb.)
schinken, schenken, m. 1. schinken. 2.
schenkel.
schinne, f. schüpfchen, die sich von der
kopfhaut absondern. — man denkt an
scinn, cutis, aber schim (Kil. schim j.
schin, furfures capitis) und die analogie
von vinne = vimba weisen auf ein
urspr. scimba, verwandt mit scimbal,
schimmel.
schinnen, 1. die haut abziehen. 2. quälen.
sik schinnen, 1. sich die haut verletzen.
2. sich plagen.
schinner, m. abdecker. holt der schinner!
ein fluch. unsere flüche zeigen mehr
oder minder oft eine hd. form: manche
dürften durch junge leute aus den
garnisonen in die heimat gebracht sein.
ein alter mann versicherte mir, donner-
mage z. b. sei zu anf. dieses jahrh.
aus Wesel in die gegend von Iserlohn
gebracht.
schir, adj. 1. lauter, rein. schire melke.
hä iat et schir herin, z. b. fleisch ohne
gemüse. (Marienb.) 2. scharf. schire
locht, kalte schneidende luft. de frau
es schir. adv. schnell. he mochte so
schir sitt. nu gâ so schir as du kanns.
he löpet schir. — alts. sciri, clarus;
ahd. scioro, cito, impetuose.
schirm, n. schirm. regenschirm. — i für
e, hd. einfluss.
schirpen, zirpen, von küchlein. — engl.
to chirp.
schite, f. kot, sowol merda als lutum
viarum.
schiten (præt. schêt, ptc. schioten), scheis-
sen. glücklik de mensche dä im släpe
schitt, hä bruket nitt te drücken (von
glücksfällen, weil ohne mühe).
schitefreter, m. mistkäfer. (Fürstenb.)
schiffen, 1. ein wenig gerinnen, von der
milch; syn. schräen. — Kil. schiften,
schiffen, densari siue mutari in lac
xyston. ostfr. schiffen. 2. urinieren.
M. chr. 3, 22: daer lagen sie also
offenbaer, das sie ein ieder beschiffede,
dan sie liebeden noch biede.
schiwe, f. scheibe. nâ der schiwe schai-
ten. schiwen, kartoffelscheiben. — ahd.
sciba; vgl. alts. Scivon-huvil.
schiwe = schiewe. (Siedlingh.)
schiwegärn, n. bindfaden, wohl weil er
zu einer scheibe aufgewickelt wird.
schiweling, m. zwiebelapfel, plattrunder
apfel. — Kil. schijuert, schijuelinck,

malum orbiculatum. *ostfr.* schieveling.
Cod. Trad. Westf. 1, 94: pomi qui
dicuntur siboldinge.

schleiwern, *schmieren.* (*Velbert.*) „*das
wort schleveren gilt für die ausfüllung
des holzwandgerippes mit lehmen, nach-
dem die durch balken gebildeten fache
mit holzstäben und reisiggeflechten zur
befestigung der lehmwand vorbereitet
sind.*" *vgl. Montan. II, 2, 98. — ver-
wandt:* slein, slavan *Theoph. 1; altm.*
kleiwen, *kleiben.*

Schlömer, *f. n. == hd. schlemmer. vgl.
Magd. bib. Amos 2, 8:* schloemen ==
schlemmen. ähnlich mnd. doemen ==
dämmen.

schobben, *m. schuppen.* löfschobben; *syn.*
schoppen. *— ags.* scypen; *Teuth.* schop,
hutte, boide; *engl.* shop.

schobben, *m. bund glattes stroh, ver-
schieden von büschen, worin die halme
unordentlich durcheinander liegen. zu
Lüdenscheid dagegen:* schobben unge-
ordnetes roggenstroh, büschen *glattes
huferstroh. — v. Hör. urk. 68:* schobben
== leere garben. Teuth. schub, garve.
s. die wörter schöf, schöf, schauf.

schockeln, *1. bewegen. im rätsel von der
wannemühle:* den *ers* schockeln. *2.
schaukeln* (berg.) *— entstanden aus*
skakan, skuok, *engl.* to shake.

schockelpërd, *n. schaukelpferd.*

schöde, *f. schote. — got.* scando, *wo es
aber balg oder haut eines tieres bedeu-
tet; daher* skaudaraip, *strick aus einer
tierhaut gemacht, also riemen,* ἱμάς.
Scib. urk. 992: schote. *Teuth.* crit-
schoden, polen. *s.* schone. *gehört zu*
scëthan, *scheiden.*

schöken, *m. fuss, bein, knochen. — vgl.
alts.* scakan, *gehen.*

schökendicke, *sehr dick.* schökendicke
saigen. (*Unna.*)

schökern, *beinern.* en schökern inkskoker.

schökern, *laufen.*

schollerte, *f. == hudelte, flasche aus ab-
geschälter baumrinde.* (*Biebertal.*) *zu*
scëlan.

schollete == schollerte. (*Balve.*)

schollfische, *pl. treibfische. — Werd. Heber.*
scoffischas *ist angeglichen aus* scol-
fischas.

schollfischen, *treibfischen zwischen zwei
netzen. — vgl. ags.* scеolu, scolu, ca-
torva, schola; *alts.* scola, *s. Könr z.
Helj. 1502. engl.* shoal, menge, *zug-
fische.*

schön, *1. schön. 2. fein dünn. II.*

schone, *f. schote.* n == th, d; *vgl.* gräne
(*gräte*); *wald.* lone (lote), *Fallersl. Mda.
5, 154:* lone; *mwestf.* weyne (*weide*).
man beachte indess auch altn. skân,
cortex.

Schonhölden, *pl. albische wesen.* (*Valbert.*)
riesen (*unpassend*). (*Lüdensch.*) *andere
formen sind* schänhollen, schanhollen,
schahollen, scharhollen. *im Herscheid-
schen gab es ein spiel:* den schonhollen
smiten. *s.* schaholden.

schör, *f. 1. schur, von schafen, kleг.
2. kette in der weberei. 3. zeitabschnitt,
weile.* dai kann noch ne düchtige
schör wachten. *— ags.* score, *f. zu*
scëran.

schörstën, *grenzstein, prellstein. K.*

schörte, *f. schürze. — ahd.* scurz; *mwestf.*
scorthe *für* scorte; *schwed.* skjorta,
hemd.

schörteldauk, *m. schürze.* dä es nä
me schörteldauk doft. *— Magd. bib. :*
schörteldock.

schorf, *m. krätze, grind. — ags.* scurf
zu sceorfan, radere.

schorwed, *m. == schorf.* hä lewet us de
lüs im schorwed. *— Teuth.* schorft,
gryudich.

schorwel == schorf.

schorwellig, schorwig, *krätzig, grindig.*

schössel, *f. schote. — Kil.* schosse; *fr.*
écosse, cosse.

schot, *m. schoss. — Teuth.* schoit, slyp,
sinus, gremium.

schot, *n. 1. schuss, schiessen der pflanzen.*
de rogge es im schote == *in den ähren.
2. schublade, verschlag.* duwen-schot,
diss-schot, *in einem Altenaer carmen :*
kerken-schot. *— mnd.* schapeschoet.
vgl. schaiten, schiessen, schieben.

schotegaffel == schotgaffel. (*Lüdensch.*)

schoten, schossen, *ähren zeigen.* de waite
schotet all.

schöter, *m. 1. schössling von 14—16 jahren.
2. schwein von ¾ jahren.*

schotgaffel, *f. halblangstielige heugabel.*

schotkrud, *n. eine gewisse pflanze.*

schötken, *n. schublade. K.*

schötmöppel, *m. mops, schosshündchen.*

schötrücken, *n. schosshündchen.*

schotschür, *f. 1. schutzdach an gebäuden.
2. schutzdach für heu und korngarben,
welches sich auf- und abschieben lässt.*

schotsipen, *n. ein kleines siepen, welches
quer vor ein grösseres stösst. Iser-
lohner limitenbuch s. 55: „in den schott
siepen".*

schotspaule, *f. weberschifflein. — schwed.*
skottspole.

schotstên, m. *schornstein.* — *V. St. I, 247*
aus schat erklärt, es bedeutet aber ei-
gentlich schiebstein, vgl. Z. d. berg. g.-v.
schötteln, *mit einer hölzernen schüssel*
(schöttel) *und füchsen (münze* = ¹/₄
stüber) spielen. II.
schütter, m. *strohwisch zum zeichen, dass*
der weg verboten ist. (Fürstenb.)
schotfell, n. *schurzfell.*
schôf, *stroh, auf welchem die leiche liegt.*
schôf, m. *ausgedroschene, geordnete, glatte*
garbe zum dachdecken. — Werd. Reg.
pl. scoefe. *ags.* sceaf; *ahd.* scoup;
mhd. schoup; *gloss. belg.* schoof, garba;
nhd. schaub.
schôf = schûof. *II.*
schöfen, *mit schauern regnen. II. s.* schûof.
schôwe, *f.* schote. — d *zu w.*
schôwen, *stroh von dem kurzen reinigen;*
zum dachdecken. s. schôf.
schrâ, 1. *elend, dürr, mager, in höherem*
grade als schrçf; *vgl. das rätsel vom*
bach und der gemählten wiese. god jå,
hat was min selge mann so schrå.
de schrâe insel, *vgl. pfingstgebräuche.*
2. *dünn, scharf, schneidend.* schrâe
locht. *K.* 3. *moral.: schlecht.* et es
en schrâen kærl. — *Teuth.* schrae j.
dorre. *Kantz.* 53 schrag. *engl.* scrag,
dünn, mager. ? ags. screav.
schräbbeler, m. *lärmmacher, lärmendes*
kind, kläffendes hündchen.
schräbbelig, *lärmend, schreiend, kläffend.*
schräbbeln, *lärm machen, von kindern,*
kleinen hunden, vögeln.
schräbbelse, n. *schabsel; s.* schräppelse.
schrabben, *schaben; s.* schrappen. — *ver-*
setzt aus scharben.
schräbber, m. *schaber, kratzer.* pott-
schräbber.
schräbbig, *räudig, mager, elend.* en
schräbbigen rüen. *K.*
schräd, *laich.* fischschräd. foscheschräd.
(Weitmar.) s. schâd, schânen.
schrad, *schräg.*
schräd, m. *s.* kellerschräd.
schräen (3. *prces.* schrädt, *prœt.* schraid,
ptc. schräen), 1. *schroten, grob mahlen.*
2. *gerinnen.* de melke schräet. — *Koker*
S. 350: schret wer wethen edder roggen.
Vilmar: schräen, *durch frost rauh*
werden.
schragen, m. *gestell.* bükschragen, *unter-*
gestell für den bükeringel. *Teuth.*
schraghe, carpenta. *Seib. Urk. I, p. 624:*
procurabit schragen sub tabulas.
schrai = schraiwe, schraûwe, m. *ge-*
schmolzene eisenmasse auf osemund-
hämmern. Müller chorogr. v. Schwelm 69.

schraien, *sw. v.* schreien. hä schraiet
as wann em en mess im halse stæke.
hä schraiet sik den hals af. et es wçer,
dä schraiet de arme sünner am galgen
nå = *es geht ein kalter tauwind.* de
rock schraiet näm niggen.
schraien = schraßen, *s.* schraigeln.
schraigeln = schraûgeln, *versengen.* —
es setzt schraigen, schraien, schraûgen,
schraûen, scruojan, scruowan *voraus;*
aus letzterem stammt das subst. schraiwe
oder schraûwe. *s.* schröggen, *ver-*
schraien, *verschraigeln. man vgl. auch*
blaigen *(blühen).*
schrailen, schraûlen, *schrillend sprechen.*
II. s. geschraile. *syn.* schräbbeln.
schrain, m. *kiste.* — *M. chr. 1, 104 über-*
setzt scrinium *mit* screyn. *osnabr.* schrên.
schræken, *schreien, von hühnern.* — *alts.*
scricon.
schräm, m. *schramme. man spielt das*
karnüffelspiel um drei schrême. *Tappe*
167ᵇ: schraym. *schwed.* skråma, *f.*
schrêmen, *eine schramme machen.*
schramp, m. *schranke, einschränkung,*
mangel. då werd di en schramp op
folgen, *du wirst das gegenteil erleben.*
wer z. b. etwas in überfluss hat und
es missbraucht, dem folgt leicht ein
schramp *darauf. II. vgl.* schrempen.
schrängel, m. 1. *mageres stück vieh.*
2. *langer und dürrer junger mensch.*
K. s. schringel.
schrannig, *scharf im behandeln seiner*
untergebenen. s. schrionig *u.* schrionen.
schrantsen, *fressen.* — *eigentlich zer-*
reissen; schranz, riss. *Kil.* schrantsen,
mandere, popinari.
schræpen, *schaben, weinen.*
schrappen, 1. *schaben, z. b. frische kar-*
toffeln, die haut abschaben. 2. *zer-*
schaben.
schräppelse, n. *schabsel.*
schräpper, *schaber, habgieriger mensch. K.*
schräprig, *mager. K. S. 95.*
schrâtel, *abfall, abschnitzel von holz,*
leder u. dergl. — t in dieser lage wie
öfter aus d *entstanden. vgl. ags.* screa-
dan, *schwed.* skråda, *und oben* schrâen.
schratelen, *von tönen, welche die hühner*
hervorbringen; syn. prätelen.
schrecken, 1. *springen machen.* de erften
im potte schrecken, *d. h. kaltes wasser*
hinzugiessen, wenn sie kochen, damit
sie weich werden. man vgl. dazu:
so lange as erften im potte. den beten
stål im water schrecken, *technischer*
ausdruck der schmiede. f. r. 96. 2.
schrecken.

schreckhaftig, *einer der leicht erschrickt.*

schrempen, *schrumpfen machen.* sik schrempen, *sich sehr einschränken.* — *vgl.* schramp *und engl.* shrimp *(flohkrebs)* = *unserem* krimpe. scrimpan *ist ein verstärktes* krimpan.

schrepen, *stark scharren. H. vgl.* schrappen.

schreteln, *gellend sprechen. H. vgl.* schratelen.

schref, *mager.* so schref as en tûn, as en rûe, as ne spiatmus. — *das wort ist gebildet wie* dref = thêrbi, *somit würde ags.* scirfi *passen, welches in* scirfemus, sorex *vorliegt. es muss verwandt sein mit* scarp *in* scriblian, scarab. *der begriffsentwickelung vergleicht sich ital.* affilare *(schleifen), woron* volto affilato, *hageres gesicht. vgl. Teuth.* schrepel, dun, mager *und im westf. Hessen:* grief, hager, mager.

schriad, *m. (pl.* schrie), *1.* schritt. *2.* teil *am aekerwagen, der die laufer mit der hinterachse verbindet. 3. teil am vorderpfluge, woran der schwengel befestigt wird.*

schrianen = schrinnen, schrinden, *st. und schw. v., brennen, jucken bei hautverletzungen.* dat schriant mi. *bei Seib. urk. III, p. 372:* hätte sie genübelt und gekratzet, dass es ihr geschrungen (= geschrunden). — *Kil.* schrinden, agere rimas, findi.

schrianig, *was schrindet.* schrianig kûld, *schneidend kalt.*

schrik *für* schrink, *schrewe* schrik, *sehr mageres geschöpf; syn.* schringel, schripps. — *vgl. ags.* scrincan.

schrik, *m. 1. wachtelkönig. 2. krammetsvogel. — ags.* scrik, *m.* turdus; *alts.* scricondi, garrula (avis). *vgl.* schræken *und* to shrick.

schringel, *m. mageres geschöpf, von kühen und pferden; syn.* schrängel.

schrippen, *zirpen. — engl.* to chirp.

schripphaan, *n. heimchen. (Elsey.)*

schripphainken, *n. heimchen; syn.* müerhainken. —*vgl. engl.* to cherup, to chirp.

schripps, *m. kleiner magerer mensch. — nds.* ripps.

schrippsig, *dünn, mager.* 'ne schrippsige smiäle vam fruggensmenske. *(Arnsb.)*

schrifisch, *schreibselig. H.*

schriwen *(praet.* schref, *ptc.* schriäwen), *schreiben.* bà söffe dat hen schriwen, *wie sollen wir uns das erklären.* dat perd schriwet, *es ist lahm am vorderfusse und setzt beim stehen diesen voraus.*

schriwen, *n. für* schriwend, geschriebenes. — *vgl.* slutens.

schrod, *n. 1.* schrot. *allerlei wenig brauchbare sachen. 2. halbgute körner von rocken und gerste. (Hellweg.) H. syn.* schräd.

Schrör *für* Schröder, *familienname. — Teuth.* schroeder, snijder.

schröerslek *oder* hol, *n. schlitz am frauenrocke. (Hemer, Schwelm.)*

schröggen, *sengen, anbrennen.* en paunkäuken schröggen. *(Fürstenb.) — s.* schraigen.

schröggeln, *sengen.*

schroiwe = schrowe. *(Siedlingh.)*

schrompen, *fiedeln. (berg.) — köln.* schrumpen.

schrömpen *oder* schrempen, *sik, zurückweichen, sich scheuen, sich fürchten (vor).* sik schrömpen vör der arbéd, — vör der kelle (kälte). — *Fasc. temp.* 14ᵃ: scroemen voer. *Kil.* schroom, horror. *s.* schrempen, schramp.

schrotxen, *spotten. K. S.*

schröwe, *f. 1. griebe von ausgebratenem fette. 2. steinkohlenschlacke. — engl.* shruff.

schrubben, *scheuern, vom fussboden. — glass. belg.* schrobben, gratter, frotter, fricare, scabere. *Teuth.* scharren, schrubben, scalpere. *engl.* to shrub. *verwandt mit* schrabben.

schrübber, *m. bürste zum schrubben.*

schruggeln, *schauder verursachen.* et schruggelde mi dör de hûd.

schrull *oder* schrüll, *m. plötzlicher anfall oder einfall.* dat es mär en schrull, *das wird bald vorüber sein.* in ênem schrull, *auf einmal. — mud.* schrull, *grillenhaftes gelüste.*

schramm, *schall des feilens.* makt alle filen schrumm schrumm schrumm. *Turk.*

schrampel, *runzel. (Siedlingh.) — Kil.* schrompe, schrompele.

schrumpelig, *runzelig. (Siedlingh.)*

schrünte, *f. in:* schrewe schrünte, *mageres geschöpf. — norw.* skrind; *schwed.* skrin, *dünn, mager. ostfr.* strint.

schruntsel, *f. etwas eingeschrumpftes, runzel. — zu* scrintan = scrinkan. *vgl.* runzel, vrunzel (wrunzel), schrunzel, schrumpel, krünkel, vrinkel.

schrute, *f. 1.* truthenne. *2.* wilde schruten, *kraniche. (Brackel.) 3. böses weib. — das wort muss vorhanden gewesen sein, ehe man* trüthûner *kannte. die anlaute* sc, st *und* t *können wechseln. vgl. ags.* struta, strauss. *engl.* to strut = *unserm* sik kranen. *Christmas carol:*

Fowls clucked and strutted *(stolzierten)* in the stables. *mhd.* striuzen, *sträuben.* *schwed.* skryta, *prahlen.*

schrüf, *rausch. K. S. 12.* schrüf ant nest. *F. r. 89.*

schruwe, *f. 1. schraube. 2. = hudelte, weil der bast dazu schraubenförmig abgeschnitten wurde. (Fürstenb.)*

schruwen *(præt.* schröf, *ptc.* schrowen), *schrauben.*

schu schu, *interject. algentia; auch* schuk.

schubbejack, *m. schuft, lump.* — *ein lausekerl, der sich beständig schubbt; vgl. sik* schubbeln 1. *ostfr.(Doornk.)* schub^en, *holl.* schobbejak. *Scherr Bl. III, 272 hült* schubiak *für ein russisches wort.*

schubben, *schuppen, schieben.* sik schubben läten.

sik schubbeln, *1. sich scheuern, von einem den das ungeziefer plagt; s.* schubbejak. *2. sich schieben.* wä schüllig es dä maut sik schubbeln. *H.*

schübût. schûwût, *m. uhu.* — *Magd. bib.* schuffut.

Schûbûtlaige, *f. Uhusfelsen bei Klusenstein, eine felswand in der sonst uhus horsteten.*

schucht, schuft, *f. schulter.*

schücht, *scheu. (Weitmar.)* — *vgl.* schüchtern. *Lac. Arch. 3, 278:* schuchten.

schuck = schu. schuck! wat es et kould.

schüddegaffel, *f. eine gabel von holz zum aufschütten des strohes.*

schüdden, *schütten, schütteln.* vi hett de appeln schudt. 't mûl schüdden, *schwätzen, raisonnieren.* sik schüdden, *sich schütteln vor frost, fieberschauer.*

schuabeln *für* schubbeln, *schütteln.* hä schuabelt et van sik af. sik schuabeln, *1. sich schütteln. 2. sich scheuern, kratzen, reiben wo es juckt. K.*

schuaderig, *fröstelnd.*

schuadern *für* schuddern, *schaudern, frösteln, etwas frieren, fieberschauer haben.* mi schuadert! *syn.* schruggeln. — *Teuth.* schuyveren, schuideren van kaltheit.

schüer, *m. regenschauer; syn.* schûl. — *ags.* scûr, *die verdunkelnde regenwolke, nicht der fallende regen. Teuth.* regenschuyr.

schüer, *gesichert vor regen;* dä es me schüer; *syn.* schûl. — *mnd.* schoer, *schutz. Teuth.:* to schuyr lopen.

schûr, *f. scheune.* wann de schüren liag sind, gét de wind derdör =*den hungrigen friert.* — *mhd.* schiure *und* schiune. *Teuth.* schuyre. *Vgl. alts.* scurilingesmeri. scuriling, *scheuerling ist häusler.*

schüern, *1. sich vor regen sichern, untertreten.* waun de hauner schüert hært de regen bàlle op. *2. schutz geben.* sünte Vit verännert sik de tîd, dann gêt 't blad op de kante stân, dann het de bôm 't schüern dân. — *vgl.* beschüren = *beschützen. Seib. urk. 982.*

schüern, schüern, *reiben, scheuern.*

schüat, *m.* schûat *(Altena), 1. schuss. 2. zahnkrampf.* ik hewwe en schûat. ik krêg en schûat innen tân; *vgl. hd. die schüss der hohlen zän. (Altes Kräuterb.) 3.* schüat ant nûr, *euterentzündung; vgl. D. Myth. 4. guss.* en schûat regen, *s.* schûaf. *5. ein stück weges.* dä schûat es noch ne stunne lank.*(Altena.) 6. grille, einfall.* kristu en schûat?

schüatel, *f. schüssel.* et gêt van der schüatel oppen küetel.

schüateldreier, *töpfer. K.*

schüatelken, *n. 1. schüsselchen. 2. untertasse.*

schüatelplaggen, *m. lappen zum abwischen der schüsseln.* — *Teuth.* schottelplattel.

schüatelfudden, *m. =* schüatelplaggen. — schotelvodde *j.* schoteldoeck. *Kil.*

schüatelwater, *n. schüsselwasser.* — *Kil.* schotelwater. *Teuth.* schottelwater.

schüatmäte, *schussrecht, à la portée.*

schüôf, *m. eigentlich schub, regenguss, schauer. s.* schûf, schôf. — *die form wie* tûag, flûag.

schügge, *scheu.* — *mwestf.* schû.

schüggen, *scheuen.*

schûl .= schüer *(pl.* schûle), *schauer, regenguss.*

schülären, *vb. von pferden, welche die ohren an den kopf legen.*

schülrig, *tückisch, von pferden. Vgl. mnd. wb.:* schûloret.

schuld, *f. schuld.* bai het an der bösen weld kain schuld. bai löpet het schuld.

schuld, *schuldig.* bai es schuld.

schüldaiker, *m. schulschwänzer.*

schüldauken = schüllauken.

Schülenslôn, *m. die Klusensteiner höhle.* — *Teuth.* schuylen, stoppen, verbargen. *Schouwenb. chr. § 122* sik schulen = sik vorbergen. *schwed.* skyla, bedecken.

schüllauker, *m. schulschwänzer.*

schüllauken, schüllaiken, *die schule schwänzen.* — *das wort kann bedeuten: versteckt spielen, vgl. got.* laikan, *spielen. syn. dafür sind im südl. Westfalen:* schüldauken, schauldauken, schäuläuken; *anderwärts:* schülen, schülken, schüllôpen; *dän.* skulke af skole; *engl.* to skulk.

schuller, *f. schulter.*

16

schuller, *f.* = schollerte. — *vgl. Teuth.*
schulle, slynger.
schullerblad, *n. schulterblatt.*
schüllig, *schuldig.* ik sin God en armen
mann schüllig.
schülliger, *m. schuldiger.* de schülliger
schügget. *II.*
schulte, *m. besitzer eines grösseren bauern-*
hofes. làtt den armen òk lçwen, hadde
de schulte sagt. — *mwestf.* schuldhete,
schultete *(schuldheiss)* bezeichnete den,
der die gefälle für den gutsherrn ein-
zog. *Teuth.:* scholtiss is so vele als
en richter, scultetus.
schülwern, schölvern *(Dortm.) wird von*
der bei hautkrankheiten sich ablösenden
haut gesagt, sich abschuppen. s. schälfer,
schälfern. *verwandt* scholpe *(schuppe)*
van en vysch. *Teuth.*
schûm, *m. schaum.* dat vergèt as schûm
oppem water. — *Tappe 180*ᵇ*:* schuym.
schûmen, *schäumen.*
schûmliəpel, *m. schaumlöffel.* dai het den
verstand med dem schûmliəpel frçten
= *er hat keinen mitbekommen.*
sik schummeln = sik schubbeln, *sich*
scheuern, schütteln, reiben.
schummern, *dämmern. N. l. m. 39.*
schund, *m. schund.*
schundsfigen *in:* mòer, bat heddi kǫket?
schundsfigen med prickǣle.
schüngen *für* schünden, *anreizen.* s.
opschüngen, verschüngen.
schüngelbrôd, *n. ein brot, welches sonst*
denen gegeben wurde, die eine magd in
dienst brachten. fig. dai verdaint sik
ôk wier en schüngelbrôd. *s.* schüngeln.
schüngeln, *langsam gehen, schieben. auch*
F. r. 132. — Kil.: schongelen, moti-
tari. *auch unser* schûgeln *bezeichnet*
eigentlich ein gehen mit rudernder
seitenbewegung wie schrumpeln *im*
Quickborn; ostfr. schummeln und schof-
feln.
schüngelsse, *f. 1. vogelscheuche. 2. nach-*
lässig gekleidetes frauenzimmer. — vgl.
verschüngen.
schuppe, *f. schuppe. — Teuth.* schuebe
van vyschen.
schüppe, *f. 1. spaten. 2. fingernagel, der*
lange nicht geschnitten. he het schüppen
an den fingern, hä schüwet et op de lange bank.
vàr ût der erde krassen. *3. schüppen*
= piquc *im kartenspiel.*
schuppen = schubben. recht geschuppt,
recht belästigt, angeführt.
sik schüppen, *stolpern. — Muster. 49.*
K. S. 117. sik derôver schüppen, *daran*
anstoss nehmen K. S. 59. dat sik de

aine ûwer den andern schüppede *Spr.*
u. sp. 13.
schürgen, *schieben auf der schiebkarre.*
(Odental.) — *ahd.* scurkan, scurgan,
stossen; vgl. alts. bescurgian, præci-
pitare.
schussê, *f. chaussée, kunststrasse.*
schute, *f. schaufel, wurfschaufel. K.*
schütt, *n. 1. schutzbrett an schleusen;*
vgl. Teuth.: waterschutte, sluyse. *2. das*
hintere brett am karren, wagen; syn.
schüddebrçd; *vgl.* flçke. *3. fig.:* dòrt
schütt gân = dòrt siəf gân.
schütte, *m. schütze.*
schütten, *das schutzbrett einsetzen.* stou-
wen als men water stouwet. *Teuth.*
schütten, *pfänden vom vieh, das auf frem-*
dem boden oder unberechtigt weidet. K.
schüttenblaume, = flodamme. *(Fürstenb.)*
schüttenspiəl, *n. schützenfest.*
schüttgeld, *strafe für geschüttetes vieh. K.*
schüttstall, *local für gepfändetes vieh. K.*
schûf, *regenguss (berg.); s.* schüôf.
schufel, *f. schaufel.*
schûfeln, *mit der schüppe ebenen, gras*
und unkraut aus gartenwegen entfernen.
schûfkâr, *f. schiebkarren.* hai lag dâ as
en kaweler in der schûfkâr *d. i. auf*
der erde.
schuft, *m. schuft.*
schuftig, *schuftig.*
schûfût, *m.* = schûwer, *ein kind oder*
knecht, die immer zurückgesetzt, aber
zu aller arbeit vorgeschoben werden.
ein solcher sagt wol: ik sal luter vôr
dem stalle stân. — *holl.* schoveling.
schufig, *1. abgetragen, von der kleidung.*
2. filzig, knickerig, niederträchtig.
schûf-vor-den-dumen, *geld.* hai het schûf-
vôr-den-dumen.
schûwe, *f. schaube.*
schûwen *(præt.* schôf, *ptc.* schowen), *schie-*
ben. hä schûwet et op de lange bank.
jä glik schôuwe iək dat water af, *ich*
lasse das wasser frei laufen, ohne es
für meine rolle zu benutzen. (Altena.)
schûwer, *m. 1. schieber, riegel. 2.* =
schûfût.
sik schuwwen = sik schüggen, *sich*
scheuen, nicht daran wollen.
sech, *pflugmesser; syn.* kolter. — *ahd.*
seh. *mhd.* sech. *franz.* soc.
segen, *m. segen.*
segen, *n. netz.* treckseçen, *schleppnetz.*
— *Helj.* segina. *Teuth.* seçhen, vischers
nett, sagena. *Fasc. temp. 244*ᵇ *zogheno.*
Kil.: seçhue, saghene, segne, sagena.
v. Steinen: seghen.
seçge, *f. sage.*

seggen (præt. seggte oder sagg, ptc. sagd), sagen. nu segg' ik àwer nix mær! verwundernd. dà siot me wol van strâtenrôwers. dà sind se! segg men, ik hädde 't di sagd! segget mâl! wenn man ruft. eben so ital.: signore zio, dica signore zio! jù, dà segge bai van! hai sagg ümmer N. tiəgen ən = er nannte ihn immer N. nû, heww'k et di nitt sagd! = habe ich nicht recht gehabt! elliptisch: dat (sc. sik dat anners hęt) well ik ock nitt seggen = es ist wol möglich. dat hęt wot te seggen = dat hęt wot op sik = das hat seine schwierigkeiten. sai maut ôme tiəgen (oder tau) ęm seggen (umschreibung des substantivs bei verwandschaftsverhältnissen, hier: nichte; vgl. ostfr. ômsegger = neffe). glücke seggen = glück wünschen. (Schwelm.) wot seggen op ûmmes, jemand tadeln. — alts. seggian.

seggenswêrd, was des sagens wert ist, bedeutend, viel. hä hęt nitt seggenswêrd gęten.

sêien, sâen. dat komme wal sâien, àwer nitt pöten. (berg.)

sêke, f. urin.

sêken, 1. seichen. 2. flüssiges absondern, wie ameisen, kröten. dà hęt ne pedde geseckt, hier ist eine unglückliche stelle. II. Teuth. seycken, myghen.

sêkobbelse, f. = milgampelte. (Marienh.)

sêl, n. seil. me hęt dat węer nitt am sêl.

sêle, f. daneben min sail, 1. seele. 2. fig. das innere, z. b.: mark der feder, vgl. das rätsel von der feder. — got. saivala. alts. sêola.

sêlig, 1. selig. 2. trunken. — alts. sâlig.

sêlschop, f. gesellschaft.

sêlspinner, m. seiler. — v. Hôv. urk. 41: selemekere.

sêltsen, 1. sonderbar. du bûs jù seltsen! 2. übel. is ug selten? Grimme. — ahd. seltsâni. Fastnachtsp. 975b: selsen.

sêlfanner, selbander, zu zweien.

sêlfenne, n. sahlband. — Kil.: selfende, selfegghe, selfkant, ora panni vel telæ. engl. selvage (für selfedge). self, im Helj. selbo, muss stoff, zeug, material bedeuten. selve bei Wigg. 2,45 ist material, holz. selvar in grisei coloris qui selvar dicitur (Seib. urk. 531) wird self var, ursprüngliche farbe des materials, naturfarbe der wolle bezeichnen; selbo als rock Christi daher ungefärbter rock sein. selbo, selbst, ist das nämliche wort. — Dortm. wandschneiderbuch s. 23: selffende.

sêlfkante, f. 1. = selfenne. 2. rand, klebekruste des brotes.

sêlfsörger, m. selbstsorger. dat es en selfsörger, dä sorget men für sinen kijak (schnabel).

sêlwe, f. salbei. wortspiel: self (selwe) es 'n guat krûd, àwer et wässet in allen gârens nitt. et wüsset men dâ, bâ me frôe opstêt; vgl. Tappe 138a.

sêlwer, sêlwest, selbst.

sêmære, f. (für sêmerle oder sêmerbe), meeramsel. (Marienh.) — merle ist merula.

sêmêle, f. (für sêmerle), meeramsel, ringamsel.

sêmesbûl, m. beutel zum auspressen des honigseims. F. r. 63.

sêmewe, f. (für sêmerwe), meeramsel. — vgl. Westf. anz. V. 1368: seemerbe.

sêne, f. säge. (Lüdensch.) — aus segene.

sêne, f. sehne. — ags. sinu.

sênen, sägen. (Lüdensch.)

sênen, segnen. (Paderb.) — vgl. renen.

sêpe, f. seife. — ags. sâpe.

sêpen, 1. mit seife beschmieren. 2. fig. weinen. F. r. 25. (= sipen?)

sêpenspân, eine schelte. H.

sêpslnæder, seifenschaum. K.

sêr, n. übel, krankheit. kwâd sêr.

sêr, krank, böse. an sin sêr bên binnen. II. dat hęt hai op dat sêr bên nomen = das hat er ans bein gebunden.

sêrge, selig.

sêrgen (für sêdigen), sättigen.

sêrje, f. sättigung. (Paderb.)

sêszig, n. sechzig. ackermass von 60 fuss länge und 60 fuss breite im Bergischen.

sêtbôt, süsssprecher. (berg.)

sêtten (præt. satte, ptc. satt), setzen. enen drop setten = anführen. — got. satjan.

sêwâter, n. 1. seewasser. 2. nostock, syn. libbersê.

sêwen, sieben. min sêwen! meiner seele.

sêxken in der beteuerung: min sexken! vgl. säks.

si, sich (dativ). Grimme.

sicht, f. rücksicht. kaine sicht für ûmmes hewwen.

sicht = sieged. — Teuth. sychte mit to meyen, ruuco. Bielefeld: plaggen sift, plaggensense.

sichtebûl, m. sichtebeutel. •

sichthaken, ein haken der zur bildung der garben dient. K.

sichten, 1. sieben. hä hęt en gestell dertau, as wann de sâge sichten well. 2. ganz fein regnen. (Unna.) — ch für f. engl. to sift.

siek, sech am pfluge. Kanstein.

16*

sickse, *f. ziege.* de frau hęt nitt sickse noch bock = *gar nichts.* — *Wald.* zickse.

ssi-då, *dort,*

ssi-dai, *der da.*

ssi-dat, *das da, jenes da.*

ssi-düt, *dies hier.*

ssi-sô, *so.*

sid = sidder.

sid, *f. seite.* sid-af, *seit ab, seitwärts.*

sid, *breit.* van wid un sid. *ags.* side and vide. *ahd.* sito, laxe.

ssiḍ-hîr, *hier.* — ssid = ssi.

sid-nû, *1. so eben.* ik sin sid-nû noch då węst. *2. sogleich.*

ssid-sô, *1. so eben. 2. sogleich.* ik kuame sid-sô. — *s.* ssi-sô.

sidder, *seit; s.* sinder, sir. — *alts.* sithor. *mwestf.* auch sodder.

side, *f. seide.* hai sall då niane side spinnen.

siden, *seiden.*

sidenhiəmken, *n. seidenhemdchen, eine apfelsorte.*

ssiage, *Lüdensch.:* ssîe, *f. ziege.* ein hirt bei Altena äusserte, man nenne das tier hitte, wenn man sich aber ,butt' ausdrücken wolle, sage man auch ssiage. — *Dortm.* zolltarif v. *1350:* scheoge. *Teuth.:* sege, tzoghe, gheyte. *Alten. statut:* ziege.

siaged, *m. sense zum roggenmähen, s.* sicht. — *ags.* side *für* sigdhe.

siagedsnåd, *griff an einer solchen sense.* — *engl.* snecd.

ssiagenkümmel, *? kümmelblättriger harstrang.* peucedanum carvifolium. *(Siedlingh.)*

ssiagenhiamel, *m. ohnmacht.* in den ssiagenhiamel kuamen. — *vgl. das synon.* gôschiamel *und aus Cleve:* mössenhimmel.

ssiagenranke, *f. geissblatt.* syn. hittenmairanke, ssiagensluck, süchelte.

ssiagensluck, *m. geissblatt.*

ssiagenstert, *m. eine schelte.*

siakel, *f. sichel.* — *engl.* sickle.

siaker, *adj. 1. sicher. 2. gewisser,* quidam. min siaker = min säks, *eine beteuerung. (Schwelm.) adv. vielleicht, wol.* hai es siaker krank.

siakern, *sichern.* dai et hęt, då maut sik siakern, *wird meist spöttisch von reichen leuten gesagt, die nicht viel verzehren.*

siel, *sattel.* — *alts.* sedel.

sik sielen op, *sich setzen auf.*

sielküssen, *n. sattelküssen.*

siamel, *f. semmel.* — *lat.* simila, *feinstes semmelmehl. mhd.* simile. *Teuth.:* semele, wegge, wytbroit.

siamern, *sickern.* et siamert ût dem bęrge herût. — *vgl.* fries. siame *und* sém *(seim). wahrscheinlich ist es das wort für hervorquellen des dickflüssigen bergöls.*

siampel, *simpel, am kindisch werden.*

siasen = sîsen.

ssiét, ziét, *m. sayet, feineres wollgarn.*

sief, *n. sieb. zu* Siedlingh. *unterschied man das grobe:* ærsif *und das feine:* męlsif, hai es dürt siaf = *er ist bankerott.* — *ein starkf.* sîban *wird durchgehn, hinübergehn bedeutet haben ; vgl.* siawen, *jenseits und* Marien sif.

siafen-jär-like-fîn, *eine gewisse blume. vgl.* like-friss.

siawen, *sieben, zahl.* op siawen hår. — *alts.* sibun. *mwestf.* siven.

siawen, *jenseits.* he es half siawen = *er ist toll und voll.* — *bedeutet eigentlich er ist halb jenseits sc. im totenreiche, welches sich die alten jenseits des grossen wassers dachten. die Engländer sagen dasselbe deutlicher mit* ,he is half seas over' = *er ist halb see über, vgl. kopfüber. auch im namen* Siebenbirgen *steckt* sieben = *trans; es ist nichts als übersetzung von* erdely orszag, *transsylvania, (land) jenseit des waldgebirges.*

siawen-järs-megede, *kriechender hahnenfuss.* ranunculus repens. — *heisst so, weil er schwer auszurotten ist, siebenjährige (vieljährige) mägdearbeit in anspruch nimmt.*

siawenbgel, *gewisse blutschwären. (Elsey.)* — *man glaubt, sie hätten sieben häute und öfneten sich an sieben stellen.*

siawenstern, *siebengestirn.* — *Teuth.:* sevenstern, pleyades.

siawentin, *siebzehn.* då siffe jå alle siawentiu *(alle zusammen).*

siawentig, *siebenzig. bei* Iserlohn siawenzig (achzig, niagenzig). *vielleicht sind diese formen mit hd.* zig *an die stelle von* antsibunta, decas septima u. s. w. *getreten.*

-sig, *adjectivendung für* isk *in* mucksig, niadsig, *politsig.*

Ssigæuer, *zigeuner.* — *schwed.* zigenare. *ital.* zinguno. *von dem ersten auftreten der zigeuner in Deutschland berichtet* M. chr. 1, 89. 154. *syn.* heiden.

sige *(compar.* sigger, *superl.* siggest), *seicht, niedrig.* bai sige stêt, *fällt nitt* hoge. *neben* sige *wird auch* sigge *gegolten haben, wie der ortsname* Siggeloh *(bei* Sundwig*) lehrt.* sige *hängt zusammen mit alts.* sîgan, *welches eine bewegung niederwärts ausdrückt.*

sigede, *f. niederung.*

sigge, f. seihe.

siggen, seihen.

sik, sich. pleonast. sik in: dat häert sik op = das geschieht nicht mehr, daran ist nicht mehr zu denken. hä word sik verbost. (Hattingen.) — op sik kölsch, in seiner kölnischen mundart.

ssilåt, m. salat. — nach ital. insalata.

ssilåtbönen, salatbohnen.

ssilåterften, salaterbsen.

silwer, n. silber.

silwern, silbern. silwerne hochtld.

silwernelle, kuhname.

silwertried, kuhname.

simeken, katze. (Paderb.) — versetzt aus miseken.

simmeleren, nachsinnen. — simulare.

sin, sine, sinet, pron. poss. sein. für das femin. sine oft sin, z. b. sin möer, sin dochter, aber immer sine frau, sine maged, sine dërne. es dient zur umschreibung des genetivs, z. b. min öme sin gåren. bå dem fulen sinet liedig stöt. vgl. engl. the prince his house. Herrig arch. 23 s. 408.

sin, vb. (præs. si oder sin, büss oder büst, is oder es, pl. sid oder sind; prat. was, wærs oder wêrs, was, pl. wæren oder wêren; ptc. węsen oder węst; imper. si, pl. sid), sein. ik si mi fallen, ich bin gefallen (für älteres: ik hewwe mi fallen). ik sin dat vergęten. hai es bi mi węst. bu es et? = wie geht es? bat es di? = was fehlt dir? bat sall dat sin? = was soll das heissen? hai es gar nitt op sin lif = er hält sich nicht ordentlich, sauber. sö anmakens es et mi nitt = so viel lust zum anmachen habe ich nicht. hai es nitt pastôrs = er ist kein freund vom pastor. et es mi nitt der van = ich mag nichts damit zu tun haben. er vår was nu hoggte holt, ihr vater war am holzhauen, vgl. engl. she's been and robbed five hundred ladies, wie Dickens einen porter sprechen lässt. då es kein seggen van = man kan davon nichts sagen; vgl. das engl. — nö, der es kain ütkuomen med em. vi sind in te verwachten. ik was mi dat nitt te verwachten. dat was he sik nitt vermott; vgl. R. V. 654. Ellipsen: du büss! hai es (sc. fänger), sagen kinder beim fangspiele.

sindes, sindessen, seitdem. — sind, sidder regiert sonst wie hd. seit den dativ.

ssindöert, ssindau, tausendgüldenkrant. syn. santôr, sinögge. — entstellt aus Centaureum.

singen (prat. sang, suug, pl. süngen; ptc.

sungen), 1. singen. 2. singen, von der mücke. 3. zischen (fr. frémir) vom wasser, ehe es kocht.

singsang, m. singsang.

sinken (præt. sank, sunk, pl. sünken; ptc. sunken), sinken.

sinn, m. 1. sinn. 2. gedanke. ik dachte in minem sinne. 3. wille, lust. bå tau hes du sinn? ik hewwe nion sinn dertau. hai het der nitt viel van im sinn. ener het sinn tau der möer, de andere tau der dochter. H. 4. ahnung. de sinne sachten 't mi = ich hatte ahnung davon. H.

sinnen (præt. sann, sunte; ptc. sunnen), sinnen, nachdenken. so völ sunte he nich. H.

sinner, f. Iserl.: zinder, schlacke. bei Hemer ein Sinnerauwer. — ahd. sintar. ags. sinder, n. mhd. sinter.

ssinner, m. centner. — Dortm. zolltarif v. 1350: cintener.

sinnig, sinnig, besonnen.

sinnige, adv. mit besonnenheit, daher sachte, leise. sinnige gån. — Teuth.: synlyck, gemecklick, sachte; vgl Magd. schöppenchr.: med sinnen = sachte, gelinde.

sinögge, tausendgüldenkraut. (Werl.) s. ssindöert.

ssipel, f. zwiebel. — Tappe 196ª: sypel.

sipen (præt. sép; ptc. siopen), triefen, siekern. — ags. sipan, såp, sipen. fries. sipa, madeo. Kil.: sijpen, stillare, fluere. Teuth.: syppen, leycken, druyppen.

sipen, n. und m., quellenreiches engtal mit einem bächlein. — Seib. urk. 940: sypen dey vort flutet to dem Aschove. also bächlein. Urk. des 14. jh. von Wetter: sypen. v. Höv. urk. 37: eyne sype (aus Curland 1483). Iserl. limitenbuch 15: biss an den katersiepen. ib. den siepen. ib. 20: das siepen.

sippelnsåd, f. wurmsame, same des rainfarn (rainert). — verderbt aus zitwersåd, cinna, vgl. altm. säwersåd, ostfr. sêfkesåd.

sippsapp, sipp un sapp, alles. Jan Sippsapp. hai het alles med sipp un sapp gån. rgl. folgende ähnliche ablaute: himp hamp, kijack kajack, kix kax, krick krack, lipp lapp, pinke pank, pitten patten, sipp sapp sunne, sing sang, slipp slapp, snick snack, stimm stamm, stripp strapp strull, swick swack, tick tack, tri tra trull, fick fack.

siseblons-wurst (in Hemer dafür ssisbulons-worst oder zisbulons-worst), eine

feine *wurst zum auflegen auf butter-*
brod. Op de àlle hacke.
sisekentręt = kwengeler. *N. l. m. 88.*
sisemänneken, n. *ein aus schiesspulver*
gekneteter kegel, der zum spiel ange-
zündet wird.
sisen, *zischen, von angezündetem schiess-*
pulver. — gr. σίʒειν.
si-sê, *1. nun gut! 2. sogleich. 3. so eben.*
— *si wird* = sieh sein. *vgl.* schwed. se sâ.
sisseln, *1. säuseln. 2. zischen.*
sitten (*prœt.* sàt, *pl.* sęten; *ptc.* sęten),
sitzen. dai wǫl sittet, dâ lâte sin rücken.
hä lätt en drop sitten = *er hält ihm*
sein versprechen nicht. II.
skärsen, *kerngehäuse. H. s.* scherse.
slabberjux, *dünner kot. K.*
släbberken = slabberläppken *könte aus*
mnd. slappbartken (meklenb. slapp-
bärtchen) *entstanden sein.* — *vgl.* mnd.
wb. s. v. bartken.
slabberläppken, n. *tüchlein, welches man*
kindern vorbindet, wenn sie essen sollen.
slabbern, *beim essen und trinken etwas*
verschütten. — Kil.: slabben, fundere
inter sorbendum. *engl.* to slabber.
slâbręd, n. *brett um den dünger auf der*
karre festzuschlagen; syn. mistbręd.
(Fürstenb. Siedlingh.)
slacht, f. *1. schlacht. 2. holzdamm am*
oder im wasser. — *Kindl. Volm.* 2, 220
(*urk. v. 1299*): que obstructio (*mühlen-*
damm in der Lippe)vulgariter appellatur
slacht. *Seib. urk.* 245: sclacht. *Schüren*
chr. 72: slachte, *f.*
slachten, *schlachten.* guod slachten es
men in 'r mond dä med 'ner r anfänget.
slächten, *einen holzdamm aufführen.* —
M. Beitr. 3, 419: schlachten.
slachtensmâte, *schlachtbar, fett.*
slächter, *schlächter.*
slackerbênig, *schlenkerbeinig, wackel-*
beinig. K. S. 12.
slackergêse, *pl. kraniche. (Warburg.)*
slackergôse, *pl. wildgänse. (Fürstenb.*
Brilon.) syn. sleggergôise.
slackerig. ne slackerige tîd. *K. S. 10.*
slackern, *schneien, wenn regen dabei.*
K. S. 35.
slackern, *1. zappeln, von fischen. 2.*
schlenkern. slackern med wọt, *z. b.*
mit den beinen um etwas abzuschütteln.
K. 3. taumelnd, wackelnd gehn. sai
slackerden knick- un knackebenig hiuner
dem G. hęr. *Galant. 38.*
slackert, slacker, m. *schlanker, lang und*
schmächtig aufgeschossener mensch.
lange slackert.

slacks, m. = schlackert. en langen slacks.
Must. 49. ue lax un slax. *Must. 25.*
sladacke, *klatschsüchtiges frauenzimmer,*
das sich viel ausser dem hause umher-
treibt. K. die betonung lehrt, dass
dacke *der hauptbegriff und* sla *præfix*
oder bestimmungswort ist. s. sladacken.
sladácken, *1, schnell laufen. 2. schnell*
sprechen. — *syn.* osnabr. jadackern.
vgl. unser dacken.
sladátsche, f. *schwatzhaftes weibsbild.*
— *syn.* kladatsche; *vgl.* datschen = ?
daseken, delirare *und Teuth.* sladern.
sladátschen, *plaudern, schwätzen.*
slade, f. *talung, bergschlucht.* — slade
wird auch heute noch zuweilen als
masc. gebraucht. alts. slada. *ags.*
släd, vallis. mnd. slade. *f und m.*
sladder, f. *schwatzhaftes frauenzimmer. K.*
sladderig, *lose, nachlässig, von kleidungs-*
stücken. K. vgl. sluaderig.
slâe, f. = slade.
slâe, f. = slade, *schwaden beim mähen.*
— *es wird altwestf.* sladhu, *f.* = ays.
svadhu *gelautet haben und liefert einen*
der fälle, wo sl *mit* sw *wechselt.* sladen
und swaden *werden verwandt sein mit*
schlagen, dessen bedeutung sie ursprüng-
lich haben. vgl. mhd. slage.
slâen (*præs.* slâe, släss, slätt, *pl.* slätt;
præt. slaug, *pl.* slûogen; *ptc.* slagen),
1. schlagen. de swäm slätt ęm op de
bǫrst. hä slätt dernâ as de blinne näm
düppen (*bezieht sich auf das topf-*
schlagen). hä slätt dernâ as de blinne
nâ der slaige. hä slätt drop as op âld
isern. hä slätt et an ên âr. nu slätt
der Düwel int drithûs: pastôrs jäfer
well all wier ne blage. *derber aus-*
druck der verwunderung aus dem vo-
rigen jh. (Hemer.) hä slätt sik dọr
ne strâte, wo kaine lü sind. *H.* ût
der ârd slân. wild slân = *wilde streiche*
machen. de faite in den nacken slân
= *laufen.* isbân slân = *slundern.* sik
med Gọbbelsmann slân = *vomieren.* sik
ęr slân es verbân, äffer wier slân nich.
H. 2. schlachten. en swin slân. *(Iserl.*
aussterbend.)

slag, m. *1. schlag.* hä het mær slęge
kriagen, as en iosel te Unna. *2. stück-*
chen. en slag swamm. *3. portion.* hä
het sik en guaden slag oppescheppet,
vgl. beaucoup. *4. geschick.* dat het
ęm en slag, hä het slag dertau. he-
es vam slage af. *K.* nu sin 'k dermed
op'm slage. te slage kuamen = *fertig*
werden.

slagdärn, *m. wilder rosenstrauch*, rosa
canina. *andere westf. namen sind* hiefe
(besser liepe, *alts.* biopa), wiepe, kip-
pelter. *s.* kippele.
sik slagen *(præt.* slagede), *1. sich treffen,
eräugnen.* bu sik dat slaget. *2. sich
machen, sich schicken; syn.* slag hewwen.
— *vgl. holl.* slagen, *einschlagen, glücken.*
sik slagen = sik smiten.
slagregen, *m. platzregen.* — *Magd. bib.
Jes.* 32: slachregen.
slaite, *f. runde stange. pl.* slaiten, *so
heissen die stangen, welche statt der
sparren dienen, um darauf das dach-
stroh zu befestigen.* — *meklenb.* slête.
gehört wol zu slaiten, *schliessen, ein
latte mit vorgesetztem* s *ist es nicht.*
slaken, *abschlagen, sich vermindern, nach-
lassen. H. vgl. alts.* slac. *Kil.:* slaeck.
laxus, remissus. *engl.* to slacken.
slampamp, *m. 1. schlamm. 2. wider-
licher brei.*
slampampe, *unreinliche wirtin. K.*
slampampelte, *f.* = slampamper.
slampampen, *schlemmen, durchbringen.*
— *Kil.:* slampampen, slampen, slempen
j. slemmen, ligurire. *Note zur Magd.
bibel:* dar in den hagenen konde men
schlampampen vnde schwermen alse by
vns in den steden, dar Maria in den
velden gnedich ys.
slampämper, *m. schlampeizger.*
slampe, *f. nachlässiges liederliches frau-
enzimmer.*
slampel, *schlämpe, schlechter wässeriger
trank.*
slamsack, *m. schwätzer.* — *für* slampsack.
slamsacken, *schwätzen.*
slander, *holzgleitbahn, gleitbahn.* — *sollte
damit engl.* slander, *verläumdung, zu-
sammenhängen? vgl.* slandern *und*
slündern.
slänke, *gewöhnlich nur dieser plur. von*
slank, *krumme wege.* ränke und slünke.
vgl. slenke.
slänkern, *die beine schwengeln, vom nach-
lässigen, affectierten gehen. K. vgl.*
slenkern *und* dörslänkern, *sich durch-
winden, durchhelfen.*
slåp, *m. 1. schlaf. 2. schläfe. (Siedlingh.)*
slåpen *(præt.* slaip, *ptc.* slåpen), *schlafen.*
hai slæpet as en foss. *(Iserl.)* hä
slæpet as en post. *H.* de slåpende gicht.
slåpen *für* slåpend, *tot, wenig brauch-
bar, vom buchenholze, welches lange
gelegen hat.*
slaper, *m. schläfer.*
slæperig, *schläfrig.*

slåpesfoss, *vgl. Lüdensch. pfingstgebr.
und unser:* hä slæpet as en foss.
slåpinge, slåpunge, *f. schlafstätte.* — *ver-
hochdeutscht* schlafung.
slåpkabuse, *f. bettkasten.*
slæpken, *n. schläfchen.*
slæpken, *verb. deminut. von* slåpen, *im
munde der ammen.*
slåplåse, *pl. schlafläuse.* bitt di de slåp-
lüse = bist du schläfrig. — *auch nds.*
slåprock, *m. schlafrock.* en hülten slåp-
rock antrecken = *zu* bett gehen.
slapp, *schlaff.*
slapp, *m. schlechte brühe, dünner brei.*
— *altn.* lap, sorbillum.
slappen, *watscheln.* slappede up scynen
gausepatken wier int reämter. *N. l. m.* 33.
slappermann *im reime* knudeln un slapper-
mann.
slappermûle, *f.* = klappermûle. *K.
S.* 19.
slappern, *auflecken.* opslappern. — *vgl.
ahd.* laffan.
slappholt, *n. löffel.*
slåpinster, *n. fenster am schlafzimmer.*
slått, *altes kleidungsstück. es ist* slaht
in slachternutt. *s. d. folg.*
slått, *n. stück.* slätt för slätt, *stück für
stück, von kleidungsstücken, hemden u.
dgl. gesagt.* — *Teuth.:* slett, doick,
hulle. *ahd.* slaht, genus. *mnd.* slacht
wurde zu slat *(urk. v.* 1488: in allen
slaten nüt).
slättken, *n. stückchen.* jedes slättken.
slauten, *pl. schlossen. (Fürstenberg.)*
slaffitik, *m. flügel.* bi de slaffitken krigen.
— *für* slagfittik, *vgl. ahd.* slagifedara.
nach nds. klafitg *kann* sla *præfix sein.
Magd. bib.* fitk = *fittig.*
slawe, *m. sklave.*
slawen, *sklavisch arbeiten.* — *Kil.:* slaven,
officia servilia facere.
slawicke *im kinderspiele?* = schlacht-
hexe. *vgl. Z. d. berg. g.-v.* X. *§.* 33.
slê, *1. stumpf von schneidewerkzeugen
und zähnen. 2. fig.* et wor em so slê.
hä wör so slê, *er verstumte, ward ver-
legen.* hä wör so slê as wann hä leer
freten hädde. hä küomt so slê *(lang-
sam, zögernd)* heran. gätt mi weg med
sau slêen blagen, dai sick't maus oppem
koppe hacken lätt. *Galant.* 28. —
Teuth. slee, plump of stump, onscharp.
vgl. Helj. (Köne) 9919: thuo warth
Simon Petrus san slêu an is muode.
slecht, *1. schlecht. 2. krank. 3. simpel,
schwachköpfig, blödsinnig. 4.* = slê,
verlegen.
slèck, *f. schnecke. (Velbert.)* — *Pf. Germ.*

9, 19: slecco, limax. *Kil.* slecke, slacke, limax, cochlea. *Teuth.* snecke, slecke.

sledde, *f. ein durch aushauen gemachter weg im walde, den man aber gern in die senkungen verlegt; daher wohl =* slade. — *engl.* glade.

slêe., **slêerte,** *f. schlehe. frucht des schwarzdorns.*

sleggergöise, *pl. wildgänse. (Siedlingh.)*

slêkvull, *gestrichen voll; syn.* slêpvull. *auch berg.* slêkvàll: minen kàrf es slêkvàll. — *engl.* sleek, *glatt.*

slemm, *ausdruck beim kartenspiel.* gröt slemm wēren. *Grimme.*

slêmaüdig, *zaghaft.* H. *vgl.* slê *und des Helj.* slêu an is mode.

sik slęnen, sik slianen, *sich strecken und dehnen, sich lehnen.* — *alts.* hliuon.

slenke, *f. ein sich krümmendes bruchiges engtal.* — *vgl.* slenken, *sich einkrümmen. hd.* schlinke. *ags.* slinkan. *Heinzerl. s. 92:* ‚schlonk, *m.* 1. der schlund, die kehle. 2. ein enges quellenreiches tal.'

slenseken, *mit knöpfen spielen. (Fürstenb.)* — *vgl.* galinsen *und* linse.

slęnsk, *einer der sich streckt und dehnt, sich lehnt.*

slensse, *abendschule, ehed. in Breckerfeld.* — *lat.* silentium.

slêp, *adj. und adv. schief, schräg.* slêp den bęrg runner. — *vgl. ags.* slipau, labi, *wozu engl.* slope *und* to slope. *ahd.* gleif, obliquus. *zu* gl = sl *vgl.* slade, slêdde : *engl.* glade; slander, slündern : glandern; slyp : glyppe; slêäu (slô) : glau.

slêpe, *f. diagonale.* ne slêpe iagen.

slepedrait, *m. eine drahtsorte. Alten. draithordn.*

slêpen, *eine diagonale machen.* — to slope.

slêps = slêp. H.

slêpvull = slêkvull. minen kọrf es slêpvull. *(Gevelsberg.)*

slêwerlüd, *pl. mauerleute. (berg.)*

slêwern, *beim hausbau das holzwandgeripe mit lehm ausfüllen; schmieren. (berg.)* — **s.** slêweiwern.

slich, *m.* = slike. *(Eckenh.)*

slichte, *f. kleister der weber.*

slichten, 1. *mit slichten herrichten, bei leinwebern.* 2. *glatt machen, z. b. eine stange, s.* ûtslichtern. — *Ludolf 5:* pomes dar de scrivere parment mede slichtern.

slick, *m. schlamm.* — *ahd.* slih, coenum. *Fasc. temp.* 1ᵇ: slijk = thon, *lehm. Bruns beitr. 358:* slyck.

slik, *m. schlucken. man sagt von dem, der ihn hat, er habe gestohlen. H.*

sik slicken, sik slickern, *langsam gehn, stocken.* dä slicket (slickert) et sik. — *vgl. engl.* to slacken *und oben* slaken.

slickern, 1. *kot spritzen.* 2. *etwas abschütteln.*

slickerig, 1. *schmierig, fett.* K. 2. *glattzüngig.* K. 3. *wählerisch.* dat es en slickerigen kęrl = dęm stêt nitt alles an. *wird auch von wählerischen tieren gebraucht.* — *vgl. ostfr.* slick, *leckerer bissen.*

slie, *f. eine krankheit (geschwulst) am euter, wol was in Niederhessen hünsche genannt wird, vgl. Myth. 1115.* — slie *wird hier einem* hliä, ligge *(windel) entsprechen; aus dem begriffe des einhüllenden konnte sich der einer geschwulst ergeben. ursprünglich eins sind* hliä, ligge; klia, kligge; wliä, lie; sliä, slie.

slien, *auf dem eise gleiten. (Weitmar.) syn.* slündern. — *ags.* slidan. *engl.* to slide, to slither. *s.* slündern.

sliên, sliën, *m. schlitten.*

sliəp, *m. schleppe, überhaupt was geschleppt wird, z. b.:* en aljəp holt.

sliapelse, *n.* = sliəp. H.

sliəpen, *schleppen. fig. in:* hä sliapede den stęrt un gong af *(von einem hunde hergenommen).*

sliaper, *m. schlepper, beim bergbau.*

sliəphacke, *f. nachlässige person; vgl.* kauhacke, pollhacke.

sliəpharke, *f.* = smachtharke. *(Fürstenb. Dortm.)*

sliəpkunte, *träge, säumige, nachlässige person.* K.

sliəp-mi-nä, *schlepp-mich-nach.* sliəp-mineäu küəmt eäuk noch beäu, äwer stille steäuo kritt nix gedeäun. *(Iserl.)*

sliəpsack = sliəpkunte. K.

sliəthaftig, *verschlissen. Grimme.*

sliewęrk, *n. ineinander verschränktes zimmerwerk auf den böden, um das dach zu befestigen.* H.

sligge, *f. planke am* sliggentün; *syn.* rigge. -- *1452:* dat sling an der landwer. *1486:* slyghe, frechtuug. *Rud. Recht. 1376:* slyngen. *R. V. 725:* holten slinger. *im 18. jh.:* schliggen.

sliggentäu, *m. zaun aus planken, welche horizontal in die pfosten gefügt sind.*

slike, *f.* 1. *regenwurm.* 2. *schlange, im kinderreim.*

sliken *(prät.* slêk, *ptc.* sliəken), *schleichen. reda.:* dai kann sliken un weuden; *vgl. R. V. und Schevecl.*

slimm, *1. böse.* jo slimmer schelm, jo grötter glücke; jo krümmer holt, jo beter krücke. *2. schlau.* en slimmen jungen. — *Teuth.* scheyff, slym, to warss, obliquus. *holl.* slimb, obliquus. *Verne chron.* sclymme kleder, *schlechte kleider, durch die man täuscht. Völk. St. 3, 651 (Löwen):* slim = schlau.

slimp, *schlauheit.*, med slimp; *vgl. Gr. Gr. 3, 605.*

slingdarm, *m. schlingdarm.* de junge het en slingdarm, *der junge ist ein vielfrass.*

slingen *(præt.* slang, *pl.* slüngen; *ptc.* slungen), *schlingen.* — *vgl. Aesop. 82:* slingen = *sich winden, kriechen.*

slingerig, *zum schlingen geneigt. (Paderb.)*

slipen *(præt.* slöp, *ptc.* sliapen), *schleifen, Teuth.:* slijpen, wetten.

sliper, *m. schleifer.*

slipkoten, *m. schleifkotten.*

slippe, *f. schoss am frauenkleide.* ne frau kann mœr in der slippe ût dem huse dregen, as de mann med vêr perren 'rinfören. op der slippe =.*auf dem schosse.* — *Teuth.:* slyp, schoit.

slippen, *m. rockschoss.* — *Teuth.:* slyp, gheer. *Magd. bib. Sach. 8:* by der schlippen, *bein zipfel.*

slippen, *schlitzen.* de hase (hexe) slippede der kau 'et nûr. der tierarzt slippt das pferd = *schneidet ihm ein geschwür auf.* — *nebenform ist* lippen. pp = tt; slippen = slitten *(schlitzen). vgl. Teuth.:* slyp, reete, clave. *Seib. qu. 2, 279: fig.* slippen = *schneiden, schinden; ebenso Theoph. 1 (Hoffm.) 221.*

slippendregen, *welches am zweiten proclamationstage geschieht; vgl. märk. hochzeitsgebräuche.*

slippete, *pl.* slippeten. *schlippewurz, polygonum bistorta, wicsenknöterich oder lauche. die blätter desselben werden gegessen. (Lüdenscheid.)*

slippslapp, *m. dünnes, schlechtes getränk, dünne suppe.* — *engl.* slipslop.

slô *(spr.* sleàu) = glau, *vom gesichte. (Siedlingh.)*

slubber, *schmutzige brühe, trank für schweine. K.*

slocks, *nachlässiger, schlottriger mensch, bornierter mensch. K.*

slocksen, *nachlässig gehen. K.*

sloddern, *verschütten, von trockenen sachen. H. vgl.* slabbern.

sloker, *n. gerät des mähers; syn.* slokerfat, slnoderfat.

slokern, *schlottern, von schuhen; vgl.* locker, sluck, *bei Dasyp.* luck.

slokerfat, *n.* = sloker.

slöpe, *f. schlaufe an der tür; s.* torhaken. — *vgl. Helj.* slopian. *engl.* loop.

slör, *f. schlotteriges frauenzimmer.* lit slôr vänner dêrne. — *Kil.:* sloore, *sordida aucilla, serva vilis, ignava. nds.* slurtje. *mnd.* slor, *m.* = schlendrian. *Hoffm. fndl. 43:* den olden slor waren, *servare vetusti moris superstitionem. Staph. 2¹, 225:* de olde slör. *vgl.* slören. *mnd.* slûr, *faules geschöpf.* plôr, *m.*

slör, *schwacher kaffee, viehtrank.* — *nds.* plôr, *m.*

slören, *schlendern, langsam sein* ik hewwe derinne 'rüm slört. ik slörte lanksam der hinner her. *Gr. Tüg 89.* — *Kil.:* sleuren, sloren, *trahere, verrere, humi protrahere. wie hören auf altes burjan, so weiset* slören *auf slurjan.*

slürp, slörpen, slörps, *m. tiefe schnittwunde.* — *vgl. mhd.* slurk *und schwed.* slarrig.

slörren, slörwen, *m. abgetragener, niedergetretener schuh; vgl.* slurren, sluffen.

slörwig, *schlotterig, von schuhen.* — *vgl. schwed.* slarrig, *zerlumpt.*

slôt, *m. kleine pfütze mit schmutzigem wasser, mit wasser gefülltes loch im fahrgeleise.* êrst enen ân un dann de mer utem slôte, sagg de bûr. — *Teuth.:* sloit, poil. *Hoffm. findl. 43:* ein diepe slôt, *profundioris luti volutabrum, coenosa vorago. ahd.* slôte. *Völk. St. 1, 18b:* schloot, *graben.*

slôt, *n. schloss. pl.* slöter. — *Teuth.:* slot. slötenträmper, *m. pfuhltreter, einfältiger mensch. K. S. 96.*

slôwitt, *schlossenweiss. K. - nds.* slotewit.

slubbermęlke, *f.* = plunnermęlke. *(Marienh.)*

slubbern, *schlürfen, auflecken, vom vieh.* — *ostfr.* slubbern, *mit geräusch schlürfen. isl.* slupra. *dän.* slubre.

slubbert, *m. schlucker.* en guoden slubbert. — *dän.* slubbert, *flegel, csel, bärenhäuter. engl.* lubber, lobber, *tölpel; vgl. Myth. 492. zu auslautendem t vgl.* malmert.

slûbietsk, *heimtückisch bissig.* — *Schichtb.* slubetsche wulve. *osnabr.* glôbietsk, *lauerbissig.* slû = glû, *s.* slęp.

slucht, *f. (für* sluft), *schlucht.*

slüchten, *im walde eine grenzschlucht hauen, den berg* afslüchten.

slüchtern *(für* slichten), *die dürren überflüssigen zweige von den bäumen hauen. K.*

sluck, *m. 1. schluck, haustus. Kil.:* slock. *2. schlucken, singultus; syn.* slick, sluckup.

sluck, *m. mark, in pflanzen; „in knochen.. H."* vgl. luck, locker.

slucker, *n.* = sloker, slokerfatt. *(Siedlingh.)*

sluckerig, *naschhaft, auf leckerei versessen,* s. slickerig. — Kil.: slokerigh, gulosus.

sluckern, *schluchzen. (Elsey.)*

sluckern, *naschen.* ût der taske sluckern.

sluckertaske, *f. näscher, näscherin;* vgl. plûdertaske.

sluckup, sluckuppen, *m. schlucken, singultus. (Balve.)*

sluoder, *m. zu schaum geschlagene seife,* sepensluoder. — hd. schlotter.

sluoder *in* kraigensluoder, *mistel;* vgl. sluodermaus.

sluoderbrauk, *m. schlotterhose. schelte.*

sluoderbükse, *f.* = sluoderbrauk.

sluoderkappes, *m. weisskohl der keine festen köpfe gebildet hat.*

sluodermaus, *n. die eingewachten losen blätter des weisskohls.*

sluoderig, *schlotterig, nachlässig.*

sluodern, *1. schlottern, 2. schlotterig gehen. 3. schlendern,* vgl. kluodern.

slüotel, *m. schlüssel.*

slüotelken, *n. schlüsselchen.* 't schlüotelken soiken = ballstoppen, *ein kinderspiel. (Siedlingh.)*

slûg, *mager wie ein hund, hager. H. es scheint* = slûdig, kob. schlüttig, schlank.

slûk, *m. 1. speiseröhre,* Kil.: sloke, gula. *2.* = sluck, schluck, haustus *und* = sluck, mark. — vgl. hd. schlauch. *3.* slûk, *der letzte im spiel. H.*

slûk, *m. (? = sluddik), weisskohl, der nicht zum kopfe geworden ist.*

slûken *(præt.* slôk, *pl.* slûoken; *ptc.* sloken), *schlucken.* — Tappe 104ᵇ: geslocken.

slump, *m. zufall, glück.* ʼrump slump, *mit schnelligkeit, im nu.* — Tappe 117ᵇ: slump.

slundern = slündern. *(Fürstenb.)*

slündern, slünnern, *gleiten auf dem eise.* — *entstanden aus* slindern; *syn.* slien. *synonyma:* berg. isbàn slàu. waldek. glängeln, glundern, glöngeln. hess. glänern, glängeln, glanzern, riden, riten, reideln, schaweiten, schuben. ostfr. glaudern, glinsen, schliddern, schlidderken. nds. schurren. altm. schurren, sliddern. schles. kascheln, schliddern. preuss. schlendern, schurren. hd. (Frisch) schleifen, vulg. schlittern. engl. to slide, to slither. holl. sulle. schwed. slå kana.

slûne, *u. (berg.)* slûn, schlûu, *f. misrotenes stück orbeit, ausschuss, abfall.* de beste mester maket ne slûne. *(Lüdensch.)* — vielleicht = mhd. sliune, *f. eile.*

slüngel, *m. schlingel.* — schwed. slyngel.

slünnerbär, *f. gleitbahn.*

slunts, *m. pl.* slüntse, *schmutziges, zerrissenes kleidungsstück, lappen.* — Teuth.: slunt, sump, adelpoil. nordfr. slont, lumpen.

sluntse, *f. schlumpe, nachlässiges frauenzimmer.*

sluntsig, *nachlässig, schmutzig.*

slupp, *pl.* slüppe. *haken am hamen des pferdes.*

slurig, *mutlos.* — ostfr. slurig, *traurig, niedergeschlagen, von tieren welche die ohren hängen lassen.*

slurk *(? =* sludderk), *zerrissenes zeug, lumpen. H.*

slûsår, *schelte.* en slûsår vam kærl, *ein kopfhänger.* — vgl. slurig.

sluse, *f. schleuse.* — lat. exclusa.

slusekolk, *m. wasserloch unterhalb einer schleuse.*

slute, *f. steinerner krug.* — Vilmar: schlutte.

sluten = slaiten, schliessen.

slutens, *was man schliessen kann.* wat slutens. H.

slüter, *m. 1. schliesser. 2. brauer- oder bäckerknecht.* — Teuth.: sluyter, sloeteldreger. Cod. trad. westf. 1. 134: sluter.

sluff, *m. alberner mensch. 2. schlucker.* arme sluff. — Kil.: sloef, homo sordido sive horrido cultu.

sluffen, *m. ein hinten ausgeschnittener leichter pantoffel; verschieden von* slorwen, *der schlechter und schwerer.* — mhd. sliufe.

sluffen, *1. auf schluffen gehn. 2. saumselig sein. H.*

slüffken, *n. kleiner pantoffel.*

slüffkenjagen, *n. ein altes spiel, welches ganz mit dem engl.* slipperhunting *(Vic. of Wakef.) übereinstimt (Grafsch. Limbnrg.)*

smacht, *m. hunger.*

smachtedag, *m. fasttag.* de fule hæt alle dage sundag, äwer siowen mâl in der weke smachtedag.

smachten, *m. hungern.* et es beter drop te wachten as te smachten.

smächterig, *hungrig.* so smächterig as en wulf, — as en rûe. et es 'ne smächterige tid.

smächterigge, *f. hungerleiden.*

smachtharke, *f. hungerrechen; syn.* sliəpharke.

smachtlappe, *hungerleider. schelte; vgl.* schandlappe, smęrlappe. brôdschap wâr di, smachtlappe kritt di.

smachtraimen, *m. hungerriemen. Gr. gesch. d. d. spr. 1, 152.*

smacke, *f. 1. backenstreich. s.* macke. — *Teuth.* smack, slach. *Kil.:* smacke, *concussus, plaga. engl.* smack, schmatz. *? got.* smakka, *feige. 2. butterbrot,* schnitte. buatersmacke.

smacken, *hörbar essen.*

smâd, *schmach. K. S. 56. 81.*

smadder, *weicher schmutz, kot.* — *lat.* mador.

smadderig, *schmierig.*

smaddern, *mit schmierigen sachen hantieren.*

smâk, *m. geschmack.* et es nitt râk of smâk derane.

smäken, *schmecken.* dat smâket nâ mœr, *davon mag ich mehr essen.*

smâl, *schmal.*

smâlächler, *m. einer der überall mitessen will. Grimme.*

smâlhans *im spr.:* dâ es smâlhans kûkenmester.

smallkuek, *dünne, magere speise.* — *vgl. engl.* small-beer.

smâllök, *n. schmallauch; syn.* męriggenzipeln.

smalt, *n. schmalz.* he es noch guəd bi smâlte. *mnd.* smolt.

smâltbuəter, *n. brot mit schmalz.* geduld un en smâltbuəter.

smâltstäcke, *n. =* smâltbuəter.

smand, *m. rahm.* bâ me vôrhęr te viəl van kûęrt, dâ gęt de ganze smand van. *Op de älle hacke 34.* — *Teuth.:* smant, rome, vet van der melk. *vgl. alts.* mad, *mitis. d. spr. 1002 wird es vom böhm.* smant *hergeleitet.*

smandbûl, *schelte. Grimme.*

smandlecker, *m. 1. eine art schmetterling. (Marsb.), vgl.* molkentöwer. *2. wiesel. (Siedlingh.)*

smandmelk =: âldmölkig. *(Siedlingh.)*

smâs *(? =* süssmâls), *früher, ehemals. (Siedlingh.)*

smęke =: smicke, *rute, dünne gerte.*

smękig, *übelschmeckend, anrüchig, vom fleische.* — *vgl. engl.* smatch, *nachgeschmack. vielleicht sm für sw, so dass ags.* svece, *m. odor, sapor und alts.* swek *damit zusammenhängt.*

smelten *(præt.* smolt, *ptc.* smolten), *schmelzen.*

smengen =: smenden, smennen.

smengedüppen, *n. topf zur sahne. Grimme.*

smennen =: smenden, *1. rahm gewinnen. 2. rahm abnehmen.* bai med dem mule smennet, kęrnt med dem ręse.

smęr, *n. schmeer.* dâ es kain smęr bi te lecken. sik bi ümmes int smęr leggen. — *ags.* smeru, *n. alts.* smer. *altn.* smiör. *Teuth.:* smalt, smeer, vet. *köln.* smeer, *m.*

smęrbûl, *m. schmeichler; vgl.* smęren *und* llagenbûl.

smęren, *1. schmieren.* en buəter smęren. ênem wot oppet buəter smęren =: *einem eine pille geben.* ênem wot üm den bârd smęren =: *einem den bart streicheln.* dat gęt asse gesmęrt. de hacken smęren =: *den reissaus nehmen, vgl. dän.* smöre haser. *2. schmeicheln.* an ümmes smęren. üm ênen smęren; *vgl. mhd.* smieren, *lächeln; engl.* to smile. — *ags.* smervjan, smerjan. *ahd.* smerwan, smiran. *köln.* smeren, *lächeln.*

smęrig, *1. schmierig.* se es so smęrig, wamme se an de wand smitt, blitt se derane hangen. *2. vorteilhaft.* en smęrigen hannel; *vgl.* smęrköp. *3. schmeichlerisch. adv.* smęrig kûęrn.

smęrkättken, *n. schmeichelkätzchen.*

smęrköp, *m. vorteilhafter kauf.* hä hęt en smęrköp dân.

smęrlappe, *m. schmieriger, unreinlicher mensch; vgl.* smachtlappe.

smęrlęke, *f. wiesenampfer,* rumex pratensis.

smęrspân, *m. kelle der maurer; syn.* trüfel.

smęrt, *m.* smęrte, *f. schmerz.* — *ahd.* smęrza, *f.*

smęrtaske, *f. schmeichler, schmeichlerin.*

smęrten, *schmerzen.*

smęrfinke, *f. unreinlicher mensch. K.*

smęrfix =: smęrfinke. *K.*

smęrwinkel, *m. specereiladen.*

smicke, *f. rute. (Lüdensch., berg.)* — *Teuth.:* geyssel, sweepe, smycke. *köln.* smicke, *f. flagellum. engl.* switch. es hängt wol mit smacken, klatschen, *dän.* smäkke, klatschen, schlagen zusammen.

smickelbrocken, *pl. das von einem gastmahle übrig gebliebene. H. Kil.:* mickelbrocke, *bolus qui deglutitur uno haustu,* bolus lautus.

smicken, *mit einer rute schlagen. H.*

smidig, *schmeidig, geschmeidig.* smidigen brî. smidigen sinn. hä es so smidig, me kann ne üm en fingerken draigen. — *Teuth.:* smydich, morwe.

smiəd, *m. schmied.* hä gęt med as de smiəd van Bilefeld.

smiəder, *m. dünner, magerer mensch.* —
Kil.: smeer. flaud. j. teer, tenuis
bäilis: — wol für smirder, vgl. schœed.
smärt, *schlank; schmächtig, dünn ; engl.*
smart.

smiəderiġ, *(Schwelm:* smietterig), *dünn,
schwach.* he smiəderiġe dörne.

smiədskättken; *n. schlöss.* dat sall ächter
ämiədskättken. vi wellt smiədskättken
dervör hängen.

smiəle; *f.* schmiele, *aira. dat es jüst as
wamme ne smiəle int balkenlok hänget.
ik well mi niəne smiəle dör de nasé
trecken láten, vgl. franz.* passer à qn.
la plume par le bec. — *ahd.* smaliha,
myrica. mhd. smelche. ,

smiəlenstriəper, *m. grasmücke.*

smiəlentrecker, *m. grasmücke. (Weitmar.)*

smien, *schmieden.*

smiġe, *schmeichelnd. Grimme, Galant. 5.*

smiət, *m. schmiss, wurf. en smiət weges;
ein steinwurf weit.* en smiət üt der
hand es dem Düwel befolen.

smiralien, *pl. stoffe zum schmieren. H.*
— *? Teuth.* smerille. *hybride bildung
nach materialien, naturalien, victualien.*

smit-den-kærl, *name einer biersorte im
märchen.*

smite, *f. 1. schleuder. 2. stock mit spalt,
worin ein stein zum werfen gesteckt
wird, syn.* smitraue.

smiten *(præt.* smêt, *ptc.* smiəten), *schmeis-
sen, werfen.* smiten gån *oder* biak-
stórte smiten gån, *der arbeiter, der
zur strafe einige zeit unbeschäftigt gehen
muss, vgl. westf.* libberkenfänger, *ler-
chenfänger, müssiggänger, aber auch
mutwilliger mensch.* ênem wąt in den
węg smiten, *einem hindernisse in den
weg legen.* de schöken smiten, *beim
gehen die beine werfen. (Altena.)* an-
smiten, *rasch anziehen.* smiffi ock unsen
knäsik àn. *(Altena.)* ne juffer smiten, *einen
stein so werfen, dass er wenigstens an
zwei stellen die wasseroberfläche berürt;
anders heisst es:* ne hör smiten; *vgl.*
dä gêt int water = *das ist eine hure.*

smitłçer, *n. schleuder; syn.* smite.

smit mi nitt, *wachtelruf.*

smitraue, *f. wurfstock.*

smitte, *f. schmiede.*

smö *für* smöde, *weich, geschmeidig, von
leder, händen, charakter.* he wör gans
smö, *er bequemte sich. — ags.* smêdhe,
smoedhe. *Regel progr. Goth. Arzn. 11:*
smode vothe. *Völk. St. 1, 238:* smörde.
engl. smooth. *Vgl. mnd.* swoede *und
den wechsel von* sm *und* sw.

sik smökeln, *diebisch schleichen, von der*
---
katze. *(Siedlingh.)* — *vgl. ostfr.* smuckeln
und unser smuigen = smuogiati.

smöken, *schmauchen, rauchen. — engl.*
to smoke.

smöker, *m. berauchtes, beschmutztes buch.*

smöksk, *der gern raucht.*

smøren, smørren, *m. schmarre, wunde.*
— *Verne chr. 19:* smarche.

smuck, *m. schmatz, kuss. — vgl. Soest.
Dan. 88, 107: drucken und* smucken.
Völk. St. 3, 33: smuck, kuss. *Tappe 142b.*

smuckel, *m. schelte.* en ällen smuckel.
Muster. 58.

smuckelken, *n. küssenswertes kind. kose-
wort.*

smuckeln, *anhaltend küssen.*

smucken, *klatschen. — vgl. Halbauter:*
smucken sinen wadel, *vom löwen.*

smüdel, *m. schmutzige person.*

smudelig, *unreinlich.*

smuden, smuren, *1. schmoren. K. S. 92.
2. von der drückenden wärme, die in
einer stube durch kochen erzeugt wird.
— vgl. ags.* smorjan, suffocare; *engl.*
smother.

smuəderig, *adj. u. adv. drückend warm.*
smuəderig warm. — *hd.* schmutig. *an
der Mosel:* schmudie, *drückend heiss.*

smuəderlachen, *schmunzeln; syn.* smüs-
kern. — *Teuth.* smuytzlachen. *engl.*
smooth.

smunzer, *adv. schmunzelnd.* lachere
smunzer. *Grimme.*

smüskern, *schmunzeln. (Paderb.)*

smüstern, *s. müstern.*

snäbbel, *f. 1. mund.* dem gêt de snäbbel
as wann hä en stück van der enteke-
fuət freten hädde. *2. vorlautes junges
mädchen. — das wort ist wol aus
snäbbeln gebildet.*

snäbbelig, *geschwätzig, vorlaut.*

snäbbeln, *schwätzen. — zu* snabel.

snack, *m. pl.* snäcke, *schlag. — für* smack.

snack, *1. schlank.* so snack un so suär,
Reim. 2. schnell.

snacke, *f. 1. peitsche. 2. schnitte. — für*
smacke.

snacken, *1. klatschen mit der peitsche.
auch sonst in de bänne snacken. 2.
schlagen. Gr. tüg 83; vgl.* tausnacken
(de dör). — *für* smacken.

snackenblaume, *f. roter fingerhut. (Vol-
metal.)*

snacker, *m. mensch der seinem vergnügen
nachgeht.*

snäckling, *heranwachsender jüngling von
15—19 jahren. K.*

snackrose, *f. 1. roter fingerhut. 2. kö-
nigskerze. H.*

snäeksken = suüeksken.

snåd, *m.* . *eingeweide des hasen.* — *ags.*
snædel.

snåd, *f.* 1. *grenze, gehauene schlucht;*
syn. snaise. 2. *linie.* 't mott timmert
sin nå måt un snåd. *Muster.* 24. —
Urk. v. 1612: snade *und* snode; *ältere*
urk. snède; *vgl.* snêd.

snåd *in* singed-snåd, sensengriff. = *ags.*
snæd, falcis ansa. *engl.* sneed.

snadern, snatern, 1. *schnattern, von gän-*
sen. 2. *von dem laute, welchen die ente*
macht, wenn sie mit dem schnabel im
wasser sucht. 3. *schwatzen. Völk.*
St. 3, 194.

snådstên, *m. grenzstein.*

snåe, *f. (zu Fürstenb.* snåe), *rispe des*
hafers. — *für* snage, *vgl. ahd.* snaga,
navis rostrata.

snåel, *m. pl.* snåele, *schnecke. (Lüdensch.,*
Attendorn.) de hase un de snål kuomet
like frò an maidag. — *für* snagel ; *vgl.*
engl. snail.

snåellecker, *m. vgl. Lüdensch.* pfingst-
gebräuche.

snagel, *m. schnecke.*

snagelfett, schneckenfett.

snåggen = snaigen. *(Fürstenb.)*

snaien = snalgen. katten då nitt snaiet,
då muset ock nitt.

snaigen, *mausen, kleinigkeiten z. b. ess-*
waaren stehlen, von menschen, katzen,
hunden. sn = sm, *wie schweiz.* schmäu-
gen *(doch auch* schnüggen, *alem.*
kinderl. p. 291) lehrt. es hängt also
mit smiugen, *schmiegen, zusammen und*
bezeichnet eigentlich das sich schmie-
gende schleichen der katzen, wenn sie
stehlen wollen. — *dän.* snage.

snaigesk, *diebisch, von dem, der hang hat,*
kleinigkeiten zu mausen. snaigeske
katte.

snaise, *f.* 1. *stange, woran fleisch zum*
räuchern aufgehängt wird. siawen es
ne snaise vull, *vgl.* siawen es en galgen
vull. 2. *ausgehauener gang im walde,*
schneuse, *franz.* laie. 3. *dohne, syn.*
strick. *(Fürstenb.)* 4. *lang und schmäch-*
tig aufgewachsener junger mensch. K.
— *vgl. ags.* snåse, veru, *was zu* snithan
gehört, mnd. snese, *z. b.* snese anguil-
larum, *Münst. beitr.* 2, 113. *aus dem*
begriffe ramus *entwickelte sich der der*
zahl von gegenständen, die daran ge-
reiht wurden, im norden 20. vgl. wål-
berteusnaise, *mhd.* sneise = *schnur und*
sneisseln.

snaisebôm, *m. grenzbaum.*

snaisseln = ûtslichten.

snåk, *m. pl.* snåken *und* snåcke, 1. *spass.*
he maket allerhaud snåken. *N. l. m.*
49: schnåcke. 2. *spassmacher.*

snalle, *f.* 1. *schnalle.* 2. *hure.* ne älle
snalle.

snallen, *obscön.* då lätt sik snallen.

Snapp, *ortsbez.* am Snappe. — *Kil.:*
snap, raptus, interceptio.

snapp *in* hiämedsnapp, *eins der beiden*
stücke eines hemds.

snappbaud, *ernte in der der häufige regen*
nötigt das getreide zu schnappen. K.

snappen, 1. *fangen, z. b.* einen ball; *engl.*
to snatch. 2. *zu beissen suchen.*
de rüe snappet di in de bêne ; *engl.* to
snap. 3. *von atemnot.* hä snappet
nå me åm.

snäppken, 1. *vorlautes kind: vgl.* sik
versnappen, vörsnappen. 2. *ein spiel,*
welches kleine mädchen mit drei steinen
und einem knicker spielen. in dem
augenblick, wo der knicker in die höhe
fliegt, müssen die kleeblattförmig ge-
legten steinchen vom boden aufgenom-
men sein und der zurückfallende knicker
mit derselben hand aufgefangen werden.
(Brilon.) syn. kippen. 3. *der kleine*
finger, im kinderreime: ,klain snäppken
well et seggen', *was sich an die be-*
deutung 1 *schliesst.*

snår, *f. schwiegertochter. (Eckenh.)*

snår, *schnell, als adj. veraltet:* so snack
un so snår. *volksr.* als adv. *noch sehr*
gebräuchlich.

snarre, *f. schnarre, schnarrwerkzeug,*
welches rund gedreht wird und von
kleperke *unterschieden werden muss.*
(Siedlingh.) syn. ratel.

snarre, *f. doppelter krammetsvogel.* grote
snarre. *(Balve.)*

snarren, *beissen wollen, um sich schnappen.*
hä snarrede ûm sik as ne biäteltiäwe.
syn. snappen, snawwen.

snarren, *s.* ansnarren. — *Teuth.:* snarren,
snawen, wretlik callen. *Kil.:* snarren,
fremere, strepere, murmurare.

snateln = schellen, *z. b.* kartoffeln. *(Miste.)*
vgl. snêtelen.

snauk, *m. pl.* snaike. 1. *hecht.* en snauk
fangen = ins wasser fallen. *H.* 2. *ohr-*
feige. sik en snauk fangen = *eine ohr-*
feige bekommen. 3. *begieriger mensch.*
H. Tappe 41ᵇ: snoeck.

snawel, *m. pl.* snewel. 1. *schnabel.* 2. *hafer-*
rispe.

snê, *m. schnee.* de fine snê es für de
riken. christag im snê, ostern im klê.

snêbôm, *m. grenzbaum. (Deilingh.) syn.*
schaldbôm. — snêd.

snêd, *grenze.* — *mnd.* snede.

sneggern = klûten. *(Siedlingh.)*

snêhôp, *m. schneehaufen.* de wind waiget wol snêhôpe binên, äwer kainen dicken nacken.

snêkærl, *m. schneemann.*

snêkiker, *m. schlüsselblume. (Lüdensch.)* ? *schneeglöckchen.*

snêklocke, *f.* galanthus nivalis. *(Brilon.)*

snell, *schnell.* snelle Peter = snelle Kàtrine, *durchfall.*

sik snellen (*præt.* snalte, *ptc.* snald), *sich beeilen.* — *Magd. bib.:* snelde sick.

sneppe, *f. schnepfe.*

snêplocke, *f. schneeflocke.* — *Teuth.:* sneeplock, floccus.

sik sneppen, *sich mausern.*

snerken = ansnauen, *von kindern.*

snerkerigge, *f. das anschnauen.*

snêteln, *schälen. (Unna.)*

sneter, *f. schnabel, mund.* hàld de sneter. — snetern. *Kil.:* snater, garrulitas.

sneterig, *schwatzhaft, vorlaut.*

snetern, 1. *schnattern, von der gans. (Elsey.)* 2. *schwatzen, „mit einem widrigen gellenden tone vieles und unbedeutendes sprechen. H."*

snêwater, *n. schneewasser.*

snibank, *f. für snidbank, schneidlade zum futterschneiden.*

snickeln, *gelinde klatschen mit der peitsche. deminut. zu* snacken.

snicksnack *im rätsel* = schwanz.

snicksnack, *m. ein variirendes schnacken mit der peitsche.* dai kann en snicksnack maken.

snick un snack, *alles.*

snidbüan, *n. boden, wo häckerling geschnitten wird.*

snider, *m.* 1. *schneider.* 2. *libelle. (Elsey.)* blinne snider. *(Weitmar.)* 3. *ein junger fisch. (Limburg.)*

snidercourage, *f. bohnensuppe. (Witten.)* — *anderwärts krätze.*

sniderständken, *n. dämmerung.*

snidholt, *n. schneidholz.*

sniəd, *m.* 1. *schnitt.* 2. *schneide.* 3. *gewinn.* en sniəd maken.

sniən (*prät.* snêd, *ptc.* snien), 1. *schneiden.* 2. *verschneiden.* hä löpet as ne gesniene tiəfe. *H.* 3. *aufschneiden, grosstun.* 4. in de locht snien, *vergebliche arbeit tun, arbeiten und nichts verdienen, vgl.* auras verberare. sik snien, *sich irren.* du sasti snien! *berg.* jo, snid dek! *daraus wird nichts!*

snien, sniggen, *schneien.* dat was mi in de hand snien, *das kam mir ganz gelegen.* dat was mi in de hand sniggct.

(Arnsberg.) ik lâte mi wol op'n kopp, äffer nich int herte sniggen. *H.*

sniggelgôs, *f. schneegans, wildgans.*

snippel, *m. schnitzchen, stückchen.* — *altn.* snepill, segmen ; *vgl.* schniepel = frack.

snippeln, *schnitzen.* de klaine junge snippelde an me stücke holt. bonem snippeln ; *syn.* snien. — *Kil.:* snippen, snipperen, resecare, secare, incidere. *engl.* to snip.

snirpsch, *scharf, vom winde. H.* — *wie ein r zu ə werden kann, so sind meine landsleute geneigt, ein ə durch r wiederzugeben. dies wird auch im vorliegenden falle geschehen sein.* snipsch *ist schneidend, vgl. Kil.:* snoppende, vrere, sive adurere frigore. snoppende wint, aura vreus, ventus gelidus. *vgl. noch* schnippisch.

snitseln, *pl.* = sniffelten.

snittler, *m. schnitzler. kinderreim.*

sniffeln, *schneiden, z. b. bohnen. (berg.)*

sniffelte, *f.* = butsel.

snô, snoi, *schnöde. K. S. 50.*

snobberliəpel, *m.* = snuaderliepel.

snode, *comparat.* snoeder, *schlecht, von einem pfandstücke. Atten. statut.*

snoe, *f.* = snor, *sohnesfrau. H.*

snöggelig, *leckermäulig. K. S. 46.*

snöggen = snaigen, *wie* kögge = kaie.

snôkern, *schnuppern.* herümme snôkern, *lüstern umher schnuppern oder suchen.* — *Frisch 2, 216:* schnôkern, investigare, odoratu quærere.

snôr, *f. schnur.* — *ahd.* snuor. *das r bewirkt, dass hier aus uor ein ôr wird.*

snôr, *f. schwiegertochter; syn.* snâr. — *lat.* nurus.

snôren, ? *in wilder ehe leben.* bai lüget, dai stiəlt; bai hört, dai snôrt. de pastôr lait kainen taum âwendmâle, dai med hören un snôren te dauen hadde. „hören un schnôren = alles schlechte tun. H." vgl. snorre, suurre, vetus, pellex. Kil.*

snôren, *schnüren.* — *zu* snôr, *also* = snuorjan. s. insnôren.

snörgel, *m. unreine tabackspfeife, vom tone.*

snörgeln, *vom tone, den eine unreine pfeife hervorbringt.* — *vgl. Frisch 2, 216:* schnorgeln, *durch die nase reden.*

snôrken, *schnarchen.* — *vgl.* smôrre = smarre.

snôrken, *n. liebchen.* — *deminut. von* snôr.

snôrlif, *schnürleib.*

snott, *rotz. (Paderb.)* — *Kil.:* snot, mucus, pituita nasi.

snöff, *m. pfipps der hühner. (Fürstenb.)*
— *Kil.:* suof, singultus, rheuma, ca-
tarrhus.

snowen, *lust.* dà heww' ik slechten sno-
wen tau. *Grimme.*

snowwen, *vb. von einem, dem der rotz
aus der nase hängt.*

snöwwer, *m. =* snuaderliapel.

snubben, *m. =* snůwen, *schnupfen.*

snuck, *m. pl.* suůcke, *schnurre, anekdote.*
— *vgl.* snack.

snuckeler, *m. leckermaul.*

snuckern = *sluckern. F. r. 46.*

snürksken, *n. schnurre, anekdote.*

snuader, *für* snudder, *m. nasenschleim.*
— *ahd.* snůder.

snuaderig, *rotzig, auch fig.*

snuaderhân, *m. wird der truthahn in
einem Schwelmer kinderreime genant.
— vgl. Schiller z. tier- und kräuterb.
3, 18.*

snuaderliapel, *m. rotzlöffel.*

snuadern, *rotz aus der nase lassen.*

snüäkel, *m. =* snürkel.

snupp, *hui, nu.* im snuppe. *H.* vgl.
Hans Sachs: in einem schnipp vnd
augenblick.

snuppdig, *im nu, auf der stelle.* sô
snuppdig.

snuppdifuck, *auf der stelle, plötzlich und
ohne mühe.* sô snuppdifuck. snupp-
difuck drai kůnkes. snuppdifuck dà
was he feddig.

snuppen, *naschen. K. — Kil.:* snoepen,
catillare, ligurire.

snupps, = snuppdig.

snürkel, *m. schnörkel.* schrutensnürtel,
die schnabelhaut des puters.

snürkeln, *schnörkeln.* sik inen snürkeln,
sich zusammenziehen. — *vgl. ahd.*
snerfan.

snurre, *f. ein spielwerk der kinder, be-
stehend aus einer ausgehöhlten grossen
haselnuss, einem festen zwirnfaden,
einem stäbchen und einem apfel. im
Alten. stat. heisst so ein verbotenes
spiel, vielleicht =* snurrmess. — *Kil.:
belg.* drille, drilleken, drillnot. *Frisch:
2, 218:* schnurre, *f.* trochus, *eine hohle
kugel mit einem loche an der seite,
welche in geschwindem herumdrehen
einen schnurrenden laut macht.*

snurren, *1. schnurren.* de katte, dat
spinnrad, de kęwe snurrt. *2.* sik wot
schnurren, *sich etwas erbetteln.*

snurrkater, *m. 1. brummkreisel. 2.* dill-
döppken.

snurrkatte, *f. brummkreisel, syn.* hůldopp.

snurrkopp, *m. schweinskopf. N. l. m. 54.*

snurrmess, *n. schnurrmesser, ein hazardsp.*

snurrwix, *snurrwitz, m. schnurrbart.
(Grimme.*

snüssel, *m. rüssel des schweins. (Für-
stenb.)*

snute, *f. schnauze.* hàld de snute! du
kriss wot ům de snute.

snûte, *f. schnauze am gefäss.*

snûtebůl, *schnäuzbeutel, einer der andere
stets zu übervorteilen sucht. K. — Kil.:*
snutten, emungere pecuniis, deplumare.

snůten, *schnäuzen.* et snütt sik en sturn.
— *Teuth.:* snutten, putzen.

snûteplätt, *taschentuch. (Siedlingh.)*

snûtken, *n. 1. schnäuzchen. 2. kuss.*

snûtschęr, *f. lichtscheere. — Kil.:* snutter,
kerssnutter.

snůtte = snuader. *(Fürstenb.)*

snütte, *f. verweis, wischer.* ne snůtte
krigen. *(berg.)*

snufdauk, *m. schnupftuch.*

snüffel, *nasc. K. der* Snüffel *bei Mei-
nerzhagen.*

snüffeln, *spähen. K. — Kil.:* snoffelen,
snuffelen, indagare canum more, sagire.

snüffler, *späher. K.*

snauwen *(praet.* snôf, *ptc.* snpwen*), schnau-
ben.* de wind snůwet recht ůmt hûs.
et gėt dat et snůwet.

snůwen, *m. schnupfen.*

snûwer, *eine art schornstein.*

snûwesk, *der andere anschnaubt, an-
fährt.*

so, *adv. 1. verstärkend.* sin smacht was
so grôt. dat kind es joch so klain.
2. zurückweisend auf früheres. ik
hewwe 't sô funnen. *3. zustimmend.*
sô, dat es guad. *4. verwundernd.* sô,
es hai krank? *5. unwillig klagend.*
ik hewwe 't nitt dân, sô! *6. = so be-
schaffen, in dieser art, solch.* dai
pröwe was àwer sô. sô es et dann
vake geschaihen, dat usw. sô ne ant-
wård; dat sal wol sô wot sin. sô wecke
= solche. *7. = eben.* ik sin sô
hime węst. *8. = sogleich.* ik sin sô
feddig. *9. = ohne das.* hai kůmet
sô *(ohne aufforderung, ohne einladung).
10. ohne umstände.* dem liat he dann
so fam perre raf de ere ût. *11. pleo-
nastisch.* dà was mál in mann, dä
hadde so en klainen jungen. dä kůer-
den ock so van gespöke. *12. so wat,
reda.:* dat sall mir so wat sin = *es ist
ziererei. H. 13. correlates* so — so
= *wie —* so. *conj. zu anfang des
nachsatzes* wil — so = *weil —* so.

sö, söd, *m. 1. brunnen.* med me tuwer

nà me sȯe gån. 2. *waschbank.* — *ags.*
seádh. *köln.* sót, m. n. *puteus.*
ssȯbrenen, *sodbrennen.* (*Siedlingh.*)
ssȯch, zȯch, *m. seufzer.* — *vgl.* ssȯcht,
ssȯchten.
ssȯchel, *f. einfältiges mädchen.*
ssȯcht, *seufzer.*
ssȯchten, ssȯchtern, ssȯchen, zȯchen, *seuf-*
zen. — *ags.* seofjan. *holl.* zuchten.
mnd. sûften. *unseren formen liegen*
suftjan, sufjan *zu grunde.*
ssȯchtepipsch. sik kwelen am ssochte-
pipsch.
ssȯchterig, *der oft seufzt.*
sock, *m.* socke, *f. socke. kurzer strumpf.*
sock, *m. dummer mensch. schelte. F. r.*
134. Must. 94. s. ssocks.
sȯcke = sȯlke. *schon Helj. cod. cott.*
v. 6401 (Köne): succan. *s.* sȯske.
ssocken, *sockeln, gehen; s.* afsocken. —
entw. (wie stiȯweln) *von* socke = sik
op de socken maken, *oder von* scakan,
wie soll von scall.
ssocks, zocks, *m. dummer mensch; s.*
sock.
sȯg, *m. euter.* wot vam sog, *ein euter-*
stück. — *Aesop 11, 34:* soch, suctus.
sȯge, *f. jauche.* mistsȯge. — *ahd.* souwe,
f. succus. ags. seáv. *Kil.:* soeuwe,
sentina.
ssȯge, *f. sau, schwein.* ik haû de sȯge
nich für de köteln = *so wohlfeil thu*
ich das nicht. H. s. sȯage.
ssȯgen, *säugen.* dä maut en mengelen
maer hewwen; dä het en lang lîf un .
sȯgět nitt, *sagt man, um jemand zu*
entschuldigen, der ein grösseres mass
speise zu sich nimt.
sȯle, *f. 1. sohle. 2. hauptgut. H.*
sȯler, *m. besitzer eines hauptguts. H.*
Sȯlingen, *Solingen. fig.* nà Sȯlingen gån,
einen mittagsschlaf halten. H.
sȯllen (*präs.* ik sall, du sass, he sall, vi
söllt; *prät.* ik soll (salde); *ptc.* sold),
1. sollen 2. werden. ik sall em den
bård afmaken (åne mess). ik sall mi
nitt vergeten. ik sall mi wol waren. et
stět ümmer nitt bim rüen, bat he freten
sall. bat soll dåt! = *das schadet nicht!*
sȯllvuagel. *Verordn. v. 1669:* „auf Petri
Tag der Söllvogel ausgetrieben." söll-
vuagel = süntevuagel. söll *aus* sól
(*sonne*) *entstellt.*
sȯm, *m. saum.* — *ags.* seám.
ssȯmen, *säumen, einen saum machen. fig.*
enem de åren sȯmen, *ohrfeigen geben.*
sȯmer, *m. 1. dicker balken. 2. grober*
mensch. H.
sȯn = sȯ en.

soppe, *f. suppe.* ne àlle henne giot de
fettste soppe.
söppken, *n. süppchen.*
sȯr, *1. dürr.* en sȯren twik. *2. kalt*
trocken. sȯre locht. sȯr wer. sȯren
wind. — *Ludolf:* sore rosen = *rosen*
von Jericho. Dorow 1, 36: sàr, *dürr*
(*von bäumen*). *ags.* seár; *engl.* sear.
vgl. saurkold.
sȯren, *austrocknen.* et læren sȯrt. *ags.*
seárjan; *ahd.* sȯrén. *vgl. Sündenf. 1439:*
versoren.
sȯrge, *f. sorge.*
sȯrgen, *sorgen.*
sȯrger, *m. sorger, sorgestuhl.*
sȯrig = sȯr. K.
sȯrkstamm = surkstamm. (*Elsey.*)
sȯrte, *f. sorte.* sorte bi sȯrte, sagg de
Düwel, dà pock he en schotstênfeger.
sȯrtêren, *sortieren.* sorte bi sȯrte, sagg
de Düwel, dà sȯrteirde he hucken un
fȯrske.
süsk, *solch. das s fand sich wol erst*
mit der form söck *ein.* — *got.* svaleiks;
ags. svelic; *engl.* such.
sȯtern = dotern.
sȯuge = sȯge, *jauche.* (*Lüdensch.*)
spacheln = spatteln. *K. S. 65. 110.*
spåd (*Iserl.* spȯd), *spät. mnd.* spåde.
spai, *1. zurückhaltend. 2. scheu, auch*
von pferden. dä lätt sik gar nitt sai-
hen, hä es so spai. *3. abgeneigt, feind-*
selig. énem spai sin. — *Teuth.* spee,
smelick, hoenlick. *v. Steinen 1, 246:*
spê, *spöttisch.*
spaigel, *m. spiegel.* so blank as en spaigel.
spail, *n. m. spülicht. Grimme.*
spailen, *spülen.*
spailstên, *m. spülstein.*
spåke, *f. speiche.* (*Fürstenb.*) — *ags.*
spåca; *engl.* spake. *s.* spéke.
spåke *in* nachtspåke. (*Fürstenb.*) — *ags.*
specca, macula.
spalken, *sich unruhig bewegen, lärm*
machen. et spalket as en hittenlamm,
sagt man von einem unruhigen kinde.
med für spalken. *K. vgl. Laurenb.*
2. anh. 4, 153: spulk. *schwed.* sparka;
dän. sparke, *mit dem fusse stossen.*
spalkerigge, *f. das spalken.*
spalkern = spalken. hai spalkert (spat-
telt) as en kranken hanen, dä sik in
der hêe vertüaedert het.
spaller = speller (*Siedlingh.*) *starker*
langer holzsplitter. K. zu spaldan,
spâllen, *spalten.*
spån, *m. span.* hä kennt speck vȯr spåne.
spænen, *entwöhnen. Teuth.* spenen die
kinder van der borst. *Kil.* spenen,

ablactare. *hd.* entspenen. *ostfr.* spene, *brustwarze.*
spanisk, *spanisch.* dat küəmt mi gans spanisk vȯr, *das sind mir böhmische dörfer.*
spanisk gras, *? bandgras, syn.* lindlaisk.
spaninke nelwe, *eine melissenart der bauergärten.*
spanke, *f. spange, schnalle.*
spann, *n. gespann.* siəwen spann pərre.
spanne, *f. spanne.*
spannen (*præt.* spannede, spon; *ptc.* spannen), *spannen. das præt.* spon *entspricht ags.* speón, *ahd.* spian. *es gab wol auch ein mnd. subst.* spon = *gespanntes; daher Claws B.:* over den spon treden = *über die stränge schlagen.*
spannig, *gespant, von der haut.*
spȧr, *trocken, spröde, von lippen. H. s.* spȯr.
spȧrbüsse, *f. sparbüchse.*
sparen, *sparen.* me kann vȯl sparen, dat nich schadt un vȯl vertæren dat nich batt. (*Schwelm.*)
sparer, *sparer.*
spȧrhaft, *sparsam.* ‚me maut sparhaft sin,‘ hadde de ȧlle Pipenstock saggt.
sparrbenig, *sperrbeinig.* sparrbenige gedanken. *Sparg. 83.*
sparrgitsen, *pl.* spässe, possen. — *köln.* spriegitzger, *tolle spässe. Völkerst. 3, 204.*
sparrgitsenməker, *m. possenreisser.*
sparrwagen, *m. kinderwagen von haselruten. Grimme.*
spȧrside, *f. sparseide.*
spass, *m. spass.* hä verstèt kainen spass, *er nimt die sache gleich ernst und handelt dem gemäss. — der vocal ist bei uns kurz, auch wenn wir hd. spass aussprechen.*
spassen, *spassen.*
spassig, *spasshaft.*
spatt, *m. hühnertritt des pferdes, spath.* — *Kil.:* spat.
spatteln *für* sparteln, *zappeln; syn.* spratteln, spachteln, spacheln. — *ahd.* spratalôn, palpitare, micare. *mwestf.* sportelen, *Köne Helj. 1134. Teuth.:* spalteren, spertelen, pulpitare, calcitrare. *Kil.:* spertelen, agitare manus pedesque.
spaule, *f. spule.* — *ahd.* spuola.
spaulen, *spulen.*
spê = spai. *K. S. 35.*
speck, *n. fett zwischen haut und fleisch, nicht blos der schweine.* speck smərt den beck. hä kent wol speck vȯr späne, *vgl. mhd.* speck under erbeiss kennen. de schaumeker stinket sine süggel in

speck = *er hört auf zu arbeiten.* bi het de jude 't speck sitten?
speckkamer. hai mott hàime! suss schennet de frugge un schlütt lären Thommes acht dage op de speckkamer. — *s.* fettkamer.
speckmüənek, *m. fetter mönch; fig.*
speckfett, *sehr fett.*
speckworm, *m. engerling; syn.* ännerk. — *Westf. anz. V. 1440:* ellinger *in der volkspr.* ailsten (?).
spèis, *f. mörtel.* (*Schwarzenb.*) *s.* spise.
spêke, *f. speiche.* — *ags.* spàca. *s.* spàke.
spektakel, *n. lärm.* — *lat.* spectaculum.
spektakeln, spettakeln, spittakeln, *lärm machen.*
speller, *m. pl.* spellern. *1. gespaltenes holz.* speller-holt. *2. spelzen, schalen des haferkorns; s.* spaller. — *Seib. qu. 1, 104:* speldern. *v. Höv. urk. 112:* spellern = *splittern.*
spellerig, *voll schalen, von der nicht gehörig gereinigten hafergrütze.* dä görte es spellerig.
spenker *in* luilingesspenker, *spatzenscheuche. Gr. tüg 43.* — *Rich.* spenkern, *wegjagen.*
spennewibbe, *n. spinngewebe.* (*Fürstenb.*)
spêr, *n. pl.* spêrs, *sparre, pfosten.* ‚vèr spêrs stätt der all!‘ sagg de foss, dä lagg he sik oppen rüggen un holl de schoken in de locht. — *Teuth.:* sparre an eyn getymmer.
sik **spêren,** *sich sperren, sich breit machen.* hai spȯrt sik as ne hucke opper mistgaffel, — as ne katte im knappsacke. hä spȯrt sik, as wann kaisers katte sine nichte wər. — *ags.* sparrjan. *Upst. 229:* speren.
sperenzen, *umschweife, weitläufigkeiten, ausflüchte. K. — Schamb.:* sperenzjen.
sperrangelwid, *weitaufgesperrt. K.*
spieken, *spicken.*
spicknatel, *f. spicknadel.*
spid, *n.* = spind, *flachs zum spinnen.* et es guod spid derane. — *Seib. urk. 916:* alle spyt ungespunnon. *Lüdensch. R.:* spiet.
spiəl, *n. 1. handlung des spielens. 2. was zum spiele gebraucht wird.* en spiəl kàrten. *3. eine anzahl gegenstände, die für den gebrauch zusammengehören.* en spiəl strickstöcke, 4 bis 5 nadeln; *vgl. engl.* set, *hd.* satz.
spiəl, *n. menge.* en spiəl geld. bat en spiəl mensken dà wèren! kərspel, *kirchspiel.* — *vgl. Völkerst.* (*Rheinsberg*): minsse spööl. *Göthe:* geldspiel.

spielbank, *f. spielbank.* ik hewwe 't
opper spiolbank nitt kriəgeu.

spiəlblaume, *kuhname. — ? die mit
blumen spielt, oder blumen verzehrt*
(spildian).

spiəldengel, *ein faules frauenzimmer,
eigentlich wol ein solches, welches statt
die sense zu dengeln. mit dem hammer
(ahd. tangol) spielt.*

spiəlen, *spielen.* se hęt te frô melk
spiəlt, *sie ist zu früh nach der hochzeit
niedergekommen.*

spiəlmann, *m. pl.* spiəllû, *spielmann.* et
giət allerlei lû in der weld: spiəllû uu
mussekanten.

spiəlratte, *f. leidenschaftlicher spieler.*

spiəlwitt, spiəlwittken, *schwächlicher
mensch.*

spiəndel, *nadel.* (*Paderb.*); s. spindel. --
lat. spinula.

spiət, *n.* spiess. — *ahd.* spiz, veru.

spiətmûs, *f. spitzmaus.*

spigge, *f. speichel.*

spiggebecken, *n. spucknapf,* handken-
draigers, dissdeckers siəl groter heren
ĕrsleckers, kuəmet àwer lichte int
spiggebecken.

spiggen (*præt.* spuchte, spĕg; *ptc.* spuggen),
speien. de stærne spigget. (*Siedlingh.*)
dà hęt de kuckuk op spuggen, *von
sogenantem kuckuksspeichel, mit wel-
chem die schaumcicade bedeckt ist. —
aus alts.* spiwan *wurde* spien *und weiter*
spiggen, *daher dann auch* spĕg *für
altes* spĕw, *späteres* spĕ. *aus* spiwan
bildete sich auch spiuen, *was* spuggen
und weiter præt. spuchte *und ptc.*
spuggen *lieferte.*

spiggewitt, *speikind. — wol imperat.*
spei weiss!

spiggewour *für* spiggewourd, *kreuzwurzel,*
senecio vulgaris. (*gegend von Lippstadt.*)
— *alts.* speiwurz.

spik, *tümpfel, den gestautes wasser bildet.
im Alten. stat.* spyk, *stauung des wassers
durch hineingesetzte bretter. — Kehrein
saml. 26:* piscatio quæ dicitur spike.
Spikauwer *bei Hemer.* spiken, *stauen.*

spike, *f. speiche.*

spiken, *1. aufstauen. 2. anhäufen.* vull
spiken.

spiker, *m. speicher.* vam spiker blâsen,
potent sein. — ahd. spichari.

spile = lasche. (*Fürstenb.*)

spiler, *m. ein stäbchen zu allerlei ge-
brauch, z. b. im vogelbauer, zum auf-
speilern einer falle.*

spille = nuət, am spinnrade. (*Siedlingh.*)

spinase, *f. spinat. — holl.* spinazie.

spind, *n. flachsfaser, gespinst, s.* spld.

spind, *m.* splint.

spind, *n. ein getreidemass.* ¹/₄ scheffel.
Gr. tüg 19. in Dortm. war sonst
1 malt = 4 scheffel, 1 scheffel = 4 spind.
zu Rheda ist spĕind = ¹/₄ müdde, ohn-
gefähr ¹/₄ berl. scheffel. Rheda spricht
spĕind, kĕind, fĕinnen (finden), vgl. die
engl. aussprache von -ind. nd ist zu
schwach, um das i kurz und rein zu
erhalten.

spindel, spinnel, *f. stecknadel.* (*Siedlingh.*)

spinkel, *kuhname, kuh von gespinkelter
farbe. — nnl.* spikkel, macula. Bugenh.
Summar.: spinkelt, *von* Labans schafen.

spinkelig, *mit kleinen flecken, gesprenkelt.*

spinne, *f.* spinnte, *f. spinne; syn.* kobbe.

spinnedull, spinnentoll. K. S. 65; *vgl.*
spinnefeind.

spinnekobbe, *f. 1. spinne. 2. spinngewebe.*

spinnekogge, *f. spinngewebe.* (*Balve.*) —
? kogge = kau, hütte, korb, wohnung.

spinnen, *spinnen.* spinn dicke! spinn
dicke! *alle dage* drai stücke. *Meisen-
schlag. syn.* swipp int feld.

spinnewebbe, *n. spinngewebe. — ahd.*
spinnawĕppi.

spinnrad, *n. spinnrad. teile:* nuət, flucht,
lôper, trędspân, knecht.

spinnstowe, *f. spinnstube.*

spinûffen, *pl. geld.* dai hęt spinûffen.

spir, *n. 1. spitzchen, hälmchen, grasspir.
2. körnchen; vgl. dän.* sædspire. *3. ein
klein wenig.* niən spir. — *vgl. hd.* spirre.
aus irr *wird* ir.

spirig, *in* fünspirig, feinstengelig; grof-
spirig, grobstengelig, vom flachse.

spirken, *n. deminut. von* spir.

spise, *f. 1. speise. 2. mörtel.*

spit, *n. 1. ärger, verdruss.* wot te spite
danen. *2. schlechtes.* et es kain spit
deraue, *vom flachse, der ganz gut ist.
— lat.* despectus. *fr.* dépit. Teuth.:
spyt, versmaitheit, hoen. *der vocal y
(nicht ij) fällt auf.*

spiten, *verdriessen, gereuen.* dat spitt
mi. H.

spitig, *1. gehässig. 2. neidisch. H. Seib.
urk.* 1001: spitige, *adv.*

spits, *n. spitz (hund).* spits kuəm! he
stichelt.

spits, *genau.* dat kann 'k spits wiəten.
dat kann 'k so spits nitt seggen.

spitsbauwe, *m. spitzbube.* me siət woi
ens: du glikes ær me spitsbauwen as
me krämesvuəgel. *scherz.*

spitsen, *spitzen.* sik spitsen op, *sich ge-
fasst machen auf.* du kanns di derop
spitsen.

spitsig, *spitz.*

spits-in, *genau.* — *vgl.* par appoint, at point.

spitsmûlen, *den mund spitzen.* spitsmûlen geldt der nitt, et maut flott wêren = fissematenten geldt der nitt. *der ausdruck komt ohne figürlichen sinn bei einer sage des kreises Altena vor, die sich auch unter Hebels erzählungen findet. sie haftet bei uns an einer örtlichkeit und kann nicht aus Hebel unter die landleute gekommen sein.*

spitsrangen, *pl. spiessruten.*

spläter, *splitter. K.*

spläterig, *eigenschaft des holzes, absplisse zu machen. K.*

splędern, *s.* versplędern.

splentenslǫt, *n. vorhangeschloss. H.*

splenterbüsse, *f. spritzbüchse.*

splentern, *spritzen, sprengen.* — splintan = sprintan, sprittan.

splenternaked, *splitternackt.* — *Sündenf. 803:* splitternaket. *dän.* splinterny. splinter, splitter *zu* splintan = sprintan, findere.

splenternakig, *splitternackt.*

spliat, *m.* 1. *spliss, riss.* 2. *abgesplissenes, ableger; daher* en spliat van 'er blage, *ein kleines schwächliches kind.* — kuck dör de splicten. *Spr. u. sp. 27.*

spliate, *f. gesplissenes stück holz. K. S. 26.*

splite, *f. pl.* splîten, *splitterholz.*

spliten *(præt.* splêt, *ptc.* splişten), *spleissen, spalten, reissen.* — *engl.* to split.

splitplante, *f. kohlpflanze, weil man blätter von ihr abspleisst.*

splitter, *m. pl.* splittern, *splitter.*

spôk, *m. pl.* spôke. 1. *spuk, gespenst.* 2. *lärmendes spiel.* 3. spôk im keller, *ein kinderspiel. (Iserlohn.)* — *in* Balve sagt man spauk neben rôk, *dieses* au (= *alt.* uo) *wird lautrecht sein, so dass ein stv.* spakan *zu grunde liegt. mnd.* pok *(spiel) im Theoph.* ¹ *ist dasselbe wort. R. V.* spôk. *dän.* spôg.

spôken, **spôken**, 1. *spuken; gewöhnlich* spoken gân. 2. *in böser absicht umhergehen*, herümme spoken. 3. *spielen.* spoken med dem für. — *gleich ist mnd.* poiken *(spielen), s.* Stinchin.

spôken = spalken. *(berg.)* — *vgl.* spalk bei *Schamb.*

spôkenkiker, *m. geisterseher.*

spôkeplack, *m. ein fleck, der sich in zu feucht gefaltener, eingelegter leinwand zeigt; syn.* nachtspôk.

spǫndel, *euter. H. syn.* spund.

spôr, *n. auch f. spur.* en âllen fôrmann dä wärt sik vǫr nigge wôrdshûser un

ålle spôrn. ik sin ęm op der spôr. — *Teuth.* spair, orbita.

spôr, **spêr**, *spröde, von brot, flachs, haut, wozu der gegensatz* genæm *heisst. flachs ist* spôr, *wenn man ihn brechen kann.* — *wie* smô *aus* smôde, *so* spôr *aus* spôrde *für spröde. vgl. alts.* brôdi, *ags.* breothan, frangere.

spôren, *spüren. præt.* ik spôr, *ptc.* spôrt. — *ahd.* spurjan; *ags.* spyrjan.

Spôrke, *kuhname.*

spôrkel, *februar.* de spôrkel siat: wann ik de macht hädde as min brôer harremond, dann soll de pott vǫr kǫken un âchten fraisen. *in Schwelm ist* spôrkel *nicht gebräuchlich, aber* âlle-wiwermond. — *Teuth.* sporkel. *Cod. Trad. Westf.* 1, 174: spurkel. *Heinzerling p. 29: dass dieses* (sbirkel) *jetzt schon seltene wort eine weibliche person bezeichnet, beweist sein vorkommen in dem ausdrucke:* de sbirkel dê scherrelt sach = *die Sporkel die schüttelt sich, was man sagt, wenn es im februar schneit. bei Wesel heisst der faulbaum* spôrkel, *vgl. Kil.:* sporck, sporckenhout, frangula.

Spôrkel Elsken *hat Petersen, Weitmar, Essen* 1823 *s.* 69.

spôrkelsche, *f. februar.* in der spôrkelsche es guad bräken, men me draf der sik nitt op verlâten. *(Deilingh.)* de spôrkelsche es in dęm huse un maket 'et wêer. *(Halingen.)*

spôröppig, *spürend.* de ganze tropp s. juden stond spôröppig oppem bânhowe. *Grimme.* — *ableitung von* spôrop.

sik spoten, *sich sputen.*

spraddeln, *sich spreizen, breit machen.*

sprai, *f.* 1. *das ausgebreitete.* et liat anner sprai. 2. *decke zum überspreiten.* — *holl.* sprei.

sprai = sprûwe, *welche kranke zuletst im munde bekommen.* — *Teuth.:* sprey, eyn sericheit bynne monds.

spraien *oder* sprien *(præt.* spredde, *ptc.* spredt), *spreiten, breiten.* wai gait int holt un spredt tâllers? de kûu. — *vgl.* laien, raien. *holl.* spreiden, spreijen. *spreiten : breiten = sprechen : brechen.*

spraitenhûsken. *Völkerst.* 1, 372.

spräle, *f. staar, sprehe.*

sprälenrump, *m. hohler ast für staare, um darin zu nisten. H.*

sprâlskasten = sprälenrump.

spratteln = spatteln. *(Odenthal.)* — *es ist die reinere form.*

sprautelen, *pl. sommersprossen. H.*

sprâwe, *f. sprehe, staar.* — *ahd.* spra

für sprâwɐ. spräwe *ist auch bei Dortm.* gebräuchlich.

sprenger, *m. springer im schachspiel.* — *Teuth.:* sprengher, saltator.

spręken *(præt.* sprak, *ptc.* sproken), *sprechen.* de statuten sprçket men, *die statuten bestimmen nur.*

Sprenkelrose, *gesprenkelte rose. kuhname.*

sprenzelbüsse = splenterbüsse. *K. S.* 57.

sprenzeln = splentern, *spritzen mit der spritzbüchse. K. S.* 57. — sprinzen = *sprengen.*

sprick, *reis, stückchen holz.* — *vgl.* pricken. *engl.* sprig.

sprickampelte, *f.* = sprockampelte, pçrreampelte.

spring, *n. quellsprung, quelle.*

springen *(præt.* sprang, sprung; *ptc.* sprungen), *springen.* van der kanzel springen, *proclamiert werden.*

springer, *m. quelle. (Marienh.) so gab es ein börner neben horn.*

springwortel, *springwurzel zum öffnen der schlösser; s. abergl.*

sprîwe, *f.* = spräwe.

sprock, *spröde, zerbrechlich.* — *Kil.:* sporck *j.* sprock, fragilis.

sprock, *trockenes, gebrochenes holz. (Elsey.)* — *Aesop* 82: sprock, *dürres reis.*

sprockampelte, *f.* = pçrreampelte.

sprockel, *m. pl.* sprockeln, *trockenes, gebrochenes holz.*

Sprockhövel, *Sprockhövel bei Schwelm.* dat es franco Sprockhövel = *das ist nicht weit her, nicht viel werth. H.* — *alts.* Spurghufil. *Z. d. berg. g.-v.* 11, 307; *VI,* 53, 63. *vgl. ahd.* spurcha, juniperus.

sprüeksken, *deminut. von* sprock. *(Elsey.)*

sprökelholt = sprockeln. *(Weitmar.)*

sprǫte, *f. sprosse an der leiter.* — *Teuth.:* spraite.

sprüǝk, *m. spruch.* hü smitt dermed ûm sik as Sirach med den sprüǝken.

sprüǝkwârd, *n. sprichwort.* et es en sprüǝkwârd, àwer ock en wâr wârd.

sprung, *m. sprung, tanz.* en lustigen sprung. ik well di op de sprünge helpen. ik kann nitt op de sprünge kuǝmen.

sprüte, *f.* 1. *jeder spross, besonders kohlspross. aus dem kartoffelkeim entwickelt sich die* sprute, *die dann zum* hucht *heranwächst.* 2. *sommersprosse.* — *ags.* sprote. *engl.* sprout, sprouts, *kohlsprossen. Goth. arzn.* 11: spruten vnde placken in deme angesichte. *Teuth.:* spruytte, laide.

spruten *(præt.* sprôt, *ptc.* sproten), *hervorspriessen.* et sprütt all. — *ags.* spreótan.

---

mhd. brozzen. *Teuth.:* spruyten. spruten *ist urspr.* = *schwed.* bryta *(brechen), die sprossen brechen aus dem stamme und den zweigen hervor.*

sprûwe, *f. häutchen am finger. pl.* sprûwen, *verhärteter schleim auf der zunge bei kleinen kindern und kranken; s.* sprai. — *ahd.* spriu, *n.* palea.

sprûwentrecker, *m. zängelchen zum ausreissen der fingersprüwen.*

spucht, *m. schmächtiger mensch.*

spuchtig, *gespannt, eng, von kleidungsstücken.* — *holl.* spichtig.

spütern, *spützen, wenig und oft speien.* — *vgl. ital.* sputare.

spund, *m.* 1. *zapfenloch.* 2. *euter.* — *Teuth.:* spont op en ton.

spunder, spunner, *f. euterstück; s.* spondel.

stabelgeck, *m. ersgeck; vgl.* stapeldoll.

stad, *f. stadt. über alle stad vgl. Möller Hohensyb. s.* 51.

stâd, *m. pracht, putz.* — *lat.* status.

stadkau, *f. stadtkuh.* hü gêt stracktau as ne stadkau.

stärdig, stärrig, *prächtig, stattlich. H.*

städs, *geputzt, prachtvoll. (berg.)*

stadsgâren, *m. stadtgarten, ein mass. der Iserl. betrug* 1/10 *Magdeb. morgen* = 1/10 *Köln. morgen oder 12 ruten kölnisch.*

stair, *m. stier. (Weitmar.)* — *got.* stiurs. *ags.* steor; *vgl. Gr.* 3, 325. steir *in den gl. trev. wol nicht verschrieben.*

staiersch = össig.

staifbröer, *m. stiefbruder.* — *Kil.:* stiefbroder *j.* halfbroeder.

staifdochter, *f. stieftochter.* — *Kil.:* stiefdochter. *Teuth.:* styfdochter. *Rolle der Pancrat.-brüdersch. zu Iserl.* (15. *jh.)* steyffdochter.

staifkind, *n. stiefkind.* — *Kil.:* stiefkind.

staifmöer, *f. stiefmutter.* — *Kil.:* stiefmoder. *Teuth.:* styfmoeder.

staifsuen, *m. stiefsohn.* — *Teuth.:* styfsoen.

staifsüster, *f. stiefschwester; vgl.* halfsüster.

staifvâer, *m. stiefvater.* — *Teuth.:* styfvader. *vgl.* starfvâer.

staken, *m. dicker stock, pfahl.* — *ags.* staca, sudes. — *Aesop* 20, 31: stake.

staken, *gehen.* op de kammer tau gestaket. *Grimme.*

stâkisen, *n. brecheisen. H.*

stalen, *m.* 1. *stahlen, bein am tische u. a.* — *Teuth.:* stympel, stoll, pes. 2. *muster, probe jeder art, patrone.* tekenstalen. en stalen vamme buǝter; *besonders tuchproben.* — *Teuth.:* stale wat nae to maken. *Seib. urk.* 401: que dicitur in vulgari stale, *von einer kölner probe-*

münze, die dem kaiser eingeschickt werden sollte. *Fahne Dortm. urk.* 2, 198: stale = probemünze. *Cl. Bür 438:* effe ik ok gelt hebbe vor stalen gegeven. 3. *ironisch von einem ungestalteten frauenzimmer. H.*

stall, m. *stall.* sô stall sô vaih; *auch bei Tappe* 168ª: so stall so vieh. ne hochtîd oppen stall slân *oder* dauen, *eine hochzeit nicht besuchen* (hâllen).

stallbûan, m. = hille. se daut et hûs oppen stallbûan un de ledder in 'n pütt.

stamm, m. *pl.* stämme, *stamm.*

stammeln = stuppeln, stümpern, *vom ersten gehen kleiner kinder. — vgl. engl.* to stammer.

stämmig, *stämmig.*

stân (*præs.* stîe, stês, stêt, *pl.* stått; *præt.* stond, *pl.* stönnen; *ptc.* stân), *stehn. spruch beim pfandlösen:* ik stâ hir as en stock un stinke as en bock. *vgl. Husp. weihn. 1:* stan alse ein stoch. dat stêt sô vaste asse Balve, *das steht fest, wird gewiss geschehen. Gr. tüg* 89. dat stêt bi de ribben, *das ist eine derbe, sättigende speise.* hä stêt op sinen kop. hai stêt em, *er ist für ihn, unterstützt ihn.* wä sik des annern unglücks freuet, dem stêt et sine un blaüet. *H.* hü het et guad op mi stân. ik wot stân = *nach etwas streben.* bat stätt it dâ kiken? du hes so völ vam sitten as vam stân, *wird zu dem stehenden besucher gesagt.* wä well rike sin, dem maütet de perde stân un de frauens vergân. lätt stân = *geschweige. H.* sik stân = *sich stellen.* stâ dik mâl hî mirren in de stowe. *Galant.* 84.

stand, m. *stand.* im stanne sin, *in brauchbarem zustande sein.* nitt im stande sin, *nicht in brauchbarem zustande sein; sich nicht wohl befinden.* hä es im stanne un känamt nitt, *es ist möglich, dass er ausbleibt.* sik te stanne setten, *sich verheiraten,* sik bestâen.

stängel, *kerngehäuse. H.*

stankett, n. *stackett.*

stankettenflicker, m. *eine schelte.*

stanne *für* stande, *f. ein fass unten weiter als oben.* sültenmaus-stanne, sauerkrautfass. — *Teuth.:* stande en holten vat.

stapel, m. *stapel.* drâd-stapel. — *Teuth.:* stapelstede dair men alreley guet verstapeln moit. *F. Dortm. urk.* 1, 152: super truncum dictum stapel. *Cod. Trad. Westf.* 1, 88: 1 stapel butiri.

stapeldoll, *rein toll. (berg.)*

stapeln, 1. *aufhäufen, syn.* timpeln. 2.

langsam einher gehn. se kuamet 'ran gestapelt, *sie kommen angestiegen.* — *alts.* stapan, incedere.

stappen, m. *falle für füchse u. dergl.*

stark, 1. *stark. fig.:* dat es en stark stücke. 2. *ranzig.* de buater es stark.

sternblaame, f. 1. *sternblume.* 2. *kuhname.*

sterne, f. 1. *stern.* 2. *kuhname.* — *got.* stairno, f.

sternkiker, m. 1. *sternseher.* 2. *schelte.* — *Magd. bib.:* sternekyker.

sternschot, m. *sternschuss,* sternschnuppe.

sternsnuader, m. *sternschnuppe.*

starfdochter, f. *stieftochter, durch einen sterbfall tochter gewordene.* eben so starf-möer, -suan *und* starf-väer, *nicht aber* starf-bröer, starf-süster, *wie auch Teuth.* kein styfbroeder, styfsüster *verzeichnet. s.* halfbröer, halfsüster.

starfmöer, f. *stiefmutter.*

starfsuan, m. *stiefsohn.*

starfväer, m. *stiefvater.*

statiôn, *geputzt. H. vgl.* stâds.

staul, m. *stuhl.*

staulgank, m. *stuhlgang.* — *mnd.* stolganck. *vgl.* sik verhällen.

stâ up un gâ weg *soll herb.* chamaedr. sein. *N. l. m.* 90.

staüten, *prallen, zurückprallen, vom ball. H.*

staff, m. *stab.*

stawen, 1. *am stabe gehn, sich stützend gehn.* hä stawede daher. 2. *auf stelzen gehn.* 3. *gehn überhaupt. Muster* 93. sik stawen, *sich auf einen stab stützen.*

steckelschen, n. *kleiner stich.* steckelschen botter. *(berg.)*

stekappel, *eine apfelsorte.*

stekebeeren, *pl.* 1. *stachelbeeren; syn.* stekkasberten, mulberten (*Unna*), stibberten = stikberten (*Rheda*). 2. *fig. stichelreden.* stekebeeren sid noch nitt ripe, *das sticheln ist nicht angebracht.*

steken (*præt.* stâk, *ptc.* steken *und* stoken), 1. *stechen.* 2. *stecken.* hä het sik innen darm stęken, *er hat gestunken.* sik stęken, *unentschieden sein, beim spiel, syn.* bręnen. *H.*

steker, m. *stecher im karnüffelspiel.* twê buren sind de drüdden stękers.

stekkasberte, *stachelbeere. K.*

stekse, *steil, vgl.* stickel. *(berg.)*

stekillette, f. *stechnelke,* lychniscoronaria.

steldaif, m. *dieb, so sagen kinder; vgl.* diebstahl.

stelen (*præt.* stâl, staul, *ptc.* stolen), *stehlen.* hä stialt as en rawe, me maut em de hänne waren. hä stialt as ne

bigge. stiolt min bröer, dann hängt
min bröer. *H.*

stell, *stille.* hàld es stell! saggte mester
Neideck. *(berg.)*

stellâsge, *f. gerüst zum bauen.*

stelle, *n. webstuhl der leineweber; R. St.
87: stelle. 2. karrengabel.*

stellen (*ptc.* stollen) = stollen.

stellen (*præt.* stallte, *ptc.* stald), *stellen.*
usse hęrgod hęt ne op twè faite stallt,
hä maut saiben, datte fudd kûomd.
dat stellt guod, *das macht die speise
gut.* hai kann et guod stellen, *er ist
wohlhabend,* hä es guod im węrke.
hai hęt et guod gestald. hai hęt sine
saken stald as en schaʼrensliper. ône
stên. hä stellt sik guod, *er beträgt
sich gut.* bu hęste di nu wîer stald,
wie hast du das nun wieder angefangen.
hä lätt sik stellen, *er lässt sich beein-
flussen (im tadelnden sinne).* sik stellen
op wot, *sich auf etwas vorbereiten.*

stellpęrd, *n. pferd, welches in der karren-
gabel zieht.*

stelte,*f. stelze.* op stelten gân. — *Schichtb.:*
stelte.

stemme, *f. stimme.* dä hęt ne guode
stemme rindflês te çten *sagt man von
einem schlechten sänger.* — *got.* stibna.

stemmen, *stimmen.* dat stemmet, *das ist
richtig.*

stên, *m. pl.* stener, *stein.* ik sin et so
lêd as stêner dręgen. en stên soll sik
drȳwer erbarmen; *vgl. Fastnachtsp.
972:* dat mach men dem harden stêne
klagen. ik well di màl wier en stên
in den węg leggen, dattu den hals te-
briękes (*so sagt man scherzend dem,
der eine gefälligkeit erweisen soll oder
erwiesen hat.)*

stenen, *steinern, von stein, steinig.* stenen
wàr, *steingut.* stenen bęrg, *steiniger
berg.*

stengel, *m. 1. stengel. 2. schelte:* gnau-
strige, gizige, alle stengel. *Grimme.*

stênklinke, *f. kröte, welche klink ruft.*

stênklippe, *f. steinklippe.*

stênknippe, *f. steinklippe. (Reiste bei
Meschede.)*

stênkǫle, *f. steinkohle.* — *vgl. Seib. qu.
2, 380 vom j. 1446.*

stênkule, *f. steingrube, steinbruch.*

stênnater, *m. steinmarder. (Weitmar.)* —
vgl. bömnater *und* mard.

stênrüddek, *m. marder. (kreis Brilon.)
s.* ruddek.

stensse, *f. grosses ungeschicktes frauen-
zimmer. H.*

stênswalfte, *f. felsenschwalbe.*

stentsen, *wegjagen.* — *Gr. 2, 35:* steuzen,
truncare, decernere.

stênnle, *f. käuzchen.*

stênwęg, *m. steinpflaster vor häusern.* —
alts. stênwęg.

stepp = stipp. op der stepp, *auf der
stelle. (berg.)*

stęrke, *f. stärke zum steifmachen der
wäsche.* — *vgl. alts.* stark = starr.

stęrke, *f. junge kuh.* — *ags.* styrk.

stęrkenhannel, *m. stärkenhandel, braut-
werbung.* hä gęt oppen stęrkenhannel
= *er freit.* — *auch in Holstein wird
unter dem scheine des ochsenhandels
die braut geworben; vgl. Völkerst. 3, 469.*

-stern *an verben:* däkstern, delstern, düp-
stern, ekstern, helstern, hemstern, kiok-
stern, kladistern, klûokstern, müstern,
rämstern, ränkstern, tükstern, węstern.

-stern *an adjectiven:* verniomstern.

stęrt, *m. 1. sterz.* hä sliopede den stęrt
(as en rûe) un geng af. *2. penis. rda.:*
se hett ne oppen stęrt tręen = sie haben
ihn beleidigt. ne hucke un en frauen-
zimmer sind twê glensche dirs; se hett
baiʼ kéinen stęrt.

stęrtgeld, *n. sterzgeld, trinkgeld für die
magd, wenn ein stück vieh verkauft wird.*

stęrtken, *n. schwänzchen. von dingen
die selten und darum teuer sind, sagt
man, sie hätten goldne stęrtkes. z. b.
je nach der jahrzeit:* de bęren hett nu
goldne stęrtkes. *rätselfr.:* wannêr hett
de hasen goldne stęrtkes? wann de jagd
slǫten is, weil dann der geschossene hase
mit golde gebüsst wurde.*

stęrtpâe, *m. nebenpate, geldpate.*

stęrtpastör, *m. nebenpastor, vicarius.*

stęrwen (*præt.* starf, *ptc.* storwen), *ster-
ben.* weʼk stęrwen, *ein schwur.*

stęrwensmate, *dem tode nahe.*

stęrwede, *stervde, f. sterben.* ne grote
stervde. — *Kerkh.* sterfte.

stenffbeuche, *Velberter urk. v. 1639.*

steffel, *stäbe zum wandgeflechte. (berg.)*

steffsön, *stiefsohn. (Herstelle.)*

stîbüegel, *m. steigbügel; s.* stifbüegel.

stichelberen, *stachelbeeren, auch wol jo-
hannisbeeren. (Siedlingh.)*

stick, *s.* stiok.

sticke, *f. pl.* sticken, *reibholz; syn.* für-
pinken. *(Fürstenb.)*

stickel, *m. kleiner staken, stecken.*

stickel, *steil. (berg.)*

stîe, *f. stelle.* opstèt de stie vergęt. dat
kûomet an éne stîe = *das bleibt sich
gleich.* — *alts.* stidi, stedi.

stîe, *f.* = stige. ne half stîe dage.

stiøg, *m. 1. steige, zauntritt, stelle die zum übersteigen eines zaunes eingerichtet ist; vgl. engl.* stile *und Teuth.:* stapp aver to clymmen, transcensorium. *s.* stêch. *2. steigung, anhöhe.*

stiøgel, *steil.* et gêt stiøgel tiøgen den bẹrg an. *s.* stickel, stiøkel, stẹkse. — *ags.* sticol, arduus. *ahd.* stecchal.

stiøk, stiek, *n. hohe brautmütze. (ceraltet.)*

stiøk, *m. 1. stich. 2. abgestochenes, ausgestochenes.* en stiøk buøter. *J. satyre.*

stiøkedûster, *stockfinster, auch bei Holth.* — *H. Sachs:* stickfinster; *holl.* stikdonker. *vgl. ags.* sticca, *engl.* stick = stock.

stiøken, *n. stellchen. euphem.:* dat es en klain stiøken, dat kamme lichte waren, *so sagte eine dirne zum Deilinghorer pastor, der ihr vorhaltungen machte.*

stiøkling, *m. 1. stichling, ein fisch. 2. barsch, im zweiten jahre. syn. für 1 ist* nåtelpîr. — *Tappe 41*ᵇ: stickelinck, *sonst mnd.* stekeling.

stiøksken, *n. kleiner stich.* op dat stiøksken *(sonnenstich)* folget wier en biøksken. *deminutivbildungen:* baiksken (bauk), böcksken (bock), bûksken (bûk), daiksken (dauk), hûrksken (hurk), krûksken (kruke), kaiksken (kauken), kûksken (kûken), löcksken (lock), løksken (løk), röcksken (rock), stöcksken (stock), strûksken (strûk), tücksken (tuckhainken), fẹrksken (fẹrken), fissken (fisk), førsken (førsk). — ôgesken (ôge), tângesken (tange), wẹgesken (wagen).

stiøl, *m. stiel.* ênen in den stiøl stôten, *einen derbe zurecht weisen.* dai es so 'n biøtken loss øm stiøle, *der ist ein wenig liederlich.*

stiølen, *mit einem stiele versehen. wortspiel:* bai en bessem stiølt (stiølt *und* stiehlt) es dat en daif?

stiøpel = stippel, *m. stütze.*

stiøpeln = stippeln, *1. stützen. 2. =* timpeln.

stier, *m. widder.* 't schåp es bim stieren. *fig.:* hä bringet. en stieren an = hä prattet. — *mhd.* ster, *genct.* sterren. *R. A.* 592. *Gr. III,* 326.

stiøwel, *m. pl.* stiøwelen, *stiefel.*

stiøweln, *gehen (ironisch).*

stiøwelschacht, *m. stiefelschaft.* hä sûpet, as wänn hä en stiøwelschacht im halse hädde.

stiøwerig, *dauerhaft, gesteift, stämmig, kräftig. —* steif, starr, untersetzt. *K.*

stiøwig, stämmig. *(Hagen).* — *Teuth.:* stevich, stiff, strack.

stige, *f. 1. zahl von zwanzig, stiege.* ne stige garwen, aier. ne half stige daler = *10 taler. 2. ein gewisses mass.* stige dauk = *30 ellen.* stige flass = *40 risten. (Siedlingh.)* — *M. btr.* 2, 112: stigas ovorum. *Urk. v.* 1547: sess stige goldne gulden. *κ.* stie.

stige, *f. wehr im flusse — Alten. stat.:* styge.

stikel, *steil. (Paderb.)*

still, *still.* de stille trumme slån. de stille fridag, *charfreitag.* — up den stillen fridach nᵒ 1416. *Seib. qu. II,* 153.

stille, *adv., still.* swig stille.

stillen, *1. stillen. 2. befriedigen. s.* willen.

stillkes, *adv., in der stille; vgl.* nettkes. — *Schrae* 24ᵃ: stillike, heimlich. *ib.* 150ᵇ. *Gr. III,* 888.

stillkesdriwer, *scheinfrommer. K.*

stinken *(pract.* stank, stunk, *ptc.* stunken), *stinken.* dai kann richtop stån un stinken, dat et nümmes sütt. — *Das wort scheint früher nur stark riechen bedeutet zu haben; vgl. die pflanzennamen.*

stinkepalsmen, *stinkbalsam, ackerminze. (Siedlingh.)*

stinkhinnerk, *m. ackerminze. syn.* stinkepalsmen, kuappwortel, collerà.

stinkhülerte, *f. zwerghollunder. syn.* åk.

stinkkrûd, *n. stinkkraut. die eberraute wird im kinderreim beim ballstopfen* hawerûd stinkkrûd *genant.*

stinkniøtel, *eine pflanze, vermutlich* ballota foetida.

stinkfister, *m. mensch, der einen übeln geruch verbreitet. K.*

stinkwie, *f. ahlbeerbaum, prunus padus.*

stipel, *m. stütze, zaunstange. H.*

stipeln, *stützen. K.*

stipp, *m. 1. stupf, punkt.* op en stipp, *augenblicklich.* ik well sô oppen stipp då sin. flaigen stippen. *2. mus, tunke.* bẹrenstipp. *s.* stepp.

stippen, *1. mit der spitze hineintauchen.* med der fear int inkst stippen. *spruch der hexen:* stipp in stipp ût taum schọtstẹn herût, ộwer allo biøgen un tûne! *2. mit der nadel in etwas stechen, z. b. in eine wurst. K. S.* 79. — *Magd. bib. Luc.* 16: int water stippen *(tauchen). Tappe* 57ᵇ: stippen nae synem grave. *Seib. qu. I* 404: in den ring stippen, *vgl. Daniel* 28. *es scheint ein heidnischer gebrauch beim schwören. R. A.* 895. *s.* tippen.

stif, *1. steif.* so stif as en bock, kloss

stamm, stock. 2. *stark.* ne stiwen
kåffe. *Op de àlle hacke 9. 3. hart.*
de stîfsten hårne. *4. trunken.* hai es
stif. *fig.:* stifstådig.
stifbüegel, m. *steigbügel.* ût dem stîf-
büegel = *aus dem stegreif.* s. stübüegel.
stifenigge, f. *steifheit. H.*
stifleer, n. *steifleder.* als m. *steifer*
mensch (schelte). neutr. und femin. auf
männliche personen angewandt werden
masc., vgl. unduacht, unård.
stifstådig, *steif im staat, prächtig ge-*
kleidet. H.
stiwe, f. *steife, stärke zum steifen der*
wäsche.
stiwelske, f. *steife, stärke. (Siedlingh.)*
stock, m. *stock.* sik op de stöcker giowen.
en stock bi wat stęken, *verpönen. H.*
stockerig, *stöckerig, holzig.*
stocklang, *2 ellen (leinwand). Weddigen.*
stöcksken, n. *stöckchen.* węr di män
med ne klainen stöcksken! dà well ik
ęm en stöcksken vǫr stęken (setten),
daran will ich ihn schon hindern. —
vgl. engl. to put a stop.
stockfarwe, f. *glaserkitt aus bleiweiss*
und leinöl.
stǫke, f. *pflugstock.*
stǫkebrand, m. *anschürer, anstifter (schel-*
te). — *Tappe 228ᵇ:* ,is qui malis arti-
bus inter amicos dissidium serere mo-
litur vulgo Stockebrant a Westphalis
nominatur. metaphora ab excitatoribus
foculi desumpta qui tedas tam diu in
ignem protrudunt, donec exardescant.
holl. stookebrand.
stǫken, *schüren, feuer und licht ver-*
bessern; heizen. den ǫwen stǫken.
vi hett düchtig stǫket, *wir haben tück-*
tig eingeheizt. de lampe klain stęken.
bu heww' i dat maket, dat i so àld
sind wåren? dat es uasem Hęrgǫd sin
wille węst un iske hewwę dat mine der
tau dån: isk hewwe de lampe ümmer
klain stǫket, so kœnn dat ǫlge lange
vǫr hàllen. brannewîn stǫken, *brant-*
wein brennen. kǫken un stǫken, *fig.:*
hausarbeit verrichten. — *Magd. bib.:*
staken, schüren.
stǫken, verstǫken, *verhetzen. H.* vgl.
verstuakern.
stǫker, m. *stocher, brenner.* in branwîn-
stǫker.
stǫkerigge, f. *hetzerei.*
stǫkern, *stochern, aufhetzen.*
stǫkisern, n. *schüreisen. (Fürstenb.)* syn.
prǫkelisern.
stollen, *starr werden.* de buater es
stollt. *(zu Siedlingh.)* st. ptc. stollen

blaud, *geronnenes blut.* — *vgl. ags.*
twelan, *torpere. adj.* stolt. — *könte* stoll
steil bedeuten in Stollpåd *(Grüne)?*
stollen, m. *1.* stollen *beim bergbau. 2.*
runge *im rätsel vom wagen.*
stollen, m. *haufen.* dà liət en ganssen
stollen. en haistollen. *im karnüffel-*
spiel ein haufen karten: oppen stollen
leggen.
stolt, stolz, *oft im guten sinne für schön.*
— *vgl. Daniel 82. 85.*
stolterboltern = trummelakopp slån.
stolterjån *im märchen* Gehannes Stolter-
jån *oder* stolperjån. stoltern *ist* =
stolpern. — *vgl. den familiennamen*
Stolterfoth=*Stolperfuss, Strauchelfuss.*
stǫp = stŭapel. *H.*
stǫpen, *dreijähriges füllen, junges pferd.*
(Hilbeck.) H.
stoppen, m. *pfropf.* et was as wamme
en stoppen int fat stiaket. *H.* — *Seib.*
qu. II 303: stoppe.
stoppen, *1. stopfen, etwas hohles füllen.*
fig.: dåmed kann hä wîer en lǫk stoppen
(eine alte schuld bezahlen). 2. strümpfe
und dergl. wiedermachen. 3. bestechen,
s. bestoppen. — *ags.* stoppjan.
stüppsel, n. *propf;* syn. proffen. *fig.:*
wǫt im stöppsel hewwen = *ange-*
trunken sein.
stǫr, f. ìn ne grôte stǫr, *ein grosses und*
starkes frauenzimmer. — *vgl. schwed.*
stor.
stǫren, *steuern.* dà kann recht dǫr den
snê stǫren. sau stǫr ik dǫr den baiken-
slag, *so eile ich mit geräusch durch*
den buchenschlag. Gr. tüg 62. —
stǫren = sturjan, *wie* bǫren = burjan.
es gab also wol auch ein stěran, star,
sturans, *woron* stiuran *weiter gebildet*
ist. ags. styrjan, *movere, agitare.*
stǫrk, m. *storch.* wä stǫrke te gaste
biddet, dà maut sik op fische stellen.
H. — *ags.* storc.
stǫrkeln, *straucheln, stolpern.* — *mnd.*
strukeln. *vgl.* tǫrkeln, stǫrpeln, stulkeln.
stǫrpeln, *straucheln, stolpern.*
stǫrtedicke, *betrunken zum fallen.*
stǫrtekår, f. *sturzkarren, karre zum*
aufwippen. Kindl. Hörigk. 414 (a.
1338): biga vulgariter stortcare.
stǫrten, *stürzen.* ik hewwe mi stǫrtet,
ich bin gefallen. et stǫrtet, *es stürzt*
(vom platzregen).
stǫrtregen, m. *platzregen;* syn. slagregen.
stǫrwåld, *einer der überall bahn bricht.*
— *Witte hist. antiq. sax. 535:* bom-
barda maxima quam vulgari suo ,Stûr-
walt' nominabant. s. stûrwåld.

stôt, *m. 1. stoss, eine kurze weile.* ênen stôt helpen; *syn.* pôse. *2. ein fleck unter dem schuhabsatz. 3. ortsbezeichnung z. b.* Holtaer stôt *bei* Balve; *syn.* knapp. *stut, was* Förstem., *die deutschen ortsnamen, p. 46, aus der oberen Wuppergegend als appellativum für hügel anfügt, wird dasselbe wort sein; dazu passt auch die hd. form stoss.*

stôt, *m. 1. stoss. 2. kurze zeit.* oppen stôt, oppen korten stôt.

stôten *(præt.* stodde, *ptc.* stott), *stossen.* ik hewwe 't stott, ik hewwe 't vriawen, bat 'r nitt af es gån, es drane bliawen, *sagen die wäscherinnen.* då stodde ne mål de bûr innen nacken, *da kan seine bäurische sprache zum vorschein.*

stôten, *flecke unter schuhabsätze setzen.* — *engl.* to stud.

stôter, *m. 1. stösser. 2. stössel. 3. kuchen von gestossenen kartoffeln.*

stôthake, *m. habicht. K.*

stôthawek, *m. habicht.*

stôthevek, *m. habicht. (Fürstenb.)*

stôtken, *n. =* stôt, *dessen deminutiv es ist.* då hett se noch dat stôtken (weges), dann sidd se fartens då.

stôtvagel, *m. stossvogel, habicht. abergl.: was im frühjahr kuckuk ist, ist im herbst stossvogel. (Marienh.)*

stôtwind, *m. windstoss.* — *vgl.* têkruder, kräuterthee; tittentêwen, zehenspitzen; wisenase, naseweis.

stof, *m. 1. stoff. 2. staub.* — *Magd. bib.* stoff, staub. *nach mhd.* stoup sollte es stôf *lauten; vgl.* Gr. 1², 259.

stôfen, *pl. streiche. (Odenthal.)*

stôfern, *wegschicken, forttreiben.* H.

stôwen, *staub ausfegen.* K.

stôfschau, *stofschuhe.*

stoffel, *m. dummer töffel.* — *aus* Christoffel, *vgl.* pappstoffel.

stowe, *f. 1. stube. 2. feuerkieke.* — *ags.* stofe, *sudatorium. ahd.* stupa, stuba. *vgl.* Dies I: stufa.

stowen, *dämpfend kochen, schmoren.* — *holl.* stoven. *dän.* stuve. *engl.* to stew. *es wird mit* stowe *zusammenhangen.*

stôwen, *1. ausstäuben, von staub reinigen. 2. wegjagen. s.* stof, stôfern, stuwen.

stôwer, *m. 1. stäuber, staubbesen, borstwisch. 2. kind das schon laufen kann. (knabe von 8—10 jahren. K.) syn.* stüppken. — *Seib. qu. 2, 352:* stover *(stöberhund);* Frisch *II. 322:* stäuber.

strack, *adj. u. adv. gerade.* de krummen sidd düt jår alle nitt strack. strack af, strack op, strack tau, strack ût.

sträckede, *f. gerade richtung.* ik nåm de sträckede, *ich ging den geradesten weg.*

stracks, *nachher, später.* bit stracks. *(Lüdensch.) — das wort bedeutet nicht ,sofort, sogleich' wie im hochdeutschen.*

straimel, *s.* striəmel.

strål, *m. strahl.* — *entstanden aus* stradal, *wie* scrål *(dolch) aus* scradal, *schåle aus* scadala. *wahrscheinlich ist* strål = scrål, *so dass es mit* scradan *(schneiden) zusammenhängt, seine urspr. bedeutung wird* pfeil *sein.*

stråle = stråte *in* melkstråle, milchstrasse.

strålhenne, *f. strahlhenne. kuhname.*

stramm, *adj. und adv. 1. straff, gespant, enge.* bå de rike môg un drêt, då was 'et beste stramm un vrêd. *2. rasch, schnell.* stramm gån. *3. anstrengend.* stramm arbêen. — *rgl. holl.* stremmen. stramm : thramm = strote : throte.

strammbulstrig, *spannhäutig, in enger kleidung.* de strammbulstrigen blåen, *die spannhäutigen blauröcke (soldaten). (Altena.) —* strammbulstrig *bei* Schambach *und* strabulstrig *bei* Seifart, *sagen* II, 56. Schambach: stramen, spannen.

strang, *m. 1. strang.* en strang gårn. *2. strecke.* Haarstrang, môəlenstrang *(flussstrecke, mühlengraben),* rüggenstrang. *3. fig.: von menschen gebraucht.* lange strang, *langer mensch.* fule strang, *fauler mensch. Muster. 52. wie* strick (garnement): en undûənigen strang. öwer de stränge slån. — *Zu 2. Teuth.:* stranck, en uytvloet van en water. *Kantz:* stranck, sehestranck = canal, sund.

strappezêren, *sehr anstrengen.* — *zunächst aus ital.* strappazare; *dieses aber aus* extra *(übermässig) und* pazziare *(narren).* pazziare *vom deutschen* barzen, *wüten, wozu auch* barzig, batzig *und* patzig *gehört.*

stråte, *f. strasse.* frie stråte, küəningesstråte, *öffentliche landstrasse.* hole stråte, hohlweg. stråte-op, stråte-af.

stråtenengel, *m. strasseuengel.* en strătenengel, *wie im hûsdûwel.*

stråfe, *f. strafe.* stråfe maut sin, *sagg de magister, då fråt hä dem jungen 'et buater af.* stråfe maut sin, må wê dem se öferkömt. H.

stråfen, *strafen. fluch:* god stråf mi. — *mnd.* straffen.

strêk, strêek, *m. 1. streich. fig.:* Lummertsche *(Landemert, dorf bei Plettenberg)* streke *sind ein gegenstück zu* Biəkemsche *(Beckumsche)* anslêge.

258

goiden streich weges. *Cöln. jb.· 492.*
3. wetzstein zum sensenschärfen, syn.
strikstên. — te strêke (strêche) kuomen,
zu stande kommen.
streeken, *1. gerade machen. 2. kürzen.*
dat strecket ne halwe stunue.
strenge, *1. strenge.* strenge herens dä
richtet nitt lange *(rom wetter). 2. stark,*
fig.: von der butter, rom brote. strenge
buoter. strenge bröt. — *alts.* strengi,
·förtis. *engl.* strong. *Cöln. jb. 534:*
in eime strengen wasser.
strengen, *strenge (kalt) werden.* wann
de dage anfanget te lengen, dann fanget
se ock an te strengen.
stref, *1. derb, stämmig, kräftig.* en
strewen jungen. *2. was entgegen strebt,*
ruuh. II. — stref wol ursprünglich =
dref. s-tiriban = thuriban; *nach abge-*
gelöstem s verschob sich t in th.
strewen, *streben, sich bemühen. F. r. 117.*
— *Thiersch vervem.: sik streven tegen,*
sich stemmen gegen.
strick, *n. 1. strick.* hä es 'et strick mitt
wèrd, dà me ne miede ophänget. *2.*
schleife. 3. schlinge zum vogelfange,
syn. snaise. *4. durchtriebener mensch.*
fig.: et rehnde *(regnete)* stricke. *(Pa-*
derb.) — *engl.* trick.
strickbil, *m. strickbeutel.*
stricken, *stricken d. i. stricke oder schlei-*
fen machen. — *fr.* tricoter.
strickhose, *f. strickstrumpf.* s. sik widden.
strickrüter, *m. strickreiter.* de êne strick-
rüter well den annern ök int strick laien.
— *Vilm. hess. idiot.: strickreiter ist*
bezeichnung der westfäl. gensdarmes
von 1808—1813, welche arrestanten mit
stricken ans pferd banden.
strickstock, *m. stricknadel.* s. hangen
bliwen. — *ursprünglich wol nur von*
holz, vgl. spilla, épingle *von* spina *(dorn)*
und engl. pin.
strid, *m. streit.*
stridbügel, *m. steigbügel.* s. strien 2.
stried, *m. schritt..* struio *für* strie, *schritte.*
(Paderb.)
striok, *m. 1. strich.* dai het den striok
entwè lopen, *der ist auf einer bösen*
stelle gewesen. so sagt man, wenn je-
mand ausgefahrene lippen hat. *2. strich*
am euter der kuh.
striemel, *f. streif, schnitz.* an striemeln
un straimeln. — *ahd.* strimul, linea.
altn. strimill. *dän.* strimmel.
striemelken, *n. streifchen, z. b. landes.*
striemelmaus, *s.* rüstepitten.

strien = striden *(præt.* strêd, *ptc.* strien),
streiten.
strien = striden *(præt.* strêd, *ptc.* strien),
schreiten, steigen. hä strêd ŏwer den
grawen. *dieses zeitw. hat seit anfang*
des laufenden jahrhunderts mehr und
mehr dem schrien platz machen müssen.
— *vgl.* bestrien, te striens, verstriens.
Thiersch vervem. 58: stryten = schrei-
ten. *engl.* to stride.
striope, *f. eine klucht (spaltholz)* a. *für*
heidelbeersträucher u. dgl. (Halver.)
b. *zum machen von .pfingstbesen. (Lü-*
densch.)
striopen, *streifen. 1. abstreifen, vom*
rübstiel. raiwen striopen *sagt man zu*
Weitmar statt striopmaus raien. *von*
der flachnbereitung. 2. saugen. de
junge striopet de gansse nacht. *3.*
= striken, streicheln. *4.* liəg striopen,
müssig gehn. — *engl.* to strip. *franz.*
étripper.
strioper, *m. abstreifer, riffler.* zu striopen 1.
stripig, *streifig, gestreift.* süh màl, bat
es dat feld stripig! bai heut dat
saigen dàn?
striopkasberte, *f. johannisbeere (die man*
abstreift).
striopmaus, *n. rübstiel. syn.* striemelmaus,
knisterfinken, retel-dört-kerf, röke-
steppen, rüstepitten.
striopmausraien, *n. abstreifen des rüb-*
stiels.
striopxel, *n. das von den blattrippen des*
rübenstrunkes abgestreifte. syn. raielse.
strike, *f. 1.* = strikstên. *(Fürstenb.)*
2. fidelbogen. Sprickeln u. sp. 8.
strikebred, *n. streichbrett.*
striken *(præt.* strèk, *ptc.* strioken), *1.*
streichen, streicheln, schmeicheln, lieb-
kosen. bai de dochter friggen well,
maut de möer striken. *2. wetzen.* 't
mess striken. *3. bügeln, plätten. 4.*
·*seicht pflügen, so dass die stoppeln in*
die erde kommen. 5. sich bewegen,
gehen, ziehen (von zugvögeln). her-
ümme striken.
strikenig, *gestrichen.* strikenig vull.
(Siedlingh.)
striker, *m.* = strike. *H.*
strikisern, *n. bügeleisen.*
strikmäte, *f. gestrichenes mass.* hä wær
gèrne med strikmäte te frien west, hä
hadde àwer en hupen drop kriagen
= *er war gehörig geprügelt worden.*
strikraimen, *m. streichriemen.*
strikstên, *m. wetzstein.*
strilings, *schrittlings. syn.* te striens,

verstriens. *für stridlings zu striden,
schreiten.*
stripe, *f. 1. streife. 2. gestreifte kuh.
kuhname.*
stripelgras, *n. bandgras. (Siedlingh.)*
stripen, *m. streif. eu stripen speck. ein
längliches acker- oder waldstück. ein
längliches stück gewebe.*
stripp strapp strull *bezeichnet im mär-
chen den ton des melkens. — Andere
ablautende formen:* gribbelgrabbel;
himphamp; hick hack; kick kack;
klipp klapp; krick krack; kwick kwack;
pinkepank; pittenpatten; piff paff puff;
lipp lapp; sipp sapp sunne; snider wipp
snider wapp; Stimmstamm, *ein berg im
kreise Meschede.*
stripse, *schläge; vgl. wikse. — engl.*
stripo. *holl. strips, peitschenhieb.*
strö, *n. ˆstroh.* hü het noch nix utem
ätröe, *er ist noch nicht bei cassa.*
strödak, *n. strohdach.*
strödick, *strohdick, ein paar linien
dick. H.*
ströern, *von stroh. et was ock män en
ströern kind, sagte Johann van Dün-
schede.*
ströhalm, *m. strohhalm.*
strökrans, *m. strohkranz.*
ströken, *n. unterlage von geflochtenem
stroh für schüsseln. H.*
ström, *m. strom.*
strop, *m. strupf, schlinge. — ags.* stropp.
Cöln. jb. 50: strop, *schlinge. Selentr.
105b:* storp.
ströpen, *streifen.* hü het de hüd stroft.
— *mnd.* ströpen.
ströper, *s.* huckenströper.
strösack, *m. strohsack.*
strote, *f. kehle.* de strote es kainen
wiaseböm *lang; et es män en klain
endken bà et guad smaket = gib nicht
unnötig geld für gaumenkitzel aus.*
mi es wot in de unreehte strote *(luft-
röhre)* kuemen. — *ital.* strozza. *ahd.*
droza, *wovon erdrosseln. ags. throte.
engl. throat. unsere form stamt aus
einer zeit, wo t noch nicht in th und
d verschoben war; bleibendes s schützte
das t. die Longobarden werden auch
strota gehabt haben, wie das italiäni-
sche vermuten lässt. vgl. strenge und
drengel.*
sik ströten, *sich würgen. — ital.* stroz-
zarsi.
ströteber, *f. würgebirn, stickbirn, poire
d'angoisse.*
strubbeck, *m. der mit zerzaustem haare
geht. H.*

strubbel, *m. struppiger mensch.*
strubbelig, *struppig, sträubig, von haaren.*
— *Teuth.:* strubbelich, hoevelich, on-
even; *vgl. holl.* struwel *und mhd.* ge-
strüpp.
strubbelkopp, *m. =* strubbeck.
strubbenickel, *m. unreinliches, unordent-
liches frauenzimmer, wil dat se de hår
üm de tene hangen het. — s.* nickel.
struddek, *m. strauch.* löfstrüdecke, *sträu-
cher an denen das laub den winter über
hängen blieb. — v. Steinen XX, 1182:*
Joh. Hermen v. Strauch gen. Strudigh.
mhd. strot, *strauch.* strük *muss aus*
strudak *zusammengezogen sein.*
strüape, ströpe, *f. strupf, ohr, band an
stiefeln. -- dän.* stroppe.
strüggen, *streuen.* wan 'k strüggen sall,
dann we 'k ock misten, *sagte einer
und zog sein taschentuch hervor, in-
dem er eine angebotene prise annahm.
— alts.* stroian; *rgl.* drüggen.
strüggen, *n. streu.*
strük, *m. strauch.* de strüke. *s.* struddek.
sik strükeln, *straucheln. s.* struddek.
enen, *datte sik strûkelde. — Teuth.:*
sneven, struycklen. *Huspost. St. Jo-
hansdag:* struken. *Cöln. jb. 534:* stru-
chelen.
strükröver, *m. strauchräuber, strassen-
räuber. H.*
strüksken, *n. sträuchlein.*
strull, *das strullen. et giat de melk te*
strulle. *kinderreim.*
strullen, *vom laute auslaufenderflüssigkeit
aus fässern, des melkens, pissens, reg-
nens. et blöf am strullen asse wann
de hiemel smulten wer. K. S. vom
schweiss. Muster. 1. — vgl. Teuth.:*
streulen *und* streule *als synon. von
harn.*
strulltappen, *m. krahnen. (Soest. Boerde).*
strump, *m. pl.* strümpe, *strumpf. syn.*
hose.
strunk, *m. strunk.* sik uten strünken
maken. *(Brilon.))* sek dör de strünke
maken. *Gr. tüg 27.*
strunkeln, *1. straucheln, stolpern. N. l.
m. 29. 2. purzeln.* he was runner
strunkelt, *er war vom wagen gefallen.*
struntsel, *f. schlunse, schmutzige weibs-
person. K. — Kil:* stront, stercus,
merda.
strüntueler, *m. eingebildeter pinsel. N.
l. m. 62.*
struntsen, *prahlen.* struntsen op wot,
*rühmen, loben. s. bestruntsen. — vgl.
Mda. 6, 19. engl. to strut.*

strantuer, *m. prahler, windbeutel. syn.*
gróthans.

strantsmichel, *m. prahlhans. K.*

strapp, *m. schlinge von leder am pferde-geschirre.* kainen strupp róren, *gar nichts angreifen. H. s.* stropp.

strüppels, *pl. wirre haare.* de grisen strüppels. *Grimme.*

strúf, *sträubig. — alts.* strúf. *Teuth.:* struyff.

sik stráwen, *sich sträuben.*

stráwesk, *sträubig.* sik stráwesk stellen, *widerstand entgegensetzen.*

stäbbe, *staub, holzstaub.* sik utem stäbbe raien, *sich aus dem staube machen; s.* stäbbels. — *Sündenf. 1091:* stubbe, *staub.*

stäbbels, *n. staubiger abfall beim holz-hauen. — die endung* els = alts. isli *in* dópisli. *nicht selten wird* else *ge-sprochen. — andere beisp.:* kérnelse, kräuselse, kröppelse, herkelse, rendelse, raielse, schräbbelse, striapelse.

stäbben, *wegjagen.*

stücke, *n. 1. stück, pl.* stücker. stücke bród, flés. buaterstücke, *butterbrot,* honigstücke, kæsestücke, smältstücke. mostertstücke, *fleisch mit senf.* stück land: gárenstücke, feldstücke. *2. ein drahtgewicht, zu Lüdenscheid und Al-tena 9⁹/₄ pfd. köln., zu Iserlohn 10 pfd. köln. 3. obliegenheit.* du maus beter op din stücke passen.

stucken. *1.* tesamen stucken, *zusammen-legen,* steuern. *(berg.) 2. ins loch werfen, ein kinderspiel. (Velbert.) —* stucken = stuken. *Sündenf.:* gestuket = gestossen.

stückern, *flicken; s.* ütstückern.

stuckert, *stockung, einhalt, pause. H.*

stücklings, *adv. starr.* stücklings schen. *H. s.* stük.

stückeken, *n. 1. stückchen. 2. geschicht-chen, schnurre.*

stadente, *m. student, schüler.*

stadentenvilette, *f. studentennelke.*

studs, *m. prunk.* rechten studs maken. *— vgl. alts.* stud, opes.

studsrock, *m. prächtiger rock. im rätsel: das* kuhfell.

stuop, *m. hintergesäss. K.*

stuapel, *m. kluthahn; s.* stuapen.

stuapelhær, *windiger commis. (Altena.)*

stuapen, *m. junges pferd, von der zeit an, wo es brauchbar wird bis zum zweiten jahre. (Brackel.) anderwärts bis zum dritten jahre.* hai sprang ächter un vør inter lucht as en stuapen; *s.* stopen, stüppken. — *ahd.* stofin.

stuapen *für* stuppen, *stumpfen, abhauen, abstutzen.* de bür es as en wienstump: jo mær me 'ne stuapet, jo kruser atte werd.

stáer, *f.* steuer.

stáern, *steuern, einhalt tun.* geduld uu en smältbuater stúert den hunger un den iver.

stuoterbeck, *stotterer.*

stuoterig, *stotternd. vgl.* stoten.

stuotern, *stottern. vgl.* stoten.

stúk, *steif, hartnäckig, widerspenstig. an der Ruhr: ungeschliffen, ungefällig, grob; s.* stúknacke. — *ostfr.* stúksk. *Teuth.:* stugge, wreet, struyff. *holl.* stug, *starrköpfig.*

stuken, *1. stauchen. 2. verkürzen beim schneiden. — Sündenf.:* stuken, *stossen. Münst.:* stuakvetter, *fassbinder.*

stuken, *m. stammrest eines baums. — Aesop. 82:* stuke. *Claus B.:* stukken *(v. 191 lesart A). vgl. hd.* stauche.

stülpe, *f. 1. trommel zum zudecken des herdfeuers. 2. deckel einer terrine. 3. stulpe am stiefel. 4. eine art deck-ziegel. s.* anstülpe. — *Teuth.:* stolpe. *holl.* stolp. *Kil.:* stolpe, stulpe, sax. sicamb. operculum. stolpe. vetus. tignum. *ostfr.* deksel, *zum zudecken.*

stülpeln, *stolpern.*

stülpen, *1. umkehren, z. b.* tassen. *2. hin-unterstürzen.* ter trappen herunder stülpen. *K. S. 29. — mwestf.* stolpen. *Teuth.:* stolpen, umkieren. *holl.* stolpen. *ostfr.* stülpen.

stulpern, *stolpern.*

stummel, *m. in* pipenstummel.

stümmel *für* stümpel, *m. 1. stammstück eines baumes; syn.* stuken. *2. rest eines armes, beins. — ut = sth, wie* hümmel *lehrt.*

stump, *m. 1. stumpf. 2. kleine stump. vgl.* schwed. min lilla stumpa.

stumpawe, *kurzab.*

stumpax, *unwissender knabe. K.*

stümpken, *n. kleines kind; s.* stump 2.

stunde, stunne, *f. stunde.* usse hergód làtt et mi inner glückelken stunde seggen. *II. — Ludolf:* stunde, auf-schub, stillstand.

stündel, *teil des wagens. (Fürstenb.)*

stundse, *f. ein gefäss, halbes fass; syn.* löpen. *(Köln. Sauerl.) — nhd.* stotz.

stupe, *m. junges pferd. acc.* den stupen. *s.* stuapen. *F. v. 100.*

stupp, *1. stumpf.* stupp af, *stumpf ab. 2. stumm.* stuppe weren, *verstummen, betroffen sein.* stupp, still. *II. 3. auf der stelle.* só stupp, *sofort.* hä bléf so stupp stån. — Kil.: stup j. stip, punctus. engl. to stop, to stop short.

stuppeln, unsicher gehen, vom ersten gehen kleiner kinder.

stüppken, n. 1. kleines kind, s. stümpken. 2. kluthähnchen. (Wiblingw.) s. stûapel.

stuppsiert, m. stumpfsterz; s. stûapel.

stûr, starr, stark, steif, anhaltend. hai es stûr im rüggen. 2. mürrisch. Weddigen. adv. fortwährend. stûr dôr, fortwährend durch. — ahd. stiuri würde stûr geben; vgl. ags. steóran, dessen grundbedeutung valere, vigere, pollere sein muss. unser stûr könte aus sturr entstanden sein. Teuth.: stuyr, wreet, struyff.

stûren, steuern. stûren nâ. Völkerst. I, 196. — Seib. urk. 996.

sturm, m. 1. sturm. 2. rausch. im sturme sin.

sturm, adv. stürmisch, sehr schnell. et gêt sturm. hä arbedt sturm.

stürmen, stürmen. hä stürmet op sine gesundhed loss.

stürmer, m. grosser hut; eigentlich wol sturmhut.

stûrwâld, pl. stûrwäller, à tout, ass im karnüffelspiel. s. stôrwâld.

stuten, m. ein backwerk, wol ursprünglich rund mit einer kerbe, wie unsere bauerstuten. roggenstuten. witte stuten, weissbrod. — der name hängt mit ahd. stiuz zusammen, vgl. stûting. Teuth.: wytbroit, wegge, semele, stuten, mycken; stuyt, wegge, cuneus. Kil..: stoete j. stuyte, panis triticus quadratus; stuyte holl. j. stiete, uropygium.

stutenbrôd, weissbrod. (Werdohl.)

stutenbueter, butterbrod von stuten.

stutenmond, m. honigmonat, flitterwochen. H. Köppen bemerkt dazu: passt für Westfalen, wo schwarzbrot das gewöhnliche nahrungsmittel war, stuten (weissbrot) dagegen festkost.

stûting, m. steiss, bürzel; syn. ennekenfuet. — ahd. stiuz. holl. stuit.

Stûtner, familienname, stutenbäcker. urk. v. 1520: Stutenar.

stütte, f. stütze. — Teuth.: stutte, schairpost. Kil.: stutte j. schoorhout, fulcimentum, fulcrum.

stütten, stützen. — Kil.: stutten, ondersetten, fulcire.

stûf, stumpf. dat mess es stûf. stuwe bessems kert guad. stuve baike, geköpfte (gestûvede) hainbuche. — stûf: stumpf = trûf: trumpf = düster: dinstar.

stûven, den bäumen die zweige abhauen. K.

stuwen (præt. stôf, ptc. stowen), 1. stieben. et stûwet, es staubt. et es am stuwen, von staubregen, schneegestöber. 2. zerstieben, verschwinden. ik wêt nitt, bä he stowen of flogen es; vgl. M. btr. 3, 628: stoven vnd verflogen. hai sin geld well saihen stuwen, då maut et leggen an imen un duwen. 3. laufen, jagen. nû lätt stûwen! lass die pferde laufen. vgl. r. Steinen I, 244: stuven = jagen, von pferden. redensart: drop stufen låten, es darauf ankommen lassen, sich um den ausgang nicht bekümmern. — ahd. stiuban. R. V. stuwen.

stuwen, m. ein wenig, eigentlich ein stück. hai het en stuwen van der borstkrankhed. — vgl. stuve, stück. Dortm. Wandschn. 23. stuwe : stumba = duve : dumba. s. oben stûven.

stûwer, m. stüber, eine münze. amme stûwer kamme saihen, bu de daler gemüntet es. H. — Kil.: stuyuer, nummus sic dictus u puluerea leuitate: quod hæc moneta noua multo lenior et deterior vetere cuderetur. (?)

suber, suwer, sauber. — alts. sûbari. Teuth.: suver, cuysch.

süchelte, f. geissblatt. so genant, weil kinder den honigsaft aus den blüten saugen. — ags. hunigsucle. engl. honey-suckle. über ch vergl. echelte, söchel.

suckeln, saugen. (Paderb.)

sucker, m. zucker.

suckerranke, f. geissblatt. (Weitmar.)

suden, m. süden. — ags. sûdh.

sudenwind, m. südwind. sudenwind kåld werd selden drai dage åld.

sûe, f. (kreis Altena.) s. sûage.

suader für surder, m. unreine flüssigkeit. de suader ût der pipe — vgl. Theoph. (Hoffm.) serden, besorden u. lat. sordea.

sued, m. sud, ausgepresster saft beim pramen (vor dem einkochen); vgl. sod. — sod, jusculum. ahd. sut.

suedriwer, m. eine art peitsche.

sûage, f. pl. sûage, 1. sau, schwein. obergl. ne sûage kann den wind saihen. dat lätt eam gerade as 'ner suage, då sichten well. ne guade sûage frietet alles (von dem der nicht wählerisch ist). hai dû de sûage, ik de ferken, dann könt et ock de lû nitt merken. eck heu de suage nich fôr de köttelu (so wohlfeil thu ich das nicht). H. drif mün fudd un de sûe gätt nitt med! 2. weibl. schwein. dai taum ferken geboren es, giot 'ne sûe àder en hær.

sûəgedissel, *f. saudistel; syn.* sûdissel, dûdissel, daudissel, buəterpost.

sûəgeçkern, *pl. eicheln, zum unterschiede von* baukçkern. *(Balve.)*

sûəgehǫf, *m. schweinepferch.*

sûəgemage *in* sûəgemage sûegemige es dem bûer guəd genau.

sûəgemige, *f. sauharn. s.* sûəgemage.

sûəgenickel, *m. schweinigel; s.* nickel.

sûəgesk, *1. säuisch. 2. von der sau.* en biatken sûəgesk *(vom schweine)* dat smaket guəd.

sûəgestall. wan 't vȯr allen dȯren węsen es, kȧert et vȯrm sûəgestalle wier ûm.

sûǫl, *schmutzig; s.* saul.

sûəmer, *m. sommer.* de laiwe-frauen-suəmer, *fliegender sommer; engl.* gos-sumer. *vgl. Z. f. deutsche phil. eine alte zweiteilung des jahrs liegt in:* nu schedt sik suəmer un winter, *wenn' es spät im herbste ein gewitter gibt.*

sûəmerbuggen, en land, *im sommer einen acker zum dungroggen sorgfältig bearbeiten. man verhütet dadurch das aufkommen zu vielen unkrauts.*

sûəmerdag, *m. sommerzeit.* bi suəmerdag.

sûəmerkante, *f. sonnenseite eines berges; vgl.* winterkante.

sûəmerlǫe, *f. 1. sommerlote, sommerzweig, jähriger zweig. 2. kuhname.*

sûəmerplăcke, *pl. sommersprossen. (Siedlingh.)*

sûəmerfuəgel, *m. 1. schmetterling. (Kierspe.) vgl.* sǎmmervûelgen. *(Eckenhagen.) 2. fig.: sommersprosse.*

sûən, *m. pl.* sûəne; *in Schwelm:* sȯn, *sohn. — alts.* sunu. *mwestf.* sûn.

sûəp, *m. soff, saufen.* hȧ es am sûəp.

sûəper, *m. säufer.* sûəpers laiwet sik, frçters hasset sik.

sûər, *1. sauer, vom geschmack.* so sûer at et kritt *(kritaûer). 2. sauer, vom sumpfigen boden. — ags.* sûr. *Mda. 6, 19.*

sûer, *n. essig.* du makes en gesichte as wann de katte sûer lecket hęt. — *Teuth.:* edick, etick, essich, suyr. *s.* itik.

sûerbrunnskrake, *f. krug, in welchem sauerwasser gewesen ist.*

Sûerland *für* Sûderland, *n. Sauerland.* Sûderland. *nach Schüren chr. 161 verglichen mit 168 gehörte Iserlohn damals nicht zum Süderlande. auf s. 75 wird unterschieden* „land van der Marke" *und* Suyderland; *s. 33 wird* nye stad in Suyderland *erwähnt.* noch heute rechnen sich die Iserlohner und Hemerschen nicht zu den Sauerländern.

Sûerlänner, *m. Sauerländer, bewohner des westf. Süderlandes.* de Sûerlänner

tût, *der wilde (ewige) jäger zieht,* Kȧrel-Quint tût. *(Nieder-Ense). auch von wolken, die von west nach ost ziehen. (Deilingh., Rheda.) — urk. von 1603:* Sauerlender.

sûerling, *m. sauerampfer; syn.* sûerte, sûermaus, sûrampert. *(Iserlohn; Unna.) — ags.* sŷring. *Kil.:* suerkruyd, suerckel, suerick, suerampel, suyringh.

sûermaus, *n. 1. sauerampfer. (Elsey.) 2. sauerkraut. (Unna.)*

sûerte, *f. sauerampfer. (Hemer.)*

sûenider, sûesnier, *m. schweinschneider; syn.* beginer.

sugen *(prät.* sȯg, *ptc.* sȯgen*), saugen.*

süggel, *f. schusterpfrieme.* as ne süggel *(rätsel).* nitt ne süggel. pinn-süggel *für* pinne, nägel. de schaumęker stioket sine süggel in speck *(er hört auf zu arbeiten).* wȧ de süggel in es, dȧ stioket se berût. *H. — ahd.* suila *wol aus* suwila, *zu* siujan (suere); *Wigg. II, 43:* suwele. *dän.* syl. *s.* süll, suggele.

suggele, *f. stopfnadel. (Paderb.)*

süggeln, *1. mit der* süggel *arbeiten. K. S. 14. 2. vom schneider: nähen. (Dortm.) auch Gr.* lüg *74.*

sûh, *sich, zu* saihen.

sûke, *f. seuche.* stęrtsûke, *eine viehkrankheit.*

sûkede, *f. seuche. im jahre 1529 raffte eine neue krankheit, die sich ‚erhaven' und die ‚swetende suckede' genant wurde, die menschen binnen 10 stunden weg; sie wütete auch in Altena. Alten. stat. vgl. Kantz. 176. — Tappe 104ª:* suckede. *Staph. 2¹, 84.*

sûlen, *1. schmutzen.* et sült lichte. *2. im schmutze herumwühlen. — alts.* sulian, *immergere luto, contaminare. ahd.* solôn, inquinare. *Fastnachtsp. 972³⁰:* sôlen, *schmutzige arbeit verrichten, schmutzig werden und sein. Sündenf. 820 f.:* gelik einem wunderliken queke dat sek solet in deme dreke.

sûlęxe, *f. schwere axt der zimmerleute zum einhauen der zapflöcher.*

sûll, *f. ahle. (Solingen.) s.* süggel.

sûll, *n. schwelle.* dat süll es ümmer de höggeste berg *(ital.* il passo più difficile è quel della porta). smitt de molle ût dem süll *(an der schwelle), dat bedüdt en likem. — ahd.* swelli. *Tappe 243ª:* die schwelle, der dürpel, der süll ist der höchste berg.

sülte, *f. sülze. — dän.* sylte, *salzfleisch;* sylte, *einmachen.*

sülten, *eingemacht.* sülten appeln. sülten

maus, *sauerkraut.* sülten raiwen, *ein-gemachte rüben.* *s.* insülten.
sulfern, *s.* zulfern *und* hulfern.
sümen, *1. zögern, zaudern. 2. versäumen.* — *vgl. ahd.* farsûman,
sund *für* sind, *seit. (Mönetal.)*
sundag, *m. sonntag.* — *alts.* sunnundag. *mwestf.* sunnendag.
sunne, *f. sonne.* — *alts.* sunna.
sünne, sünde, *f. sünde.* et es sünne un schanne *(ital.* è peccato).
sunnenschîn, *m. sonnenschein.*
sunnenschinken, *n. marienkäfer. (Weitmar.)* sunnenschianeken, *dass. Limb., Volmetal.*
sunnenvuagel, *m. 1. tagschmetterling. (Balve.) gegensatz:* molkentôver, *nachtfalter. 2. gelber und weisser schmetterling. (Liberhausen.) 3. schmetterling überhaupt. (Werl, Fürstenb., Siedlinghausen.) vermutlich komt der name eigentlich nur dem citronenfalter* (bintervuagel) *zu. vielleicht hängt das* ,sunneuvuagel ütdriven' *ursprünglich mit dem mythus von vogel Phœnix (Kil.:* sonnenvoghel) *zusammen, der aus einem wurm neugeboren wird; vgl. westf.* sünteworm.
sunner, sunder, *præpos. c.'acc. sonder.*
sünner, sünder, *m. sünder.*
sunnerlik, sunderlik, *besonder.*
sunnenvûelgen, *n. marienkäfer. (Liberhausen.)*
sunnenvûeljagen = sünteuvuageljagen. *(Reiste bei Meschede.)*
sunnevûelken, *n. marienkäfer. (Werdohl.)*
Sunnern, Sundern, *m. häufiger waldname. oft scheint damit die südliche lage bezeichnet, dann von* sund = süd; *andere* Sundern *werden abgesonderte, ehemals für bauholz vorbehaltene waldstriche sein.*
sünnigen, sündigen, *sündigen.*
sünnken, *n. kleine sonne.* sünnken äder nünken *(ein spiel).*
sünt, sünte, *sanct.* sünt-Pêter. sünten-Tigges. sünte-Klâs. *s.* sante.
süntebock, *m. teufel (in einer besprechungsformel). vgl.* hellebock.
Sunteck, Sundwig. — *mwestf.* sutwic, *süddorf mit bezug auf Hemer.*
sünte-Mêrts, *s. Martinus.* sünte-Mêrts vûagelken *(? specht) dat hęt so'n rôd röd küagelken, dat flûget all so höge, all ôwer den Rhin.*
sünten-Tigges, *s. Matthias.*
süntevuogeljagen, *n. so hiess im ersten viertel dieses jahrhunderts zu Hemer ein alter gebrauch am Peterstage im februar. unter hersagung des reimes*

,rüt rüt süntevuagel usw.' *wurde frühmorgens an die pfosten der häuser und ställe geklopft. näheres darüber in zeitschr. d. berg. g.-v. XI, 85 f.*
sünteworm = süntevuagel. ,wer gern bauholz vor dem holzwurm sichern will, schlägt am st. Peterstage vor sonnenaufgang mit einem stück eichenholz an dasselbe und spricht dabei: sunteworm wut du herut! sunte Peter is kuemen.' *Weddigen, W. M. III, 716. s.* söllvogel *und* zeitschr. d. berg. g.-v.
süntjüttenbraie, *f. schlechte brühe, schlechtes getränk, z. b.* cichorienkaffee. *s. d. f.*
süntjüttendag, *m. nimmermehrstag, calendae græcæ. dat betald he di op* süntjüttendag. *vgl.* St. Juddmisse. *Kronick der stad Roermond. — jedenfalls ist hier eine Jutte gemeint, welche nicht als heilige im kalender steht. Sonst bedeutet Jutte, Judith, wie es scheint auch Johanna, wenigstens wird in Koelhoffs chronik die päpstin Johanna Jutte genant.*
supen *(prœt.* söp, *ptc.* sopen*), saufen.* hai söp as en dorposse. *Gr.* tüg *65.* supen as en hûrpęrd, *welches vom hellwege kommend, wo das wasser schlecht ist, im Süderlande gutes findet. H.*
supen, *n. 1. saufen. 2. suppe, z. b,* en bersupen. — *v. Steinen XX, 1525:* ,eynen degell dar men eyn supen inne seyde.'
süper, *m. säufer.*
superlative *gebildet mit* bitter, bland, brand, nagel, swart.
süpmâme, *f. mutterbrust.*
süpnickel, *m. säufer.*
supp, *adv. verkehrt.* den halsdauk supp ûmbinnen. *adj.* de hauske es supp *(Altena).*
suppes, *adv. zurück, rückwärts.* suppes gân. — *in Solingen:* zuppes. *H. — vgl. fr.* à reculons *von* cul.
suppeln = zöppeln. *(Altena.) H.*
suppen, *rückwärts gehen; s. suppes und* hoppen. — *Wigg. gram. 101:* zoppen.
sûpût, *m. saufaus, säufer. — vgl. Gr. II, 961. s.* packân, krassefout, trimpopp, wippopp. *auch schwed.* suput.
sûrampelt, *m. sauerampfer. (Brilon.)*
sûrámpelte, *f. sauerampfer. (Fürstenb.) — der ton wie bei* migênten, sûrámpert.
sûrampert, *m. sauerampfer. (Marienh.)*
sûrámpert, *m. sauerampfer. (Siedlingh.)*
sûren, *säuern. -- Tappe 106ᵃ:* suyren.
surk, schurk, *m. holzapfel, holzbirne; syn.* holtsurk. — *altwestf. wahrscheinlich* sûrak *zu* sûr *(sauer), vgl. franz.*

provinz. aigrasse. mwestf. urk. v. 1446
(der Pancratiuskirche zu Iserlohn):
zůrickbom. aus dem 14. jh. bei La-
combl. arch. VI, 143: domina de holt-
surike. vgl. Vilm. aus dem westl. Hessen:
soetek, süsser apfel; bitek, saurer apfel.
sûrk für **sûwerk**, hübsch. 1670.
surkappel, m. holzapfel. so sûer as en
surkappel.
surkstamm, m. holzapfelstamm.
sûsa, f. wiege, urspr. ein an stricken
aufgehängter. korb, vgl. Vilmar s. v.
sause.
sûsa, m. saus, trunkenheit, rausch. im
sûsa sin.
susen, 1. sausen. 2. schlafen. im wiegen-
liede: suse, ninneken, suse; vgl. Vilmar
s. v. sausen. 3. summen, von bienen.
(Marienh.)
sûsk = sölk, sösk, solch. — engl. such.
sûss, 1. so. sûss åder sö, so oder anders.
de êne dæ em sûss, de andere sö.
jéderên het sine last: de êne sûss, de
andere sö. — mwestf. sus und dus.
2. sonst, olim und aliter. — mwestf.
sus, aliter. M. btr. IV. 484. vgl. sunst,
sust. Gr. III, 63, 92, 196. Mda. I, 261.
süster, f. schwester. dat es unner süstern
un brôers en daler wêrd. süster un
brôer in ênem jår giot sterwen åder
verderwen (vom heiraten). — nnd.
suster, alts. swestar. Dieselbe artig-
keit gegen das weibliche geschlecht liegt
im hd. geschwister. vgl. aus Holstein:
de (kaht) is unner brôder noch twintig
dahler werth.
swabbeln, hin und her bewegen. swabbel
nitt sö. geswibbelt un geswabbelt vull
(aus einem alten trinkliede). K. s.
swampen.
swaden, stark prügeln; s. swaren. —
vgl. afswaden und ags. svadhul.
swåger, m. 1. schwager. 2. kutscher. —
Tappe 69ᵃ: swager.
swüggel, m. = swewel. (Hattingen.) —
Koelhoffs chr.: swegel.
swaimel, m. hirnkrankheit. alte bäuer-
innen in der gegend von Menden leiden
nicht, dass in den zwölften etwas auf
dem hofe ,rund geht.' wenn das ge-
schehe, meinen sie, würden die jungen
zuchtkälber (faikalwer) ,den swaimel'
bekommen, d. i. hirnkrank werden.
swaimeln, hin und her bewegen, fackeln.
hä swaimelt med der lampe so herûmme.
— ags. swåmjan, motitari, circumferri;
mhd. sweimen.
swâk, schwach.
swacken, swackeln, schwanken, wackeln.

de bôm swackelt. H. bemerkt zu diesem
verbum: ,wie die milch in einer unge-
öffneten cocosnuss.' — Magd. bib. ps.
108, 27: tûmelden vnde schwekeden
(wankten).
swâl, m. = swalk.
swale, f. schwalbe. Spr. u. Sp. 26. —
Wigg. II, 42: swale. dän. svale.
swælen = drålen. (Schwarzenb., Oberberg.)
swælen, 1. schwelen, verbrennen ohne
flamme, verkohlen. de lampe es am
swælen. (Albringw.) 't für laggte
swælen un woll nitt brenen. (Hemer.)
2. schwarz anlaufen. H.
swalenstert, m. schwalbenschwanz. —
Grimme.
swalk, m. dampf, dicker rauch; s. swark.
swalken, dampfen, rauchen; s. swarken,
swerken. vgl. beswolken.
swalfte, f. schwalbe. — mwestf. swaluwe,
zu swiliwan (sûlen), im kote wühlen,
meint Köne z. Helj. 3446; eher wol im
zusammenhange mit mwestf. swel, und.
swal und swelgen, engl. to swallow;
also vom verschlucken der insecten
benant.
swalftenblaume, f. veilchen. (Lüdensch.)
weil frühlingsbote wie die schwalbe.
swäm für swadem, m. wasserdampf. im
swame sin, trunken sein.
swamelu, faseln. Op de ülle hacke 41.
swamelg, faselig. Op de ülle hacke 4.
swamm, m. 1. schwamm. 2. plunder.
de ganse schwamm. et wässet as en
swamm. — got. swamms. ags. swamm.
mnd. swamp.
swampen, schwappen, schwanken, sich
bewegen. de erdboen swampet, er be-
wegt sich, von sumpfigem, morastigem
grunde. — vgl. engl. swamp, sumpf.
swân für swaden, gras, klee mähen.
(Weitmar.)
swâne, f. schwan; s. swickle.
swâne, f. schwaden. (Fürstenb.)
swânen, vorahnen. et swånt mi wat. K.
swanke, adj. elastisch, gewandt, hurtig.
wann 't likem swanke blitt, dann folget
bålle ênen ôtem huse nå. — ags. svanc,
flexibilis zu svincan.
swanke, adv. hurtig, schnell.
swankmann, m. goldfinger; syn. swant-
mann, sandmann, goldfinger.
swankrauge, f. schlagbaumartige vor-
richtung um wasser zu pütten.
swår, f. sense. (Weitmar.) — v. d. H.,
Germ. X, 178: swade.
swâr, 1. schwer. compar. swögger,
swerder; superl. swöggest. flüche häufig
in hd. form: swère menge! swèrnöter!

du sass de awère jacke krigen. *2. trübe.*
es de Lippe klår uu 'et Sûerland swâr,
dann folget guod węer snâr. — *alts.*
swâri.

swęrdblaume, *f. gemeine schwertlilie,* iris
pseudacorus. — *Teuth.:* swerdel, luess.

swęrtdans, *m. schwerttanz. ein solcher
tanz war zu ende des vorigen jh. noch
in der herschaft Bühren gebräuchlich.
N. westf. mag.* I, 206. *ebenso früher
zu Attendorn. auch ein fechttanz kam
in der gegend von Bühren vor. l. c.* 207.

swârens, *zwar. — einfluss des hd. zwar
auf nd.* twårens.

swark, *m. 1.* = **swalk.** *2. dunkles ge-
wölk.* et es en swark an der locht.
3. nebel. et es en swark im grunne.
— *alts.* giswerk.

swart, swatt, *adj. 1. schwarz.* so swatt
asse kolen, — as en pott, — as en
mûter. *2. schmutzig.* swatte hänne.
swatte hiemder. *3. trunken.* hai es
swatt. *fig. rda.:* ock nitt so viel as
dat swatte vam nagel (ne hilum quidem).
du küomes int swatte bauk. *Tappe*
74ᵇ: nimirum significans sub impune
futurum; eo quod facinus ac scelus in
Hipparchorum tábula (quas Agrippi-
nensis Colonia vulgo librum sanguinis,
blûtbuch, aut pellem vitulinum, kalbfel,
Saxones nigrum librum, schwartzbúch,
vocant) relatum sit. *adv.* hä kiket
swart *(mürrisch).* et es swart kåld
(*ęhr kalt).*

swartbęren, *pl. heidelbeeren. (Brilon.)*

swartbôm, *m. hartriegel.*

swartdärn, *m. schwarzdorn. (Hemer!)
die rinde wird gegen scorbut gekaut.
(Marienh.)*

swartdårnewinter, *m. kälte die zur zeit
der schlehenblüte eintritt.*

swärte, swätte, *f. 1. schwärze, kienruss.
2. kuhname;* s. swęrte.

swårtel, *f. schwarte.*

swartkrûd, *n. ein pflanzenname,* ? =
swartwortel.

swartwortel, *f. 1. grindwurzel,* lapathum
acutum, *die vom volke auch gegen grind
gebraucht wird. 2. wallwurz,* sym-
phytum.

swatertrine, *f. schwätzerin.* du ålle
swatertrine *(schelte). Op de ålle hacke*
31. — sw = kw.

swätschen, *pl. zwetschen. Gr. tüg. syn.*
kwetschen, prumen.

sweb, *n.* = swęwe.

swechte, *f. menge, z. b. vögel.* swecht,
f. (Fürstenb.) s. swickede. — *vielleicht*

Woeste.

steckt das wort schon im ortsnamen
Suihtenhuvil *der Frek. rolle (H.* 71ᵃᵃᵃ).

Swêd, *Schwede. in der schelte:* jå du
büst ouk ne rechten Swêd! *(Altena.)
im fluche:* hål mi de Swêd. *letzteres
könte indessen auch* swèt *(schweiss) sein.*

swêlebrand, *einfältiger mensch, pinsel.*
bat is dat ne ållen swêlebrand. *Grimme.*

swêlen, *schwelen.* en pannekauken går
swêlen. *Muster. 2.*

sik swelgen, *sich würgen, von einem
pferde, das den hals im hamen so dreht,
dass es keinen atem bekommen kann.* H.

swęmen, *schwaden verbreiten.*

swęmig, *von speisen, in welche der schwa-
den gezogen ist.*

swêne, *m. hirt, gewöhnlich schweinhirt,
wie schon im Altenaer statutenbuche
sweene ohne zusatz den schweinhirt be-
zeichnet. man sagt sonst auch* sûege-
swêne. *auch zu Siedlingh. gilt ein-
faches swêne für schweinhirt. — got.*
svein. *ags.* svân. *engl.* swain. *dän.*
svend. *Teuth.:* swene, verkenskerdde.

swengel, *m. schwengel am wagen, brun-
nen. — Teuth.:* putswyngel. *syn.*
swangrauge.

swęrder, *henker, teufel.* dat węr der
swęrder! risbri un då nix bi dat
mag der swęrder ęten. *(gegend von
Hagen.)* ai, nàme twialen un nàme
swęrder dermed! *(Hemer.) — v. Steinen*
VI anhang s. 1832: na des schwerders
klagt. *in Seib. urk. komt ein* Johan
de Swerther *vor. vermutlich ist* swerder
zunächst scharfrichter.

swęre, *f. schwâre.*

swęren *(praes.* swôr, *Unna:* swôr; *ptc.*
sworen; *präs. et* swirt), *schwären. —
ahd.* swiran.

swęren *(praes.* hai swęrt, swirt; *praet.*
swôr, *pl.* swûaren; *ptc.* swòren), *schwö-
ren.* hai swęrt dem Dûwel en bên af
(er schwört leichtsinnig). beteuerung:
we'k swęren! — *das* ô *des praet. (für*
uo) *wegen* r.

swęrken, *dampfen;* s. swark.

swęrmen, *schwärmen.* de imen swęrmet.
auch fig. von der niederkunft.

swęrnix, *beteuerung:* s. swâr. H.

swęt, *m. 1. schweiss. 2. blut.* swêtworst,
blutwurst. — Aesop 82: swèt *(blut).
Sündenf.* 1087: in dinem swêtigen blode.

swęte *für* swęrte, *f. 1. schwärze. 2.
kienruss.*

sweten, swętten, *schwitzen.* bâ swettet
as en pęrd.

swetenshêt, *zum schwitzen heiss. Gr.
tüg* 49.

18

swêtworst, *f. blutwurst.*
swewe, swef, *f. deckbrettchen auf einer gemüsetonne. — vgl. ags. svefau.*
swewel, *m. schwefel. — got. svibls. ags. svefel.*
swicke, *f. menge.* ne gansse swicke.
swicke, *f. zwecke.* sadelswicken. *F. r. 96.*
swickede, *f. menge; s.* swechte.
swickede vull = swicke vull. *(Paderb.)*
swicken, *voran können.* dai kann swicken, der kann mit der arbeit fertig werden. *(Elsey, Marsberg). — Hist. ged. v. Niederrhein:* offt suickt auch den hasen patt. *Z. d. berg. g.-v. II, 100.*
swickel, *m. zwickel, ziegenbart. — vgl.* bim wickel krigen.
swickenige vull = swicke vull. *vgl.* hüpendige vull, strikening vull.
swicke vull = swippe vull, *voll zum überlaufen. — vgl. alts.* swikan.
swickle, *weiss. nur berg. im kinderreim:* krune krane swickle swane, *wo der achener reim* swickle *mit wisse übersetzt. — alts.* suigli.
swickmääle, *zwickmühle. — Husp. 23 na Trinit.:* zwick.
swickswack *im storchlied v. Warburg:* med dinem langen swickswack.
swiel, *n. 1. schwiele. Alten. ged. v. 1788:* schwiel, *m. — Teuth.:* sweele. *2. hals.* du kriss wot oppet swiel = ik slä di annen hals.
swielär, *der schwiel in den ohren hat.* hai es swielär, *es hält schwer ihn zu bestimmen.*
swielärig, *harthörig. figürl. s.* welhärig, balhärig.
swieltunge, *f. eisen woran das ater befestigt wird.*
swiepe, *f. peitsche. — ags.* svip. *engl.* whip. *mhd.* swippe. *Magd. bib.:* schwepe *für Luth.* geissel.
swigen *(præt.* swêg, *ptc.* swïagen), *1. schweigen. 2. verschweigen.* hai kann siu egen léd nitt swigen.

swimel, *m. 1. schwindel. 2. drehkrankheit der schafe, s.* swaimel. *3. taumel, rausch.* im swimel sin; *s.* rûhswimel. *— ags.* svïma, vertigo. *Teuth.:* swymel, vertigo.
swimelig, *schwindlich, taumelnd.*
swimelen, *sich in wirtshäusern herum treiben. — altn.* svamb, vagatio. *mhd.* swaimen, *schweben, fliegen. Teuth.:* swymelen, vertiginari. swymen, sweven *in der lucht,* volitare.
swimslagen, *taumeln in der trunkenheit. H.*
swin, *pl.* swine, *n. schwein.* bù het 't swin 't beste flês? ächter den ären. *lockruf:* ssie ssie. — *alts.* swin.
swind, swinne, *geschwind. — alts.* swith.
swinehof, *m. schweinekoben. (Elsey.)*
swinefaut, *m. schweinefuss.* frau, köp du us swinefaite! o, bu smaket dai so saite!
swingelhêe, *f. werg, welches beim schwingen abfällt.*
swingelbred, *n. werkzeug beim flachsschwingen. — Kil.:* swinghelberd. *zu dem euphon.*1 vergl.: herkelmai, sniggelgöse, werkeldag, wiskeldauk, *v. Hör. urk. 77:* etelwaare.
swingen *(præt.* swang, *ptc.* swungen), *1. schwingen. 2. flachs bläuen. — ags.* svingan, verberare. *engl.* to swingle. *Kil.:* swinghen, swinghelen.
swiniagel, *m. 1. igel. das volk unterscheidet* swiniagels *von* rûeniagels. *Magd. bib.:* swinigel *für igel. 2. fig.: schweinigel.*
swipp int feld! swipp int feld! *ruft die meise dem bauer zu. (Siedlingh.)*
swipp, swhipp, *verkehrte falte; vgl.* zwick.
swippevall = swickevull.
swirken, *rundum absägen. (bei küfern). — vgl. dän.* svire.
swödde, *f. schwere.*
swögede, *f. schwere.*
swûl, *schwül.*

T

tabbel, *m. langer rock, besonders ein zu weiter und zu langer (toddeligen), meist mit dem epithet. ornans „lang“, in kinderreimen. syn.* tabbert. *— Kil.:* tahbaerd, penula. *engl.* tabard. *ital.* tabarro. *münst.* tawwerd.
sik tabbeln, *sich zanken. (Siedlingh.)*
tabbert, *s. v. a.* tabbel.
tacke, *f. 1. zacke. 2. reis, zweig (selten).*

tackel, *f. zacke.*
täckel, *m. dachshund.*
täckelbêne, *pl. kurze säbelbeine.*
tackelig, *adj. gezackt.*
täckelig, *adj. kurzbeinig, trippelnd.*
täckeln, *1. trippelnd gehen. 2. nachlaufen wie ein hund.* ächter em her täckeln = to dog one.
tacken, *m. zacken.*

tacken, *m. 1. eine gegossene platte hinter
dem herde; Mda. 6, 19: taken. (Eifel).
2. ein loch hinter dem ofen. 3. das
ende des karrenbaums. rda.: dẹm es
en tacken sprungen = er ist verrückt.
dat kind es vam tacken fallen = es ist
unehelich, nach der schürze getauft.
— vgl. Simr. d. myth. 478: taggẹn,
zaggen.*
sik tacken, *sich zanken. (Solingen.) —
mittelglied zwischen* taggen *und* zanken.
tadeln, *von der stimme der gänse, wenn
sie guter dinge sind. syn.* tateln,
dadern, tåtern.
tẹteln, *langsam sprechen oder arbeiten.* K.
tåg, tåh, *adj. zäh.* 'ne katte hẹt en tåg
lẹwen. — *ahd.* zåhi.
tagge, *f. zänkerin.*
sik taggen, *sich zanken; syn.* sik tacken.
zu Rheda: sik tarren, *was sich durch*
dd *vermittelt. — mnd.* tergen, targen.
täggerigge, *f. zänkerei.*
täggesk, *f. zänkisch.*
tåhbast, *m. zährinde, fig. F. r. 32* =
tåhbästigen kærl.
tåhbästig, *adj. zährindig, zäh; auch fig.:*
en tåhbästigen kærl. *auch Paderb.
N. l. m. 26.*
tåhter = tåster.
tai tai, *scheuchruf, um ziegen von dem
orte zu entfernen, wo sie nicht fressen
sollen. (Iserl.) ein volksreim lautet:*
hitken hattai, im gåren sprang sai,
sai hinkere, sai stinkere, sai harre 'n
låm knai.
taigeligge, *ziegelei.*
taigelstên, *m. ziegelstein. — lat.* tegula.
taihen *(præt.* tög, *ptc.* togen*), ziehen,
zeugen.* wulf wulf tüh, et knẹmt en
höpen lå! *aus dem tiermärchen: der
wolf fängt fische.* et tüht hîr = *hier
ist zugluft.* getogen un geboren = *ge-
zeugt und geboren. — vgl. Helj. 1461:*
gitogan. *gethogen ind geboren, Seib.
urk. nr. 435. Velb. processacten v. c.
1715:* gezogen und geboren. *sonst wird*
ziehen *gewöhnlich durch* trecken *aus-
gedrückt.*
taimen = tamjan, *ziemen, berechtigen.
vgl.* untaimig, unberechtigt.
tain, *m.* taine, *f.* tainde, *m. zain, ein
holzkohlenmass, wovon 5 = 1 fuder.
im Westf. anzeiger I, 440 wird über*
tain, tainde *in der grafsch. Mark, im
herzogth. Westfalen, im Siegenschen,
im Berg. gesprochen und von* tainde
(zehnte) abgeleitet. — goth. tainjo, *korb
aus zweigen. ahd.* zainja, *f.*
tairwiẹten, *pl. queckenweizen.*

taita, *Holth.:* taûta gån = dada gån.
spazieren gehen.
taiwen, *s.* taûwen.
tåks, *m. hintere. s.* tôkus.
tål, *f. zahl.* lang un smal hẹt kaine tål,
kort un dick hẹt kain geschick, en
mẹken van der middelmåte dat gẹt
wacker öwer de stråte.
talge, *f. untersatz eines bienenkorbs.
syn.* targe.
talge, *f. ast, starker zweig. (Fürstenb.)
syn.* telge, bråke.
täller, *m. teller. — ital.* tagliare *(schneid-
brett von lat.* talea.) *auf dem lande
wurden den hochzeitsgästen runde brett-
chen vorgelegt, um darauf das fleisch
zu schneiden.*
talmen, *1. schlagen.* de isels talmen.
sik talmen, dä talmet erk, *sich schla-
gen, ringen. — nds.* dalmern, talmern.
Vilmar: dalmen manibus contrectare,
*meist im tadelnden sinne. 2. plagen,
quälen.* me maut sik plågen, kwẹlen
un talmen. *(Herscheid.)*
sik talmern med, *sich schlagen mit.
(Paderb.)*
talören, *gehen, laufen.*
talpenning, *das zu zahlende geld.* wer
den neheren kauf einwerken will, soll
binnen monats zeit nach beschehenen
kauf angeben und den wynkop nebst
dem gottsheller erlegen und bezalen
und volgens alsdann den Thailpfennigk
nach Altenaeschem gebruche. *Alten.
statut.*
talps, *dämlicher ungeschliffener mensch.
— Schamb.:* taps.
tåm, *adj. zahm.*
tämlek, *ziemlich.* et es wal schämlek,
åwer et gött doch tämlek. *s.* tẹmlik.
tamper, *säuerlich scharf, vom bier.
(Dortm.) — Teuth.:* tamper, acer, acrimo-
niosus.
tån, *m. pl.* tẹne, **tand**, *m.* dat es men
op ẹnen tån. dat es men den tån ge-
tẹrgt. de tẹne werd ẹm lang, wamme
dat anhẹren maut. då sall 'me lange
tẹne nä krîgen. he maut sik nû den
flêstån üttrecken. *quad œre vial hänge,
åwer* schänge vial tünge. *(Halver.)*
I maut et oppem tån wîer holen, *sagt
man wol, wenn man irgendwo bewirtet
worden.* et gẹt van hand oppen tand = *er lebt von
der hand in den mund, erhielt sich
die ältere form. — vgl. berg.* tåug =
tand. *Tappe 90[b]; 193[b].*
tåne, *f. zehe. (Fürstenb.) — holl. pl.* tenen
(wie schoenen). *ags.* tåh.

tânebręker, m. zahnbrecher, markt-
schreier. hai raûpet as en tânebręker,
(Attendorn.)
tângâgel, zahnfleisch.
tange, f. 1. zange. 2. fig.: dat es 'ne
rechte tange.
tangenbrôer, kamerad. H.
tanger, adv. scharf, hitzig; von menschen:
flink, hurtig, regsam. (Gütersloh.) —
Teuth.: tangher, acris, asper, alacer,
gnavus.
tänpîne, f. zahnschmerz.
tänten in: ik well di wot tänten. syn.
flaûten. — vgl. tant. Husp.: volget
jümmers dem olden tante. osnabr.
tanten, kniffe, künste.
täntewippen = himmelmêsen.
täppeln, s. ûttäppeln.
tappen, zapfen. — Teuth.: tappen.
tappen, m. 1. zapfen, hahn. — dän. tap.
fr. tampon. 2. schlag. bim Berken-
bôme dâ kritt se çren tappen. dâ sall
he sinen tappen wol wier fôr krîgen.
— engl. tap = schlag, klapps.
tapps, m. tapps. s. talps.
tappsen, sich täppisch benehmen.
tappwortel, f. art mohrrübe. vgl. zapf-
wurzel = haupt- oder pfahlwurzel.
targe, f. 1. untersatz (viereckiger) für
den bienenkorb. (Halver.) syn. talge.
2. kasten um den mühlstein. — vgl.
ags. targe (schild). ital. targa. hd.
zarge.
tarre, f. dreschtenne. (Meinerzhagen.) s.
harre-tarre.
tarre, f. drohne. (Valbert.)
târt, adj. zart (selten).
târte, f. torte. — fr. tarte.
täsche, f. tasche. (Marienh.)
taske, f. 1. tasche. 2. fig. in: plûder-
taske, rappeltaske, sluckertaske, smęr-
taske. das vorletzte wort erinnert daran,
dass aus einem mnd. (afränk.) nasca
= tasche sich das verbum naschen
(also eigentlich aus der tasche essen)
bildete.
tassen, tasten, tasten, fühlen, greifen.
alle weld het sine pine, àwer jêder
tasset (fühlt) de sine. dat kann hai
tassen (fühlen). he fri008 so lange,
bit dat me 't med dem finger tassen
kann. tass tau! greif zu! nimm dir!
he tasset med den haunern int nest
= er greift dreist zu.
tâster, f. sehne im fleische. dat sind jâ
men tästern. — hd. zaser. nds. tader.
unsere nebenform tâhter und nds. tader
(wol tähter) lassen vermuten, dass st

(wie sonst wol: brast für braht, laster
für ht eingetreten ist.
täte, tatte, m. vater (selten). — ital.
(C. Cantu) tata. engl. dad, daddy.
got. atta muss daraus umgestellt sein.
ein rechtes kinderwort, wie papa, baba,
mama. andere kinder- und ammen-
wörter, welche verdoppelung ohne ab-
laut enthalten, sind: ba bá, a â, da dâ,
pi pî, po pô, we wê, wau wau, mä mæ,
tuck tuck, tai tai; im kinderreim: na nû,
na sâ, ho hô.
tättel, f. 1. geschwätz, schwätzender mund.
2. geschnatter der gänse, wenn sie
guter dinge sind. 3. schwätzerin =
tettelkunte. K.
tätteln, 1. schwätzen. — engl. to tattle.
2. schnattern. — hess. dattern, daddern,
dädern. s. tadeln.
tau, zu. — alts. tuo. mwestf. to, toe, toy.
a. præp. c. dat. dat hært tau der kęrke.
b. adv. ik kann der nitt tau = ich kann
nicht dafür. dat löwe ik di gærne tau
= das glaube ich dir gern. hai es çm
nitt guad tau = er ist ihm nicht gut.
c. adj. durch ellipse: verschlossen. de
dôr es tau sc. sloten. he kwâm fôr de
taue dôr. die umgangssprache bei uns
wagt ein hd.: die zue tûr. de tauen
gærne.
taubacken, zubacken, zukleben. de ôgen
sind çm taubacket. — vgl. mnd. hort.
sanit. c. 65: weme de ôgen tho backen.
Wigg. scherfl. I, 39: dyne togebackenden
wunden.
taubinnen, zubinden. me bindt manigen
sack tau dä nitt vull es. — H. Sachs:
„den sack zu halbem theil zu bind."
taudauen, zumachen, zuschliessen. dau
de dôr tau!
taudiken, zubinden, zuerkennen, bestim-
men. wey hat au (= iu) dût taugedyket?
wer hat euch dazu bewogen? Iserl.
hochzeitsged. aus dem 17. jh. — vgl.
mhd. tîchen. Gr. wb.: deichen.
sik tauen, sich zauen, sich beeilen. —
got. taujan. mhd. zouwen. Teuth.:
touwen, ijlen, haisten.
tauerhandsk, adj. zur hand d. h. wo der
fuhrmann geht, link. de tauerhandsche
sîd = die linke seite. dat tauerhandske
pęrd = das linke pferd. — vgl D. spr.
996. s. tausiksk, fannerhandsk.
taufall, m. zufall.
taufallen, zufallen.
taufraisen, zufrieren.
taugân, zugehn.
taugang, m. zugang. ik wêt nitt, bu dat

sinen taugang hęt = *wie das zuge-*
gangen ist.
taugiəwen, *1.zugeben. 2.gestatten. s.*męten.
taugrendeln, *zuriegeln.*
taugrîpen, *zugreifen. syn.* tautassen.
tauhŕren, *1. zuhören. 2. gehören, an-*
gehören. 3. sich erkundigen. du kanns
mǎl tauhǎ·ręn, wann se backet. ♦
tauhűen, *1. zudecken.* dû maus dat kind
bęter tauhűen. *2. verstecken.* ˉ
taukiken, *zusehen.*
taukuomen, *1. zukommen. 2. zukünftig*
sein. taukuomende węke. *3. angekören.*
ik wűste hitt bęmm' 1 dǎ taukeinen.
Gr. tüg 76. 4. anlaufen = te passe
(plasse) kuamen. bu sî ik taukuamen.
taukuamst, *f. zukunft.*
taukűemst, *adj. zukünftig.* de taukűamste,
die zukünftige (braut). F. Dortm. urk.
kümste für künfte.
tauk-nîpen, *zukneifen.* he knép de ögen tau.
taukrigen, *zukriegen.* ik kann de dǫr
nitt taukrigen.
taulacken, *mit siegellack zumachen.* ik
well den braif taulacken.
sik tauleggen, *sich zulegen = anschaffen.*
taulǫwen, *zugeloben, zusichern.* ik well
ęm dat taulǫwen.
taulǫwen, *glauben.* ik well di dat
taulǫwen.
taumǎken, *zumachen.*
tauręken, *zurecken.*
taurichten, *zurichten.*
taurűstern, *zurichten (im üblen sinne).*
tausaihen, *zusehen.*
tausiksk, *adj. link.*
tausikst, *adj. link.*
tauslaiten, *zuschliessen.*
tausmiten, *zuwerfen.*
taustoppen, *zustopfen.*
tauswęren, *zuschwören.*
tautaihen, *zuziehen.* dat tűht sik tau as
en släperig ǒge.
taûte, *mass von 15 kannen in Witten.*
— Teuth.: teute, gelte, byermaite.
taûte, *f. grosses frauenzimmer.* gröte
taûte. *H.*
taüwen, taiwen, *trans. anfhalten; intrans.*
warten, zögern. — altwestf. tuovian.
westf.fehmurk.(Hermann.märz 8, 1816):
worden gevangen, getovet *(festgehalten),*
geslagen ind myshandelt. a° 1441.
Verne chron. p. 24: sunder toven =
ohne verzug.
te, *præp. mit dat.; mit artikel* tem, ter,
ten, *gewöhnlich aber ohne artikel. a.*
raum. te hêm, *in der heimat, daheim.*
te hûs, *zu hause.* te kęrken, *zur kirche.*
te hǫve gǎn, *auf den hof gehn um*

seine notdurft zu verrichten. fig.: te
brǒe, he gêt te brǒe. *— b. zeit.* te jǎr,
voriges jahr. te pingsten, *auf pfingsten.*
— c. ausserdem. te danke, *zu dank.*
te frönne, *zu freunde.* te lǒne, *zu lohne.*
— d. adv. rda.: te dęm mǎl, *für da-*
mals. Gr. tüg. 13. ter dęl, *zu boden,*
nieder. spr.: we ênmǎl in de knai liət,
den ritt se fârtens gans terdęl. ter
dǫgen, *gehörig. (Hagen.)* te frien, *zu-*
frieden. te gange, *zu gange.* te hands
(hans), *vorhin. R. V.:* tohands. *mhd.*
ze hant. te hope, *zu hauf, zusammen.*
ter nægest, *nächstens;* bit ternægest,
formel beim abschiednehmen. te rügge,
zurück. terechte, *zurecht, fertig; fig.:*
hai es terechte, *er ist berauscht.* te
stricus, *schrittlings.* te bêne, *auf den*
beinen; tüsken twęlf un êne sid alle
gęster te bêne. *(Iserl.)* te wansten,
wenigstens. ter wilen, *zuweilen. — e.*
der præpositionale infinitiv mit te *komt*
zuweilen vor, wo ihn das hd. nicht hat,
z. b.: hä sagte krank te sîn. dat lätt
guəd te sîn. is der wat te schwarten-
pętern. Op de ålle hacke 36. der es
wat te rîke = *von reichtum kann keine*
rede sein.
te, *adv. = übermässig.* te viol, *zu viel;*
he hęt ênen te viol ǎder te wainig.
te frǒ. *zu früh.* te lǎte, *zu spät.* te
riwe, *verschwenderisch.* te nǎh, *zu*
nahe.
tǒ, *m. thee.*
tebręken (terbręken), *zerbrechen. das*
præfix te *weicht durch einfluss des hd.*
in ter *aus.*
tǒbusk, *m. gebräuchlicher steinsame, litho-*
spermum officin. man sieht ihn in
gärten, übergiesst die jungen blätter
mit heissem wasser, trocknet dieselben
und benutzt sie wie chinesischen thee.
(kreis Iserlohn, wo die pflanze auch
wild vorkommt.)
teck, *aufgabe, ziel. H.*
tęke, *f. zecke.* hei es seo dicke ose ne
tącke. *N. l. m. 31. — engl.* tick. *fr.*
tique. *figürl. soll es einen falschen*
menschen bezeichnen.
tèke, *f. ladentisch. — gr.* θήκη.
tèke, taike, *f. 1. zieche, überzug. 2. ge-*
webe, die dazu verwendet werden:
zwillich, drillich. — ahd. ziecha. *engl.*
tick. *fr.* taie *(aus theca). Teuth.:*
bed tycck, culcitra.
tèken, u. *1. zeichen überhaupt.* ik well
mi en tèken mǎken. *2. das zeichen*
des färbers oder gerbers für tuch oder
häute, die von jemand in arbeit gegeben

sind. 3. *schriftseite (revers) einer münze.*
4. *figürl.:* dat es mi recht nà me tĕken
= *nach dem sinn; vgl.* tekin *für* aneganc,
Myth. 1076. *auch engl.* by the some
token *,und ital.* sul segno = *wie sich's
gehört,* comme il faut. wir int tĕken
ku**ə**men = *wieder einig werden. F. r.
63. — alts.* tĕkan. *ags.* tàcen. *mnd.*
tĕken.

tĕkenstàlen, *m. muster zum mărken.*
tĕknen, *1. zeichnen. 2. mărken.*
tĕkrŭd, *m. pl.* tĕkrŭder, *kraut zu kräuter-
thee.*
telge, *f. junge schlanke eiche. Seib. urk.*
573: longae arbores quæ vulgariter
Thelgen vocantur. *das Iserl. Limiten-
buch verwendet das wort nur von eichen:*
eichentelge. — *Rich.:* telge, *zweig. Bu-
genh. bib. Jes.* 9, 14 : tellich und twych,
*woLuther „ast und strumpf" übersetzt.
mhd.* zelge, *zweig, ast. Schwelm. vesten-
recht verwendet* telgen *für zweige.
Teuth.:* telgh of laide van en boem,
rije, tellich.
telgen, *m. ast, zweig. (Marsberg.)*
telgenkamp, *anpflanzung von jungen
eichen. K.*
tĕllopel, *m. theelöffel.*
tĕlitterkes, *pl. backwerk zum thee, eine
conditorwaare, ehemals in buchstaben-
form. — vgl.* by letters, *Vic. of Wakef.
c. 12.*
tellen. [talte, talt; *urk. von 1347:* men
talte], *zählen.*
telt, *n. zelt.*
telte, *f. zurüstung zum flachsrösten. syn.*
kuckel.
temen, *gebrauchen, was man besitzt oder
worüber man gewalt hat. beisp.:* du
soss màl ne tian dåler temen = *auf-
wenden, ausgeben.* hä temt den rock
nitt, dat he ne antûht = *er schont den
rock ganz und gar.* dai kann et geld
med schiəpeln meten un temet et doch
nitt sik satt te eten. ik måg 'ne nitt
dertau temen = *ich verschone ihn da-
mit.* — temen *ist* tamjan *(hd.* zähmen)
aus tam *(zahm), dessen eigentliche be-
deutung sein muss: gebunden, unfrei,
beherrscht. vgl. fr.* entamer. *span.*
tomare.
temlik, *ziemlich.*
tempel, *s. v. a.* timpel.
tend, *m. zehnte.*
tendloss, *zehntfrei.*
tenken, *n. zähnchen.*
tenner, *m. zehntner.*
tente = tinte, *künftig.* tente jahr, *urk.
von 1670.*

tente, *f. zelt. — mnl.* tente. *Fasc. temp.*
288b: tenten ende pauwelyoenen. *Teuth.:*
tente, pauluyn.
tenterk, *m. magen, leib.* du hes den
tenterk vull. *s.* töterk.
du tenterke ås, *adj. schelte für ein
sich herumtreibendes mädchen. (Sied-
lingh.)*
tenterling *im rätsel = gekrümmter finger.
— vgl. engl.* tenter = *spannhaken. —
Das rätsel lautet:* Tiən tiən tenterlinge
dä tröcken ĕnen torsack bi fortemanns
huse de berg heraf. — *hd.* zenterling
= *stück rauchfleisch.*
tĕpott, *m. theetopf.*
tĕr, *m. theer. — altn.* tiara. *ags.* tĕru
teor. *engl.* tar. — *vgl.* smer.
terechte, *zurecht.* ik sin ganz gutt te-
rechte, *ich befinde mich ganz wohl.*
Op de älle hacke 10.
teren, *zehren.*
teren, *n. auszehrung.*
terer, *m. zehrer. spr.:* op en spårer
küəmd en terer.
tergeld, *m. zehrgeld. v. Höv. urk.* 47:
tergeld.
tergen, *reizen, necken.* dat es men de
mund getergt. — *ahd.* terjan, laedere.
ags. tyrian. *engl.* to tarre. *Rich.:*
targen, tarren. *mnl.* terghen, irritare.
Teuth.: tergen, kreitzen, bedroeven.
teriten, *zerreissen.*
terop, *m. pl.* terüppe, *aufzehrer. K. S.
42. Gr.* tüg 21.
terunge, *f. 1. zehrung. 2. auszehrung.*
tet, *zart. H. — Teuth.:* teder, kleynlick.
altn. teitr. *mhd.* zeiz. *ahd.* zeiz, tener.
— *vgl.* titmĕseken.
tĕte (tàite), *vater, nur von kleinen kin-
dern so genant. (Siedlingh.)*
tĕthg, *n. kaffee- und theegeschirr.*
tĕwe, taiwe, *f. zehe.* ingwertaiwe, *ingwer-
zehe, stück ingwer.* he lätt siner frau
de tĕwen nitt kàld wèren. *von dem
nährenden gehält des salats und grünen
hackmuses sagt man:* wamme an de
tĕwe stött, dan es et wyer weg.
tĕwen, *fingern.* he tĕwet sik dà wier wot,
er langt etwas hervor, er angelt sich
etwas.
Tĕwes, *Tobias.* jò, wann Tĕwes bäcket,
saste ok ne mikke hewwen = *niemals.
(Iserlohn)* in *Unna:* jà, morgen bäcket
Tĕwes, dann kriste en plässken. —
hess. Dĕbes, Dĕwes.
ti, di, *zu.* in holter ti bolter, klupp di
klapp, grubbel di grabbel.
ticken, *ticken von der uhr.*
tick tack, *uhr in der kindersprache.*

tid, *f. 1. zeit.* kömmt de tid, dann kömmt
ock de nöd. gued tid, *zeitig, früh,
de bonne heure. 2. uhr.* bat tid es
et? *3. fig.:* nu wêt ik bu tid et es
= *nun weiss ich bescheid.*

tidig, *zeitig, auch zusammengezogen in*
tîge; *dahin gehört* rertiges.

tîdlings, *zu zeiten, dann und wann.*
tîdlings en prûmken, het me lange wot
vam pund. *vgl. oldenb.* (*V. St. III, 26*):
tiedelks wat is en ärlick henkamen.

tidunge, *f. zeitung.*

tiəgen, *præp. c. acc., gegen. aus* tigegen,
F. Dortm. II, 122: tyegen.

tiəgen-an, *dagegen an.* tiəgeu an löpen.
ik kann der nitt tiəgen an.

tiəgen dat, *conj., um die zeit dass.* tiəgen
dat hai wierkûəmt, sin ik feddig; *vgl.*
against the time that, wofür auch
against.

tiəgen öwer, *gegenüber.*

tiəgenpart, *n. gegenstück.*

tiəgenparti, *f. gegenpartei.*

tiəmsche, *haarsieb.* — *Teuth.:* seve,
temes, tempse.

tiəmschen, *sieben.*

tien, tain, *zehn. eine urk. von 1484 hat*
teyn *und gleich nachher* tien.

tiente, *zehnte.*

tiəpske, *f. 1. hornisse.* 2. blinne tiəpsche
= blinne kippe. (*Elsey.*) *3. fig.:* ne
tiəpsche trecken = *einen utsen. H.*

tiertey, *zeug halb von leinen, halb von*
wolle. (*Velbert.*) *H.* — *fr.* tiretaine.

tiəte = tiawe. *s.* snīen.

tiawe, *f.,* tiffe, *f. 1. hündin.* — *and.*
tefja, tifa. *R. V.:* tove. *engl.* tib =
lüderliches mädchen. 2. schelte in
uppeltiawe.

tiffe, *f. hündin.* (*Obere Lenne.*)

tîge, *für* tidige, *bald. so* tîge *as.*

tiggen, *trachten.* dä tigget dä ümmer
hen. *spr.:* bä de häse hecket es, dä
tigget he wir heu. — *vgl. Mnd. wb.:*
tiden.

tiggen, *zeihen, zeigen.* op den werd
tigget. — *alts.* tihan *und mwestf.* tigen
sind st. v. Tross saml. 43: thien.

Tigges, *Matthias.* — *epheu* (?) (hedera
helix). *K.*

tiggetaggen = taggen. (*Fürstenb.*) —
vgl. osnabr. kibbelkawweln.

tih, *n. versammlungsplatz, wo die bauer-*
sprache gehalten wurde. Omme tih,
heute flurname in Oberhemer. — *ahd.*
zieh. *mwestf.* ty, tigge, *tegeding.*

tile, *f. zeile, stiege* = *20 garben.* — *schon*
bei Lacombl. arch. II, 250: ad decimam
XXX tilas frumenti. *mwestf. urk. von*

1572: dey thilen. *Syb. A. vgl.* ümtileu
= *die stiege umsetzen.*

tillitken. *Iserlohner reim:* Tillitken,
tillitken im Hilkenhol, schelme un daiwe
kennt sik wol.

tillöse (*für* tidlöse), *f. 1. zeitlose. 2. gelbe*
narcisse, narcissus pseudo - narcissus,
woraus bei Iserlohn pillöse *geworden*
ist. in Jüngst Flora von Westfalen
ist die bauerschaft Tielosen *als stand-*
ort der gelben narcisse aufgeführt, sie
muss also dort wol ursprünglich wild
sein. — Schamb.: tidlöseken = *gelbe*
narcisse. 3. witte pillöse, narcissus
poeticus. (*Werl.*) *4. anemone.* — *vgl.*
Vilmar *s. v.* zeitlose. *wenn* zeitlose
in ältern gedichten vorkommt, wird es
nicht colchicum autumnale, *sondern*
narcissus *bedeuten. Bruns, lob der*
frauen v. 98: de leve sittelose (*für*
zitelose). Lübben, lieder.

tillfüitken, *die beine strecken, mit den*
beinen zucken, von sterbenden jungen
gänsen. (*Fürstenb.*) — *Rich.:* talpoten.
Schamb.; tillfoitjen.

timitê (=thymi thee), *m. thymian, quendel.*
(*Elsey.*)

timmer, *m. 1. werkstube der schreiner*
und böttcher. 2. kleines haus. — *Firm.*
I, 368. (*Hattingen.*) .

timmermann, *m. zimmermann.*

timmern, *zimmern.*

timpel, tempel, *m. runder hügel, beson-*
ders künstlicher. kommt vor bei Arns-
berg, bei Plettenberg, zu Meinerzhagen.
es fanden sich deren welche im Jahloh
und beim Rotenhofe (Hemer). an der
Enneperstrasse wird eine höhe der
Hünentimpel genannt. die erstgenann-
ten müssen heidengräber oder opfer-
plätze gewesen sein.

timpeln, *sorgfältig aufhäufen, aufein-*
anderlegen. vgl. tippeln, stippeln.

timpen, *m. zipfel.* — *anderorts bezeich-*
net timpen, *holl.* timp *eine spitze wecke.*
Höfer zu Burch. W. 996: de wegge
is geten up den timpen. timpen =
stuten. (*Enger in Westf.*) *Teuth:*
tymp.

timpenbrî, *m.,* tippenbrî, *m. eine kalt-*
schale aus branntwein, zucker und
pfefferkuchen, welche auf hochzeiten
gereicht wird. sie hat noch andere
namen: tintenbrî, tüntenbrî; *zu Werd-*
dohl: brüttriesek; *zu Deilinghoven:*
Waisthofs näppken, kümpken; *im berg.:*
kömpkesbrê.

tin = tint. tin nämmerdag, *diesen nach-*
mittag. tin mären, *morgen.*

tin, *nächst, künftig.* tinne węke. — *Gr.
tüg 83.*

tink tink tällerink, *ein kinderspiel.
(Iserl.)* — *vgl. Simrock K. b., s. 165.*

tinn, *n. zinn.*

tinne, *f. zinne, zinke.* et es so klår as
'ne tinne *(? eggenzahn).* blanker osse
\ tinen. *(Paderb.)* — *schwed.* tinne =
eggenzahn.

tinnen, *zinnern.* en tinnen liepel.

tinngaiter, *m. zinngiesser.*

tinntåg, *n. zinnernes geschirr.*

tinshån, *m. zinshahn.* s. kopp.

tinte = ginte. tinte jår, *künftiges jahr.*
tinte węke. — tinte = ti inti *(zu bis).*
inti, hinti *entstand wie got.* unte, *ahd.*
unzi *aus* wąuti, *welches ausserdem*
wente *(bis) lieferte.* ebenso *ward* un
und lat. in aus wan *(mnd.* wanschicht
. *neben* unschicht). *dem* wente *entspre-
chend ein mwestf.* hente, *woraus* mîf
ti *ein* thente. — *dem* inti *entsprach*
winte.

tinternå, *hernach, nachher.* urk. mwestf.
tyn dar na *für* tint dar na = *bis
nachher.*

tipp, *m. pl.* tippe, *punkt, spitze, gipfel,
wipfel.* höge im tipp vam bôme. tipp
hällen, *stich halten, stand halten, den
fuss beim mahle halten (vom spiel).
auch bei Richey. syn.* dicks hällen.

tippelmüske, *f. zipfelmütze.*

tippen, *tüpfeln, leise berühren.*

tipp tipp, *ein kinderspiel mit nüssen oder
anderem. von einem der vorher „blind
gemacht" ist, wird eine nuss oder der-
gleichen angetippt. er darf nur scharren,
bis er an die nuss kommt, dann wird*
tipp tipp *gerufen.*

tipsch, tiepsk, *m. stoss zum necken.*

tipschen, tiąpsken, *necken.* — *ahd.* zispjan,
trudere, pellere. *vgl.* wiąpske, wefąa
neben weąpe, vespa. *wie* togian *aus*
ti-ogian, *so* tipsjan *aus* ti-ipsjan. *osnabr.*
tiepken.

tirêlô *im hirtenreim:* Michêle tirêle! tin
mâren es michêle *(michaelistag),* dann
krig ik ok min suamergeld, dann kann
ik kôpen, bat ik well.

tiren, *zieren. spr.:* en ållen tûnståken
kann sik ok noch tiren.

tirseln, *wirbeln. (Odendahl.)* — *köln.*
tirveln, *sich herumwälzen. V. St. III,
205. Mda. 6, 21:* zwirveln. *(Eifel.)
Sieg.:* zwirveln, *wirbelnd umdrehen.*

Tyrol, *n. anhöhe bei Iserlohn wird* Tir-
holoh, *zierhain bedeuten.*

Tisenborg, *wüstung bei Deilinghofen.*

titte, *f.,* tette, *f. zitze.* — *ags.* tit.

tittentêwen, *pl. zehenspitzen.* op den
tittentêwen gån — *engl.* tip-toe. *mhd.*
zipfelzehen. *das wort zeigt die eigent-
liche bedeutung von* titte.

tittern, *kichern (Fürstenb.).* ebenso *Wal-
deck.* — *engl.* titter.

tittiken, *n. kindlein. vgl.* titi, *Rochh.
sagen I, 357.* s. *das folgende:*

tittmêseken, *n. zartes geschöpf.* — *ags.
tit. ahd.* zeiz, tener, tenellus. *vgl.*
pittmêseken. pippmêseken.

tö, *f. trupp, schwarm, anzahl. (Dort-
mund.) H.*

tobbeln, tuabeln, *zupfen, zerren. spr.:*
bai sik unner de suąge menget, dai
maut lien, dat se ne tuąbelt. — *Richey:*
tobben, *zupfen, an sich ziehn. Lüb.
chr. I, 185 :* tobben mit, *sich zerren mit.*

Tôbold *in :* Tôbolds katte. *möglich, dass*
Tôbold = *kobolt; der kobolt heisst
auch* katermann. *Myth. 471.* — *vgl.*
Tibald, *name des katers in der fabel.
D. wb. unter* bolze.

tocken. *locken.* — *Teuth. :* tocken, locken,
anhalen.

tockern, *locken, vom hahn.* — *Gr.* tüg 7.

toddelbuxe, *eine art langer hose, die vor
zeiten wenigstens bei landleuten ge-
bräuchlich gewesen sein mag. ich habe
sie oft (1768—1775) nennen hören. H.*

toddelig, *schlotternd, schlotterig ange-
zogen.*

toddeln, *schleppend, schleppend gehn.* —
Fisch. Garg. „zottelten heim." *vgl.*
loddern.

tog, *m. überzug.* küssentog.

togbrämmen, *pl. brombeerranken. (Ost-
hemmerde.)*

toge, *f. dickes seil.* — *dän.* toug, tau.
vgl. line, rêpe.

tôgen, *zeigen.* tôget! *zeigt!* tôg et mål!
untersteh dich einmal! (Balve.) — *alts.*
togian.

tôger, *m. zieher, drahtzieher.* — *urk.
der Pancr.-kirche zu Iserlohn, anfang
des 16. jh.:* gesko draettoger.

tok, *m. verwirrung.* et es im tok, *der
faden ist verworren. spr.:* et es beter
en tok as en lok. *vgl.* tuck.

token, *schlecht, grob nähen. vgl.* zucken.

tökstern, *vom laute der gejagten amseln.*

tôkus, *m. gesäss.* — *gr.* θῶχος. Vilmar
verzeichnet dôkes *und meint, es sei
aus der judensprache entlehnt. wahr-
scheinl. aus den schulen.*

tôkus mallôkus = tôkus. du kriss wat
för den tôkus mallôkus.

toll, *m. zoll (steuer).*

toll, *m. 1. reis. (Lüdenscheid.) 2. zoll (mass).*

tolle, *f. pl.* tölle, *zweig, z. b. vom heidelbeerstrauch. (Halver.) — ahd. tola, racemus.*

tölleken, *n.* = drûst. Alberten-tölleken, kirssen-tölleken. *(Deilinghoven.)*

tölpelig, *tölpelig.*

tôm, *m. pl.* tôme, *zaum. — alts.* tâm.

tômen, *zäumen, müggen* tômen. *s.* mûstern. *1670:* getômet = *ins ehtjoch gespannt.*

tômer, *m. brautführer. (Köln. Sauerland.)*

tômme = *tüht* me. *(Werdohl.)*

Tommes, *Thomas.*

tommes-iesel, *m. Thomasesel wird der gescholten, der auf Thomastag der letzte in der fabrik oder schule ist.*

tomsblatt, *quartblatt papier.* K.

tône, *f. ladentisch. — holl. und Rich.:* toonbank. *vgl. mwestf. und Rich.:* tonen, toonen = *zeigen.* tonen *für* togen. *Teuth.:* wijsen, thoenen.

topp, *m. schlag, handschlag, wie bei kauf und tausch geschah, zum teil noch geschieht. vgl.* kôp slagen. topp ûm topp! *einen tausch eingehen, ohne dass dabei zugegeben wird. vgl.* betoppen.

topp, *m. 1. wipfel, gipfel. wann de sunne (die untergehende sonne) schint oppen* topp *(berggipfel), dann gist et acht dage regen drop. 2. die ganze pflanze. — ags., engl.* top. *hd.* zopf.

toppen, *tauschen, ohne dass zugegeben wird.*

töppen, *den wipfel aushauen. (Siedlingh.)*

toppholt, *n. zopfholz.*

törhaken, *m.,* tôrhaken, *m.,* tôrre, *f. türangel, der in der „slôpe" geht. — Teuth.:* doirhack, hespe, cardo. *syn.* hespe, hespenhaken.

tork, *m. kork. wechsel von t und k, vgl.* twiak = kwiok, krane *und dän.* trane, **kartoffel** *und früheres* tartoffel *aus ital.* tartufo, kwetsche *und* zwetsche, querx *und* twerk.

torn, *m. zorn. — alts.* torn.

têrn, *m. pl.* tôrne, *turm. — nnd.* torn, *pl.* torne.

tôrsack, *m. quersack. s. das rätsel unter* tenterling, *wo die hose gemeint ist.* tor = twar. — *dän.* tvârsak.

tort, *in de* torte dauen, *mit etwas in die quere kommen. — vielleicht stimmt das wort nur zufällig mit ital.* torto, *fr.* tort. tort *kann* twart *sein.*

torf, *m. pl.* tôrwe, *rasen. — isl.* torf = gleba. *ags.* turf. *mwestf.* torf. *hd.* torf *ist aus dem nd. entlehnt.*

torwen, *durch verbrennen des rasens düngen.*

tôs, *läufisch, von hunden.* K.

töschanzen, *ênem* wat, *einem etwas zuwenden. Eichwald, spr. 1688:* toschranzen = *heimlich zustecken.*

tôterk, *m.* = tenterk. *vgl.* tôtern *und* trottelke.

tôtern, *viel trinken.*

tôwe, *m. zauberer.*

tôwen, tôwern, *zaubern.*

tôwen = taûwen.

tôwen, *stark rauchen, z. b. von einer stube, die mit dampf erfüllt wird.*

tôwener, *m. zauberer, während das weib* häkse *heisst. — Teuth.:* toevener, boiter.

tôwer, *m. zuber. (Fürstenb.)*

tôwesk, *sich überall aufhaltend.* tôweske tiawe.

trabant, *m. trabant. scherzh.:* de klainen trabanten. — *nd. sollte es* drabanten *oder* drawanten heissen.

tractôren, *tractieren. schon 1444 in* Seib. qu. II, 315.

trebred, *n.* = tredspän. *(Fürstenb.)*

trêtter, *m. geschmetter einer trompete. im* trêtter *sin* = *trunken sein. — vgl.* trôte *bei Schamb.*

trêttern, trêtern, *trompeten. — vgl.* trôtjen *bei Schamb.*

trâg, *1. träge. 2. steif* = tâg. *et es so* trâg *as en* âksohârn. — *ahd.* trâgi.

traisen, *wilde birne, holzbirne. (kreis Altena.) H. syn.* traeseln.

traisenbôm, *holzbirnbaum.*

tralje, *f. gitterwerk. — mlat. trichila. fr.* treillis, treille.

trallig, *uneben, von metallplatten.*

trämling = träppling. *(Altena.) — vgl. nds.* treme, *leitersprosse.*

trampeljân, *ein gericht, sog. gänsefutter. (Fürstenb.)*

trampeln, *strampeln, mit den füssen stampfen. — engl.* to trample.

trampelfest, *ländliches tanzvergnügen.* K.

trampen, *treten. — K. S. 81. Bugenh. bib. Hos. 6, 11:* trampen *für Luth.* strampeln.

trämps, *kurz angebunden, widerspänstig. verdriesslich, träge.*

trân, *m. 1. tropfen geistiges getränk. he es im* trâne = *er ist berauscht. 2. träne. F. r. 87. 3. tran. — â rührt von der syncope,* trân = trahan. *v. Höv. urk. 77:* drei vate traens. *Rich.* trahn, trâhnken = *tröpfchen.*

tran *für* trâden, *m. geleise. — vgl. alts.* trâda. *osnabr.* trone, *f. geleise. v. St.*

XXI s. 1359: sall in einem traue mit dem düngelwagen blieven. *Hoffm. findl. 42:* wagentrade, orbita.

traut, *m. gang, weise, schlendrian, schlendergang. H.* he gait sinen traut fort. *K.* — holl. traut, *schlendernder gang.*

tränteln, trändeln, *schlendern.* hen un her trünteln. *K. S. 38.*

trappe, *f. treppe.* Kautrappe *bei Iserlohn wird wol ursprünglich kuhtreppe sein und die steile* twite *bezeichnen, welche aus der* Trift *nach der* Stennert *führt.* de trappe in. de trappe op un af. *er dat geschüht kritt* hä *en* kind opper stenen trappe = *die sache ist höchst unwahrscheinlich.*

träppling, *m. treppenstufe.*

trasaken, tresaken, *piltern, plagen, quälen.* — *fr.* tracasser. *vgl. Gr. wb.:* drischaken.

trawaljen = delschen. *(Fürstenb.)* — *fr.* travailler. *vgl. Diez I, 420 s. v.* travaglis.

trebbeleren = prossen. — *lat.* tribulare, *plagen, quälen. vgl. Diez I, 421 s. v.* trebbia.

trechter, *m. 1. trichter. 2. fig.: hals.* hai het et dör den trechter jaget = *es ist versoffen.*

trecke, *schublade. K.*

trecken [trock, trocken], *ziehen.* treck di selwer an der nase, du möchtes süss op den ruggen fallen. he trock sik innen schullern = *er zuckte die achseln.* et trecket hir = *hier ist zugluft.* de öwe trecket guad. sik trecken *von brettern, holz* = *sich werfen, krumm werden.*

treckharke, *f.* = amachtharke, slapharke.

treckpott, *m. theetopf im kinderreim.* — *Rich.:* treckputt.

treckwinkel = smige. *(Köln. Süderl.)*

tredhöp, *m. haufen garben.* syn. winterhöp, dimen.

tredspän, *m. tretbrettchen, durch welches ein spinnrad in bewegung gesetzt wird. (Siedlingh.)*

treen *für* treden [trad, treen], *treten.* triane för de schianen bä de jude et speck sitten het. *wenn jemand tritt, sagt man:* trio op dine faute, op de minen werste nitt rike.

triäter, *n. theater.* — *vgl.* trisé *für* thesaurus.

tribeleren, *s.* trebbeleren.

triod, *m. tritt.*

triesek, *m., ? für* trioselk, *suppe von brot (und buttermilch).* dat es so sür as

en triosek. brudtriosek. syn. grisegraite. triosek *wird eigentlich etwas gerührtes bezeichnen; vgl. das folgende.* — *die endung* ek, *ik auch in* giosek, kriaderk, pliandrik.

triosel, *m. 1. kreisel. 2.* = dilldöpken. *3. drillhäuschen, drehkasten in welchen delinquenten gesteckt wurden.* — triosel = triosel = trindsel, *zu* trind, rund, *walzenförmig.* ags. trydvel, kreis. altm. triosel, triasseln.

trioselk, *m. knopfform, weil sie von kindern zur bereitung eines* dilldöpkens *benutzt wird.*

trioseln, *kreiseln.* ik slå di, du saas di trioseln.

trijakel, *vagabund. N. l. m. 63.*

trile, *f., Siedlingh.:* trille, *1. durchlöcherte scheibe in der butterkirne. 2. rollenzug.* — *dän.* trille, trilde, *scheibe, rolle.* Schamb.: *trile.* Teyth.: *trille, schyve.*

trilen, *vermittelst des rollenzuges in die höhe ziehen.* — *dän.* trille, *rollen, wälzen.* mhd. drillen, *drehen.*

Trimpop, *ein märk. familienname. in einem reime beim bastlösen von* Evingsen *heisst es:* Trimpop trimpop hang den langen duif op. — *vgl. engl.* to trip up.

trippe, *f. eine art holzsohle für schuhe.* Soest. Dan. 43. — mnl. tryp, holsch.

trippenholt, *n. holz, woraus trippen gemacht wurden. unter den Iserlohner familiennamen v. 1500 kommt* Trypenheuwer *vor, in* Soest Trippenmeker.

trisedüppen, *n. gewürztopf.* — trisé *ist* alts. triso, ahd. treso, thesaurus. *vgl. hd.* treseney.

trisörken, *n. schatz.* — *fr.* trésor.

tritsche-büsse = splenterbüsse. *(Marienh.)*

tritschen, *spritzen. (Marienh.)*

tröchtern, *rögern. F. R. 25.* ik maut drop tröchtern *(warten). (Fürstenb.)* — *vgl. mnl.* trugghelen. Schamb: *tröcheln, trücheln. Gr.:* trachten.

trog, *m. 1. trog. 2. kump bei einem brunnen.* oppem tröe. — *Werd. reg.:* thia troga ad brouhus.

sik trögen, *sich zanken.* dä tröget sik üm kaisers bård. — trögen = trugian *(wie* bören *=* burian) *führt auf st. v.* trögan = *schwer sein; daher* trugian = *beschweren, belästigen. vgl.* träg *und alts.* trëgan *(drücken) (?* = tregian).

troll, *n.* dann get et troll öwerall.

trüll, *schlechte brühe.* koffetröll. *(Fürstenb.)* — Schamb.: *trül, m. altm.* trüll.

trollen *mit* af, abtrollen, sich trollen.

tropp, *m. trupp.*

sik troppen, sik troppern, *sich versammeln, schaaren. K. S. 33.*

trossen, *? gerollt.* getrosset gelt, *v. St. XXII s. 1525. — Teuth.:* tross, pack. trossen, packen. *fr.* trousser.

trosseln, *rollen.* s. trûseln, truaseln. — *? trundseln zu* trund, trind. trund = ti-rund.

trôst, *m. trost. — für trôft, got.* thrafst.

trôsten, *trösten.*

trôster, *m. tröster.*

trottelke = hûdelte. *(Siedlingh.)*

trotten, *trotzen.*

trû, trügge, *treu.*

trûdeln, *1. sich im kreise drehen, tanzen, besonders sich langsam und ungeschickt herum bewegen. volksreim:* trüdel mine Graite, wenn ik sing un flaite, wenn ik sing un flaite nitt, trüdelt mine Graite nitt. *(Affeln.) 2. beim knickern: einem knicker eine langsam rollende bewegung mitteilen, im gegensatz zu schiessen. 3. schlecht spinnen. (Siedlingh.) 4. obsc.:* dai lätt sik ok trûdeln. *. — ostfr.* trudeln = *liebkosen, zärtlich drücken und zausen.* trûdeln *ist =* trundeln, *cf.* trind, trund. *Richey:* trôndeln, *rollen, purzeln. vgl. hd.* strudeln.

truasel, *f. wilde birne. syn.* trummelte, traise.

truaselbôm, *m. wilder birnbaum.*

truaseln = trûseln.

trûer, *f. trauer.* in der trûer sin.

trügge = trû.

trügge, *f. treue.*

trüggering, *m. treuring. N. Schrae 77.*

truggen, *trauen.*

trumme, *f. 1. trommel. fig.:* de stille trumme slån. *2. ofentrommel.*

trummelskopp, *m. purzelbaum.* trummelskopp slån. *syn.* aibum. — *vgl. ital.* capitombolo.

trummelsucht, *i. q.* bungen.

trummelte, *f. wilde birne.* so dick as ne trummelte.

trummen, *1. trommeln. 2. sich wälzen, herunterfallen. — vgl. ital.* tombolare.

trump, *m. trumpf im kartenspiel.*

trumpen, *trumpfen.*

trompetter, *m. trompete.*

trûren, *trauren.*

trûrig, *traurig.*

trûseln, *langsam rollen. vgl.* truaseln, trûdeln.

trûfel, *f. maurerkelle. (Lüdensch.) — Kil.:*

truffel. *holl.* troffel. *Teuth.:* truyffel. s. drûfel.

trûfel, *pantoffel. (Remsch.) H.*

tsamendryftig sin, *zusammen ausgetrieben werden. Alten. stat.*

tucht, *f. 1. zucht. 2. was man zieht.* ne tucht hauner. — *altnd.* tuht.

tüchtern, *züchten, erzeugen.*

tüchtling, *m. züchtling.*

Tückwinkel, *flurname bei Iserlohn, bedeutet hurenwinkel. — vgl. Teuth.:* tuyck *(zu* tucken, *ziehen, an sich locken),* boevynne, buyre, meyn wyf.

tüdderhault, *n. pfahl, woran kühe auf der weide festgemacht werden. (Solingen.)* s. vertüadern. — *Teuth.:* tyeren, anleggen. *osnabr.* tüdderig, *verwirrt.*

tuddik, *geschwulst. (Paderb.)*

tüag, *m. zug.* nu siffe im tüage, *nun sind wir im zuge.* op ènen tüag, *auf einen zug. fig.:* t en tüag, *eine zeitlang.* nû es et tüag, *nun ist es zeit.* et es noch nitt tüag, *es ist noch nicht zeit.*

tüagel, *m. zügel. — ahd.* zuhil.

tuale *für* tulle (turle), *f. in:* alle tuale, *alte vettel. — nds.* olde turre. *dän.*

twetulle = *zwitter. Mda. 5, 299:* ole trulle. tulle *ist benennung, wie* alle kunte, pars pro toto. *trülle = metze bei Frisch wird dasselbe sein. F. führt* holl. trul = *mentula an.*

tuelen = tûgeln, *eine weidende kuh an einem pfahle befestigen.*

Tüans, Anton. *en lossen Tüans, ein leichter vogel. (Unna.)* Sünten-Tüans, st. Antonius. *wann Sünten-Tüans ne brügge slätt un Sünte-Pêter se afbrickt, dann giat et en guad fröjår.* Kauken-Tüans, *weil an seinem tage (17. jan.) eisenkuchen gebacken werden. (Halingen.)*

tuern *für* tûdern, *eigentlich zaudern, zögern.* herümme tuern, *herum schlendern.* ènen dermed herümme tuern, *einen damit aufhalten.* tueru : kûern = *zaudern :* kaudern. s. vertuadern *und Firm. Völkerst. III, 167.*

tuaseln *für* tusseln, *zerren, zausen, schütteln. — Sp. v. d. upst.:* tosen. *engl.* to toss, to towze. *mhd.* zousen.

tuateldûwe *für* turtelduwe, *turteltaube. — lat.* turtur. *K. fastn. Teuth.:* tortelduyve.

tuateler, *m. der undeutlich spricht, schwätzer. — Teuth.:* totteler, stameler.

tuatelig *für* tuttelig, *geschwätzig.*

tuateln *für* tutteln, *undeutlich sprechen,*

schwätzen. — engl. to twattle. Teuth.: tottelen, stamelen. s. vörtuoteln.

tüg, n. 1. zeug, gemachtes. daher in specie: 2. kleidungsstück. 3. geschirr. tétüg, koffétüg. 4. früchte. graintüg, unreifes obst. dat me junge leckers un schnurreburszen, schötters un hakfiske un ander klain véh metunner met dem namen „graiu tüg" behänget — dat kümmert mi nitt. Grain tüg 5. 5. gesindel. undûaznig tüg. huidentüg. kattentüg. vgl. im wald. heckentüg = vagabunden. 6. in fig. redensarten: de daut em wot am tûge. dä het et wol am tûge.

tûge, m. zeuge.

tûgelken, n. deminut. von tüg, zeug. dat es ok so tûgelken, hadde de Düvel saggt, dà hadde ne kàr förske oppeladt.

tûgen, zeugen. dat broidt tugen = backen, bereiten. Alten. stat.

tûhlok, n. = lâthol. (Halver.)

tuichbar, fähig ein zeugnis abzulegen. fromme tuichbare mannen. Alten. stat.

tuck, m. 1. zuck. he krêg ne gehen tuck oppet herte. Grimme. 2. hastige bewegung. des âwends huck des morgens tuck. 3. verwirrung, verwirrter faden. dat gären es im tuck (westf. tok). — Tappe 142b: sonder thuck, sonder smuck, sonder bard te wischen drincken = ἄμυστὶ πίνειν.

tuckeln, vom fallen einzelner tropfen, wenn es zu regnen anfängt oder aufhört. et tucket.

tucken, 1. zucken. 2. ziehen. 3. fäden wirren.

tücken = tuckeln. et tückt. et tückde. et tücket med regnen. H.

tuckhainken, n. hühnchen (kindersprache).

tuckrâmen, m. krampfhafte spannung der muskeln. ik hewwe den tuckrâmen im arme, — im béne. s. râme.

tüeksken, n. pl. tückskes, hühnchen (kindersprache).

tuck tuck, lockruf an die hühner.

tûk, m. flachsseide. vgl. tuck 3.

tummelkasten = bettkasten. H.

tummel op'n misten, branntwein.

tûn, m. zaun. fig.: sik am tûne her laien. F. R. 100. — mwestf. tûn.

tündel, m. zunder. — mhd. zundel.

tündeldôse, f. zunderdose.

tunder, m. zunder. Gr.

tûnen, zäunen.

tûneraugen, pl. flechtwerk in lehmwänden.

tûngast, m. zaungast, der sich in der

nähe einer hochzeit hinter den zaun steckt, um sich etwas zubringen zu lassen.

tunge, f. zunge.

tüngesken, n. zünglein.

tûnîgel, m. igel.

tunne, f. tonne.

tûnrigge, f. klebkraut. (Fürstenb. Siedlingh.) — vgl. Schamb.: tûnrê. Danneil: tunrît. syn. dûk. nach Schiller zum heil- und kräuterb. II, 33 älter tuenridé. aus ride scheint rie, dann rigge gebildet.

tûnstâken, m. zaunpfahl.

tünt, m. ärger. hadden se nau keinen tünt up St. hatt, dann krägen se ne niu. N. l. m. 29.

tünte, f. 1. müssiggängerisches frauenzimmer. 2. albernes frauenzimmer. — Schamb.: tûntje. Lyra: tunt, klex, nichtsnutziger mensch. ostfr. tünteln, zaudern, zögern. Richey: tünteln = delicate et cum mora agere. H.: hoffärtiges frauenzimmer.

tüntenbri = tintenbri. durch den leichten übergang von i zu û ist ein passendes wortspiel gewonnen: brei (trank) für müssige weiber.

tüppen = feşen. bouen tüppen = bönen feşen. s. tippen.

tûrflaige für tarrflaige, f. 1. brummfliege. 2. eine braune fliege, die sich an pferde und kühe setzt. (Weitmar. Aplerbeck.) — vgl. nds. turren, brausen, sausen, brummen. osnabr. turren. holl. tor, käfer. Aesop. 4, 173: turren. Mda. 5, 300: turren, surrend fliegen.

turkflaige, f. lausfliege.

tûsk, m. tausch.

tûsken, tauschen. spr.: bä lust het te tûsken, het lust te bedraigen, so sagt man beim pferdetausch.

tûsken, præp. c. dat. und acc. zwischen. tûsken dag un dûster. tûsken dôr, zwischen durch. he gêt tûsken dem docter. he gêt tûsken der stadt. se hett ne tûsken kriəgen, sie haben ihn zwischen sich bekommen. he sagg tûsken (in) der vullen gesellskop. — eine mwestf. urk. von 1430 hat schon tûschen für twischen.

tüssen = tûsken. spr.: bä twéerlai glöwen ligget op éném küssen, dà liat de düvel midden tüssen.

tüssen, zum schweigen bringen wollen. he driaget op twé schullern : he hissct un tüsset. dat es éuen, dai te gliker tid den rûen hisset un tisset.

tustern, flüstern. (Paderb.)

tåte, *f. düte des krämers.* — *dän.* tut.
*hier und beim folgenden worte ist das
anlautende* t *zu beachten.*

tåte, *f. 1. giessröhre, dille, schneppe.*
bērtůte. *2.* toite, *hölzernes bierfässchen
mit griff.* (*Paderb.*) — *ugs.* thôte, *f.*
canalis, fistula. *Münst. gesch.-qu. 3,
165:* toite koites. *Richey:* teute, *bauern-
kanne. dän.* tud. *vgl.* tůttek. *3.* pars
pro toto: *schelte für ein frauenzimmer.
K. fastnachtsp. 981ᵇᵈ:* thôte. *Richey:*
tôte, *stute. Teuth.:* teute, gelte, hyer-
maite.

tåtebelle, *f. eine art zugnetz, teils gehalten,
teils nur gesetzt, letzteres Schwelm. II.
syn.* låte. — *vielleicht =* tuckberl (*Gr.
III, 467). vgl. Diez, R. wb. I u. d. w.*
bertovello.

tåtel, tiutel, *schneppe an geschirren.*
(*Siedlingh.*)

tåten, *tuten, ins horn stossen.* hå wēt
nitt van tůten åder blåsen. *zweideutig,
da* tůten *und* blåsen *auch als* důten
und blåsen *genommen werden können.*
—*schon Tappe 95ª:* he kan thůytten
noch blåsen. — *got.* thiutan, ululare.

tåthåre, *n. horn.* — *got.* thuthaúrn, tuba.
tůtt *in* remmeltůtt.

tůttek, *m. giessröhre, dille, schneppe.*
(*Fürstenb.*)

tůtterått *in* åh bat tůtterått med den
hennen nåm ossen = *das sind unglaub-
liche dinge.*

tůtteråttů, *ton der trompete.* — *fr.* tur-
lututu. *ital., Egeria p. 40:* si suoni
la tromba turlu lů tů tů tů.

tůtteråttůt *in* tůtteråttůtt! wå nitt důəgen
well kůəmt nå Neuwied.

tåfel, *f. kartoffel.* — *noch im vorigen
jh.* tartoffel (*übersetz. v. Linné's reisen),
was nach* tartufo (tartufo bianco),
tartufaro, tartufolo *gebildet ist. ital.*
tartufa *ist* trüffel. tartufo *zerlege man
in* tar (*von* terra) *und* tufo (*von* tuber).

tuffel, *pantoffel.* — *ital.* pantofola.
tůffelken, *n. pantöffelchen.*
tůffelken-jågen = slůffken-jågen.
tůwer, *m. zuber.* — *Seib. urk. 992:* tuwer.
Herf. R. B. 43: tower. *Teuth.:* tover,
eyn water touwe, tina.

twang, *m. 1. zwang. 2. druck. spr.:*
hoffårt maut twang lien, *wird von en-
gem schuhwerk gesagt.* — *bei Wiggert,
scherf. II, 24 wird* dwingen (*drücken*)
von stiefeln gebraucht: laset dat du
over velt rist mit enem de de groter
ist, dwinget on (*ihn*) de stevel dan,

mit dinem denste bewise dek daran,
d. h. zieh ihm den stiefel aus.

twangnagel, *m. nietnagel.* — *normand.:*
petites pellicules nommées envies.

twang, *m. zweig.* (*Soest.*) — *Helj.:* twôg.
twê, *zwei.* der gehært twê tem kôpe.
— *1367:* twej.

twele, *f. handtuch, zwehle.* — *ahd.* dwa-
hila (*waschtuch*), *wozu ital.* tovaglia,
fr. touaille, *engl.* towel *gehören.*

twelung, *f. zweiung.*

twelf, *zwölf.* in den twelf nächten
rammelt de bůme. (*Alberingw.*)

twêmàl, *zweimal.* eme twêmàl wot siot
me twêmàl wot, àwer di flött me wot.

twerk, *n. zwerg.*

twerk, *m. lolch,* lolium temulentum. —
Rheda: twelk. *Kil.:* twalck, lolium.

twerkhåller, *m. verworrenes mähnen-
haar, was man den zwergen zuschrieb.*
— *håller kann nur =* hålder sein, *was
den sinn des ahd.* halta (*fessel*), *ver-
strickung haben muss. vgl. Shakesp.
Rom. I, 4:* This is that very Mab that
plats the manes of horses in the night
and bakes the elf-loks in foul sluttish
hairs.

twern, *m. 1. zwirn. 2.* blåe twern, *brannt-
wein. Grimme.* twêrn verköpen =
schimmeln. (*Fürstenb.*)

twers, twess, *quer.* en twessen spön,
querstrich, hindernis. Muster 27. int
twesa, *in die quere.* (*Paderb.*) — *Alten.
stat.:* thwersch.

twersbråke, *querkopf.* un bi aller dumm-
hait is dai junge en twersbråke, *so stark
as en pērd lôpen kann.*

twersdriver, *m. 1. querkopf. 2. ein back-
werk, nach der form benannt.*

twerskopp, *m. querkopf.*

twersfåms, *gegen die holzfaser, bei bret-
tern. fig. münst. Zumbr.:* twiåsfamige
buer.

twerwind, *m. wirbelwind.* (*auch zu Für-
stenb.*) — *Bugenh. bib. Jes. 17, 13:*
dwerwind. *Stald.:* twärwind. *Gr. III,
390. Seib. urk. 1051 p. 374:* werwind
(= *wirrwind*). *berg. Montan. II, 102,
103:* wiwind *oder* wittwind.

twêtebock, *m. zwitter.* (*Balve.*) — twêde-
bock, *halbbock nach alts.* twêdi, *halb.*

twiback, *m. zwieback.* (*Fürstenb.*) *syn.*
beschůt.

twieh, twick, *m. zweig.*

twieken, *zwicken.*

twiok, *f. für* twick, *zweig. vgl.* kwiok.

twiəle, *m. für* twille, *zweig.*

twiəkepinn, *m. unschlüssiger mensch.*
vgl. pinn, wiotkepinn.

twiggerlai, twêerlai, *zweierlei.* — *vgl.*
Seib. urk. 956: twygge, *zweimal. urk.*
von 1388: twiger = *beider, zweier.*
twygynghe, *halbbürtigkeit.* — *v. St.*
XXII, s. 1526: kynder ån twygynghe
van vader und moeder gcbören, dey
stayn an eynem lede und dat kyndt
dar twygynghe anne isz, dat verstrecket
eyns ledes vorder dan dar men dey
manbort seücket an gefelle *(ohne fehl,*
deutlich). Ssp. I, 3, 3.
twilling, twiling, *m. zwilling.*
twilstern, *sich verzweigen, vom getreide.*
— *Schamb.:* quilstern, *ebenso lippisch.*
twinen, *flechten.* — *ags.* twinan, duplicare.
twingen [twang, twungen], *zwingen.* —
mwestf. 1470: dwingen.
twintig, *zwanzig.*
twintigste, *zwanzigste.*
twissack, *quersack. H. in der mitte*

durch einen schlitz geöffnet und auf
beiden seiten gefüllt über die schulter
gehängt.
twischen, *zwischen.* twischen den jåren
bezeichnet bei Hallenberg die zeit der
zwölften; man spinnt dann nicht. syn.
lüddage.
twyspennyge sake. *v.St. XVIII, s.1070.*
twiss. de twiss un de twers. *H.*
twissel, *f. zweig, eigentlich gabelzweig.*
Iserl. limit. 31. — *ahd.* zuisala, furca,
zwiesel.
twisseln, *spalten.*
twist, *m. zwist.*
twist, *n. im karnüffelspiel eine zwei.*
twite, *f. gasse. K. S. 15. gang zwischen*
gärten. P. R. 17.
twifel, twiwel, *m. zweifel.* — got. tveifls.
ahd. zuíval.

U

U, û, *euch.*
ü, *je. (Kierspe.)* — *alts.* io. *vgl.* ümmer.
nümmer.
uch, ug, *euch.*
uchte, *f. 1. morgenfrühe vor tage, an*
wintertagen bis acht uhr. 2. daher der
frühgottesdienst, die frühmesse. uchte-
messe. *K. in de uchte lüen. 3. das*
frühdreschen. de uchten dersken, *eine*
gewisse anzahl bedde vor tagwerden
dreschen. 4. fig.: ne uchte vam hûse,
eine wohnung von primitiver einfach-
heit, eine hütte. 5. anstrengung in
der arbeit. — got. uhtrô. *alts.* uhta.
ahd. uhta. *altn.* ótta, *nach Biörn von*
3—6 uhr. ags,uhte. *Seib. qu. I, 149:*
die uchten von swinen, kalueren vud
schapen; *ibid. 156; wird* = *primitiœ*
sein. Seib. urk. 1021: ucht theynde;
ibid. 1080: decimæ que ochtume dici
solent, sogen. blutzehnte. *Kil.:* ochten-
mael, prandium, jentaculum.
uchten, *bei licht arbeiten, abends oder*
morgens. (Paderb.)
uchtewerk, *n. früharbeit.* uchtewerk
afsmiten, *die bedde zum frühdreschen*
abwerfen.
uchtlampe, *f. morgenlampe.*
udag = uidag, *maitag, als dienstantritt*
der knechte und mägde. K.
ûderên = jéderên.
udriån, *im rätsel wol die maus. wie im*
Bremer rätsel den frosch ein schrader-
jån *(maus) begleitet, so geht neben*

unserm adriån *ein* udriån = udderjån,
was sich aus udder (ûder), *euter deuten*
lässt, also säugetier im gegensatz zum
frosch. die uralte gesellschaft von
frosch und maus lässt die bei uns gänge
auflösung: frosch und maulwurf als
unrichtig erscheinen. Simr. no. 415
hat die poetischen tiernamen nicht,
dafür aber andere: hüppop *(aufhüpfer)*
und happop *(aufschnapper), wo wieder*
der frosch am deutlichsten bezeichnet
ist. für die form vgl. man: adriân,
dummerjån. *H. R. p. 51:* drosiân.
Pf. Germ. IX, 283: estriân, *ein zwerg-*
name, herodriân, *trampeljån. Seib. urk.*
387 u. 1082 der familienname vlacriân,
fludriån. *Aesop. 5, 81:* papriân.
ûe, û, *euer,* es de hand û? es dat ûe
hand?
uoterigge, *abrackern. K.*
üewel, *übel.* — *ags.* yfel. *mwestf.* ovel.
Ûewelgünne, *f. Übelgönne, ein haus*
zwischen Oberh. und Westig: an der
Ûewelgunne; *bei Hennen u. s.*
ugge = ûe.
üggel, *scheusal. F. r. 105.* so swart
as ne üggel. *(Siedlingh.)* — *wald.* uwwel,
hässlicher, ungezogener mensch (schelte).
vgl. engl. ougly, ugly. *holl.* ooglijk.
ostfr. ôlk. *vielleicht gehört auch*
ital. uggia, *nachteiliger schatten, hass*
hierher.
ûh, *ausruf des fuhrmanns, wenn das pferd*
stehen soll.

ûle, f. 1. *eule.* hai was as de ûle tüsken den kraigen. hai kwam herût as de ûle ût den stûken. dâ het ne ûle seten = *da war nichts (von getäuschter hoffnung). dies hängt zusammen mit dem märchen von der königswahl der vögel.* „bûer kêk de ûle an, ûle kêk den bûer an," *sagt man, wenn ein paar leute, die sich nicht gut sind, zusammen sitzen und sich kein wort sagen.* 2. *krug mit dickem halse.* — *alts.* ûla. *s.* ûlendüppen. 3. *eine art haarbesen. (gegend von Büren.)* — *vgl. bei Schamb.:* hârule. *syn.* kobbenjæger. *ahd.* iuwila. *altn.* ûgla. *ags.* ûle. *s.* hârnûle, knapp-ûle, stênûle.

ûlenbârd, m. 1. *eine hühnerart.* 2. = rûhtriakel.

ûlendüppen, n. = ûle 2. *(Albringw.)*

ûlenkopp, m. *tagschläfer (schelte).*

ûlenkûken = ûlfuatskûken. *K.*

ûlenlok, n. *ein loch am scheunengiebel, damit die eulen hereinkommen und mausen können.* — *Firm. I, 418:* ûllenlok.

ûlenpingsten *in der redensart:* ûlenpingsten, wann de kraigen oppem îse dansset, sasset hewwen.

ûlenspaigel, m. *eulenspiegel, possenhafter mensch.*

ûlenflucht, f. *abenddämmerung.* in der ûlenflucht. — *Schamb.:* ûlenflucht. *holl.* uilenvlugt.

ûlik *im reime beim kalwerquicken:* im namen der uiliken Graiten Goldblaume sass du haiten. — *vgl. engl.* ugly.

ûling, m. *dummer mensch, narr.* du büss en ûling, *du bist ein dummer mensch, du begreifst nicht. (Hoerde.)* — *holl.* uil, *narr.*

ulk, m., ülk, m. *pl.* ûlke, *eigentl. narrenpossen, spass, lärm. pl. dumme witze.* — *schwäb.* ul, uol, *spass. Kil. wb::* ulula, *metaph. homo stolidus et improbus. holl.* uil, *eule, narr.*

ülk, m. *pl.* ûlke, *iltis.* hä stinket as en ûlk. u *für* i. — *Hildesh.* ilk. *syn.* ûllerk.

ûlkatte, f. *eule.*

üllerk, m. *iltis. Gr. tüg 84.*

ülm, *dampf. Weddigen.*

ulme, f. *ulme, rüster.* — *ags.* ulmtreov *für* elmtreov.

ülmen, 1. *stark rauchen, so dass es belästigt (vom feuer, von der lampe).* 2. *sehr nach menschen riechen.* — *altn.* ilma, fragrare. *ostfr.* ulm, *fäule im holze.*

ülmig, *stark rauchend.* de lampe briant ülmig.

ûlfuatskûken, *beschränktes und hässliches frauenzimmer. K.*

üm, *præpos. c. acc. um, wegen.* 1. *räumlich.* he gêt derûmme as de katte ûm den hêten brî. *fig.:* bat heste ûm de hand? *was hast du zu tun? räumlich und ursächlich.* se gêt ûm de aier, *die magd des pastors oder küsters hält den eier-umgang. s.* ûmgang. vi settet alle um de annere fÿr (*furche*). 2. *zeitlich.* ûm vêr ûr. ûm tîd, *mit der zeit, bald, nächstens. vgl. dän.* om *bei zeitbestimmungen.* ûm anners, *von neuem.* 3. *ursächlich.* ûm en, *seinetwegen.* ûm dat, *damit.* ûm-willen: ik hell ne ûm Godes willen an. ûm willen dat, *weil.* 4. *preis.* vi spielt ûm nix. — *mnl.* om niet, frustra.

üm, *adv. um.* he wçg es ne stunne ûm, *es ist ein umweg von einer stunde.* der-üm: et hält der nitt ûmme. et sull mi der gar nitt ûmme kuamen. der-ûm diane: et es der ûm diene, *es ist nicht mehr darum.* ûm diane dauen, *abtun, ablegen.*

ûmbinnen, *umbinden.*

ûmbreken, *umbrechen, z. b.* en draisch.

ûmbrengen, *umbringen.*

ûmdauen, *umtun, umlegen, umbinden, von kleidungsstücken.* sik ûmdauen, sik dernâ ûmdauen, *sich umhören, erkundigen.*

ûmdraigen, *umdrehen.*

ûmgân, 1. *umgehn.* he gêt dermed ûmme as de suage med dem bçdelsacke. 2. *einen umgang halten. s.* klingelbûl.

ûmgang, m. 1. *umgang.* 2. *das zusammenholen von naturallieferungen für pastor und küster.*

ûmgrâwen, *umgraben.*

ûmhewwen, *umhaben.* dai het nix ûm un an.

ûmkæren, *umkehren.* so as me ne hand ûmkæert. hä het sik ûmmekârd as en nûten sack, *er ist ganz anders geworden.*

sik ûmkîken, *sich umsehen. vgl.* ankîken, bekîken, verkîken.

ûmkîker, m. *der sich umsieht.*

ûmkippen, *umschlagen. vgl.* ankippen, opkippen.

ûmklappen, *umklappen. vgl.* opklappen.

ûmkuamen, *verlieren.* ik sin der ûmkuamen. lât nix ûmkuamen.

ûmlaien, *umleiten.* se hett ne der ûm ledt = se hett ne der ûm holpen.

ümlôper, *m. 1. haspel zum wickeln. 2. wasserwirbel.*

ummaie *für* unmaûe, *f. mühe.* màket ink kaine ummaie. *vgl.* unkösten. .

ümmelôp, *m. ein geschwûr am nagel.*

ümmelöpen , *umlaufen , rund laufen.* et' lôpet alles med mi ümme, *es wird mir drehend vor den augen.*

ümmer, *immer.* — *mwestf.* ûmmers.

ümmerwęg, *immerfort.*

ümmes, *jemand.* — *Teuth.:* ymands.

ûmôssen, *umochsen, von einer kuh, die wiederholt zum ochsen geführt werden muss.*

ümplaigen, *umpflügen.*

ümrôren, *umrühren.*

ümsaihen, *umsehen.* sô im ûmsaihen, *so im augenblick.*

ümslåen, *umschlagen.* de wågen es ûmslågen (*umgestürzt*).

ümslag, *m. umschlag. spr.:* de ûmslag fôdt den mann. — *Br. beitr. 331:* ummeslach holden.

ümsmiten, *1. umwerfen. 2. zur unzeit niederkommen.*

ümspanken, *umschnallen.* sik den sæbel ümspanken.

ümstån. bà me med ümmegèt dat ęm ock ûmstèt = *arbeit macht schmutzig.*

ümstand, *umstand.*

ümstörten, *umstürzen.*

ümstôten, *umstossen.*

ümstülpen, *umkehren. spr.:* wann de sûage satt sind, dann stülpet se den trǫg ümme. — *M. chr. I:* umstolpen.

ümsunst, *umsonst. spr.:* hærengunst es bàlle ûmsunst.

ümsüss, *umsonst. spr.:* ûmsûss es de dôd, un dai kostet ęm noch 't lęwen. — *mwestf.* umbsus.

ümtassen, *umtasten, etwas anderes zum ersatze nehmen.* ik hewwe mi vertasset, ik well ümtassen.

ümtilen, *die stiege* (üle) *umsetzen. s.* tile.

umtrent, *beinahe..*

ümwellen = ûmkippen. dat węr well ûm, *das wetter ändert sich.*

ümwennen, *umwenden.*

ümwillen, *denn, weil.* ûmwillen dat, *weil.*

un *in der compos. ist aus* wan *entstanden; vgl.* wanschicht *neben* unschicht. *vgl.* unbôse, undîr, unmann, unmaûe, unart, unkrûd, unwęer, unkösten.

un, *und.* hai es im stande un kûamt nitt. strill strall strull, min kǫrf un dai es vull. — *mwestf.* ande, ende, inde, unde, un.

unard, *f. unart.*

unard, *m. unartiges kind. vgl.* unduacht, unrast.

unband, *mutwilliger ausgelassener junge.*

unbändig, *unbändig.* hä wôrd so unbünnig as en willen bæren, *es liess sich mit ihm gar nicht auskommen.*

unbändige, *ungemein, sehr.*

unbänsk, *unbändig. (Paderb.)*

unbedęrwe, *1. der sich nicht zu helfen weiss, dumm, einfältig, thöricht. 2. unrein. F. r. 29.* — *alts.* unbitharbi, inutilis, vanus. *Laiendoct.:* unbetriebsam. *Mons. gl.:* unpiderba, abergläubig. *vgl. Reuter, olle kam. IV, 60.*

unbeholpen, *von sachen, die sich nicht gut handhaben lassen.*

unberaupen, *unberufen.* med Gǫde unberaupen! *sagt man, wenn jemand etwas lobt.*

unbeschufft, *unverschämt.* — *ostfr. ebenso. holl.* onbeschoft.

unbefangen, *ungehindert.*

unbewand, *nicht der mühe wert.*

under, *s.* unner.

undîr, *untier, böses tier.*

undǫcht, *s.* unduacht.

undǫchtig, *s.* undûachtig.

unduacht, *f. 1. untugend. fig.:* dà knамt de unduacht herût. *2. ungezogenheit.* — *schwed.* odygd.

unduacht, *m. 1. unartiger junge. 2. taugenichts.*

undüechtig, *unartig.*

undüenig, *1. unartig. 2. moralisch schlecht. 3. schlecht von dingen, die nicht taugen.* unduanig geld *ist falsches geld. spr.:* dem gèt et as dem undûanigen gelle, dat es ûmmer då. *s.* undônig.

unęwen, *uneben, unpassend, übel.*

ungebęen, *ungebeten.* wä ungebęen kömmt, maut ungedankt wiër gån. .

ungedüllig, *ungeduldig.*

ungel, *n. talg.* — *Dortm. zolltarif von 1350:* vet, smalt, ungel, smer. *vgl. lat.* unguentum.

ungel-bêr-brôd, *brei von talg, bier (gewöhnlich wasser) und brot ist ein altes und hin und wieder noch gebräuchliches mittel gegen husten, grippe u. dgl.*

ungelücke, *n. unglück.*

ungenütig, *ungenügsam.* — tig für dig. *alts.* giniudon, se satiare. *ags.* ungnṓde (abundans) *lässt ein* gnṓde *mit der bedeutung von* gneåd, frugalis, modestus *erwarten, dem muss unser wort entsprechen.*

ungern *für* undern, *unterstündchen halten.*
Herscheid: ungen; *Halver:* inungen.
— *alts.* undarn. *ahd.* untarn, meridies.
vgl. berg. cnonger.

ungerüstert, *ungesäubert. spr.:* hai wüsket
de häsen un de fösse, sagg de frau, dä
lait se ere blàgen ungerüstert löpen.

ungestäld, *unvorbereitet.* et es hir so
ungestäld werk, *man ist nicht darauf
eingerichtet, hat sich nicht vorgesehen.*

ungetald, *ungezählt.*

ungetröst, *ungemütlich.* et was dä so
ungetröst.

ungned, *ungut.* nix för ungnad!

unhännig, *ungeschickt.*

unke, *f. grössere schlange, natter. (Lü-
densch.)* — *mhd.* unke.

unkösten, *pl. unkosten.* dat gèt op rege-
ments unkösten. hè lewet op regements
unkösten.

unkrûd, *n. unkraut. spr.:* unkrûd es ouk
fouer *(futter).*

unliodig, *unledig, beschäftigt.* unlẹdig in
der arbẹd.

unliog = unliodig. hai es so unliog, as
wänn hai en hittken slachtet hädde.

unmaitig, *unmüssig, beschäftigt.*

unmann, *schlechter kerl. Alten.* draith-
ordnung *(wol aus dem 15. jh.) bei
v. St., stück XX, p. 1241 ff.:* „wer
aver ymands dei anders befunden werde,
sall voer eynen unman gehalden werden.“
— *Schamb.:* unman, *der sein wort
nicht hält.*

unmögelik, *1. unmöglich.* dat es so un-
mögelik as dat me eine ällen iasel
kann 't danssen leren. *2. anzüglich.*
kain unmögelik wård.

unmänner — halwsinner, unweyse kerel.
N. l. m. 65.

unnen, *unten.* dä unnen, *da unten. von
der Mark aus wird das Bergische
„dä unnen“ genannt. bezieht sich das
auf die niederung des Rheins, wohin
unsere gewässer laufen, oder hängt
das „unten“ und „oben“ mit einer
andern vorstellung zusammen, welche
die ostseite die hohe nennt? s.* höge.
hai hẹt unnen ût drunken, *er ist
trunken.*

unnerbaiten, *fruer darunter machen.
fig.:* guad unnerbaiten, *tüchtig düngen.*

unnerbalken, *m. unterboden.*

unnerdaks, *unter dach. fig.:* in *sicher-
heit. vgl.* åchterdåks.

unnerdån, *m. untertan.* mine unnerdânen,
meine beine.

unnerdenne, *darunter weg.* et fällt der
ümmer unnerdenne.

unnerdessen, *unterdessen.* män unner-
dessen.

unnerên, *untereinander, durcheinander.*

unnergân, ênen, *jemanden zu behandeln,
willig und tätig zu machen wissen.*

unnergrund, *m. untergrund.*

unnerher, *unterwärts.*

unnerhewwen, *unter haben, in gebrauch
haben.* hai hẹt dat land unner *(in
pacht, gebrauch). fig.:* hä hẹt ne
krankhed unner. hä hẹt wot unner
dat nitt en dôg. — *vgl. alts.* habda
barn under iru.

unnerjacke, *f. unterjacke.*

unnerkärn, *n. mutterkorn.*

unnerkürtig flass, *kurzer und langer
flachs untereinander.*

unnerlif, *n. corsett.*

unnermûle, *f. unterkiefer.* hai wiamelde
an der unnermûle, von *einem besprechen-
den, der nur murmelt.*

unnermüxel, *unbrauchbarer mensch.
N. l. m.* 106.

unnerpand, *n. 1. unterpfand. 2. futter-
stück; s.* ächterpand.

unnerplaigen, *unterpflügen.*

unnerschêd, *m. unterschied.*

unnerschêdlik, *verschieden.*

unnersetten, *untersetzen, vom vergrössern
der bienenstöcke. F. v.* 149.

ünnerst, *unterst.* dat ünnerste sall te
owen gân.

sik **unnerstân,** *sich unterstehen.* unnerstâ
di nitt!

unnerstunne, *mittagsfreistunde der dienst-
boten und arbeiter. K.*

unnertüsken, *inzwischen.* män unner-
tüsken, *indessen, aber.*

unnerfôer, *n. unterfutter.*

unnerwegen, *unterwegs.* uunerwegen
lâten, *bleiben lassen. — der seelen troist
24:* do leis hei si underwegen, *er be-
suchte sie nicht mehr.*

unnerwîlen, *bisweilen, unterdessen.*

unnô, unô, *ungern.* hä woll unnô weg.
— *alts.* un-nodho, *difficulter, graviter.
Voss. winterab.:* unnode. *Schamb.:*
unnäe.

unnütig, *unnütz.* sik unnütig maken,
*sich über etwas ereifern, schimpfen.
— Keller, fastn.* 981¹⁸: unnütte wesen.
Shiglb. 142. *Rückert: was sich unnütz
macht, macht sich verdruss.*

unpâr, *ungerade.*

unrädsgeld, *n. nebenkosten.*

unrast, *unruhiger mensch. mnd. ged.*
I, 320. — Teuth.: onrast, ongemack.

unraue, *f. unruhe.*

unrecht, *unrecht.* hai kritt et am unrechten enne. *spr.:* unrecht guad kûamt an den drüdden erwen nitt (dat digget nitt). de unrechte strote, *die luftröhre;* ik hewwe wot in de unrechte strote kriəgen. et es mi so unrecht *(unangenehm).*

unsachte, *unsanft, unrecht, unangenehm.* et es mi gans unsachte. datte nitt kûomt.

unschüllig, *unschuldig.* hai es so unschüllig as borgræwen hippe, dä was ens siəwen mål nän bocke wesen.

unsel, *elender mensch im moral. und phys. sinne.*

unselerigge, *f. unreinlichkeit.* (Paderb.)

unselig, usselig, *1.unansehnlich,schmutzig, schmierig;* syn. smęrlapps. 2. *unwohl, unpässlich, unmutig, unbehaglich.* — *schwed.* usel, elend.

unsûne, *unsauber, unrein.* — *vgl. alts.* gasiuni. *mnl.* onsiene, deformis, invisus.

untaimig, *ungeziemend, unschön.*

untâlbar, *ausserordentlich, gross.*

untertruvenen, *beglaubigen.* v. St. stück XX, p. 1313.

untid, *f. unzeit.* biäter ter untid, asse nümmermæ.

unverhoddens, *unversehens.*

unvertogen, *ungezogen, unartig, beleidigend.* hä sagg mi kain unvertogen wärd.

unverwôren, *partic. adj. nicht verworren.* *spr.:* unverwôren es am besten, hadde de lirendraiger spiəlt. — *aus* vorwirren, vorwerren *(alts.* wirran, *ptc.* giworran) *wurde schon im mnd.* vorwêren. *Bugenh. bib. Genes.* 11.

unfrie, *m. unfriede.*

unfrom wysen den draith = van ungewerde wysen, *den draht für nicht preiswürdig, für wertlos erklären.* Alten. draithordn. *bei* v. St. *ebenda:* from wysen, vom drahte.

unwęer, *n. unwetter.*

unwise, *schwachsinnig.* (Siedlingh.)

ûr, *f. uhr, stunde.* en vêrdel ûr, *eine viertelstunde.* fig.: nu wêt ik, hu viəl ûr et es. s. tid.

ûrmänken, *totenuhr.* s. sandlöper.

ârmęker, *m. uhrmacher.*

urmelig, *schwach leuchtend.* dat lecht brent so urmelig. s. ülmen. — olm, ulm, urm, *glimmender gegenstand, daher faules holz.* ülmen, *dampfen, von glimmendem faulen holze.*

ürmelken, *n. ein schlecht brennendes licht.* — ölmeken ist *im Hildesheimschen bezeichnung des irrlichts.*

ûrwęrk, *n. uhrwerk.*

---

urien, *pl. überbleibsel beim tuchmachen.* s. verurten.

ârien, *pl. launen.* (Odenthal.)

use, nəse, *unser.*

ûsse, *f. kröte.* (Nieheim.) — *ags.* ſce, f. raua *wird dasselbe wort sein.* ſce = ûûke, bucke. ûtse, ûsse *entstand aus* ûte *für* ûke, *da* t *und* k *sich vertreten können.*

ûselig, *schmutzig.* (Siedlingh.) *vgl.* unselig.

ûselig, *unsauber.* sau ûselig im gesichte as en wixenäppken. *Op de ùlle hacke* 36. — *vgl.* nûselig, knûəselig. *ags.* ſcle, favilla. *Findl.* 43: ösel, *tote asche.*

Ussel, *Ursula. Must.* 28.

ût, *præp. mit dativ, aus.*

ût, *ellipt. adv. aus.* dat für es ût *oder* ûte *(sc. gegangen).* ik sin all ûte *(sc. gezogen).* hai es ute. (Lüdensch.) jâr in jâr ût, *jahr ein jahr aus.* — *auch schwed.:* dag ut och dag in.

ûtbehâld, *m. vorbehalt.* med ûtbehâld.

sik ûtbehällen, sik ûthällen, *sich vorbehalten, sich ausbedingen.*

ûtblaumen, *verblühen.*

ûtbliwen, *1. ausbleiben.* 2. *verscheiden.*

ûtbürsseln, *ausbürsten.*

ûtbrâen, *ausbraten.*

ûtbraien, *ausbrüten.*

ûtbrennen, *ausbrennen.* dat für es ûtebrannd.

ûtbrengen, *ausbringen.* hai viel nigges inbrenget, brenget viel ût.

ûtbund, *m. ausbund.*

ûtbütten, *ausweiden.*

ûtdage, *die letzten 8—14 tage des winters.* um St. Peter ist es schon in den aussentagen.

ûtdauen, *1. auslöschen, to do out.* 2. *austun* = *ergeben.* ik wêt nitt, bu viəl dat ûtdait. 3. *erfüllen, von vorgeschichten.* dat es noch nitt ûtedân.

ûtdêlen, *austeilen.*

ûtdenken, *ausdenken.*

ûtdersken, *ausdreschen.*

ûtdöppen, *auskrüllen.*

ûtdrgen, *1. austragen.* 2. *ausmachen.* bu viəl driəget dat ût?

ûtdriwen, *austreiben.*

ûtdrücken, *ausdrücken.*

ûtên, *auseinander.*

ûtern, *von aussen auf der wollseite nähen, um einen riss durch eine nicht bemerkbare naht zu stopfen.*

ûtgaiten, *ausgiessen.*

ûtgân, *1. ausgehen.* 2. *verschwinden.*

ûtgang, *m. ausgang.*

ûtgâwe, f. 1. ausgabe. 2. vortrag, redner-gabe.

ûtgiewen, 1. ausgeben. 2. vorbringen.

ûtgörgeln, vomieren, von kleinen kindern. syn. göweln. — s. görgeln.

ûter, n. euter.

ûterbock, m. zwitter. syn. twêtebock. beim spiele: „bu gefällt di din nâber?" war eine gewöhnliche antwort: nitt guad; hä stinket as ein ûterbock! N. westf. mag. I, 276: he stinket as en owwerûsk (owwe, mutterschaf.)

ûterweld ass, küoning, hör, was nicht à tout im karnüffelspiele ist.

ûthâllen, aushalten. ek hälle ût med wat, ich bin dafür.

ûtharken, ausharken.

ûtharken, räuspern, schleim auswerfen. — altn. braki, sputum. schwed. rackla ut. dän. harke, räuspern. Hennynk d. Han. vgl. Diez IIc: racher.

ûthûsig, aushäusig. sik ûthûsig mâken, ausziehen.

ûtkaiwen, kauend aussondern.

ûtkilen, laufen. (Brilon.)

ûtkippen, knospen zeigen. de swartdärn kippet ût, er zeigt weisse knospen. mit ûtkippen wird ein weiterer fortschritt der blütenentwicklung bezeichnet.

ûtklaiwen, s. klaiwen.

ûtkleppen, kleppen beim schlusse des gottesdienstes. K.

ûtkloppen, ausklopfen.

ûtknipen, weglaufen.

ûtknûstern, auskünsteln, aussinnen.

ûtkranken, durch krankheit ausgemärgelt werden. en ûtkranked menske.

ûtkuomen, auskommen. sagt jemand: ik kuome nitt ût, so wird wol scherz-weise geantwortet: de ûle is jâ ûtkuomen un het doch sô en dicken kopp.

ûtkunsen, auskundschaften. K.

ûtlæren, auslernen. me kann nitt ûtlæren.

ûtlâten, 1. auslassen. 2. nicht anziehen. 3. nicht anzünden. 4. erblühen. — ähnlich mnd. Schanenb. chr. 18: dar is utgelaten (entsprossen) dit wort. s. ûtkippen.

ûtlecken, auslecken. dat heww' ik noch ær dân as sik de katte't ôge ûtlecket, wann se ock all op der fuat sittet un well derân.

ûtleggen, auslegen. iron.: ênem de ære ûtleggen, einen schlecht machen.

ûtlichten, ausspannen. en perd ûtlichten. es aus der lichte führen, d. i. aus-spannen. ênen ûtlichten. rgl. lichten.

ûtlöchten, fig.: enen ûtlöchten, heim-leuchten.

ûtlösen, auslösen.

ûtlucht, raum im hause vor der stuben-tür; vorbau am wohnhause. K.

ûtlûen, ausläuten.

ûtmâken, 1. ausmachen. de knollen ût-maken. 2. heruntermachen, ausschelten. ênen ûtmâken dat kain rûe dat brôd dervan friotet. — holl. uitmaken.

ûtmerken, ausmerken, bemerken.

ûtnaigen, ausnähen, d. i. laufen gehn. s. ûtneggen. — ahd. nâhjan, properare.

ûtnemen, ausnehmen.

ûtpacken, auspacken. de haiden heffet dä ûtgepackt, von einem wochenbette.

ûtplücken, auspflücken. fig.: se het de besten fçern ûtplucht.

ûtpöppeln, abzählen, beim kinderspiel.

ûtprokeln, ausprockeln, ausstochern.

ûtpûsten, auspusten, ausblasen. Gr. tüg 58: det lecht intepuasten hiâst. Sün-denf. 550.

ûtputsen, 1. ausputzen. 2. ausschelten. — vgl. fr. accoûtrer de la belle manière.

ûtraiper, m. ausrufer.

ûtraupen, ausrufen.

ûtrêren, ausfallen, von samen, korn.

ûtrêwen, ûtrêweln, 1. einen leichnam (got. braiv) anskleiden. 2. ausziehen, von executoren.

ûtrichten, ausrichten.

ûtriggen, das fachwerk der wände heraus-nehmen, so dass das blosse zimmerwerk steht. dat hûs was ûtrigget.

ûtriten, ausreissen.

ûtroen, ausroden, ausreuten.

ûtroppen, ausraufen. dem de hâr ûte-rott sind.

ûtrüstern, ausschelten.

ûtsaihen, ausseihn. he sôht ût, me soll 'ne nitt med der tange aupacken. — span. aparect que no se le podia agarrar ni con unas tenazus. Cuentos p. 59.

ûtsaiken, aussuchen.

ûtschennen, ausschimpfen.

ûtschöwen, ausschütten, stroh, klee.

ûtschrappen, auskratzen.

ûtschüdden, ausschütten.

ûtschüßel, m. ausschuss, auswurf. — holl. uitschot, n.

ûtse, f. kröte. s. ûsse.

ûtsegge, f. aussage, erklärung.

ûtsen, foppen. s. aiwen.

ûtser, m. fopper. Gr. tüg. 22.

ûtsetten, aussetzen.

ûtsichten, aussichten.

ûtslâen, 1. ausschlagen. 2. ausschlagen, von gewächsen. 3. schwitzen von wänden *und steinen.* — *Tappe* 98ᵇ: *hc scleyt nit vyth, dann stoces vnd schlege.*

ûtslag, *m. 1. ausschlag. 2. nach dem westf. anz. 1804 p. 479 war kerspels ûtslag der teil der landessteuer, der auf dem sogenannten erfentage in der grafsch. Mark auf diejenigen districte fiel, die den namen kirchspiel führten. manchen landleuten war dieser ausschlag zu hoch. so kam es, dass die liebhaber von schwarzgerauchten tonpfeifen den schwarzen ausschlag ihrer pfeifen, wenn er grösser war als sie ihn wünschten oder für schön hielten, kerspels ûtslag nannten.*

ûtslipen, *ausmachen durch fingerstreichen.*

ûtsmiten, *auswerfen. en gräwen ûtsmiten.*

ûtsnaisseln, *eine stange glätten durch abhauen der zweige. s. snaise.*

ûtsöern, *austrocknen. de erdbøen es ûtsöerd.*

ûtspann = pôse. *(Fürstenb.)*

ûtspannen, *ausspannen.*

ûtspielen, *ausspielen.*

ûtspoilen, *ausspülen.*

ûtstån, *1. ausstehn. 2. sik ûtstån låten, sich merken lassen. hä lätt sik wot darvan ûtstån, er lässt ein wörtchen davon fallen.*

ûtstand, *m. ausstand.*

ûtstafféren, *ausstatten.*

ûtsteken, *ausstechen. de ûtgestekenen biller sind am dürsten. scherz über eine pockengrübige person.*

ûtstiak, *m. vorbau, balcon. (Altena, Berg.) syn. arkenêr.* — *holl.* uitstik, *n.*

ûtstiokskammer, *f. kammer in einem ausbau.*

ûtstiaweln, *waaren zum verkauf ausstellen. vgl.* stippeln, timpeln.

ûtstiffeléren, *ausdenken, ausklügeln. K.*

ûtstriapen, *1. ausstreifen, berauben. 2. ausmelken.*

ûtströpen, *ausstreifen, ausziehen.* — *holl.* uitstroopen.

ûtstückern, *flicken.*

ûttüppeln = ûtpäppeln. *(Elsey.)* — *vgl.* to tap.

ûttéren, *abzehren.*

ûttérunge, *f. auszehrung.*

ûttög, *m. schublade.* — *fr.* le tiroir.

ûttrecke, *f.* = ûttög.

ûttrecken, *1. ausziehen. 2.* = ûtströpen. *sik ûttrecken, sich berauben für einen anderen. de lü hett sik ûttrocken, ûm den suau wot leren te låten.*

ûttwillen, *pl. aussenzweige, .zweige die am meisten abstehen.*

ûtfaien, *ausfüttern. ere kinner sind all bülle ûtefodt (erwachsen). sünte-péter sid de ïmen un schâpe ûtefodt.*

ûtverbai, *verbitten. med ûtverbai! ich verbitte mir. ausdruck beim spiele.*

ûtverbrot, *ausdruck beim spiele, wenn ein spieler erklärt, dass er für eine zeitlung austreten wolle. vgl. ik verbai mi.*

ûtfégen, *1. ausfegen. 2. laufen. (Brilon.)*

ûtflaigen, *ausfliegen. de vüagel sind alle ûteflogea. fig.: de vüagel flaiget ût, hier gibt's ein wochenbett.*

ûtfrågen, *ausfragen.*

ûtfreien, *ausfressen.*

ûtvringen, *ausringen, z. b. wäsche.*

ûtwasken, *auswaschen.*

ûtwassen, *auswachsen.*

ûtwisen, *ausweisen.*

ûtwisken, *auswischen. fig.: dai het em de ôgen ûtewisket.*

ûtwuanen, *ausdienen.*

F V

fä, *pfui!*

fackel, *f. 1. fackel. 2. grosse lichtflamme.*

fackeln, *1.* = fäggeln. *2. zögern. fackel nitt lange. K.*

facken, *sich müssig herumtreiben. K.*

fackschütte *(laufschürze). sai het de fackschütte an, heisst es von einem frauenzimmer, das sich viel ausser dem hause umhertreibt. K.*

vadder, *m. gevatter. vadder stån, gevatter stehn.* — *mwestf.* vaddere.

vadderkirsse, *f. doppelkirsche.* — *volksabergl.: wenn man eine doppelfrucht findet, wird man gevatter; daher wol*

der name. auch zu Siedlingh. dieser gebrauch des vadder bei doppelfrüchten.

vaddernuat, *f. doppelnuss, zwillingsnuss.*

vadderprüme, *f. doppelpflaume, zwillingspflaume.*

vadderschop, *gevatterschaft.*

vadderske, *f. gevatterin.*

väder, *m., häufiger vår, vater.* — *alts.* fader.

fäggelen, *1. umherlaufen. 2. umherborgen.* — *vgl. engl.* fay *(laufjunge),* fayged out *(ermüdet).*

fäggeler, *m. wer von einem zum andern borgt; wer mit handwerkern wechselt;*

ein saumseliger. diese von H. an-
gegebene bedeutung wird, genauer be-
stimmt, einen schlechten zahler bezeich-
nen, der darum in andere läden, zu
anderen handwerkern läuft.
fäggelig, unbeständig in dem unter
fäggeler angegebenen sinne.
fäggeln, n. wortstreit, rechthaberei. K.
faige, 1. dem tode nah oder verfallen.
2. der todesahnung hat, mutlos. von
dem, der besser handelt, als man von
ihm gewohnt ist, sagt man: ik löwe,
hä es faige. -- gerade so sagt in Gold.
locand. II, 4 der diener: il mio padrone
vuol morire, non ha mai fatto altrettanto.
ebenso das schott. to be fey, Walt. Scott,
pirate, p. 60 (Tauchn.): „when a persou
changes his condition suddenly, as when
a miser becomes liberal, or a churl
goodhumoured, he is said, in Scotch
to be fey; that is, predestined to speedy
death, of which such mutations of
humour are received as a sure indi-
cation." — ahd. feigi. alts. fêgi. ags.
fæge. mhd. veige.
vaih, vêh, n. vich. — got. faihu. ahd.
fihu. alts. fehu. ags. feoh. mnestf.
vey, voh. Urk. des Iserl. st.-arch. v.
1336: voweyde u. sonst.
fâke, oft. — holl. vaak. es entstand aus
dem dat. plur. faken, vgl. Seif. sagen
p. 140: des soudages avends spisenden
wy tho 80 vaken.
fakse, f. pl. faksen, faxen, possen, bewe-
gungen, die lachen erregen sollen. —
vgl. lat. facetiæ.
fäl, fahl, falb. hä ridt op me fälen perre
= 1. er ist auf verkehrtem wege, fig.
2. er macht wind, er macht grossen
aufwand und hat nichts dazu. — ags.
fealu. mhd. falw.
fæl, fehlerhaft. en fæl stück roggen. —
— ags. fell, malus, crudelis.
fæl, fehler, gebrechen. hä het fæl an
den ögen. — holl. feil. dän. feil.
fæl, Iserl.: fêl, feil. — altn. falr. ags.
fale.
faldböne, f. = wibbelbohne. (Fürstenb.)
— fald = feld.
valdriânspîpe, baldrian. (Fürstenb)
fælen, Iserl.: fêlen, fehlen. hat eäme
fælt, dat kann hai missen. — Husp.:
feilen.
falge, f. trauermantel. Grimme. — Sch.:
fale als die vrouwen dragen, palla.
Frisch: falien.
fälhenne, f. name einer fahlen kuh.
falke, f. falke. et es biäter bi der üle
sat friäten as bi der falke smachten.

falken, herumlaufen. Weddigen. — vgl.
fackeln.
falle, f. 1. falle zum fangen. müsefalle,
fossfalle. — ags. fealle. 2. einfall dro-
hendes haus. et es 'ne älle falle. 3.
in mistfalle.. falle ist urspr. grube, in
welche das tier fällt und gefangen wird;
daher auch falle in mistfalle = grube,
in welche der mist fällt. anderwärts
ist dafür fald, m. gebräuchlich, so Seib.
qu. I, 110: valdt, m.; v. St. VI, 1811:
falt, m.; z. d. berg. g.-v. I, 347. dies
bezeichnet wie ags. faled eigentlich einen
umzäunten raum, hofraum, einen pferch,
daher auch schafhürde. vgl. Lacombl.
arch. VI, 266. 433: valder; 352. 301:
falder, n.; 386: felder; III, 361: valder.
fälle, f. falte. — für falde. ags. fealde.
fallen (præt. fell und foll, pl. fellen und
föllen; ptc. fallen), fallen. dat foll mi
so dick int lachen. he het sik fallen
= er ist gefallen. II. bemerkt, es sei
nur von menschen, nicht von tieren
gebräuchlich. — ays. feallan, feoll.
fällen (præt. fällde, ptc. fällen), fällen.
— für falden. ags. feuldan.
fallend, ptc. von fallen, adj. de fallende
krankde, die fallende sucht.
fallhaut, m. fallhut für kinder.
fällig, fällig; vgl. brekfällig, henfällig.
fals, falsk, falsch, 1. falsch, unrichtig,
unecht. falsche staifmörkes, wilde stief-
mütterchen. (Elsey) 2. böse, ärger-
lich. he wòr fals, er nahm es übel.
he wòr ni fals, er wurde mir böse.
fâm, m. pl. feme, faden. je länger de
dag, je körter de fâm. (Fürstenb.) —
für faden, ags. fädhen.
fümelerigge, f. faselei, unsinn. van der
fammelerigge wiste-vi bir nix van,
sagte auf dem Hellwege eine frau, die
nach volksgebräuchen gefragt wurde.
ik löwe an de gansse fümelerigge nitt,
wurde gesagt, als einer erzählte, dass
er brandwunden durch besprechen ge-
heilt habe. — fümelo, fammeln wird
nicht aus fabulari zu leiten sein,
sondern ursprünglich eine abergläubi-
sche manipulation bezeichnen. — vgl.
fämmeln.
famelu, im fieber phantasieren. K. syn.
raseln.
fämmeln, manipulieren. — altn. fâlma,
palpare. schwed. famla, tappen. vgl.
fummeln.
van, von. 1. räumlich, eigentlich und
figürlich. vam balken op de hille.
wann de hàwer dür es, bindt me de

pęrre wid van der krübbe. bat van
katten küǝmt, well müsen. me löpet
wǫl vam höwe, àwer nitt vam trȫge.
vam àllen pott küǝmt me anuen niggen.
vam raimentrecken küǝmt de rūe ant
lęerfręten. wamme vam rädhûse küǝmt,
es me alltid klǝǝker, as wamme derben
gęt. wid van der hand es en guǝden
schǝǝt. hai kann noch kuinen hæring
van der rȫster bȫren. et gęt van der
hand oppen taud. hä sûht ût as de
dôd van Ypen. dai es fan der kår
fallen (unehelich). dat gęt van der
schǝǝtel oppen küǝtel. in adverb. rda.
auf die frage wo: van allen sien = de
tous côtés. van binnen, inwendig. van
bûten, auswendig. van denue. van
færinges. — vgl. mnd. van ferninges,
van nies. 2. zeillich, ausgangspunkt.
van östern bit pingsten. van twęlf ûr
bit middag. dat häldt van vespertid
bit de hauner opflaiget. adverb. rda.
die ein adj. vertreten: dat es roggen
van te jår = vorjähriger roggen. dat
es de àlle van te jåren = der wind.
adverb. rda. auf die frage wann: van
ær oder van æren, neulich. van dåge,
heute. van morgen, diesen morgen.
van middage, heute mittag. vanner
nacht, vorige nacht. van tiens, früher-
hin. van frȫjår, dieses frühjahr.
vanner węke, diese woche. auf die
nächste zukunft gehend: bit van düǝn
dågen, bis nächstens (abschiedsgruss).
3. räumlich, figürlich, mit dem aus-
druck der trennung. dä maut ęm de
bülten vam hęrten schüwen. dä van
nôd te brôd kuǝmet, dä sid de slimmsten.
ard lätt van ard nitt. mit dem aus-
drucke des ursprunges: dęm gęt de
snübbel as wann he en stück van der
entekefuǝt fręten hädde. bat kamme
mær vam ossen verlangen assen stücke
riudflês. 4. ausdruck der beschaffen-
heit zur vertretung eines adj. kinner
van willen (die immer ihren willen be-
kommen haben und deshalb eigensinnig
sind) sind üǝwel te stillen. en męken
van der middelmåte. 5. ausdruck der
beschaffenheit zur vertretung eines adj.,
aber so, dass dieses adj. einem appo-
sitionalen subst. entsprechen würde.
en daif vam wulfe ist zunächst ein
wölfischer dieb, dann aber ein dieb der
wolf ist oder ein räuberischer wolf.
so en lümmel vam jungen. en spits-
bauwe vam kærl. 6. ursächliches van,
welchem zuweilen noch af beigefügt
wird. van schęmde af. de fraulû

(welche durch den genuss der birnen
eine fusslange nase bekommen hatten)
gengen van schęmde af nitt anners rût
as med me wiskeldauko vör de näse.
(märchen.) 7. teilvorstellung. de wulf
friętet ock van getalten schåpen. 8.
van = über. wamme vam wulwe küert
dann sûht me den stęrt. dä wet nitt
van tüten àder blåsen. 9. sin van =
freund sein von. dem bûr es et vanner
korten pręke un 'er langen metwǫrst.
dåvan es et mi nitt — das mag ich
nicht. wä 't dem vöggelken van es,
dä flȫtet et van.

lâne, f. fahne.

fang, m. fang. ërdfang, erdfang. Iserl.
urk. von 1448: garden an dem vnnar
wege dar dey ertvanck ynne is.

fangen (præt. feng, fong, pl. fengen,
föngen; ptc. fangen), 1. fangen. dat
es ęnen bâ me de annern mede fänget.
en kind fangen, wird von der hebamme
gesagt; vgl. kinnerfangst, Eichw. spr.
nr. 1018. 2. wǫt fangen, angesteckt
werden, z. b. von der krâtze; vgl.
attrapper, to catch. 3. ungeziefer von
jemand bekommen. 4. anstecken. dat
fängt, die krankheit steckt an.

vannerhandsk, ein fuhrmannsausdruck:
rechts, weil der fuhrmann an der linken
seite geht. de tausikste vörbên am
vannerhaudsken pęrre, der linke vorder-
fuss des sattelpferdes. — vgl. Eōthen
p. 179: the near legs. the off shoulder.
s. tausikst.

fânte, m. bursch, knabe. junger windi-
ger leichtsinniger bursch. — ags. fêda
für faudja, pedes. fr. fando. mnd.
vente. ital. fante, bursche, soldat.

fânterkütiken, n. ranunculus ficaria.
(Warstein.)

fântern, 1. gehen, streichen. herumme
fântern. syn. von läntern. — fr. flaner.
2. spielen. Grimme.

fantsen = faxen. F. r. 43.

fantsen, phantasieren = raseln. (Sied-
lingh)

vâr, m. pl. vęrs = våder.

fær, fêr (comp. fodder, superl. foddest),
adj. und adv. fern. en færen węg.
færer. færst. so fær, so fern. — ags.
feorr. alts. ferr, procul. got. fairra.
Sp. f. d. upst. 1102: to fêre. alts. err
wurde unser wir.

fâren (præt. fôr, ptc. fâren), fahren.
wu du suærs, so du færs. das præs.
ist bei Iserlohn fast ganz durch fôren
verdrängt. der vocal des præt. ô für

au *ist wie bei* hòr *(hure) durch* r *bedingt.*

fàreṇ, *m. farnkraut.* — *ags.* fearu. *syn.* christusblaume. *Kil.:* vaereu, vaereukruyd.

færeṇkiker, *m. fernrohr.* — *holl.* verrekijker.

færiṇge *in* vaṇ færiṇge, *von weitem.*

vàrkrûd, *n. angeblich hirtentasche. kinder halten dieses kraut einander hin und sagen:* treck ént *(ein* schötchen) af! — nu hęste diṇ vàr uṇ môr deṇ kopp aftrockeṇ. *(Iserl.)*

færste, fèrste, *f. ferse.* de fèirsteṇ wiseṇ, *fersengeld geben.* — *got.* fairzṇa. *ags.* fiersṇ. *ahd.* fersṇa. æ, é *ist verdichtetes* ai; st *für* s *hat analoga in* fisteṇ = pfeiseṇ, knisteṇ = kuiseṇ.

farwe, *f. farbe.* ik hewwe dat liṇeṇdauk iṇ de farwe dàṇ = *zum färber gebracht.* — *mhd.* farwe.

fasch = frisk. — *Lud. v. Sutheṇ:* fersch.

fàsel, *f.* 1. *zucht, fortpflanzung.* he es ter fàsel verdǫrweṇ = *er kommt nicht wieder auf (von seiner krankheit).* *(wol richtiger: er ist zur zucht, zur fortpflanzung verdorben = ist zu fett.)* 2. *junger anwachs.* K.

fàselstark, *weder fett, noch mager.*

fàselswiṇ, *n. zuchtschwein.* — *v. St. s.* 1265: vaseloṣṣe, vaselbehr.

fàselfęrkeṇ, *n. zuchtschwein.* bai med de bauṇer nà bedde gét uṇ med de fàselfęrkeṇ opstét, dai kaṇṇ et wǫl ûtbälleṇ.

faselüsche, *junge fische.* K.

fàsselṇ, *nicht recht voran können.* bat fàsselst du dàraṇ herümme. *syn.* dràsselṇ. — *? altwestf.* fràstou = thràstoṇ.

fasselàweṇd, *m. fastnacht.* — *mwestf.* fastaveṇd. *Bruns beitr.* 343: vasteldach. *Kil.:* vasteṇauoṇd et euphoniæ gratia vastelauoṇd. *nicht selten entsteht* ss *aus* st. *syn.* kiperliṇg.

faste, *adj. und adv. fest.* so faste usse Döpm *(Dortmund),* — asse Balve. faste im hèrṇ *(gehirn).* hàld faste, *halte fest.*

fat, *n. pl.* fęte, fass.

fatbäṇṇer, *m. fassbinder.* — *Kil.:* vatbinder j. kuyper.

fatkęse, *m. viereckiger käse.*

fàtteṇs, fàrtṇ, fàtters, *sofort, gleich, vollends.* — *alts.* forth. à hangt von r ab, *wie in* wàrd *für* word; t *für* d (th).

vatter-uṇṣer. me kaṇṇ saiheṇ, dat de lü hir ṇoch et vatter-uṇṣer będt, *sagt man, wo weisse lilien im garten blühen.*

fàtterṇtuṇds, *auf der stelle* = fàrd ter stuṇd.

vatteruṇserlęk *für mund. N. l. m.* 54.

vatteruṇsersteuer, *almosen.* bai sammelde de vatteruṇsersteuer. *Spr. u. sp.* 60.

faüde, *f. weidegemeinheit in der Soester boerde.* — *mwestf.* voede.

faüeṇ, faieṇ *(præt.* fodde, *ptc.* fodt), *füttern, nähren, mästen.* se faiet allejàr eu par swine. he födt wàter = *er hat die wassersucht.* — *got.* fodjaṇ. *ahd.* fuotjaṇ. *alts.* fodiaṇ. *ags.* fédaṇ. *engl.* to feed.

faüer, faier, *n. fuder.* 1 fuder eisenstein = 5 tuiṇ märkisch. *Eversmann.* — *alts.* fother = fuothir. *mwestf.* voeder.

faṇge, *f. recht, befugnis.*

faügeṇ, *fügen.* gefeuget. 1670.

faükalf, faikalf, *n. kuhkalb, zuchtkalb, während die stierkälber meist geschlachtet werden.*

faüleṇ *(præt.* follte. *Gr.), fühlen.* — *mnd.* gevoeleṇ. fuoliaṇ. s. foileṇ.

faüt, *m. pl.* faite, *fuss.* över faut kuomeṇ, *uneins werden. F. r.* 78. de faite iṇ de hàṇṇe ṇęmeṇ, *laufen. (Brilon.)* — *goth.* fotus. *ahd.* fuoz. *alts.* fôt.

faütbank, *f. fussbank.*

faütkeṇ, *n. füsschen.* faütkeṇ fǫr faütkeṇ.

faütpàd, *m. fusspfad.* op 'me faütpàe kaṇṇ kaiṇ gras wasseṇ *(von kureṇ, von geschäftsconcurrenz).*

faütstappe, *m. fussstapfeṇ. Seib. urk.* 1099: voetstappe.

faütvolk, *n. fussvolk.* uṇṇert faütvolk kuomeṇ, *von sachen, die in die hände des gesindes oder der kinder kommen und so leicht verdorben werden.*

fazûṇ, *gestalt, aussehen.* — *fr.* façon.

fazûṇlik, *von gutem aussehen.*

ve, fe, *angelehntes* vi, vî, *wir.* gisterṇ heffe (= hewwet vi) deṇ waiteṇ iṇfôrd.

fechteṇ *(præt.* focht, *ptc.* fochteṇ), *fechten.* se fecht med lüṇeṇ, *sie ist launenhaft.* sik fechteṇ, *streiten.* de drai fechtet sik üm deṇ hof. op liager stràte es guad fechteṇ, *kann auch vom fechten der handwerksburschen verstanden werden.*

vedder, *m. pl.* vedderṇ. 1. *vetter.* 2. *oheim. (Mursberg. Siedlingh.)* — *ahd.* vaturjo, patruus. *Kil.:* vedder, patruus, avunculus et consanguineus.

vedderṇ, *vetter nennen.* spr.: vedder mi bî, vedder mi dà, blif mi vam kirṣṣeṇbôme.

feddig *für* ferdig, *1. fertig. 2. trunken.*
hai es feddig. hai was so raiue ferrig,
datte nitt wuste offe Hinnerk oder
Stoffel helte. *Gr. tüg 55.*

sik fędern, *sich federn, die federn ver-*
lieren, vom geflügel. (Fürstenb.)

fęgen, *1. fegen, reinigen.* de qwenpipe
es kortens noch fęget. *2. schälen, in*
der mühle. vi wett hâwer fęgen lâten,
daffe gǫrte kritt. *syn.* schellen. *3.*
schlagen. kuəm mâl her ik well di
fęgeu. *(volksl.) 4. hernehmen, herunter-*
machen. min môder hęt se mâl düchtig
fęget, se hęt kain ērlik hâr an ęr lâten.
5. = suaigen. 6. = fogen.

fęger, *m.,* **fæger,** *m. 1. am häufigsten von*
tieren, die verhältnismässig gross und
stark sind, besonders mit dem zusatz
düchtig. *syn.* kaimer. *2. seltener von*
personen. — Kil.: vegher, vaegher qui
ad quidvis cum alacritate expediendum
est idoneus; expeditus ad quidvis
prompte peragendum.

vêh = vaih.

fêhmolle, *f. molch. syn.* bunte molle.
ags. fâh. *ahd.* fêh, varius. *Kil.:* vee-
mol, buprestis. *s.* molle. *in* fêh *(bunt)*
und vêh *(vieh) fällt also got.* ái *und* ai
zusammen, vgl. Gr. I p. 54.

vehshke, vehshike, *viehseuche.*

fęl, *falb, gelblichweiss, von pferden.* en
fęllen.

feld, *n. pl.* feller, *feld. — ags.* fild.

foldd̦ǫr, *tür welche aus einem oberen und*
einem unteren flügel besteht. da sie
sich häufig der niendǫr eingefügt findet,
so mag der name „tür durch welche
es nach dem felde geht" ausdrücken.
wol richtiger aus falddǫr (fald = dünger-
platz, mwestf. feldoer) *entstanden* (= nd.
messeldör).

feldhaun, *n. rebhuhn. — alts.* feldhon.

feldhenne, *f. ein kuhname.*

feldhosen, *pl. in der rda.:* de feldhosen
antrecken = *die flucht ergreifen, aus-*
reissen. — vgl. fr. tirer ses chausses.

feldkundel, *quendel. (Siedlingh.)*

feldscher, *m. wundarzt. — Kil.:* veld-
scherer.

feldscherschiəmel, *m. in der rda.:* im
feldscherschiəmel sien = *ohnmächtig*
sein. syn. beswęgen.

feldsilât, *m. feldsalat,* valerianella.

feldflüchter, *m. feldtaube.*

fęle, *f. name einer fahlen kuh. s.* fęl.

fęle, *m. fahles pferd.* en fęlen.

fôlen, *foppen. Gr. tüg. 20.*

felge, *f. radfelge. — ags.* felge.

---

felge, *f. geleertes roggenfeld. (Warburg.)*
— ags. fealu. *engl.* fallow.

felgen, *ein stoppelfeld aufpflügen. (War-*
burg.) syn. bräken. *— alts.* felgian,
bereiten. *ostfr.* falgen. *Kil.:* velgheu,
versare.

fell, *n. pl.* felle, *fell. in Westf. und*
Berg wird man oft fell *(wie im Helj.*
305: fel unsconi) *für* hûd *verwenden*
hören, was dann auch leicht in die hd.
rede übergeht. fig.: hai hęt en hard
fell. op dem felle rappeln, sich be-
trinken. einen durchhauen. *(Velbert.)*

fellken, *fellchen, häutchen.*

felllöer, *m. lohgerber.*

fêmarked, *n. viehmarkt. ebenso Cod.*
trad. westf. 1, 201 (no. 28): dat erste
veemarkt.

fęmen, *fehnen. soll bei Bochum in ge-*
brauch sein. ich meine es auch ge-
hört zu haben. H.

fęmen, *prügeln. — zu* fâm. *nds.* fâmeu.

fęmken, *n. fädchen. — zu* fâm.

fęnsterflaigen, *pl. 1. fensterfliegen. 2.*
fig.: unnütze dinge. fęusterflaigen im
koppe heffen. *vgl.* bunte vüagel.

vȇr, vier. *subst.* de vȇr, *pl.* de vȇren, *im*
karnüffelspiel, die vier. — got. fidvor.
alts. fiwar, fior, fiar. *aus umstellung*
von fiar *wurde mwestf.* vair *(geschr.*
veir*), dann* vȇr; *die berg. mundart stellt*
nicht um, daher viȇr.

fȇr *adj. und adv. übers jahr oder länger*
ohne kalb, âldmölkig. ne fȇre kau.
de kau gȇt fȇr. *— ostfr.* fâr, fâr =
nicht trächtig, jedoch milchgebend.
nordfr. feer, *unfruchtbar, selbst von*
hennen, die keine eier legen. holl.
vaarkoe. *engl.* farrow kow. *Kil.:*
verre-koe, taura. *— nach* wȇr *(in wȩr-*
wulf) *= got.* vair *enthält* fȇr *ein* i, *so*
dass fȩre *= got.* fairo. *dies könnte*
got. thairo *entsprechen, got.* stairo *(un-*
fruchtbar) kann ein st = *sth enthalten,*
woraus ein thairo *hervorgehen konnte.*
mit stairo *mag* stier *(vielleicht ver-*
schnittenes und daher unfruchtbares
tier), stęrke (= stirke), *junge kuh, die*
noch nicht berhaft, zusammen hängen.
*— „*v e h r e i c h e n b ü g e t*", verordn.*
von 1669. Natorp hat vehseichen
drucken lassen, könnte es viehseuche
sein, oder gebüget statt vǫr gebüget
(von geböget)? Gr. myth. 572: vom
notfeuer oder wilden feuer, „um v i e h-
s e u c h e n vorzubeugen." tho vaer
gaen *(Nies. 3, 225) = zum 'farren*
gehn. „ock soe solt sie gyu rûnder
slaen dat tho vaer hefft gegaen dan

bynnen vierteyn nachten darnae." *sollte
dieses vêr überhaupt aus tho vaer ent-
standen sein? — syn.* mause, mauske,
manskau, *auch wol versetzt* mankse,
vgl. mausen = manusmeusk, *eigentlich
männliche kuh, weil die fȩr gehende
kuh öfter den ochsen begehrt.*

fȩr, fȩer, *f. 1. feder des vogels. vögel
vau ênerlai fȩren.* dann konnt se di
*de fȩren nâblâsen, dann bist du ihren
händen entronnen. 2. die zugeschärfte
kante eines brettes, welche in die nuth
(nòte) passt. — engl.* feather-edge. *ags.*
fider.

veralimentȩren, *für verarbeiten, besorgen
gebraucht. (Deilingh.)*

verällen, *veralten, alt werden.* bȩn God
' well erhällen, dä kan nitt verkümmern
noch verällen. — *köln.* veralden.

veränderunge, *f. 1. veränderung. 2. er-
holung.* he mäket sik ne feränderunge.
— *dän.* forandring.

veränneren, *verändern.* sik veränuern,
1. heiraten. 2. erholung suchen.

verbȧg, *m. vermessenheit, prahlen.* dat
es en verbȧg. dai het en verbȧg.
daistu dat oppen verbȧg? *willst du
damit dem ungeheuerlichen (der geister-
welt) trotz bieten? — Teuth.:* verbuging.
verboch, roeme, beroeming, boich, roim,
vermetelheit. *köln.* verbaicht, *f. vgl.
alts.* bâg *und unser* bægelik.

verbai, *n. verbot.* med verbai! *sagen die
kinder in Deilinghoven beim knickern,
d. h. ich verbiete vom* mȩte (s. mȩt) *zu
schiessen.*

verbaien *für* verbaiden (*præt.* verbôd,
ptc. verboen), *verbieten.* zu sik ver-
baien *gehört* ik verbai mi, *was die
kinder zu Deilinghoven rufen, wenn
sie beim fangspiel den sicherplatz
wählen.*

verballen, *verstauchen. syn.* verhällen.
— *got.* balvjan, torquere. *mwestf.* vor-
balwen. *eine Osnabr. urk. von 1395:*
de huse eder erwe vorbalweden vnd
ergherden. *nds.* verballen. *ags.* bealu,
malum.

sik verballern, *sich versprechen, d. h.
aus übereilung sagen, was man nicht
sagen sollte oder wollte; daher: geheim-
nisse verraten.* — all ist hier nicht =
ald, was ȧll geben würde. *Stürenb.:
„im Saterlande heisst* balle reden,
sprechen." ostfr. ballern, knallen, lär-
men; ballerbüx, *vielsprecher,* raison-
neur; verballern, *durch poltern, toben,
babbeln einen verwirren, betäuben.*

nds. ballern, *durch schlagen, durch
eine peitsche schall hervorbringen.*

verbäselt, *adj. ptc. verwirrt. — Firm. I,
327:* verbäselt = verdutzt. *holst.* ver-
bast un verbiestert. *nds.* verbäseln.
vgl. bäseln, *blind zulaufen.*

verbaset, *erschrocken. (Altena.)*

verbistern, *verwirren, irre machen, irre
führen.* du maus ne nitt verbistern =
irre machen. ik was verbistert, *ich
war verwirrt, zu Brackel auch* = ich
war irre gegangen. *ein Iserl. gedicht
von 1670 verwendet es als intrans.* ver-
bistern = *verlegen werden.* — sik ver-
bistern, *irre werden.*

verbiten, *verbeissen.* hä het sik dat ver-
bioten, *er hat den ärger nicht ausge-
lassen, er hat ihn in sich gefressen.*
verbioten, *verbissen, erpicht.*

verblauen (*præt.* verblodde, *ptc.* verblodt),
verbluten.

verblennern, *verblenden.* hä verblennert
sine ögen.

verblif, *m. verbleib.*

verblüffen, *verblüffen.* wȩste bu et elfte
gebod hett? lätt di nitt verblüffen =
lass dich nicht verdutzt machen. —
engl. to bluff, *die augen verbinden.
Kil.:* verbluffen med woorden, obruere
verbis, protelare dictis. *Koelhoffs chr.
586, 32:* verblüfft.

verbod, *n. verbot.*

sik verbören, *sich durch heben schaden.*

verböst, *adj. ptc. erbost.* he wör sik
verböst.

verbrenen (*præt.* verbrannte, *ptc.* ver-
brannt), *verbrennen.* ik hewwe mi ver-
brannt. *fig.:* hä het sik de finger
deräne verbrannt.

verbroddeln = verbrudeln. *(berg. und
westmärk.)*

verbrott, *ptc.* verbrochen. bat het dai
verbrott? — *ags.* breótan, bryttan, fran-
gere. *schwed.* brott, *verbrechen. s.*
ütverbrott.

verbrudeln *für* verbruddeln, *1. ver-
wirren, besonders fäden. 2. durch
sorglosigkeit in unordnung bringen,
verderben. — ags.* breóthan, *verderben.
fr.* brouiller.

verbrüen *für* verbrüden, *verbrüdern, auf-
bringen, böse machen. s.* brüen.

verbuseln, *verwühlen, durch bergbau.
s.* buseln.

verbuggen, *verbauen, auf den bau ver-
wenden. — Seib. urk. 1121:* verbouwen.

verbulten, *vertauschen.*

verbündnis, *n. bündnis, bund.* en ver-
bündnis med dem düvel.

verdainen, *verdienen.*

verdammen, *verdammen.* Gọd verdamm! *(ein fluch.)*

verdauen *(præt.* verdæ, *ptc.* verdån), *vertun, durchbringen.* sik verdauen, *sich irren, etwas verkehrt tun.* ik hewwe mi verdån *(geirrt).* hä hẹt sik med 'me ẹten verdån *(geschadet).* — *alts.* farduan, delinquere, crimen committere. *Tappe 134b:* wer froe vpstheyt, der vil verdheyt, *wir:* bai frô opstét, sin guọd vertẹrt.

verdausam, *der viel drauf gehen lässt.* et es en verdausamen winter wẹsen, *das rindvieh hat viel verzehrt.* en verdausam wẹer, *wetter, bei welchem man scharfen appetit hat.* (*Iserl.*)

vêrde, *vierte.*

verdeck *in* Gọd verdeck! = *Gott straf mich.* (*Hagen und berg.*) *entstellt, um nicht zu sagen:* Gọd verdamm!

vêrdel, vêrel, *n. viertel.*

verdelsken = verdelstern.

verdelstern, *zertreten, durch niedertreten oder sich wälzen in unordnung bringen.* se verdelstert dat bedde, — de blẹke *(gartenbeete).* s. delstern.

verdenst, *n. verdienst = verdientes.* hä niọmt sin verdenst alle åwens med unner de diọke.

verderf, *m. verderb, verderben.*

verderwen *(præt.* verdarf, *ptc.* verdọrwen), *verderben.*

verdilgen, *vertilgen.* — *alts.* fardiligon.

verdingen, *verdingen.* dat was dem schelm verdungen!

verdoggen, *verdauen.* (*Paderb.*)

verdọrwsen, *dọr den æs jagen, durchbringen.*

verdọrgen *für* verdedigen, *verteidigen.*

verdọrweling, *m.* (*H.:* verdọrferling), *verdorbene sache, z. b. misratenes backwerk.* bei *H.* auch = slûne.

verdrag, *m. 1. vertrag. 2. verträglichkeit.* he es van guọdem verdrag. — *Kil.:* verdragh, pactum, concordia, tolerantia.

verdraigen, *1. verdrehen.* he verdraiget ẹm de wårde in der mûle. *2. durch drehen verderben.* du hẹs 't slọt verdraiget. *3. verbrauchen, durch drehen.* ik hewwe am sonndage en pund koffi verdraiget *(vermalen).*

verdrait, *m. verdruss.* int verdrait gerẹen, *verdruss bekommen.*

verdraiten *(præt.* verdrôt, *ptc.* verdrọten), *verdriessen.* dat verdrutt mi.

verdraitlik, *verdriesslich.* rda.: hä kiket so verdraitlik as ne buạtersoppe.

verdrappelt *für* verdabbelt, *adj. ptc. versprochen, geirrt.* s. dabbeln.

verdrẹgen *(præt.* verdraug, *ptc.* verdrẹgen und verdrọgen), *1 ertragen.* hai kann nitt viel verdrẹgen. *2. an einen ungehörigen ort tragen.* de henne verdrọget de aier. *3. sik verdrẹgen, sich vertragen.*

verdrinken *(præt.* verdrank, *ptc.* verdrunken), *1. vertrinken, für getränk hingeben. 2. ertrinken.* hai es in der Ruhr verdrunken. *rda.:* sin vår es im häksel verdrunken, *er ist unehelich geboren. Myth. 538. 3. sik verdrinken, sich durch kalten trunk schaden.*

verdriwen, *vertreiben.* dai den annern verdriwet, dai selwer nitt bliwet.

verdrọgen, *vertrocknen.*

verdrücken, *unterdrücken.*

verdunnert, *adj. ptc. verdonnert. 1. verwünscht. 2. erstaunt. 3. verurteilt.*

verdüateln *für* verdürteln, *im schwalbenliede* = verfaulenzen. s. dọrte.

verdûkert, *adj. ptc. verteufelt.* — *vgl.* Dûker *für* Dûwel.

verdulldöwen, *einen verwirrt machen. 1. ẹnem 'et wård im munne verdraigen. 2. ẹnem wọt unner den dûmen slån.*

verdummeln, *ersticken.* — *holl.* verdommelen, *entstellen;* dompen, *dämpfen,* auslöschen. *nds.* verdumpen, *durch mangel an licht und sonne verkommen lassen.*

verdümpeln, *vertuschen, zum schweigen bringen.*

verdünken *(præt.* verduchte), *vermuten.* mi verduchte dat wọl, *ich vermutete das wol.* s. dünken.

verduzt, *adj. ptc. verdutzt.* — *Münst., Zumbr.:* verduạtelt.

vêreckig, *viereckig.* — *mwestf.* vêregged. sik fẹren, *sich mausern.* de bönder fẹrt ẹrk. (*Siedlingh.*)

vêrenvêh, *n. federvieh.* ein junge hatte gestohlen. nach dem tode kam er wieder und klagte: o wass! o flass! o fẹrrenvêh! dat dait miner armen sẹle so wêh. *Westig.*

vergån, *vergehn.* hä vergeng as en kọlstrunk, — as en pôt wåter, — asse snê vọr der sunne, — asse schüm oppen wåter. sî män stille, et sall wọl wier vergån. de tîd verget un me kritt nix gedån.

vergang, *m. 1. vergänglichkeit.* dat es låken, då es gar kainen vergang åne. *2. ausgang zur erholung, vgl. sich ergehen.*

vergangen, *adj. ptc. verflossen.* vergangen
fridag. *adv. neulich.* ik sin vergangen
bi em west.

vergeckt, *adj. ptc. vernarrt.* vergeckt
sin in.

vergellen *für* vergelden, *vergelten.*

vergeten *(wie eten), vergessen.* ik si dat
vergeten. mi es vergeten. — *Cl. B.
v. 41:* is di dat vorgeten? *alts.*
fargetan.

vergeten, *wahrscheinlich ein ptc. præs.
mit abgeschliffenem d vom vorigen, ver-
gessen.* si doch nitt ümmer so vergeten.

vergett, *vergessenheit.* in vergett stellen,
in *vergessenheit bringen. (Alten. stat.)*

vergiowen, *1. vergeben, verzeihen.* God
vergiowe mi mine sünne, *ein fluch, wie
fr.* Dieu me pardonne. *2. vergiften.*
3. weggeben.

vergiowen, *vergebens.* et es ock as wann
alles vergiowen wær, *es will nichts
gelingen.*

vergift, *n. gift. ein besserer ansdruck
als gift (gabe), denn vergift ist ver-
derbliche gabe. zu* vergiowen 2. —
mhd. vergift, *f.*

vergiftig, *giftig.*

verglik, *m. vergleich.*

vergliken, *vergleichen.* sik vergliken,
sich vergleichen.

vergnaügen, vergnaigen, *vergnügen. —
mwestf.* vernoigen, vernogen, *befriedi-
gen, bezahlen.*

vergnaügen, *n. vergnügen.*

sik vergripen, *sich vergreifen.* ik hewwe
mi vergriepen.

vergrosken, *in groschen umsetzen und
ausgeben. Gr. tüg 66.*

vergůset, *adj. ptc. verstört, bestürzt. —
setzt ein altniederd.* fargusian = *heftig
erschrecken voraus. das Laiendoctr.
(Scheller) p. 142 hat ein transitives
gůsen = bange machen: schepen de
sik gusen lat. einem von Grimm an-
gesetzten got. geisau (ferire) musste
giusan vorhergehen. aus dem præt.
desselben dürften unsere gôs (ohnmacht)
und gôsen genommen sein. anch im
ags. scheint ein geásan neben gæsan
zu gelten. vgl. as. gæsan (agitatus),
gæsan (percellere). got. usgaisjan (er-
schrecken). dän. gyse, grausen, schau-
dern. Kil.: verguysen, deridere, con-
temnere.*

sik verhaiten, *beteuern, durch berufung
auf Gott. Op de ülle hacke. — ostfr. sůk
verhêten, sich verschwören. Schwänke
und ged. 106: verhaiten un nit ver-
kuiern, dat is de kunst dervan.*

verhakstorken, *verhandeln. — holl. ver-
hakstukken, neuen hackenleder an
schuhwerk setzen. fig.: zu machen sein,
zu tun stehn.*

verhåld, *m. 1. aufenthalt. 2. dauer-
haftigkeit. dä es kain verhåld ane. —
mwestf. verhalden eynen, einen zu hause
lassen, nicht vorladen.*

verhåldsam, *dauerhaft.*

sik verhålen, *1. sich erholen. 2. im
kaufmännischen sinne:* sik verhalen an.
*Urk. von 1547. — holst. sik verhalen.
Seib. urk. 983.*

verhålhalten, *sin water. cf.
Pick monatsschr. 1, 580. Husem. reim-
spr. 122, gesundheitsregel aus dem re-
gimen sanitatis salernitanum: woltu
bliuen gesundt, so lath dyn water so
offt als ein hundt, kein stolganck ver-
halt, de winde lath flegen, darmits nicht
stincke do ein wenich entflehen (auf
seite gehen).*

sik verhållen *(s. hållen = halden), 1. sich
verhalten, bewandt sein.* ik well doch
wiaten, hu sik dat verhåldt. *2. durch
halten sich beschädigen, sich verstau-
chen, lähmem.* ik hewwe mi de hand
verhållen.

verhanzig, *wahrhaftig, eine beteuerung.*

verharren, *verharren. spr.:* irren es
menslik, àwer verharren des düwels.

sik verhaspeln, *sich verwickeln in der rede.*

verhauen *(ptc. verhodt), verhüten. M.
blr. IV, 645.*

verhåftig *für* wårhaftig, *adj. und adv.,
wahrhaftig.* verhåftüg es God, *ein
schwur. auch zu Ratingen.*

verheg, *m. pflege. — Sündenf. 1616:*
vorhech, schutz.

sik verhegen, *sich bergen. — Herf. R. B.
p. 10:* forheghen. *schützen, pflegen.*

verhelpen, *verhelfen.* ik well em dertau
verhelpen.

verhêmen, *verheimlichen.*

verhêren, *verheeren, verderben.* schwal-
benlied. — *farherjan, durch ein kriegs-
heer zu grunde richten.*

verhiåven, *verheben. Must. 1.*

verhyliken, *verloben.* verhylicket vnnd
bestadet. *Urk. von 1538.*

verhiråen, *verheiraten.*

verhopen, *hoffen.*

verhottelt, *geronnen. F. r. 13.*

verhuadeln, *hudeln, übel behandeln.*

verhüülen, *1. verwühlen. 2. schlecht be-
ackern.*

verhůen *(præt. verhudde, ptc. verhudt),
verbergen, verstecken.* sik verhůen,
sich verstecken.

sik verilen, *sich übereilen.* in dem warmen fröjår 1868 hett sik manige früchte verilet. *spr.:* me kann sik so guad verilen as verwilen.

vering, *eine scheidemünze des mittelalters. nach dem Alten. stat. scheinen* 6 veringe = 1¹/₂ *pfennige. — Dan. 25:* verinck.

verjagen, *verjagen.*

ferjeau, *feuer! (Siedlingh.) worin das alte* für-jò.

verjuckeln, *fig.: durchbringen.* hä het sin geld verjuckelt.

verkaicheln, *vergaukeln.* de ögen verkaicheln, *die augen verblenden. vgl.* köcheln.

verkållen, *durch kälte zu grunde gehn. spr.:* bat use Hergod well erhållen, dat kann nitt verripen noch verkållen.

verkäntig, *vierkantig, viereckig.*

verkårt *(in Hagen* verkårt)**,** *verkehrt.* verkårt wård, *böses wort. vielleicht entstand es aus* verkorn wort. — verkorne wort, verba contumeliosa, *scheltworte. F. Dortm. III.*

verkauken, *verfilzen, zusammenbacken, von haaren. syn.* inenkanken.

sik verkaülen, *sich erkälten. — vgl. alts.* cólon, frigescere.

verkåwen, *zur blossen hülse (kåwe) werden.* de håwer was oppem lanne verkåwet.

sik verkellen *(ptc.* verkullen), *sich erkälten.* hai het sik verkullen. *Must. 1. K. S. 76.*

ferken, *n. schwein, besonders das jüngere. spr.:* bå der ferken viol sind, werd de drank dünne. *grabschrift:* Hir liat begråwen Péter ächter der kerken, in siner jügend was he en ferken, in sinem åller was he en swin, min God, bat mag he nû wol sin! — *ein deminutivum wie hd. ferkel ist das wort nicht. ags.* fearh. *ahd.* varah. *nds.* farken.

ferkenfaüte, *pl.* = gæse. *(Iserl.) wird wie nordamerik.* pigweed *als spinat gegessen.*

sik verkiken, *1. sich versehen. 2. sich verlieben.*

verklagen, *verklagen.*

verklaffen, *anschwärzen.*

sik verkleen, *sich verkleiden.*

verklicken, *1. verraten, ausbringen.* he het em dat verklicked. *2. mit dem acc. der person: jemand anschwärzen. 3. verachten. Weddigen. — holl.* verklikken, *verraten. Soest. Dan.:* klickster, *verräter. Kil.:* verklicken, insi-

diari, speculari, indagare secreta alterius.

verklimmen *(nur ptc.* verklummen *oder* verklommen), *vor kälte starr werden.* de hänne sid mi verklummen, erstarrt. steifkalt. — *vgl. ags.* clamm, vinculum, clumjan comprimere. *nds.* verklömen, verklommen. *holl.* verklemmd, *vor kälte starr geworden.*

verknusen *(schlechtere form* verknausen)**,** *fig.: verdauen, verwinden, vertragen.* dat kann he nitt verknusen. ik kann ne nitt verknausen. — *alts.* farknusjan, conterere. *nds.* verknusen. *Mda. III, 427.*

verknuffe, *zurechtstellen, verarbeiten.* verknuffe de köpp. *(Düsseldorf.)*

verknuffeln, *faltig machen. s.* knuffel.

verkoken, *verkochen.*

verköp, *m. verkauf.*

verköpen, *verkaufen.* he verköpet ne twemal in den sack un wier derût.

verköper, *m. verkäufer.*

verkörten, *verkürzen.*

verkosseln, *verderben, verunreinigen, z. b.* wäsche.

verkossen, *gelb werden, von wäsche, deren weisse sich nicht gut wieder herstellen lässt. vgl.* kuasel, kuaseln.

sik verkrüpen, *sich verkriechen.*

ferksken, *n. ferkel. deminut. von* ferken.

verküern, *versprechen, d. h. sagen, was man nicht wollte oder sollte.* verkür den hals nitt! *wurde einem ultraliberalen sprecher vom freunde zugeraunt.* sik de tid verküern, *sich durch gespräch die zeit vertreiben.*

verkümmeln, verkimmeln, *verkaufen. — rothwelsch* kimmern, *kaufen.*

sik vereumpetèren, *sich vertragen.*

verkungeln, *heimlich verkaufen oder hingeben. — holl.* verkonkelen, *sein geld auf nichtigkeiten verwenden. Seib. urk. 805:* verkuden, *verwechseln. s.* kungeln.

verkwackeln, *liederlich durchbringen, verschleudern. schwalbenlied. — Kil.:* verquackelen, dissipare.

verkwasen, *unnütz verbrauchen.*

verkwesten, *durchbringen, verschleudern. — Kil.:* verquisten, absumere, dilapidare. *Teuth.:* verqwysten, verdelighen, verstoeren.

verkwickeln = verkwackeln. *schwalbenlied. eigentlich wol in der küche durchbringen. — mhd.* quickel = unser kuckel, herd.

verlaisen *(præt.* verlös, *ptc.* verloren)**,** *verlieren. — mnd.* vorlesen.

verlaif, *fürlieb.* se meit sô med me
klainen verlaif nçinen *(ein compliment).*
— verlaif *für* fŏrlaif.

verlaugen, *1. verlangen, fordern. 2.
wünschen.* ik verlauge nitt inner kçrke
te släpen == *ich mag nicht, ich würde
nicht gern.* — *engl.* I would not care
to sleep in a church. *syn.* mi lüstet
nitt. *3. wundern.* mi sall màl ver-
langen of = *es soll mich wundern, ob.*

verlängen, *verlängern.* de soppe ver-
längen, *die suppe durch wasser ver-
dünnen, so dass sie weiter reicht.*

verlåt, *verlass.* dà es verlåt op, *das ist
zuverlässig.* op çm es kaiu verlåt,
man kann sich nicht auf ihn verlassen.

sik **verläten**, *sich verspäten.*

verlåten, *verlassen.* sik verlåten op, *sich
verlassen auf.*

verlegen, *verlegen.* ik sin der nitt ver-
lçgen üm.

verleggen, *verlegen.*

verlçsen, *1. ablesen. 2. verkehrt lesen.
3. auslesen.* den silåt verlçsen. — *K.
fastnachtsp.* 981, 15: de baer verlesen.

verletten, *verspäten. Gr. täg* 14. — *Kil.*:
verletten, *differre, procrastinare.*

verlien, *adj. ptc. vergangen, verflossen.*
verliene wçke. verlien, *neulich.* — *das
i ist, wie gewöhnlich bei ausfall des
d, rein, nicht ei. alts.* farlithan, *abire,
decedere, transire. twestf.*, 1465: In
vorgeledenen tyden; 1465: in geleden
jaren; 1564: vorleyden; 1583: vor-
lidden. *Soest. Dan.*: verleyden. *schwed.*
lida, *verlaufen. Kil.*: verleden, *præ-
teritus.*

verliggen *(ptc.* verlçgen), *verlegen.* he
wôr gans verlçgen. verlçgene wår;
vgl. urk. von 1505: dat gut verlege.

verlèchen, *verleugnen.* — *Kil.*: ver-
loochenen.

verlçgen, *adj. ptc. verlogen, lügenhaft.*

verlöp, *m. verlauf.*

sik **verlöpen**, *1. irre gehen.* me kann
sik dà lichte verlöpen. *2. sich durch
laufen schaden, sich übereilen. s.* ver-
sitten. *3. weglaufen. Iserl. gedicht
von* 1670. en verlöpenen kêrl. *4. seinen
verlauf haben.* nu we'k di vertellen,
bu sik dat widder verlaip.

verlösen, *verlosen.* — *vgl. platthd.* lôs.

verlösunge, *f. verlosung.*

verlöf, *m. 1. verlaub, erlaubnis.* med
verlöf te seggen, *salva venia.* — *Keller,
fastn.* 978, 6: mit orlave. *2. urlaub,
ferien.*

verlöwen, *verloben.* sik verlöwen, *sich
verloben.* sik te hope verlafen. 1670.

sik **verlöwen** nà, *geloben, eine walfahrt
nach — zu machen.*

verlüern, *durch lauern (d. i. warten) ver-
fehlen, versäumen.*

verlüs, *verlust.* in verlüs gån, *verloren
gehen.*

sik **verlüstêren**, *sich erlustigen.*

vermag, *n. 1. vermögen.* nà sin vermag.
2. speciell vom tüchtigen esser. he het
en guod vermag.

vermaien, *vermieten.* — *Kil.*: vermieden.

vermåk, *unterhaltung.* wann'k en fik-
stock antreck *(anziehe),* dà es gerade
so viol vermåk àne asse an der ên-
folligen hitte vam inçken. — *Kil.*:
vermaeck, *recreatio.*

vermaken, enen in wat, *einen in etwas
hindern.* I het der mik inne vermacht.
Op de àlle hacke 47.

vermämpeln, *bemänteln, vermummen.* —
Teuth.: vermaken, vermonplen, bergen.

vermäserd, *verschworen, vernarbt. (Mars-
berg.)* — *vgl.* mäserk. *mhd.* måse,
cicatrix. *ahd.* masaron, *extuberare.*

vêrmåt, *quadrat.* int vêrmåt. *F. r.* 121.

sik **vermauen** *(præt.* vermodde, *ptc.* ver-
modt), *vermuten.* dat was he sik nitt
vermodt, *das vermutete er nicht.* —
Verne chron. p. 24: de sich vermoden,
welche vermuteten. Seib. urk. 979:
sik vermoeden.

vermçten, *vermessen.*

vermçten, *adj. ptc. vermessen.* kür nitt
so vermçten.

vermids, *præpos. vermittels.* — *Kil.*: ver-
mids *j.* ouermids.

vermissen, *vermissen.*

vermolmen, *zu mulm werden.* vermolmed,
*in mulm zerfallen, wurmfrässig, faul,
vom holze.*

sik **vernægern**, *sich nähern. vgl.* næger.
— *Kil.*: vernaederen.

vernaiten, *vernieten.*

vernatterd, *adj. ptc. böse wie eine natter.*

vernçmen, *1. vernehmen. 2. erfahren,
erleben.* hai vernâm wot.

verniomstern, *aufmerksam.*

vernig, *entzündet, schwärend. wer eine
„ebbige" haut hat, dem wird die wunde
leicht* vernig.

verniggen, *erneuern.*

vernin, *n. gift, zorn.* — venenum.

verninig, *giftig, erbost, zornig.*

vernitsig = vernig.

vernüs, *n. kunstherd.* — *fr.* fournaise.

vernuts, *n. benutzung.*

vernutsen, *benutzen.*

verüwern, *erübrigen.*

verpassen, *1. vertragen.* ik kann dat nitt verpassen, *ich kann das nicht vertragen, oder: das passt mir nicht. 2. versäumen; syn.* verlûern.

verpechnen, *verpachten.*

sik verpecken, *sich packen.*

verplämpern, *verschlendern.* sik verplämpern, *sich verführen lassen, sich in eine unpassende verbindung einlassen, von einem frauenzimmer.*

verpleg, *m. verpflegung, pflege.*

verplegen, *verpflegen.* — *Herf. R. B. 16:* sik verplegen, *sich verpflichten.*

verplengen, *durch treten in unordnung bringen.* de junge verplenget 'et bedde. de rûe verplenget de blçke. *syn.* verdelstern.

verplexeren, *verbrechen, sich etwas zu schulden kommen lassen.* hat hçt dai verplexêrd.

verplieten, *adj. ptc., mit op wot, auf etwas versessen, verpicht, beflissen.*

verplûstern, *verschwenden, durchbringen.* he verplûstert hûs un hof. — *eigentl. sinn: die federn verlieren; zu pluse, federchen.*

verpræsen, *sich überessen.* de kau es verpræsed, *die kuh hat zuviel gefressen, sie ist verstopft.* — *Mda. VI, 361:* sik verpeisen, *sich mit speisen rollstopfen. (Ravensb.)*

sik verpûsten, *sich verschnaufen.*

verquans, verkwans (*H. schreibt:* verquanst), *quantsweise, 1. unter der hand,* tecte, obscure. *2. zum schein, per speciem.* — *Teuth.:* verqwantzes, so to seggen. *vgl.* verkwâs, tör kwans. *3. vorläufig, einstweilen.* ik geng dà só verkwans her, dà säg ik etc. *wird einer sagen, der seinen weg machte, um etwas zu erspähen, ihn aber so machte, dass andere glaubten, sein zweck sei nicht der.* — *nds.* quantswise, *zum schein, angeblich. holl.* kwanswijs. — *durch angehängtes s, es (genitivendung) werden mit für adverbia gebildet, bei denen das von der præpos. gebildete subst. ausgelassen ist.* für alldages z. b. verlangt gebrûk, für haupts *(besser höps)* sc. spitse. so fordert für kwants *das subst. wise. holl.* kwant *(schelm)* und kwint *(schelmstück, kniff)* lehren, dass unser kwant, welches in kwans steckt, auf ein starkes kwintan *(kwant) zurückführt. dieses wird =* kwinkan (kwank), *einen winkel machen, aus die ecke gehn, sich durch eine wendung verstecken, bedeuten.* für kwants wise, verkwans ist also: *nach der weise eines schelms.*

verquinen, verkümmern, *besonders aus mangel an licht und luft, von pflanzen. II.: nach und nach vergehn.* — *s.* kwinen.

verrædlik, *1. sehr gefährlich. 2. aufgebracht, zornig.* dat es en verrædliken kærl. — *Verne chr. 28:* verreitlichen, *verräterisch. Seib. qu. I, 66:* verrätliche fewerpfeile.

verräen, *verraten.*

verrecken, *verrecken, crepieren.*

verrichten, *verrichten.*

verrichtunge, *f. verrichtung, geschäft.*

verripen, *durch reif zu grunde gehen. spr.: s.* verkällen.

verrîten, *zerreissen, durch reissen zu grunde richten. s.* verspliten.

verrûaklûsen, *verwahrlosen, vernachlässigen. s.* rûaklôs. — *Kil.:* verrooekeloosen, negligentia et temeritate in periculum pertrahere.

verrûeteln, *zerrütten. s. schwalbenlied von Werl.*

verrungenêrd, *ruiniert.*

versaihen, *n. versehen.*

sik versaihen, *1. sich versehen, irren.* me versûht sik nich mœr as an den lüen. *2.* sik wot versaihen, *sich einer sache schämen.* wann ik et mi nitt versœge.

versaken, *abschwören, verleugnen.* „habe Gott, seinen h. aposteln und dienern versaket." *Mend. hexenprotoc. v. 1592.*

versälten, *versalzen.*

versaûk, versaik, *m. versuch.*

versaûken, *versuchen.*

verschaden, *verzinsen. Urk. von 1522:* „dat wy der twehondert goltgulden dem gedachten rectori verschaden vnd yn der beiden betalen sullen."

verschaiten, *1. die munition verbrauchen. 2. verschiessen, d. i. knötchen von den papierbogen kratzen. 3. die farbe verlieren.* sik verschaiten, *1. fehl gehn. (Kierspe.) 2. sich verlieben.*

verschaitstøwe, *f. stube, in welcher papier verschossen wird.*

verschallen, *verschalen, schal werden.* — *holl.* verschalen. *zerstreuung und schwinden der töne übertragen auf das, was die geruchs- und geschmacksnerven aufregt (?).*

verschengeléren, *schenden, entstellen.* — *vgl.* schengen *für* schenden.

verschinen, *durch sonnenglut verderben.* alles es im gären verschianen, *die pflanzen sind durch sonnenglut welk geworden.*

verschræn, *aus altem metall neue gerätschaften machen.*

verschraien, *versengen.* verschraid, ver-
sengt. — *Sündenf. 2023:* vorschreie.
verschraigeln = verschraien. *s.* schrai-
geln.
sik verschrecken, *erschrecken.*
verschrif, *verschreibung.* he het et in
verschrif, *es ist ihm verschrieben, durch
schriftliches document zugesichert.*
verschriwen, *1. schriftlich zusichern. 2.
verordnen, vom arzte. 3. sik verschriwen.
fehler im schreiben machen.*
verschüdden, *verschütten. fig.: verderben.*
verschüngen, *1. aufhetzen. 2. zu etwas
verführen.* — *d geht in g, k über.
ahd.* farscuntan, allicere, illicere. *alts.*
farscundian. *Verne chr. 21:* verschuedt
*(angereizt) mit ausgefallenem n und
verlängertem u. nds.* verschünnen.
verschünken = verschüngen.
verschûwen, *verschieben.*
verseggen, *versagen.* sik verseggen, *sich
anderswohin versprechen.* he het sik
all versaggt.
versetten, *versetzen.*
versgerime, *n. reimerei. Iserl. ged.
. von 1670.*
versichten, *sicht haben, aufmerken.* dà
maut ik doch mâl op versichten, *dar-
auf muss ich doch einmal aufmerk-
sam sein.*
versitten, *durch sitzen versäumen.* me
kann sik so guad versitten as verlöpen.
versk, *vers. syn.* geversch.
versken, *verschen, zeile.*
verslån, *1. verschlagen, sich abkühlen,
von heissen flüssigkeiten, von der sonne.*
de sunne verslätt, *wenn gewölk vor
dieselbe tritt. 2. einen unterschied
machen.* dat verslätt nix. — *Kil.:*
verslaen, refrigerari aliquantulum.
verslaiten, *verschliessen.*
verslåpen, *verschlafen.* sik verslåpen.
ik hewwe mi verslåpen.
verslickern, *1. umherschlickern. 2. ver-
schleudern. schwalbenlied von Hamm:*
as ik wäg trock, wâr knöke un schüer
voll, as ik wier kâm, wâr alles ver-
slickerd un vertêrd. — *Kil.:* verslicken,
absorbere, deglutire.
verslit, *m. verschleiss.* dà es kain ver-
slit âne, *von starkem zeuge.*
versliten, *1. verschleissen, abtragen, ab-
nutzen.* de rock es versliaten. 2 *dulden.*
me maut ne sô versliten. ik kann ne
nitt versliten. 3. *verschlieten, dafür
halten. Weddigen.* — *alts.* farslitan,
frui, consumere. *schwed.* slita, *erdulden.
Kil.:* verslijten.

versluckern, *in leckereien verzehren. syn.*
versnucken.
versluadern, *verschleudern, durch unord-
nung umkommen lassen.* verslöddern,
verzetteln.
verslût, verslait, *verschluss.*
versmachten, *verschmachten.*
versmåen, *verschmähen.* — *ahd.* farsmâh-
jan. *mnd.* versmâden.
sik versnappen, *sagen was man nicht
sagen wollte oder sollte.* — *nds.* sek
versnaweln.
versnappsen, *für schnaps ausgeben.*
versnippeln, *durch schneiden in kleine
stücke zu grunde richten. s.* snippel,
snippeln. — *Kil.:* versnippern, minutim
conscindere.
versnucken = versluckern. — *Hunsrück:*
versnuckeln.
versôlen, *1. besohlen. 2. prügeln.*
versôpen, *ersäufen.* sik versôpen, *sich
ersäufen.*
verspann, *quadrat, welches die mündung
eines schachtes bildet.*
verspåren, *versparen. spr.:* bat me ver-
spârt för de mund, dat friatet de katte
åder de hund.
verspêren, *versperren.*
verspielen, *verspielen, durch spiel ver-
lieren.* — *ahd.* spilôn.
verspialen, *verlieren.* de franzôsen hett
verspialt *(die schlacht).* hai het ver-
spiald *(den process).* de kau het an
der mëlke verspiald *(gibt nicht mehr
so viel).* he hewwe an der wår de
hälfte verspiald. *flüssigkeiten, welche
stehen und verdunsten, "verspialen".*
verspļedern, *verwickeln.* de hâne het sik
de schoken in der hëe verspļederd. —
vgl. dän. splitse, *verflechten.*
verspliten, *versplittern, verspleissen.* alles
es verriaten un verspliaten. — *urk.:*
versplieten *für* versplíten.
verspreken, *1. zusagen. spr.:* verspreken
un hâlten dat dæn de ällen. sik ver-
spreken, *sich verloben. 2. verkehrt
sagen,* sik verspreken.
verspringen, *durch springen schaden.*
uze stupe het sik den faut versprungen.
Gr. tüg 78.
verstån, *verstehen.* dat verstêt sik, *das
versteht sich.* mân dat verstond he
unrecht, *das nahm er übel auf, da kam
man an den unrechten.*
verstand, *m. verstand.* dà stêt mi de
verstand bi stille. dat gèt öwer minen
verstand as de lûse. sai het den ver-
stand mettem schûmliapel freten.

verstanneskasten, *m. verstandeskasten (schelte).*

verstännig, *verständig.*

sik verstellen, *1. sich verstellen.* he es so böse nitt, hä verstellt sik mān. *2. sich verändern, von sachen.* et wǫr verstellt sik. de mǫlke hǫt sik verstallt, *die milch ist sauer geworden.* — *rgl. fr.* le lait tourne. *J. in unordnung geraten.* dat für hǫt sich verstallt, *bei hammerwerken.*

verstellunge, *f. verstellung.*

verstǫrwen, *die eltern durch den tod verlieren.* dat es en verstǫrwen kind. — *urk. von 1554:* durch versteruent.

verstēstemi, *n. (eigentl. frage), verstand.* dà hǫste kain verstēstemi van.

verstoppen, *verstecken.*

verstören, *stören.*

verstöten, *stossen.*

verstricken, *einkerkern. Alten. stat.* — *Kil.:* verstricken, obstringere, obnectere, illaqueare.

verstrien, *abstreiten, bestreiten.* dat we'k nitt verstrien.

verstriens, *schrittlings, rittlings, beschreitend. s.* testriens.

vertäakern, *aufreizen, verhetzen. rgl.* stǫken.

verstūken, *verstauchen.*

verstûwern, *in stüber umwechseln und ausgeben.* sine halwe kraunne was lengest vergrosket un verstûwert. *Gr. tüg 66.*

versämen, *versäumen.*

versämlik, *säumig.*

versämnisse, *f. versäumnis.*

versûpen, *1. ertrinken. spr.:* ne versǫpene mûs es lichte te wâgen, *so sagt wol der arzt bei kranken tieren, die man schon verloren gibt, wenn noch ein versuch gemacht werden soll.* et regnede as wann de weld versûpen woll. *K. S. 2. durch saufen vergeuden.* de buxe in wat versûpen. *durch trunk herunter kommen. ptc.* versǫpen. en versǫpenen kærl.

verswēren, *verschwören, abschwören.* hä hǫt den brannewin verswǫren. sik verswǫren, *mit einem schwure beteuern.* — *Kil.:* versweren, jurare, abjurare, pejerare.

verswēren, *verschwären.* de dümen es em gans verswǫren. — *Kil.:* suppurare, in pus converti, exulcerari.

verswigen, *verschweigen.*

verswinnen, *verschwinden.*

verswimen, *durchbringen.* sin geld verswimen *(kinderreim).*

vertaggen, *verzanken, sich durch zanken jemand abgeneigt machen.* se hett ęm den kopp vertagget, *anders: dat es mān de mund vertagget.*

vertaihen, *verziehen.* sik vertaihen, *sich entfernen, sich verlieren, wird von schmerzen gesagt.* — *ags.* fartiohan.

vertappen, *verzapfen.*

sik vertassen, *fehl oder verkehrt tasten (greifen).* — ss = st.

vērte, vērde, *vierte.*

vertelle, *f. erzählung.*

vertellen, *1. erzählen. 2. falsch zählen.*

vertellken, *n. erzählung.*

vertellschen, *n.* = vertellken. *(berg.)*

vertęren, *verzehren. spr.:* bai alles vertǫrt vǫr sinem end, dai māket en richtig testament.

vertęrgen, *aufbringen, böse machen.* ēnem den kopp vertęrgen.

vertęrsam, *viel verzehrend.* en vertǫrsamen winter.

vertestewēren, *vertun, verschwenden.* — wol für verdestruēren, *Schüren chron. p. 25.*

vērtien, *vierzehn.*

vērtiande, *vierzehnte.*

vertērung, *f. auszehrung. (Hattingen.)*

vertiggen, *entfremden, besonders rögel dem neste.* — osnabr. vertiggen. *berg.* verteien. *rgl. mwestf.* vertien, *ptc.* vertegen, *vertiegen. urk. von 1554:* vertiegen. *Kil.:* vertijden, vertijgen, abnegare, reauntiare juri et actioni, vulgo resignare.

vertinnen, *verzinnen.*

vertobbeln, *verwickeln. (Siedlingh.)*

verteddeln, *verschleppen.*

vertōgen *in:* ēnem den kopp vertōgen, *einen böse machen. s.* vertaggen. — *alts.* tōgian, *zeugen, wirken; darnach kann fartōgian bedeuten: verkehrt machen, was hier passt.* vertōgen *könnte auch aus* vertōren *entstellt sein.*

vertǫren, *erzürnen.* ęnen vertǫren. *(Schwelm.)* ēnem den kopp vertǫren, *einen böse machen.*

vertōrnen, *erzürnen.* — ō *d. i.* āi nach Iserl. aussprache, sonst sinkt orn zu ārn herab. zu torn, zorn.

vertüteln, *mit kleinigkeiten vertun.*

vertrecken, *1. verziehen, seine wohnung verändern. 2. fehlerhaft erziehen.* sik vertrecken, *1. sich verziehen, vom gewitter. 2. sich verziehen, von schmerzen. rgl.* sik vertaihen.

vertręen, *zertreten.* sik vertręen, *fehltritte machen, eigentlich und figürlich.*

spr.: en perd med vêr faiten vertriat
aik wol, geswige dann en menske
med twêen.

vertrösten, *vertrösten.*

vertucken, *durch einander wirren, von
fäden.* dat garn es gans vertuckd.
vgl. tuck.

aik vertüadern, *sich verstricken, sich
verwickeln. spr.:* dai spalkert as en
kranken hänen, dä sik in der hêe ver-
tüadert het. — *N. westf. mag. I, 276:*
tüddern *heisst sowol anbinden als sich
verwickeln.* meckl. intüdern, verwickeln.
ostfr. tüddlern. nds. türeu. nd. tüder,
strick an einem pfahl. engl. tether,
weideseil. Firm. I, 442: tüdderhault.

vertärlüren, *mit kleinigkeiten vertun.*

vertuschen, *unterdrücken, machen dass
etwas verschwiegen bleibt.*

vertûsken, *vertauschen.*

vertwiweln, *verzweifeln.*

verunseln, *verunreinigen. (Paderb.)*

verûwen, *verüben.*

aik verfangeu, *sich verfangen, von einer
krankheit der kühe.* use kan het aik
verfangen, vi könnt de buster nitt
krigen. — *einen schlimmen sinn drückt
schon* alts. farfahan *aus im Helj. 8443:*
an auoh farfengun cristes lera = *zum
schlimmen verdrehen sie Christi lehre.*

verfällig, *was im verfall ist.* en ver-
fällig hûs. — *Kil.:* vervalligh, ruinosus,
caducus.

vêrfaûter, *m. eidechse.* — dän. fiirbeen.
tyr. quâtrpeatschl. *Mda. XV, 52.*

verferd, *adj. ptc. erschreckt.*

aik verfêren, *erschrecken.*

verflauken, *verfluchen.* — alts. farflôcan.

verfôern, *1. verfüttern. 2. überfüttern.*
— *v. Hör. urk. 112:* vervowert (*spr.*
verfouert).

verfôren, *verführen.*

verfraisen, *erfrieren.*

verfreten, *verschlemmen. ptc.* verfreten,
gefrässig.

verfucken, *verwirren.* verfuckeln (*Sied-
lingh.*)

verfumfaien, *verliederlichen, verpfu-
schen, verleumden.* — holl. verfom-
fooijen, *verpfuschen.* nds. verfumfeien.
zu fumfei (*ton der geige*). fumfeien,
*zum tanz aufspielen, daher verjubeln.
Mda. III, 374. vgl.* fumfit.

verwachten, *erwarten.*

verwachtens *für verwachtend, gewärtig.*
aik verwachtens sin.

verwaigen, *verwehen.*

verwâr, *m. verwahrung.* in verwâr
hewwen.

verwarborgen, *verbürgen. v. St. XVIII,
s. 1069.*

verwâren, *verwahren, die aufsicht über
etwas haben.* aik wot verwâren, *sich
etwas aufheben.*

verwarren, *überwinden. Weddigen.*

verwassen, *verwachsen.*

verwâtern, *kein ehrliches haar an jemand
lassen.* — *Kil.:* verwaet, flaud. j. ban.
anathema, excommunicatio. verwaeten,
interdicere sacris.

verwaûsten, *verwüsten.* — mwestf. ver-
woysten.

verwendbrôd, *n. eine art kuchen aus
weissbrotschnitten und eiern.* — *in
Baiern:* weckschnitten; *in Hessen:*
gülden schnitten; *vgl. Vilmar. Kil.:*
verwendtbrood j. ghewendtbrood, panis
ouis maceratus. verwendt, revolutus.

verwesselinge, *f. 1. verwechselung. 2.
seelenwanderung.*

verwesseln, *verwechseln.*

verwidden (verwien), *weit machen.*

verwiken, *adj. ptc. verwichen, ver-
flossen.*

verwilen, *zu lange weilen. s.* verilen.

verwinnen = verwinden. *1. überwinden.
2. verschmerzen.*

verwintern, *durch den winter zerstört
werden.* de planten hett verwinterd.

verwisen, *wegweisen.*

verwit, *m. verweis.*

verwiten, *vorwerfen, verweisen.* ên issel
well dem annern 't sackdregen verwiten.
anders: hä siet nix, wann hä et ichtens
verwiten (verwinden) kann; *von leiden,
schmerzen, die einer hat.* ? verbliten.
— alts. witan, imputare. mhd. ver-
wizen.

aik verwünnern, *sich wundern.* aik
verwünren. *1670.*

fese, *f. fase, faser, federchen.* — ç = i.
ahd. fesa, *f.* festuca. *Kil.:* vaese j.
vese. *Teuth.:* vese, scheeve. festuca.

feseken, *n. fäschen.*

feselsch = härsch; *vom schweine. (Weit-
mar.)* — ç — a-i. *vgl.* fäsel.

fesen, *fasern abstreifen, von bohnen,
erbsen.*

vesperstücke, *n. vesperbrot.* Op de älle
hacke: en gutt vesperstücke met kacse.

vespertîd, *f. vesperzeit.* dat häldt van
vespertîd bit de hauner opflaiget.

vesselen, ? *v. St. XIII, p. 1297:* umme
unse Staid vesselen und vyschen. *urk.
von 1363.*

feste, *f. für ferste, first.* — ags. fyrst.

festunge, *f. festung.*

fetken, *n. fässchen.* — ç — a-i.

fett, *1. fett.* so fett **as** en snågel. fett as en âl. *Gr. tüg 6.* *fig.*: en fetten imen anfen. fett lachen. *2. trunken.* hä es fett. — fett *ist zusammengezogen aus* feitit, *wie* hd. *feist aus* feizit. *eine ähnliche vocalverkürzung zeigt* hett *(heisst) für* heitit, *wie zur erhaltung der kürze der konsonant verdoppelt wurde, so wird beim zusammenstoss zweier konsonanten (durch elision des vocals) kürze hervorgerufen.* alts. fet, feit, feitit.

fett, *n.,* **fette**, *n.* *1. fett.* *2. öl, lampenfett.* *3. eine wünschenswerte sache.* hai swemmt im fette bit ûäwer de âren. dä hes du din fett! *bedeutet:* κατ' ἀντίφρασιν: *so, nun bist du schön angelaufen!* *rgl. Firm. I,* 388 *(von Xanten):* heie non on fett?

fettede, *f.* *1. das fettsein.* *2. dünger.*

fetten, *fettmachen, schmalzen, von speisen.*

fettkammer, *f.* **fettkämmerken**, *n. schülergefängnis. (Hemer, Elsey und anderwärts.)* — *der name ist entlehnt von gefängnissen, welche so hiessen.* Münst. beitr. *II, p.* 152: „ei qui praeest custodiæ captivorum in Betthenkamere (l. Vetthenkamere) tantum." *Hamelm., op. geneal. hist.* 1324: ibi enim debebant munitissima custodia dictæ „die fette kammere" tradi et servari usque in reditum Electoris. *es ist hier von dem gefängnisse zu Arnsberg die rede. der ausdruck scheint auch hier antiphrastisch.*

fettke *(pl. fettkes), ackersalat. (Altena, Schwelm.)* — *vergl. den botan. namen* fedia.

fettmännken, *n. hiess der berg. halbe stüber.* in „en dick fettmännken" *ist* dick *ein pleonastisches epitheton ornans, wie es die volkssprache häufig zeigt.* von einem geizhalse wurde gesagt, *wie* H. *bemerkt:* hä blift oppem fettmännken dôd. *rgl.* kassemäunken, petermännken.

fettmolle, *f.* *fetter maulwurf, wie man auch sagt:* so fett as en mölleken. hä liat dä as ne fettmolle.

fettschliter, *krämer in fettwaaren.* Weddigen.

fewer, *n. fieber.* — *lat.* febris.

feze, *ferse. (Siedlingh.)*

fi! *pfui!* fi a fi! *ein lebhafteres* fi! — *rgl. das mhd.* fi tâne! fi tâne fi! fi tâne fâ! *pfui dich an.* Bgh.: pfy dy an!

vi, **vî**, *wir. (Iserl., Dortm., im Berg.)* — *goth.* veis. *alts.* wi. *nwestf.* wi, wî.

---

ein märk. brief von 1572 hat schon die form fy.

fiek di faek *im rätsel vom besen.*

fieke, *kleidertasche.* K.

fiekel, *n. 1. ferkel. 2. schwein überhaupt. (Warburg.)* — *rgl. Kil.:* vigghe, porcellus.

fiekeln-Tüens *heisst st. Antonius, weil er in der viehseuche hilft. (Marsberg.)*

fiekfacker, *windbeutel, unzuverlässiger mensch.* K.

fiekfackeriggе, *f. windbeutelei, blauer dunst.* — *holl.* fikfakkereij, *zu* fikfakken. *rgl.* Danneil *unter* fickfacker.

fiek fack fuse *im rätsel vom honig:* achter unsem hûse, dä stêt ne fiek fack fuse, dä dritt se in, dä sêkt se in, dä stippt se ock med bröe in. *(Marienh.)*

fiokel, *f. (K.:* feckel), *für* firkel, *1. die stange, auf die die hühner übernachten,* haunerfiokel. *2. die trense oder das kleine netz am ende des brustschlitzes eines hemdes,* flöhfiokel, *sonst auch der stock, die gestalt oder brust des hemdes genannt.* — *alts.* fercal, obex.

fiokeln *für* firkeln, *geisseln, züchtigen.* den heff eck fiokelt, *den habe ich (mit worten) hergenommen.* K. — *Radlof II,* 214: verkelde. *engl.* to firk.

fiokeln, *saufen.* dai kanu fiokeln. *rgl.* picheln.

viol, *viel.* rda.: viel dait me oppen wagen. hä es wol so vyl, *er leistet, kann was.* — *goth.,* ahd. filu. alts. filo. *rgl.* völl, vôl, vull.

violmûl, *n. fig.:* grossmaul.

violwind, *m. naseweis.* dat es en rechten violwind.

violwindsk, *naseweisig.* hâld de violwindske snôte, *sei nicht naseweis.*

flamelte, *f.* — fehmolle. *(Remsch.)*

fier, *f. pl.* fiern = nôte, nuthe, nuss.

fieren, *die bretter eines beschusses mit dünnen zwischenbrettchen dicht machen.*

fiasel, *m. für* fissel, *fäserchen, fetzen.* s. fussel.

fiaseln *für* fisseln, *1. fasern, zerfetzen. 2. fein regnen (im Lüdensch. und berg.).* — *ahd.* wiselôn *(für* viselôn), resecare. *holl.* vezelen, *fäsern.* berg. fisselen mit doppelt weichem s.

fiest, *m. fist,* species des crepitus.

figg, *abgeneigt, feindselig.* he dait so figg. es hängt mit fi! *und ahd.* fien, *odisse zusammen.*

figgend, *m. feind.* dä kann de figgend ôwer gân, *liegende gründe sind sicher.* — *alts.* fiund.

viglaut, *1. rührig. 2. vigelant, schön. vgl.* wacker.

viglaute, *f. ein kuhname.*

viglét, *violett, veilchenfarben. für vigolett; g eingeschoben, um den hiatus zu füllen. aus* viola.

viglétte, villette, *f. 1. nelke. 2. ein kuhname. — II. meint, es sei aus caryophyllus entstanden.*

vigline, *f. geige. spr.: med gewäld kamme 'ne vigline am aikenböme kort slän, mit gewalt lässt sich alles durchsetzen.*

Fike, *Sophie.*

fikesböne, fikneböne, *f. ritsbohne, besser fitzbohne. de fikesbönen un de swine dä häldt vial vam sunnenschine. — Kil.:* vitse, wicke, *vicia. Teuth.:* vijckebone, *lupinus.*

fiks, *adj. und adv. schnell, gewandt. spr.:* bowen fix un unner nix.

fiks, *m. 1. hundename. 2. eine schelte.*

fiksefakse, *f. schnickschnack, posse. syn.* faksc. — R. V.: visevase. *wie* vise *und* vase *(faksc) in der fig. bedeutung genommen sind, mag die vergleichung von* burræ, possen; *ital.* borra *scheerwolle, haarflocke; span.* borras, possen, lappalien *lehren. Kil.:* viesevase, phantasma.

file, *f. feile. — ahd.* fihala.

filen, *feilen.*

filläs, *n. schindaas. der bauer leidet nicht, dass jemand ein stück vieh so schilt; er meint, dann käme es bald an den abdecker.*

fillen, *1. das fell abziehen. 2. quälen. — alts.* fillian.

filler, *m. 1. abdecker. rda.:* sö! nu giat de filler noch twê nn en halwen stüwer mær för 't fell! *sagt man zu dem, der sich reckt. 2. quäler.*

filler, *m. für* fildor, *1. kleiner schmetterling. (Hemer.) 2. schmetterling überhaupt. (Meinerzagen). — ahd.* fifalter *oder* fifaltra; *s.* fifälter. filder *wird auf ein altes* fildan, *fald zurückgehen, aus dessen* fald *das verbum* fildan *und* falder *(falter, schmetterling) entsprang.* filder *für den kleinen,* falder *für den grossen schmetterling. syn.* hippendaif, molkentöwer.

fillerblate, *f. 1. schindermesser. 2. stumpfer säbel. Must. 14. s.* blote.

fillerte, *f. 1. kleiner schmetterling. (Hemer.) 2. schmetterling überhaupt.*

,fillète, *s.* viglette.

fillküle, *f. schindgrube.*

fillplass, *schindanger. K.*

fils, *m. fels. (Hattingen.)*

fils *für* filt, *m.* filz. — *Teuth.:* vylte, filtrum.

filsse, *n. feilspäne, feilstaub. — Teuth.:* vylsel, *limatura.*

filte, *f. schmetterling überhaupt. (Herscheid.)*

fin *(compar.* finner, *superl.* finst), *1. zart, klein.* so fin as en gemäled bild. bai well sin fin, dä mant lien pin. dä alltid fin es, es nümmer fin. *giof çm dat fine hänneken! die schöne hand ist die rechte. 3. hoch, von der stimme. 4. schlau.* ik hewwe çm en finen spiald. *5. bigott.* dat es en finen med growen opslegen.

Fine, Finken, *Christophine.*

finger, *m. finger. fig.: de finger nægest den dûmen, der nächstfolgende nach der hauptperson.* me kann ne ümmen finger draigen, *er ist sehr fügsam. namen der finger bei kindern:* Dümeling, Johann, Langmann, Lepold, Pippmüseken. (Schwelm). Dümeling, Fingerling, Langmann, Swandmann (Sundnann), klaine Kappeditsmann. Dümeling, Fingerling, Langmann, Swankmann, klaine Dimmelitsmann. Löseknäpper, Pottschräpper, lange Martin, Goldfink, Lingeling. *vgl.* vörfinger.

fingerhaud, *m. 1. fingerhut. ein Iserl. dienstmädchen äusserte sich über ihre geizige brotherrin:* wänn uase frau men könn, se laite im fingerhaue koken un med der naigenätel çten. *2. eine giftpflanze.* röe fingerhaud. *syn.* oligblaume, pisspott. *3.* blåen fingerhaud, *campanula. (Brilon). syn.* klockenblaume.

fingerhaudsmeker, *m. fingerhutsmacher. s.* kütelndraiger.

fingerhaudsmühle, *f. fingerhutsfabrik.*

fingerling, *zeigefinger. s.* finger.

finke, *f. 1. fink.* goldfinke, baukfinke *u. s. w. 2. =* stippen, *fleckchen. 3. euphemist. ungeziefer, laus.*

finke, *f. in* mistlinke *und* stinkfinkennest. — Frisch: mistfink, unflätiger mensch; *vgl.* lichtfinke. *es ist mir unsicher, ob das wort hier ebenfalls euphemistisch zu verstehen ist.*

finksken, *n. kleines körperchen. vgl.* finke 2.

finne, *f. 1. pocke, blatter im gesichte. 2. finne im schweinefleische. — ags.* finne. *Wigg. 2. scherfl. p. 52:* olde vinne, eine schelte.

finnekiker, *m. 1. finnenschauer. 2. schadenfroher mensch. spötter, der in*

einer unverdächtigen handlung schlech-
tes aufspüren will.

finnen *für* finden (*præt.* fand, fund, *pl.*
fänten, fünten; *ptc.* funnen), *finden.*

finnig, *1. finnig, vom schweinefleische.*
2. fig.: schadenfroh, bissig. wer sich
den schein der aufrichtigkeit gibt und
im herzen spöttisch ist. — holl. vinnig.
Kil.: vinnigh, grandinosus raucidus,
corruptus, acer, asper, crudelis, saevus,
vehemens. *Teuth.:* vynnich, gardich.

finseln, *spötteln.*

finsen, *heimtückisch lachen. — R. V.:*
vinsen, fingere. *Teuth.:* vynsen, glijssen.
s. füntern.

finster, *n. pl.* finsters, *fenster. rda.:*
ik sitte hîr beter as en bûr im finster.
(*Unna.*) — *syn. im Münsterl.* de luchte.
lat. fenestra. *mnd. pl.* de fensteren.

finsterlucht, *bemalte fensterscheibe. in*
früheren jahren schlossen die hoch-
zeiten, besonders in den städten, da-
mit, dass jeder gast im hause des
bräutigams eine fensterscheibe ein-
schlug und dafür eine mit namen und
wappen bemalte scheibe schenkte. es
wurde für üble vorbedeutung gehalten,
wenn bei der hochzeit nichts zerbrochen
ward. in Dortmund findet man noch
in alten häusern derartige bemalte
scheiben. K.

viôle, *f. 1. viole.* gelle viôlen, *goldlack.*
mûarviôle, *mauerviole, die wildwachsen-*
de art desselben. 2. ne âlle viôle, ein
altes weib. — Tappe 110b *führt die*
holl. rda.: „lath violen sorgen" *an.*

viôlken, vijôlken, *n. veilchen. syn.* môer-
viôilken. (*Weitmar.*)

fipken, wipken, *n. pl.* fipkes, wipkes,
lüge, märchen, posse. ênem fipkes
vörmaken, *einem etwas aufbinden*
wollen. — vgl. engl. fib *und* foppen.
nds. wipjen.

fipprig, *unstät, flatterhaft. Danneil.*

fir, fier, *flügge.*

firdag, *m. feiertag.*

firen, *feiern. — alts.* firion.

firk *für* fiderik, *m fittich. — v. d. H.*
Germ. X, 153: vederich.

firlefanz, *geberde, wird in dieser bedeu-*
tung auch unserer gegend angehören,
da es der sonst plattdeutsch dichtende
Burchard in einem hd. gedichte ge-
braucht: „der fuchs macht einen firle-
fanz und wedelte mit seinem schwanz"

fis, *1. von personen, besonders die es*
genau nehmen mit der reinlichkeit bei
zubereitung der speisen, denen leicht
ekelt. 2. von saubergewaschenem weiss-

zeuge, namentlich baumwollenzeug, das
leicht schmutz annimmt. witt tüg es
fîs. — *Laurenb.:* dat vysc jumferntûg.
holl. vies, *empfindsam, fein, lecker.*
ostfr. fîs, *prüde, wählerisch, lecker,*
zimperlich gegen widerwillen erregen-
des. vielleicht ist fis = fisk = figisk,
so dass es mit fi, figg, fien *zusammen-*
hängt. Kil.: vies, phantasticus, mo-
rosus.

fischbunge, *s.* bunge.

fisen, *1. pfeisen, ton von etwas schmo-*
rendem, z. b. äpfel = dithm. grûstern.
(*Elsey.*) *2. =* fisten. I hett hir nix
te melden, sagg de swêne. wann de
mutte fiset, könn I âmen seggen. ik
daue min werk, un düt es en âld recht
onme howe.

visite, *f. besuch. — ital.* visita.

visitenpinsel, *m. penis; vgl.* pinsel = pe-
nicillus, peniculus.

fisk, *m. fisch.* wenn de fiske oppem
drögen sind, dann spattelt se am mêsten.
grote fiske fretet de klainen.

fiskedik, *m. fischteich.* hä stiaket mi
doch kainen fiskedik an. — *Tappe* 15b:
a westphalis effertur in hunc modum
„den fische dick anstecken". Utuntur
autem hac paroemia tunc potissimum,
cum inimicum, dira extremaque mini-
tantem, se contemnere videri volunt.

fisken, *fischen. spr.:* fisken un jägen
makt hunngrige mâgen un fluadrige
blâgen.

fisker, *m. fischer.*

fiskeraiger, *m. fischreiher.* wann de fiske-
raiger 'et wâter op flöget, dann hält
hä wâter.

fiskerigge, *f. fischerei. — mwestf.*
vysscherygge (*copie einer urkunde*
von 1441).

vispeln, *flüstern. — ahd.* huispalôn, sibi-
lare. *mhd.* wispeln. *schwed.* hviska.
ags. hvispijan, susurrare.

vispeltüten, *pl. gewäsche, weismacherei.*
s. wispeltüten.

fissel, *etwas durch feine spaltung abge-*
trenntes, faser.

fissel, *f. fistelgeschwär.* ne fissel am tâne.
— *ss für* st. *lat.* fistula.

fisseln, *fein regnen oder schneien. ber-*
gisch, auch hessisch, Vilmar.

fisseln, *fein spalten. — fr.* fèler *für* fesler,
fissiculare.

fissematenten, *pl. ausflüchte, umstände,*
finten, chicane. fissematenten geldt
der nitt. fissematenten maken, *um-*
stände machen. F. r. 40. — *Gr. tüg*
83: sau visematänten (= gefilz met

dem blage) heww' ik min lęwen nitt
mackt. *Cöln. jahrb. IV, Koelhoffsche*
chronik p. 51S: it is ein viserunge
(gedicht, phantasie) ind ein visimetent
(narrentei, gewäsch). im osnabr. sind
tenten *kniffe, künste (vom nwestf.*
intent, absicht. *Soest. Dan. 125). es*
steckt in unserm Äffentinten = *narrentei.*
der erste teil muss das wertlose, nich-
tige bezeichnen. wahrscheinlich be-
zeichnet es die manipulation des be-
sprechenden und zauberers. s. wispel-
tüten.

fisenülle, *f. weibliche scham. cf. nelle.*
fist, *m. (Teuth.: vijst), bombus.*
fisten *(praet. fĕst). einen wind streichen*
lassen. spr.: me kann med fisten
kaine mĕsen locken. — *Teuth.: vijsten,*
bombizare. *für fisen, hd. pfeisen, vgl.*
kakelfiste.

fitâne, *s. fi und futtâne.*
fit, *m. nagelring. — ostfr. fit. zu einem*
verlorenen fitan, fett werden, schwellen.
fit fit *und* fit fit mäken. *K. S. 85. Fr. 10.*
fits fits! *anruf an schweine. (Marienh.)*
daher im berg. fits, wits für schwein.
fitschen, *n. schweinchen. (Marienh.)*
fitschen, *1. schnell hingleiten. 2. =*
juffern smiten. — l hinter f fällt in
nd. mda. zuweilen aus; daher vergl.
flitschen.

fitse, *f. 1. gebind, ein beim haspeln ab-*
geteilter kleiner strang garn, deren
10 ein stück machen. 2. fenstergehänge,
vgl. gefitse. — ahd. fiza. osnabr. fisse.
nds. fitzel.

fitsenband, *n. (berg. fitsenbengel, m.),*
das band, durch welches die fitzen
kenntlich gemacht werden.

fitslputsfl, *ein weiter nicht bekanntes*
medicament; es wurde von einem ver-
storbenen apotheker zu Altena aus-
gegeben.

fif, *fîwe, fünf.* bat dat es, dat es dat:
fif un drai sind achte. hä het fîwe
vŏr. — *alts.* fîf.

fifälter, *m. schmetterling. (Eckenhagen.)*
fifau, *m. schmetterling.*
fifault, *schmetterling. (Remsch.) — Teuth.:*
capelle, pennenvogel, vivalter.
fifte, *fünfte.*
fiftian, *fünfzehn.* kuorte fiftaine maken,
kurzen process machen. *Spargitzen.*
fiftig, *fünfzig. — nwestf.* fevtig.
fläbbe, *f. 1. maul, unterlippe. 2. maul-*
schelle. — nds. flappe. *vgl. dän.* flab,
engl. flap, flapmouthed. *Teuth.:* lebbe,
onderste lyp.
fläbben, *maulschellen geben.*

flabbsnûte, *herabhängendes maul, maul-*
affe. K.
flabes, *m. =* flaps 2. *köln. auch* maske.
flachte = *flęke. (Fürstenb.) — Kil.:*
vlechte, crates. *osnabr.* flechte, seiten-
brett am mistwagen.
vläck, *lau, etwas warm.* — *ags.* vläc,
remissus, tepidus.
flackerig, *unbeständig, vom winde.*
(Asseln.)
flackern, *flackern, eigentlich: sich un-*
beständig hin und her bewegen. — Kil.:
vlacken, spargere flammam, vibrare in-
star flammæ; coruscare.
fladderig, *flatterig, unbeständig, vom*
winde. leicht, lose, locker, nachlässig,
unkleidsam, unbeständig. K. syn.
flackerig.
fladdern, *1. flattern. 2. ausplaudern. —*
vgl. blodern, plodern, plaudern. *dän.*
pladder, geschwätz. *ital.* flatare. *syn.*
flatschen.
fladdern, *pl. junge fische, bleier (oder*
oklen, v. Steinen), weissfische.
fladrüse, *f. (fladuse. K.) weibermütze.*
jede weibliche kopfbedeckung mit dem
nebenbegriff des schlechten, unpassen-
den, geschmacklosen, dormeuse. K. —
altm. fladûse. *meckl.* fladduse. *Frisch-*
bier 895: „fladruusch bezeichnet eigent-
lich eine stark beputzte, bänderreiche
haube."
vläge, *f. 1. schicht, luftschicht.* we warme
vläge. — *ostfr.* flage. *2. krankheits-*
anfall, vorübergehender fieberanfall,
syn. anflog. — *holl.* flaag. *3. ge-*
mütsstimmung, laune. ik dräp 'ne ge-
râde bi ner guoden vläge. — *es setzt*
ein altes wlâga *voraus. Kil.:* vlaoghe,
nimbus, repentina et præceps pluvia,
procella, tempestas.
vlägesken, *n. geringer krankeitsanfall.*
flaige, *f. fliege.* ęm hinnert alles, sogâr
de flaige an der wand. ne flaige an
der wand kann ne ergern. dat es ne
flaige! *von einem leichten, männer-*
süchtigen frauenzimmer. naturge-
schichte!
flaigenswamm, *m. fliegenschwamm. (Bü-*
ren.)
flaim. et worte my flaim füär den augen.
schwänke p. 162.
flaiske, *f. grosse fackel am lichte. — für*
den vocal vgl. draisk (driesch), laisch
(liesch), *was auf ein altes* fliska, fliuska
führt.
flait, *pfiff (vgl.* flott). dä froge vo 'n flait
(= *gar nichts)* nâ. *Galant. 25.*
flaiten *(praet.* flôt, *pl.* flûaten; *ptc.* flôten;

præs. et flütt), *fliessen.* in Saust sall
et gistern düchtig floten hewwen. —
alts. Hoitan.

fläk, *adj. und. adv. 1. flach. 2. fehl,
verkehrt.* et es em flåk slågen, *es ist
ihm fehl geschlagen. eigentlich vom
spielen mit geld* od. *von der alten
weise des lossens.* wen dat kårn flåk
slån soll, *wenn es nicht geraten sollte.*

fläken, *n.,* auch flåk, *n. (Hagen), die
bildseite einer münze beim münzwerfen
(H.:* lischen, fössken steken). *Dortm.:*
flåk oder tèk *beim münzwerfen. K.
fällt die münze so, dass das* flåk *oben
liegt, so hat der werfende verloren,
während oben liegendes* tèken *(die seite,
welche die wertbezeichnung enthält) ge-
winnt. in alten zeiten waren die loss-
hölzer gespaltene rundhölzer, an denen
wol die runde oder bastseite durch
kerbe bezeichnet. daher die namen. vgl.
Ztschr. f. d. myth. III, 303. s.* fössken.

flæme, *seite an der kuh? s.* flęme. —
Kil.: vlome, *abdomen.*

flamme, *f. 1. flamme. 2. geliebtes frauen-
zimmer.*

flammen, *flammen. schwur:* dat mag
flammen.

flämmen, *krammetsvögel.* .

flammnigge, *funkelneu.*

flåmsk, *plump, grob, gross.* dat es en
flæmsken kærl. *ein flamsch gesicht =
ein sehr finsteres.* en flamschen kerl,
*mensch von hervorragender grösse und
körperstärke. K. — eigentl.: vlämisch,
flamandisch. mhd.* vlæmisch. *Shakesp.:*
flemish. *nds.* vlæmig, vlæmisch.

flåu, *n. =* flåden, *fladen. — Teuth.:*
vlade.

fländern, *durchfall haben.*

flankenhauer, *m. der in die seite (quere)
kommt.*

flankeréren, *flankieren im rätsel.*

flapp, *m. klapp, schlag. — engl.* flap.

flappen, *schlagen.* geflappt, *nicht klug.
— engl.* to flap. *fr.* frapper.

flapps, *m. 1. mund, lippe. s.* fläbbe.
2. narr, windbeutel, laffe. s. fläbes,
lapps.

flaske, *f. flasche.*

fläske, fläske, *f. 1. lappen, stück. 2. be-
sonders breiter dünner körper. zu
Fürstenb. von fleischstücken an einer
schnittwunde oder von brandblasen.
vgl. Op de älle hacke 4. — ahd.* flåz,
flach. Marienh.: plätsche. *altmärk.*
flatsche.

fläskenappel, *m. kürbis. — Dortm.:*
flaschappel.

flass, *n. flachs. beim flachssäen wird
gesagt:* wann use bür niäue fine linen
büxe anhet, dann kriffe nian flass.

flassmaier, *m. kind mit flachsfarbenen
haaren.*

flassrüwe, *f. rübe, welche zwischen flachs
gezogen ist.*

flassflнke, *f. hänfling.*

flassworm, *m. engerling. (Fürstenb.)
ebenda auch speckworm.*

vläts, *m. ein physisch, häufiger moralisch
hässlicher mensch, ein schmutziger
mensch, ein unverschämter mensch, ein
grobian. — v für w. vgl. ags.* vlatan,
foedare. *Münst. gesch.-qu. III, 33:*
vlaten enen = anekeln. *ostfries. (obs.)*
vlat, vluat, *verunreinigt.*

flatschen = fladdern.

flatschnåt = klätschnåt. *(Velbert.)*

vlätsig *für* vlatisk, *schmutzig, hässlich
(phys. und moral.). das wort ist in
Iserlohn ungemein häufig.* so vlätsig
us ne hucke. — *v für w. s.* vläts.
taig *für* tisk, *wie in politsig. vgl.
Hennynk d. II. 19ª:* vlätscheit, *un-
flätigkeit.*

vlatsnickel = vläts.

vlattéren, *schmeicheln, gute worte geben.*
hä lätt sik vlattéren. — *aus franz.*
flatter, *dieses ist aber nach deutschem
wlartön gebildet. nds.* lartjen *steht für
wlartjen d. i. wlartjan. ags.* fleardjan.
Kil.: vlaeden *j.* vleyden, blandiri,
adulari.

vlau, *matt, ohnmächtig, besonders vor
hunger; gleichgültig.* iet en biätken,
du kúnus süss vlau wèren. *In Velbert:*
vlou wèrden = *ohnmächtig werden.*

vlauen, *flau werden. (Gemarke.)*

flåch = flaud, *nach vielem regen, wenn
allerwärts wasser fliesst und die quellen
reichlich geben. s.* vlô.

flaud, *f. 1. flut. 2. spec.: vi hett flaud,
wenn nach vielem regen überall quellen
hervorbrechen. — alts.* fluod. *zu ags.*
flôvan, *ahd.* flawjan *(fluitare).*

flaudkasten, *m. am schutzbreit (schütt).*
et tüht då as im flaudkasten.

flauk, *m. fluch.*

flauken, *fluchen.* flauken as en koldriwer.
— alts. fluokan.

vlaum, *trübe, vom wasser.* im vlaumen
wåter es et beste fisken. — *es steht
für* wluom. *ahd.* flaum (sordes) *für
wlaum. nds.* glaum *für* ge-luom. *Luth.
(Ezech. 32, 2):* glum *für* ge-luom.
Teuth.: gloym, *onclair. dän.* flom,
*flutwasser (als gewöhnlich trübe).
vgl. noch Laiendoctr.:* wlame. *ostfr.*

wlemelse. *Huspost. 27. p. trin.:* lath de werlt men sekér syn vnde hen ghan, alse hedde se nüwerle neu water w l ô n i c h *(l.* wlômich) gemaket. *Bgh. anm. z. bib. ps. 68, 31:* gelick wo de grothen hengeste dat water thotreden vnde wolmich *(für* wlomich) maken, dat ydt nicht tho drinckende docht. *vgl.* flaim.

vlaumen, vlaümen, *trüben. spr.:* bat de suage vlaûmet, dat maüt de fickel entgellen. hai sülit so from ût, as wänn hai noch nû en węterken vlaumet hädde. et es kain wâter so hell âder et vlaûmet sik wol eus. — vlaümen = wluomian. *Bugenh. bib. Hesek. 32, 2:* wlömen *für luth.* glum machen. *bei Wolke 94:* flömen. *Radl. II, 274:* wlömet. *Wolke:* glömen. *Teuth.:* van der seycken dat g l o e m of groutsop.

vlause, *f. posse, spass.* (*II.:* Soest.) — *es scheint mit nd.* lös *(schurkisch) zusammen zu hängen.*

flechte, *f. flechte.*

flechten (*præt.* flocht, *ptc.* flochten *oder* flechted), *flechten. — ags.* flihtan.

- **flechten,** *laufen. wol verderbt aus* flüchten.

fleddern, *pl. flittern.*

flêge, *tüchtig, kräftig, schön. s.* fläg. dat es ne flêge katte wören.

flęke, *f. seitenbrett an mistwagen. — für* flaki *(flanke), seite, mnd. auch* vlak, *n. Kil.:* vlaeck *j.* horde.

flęme (fleeme), *seite. F. r. 81.*

flemme, *ein kräftiges, vollbusiges, üppiges mädchen. K.*

flęrk, *m. für* flidcrik, *flederwisch. — zusammengezogen wie* bęrk *(hederich). eingeschobenes* l *wie in* flötens. *s.* firk.

flęs, flêsk, *n. fleisch.*

flêshochtîd, *f. hochzeit, wo den gästen warme speisen vorgesetzt werden. vgl.* kæschochtid.

flêssack, *m. fleischsack d. i. hemd.*

flessen, *1. flächsen. 2. fein.* he dait so flessen. *vgl.* baien. — *Teuth.:* unschende, vlessen, smeyckende.

flêstän, *m. fleischzahn.* du maus di den flêstän ûurecken.

fliddig, *1. schmutzig. 2. fig.: hässlich.* en fliddigen kæl. — *köln.* fliedig, *unrein.*

flick, *n. tuchschnitzel.* suider wipp op bǫr 'et flick op. — *mhd.* vlëk, frustum, panni.

flicke, *f. speckseite. — ags.* flicce, succidia. *Teuth.:* vlyck of syde specks.

flicken, *m. fleck, lappen.*

flicken, *1. ausbessern. 2. fig.:* he flicket ęm wǫt am lęer.

flicken *für* fliggen *in der rda.:* sik innen iasel flicken = *grob werden, auch in* Schwelm. — *Huspost. 27 na Trinit.:* sik in de hussorge flicken *(hüllen, stecken). es entstand aus st. form.* vlîhen, componere.

flickern, *flimmern, schimmern.* flickern un flackern. (*Brilon.*) — *engl.* to flicker.

flickstern, *glitzern, schimmern, z. b. von fixsternen.*

flickstern, *herumschwärmen.* flikstert un fülänzert. *K. S. 65. vgl.* flǫkster.

fliegel, *m. pl.* fliegels, *1. dreschflegel. 2. fig.: von menschen, s.* kriegel. *teile des dreschflegels sind:* handhâwe, käppelsse (hàud), wǫrgel (middelband), klüppel.

flimern = glǫren. *Gr. tüg 6.*

flinschen, *liebkosen. — Aachen:* flensche, *schmeicheln.*

flinse, *f. flacher streif, flaches stück, z. b.* flinse speck. — *vgl. hd.* flinse oder flicse = *steinplatte. mhd.* vlins. *ags.* vlint, *feuerstein. der* flins *dürfte von seiner eigenschaft, sich in flache stücke spalten zu lassen, den namen haben. gerade deshalb und wegen seiner schärfe und härte war er den alten wichtig zur bereitung von schneidewerkzeugen.*

vlîr, *m. und n., pl.* vlîrs, vlîren, *1. im pl. lider, augenlider. 2.* = vlîtsen, *grillen, albernheiten, launen, mutwillen.* he het so ęgene vlîren an sik. de flîren jücket us. *K. S. — nds.* vlirren.

flîrenblaumen, *pl. fliederblumen.* — *flir* = *flidder, flitter, was flattert. s.* fleddern.

flîrenkrûd, *n. fliedermus.*

flîrentê, *m. fliederthee.*

flispern, *flistern. K. S. 41.*

flît, *m. fleiss.* med flît, *geflissentlich, absichtlich.*

flîte, *f. fliete, lasseisen, lanzette der wundärzte. rda.:* dat es so scharp as ne flîte.

flitsche, *f.* = splenterbüsse. (*Velbert.*)

flitschen, *in* wâterflitschen = *ne juffer smiten.* (*Velbert.*) — *syn.* fitschen, *was auch H. verzeichnet.*

vlîtse, *f. für* wlitte, *1. pfeil, doch kaum anders als in dem zusammengesetzten* vlitseubogen. — *vgl. ostfr.* flitse, *pfeil. fr.* flèche. *ital.* freccia. *2. grille, albernheit* (*H.: seltsame anschläge, launen, einfälle, syn.* ixen). bat sid dat fǫr dumme vlîtsen. hä het allerlai vlîtsen im koppe.

vlitsenbọgen, m. bogen zum abschiessen von vlitsen.

vlitsig, grillenhaft.

flodámme, f. 1. flordame, schüttenblaume, hesperis matronalis. 2. kuhname.

vlöi = vlaum. (Fürstenb.)

flöjen, flössen, bewässern. (Fürstenb.)

flück, flück = flügge, munter. he kiket so flück. (westmärk. und berg.)

flöh, f. floh. fig.: bat söll me dai de floihe jagen! Must. 25. hai het kaine flöhe (lust) dertau. — vgl. span. malas pulgas.

flöhjagd, f. flohjagd.

flöhknappen, n. flohknicken.

vlöhuken, ein verb. diminut., liebkosen, jemand schmeicheln, med ümmes. — Hans Sachs: flöhnen. vlen vom antichr. in „vlen un vruchten" kann nur schmeicheln bedeuten, s. v. d. H. Germ. X, 173. holl. vleijen. oberd. fleien. goth. gathlaihan. ags. flean. hd. flehen.

flöhhäkel, f. trense am hemde. s. fiskel.

flöhfänger, m. flohfänger. spr.: ök all guod, sagg de flöhfänger, dä hadde ne lüs griopen.

flömen, pl. = blaume, vom fett. (Fürstenb.)

flọg, 1. flug. spr.: krig ik diək nitt opdem flọe, dann krig ik diək oppem trọe. 2. was fliegt oder verfliegt. spr.: en dröpn es en drog un en fist es en flọg, dai äwer int berre dritt, dai finget wat. 3. kraftlose triebe der gewächse. vgl. flọghår. — zu flọgen, ptc. von flaigen.

flọghär, n. flaumhaar, milchhaar.

flọgspiern, pl. in: dai junge het dai röen flọgspiern oppem koppe. (Arnsb.) flaumhaare. Op de älle hacke 14.

floite = swęwe. K.

flọkster, f. ein flatteriges frauenzimmer. H.: sehr lebendiges, flüchtiges, leichtsinniges frauenzimmer. — vgl. ahd. flogazjan, volitare. dän. flokkes, umherschwärmen. s. engl. spinster und unser flickstern.

flot, m. fliessendes wasser, bach; daher im Iserl. limitenbuche: „über das feld nach dem Bräcker fluss (bach)", welcher fluss die scheidung bis nach der Bräcker rolle weiset.

vlöt, seicht, nicht tief, vom bach, ackerkrume, teller. me maut dä vlöt buggen, man muss da nicht tief pflügen. vlöte springe, quellen, die nicht tief liegen, daher leicht versiegen. — vgl. nds. vlöte. Tenth.: vlote, ondyep.

fọt, flọtens für fotens, sogleich. (Hagen.) s. foltens.

flöte, f. flössgraben.

flöten, 1. flössen, wässern. de wiəse flöten. 2. verloren gehn, bankerott sein. flöten gån. hai es flöten. flöten es hai.

flott, m. pfiff. en flott ök! = ik well di wat flaüten.

flott, m. rahm, saure milch mit dem rahme. — ags. flêt, fliet. nds. flott. Kil.: vloten, vlieten het melck, cremorem tollere.

flötten, flöten. wä 't dem vögelken van es, dü flöttet et van.

flucht, f. 1. flucht. 2. verlegenheit. he was in der flucht. hä was in ener flucht. hä kwâm in de flucht. 3. schaar vögel, ebenso holl. und ostfr. ne flucht düwen. 4. ein teil des spinnrades. 5. fluchte, hausflur. K.

flüchter, m. und f., flieger; auch flüchterin, flatterhaftes, leichtes frauenzimmer. syn. flokster.

fluoder, m. für fludder, fetzen. — vgl. holl. floddern, fluttern, schlottern.

fluoderig, zerfetzt, zerlumpt.

fluodrián, m. lump. vgl. ádrián, bollrián, dunmerján, trampelján, uodrián, herodrián, kollrián. — vgl. schwed. hjon.

flüəg, m. flug.

flüət, m. fluss, entzündung. ik hewwe en flüət oppen ögen.

flüətkrallen, pl. flusskorallen, bernsteinperlen, weil man glaubt, sie seien gegen flüsse (rheumatismen) dienlich.

flügge, flück, zum fliegen fähig. — ahd. flucchi.

flüggop, 1. ein riechsalz, liq. ammonii caust. 2. ein flüchtiges frauenzimmer. (Elsey.)

flunkern, grosstun, übertreiben, aufschneiden, prahlen.

flürəsken = glöräsken. K.

flurbus, verlust. (grafsch. Limburg.)

Flüringen bei Halve. der name entstellt aus Frühlinghausen.

flürk, flügel. K.

flüsken, n. flaumhärchen. kain fluisken es stän bliowen. Op de älle hacke 9. — vgl. ostfr. flüs, büschel wolle, haare.

fluspern, flüstern, leise sprechen. Grimme.

flüster, f. pl. flüstern, faser. — altm. flinster. ostfr. flüsen, wolle, werg zupfen.

flüsterholt, n. zerfasertes birkenholz.

flute = fudde.

föbber, m. in dannenföbber, tannenzapfen.

födde, *f. entfernung, ferne. spr.:* de födde brenget de swödde.

födder, *ferner, weiter. — als.* furthor. *mnd.* forder.

föer, *n. 1. futter. 2. unterfutter. wortsp.:* bårum kann en snider käin pęrd sin? hä fręt allet föer op.

föeringe, *f. fütterung.*

föern, *1. füttern.* so lange me 't rücken föert, wiemelt et am stęrte. *2. mit unterfutter versehen.* se brûket mi de müske nitt föern, *zurückweisung eines zudringlichen liebhabers. (Soest.) vgl.* müske.

föersnier, *m. futterschneider.*

fogen, *auf eine unliebsame weise thätig sein, 1. von strengen hausfrauen, welche viel umherlaufen, um das gesinde anzutreiben. 2. schulmeistern.* hä es ümmer an mi te fogen. bat hęste nu wier te fogen. *3. durch alle winkel stöbern, auch syn. von* snaigen.

foke, *f. in* windfoke, *ort der dem winde sehr ausgesetzt ist.* dat hûs stêt an der windfoke. — *es ist wol aus dem ptc. von* fiukan (vento agitari) *gebildet. vgl. hd.* fauchen. *Teuth.:* vocken, weyen, flare.

fölen, *stinken. (Lüdensch.) —* fôlian : fiulan, faulen = dôpian : diupan.

fölen, foilen, *dummes zeug schwätzen. F. r. 43.*

föleri, foilerei, *albernes geschwätz. Must. 93.*

fölesnot, *schwätzer.* älle fôlefuot. *auch bei Grimme. Op de älle hacke 4:* foilefutt.

folge, *f. folge.* dat es kaine folge, *das folgt nicht.*

folge, *f.* = swęwe. *(Fürstenb., Siedlingh.)*

folgen, *folgen.*

volk, *n. 1. volk. 2. gesinde.*

volkspott, *m. kochtopf für das gesinde.*

völl, *viel. (Hattingen, Schwelm.)*

foltens, *sogleich. Weddigen. s.* flotens.

fonkenellenblad *für* fontanellenblad. *epheublatt. — Frisch I, 285:* fontanellkügelein, globulus in fonticuli vulnere; plerumque ex hedera arborescente.

fynsch, *falsch, tückisch, hämisch, bissig. K. — ostfr.* fûnsk. *Danneil 58:* fünsch = lünsch.

foppen, *1. zum besten haben. 2. täuschen.*

föpper, *m. einer der foppt. K. S. 108.*

för, *f. fuhre.*

för, *f. pl.* fŏren, *1. furche die der pflug zieht. — Teuth.:* voire als en ploich buwet. *2. schmaler weg zwischen* gartenbeeten und grundstücken; *vgl.* grundfŏr, fŏrstên, hôfŏr. et es nitt an der fŏr wassen. ût der fŏr, *derb. s. Mda. III, 242, nr. 28. — ahd.* furah. *Seib. urk. nr. 1127:* voren, *furchen* = äcker. *Bugenh. bib. Hos. 10, 5:* varen = furchen.

fŏr, fŏr, vŏr, vôr, *præp. und adv. I. præp. mit dat. und acc. 1. mit dat.* = vor. *a. örtlich.* vŏr dem hûse. de kaie gätt vŏr 'me hêren. *b. zeitlich.* dat was vŏr miner tid. *c. ursächlich.* vŏr angest. dat vergêt as snê vŏr der sunne. *2. mit acc. a. örtlich.* he geng vŏr de dŏr. *richtung der rede:* he sagg fŏr (zu) mi. *b. stellvertretend.* he kennt wol speck vŏr spâ·ne = er weiss wol speck von spänen zu unterscheiden. *preis:* fŏr (für) ênen dâler. *daher* = wie, als wäre es: se lätt 'ne fŏr hai un fŏr strôh löpen. löp fŏr hâsen un fösse = lauf wie ein wildes tier. he schandte ne fŏr en bedraiger. *vgl. Seib. qu. 275:* schulte se vor ketters. ênen fŏr en läppken brûken. *c. bestimmung, nutzen.* de braif es fŏr din vâr. de rock es fŏr alldâges (*sc. gebrûk*). he liat sik hen fŏr üm te slâpen. dat es fŏr in te riwen. *vgl. mittelengl. (Maunder.) für* to mit infinit. und für mit infinit. (*im kreise St. Wendel*), welche dem franz. pour mit infinit. entsprechen. *d. rücksicht, die nicht genommen wird, trotz:* hä gêt fŏr wind un węer. *rücksicht, die genommen wird:* dat es fŏr en jungen in sinem åller allet müaglike. *II. adv.* fŏr un nå, *vor und nach.*

vŏr, *vorn.*

vŏran, *voran.* mâk vŏran! *wanner* mâket se nu vŏran? *wann machen sie nun hochzeit?*

vôr äne, *vorn.* hai sittet vôr åne.

vŏraf, *vorab.*

vŏrband, *m. vorband, ausbund auf waarenpäckchen.*

vŏrbedrif, *n. vorgeschichte.* en vŏrbedrif es kain ächterbedrif; en ächterbedrif es en fort.

vŏrbinner, *m. vorbinder, schurz.*

förd, för, *f. furt, durchfahrt.*

fŏr dat, *1. in anbetracht dass.* fŏr dat he mäu 8 jâr åld es, es hai en grôten jungen. *2. eher als dass.*

vŏrdanen, *1. vortun, vormachen. 2. vortun, vorbinden.*

vŏrdank, *m. vortuch, schürze.*

vŏrdêl, *m. vorteil.*

fŏrdern, *fordern. bedeutet nie fördern.*

forelle. Sünte Kàtrine styget de forelle ütem Rhyne. *auch* firelle.

vǫren, *vorn.*

vǫren, *fahren.*

vǫrēn, *voreinander.* vǫrēn setten.

fǫrenhüpper, *m. seele eines grenzsteinverrückers, die als irrlicht umgeht.*

vǫrends, *von vorn, an der vorderseite.*

fǫrensaüker, *feldmesser. (Hellweg.) weil er bei grenzstreitigkeilen aufsucht, wo die furche herlaufen muss.*

vǫrellern, *pl. voreltern.*

vǫrērst, *vorerst, zunächst.*

fǫrgang, *m. grenzbegang. (Bochum.)*

vǫrgang, *m. vorgang.*

vǫrgänger, *m. vorgänger.*

vǫrgripen, *1. vorgreifen. die arbeit vor (für) jemand tun.*

vǫrhaiger, *vorschnur, schmetze, die vorderste schnur an der peitsche.*

vǫrhállen, *vorhalten.*

vǫrhámer, *m. grosser hammer der schmiede.* — *Kil.:* veurhamer, tudes, malleus major.

vǫrhaups *für* vǫrhǫps, *an der spitze des haufens, vorzüglich.*

vǫrhewwen, *vorhaben.* hai het et guod vǫr, wänn ěnen wær, dä et me ächten hell. hai het et guod vǫr, män sin vǫrsatt wěrd te lichte mǫr.

vǫrkaugen, *vorkauen.*

fǫrke, *f. 1. gabelförmiges holz. 2. zweizinkige heugabel. (Fürstenb.) 3. mistgabel.*

vǫrkind, *n. vorkind.*

vǫrkie, *f. vorkette. spr.:* bà uose Drücken (Gertrud) henküomt, dà mait de vǫrkien rappeln = *sie muss einen bauer haben, der mehr als ein pferd hält.*

vǫrkǫp, *n. vorkauf.*

vǫrkǫper, *m. vorkäufer.*

vǫrkuamen, *vorkommen.* dat küomet mi gans spanisk vǫr.

vǫrkūren, *vorsprechen.* vǫrkūren mackt kain nǎkūren.

fǫrkwanu, *s.* ferkwans.

vǫrlaigen, *vorlügen.*

fǫrlǫn, *m. fuhrlohn.*

vǫrlǫp, *m. vorlauf beim branntweinbrennen.* — *holl.* voorloop. *Kil.:* veurloop, scheutwijn, leckwijn.

vǫrlǫpen, *vorlaufen.*

vǫrmáken, *1. vormachen. 2. ěnem wot vǫrmáken, einem etwas weismachen. 3. dem kinne wot vǫrmáken, das kind unterhalten.*

vǫrmáls, *vormals.*

fǫrmann, *m. pl.* fǫrlü, *fuhrmann, fuhrleute.* en àllen fourmann es eu guodden

wiägewiser. *(Lüdensch.)* àlle fǫrlü hǽrt gěrn klatschen.

vǫrmünner, *m. vormund, auch fig.* — *ahd.* munt, *f., aufsicht, schutz.*

vǫrnęmen, *vornehmen.* sik vǫrnęmen, *sich vornehmen.*

vǫr nix, *für nichts, vergeblich, umsonst.*

vǫrnst, *superl. von* vǫren, *vorderst.* he was de vǫrnste.

vǫrǫp, *vorauf.*

vǫrpand, *n. vorderpfand.* — *Kil.:* veurpand van t' kleed.

vǫrpęrd, *n. vorderpferd.*

vǫrrǎd, *m. vorrat.*

fǫrraisende, *name einer sorte dünnbier im märchen.*

vǫrręken, *vorrechnen.*

sik vǫrsaihen, *sich vorsehen.*

vǫrsat, *m. vorsatz.*

vǫrschaiten, *vorschiessen.*

vǫrschin, *m. vorschein.* taum vǫrschin kuomen.

vǫrschöpsel, *n. offene vorhalle vor der niedertür an bauernhäusern auf dem Hellwege.* — *Dasypod.:* vorschopff, vestibulum.

vǫrschriwen, *1. vorschreiben. 2. befehlen.*

vǫrseggen, *vorsagen.*

vǫrsetten, *vorsetzen.* sik vǫrsetten, *sich vorsetzen.*

fǫrsk, *m. pl.* fǫrske, *frosch.* du büs so kǎld as en fǫrsk. ik fraise ässen fǫrsk. — *Tappe 118ᵇ:* forsch.

fǫrskegöddelse, *froschlaich.*

fǫrskegöwelse, *n. froschlaich.*

vǫrslǎn, *vorschlagen.*

vǫrslag, *m. vorschlag.*

vǫrsleger, *m. vorschläger in der schmiede.*

vǫrsnappen, *vor jemand hersprechen.*

vǫrspann, *m. vorspann.*

vǫrspannen, *vorspannen.*

vǫrspenner, *m. vorspänner.*

vǫrstǎn, *vorstehn.*

fǫrst, *m. frost.* he het den fǫrst in den těwen.

fǫrstbǎn, *frostbahn.*

fǫrstēn, *m. grenzstein. Iserl. limitenb.:* am wege stehet ein vorstein.

vǫrstellen, *vorstellen.* dä well wot vǫrstellen, *der will viel gelten.* sik wot vǫrstellen, *a. wie im hd., b. viel gelten wollen.* dǎ stellt sik wat vǫr, un friotet de brǒdkrüomeln ût der taske. *(Weitmar.)*

fǫrsterig, *fröstelnd, leicht kälte empfindend.*

fǫrt, *m. furz.* dat sid lü, dä maint so wæren krank, wänn se mǎl eu fǫrt verkæerd sitten helt. alle fǫrt lang

= alle nåse lang, *jeden augenblick.*
hä måket útem fort en duonerslag,
vgl.: aus der mücke einen elephanten,
mountains of molehills, d'un oeuf un
boeuf. dat es en kærl as en fort in
der löchte. *vgl. Bugenh. Summaria:*
„Alcoran dat ys einen dreck in de
laterne." *hd. umfahren, wie ein furz
in der laterne.* — *Tappe* 169ᵇ: fort.

vȯrtassen = vȯrgripen.

fȯrtediȯkel, *m. furzdeckel, eine benen-
nung, die ehedem zum spotte den
schössen am frauenzimmerwämmschen
gegeben wurde.*

fȯrtemannshús, *n. after. ein komischer
ausdruck im kinderrätsel. s.* tenterling.

fȯrten, *furzen.* — *mhd.* verzen.

vȯrtuateln, *vorschwatzen.*

vȯrfinger *in* „ten vȯrfingern liggen, —
heffen," *vor den fingern liegen, so dass
es bei der hand ist.* — *Kil.:* veur-
vingher *ist zeigefinger.*

vȯrút, *voraus.*

förweg, *m. fuhrweg.*

vȯrwes, *vorwärts.* — *alts. Helj. (Koene)*
4470: forthwerdes.

foss, *m. pl.* fösse, *I. fuchs.* hai slå̈pet
as en foss. (*Iserl.*) bå de foss liet, då
dait 'e kainen schaden. et es gerade
as de foss im winfat. he es drȯwer
her, as de foss ȯwer de hennen. dat
es nitt foss, dat es nitt håse. dai
wuant in Håwerspanigen, bå sik foss
un håse guode nacht segget = er wohnt
sehr abgelegen. dat het de foss meten
un den stert taugiȯwen. de foss bitt
am scherpsten út sinem loko. dat es
en dummen foss dä män en lok wét.
en foss sunner nücke, dat es en dúsend-
glücke. *beispielspr.:* a. as mi te
krumm, sagg de foss, då såt de katte
med 'ner worst oppem bȯme. b. de
drȯwen sid súer, sagg de foss, as hä
nitt derbi konn. c. et es män en ȯwer-
gang, sagg de foss, då tröcken se em
't fell ȯwer de åren. d. waun kaine
knomt, daun we'k ock kaine, harre de
foss saggt, då harre med me sterte
annen bȯrbȯm kloppet. et dämpet
all; waun 't briont, dann giot et en
für, sagg de foss, då schét he oppet is.
f. vèr spèrs stått der all, sagg de foss,
då woll he en hús buggen; hä lagg
sik oppen rüggen un holl sine schoken
in de locht. g. et was mi doch män
spass, hadde de foss saggt, då hadde
in der hast en bȯrenblad fȯr ne bȯr
ansaihen; waun de ock wærs ne bȯr
west, ik hädde di doch nitt freten.

h. ik hewwe niȯne tid, sagg de foss,
då såg hai den jæger kuȯmen. *2. pferd
mit fuchsfarbenen haaren, fuchs. 3.
rothaariger mensch. 4. kupfermünze
(chem.)* = ¼ *stüber, vgl.* kraigenfösse.
5. gele fösse, goldstücke..

foss, *adj. en* fossen *kærl. K.*

fosse, *stärke, körperkraft.*

fossig, *fuchsfarben.*

fössken, *n. 1. füchslein. zu Büren wird
beim klumpsackspiel gesungen: süh di
nitt üm, dat fössken dat küemt, et bitt
diȯk in de bèue. 2. fuchsfarbenes
pferdchen. 3. rothaarige person. 4.
fössken smiten, ein spiel, welches im
werfen von kerbhölzern besteht. (Apler-
beck.)* fössken steken *oder* lischen,
*ein spiel, welches im werfen von münzen
besteht. (Schwelm.) vgl. das unter*
Håken *gesagte.*

fossstappen, *m. fuchseisen.*

fossfalle, *f. fuchsfalle.*

fȯte, *f. 1. läufische hündin. 2. schelte
für ein männersüchtiges frauenzimmer.*
— *Eichw. spr.* 559: na de fȯte tȯbn,
auf die buhlerin warten. vgl. tȯwe-
sche tiowe.

vȯttig, *vierzig.* — *neben* fiortig *(für
fiwartig) gab es auch ein* fiartig. *aus*
fiortig *setzte sich* foirtig *und weiter
(assimiliert)* föttig *um. vgl. berg.*
viärzig.

fotse, *s.* fuotse.

fowård *in:* et es hir fowård, *von einer
erwärmten stube.* — *? forward.*

fracht, *f. frucht.*

vrächtung, *einfriedigung von weiden und
ackerland. K.*

vraddek, *m. dichte und krause staude.*

frågæs, *m. fragarsch, einer der zuviel
fragt. vgl.* prålæs.

fråge, *f. frage.*

fragen, *præt.* fraug, frȯg, *oder schwach*
frågede *(Herstelle:* frode), *ptc.* frågen,
seltener frȯgen *(Iserl.:* frȯgen, *wie hier
auch der infinit. lautet), fragen.* då
werd wennig nå frȯgen. (*Iserl.*) hai
het der nitt viol nå frȯgen. ik frågede
nitt mær dernå asse nå me müggen-
stioke. vam frågen werd me wis, van
åller werd me gris. då fräget un wol
wét, dä eget kain gȯd beschéd.

vraid = vréd. vraide buoter. (*Fürstenb.*)

vrail, *m.* = waileknüppel. — *nwestf.*
wredel, *zu* writhan.

vrailen, *umdrehen* = wailen. dnȯne
vrailen, *fest drehen.* dat vrailde sik,
da musste man gewalt anwenden. dat

hęt sik vraild, *wird gesagt, wenn etwas durch drehen schaden gelitten hat.*

fraiser *(præt.* fròs, *pl.* früosen; *ptc.* froren; *præs.* früses, früset), *frieren.* et früset dat et knappet. hä früset as en witten rüen. — as en snider. — *mhd.* vriesen.

fraiserig, *fröstelnd.*

fralle, *f. forelle. (Fürstenb.)*

vrampel, *m. knorriges stück holz, wo ein ast gesessen hat.* — *vgl. ags.* hrimpan, rugari. *nds.* vrampe, *m. grober mensch.*

vrampelig, *knorrig, vom holze, von brettern. gegensatz:* gæwe.

vrampeln, *knorren zeigen.* dat holt vrampelt.

vrängede, *f.,* **vränge,** *f. halskrankheit der schweine.*

sik vrangen, *sich balgen, mit einander ringen.* — *vgl. ahd.* wringan; rane, lucta.

vrangen, *pl. eine schweinckrankheit =* vrängde. *(Alberingw.)*

vrängen, vrengen, *drücken.* dat gèt em vrengen af, *das drückt ihn, wird ihm schwer, verwundet, schmerzt ihn.* sik vrängen, *sich drücken, sich hemmen.* et vränget sik. — *vgl. hd.* engen *und* pfrengen.

vrängwortel, *f. grüne niesswurz,* helleb. viridis, *weil sie gegen die* vrängde *der schweine gebraucht wird.*

franige, *f. faseriger saum, borte, franse.* — *ital.* frangia. *fr.* frange. *holl.* franje. *vgl.* vrundsel, vræse.

frank, *frei, in der alliterierenden formel:* fri un frank.

frankensadel, *ein den ganzen rücken des pferdes bedeckender sattel, um lasten darauf zu legen.* K.

frankforter węg, *m. milchstrasse. (Driburg.)*

franzbröd, *n, grauer stuten. (Weitmar.)*

franzousensträte, *f. milchstrasse. (Nieder-Massen.)*

fræse, fręse, *f. krause.* — *zunächst fr.* fraise = *ahd.* freisa, frèsa, fimbria.

vräsen, *m. rasen.* — *ahd.* waso. *fr.* gazon. *vgl.* vrail.

sik vrasseln, *sich balgen, ringen.* — *ags.* vràxljan, luctari, vræstljan, luctari. *nordfr.* wrasseln, *ringen, sich balgen, kämpfen.*

sik vrassen, *sich balgen.*

frât, *m. 1. frass. 2. fresser.*

frætig, *gefrässig.*

frætsk, *gefrässig.*

frats, *m. eigensinniger, verkehrter mensch.* — *ags.* frät, perversus. *ahd.* fraza, obstinatio.

fratsig, *eigensinnig, verkehrt.* du fratsige junge! *schilt wol die mutter. was im männlichen charakter* fratsig *ist, ist im weiblichen* kwüngelig. — *vgl.* pratzig *(bei Wallraf):* „köpfig, zörnig: wilne graue Adolph vame Berge, den god guedig syn sal, was zu zyet eyn pratzig man."

frau, *f. frau.* et es kaine frau so rike, se gèt 'ner kau te glike. et es lichte frau te wären, äfer nich so lichte möder te wären *(zu gebären).*

fraüken, *n. 1. schmeichelwort =* frau. *2. kosewort =* kleines mädchen.

fraumenske, *n. pl.* fraulü, *frauenzimmer.*

frèch, *1. frech. 2. mutig, kühn, dreist. spr.:* de häue es frèch op siner miste. *3. hart.* de buoter es frèch = *die butter lässt sich nicht gut schmieren.* de stèner sid frèch = *die steine lassen sich schwer zerschlagen. 4. herbe, vom geschmacke.* — *goth.* friks. *ags.* frèk, fräk. *nwestf.* frack.

vrechten, *zäunen, eigentlich schutz verschaffen.* — *für* wrahtian.

vrèd, vraid, *1. was sinnlichen oder geistigen einwirkungen viel widerstand leistet.* vrèd flès, *zähes fleisch.* vraide buoter, *harte butter, s.* vrail. hä häldt sik vrèd, *sein körper trotzt allem.* hä es vrèd oppem tâne, *er hat haare auf den zähnen.* Weddigen: *fercet, fest, dauerhaft (von personen). 2. was rauh oder stark auf anderes einwirkt.* vrèd węer. *F. r.* 99. vrèe locht, *rauhe luft.* en vrèd wîf *kann sein: a. deren körper viel erträgt, b. die hart und gefühllos ist und c. per conseq. die ihrer umgebung das leben sauer macht.* — *alts.* wrêth.

vredde, *f. wird von* Giffenig *(nachr. v.* Iserl. *p. 79) angeführt und für einen alten namen der buche erklärt; es ist aber =* vridde.

Vreddenberg, Vredbergh *sind ältere namen des Freudenberges (Fröndenberges) bei Iserlohn. nicht von* vredde *(buche), wie* Giffenig *meint, sondern von* writhan *(einfriedigen, absondern) wird der berg benannt sein.*

frèien, *freien, auch von sachen die man wünscht.* ek hèff lange derno gefreit.

vrensken, *wiehern, vom hengste.*

fretbalg, *m. fressbalg (schelte).*

fręte, *f. fresse.* ik slä di glik in de fręte.

fręten *(præt.* frât, *ptc.* frçten), *fressen. fig.:* hat hęt dai frçten? bai hęt knöpe äne ösen *(geld)* måket.

fręter, *m. fresser.*

fręterigge, *f. fresserei.*

frętewęrk, *n. 1. ungeziefer an pflanzen. 2. krebsschaden. — vgl. mnd.* wildtwerck. *mhd.* vrete, locus saucius.

frętling, *m. fresser. spr.:* wösslinge sid frętlinge.

frętpäl, *fresser.*

frętpost, frętpäst, *fresser. K. S. 41.*

frętsack, *m. fressbeutel. reim von Renninghausen:* aier in den frętsack. *vgl.* dicksack.

fri, *adj. und adv. 1. frei. 2. beraubt, ohne, mit genit.* aller schęmde fri. *3. immerhin.* ik well all fri dä hen gån (tören); *vgl. R. V. 4. ziemlich.* vi hett se fri kriəgen. *5. oft.* fri wọt = *oft was, viel = mnd.* vaste wat. — *Heinzerl. p. 32: adv.* fräi, *wie sonst vielfach ein ausdruck des bekräftigens. vgl. Vilm. 109:* fräi bål, *recht bald.*

fridag, *m. freitag.* fridag hęt sin aparti węer. wänn twę fridäge in ęne węke fallt, kristu diu geld; *vgl. engl.* when two sundays come together.

vridde, vredde, *f. ein dichter krauser strauch oder baum. Iserl. limitenb.:* eine alte böcken fredde, eine alte bocke fridde, zwey bocken friddeln, eine alte kurtze böcken fridde, eine abgeschlagene beucken krumme fridde. *wenn es da auch heisst:* eine kruse fridde, *so ist* kruse *pleonast. epithet. — zu ags.* vrithan, torquere, *unserem* vrien.

vriddig, *dicht und kraus.*

fridig, *zufrieden.* fridig med wat. — *Schüren chr. p. 126:* vredig.

vriəmel, *f. striemel.*

vriəmeln, *zu striemeln reiben. — nds.* vrimen = vriwen, vriwen. *ähnlich unserem* vriemeln *ist* ribbeln, *als frequentat. von reiben, s. Vilmar.*

vriəmelsoppe, *f. eine gewisse nudelsuppe (striemel = nudel). — Vilmar wird dieselbe unter dem namen* ribbelsuppe *meinen.*

vrien *für* wriden, *drehen.* ne wład vrien *(im Schwarzenburgschen). — Teuth.:* dreyen, wryten, tornare, circulare.

frien, *m. für* friden, *frieden, zufriedenheit, ruhe.* dai hęt doch sinen frien nitt, der *ist doch nicht zufrieden (glücklich).* làtt ne med frien, lass ihn in ruhe.

frig, *frei.* op frigger stråte. *s.* fri.

friggedåler, *m. freithaler, vermögen des freiers oder der gefreiten, dessen belang gewöhnlich zu hoch angegeben* wird. ganze draihunderd friggedålers måket huunderd gemaine. *Gr. tüg. 22.*

vriggeln, *hin und her rütteln, um etwas festes, z. b. einen nagel, loszumachen.* — wrig, verdreht, verkehrt. *engl.* wry *führt auf* wrigan = wringan. *davon ist* vriggeln *das frequentativ. ostfr.* friggeln, wriggeln, wrickeln. *Schamb.:* rickeln. *holl.* wrikken, vrikken. *nds.* brickeln. *man vgl. noch den heutigen schifferausdruck: das boot mit dem ruder* wricken, fricken.

friggen, *1. freien.* hä hęt sine frau him mänenschine frigget. friggen nå *(Paderb.) 2. von sachen: etwas gern haben mögen.* friggen un haidrögen geschüht fake ummesüss. dai de dochter friggen well, dai maut de möer striken; *vgl. engl.* he that would the daughter win, must with the mother first begin. frigg din nähers kind, dann węstu, bat du finds, köp din nähers pęrd, dann węstu, bat du hęs.

frigger, *m. 1. freier.* he gęt op friggers faiten, er freit. 2. *die spinngewebe in der stube, von denen man bei Büren sagt:* wy welt düsse friggers herütjägen, dann kuomt de annern herin; *vgl. brödlåken in einem Paderborner märchen.*

friggerät, *freierei.* friggeroth, *f. F. r. 18.*

friggerätschaft, *freierei.*

friggerigge, *f. freierei, freiwerbung.*

frikadelle, *f. fleischkloss. — Frisch:* frikellen. *fr.* fricandeau.

frikärte, *f. freikarte im karnüffelspiel.*

frilik, *freilich.*

frimolle = fęmolle. *(Siedlingh.)*

vriagen *(præt.* vrang, *ptc.* vrungen), *(wäsche) ausringen, (die hände) ringen. — ahd.* hringjan. *vgl.* vriggeln.

fririksch, *freireichstädtisch.*

frisk, friss, *1. frisch. 2. schön.* schön nn frisch sętt opn disch un friat dervan.

friske, *pferdename.*

frismölkig, *frischmilchen.*

vrissen, *m. milchwurm. syn.* kwådsęr. *ostfr.* wressem.

vrist, *wrist am fusse. (Fürstenberg.) syn.* wist.

vriwen *(præt.* vrôf, *ptc.* vriəwen), *reiben. das reiben mit einem reibeisen heisst* riwen. *s.* stöten.

friwel, *1. ausgelassen. Must. 78. 2. kurzweilig. — ostfr.* frewel, üppig, *verwegen, audax.*

frizech, m. freizech, von einer hochzeit, wo von den gästen keine gaben genommen werden.

frö, froh. hai es so frö as hänseken taum dansse. so frö as en kuckuk; vgl. gay as a lark. — mhd. vrô.

frö, adj. und adv. (compar, frögger, superl. fröggest), früh; vgl. frög, frügge. — Tappe 134b: froe. ahd. fruo.

fröchten für förchten, fürchten.

fröchten, pl. furcht.

fröchten, fruchten. et well nitt fröchten.

fröd, klug, weise. (selten.)

frög = frö. — holl. vroeg.

frögede, f. frühe. — holl. vroegte.

frogge, f. frau. (Medebach).

sik fröggen, sich freuen. K. S. 99. fröggede sik en loäk in de müsse. N. l. m. 60.

fröggerhen, früherhin.

fröjär, n. frühjahr, frühling.

frölen, n. pl. frölens, fräulein, von adlichen unverheirateten damen.

frollen, weinen, heulen. (a. d. Ruhr), von kindern. Weddigen. syn. lollen.

fründ, m. freund. — alts. friund. mwestf. frund, vrend.

fröndlik, freundlich. sau fröndlik as en mairöseken. Gr. tüg. 31.

fröndskop, f. 1. freundschaft. dat blitt in der fröndschop. 2. concret, als anrede: freund. härt mäl, fröndskop! 3. verwandtschaft. se sind noch fröndschop an us. — alts. friunt, ahd. friunt bezeichnen auch verwandte. vgl. dän. frändskap, verwandtschaft. Riehl, familie s. 142 f.: „dem bauern fallen die begriffe der verwandtschaft und freundschaft auch sprachlich noch ganz zusammen. freundschaft in der bauernsprache ist blutsfreundschaft. ein freund ist jedenfalls ein vetter, wäre er das nicht, so müsste man ihn durch das geringere prädicat eines guten freundes unterscheiden.

frone, bûerfröne, noch zu anfang dieses jh. in unsern dörfern. der vrone war früher das, was anderwärts bode (Iserl. urk.: nuntius) hiess, der zum auspfänden gebraucht wurde.

frötigen, frühzeitig.

frugge, f. frau. — mwestf. frowe. s. frogge.

frügge = frö. de früggen knollen, die frühkartoffeln.

früömd, fremd.

früömde, f. fremde.

vruntsel, f. runzel.

vruntselig, runzlich.

vruntseln, runzeln. — holl. fronselen, fronsen. fr. froncer. vgl. rûseln und schruntselen.

fuch, f. abendliche zusammenkunft der mädchen zum spinnen. oppen fuch gân. (Marienh.) — fuch = fuck.

fuchen, viel zu den „fuchen" gehn. he fuchet wat, er geht viel dahin.

fucht, feucht. — ahd. fiuhti. mhd. viuhte. ags. fuht; Kerkhoerde: fucht. ostfr. fucht.

fucht, tapfer, auch Dortm. aus der parochie Hemer wird berichtet, dass eine frau Ate Husemann sich mit einem besen (oder einer mistgabel) bewaffnet auf die kanzel stellte und den aufgedrungenen misliebigen geistlichen abwehrte. da haben denn die, welche es mit unserer heldin hielten, gerufen: Ate hàld di fucht. hatte fucht di bedeutung frisch oder gehört dieser ausdruck zu älts. fehton?

füchte, f. fichte.

füchtemännken, n. entspricht dem hêdmannken bei Iserl. (Marsberg.)

fuchtig, feucht. — holl. vochtig. ostfr. fuchtig. aus dieser adjectivbildung erklärt sich hd. feuchtigkeit.

fuchtigkeit, f. feuchtigkeit.

fuck, m. 1. schnelle bewegung, flug, schnelligkeit, geschick, erfolg. dat hẹt fuck = dat hẹt Ard, das geht rasch und gut von statten. Spr. u. sp. 21: da kräig dai sake fuck. dat föer hẹt kaine rechte fücke, sagt man vom feuer, welches nicht recht brennen will. 2. spass, spott. en fuck vam duener, ein spass. bat sid dat für fücke (späse, streiche). se driwet den fuck med ênem, sie verspotten ihn, treiben ihren spass mit ihm. vgl. fucken, fuksen, fuckedille, dillenfuck.

fuckedille, f. unordentliches, nachlässiges frauenzimmer, weil sie alles „verfuckt".

fuckeln, rasch etwas tun. bat fuckels du dä in der ecke?

fucken, rasch zu stande kommen. et well nitt fucken, es will nicht schnell von der hand gehn. spr.: dat hẹt fucket, siet de haufnägel taum perre.

fücker, m. in: en riken fücker. — hd. fuckig, geizig. Wullr.: fucker, handelsmann; fucken, handeln.

fudde, flute, liederliches frauenzimmer. Weddigen.

fuddek, m. nur in: he stinket as en fuddek, s. fulk, lûsefuddek.

fudden, *m. lappen, lumpen, fetzen.*
schnätelfudden. — *holl.* vodde, *f.*
ostfr. fudden, *auch schlechtes frauenzimmer.*

fuddensträte, *eine strasse in Iserlohn.*

fuddig, *schlaff, weich.* — *holl.* voddig, *lumpig, liederlich.*

fádeler, *m. betrüger, beim spiele.*

fádelerigge, *f. betrügerei im spiele.*

fádeln, *betrügen im spiele.* sek fúdeln, *sich heimlich hinbegeben, schleichen:* wir fudeln uss en di kellerstrapp un aúpen dem búren den fussel af.

vuagel, *m. pl.* vúagel, *1. vogel.* kain vuagel was öwer den wäld flogen = *es war durchaus keine bahn durch den schnee.* bunte vuagel in den kopp krigen = *hoffärtig werden; vgl. das braunschw.:* 'n voggel in'n kopp krien. önem de vúagel oppen bömen wisen, *wird von einem gaudiebe gesagt, aber auch von einem mädchen, welche einen schönen korb gibt:* dui násewise gös vanuer dërne wiose us ja de vúagel oppen bömen. *2. das taubenmännchen. vgl. antvuagel.*

vuagelhërd, *m. vogelherd.*

vúageln, *obsc. vögeln.* — *Lacombl. arch. VI. s. 333 wird sogar der bulle ein voglenochse genannt.*

vuagellim, *m. vogelleim.*

vuagelfänger, *m. vogelfänger.*

vüal *(westmärk.) viel, setzt wie berg.* völ ein fuli voraus.

füalen, *n. füllen. fig.:* dat perd het en füllen kriagen, *es hat seinen reiter abgeworfen.*

fuasel, *m. fusel.* berg. fussel *(doppelt weiches s) bedeutet eigentlich schlechtes, geringes.* fusel, *schlechter rauchtabak (westrich). F.* rölkerst. *III, 458.*

fuat, *f. der hintere,* posteriora. du gias de fuat weg un schiss dör de ribben. fuat in fuat dat liat sik guad. — *mhd.* vut, cunnus. *nds.* futje, muliebria, *was die eigentliche bedeutung unseres wortes scheint.*

fuaten, *arschpauken.*

fuatenne, *n. das breite ende des eies.*

fuatse, *f. schelte für ein schlechtes mädchen. vgl.* fotse. — fucze = mucze, *s.* mütsken. *es ist also* pars pro toto. *vgl.* „sei kein fozenhut!" = *sei nicht weiberhaft feige. Luther:* pozenhut = eunuchus. *dabei sagt er: das erste wort bezeichnet das wovon sie frauen heissen.*

fuggen, *streichen. N. l. m. 93.*

fuggenhêe, *werg, als prästation von höfen.*

fûke, *f. spitzer korb von binsen, um fische zu fangen, reuse; vgl.* bunge. — *altfries.* fúke, rete. *holl.* fuik.

fuksen, *hin und her werfen.* dat gêt as wänne der Dëwel ne katte fukset.

fûl, *1. faul, phys. und moral.* hä es in fúler ërde, uase Hergod vergiawe em sine sünne! *er ist tot und begraben.* de fúle liat áder driagget sik död. ęm es so fûl dertau. fûl tau wat sin, *(nicht:* träge sein, *sondern)* etwas nicht achten, lächerlich od. dumm finden; *vgl.* dünne. he het et fúle féwer. he túbt den fûlen. ik was nitt fûl, ich säumte nicht. ik mi nitt fûl, krêg ne bim arme un da ne vör de dör. *2. mürbe.* so fûl asse drite (drítefûl) *wird von zeug, mispeln u. a. gesagt; vgl. Tristr. Shandy 8 p.* 214: they (*sc.* the breeches) are as rotten as dirt. *so wird* fûlböm *offenbar vom mürben holze gesagt, da die jungen zweige der so genannten gewächse* (rhamnus frangula *und wilder* schneeball) *leicht brechen. dasselbe ist bei der schwarzerle der fall, welche ags.* fulanbeám hiess. *3. schmutzig, unsauber: so die* fûle gasse *zu Iserlohn benannt.* — unser fôlen (foilen), *stinken, führt auf* tiulan, *faul.*

fûlbôm, *m. 1. faulbaum,* rhamnus frangula. *2. gemeiner schneeball,* viburnum opulus. — ags. fulanbeám *ist schwarzerle. s.* fûl.

fûlbômen, *vom faulbaum.*

fûlbômen, *etwas faules, schlechtes bekommen. s.* kŏrbômen.

fûlen, *faulen.*

fulk, *m. in der rda.:* stenkt as en fulk, *vielleicht* = aas. — *Teuth.:* vuylick, cadaver; vuylick, pride, ayss. *Kleinzerling, Siegerl. p.* 91: „fulch, m. ein fauler mensch, wo durch vocalausfall ch unmittelbar hinter l zu stehen kam." *holl.* vuilik *zu* vuil (faul).

vull, *1. voll.* de berg es jä med rôwers vull (*märchen*). dat sittet so vull as kaff an der wand. *2. trunken. 3. viel.* vull lö wären dä. *vgl.* viäl, völl, fûal.

fülde, *f. eigentlich fülle, bedeutet jetzt düngung, fettung.* de fûllde om lanne.

fülle, *f. hölzernes schöpfgefäss mit einem stiele.* — *alts.* ful, schöpfgefäss.

fülle, *f. fülle.* de hülle un de fülle.

füllen, *1. füllen. 2. schöpfen; vgl.* opfüllen.

vullop, *vollauf.* se hett vullop.

vullkuomen, *vollkommen.*

vullmann, m. *voller, d. i. trunkener mann.*
vullmann, dullmann. *vgl. den familien-
namen* Vollmann.

vullscherig, *1. vollständig, wovon alle
teile da sind. 2. vollscherig, ausge-
wachsen.*

vullwassend, *adj. ptc. erwachsen (mit 20
jahren).* — *vgl. mwestf. (1555):* voll-
wessig.

fulwammes, *n. faulpelz, faulenzer.*

fummeln, *1. tappen, fühlen, tasten, lieb-
kosen, streicheln. 2. pfuschen.* —
Weddigen: fücmeln, *visitieren (die
taschen).* holl. fommeln, tasten, be-
fühlen. engl. fumble. dän. famle. nds.
fammeln, fimmeln, fummeln. *s.* fumme-
lerigge.

fump, *m. pl.* fümpe, *puff. (Altena.) vgl.*
köln. fumpen, *klappen, puffen, passen.*

fumfit, *m. versehen, irrtum.* en fumfit
maken, *etwas durch sorglosigkeit ver-
sehen. (Altena.) vgl.* verfumfeien. —
*Seib. urk. nr. 560 (a⁰ 1314) nennt
unter den zeugen einen* Hartmodus
Fumfite. *vgl.* killefits.

fündling, *m. findling.* — *Tappe 69ª:*
fündeling.

funke = füke. (Schwerte.)
fanke, *m. funke.*
funke, *1. name einer ganz bunten (schwarz
und weissen) kuh. 2. pferdename.
vgl.* fink.

funkelnigge, *nagelneu.* — holl. fonkel-
nieuw. engl. fire-new.

fankelnagelnigge, *nagelneu.*

funkelön *für* fundlön, *m. findelohn, fund-
lohn.* — *vgl.* fungen = funden, Mend.
hexenproc. v. 1592.

funkenkopp, *m. kopf einer feuerröhre
(ofenpfeife), worin sich die funken
totschlagen.*

fünkern, *lodern. F. r. 95.*

fünsken *für* fünkeken, *n. fünklein.* füns-
ken lẹwet noch *(ein kinderspiel).*

fünte, *unwohl, eigen.* — *es mi so* fünte.
(Fürstenb.) de kaiser käk fünte *(un-
willig) van der seyt. N. l. m. 103.* het
wör mi so fünte, *ich wurde so ver-
legen. (Siedlingh.)*

fünter, *betroffen.*
fünter, *abfall vom draht.*

fünterig, *1. heimtückisch.* hä hẹt so 'n
fünterig lacken an sik. *2. scheu, der
nicht zum vorschein kommen will.
(Siedlingh.)* — *ostfr.* fünsk, *boshaft,
vgl.* fundjan, *tendere, gefundian, inqui-
rere. vielleicht bezeichnet* funder *einen
feindseligen laurer.*

fünterlachen, *heimtückisch lachen. (He-
mer. Elsey.)* — *fünter aus* füntern;
vgl. smuoderlachen, *ostfr.* smüsterlachen.

füntern, *1. neugierig, zudringlich zu-
schauen. 2. verlegen werden. K.* —
t *in solcher lage häufig für d. ags.*
gefuudjan, inquirere. *vgl. alts.* fundon,
teudere, cupidum esse. engl. to be
fond of.

für, *n. feuer.* dat es jà en für as wann
it en oossen bräeu wollen. dat hillige
für, *(Dortm.)* dat wille für,
s. wild. wenn für un ströh bi ên kommt,
dat briənt. wann für. in àlle schüren
kümmt, dat briənt deste slimmer. —
*unsere alten pflegten, wenn jemand für
erhaltenes feuer dankte, dies abzuleh-
nen mit den worten: „för* für maut me
nitt danken; für es hillig." *ähnliches
noch jetzt in Thüringen.*

furgeln, *drauf los streichen (die geige).
F. r. 54.*

für-jô, fuier-jau, *feuer! Gr. tüg 65.*

fürkipe, *f. messing- oder kupfergeschirr
zur aufnahme von glühenden holz-
kohlen, um die füsse darauf zu wär-
men. s.* kipe.

fürmüser, *m. rotwangiger mensch. kräf-
tige rotwangige dirne (flamme). K.* —
vgl. dän. rödmusset. Auerb. dorfg.:
*„er ward rot wie ein feuerdieb." das
scheint falsch gedeutetes* müser *(mäusen,
mausen, stehlen) zu sein. in* müser
*kann nur ein wort stecken, welches im
ital.* muso, *fr.* museau *seine verwandten
hat. vgl.* blàmüser, kàlmüser.

fürn, *iltis, frettchen. (Wald im Berg.)
vgl. ml.* furectus, *woraus* furet *und* frett.

fürpinnken, *n. reibhölzchen, also neu-
gebildet.*

fürslag, *feuerzeug.* — *auch holl.*

fürster, *m. förster.*

fürwisch, *m. gerät des bäckers. (Für-
stenb.)*

füse, *f. spindel, in:* kunkelfüse. — *zu
alts.* füs. fränk. funs, *schnell. fr.*
fuseau.

fûsen, *mit der faust schlagen.* — *con-
trah. aus* fuhisôn, *vgl.* klinkefisten.

füske, *fast. Weddigen.*

fussel, *m. fusel. s.* fuəsel.

fusseln = fisseln *(doppelt weiches s).
s.* fuəsel.

fûst, *f. pl.* füste, *faust,* vör fûste weg,
alles wie es vorkommt. dat lätt as
wamme en fûst oppen öge liət. — *aus*
fuhisôn *mit* t *abgeleitet und so zu*
pugnus *passend.*

fûst, *viel.* de harre all fûsten de köppe intreen. *Firm. I, 343. (Paderb.)*

fûstedicke, *faustdick.* dai het et fûstedicke ächter de âren.

fûstkæse, *m. faustkäse, handkäse. ein oft sehr scharfer käse von walzenform und der grösse einer faust.*

fûststoppen, *eine hochzeit, auf der nicht öffentlich gegeben wurde.*

fûting, *m. ein vogel, dessen stimme fût ist. (Weilmar.)*

futtâne = fitâne. *K. S. 66. F. r. 9. (Siedl.)*

futtern, *schelten, donnerkeilen.* — *wol aus dem fr.* foudre, *donnerkeil.*

W

wabbel, *f. fleisch oder fett, welches sich hervordrängt.* — *syn.* kwabbel; *vgl. an.* quabh, pinguedo. *Richey:* quabbel. *s.* wabbeln.

wabbelig, *wabernd* (*syn.* kwab-belig), *leer.* et es mi so wabbelig im magen. *K.* —

wabbeln, wabbern, *sich hervordrängen, von fleisch oder fett.* — *hd.* wabeln, wabern, *sich hin und her bewegen, verwandt mit* weben. *nds.* waweln.

wachelmeker, *m. hamenmacher. s.* wachelte 1.

wachelstrûk, *m. wacholder.* — *Teuth.:* wachelberen. *vgl. Rarensb.:* quakelberen.

wachelte, *f. der alte breite fuhrmannshamen.*

wachelte, *f. wachtel. s.* wachtelte.

wachelte, *n. wacholder.*

wacheltenkerschen, *pl. wacholderbeeren.*

wacholler, *m. wacholder.* — *Kil.:* wachalder, wacholder, granum juniperi.

wacht, *f. 1. wache.* he get gerâde dör de wacht, *er lässt sich nichts anfechten. 2. wachstube.* — *alts.* wachta. *Kil.:* wachte, waecke.

wachtelte, *f. wachtel. (Hemer.)* — *syn.* wachelte, kwabbelfett; *vgl.* wack di wack; *der vogel wird seinen namen vom schlage haben.* *ahd.* wahtala, quattala.

wachten (*præs.* he wächt; *præt.* wocht; *ptc.* wachten *oder* wachtet), *warten, wofür berg.* wâren = warden, dä es wol op te wachten, *äffer nich drop te smachten* (*sc. auf eine erbschaft).* — *mwestf.* wachten (*Seib. qu. II, 352:* wachteden). *Kil.:* wachten, expectare.

wachtfeddig, *fertig zur wache, wachsam, munter.*

wack di wack, *wachtelruf. (Albringw.)* — *syn.* küppkenblick küppkenblick kauwan! smit mi uitt.

wackelig, *unfest, wankend.* — *ahd.* wauchilig.

wackeln, *nicht fest stehn, wanken.* — *ahd.* wanchiljan. *Teuth.:* waglen.

wackeln, *prügeln. versetzt aus* walken.

wacker, *adj. 1. munter. wach.* so wacker as ne înc. *2. schön.* en wacker meken. *adv. schnell, hurtig.* kuam wacker. — *ags.* vacor. *ahd.* wackar, vigilans, vigil.

wackerig, *wach.*

wackernelle, *ein kuhname.* — *Kil.:* quackernelleken, *puella venusta, lepida, lasciva. s.* nelle.

wadbrâe, *f. wade, eigentl. wadenfleisch.* — *ahd.* wado, *n.* sura; brâto, *mhd.* brât, lumbus, caro. *Kil.:* waede, waeye *j.* braede, bracye. *Teuth.:* braide an en beyn.

wâg (? wâg), *wagnis, wagstück.*

wâg, *tiefe stelle im flusse.* — *alts.* wâg, *m.* fluctus. *mwestf.* wâge, *f. vgl. fr.* vague, *hd.* woge.

wâg, *ein steingewicht für stabeisen im märk.,* 124 köln. pfd. 8 = 1 karre.

wâge, *f. 1. wage. 2. teil des wagens. (Fürstenb.) alts.* wâga.

wâgehals, *m. waghals.*

wâgen, *1. sich bewegen.* hen un her wâgen, *sich hin und her bewegen, hin und her geschaukelt werden.* herümme wâgen, *umherschlendern, umherstreichen. 2. umgehen, von gespenstern.* hai waget un spauket us suss. *Grimme, galant. 8.* — *mnd.* wagen. *Kil.:* waegen, moveri; *vgl. alts.* wagian, commovere. *Teuth.:* waghen, waglen, swancken, nutraliter.

wâgen, *m. pl.* wâgen *und* wâgens, *1. wagen. 2. wagengestirn.* de wâgen, de plaug, de sluwenstern, o monder, o monder, hat hä'k ne so gern. *(Wesselberg.)*

wâgen, *wagen.* ik well 't drop wâgen, *ich will es wagen.* bai den hâsen fangen well, maut de rûen wâgen. ne versoppene mûs es lichte te wâgen, *sagt wol der tierarzt bei krankem vieh, das man schon verloren gibt, wenn noch*

*ein letzter versuch damit gemacht
werden soll.* hä nitt wâget, gewinnt nitt.

wâgenpâmel, *mistkäfer. (Siedlingh.)* —
syn. pâenwimmel — *versetzt aus* pagen-
wimmel , *wie* funkelkûse *(Breckerf.)
für* kunkelfûse.

wâgenspȯr, *f. wagenspur.*

wâgentrân, *m. wagengeleise.* s. trâu.

wâhs, *n. wachs.*

wai, *wer.* s. bai.

waie *für* waide, *f. weide,* pratum. —
alts. wêtha. *mnd.* weide, *mwestf. auch*
weyne *(urk. des h. Hemer), vgl. Seib.
qu. II, 375:* to weynen, *weidlich.*

waier, *m. fächer.* — *Kil.:* waeyer *zu*
waeyen, *ventilare.*

waifen, *prügeln.* einen *(der sich der
obrigkeit widersetzt)* um die gewalt
waiften *(für* waifen). *Alten. stat.* —
nds. weifen, *schwingen, prügeln.*

waige, *f. wiege.* he kann an der waige
saihen, wann et kind kacken well *(von
überklugen leuten).* dat es iäme an
der waige nitt sungen. *(Lüdensch.)* —
Kil.: wieghe. ai in waige, *wie in*
flaige *(fliege) für altes* ia.

waigebeddeken, *n. wiege (ammensprache).*

waigen, *wehen.* de wind waiget wol snȇ-
hȯpe binȇn, äwer kainen dicken nacken.
— *ags.* vâvan. *Kil.:* waeyen. *Teuth.:*
waigen, wynden, stormen.

waigen, *wiegen.* — *Kil.:* wieghen.

waigenstâlen, *m.* 1. *gestell der wiege.*
s. stâlen. 2. *pars pro toto: wiege bei
hochzeiten.* fȯr den waigenstâlen wat
giowen.

waigestrȯh, *n. wiegenstroh.* du büst
noch nitt oppem wandhȯveschen brauke
wȩst; du bȩst et waigenstrȯh noch nitt
afschudt.

waike, wȇke *(berg.* wȇke), *f. docht.* —
mwestf. wyke, weke, weyke = lunte.
ags. vȇcce, *f. engl.* wick.

waileklüppel, *m. windelbaum.* s. wailen.

wailen, *windeln, mit einem knüttel fest-
drehen (zur befestigung der wagen-
ladung).* — *holl.* wielen, *drehen; vgl.
ags.* hvȇol *(engl.* wheel), *Kil.:* wiel,
rad. *syn.* vrailen. *Teuth.:* wuelen,
vestigen, binden.

wainig, wennig, wiȩnig, *wenig.* — *ahd.*
wȇnac. *Kil.:* weynigh.

waite, waiten, *m. weizen.* — *alts.* hwȇti.
ahd. hweizi.

waitengrand, *m. grobes weizenmehl.*

waitenkliggen, *pl. weizenkleien.*

waiteumȩl, *n. weizenmehl.*

wâken, *wachen.* — *alts.* wacon. *vgl.* wacker.

wal, *wol.* — *alts.* wala.

wâl, *f. wahl.* bai de wâl hȩt, hȩt ock
de kwâl. — *Kil.:* waele.

wâlberte, *f. waldbeere, heidelbeere.* —
wâld, *wald;* bere, *beere.* *syn.* hȇberte.

wâlbertensnaise, *f.* 1. = klucht, *ein
spaltholz, in welches heidelbeersträucher
gesteckt werden.* 2. *eine schmehle, an
welche heidelbeeren geschnürt sind.*

wâld, *m. pl.* wȇller, *wald, wird fast nur
als eigenname gebraucht, z. b.* Bälwer
wâld. — *alts.* wald.

wâldhaüg, *m. das hauende eines ge-
fällten baums, welches nachher abge-
sägt wird.*

wâldin, *name eines jagdhundes. Gr. tüg 59.*

wâldlȯper, *m. waldläufer.*

wâldmann, *name eines jagdhundes.*

wâlhȇd, *eine waldstelle mit heidelbeeren.*

wâlmai, *ausgelaufene heidelbeersträucher.*

wall, *m. wall.* — *alts.* wall, *murus.*

wâllemai, *f. gemeinwald, wozu hudeplätze
und fischerei gehören können.* — dat
die vysche in der waldemeyne gefangen
syn. *Alten. stat. Seib. urk.* 755: wysche-
rye *(fischerei)* dat waldemeyne is. *ibid.*
535: de pascuis que waldemene seu
hewede *(l. vewede, viehweide)* vulgariter
appellantur. *Iserl. arch. nr.* 9: wolde-
meyne tho der stades van Lon voweyde.
zeitweilig hiess aller gemeindebesitz so.

wallen, *in bewegung sein.* — *alts.* wallan.

wällen = walden, *walten.* God wâlle
uns! es en guad gebȩd, me besmȩrt der
de schou nitt med.

wallunge, *f. wallung.* de wallunge im
blaud. *Sieg.:* walm, *aufwallen des sie-
denden wassers.*

walnuot, *f. walnuss, welsche nuss.* —
v. Hȯv. urk. 112: wallnot.

walpschüte, *f.* = warpschüte.

walfisk, *m. walfisch.* — *ahd.* hual. *ags.*
hvâl.

wamme, *f. wampe, beim rindvieh.* — *alts.*
wamba. *engl.* womb.

wammes, *n. wamms.* med der tid küȩmd
Hȩrmen int wammes. — *Kil.:* wambeys.
mhd. wambs, *zu* wamba. *syn.* kaputt.

wämmse, *pl. prügel. zu* wämmsen.

wämmsen, *prügeln.* *syn.* wot oppet
wammes giowen.

wampeln = wankeln, *wackeln.* ik wam-
pele ne metter talgen.

wampeltȯgesk, *launenhaft, von pferden,
die nicht gleichmässig ziehen.* — wam-
pel = wankel, *ahd.* wanchal, *ags.*
vancol, instabilis , vacillans. *nds.*
wankeltȯgig.

wän, 1. *toll, ausgelassen, von menschen
und vieh.* en wânen kȩrl. 2. *ausser-*

ordentlich, ausgezeichnet, gross. en
wânen osseu. wâue köppe (kohlköpfe).
adv. wân, wâne, ausserordentlich,
sehr. de stôwen sid nitt wâne grôt.
— alts. wan, welches in wanam und
wanlik steckt. die scheinbar so ver-
schiedenen bedeutungen des wortes
begreifen sich, wenn man als grund-
bedeutung ansetzt: das was auffällt,
erstaunen und verwanderung erregt.
die heutige form verlangt ein alts. wan,
nicht wân. könnte es mit wan deficiens
zusammenhangen und wân (schön) ein
anderes wort sein? vgl. wanumelon
für wacuumon löhon, zu den schönen
hainen.
wand, n. gewebtes zeug. — alts. wâdi,
giwadi. mwestf. wand. s. baierwand,
linewand.
wand, f. pl. wänne, wand. ik hewe ne
pine, ik woll wol de wänne 'rop springen.
— alts. wand.
wandeljûde, m. hausierender jude. — aus
wandalon, mutare. vgl. pandeln.
wandgôr, m. maulwurf. vi hett wand-
gôren im gâren. (Unna.) — ags. vand,
grumulus a talpa ejectus. s. gôr, gûr.
wandlûs, f. wanze. um 1200 kam dieses
ungeziefer bei Köln vor. Caes. Heisterb.
D. M. II, 215 erzählt, dass ein küster-
weib eine wanze (cymex qui vulgo pe-
diculus parietinus dicitur) in die hostie
gebacken habe. wann dat nitt batt för
de wandlûse es, dann wêt ik nitt, bat
beter es, sagg de kêrl un stâk sin hûs
an. hai es so wacker as ne wandlûs
dâ et krûz tebroken hett.
wandworm, m. maulwurf. (Werl.) — ags.
vandvyrpe. vgl. wandgôr und wenne-
worm.
wanennen, woher. — aus hvanan an
endion. vgl. bänennen, wo, bâ van
ennen, woher. s. enne.
wânerigge, f. wahnes benehmen.
wank, m. stoss oder zug, der durch über-
gewicht verursacht wird. — Teuth.:
wauck, aftrat.
wann, m. wanne, schwinge. en wann es
kain kükenkorf (wortspiel mit wann
== wenn). ik wünske der brûd so
viol kinner, dat se se oppem wann kann
an de suune dregen. — lat. vannus,
fr. van. Teuth.: wan tot sayde.
wann, wenn, wann. — alts. hvan.
wanner, wann? — alts. hwan êr. mwestf.
wanneyr, wanner, wannehr. s. banner.
wanner, vanner, neulich. — alts. êr
huanne, antehac. mnd. wanner, ehedem.

wannel = wandel, m. wandel.
wannemüole, f. werkzeug zum reinigen
des getreides.
wannen, getreide reinigen mit der wanne.
wannen es kain deraken. — Teuth.:
wannen, ventilare, expaleare.
wannenflicker, m. korbflicker. — fr.
vannier.
wanner, auch dann un wanner, dann
und wann, zuweilen. (Deilingh.)
wunnste == wann du. wannste mi oppen
kopp stellst, dann fällt mi noch kain
penning ût der fuot.
wanschapen, unvernünftig, toll, unbe-
dacht. K.
te wansten, zum wenigsten. — vgl. hd.
winzig und das folgende.
en wänt == en lück, ein wenig. — vgl.
wenk, wink, wenig.
wûpen, n. wappen. meckelnborger wâpen
== ochsenkopf bezeichnet die stellung,
in der der kopf zu beiden seiten von
den armen gestützt wird. das â im
worte ist unorganisch, sollte â sein;
s. das folgende. hd. wappen ward dem
nd. entlehnt.
wâpen, n. (Iserl.: weäupen), waffe. med
gewêr un wâpen. o wê o wê o wâpen,
ek heffe vanner nacht nich slâpen
(scherzrede). wâpen raupen, zu den
waffen rufen.
wâpenraüper, m. der zu den waffen
ruft.
wâr, f. waare. sô liet de wâr, so stehen
die sachen. — Tappe 108ᵇ: wahr.
ags. varc.
wâr, wahr.
wâr == was, zu sin. (Schwelm.)
wâr, kleines geschwür am auge, gersten-
korn. — hd. wên, wiane, wârmken.
Kil.: wier j. weer, nodus, callus.
wâr oder füllenwâr, besteht aus einem
ringe um das bein des füllens, einer
kette und einem knüttel daran. — vgl.
Kil.: wieren, gyrare, circuire.
waranzig, gewis, eine beteuerung; eigent-
lich wahrhaftig, wie in wârâftig es God.
aus dem hd., wie viele beteuerungen
und flüche.
wârd, n. pl. wârde, wârde, wâre, wort.
en wârd es kain dôdslag. he hett en
grôt wârd. he blitt bi sinem wârde
as de hâse bi der trumme. se es med
em im wârde, sie gilt als seine ver-
lobte. dann heste en wârd == en êren
(vorwand).
wârd, wêrd, wert. — alts. werth.
Warden, Werden a. d. R. V. St. I, 369.
würdgefecht, n. wortgefecht, wortwechsel.

21*

wâren, *auf etwas hinsehn, etwas beob-*
achten. dat kind wârt em de ôgen im
koppe. — *alts.* warôn, *observare.*
wâren, *1. warten.* wâr ens! *warte ein-*
mal. (südwestf. und berg.) 2. abwarten.
sai hett iüme 't enge wart *(Lüdensch.)*
— *alts.* warôn, *manere, durare.*
wâren *für* warden, *hüten, verwahren.*
wâr dîne sâken! *kümmere dich um deine*
sachen! ik sall mi wol wâren, da'k
et nitt anrôre. sô nau kamme sik nitt
wâren, *so genau kann man sich nicht*
in acht nehmen; vgl. Scheverl.: so
nawe schal he sik nich waren = so
gau sall he nitt sin. he wârt sik wol,
er nimmt sich wol in acht. he wârt
sik derfôr. du mausti wâren fôr mverten-
locht un aprillenwind, dann blîstu en
schôn kind, *sagt man wol zu mädchen.*
(Brackel.) wâr di! *hüte dich!* = *weit*
gefehlt! — *alts.* wardon, *vigilare;*
wardon imu, *sibi cavere. Herf. R. B.*
p. 14: warden.
wêren, *Iserl.:* wêrden *(præs.* wêre, wêrs,
wêrd, *pl.* wêrd; *præt.* wôr, *pl.* wôren;
ptc. wâren), *werden.* God het di ge-
schâpen un mi lâten wêren. *in* lâtt
mi med wêren! *lass mich zufrieden!*
liegt auch wol unser verbum; vgl. je-
doch gewêren. — *alts.* werthan. *mnd.*
geworden.
wârm *(comp.* wermer, *superl.* wermst),
warm. wârm sitten, *vermögend sein;*
s. dicke.
wârnemen, *1. wahrnehmen. 2. benutzen.*
he niəmt sik dat wâr, *er benutzt die*
gelegenheit.
wârpe, *f.,* werft, *n. aufzug beim geicebe.*
(Siedlingh.) — *ags.* vearp. *ahd.* waraf.
warpschûte, *f. wurfschaufel. syn.* walp-
schûte. — a = af *vor* r. *Lud. v. Suthen:*
warpen, *werfen. Hildesh.:* schöute,
grabscheit. *Kil.:* werpschoepe, *venti-*
labrum. Bugenh. Math. 3, 12: worp-
schüffel.
Warren, *Werden a. d. R.; s.* Wârden.
— *alts.* Werthina. *moestf.* Werden.
vgl. warith, *moestf.* warder, *werder.*
wârschauen, *warnen.* — *schauen hier*
transit. wie to shew. *Teuth.:* war-
schouwen, *warnen. ostfr.* wârschauen.
holl. waarschuwen.
wârseggen, *wahrsagen.*
wârsegger, *m. wahrsager.*
wârteken, *n. wahrzeichen.*
wârwulf, *m. (Fürstenb.:* wârwulf), *wär-*
wolf. dai süht üt as en werwulf, *von*
sträubigen, wirren haaren. (Alberingw.)
— *das* â *unserer form, wofür auch*

ô *gehört wird, kann alt sein.* wahr-
scheinlich ging dieses a *aus* ai *her-*
vor; vgl. bei Lud. v. Suthen: warder,
warpen, barg, rave, gegenwardig. *ags.*
vêrwulf. *engl.* werewolf = *mannwolf.*
zu goth. vair, *alts.* wer, *ags.* ver, *vcor.*
für das alter spricht besonders ags.
vare *in compos. wie* Hatvare.
wârwulwen, *als wärwolf umgehen.*
wâse, *f. tante. (Marsberg.)* — *nds.* wase.
vgl. Gr. wb. s. v. base.
wâske, *f. wäsche.*
waskehüld, *n. waschkufe. syn.* wäsker.
— *s.* häld.
waskeholt, *waschholz. syn.* kloppespâu.
wasken *(præt.* wosk, *ptc.* wasken), *waschen.*
bai wüsket de hâsen un de fösse, sagg
de frau, dâ lait se ere kinner unge-
wasken löpen. sik wasken *mit posi-*
tivem sinne: dat tüg wäsket sik guod.
die reimhafte formel: wasken un plasken
auch bei K. fastnachtsp. 971ᵐ: ick
waske, plaske und meleke de koye. —
alts. wascan, wosk. *mnd.* waschen,
wusch.
waskeplett, *waschlappen. (Siedlingh.)*
s. plett.
Wäsker = waskehüld. *(Fürstenb.)*
wass, *n. wachs. s.* wûha.
wass, *n. gewächs in:* graswass, wiese-
wass, wildwass. — *vgl. ahd.* wahso,
wahs. wiuwahs (vinetum).
wassbâr, *wüchsig, wo es gut wächst.*
wassdank, *n. wachstuch.*
wassdom, wassdum, *n. wachstum.* —
alts. wahsdôm.
wassen *(præt.* woss, *ptc.* wassen, *berg.*
wâhssen), *wachsen.* in de erde wassen,
bald sterben. dai wässet as ripe gerste.
— *alts.* wahsan, wôs; *giwahsan.*
wasskerze, *f. wachskerze.*
wässling, *m. wüchsling.* wässlinge sid
fretlinge. *knabe von 11—14 jahren. K.*
western, *wanken, stolpern. (Schwarzen-*
burgisch.) — *vgl. nds.* weistern, *wild*
herum laufen, unser bestern.
wat, *n. 1. fragendes was. wat* mainstu?
adjectivisch: wat tid es et? *welche zeit*
ist es? wie viel uhr ist es? vgl. moestf.
wat manneren? *in welcher art?* wat
steden? *an welchen orten? 2. für*
warum. ik wêt nitt, wat he ümmer
nâ Hagen get. *3. für etwas.* ik wêt
wat nigges. *vgl. Sp. f. d. upst.*
896, *wo Ettmüller bemerkt, dass diese*
verwendung des wat *aus dem nd. ins*
hd. (was) übergegangen ist. s. bat.
4. einige. op wat (wot) stien stêt de
rogge guod.

wâte, *senseneisen. s.* blękwâten. *syn.*
swâr, *f. — alts.* huat, arer.

wâte, *f. für* warte, *warze. (Hörde.) syn.*
watte, wâtel. — *ags.* vcart. *ahd.* warza.
Teuth.: wratte.

wârtel, *f. für* wartel, *warze. vgl.* râte
und râtel. *s.* wâte. *wie bei* bârd,
gâren *muss das* â *im* r *seinen grund
haben.*

wâter, *n. pl.* węters, *1. wasser.* hai es
so wîse, hä hêrt de pire im wâter
hausten. wann 't wâter ówer den
drůdden stên hůtt, es et wier raine.
't wâter tȩrt, sȩgget de waskewiwer.
in sóskem wâter fänget me sóske fiske,
*d. h. mädchen, die sich zu leichten
burschen halten, kommen zu fall oder
werden unglückliche ehefrauen.* bä 'et
wâter ênmâl hęrflůtt, dä saůket et op
en annermâl wier, *d. i.* principiis obsta!
de stillsten węters hett de depsten
grůnne, *d. i. in den stillen steckt mehr
gutes oder schlechtes, als man auf den
ersten blick meint.* hä lätt ôk gȩrne
Godes wâter ówer Godes land gân. et
es kain wâter so hell âder et vlaůmet
sik wol ens. hai langet ȩm 'et wâter
nitt, *d. i. er nimmt es nicht mit ihm
auf.* 2. harn. he moch sin wâter
mâken. dem ȩnen werd 'et wâter im
glâse, dem annern im holsken besaihen.
ik well ȩm 'et wâter besaihen, *d. i.
ich will ihn prügeln.*

wâteremmer, *m. wassereimer.*

wâtergaidling, *m. wasseramsel,* cinclus
aquaticus. *im altwestf. wird dieser
vogel* bikistarn *(bachstaar) geheissen
haben. syn.* kȩlwitte. *s.* gaidling.

wâtergail, *eine pflanze.*

wâtergraůn, *n. eine pflanze, welche ge-
kocht und auf geschwüre gelegt wird.*

wâterhainken, *n. eisvogel. (Bulve.) syn.*
isfuȩgel.

wâterhäxe, *f. gespenstiges wasserweib,
nixe. vgl.* mummelke, watermann,
lollemann.

wâterig, *wässerig.*

wâterjuffer, *f. wasserjumfer,* libelle.

wâterkäld, *wasserkalt, nasskalt.*

wâterlâen, *n. wasserladen, d. i. wasser-
sucht. — Kil.:* waterlädinghe.

wâterlȩe, *f. wasserlote.*

wâtermann, *wassermann, der die kinder
ins wasser zieht. (Brilon.)*

wâterpass, *horizontal.*

wâterrad, *n. wasserrad.*

wâterratte, *f. wasserratte.*

wâtersark, *n. cisterne.*

wâtersmiȩte, *f. =* baise. *(Fürstenb.)*

---

wâterflecken, *m. wasserfleck.* dat es en
wâterflecken, wann de sunne drop schint,
dann giot et en lȩk, *d. i. das zeug ist
fadenscheinig.*

watte, *f. für* warte, *warze.*

wau wau, *m. wärwolf, popanz.*

wau wau, *stimme des hundes. — Teuth.*
hat wuwen *für* bellen.

waud, *f. wut.*

waůden, *wüten. — alts.* wôdian.

wauken, *1. ertrag geben; daher 2. wu-
chern, von gewächsen. 3. wucher
treiben. auch bei* H. — *steht unsere
form für* waukern, *dann gehört sie zu*
wuokar, *ags.* vôcor, *goth.* vokrs, gewinn.
*wahrscheinlicher ist, dass sie unmittel-
bar aus* wakau, wuok *rührt. vgl. das
folgende.*

wauker, *m. pl.* waukers, *wucherer.* kârn-
waukers, *H.:* kârnwaůkers. — *mnd.*
wokener, *doch auch* wôker, huspost.
Magd.; sonst ist wôker *=* wucher, zins,
huspost. *Teuth.:* woicker van hoifst-
guede, usura.

waukȩwe, *f. maikäfer. steht es für*
wauk-, waud- *oder* waubkewe? *am
wahrscheinlichsten steckt darin ein*
wuoh, *ags.* vôh, *vgl. die mit* vôh *ge-
gildeten ags. composita. der begriff:
„böser, schädlicher käfer" ist sehr
passend.*

waul *in der schelte:* du waul! *etwa: du
schwein! man sagt so zu kindern,
welche sich beim essen beschmutzen,
oder durch dick und dünn laufen. —
alts.* wôl (= wuol), pestis, lues, *passt
der form nach; aber die verwendung
unseres wortes rät ein altwestf.* wuol
= schwein anzunehmen; vgl. ags. vala,
m. eber. dies würde mit waůlen *(wüh-
len) zusammenhängen, wie nds.* waul,
*n. ausgeegtes unkraut bedeutet. vgl.
Vilmar:* woelbrâke, wüster, unordent-
licher mensch. *s. auch unser* waule-
peper.

waůlen, *wühlen.*

waulepeper, *m. schmutzige, unreinliche
speise. s.* peper.

waůlepeper, *m. schelte für das kind, wel-
ches in den speisen wühlt.*

wausepeper, *m. etwa breiverwůster. schelte
für ein kind, das nicht satt werden
kann. (Marsberg) — vgl. dazu ags.*
calovosa, ebrius *(bierverwůster). dass*
wuosan *(zu* wasan) vastare *ausdrückte,
lehrt das adj.* wuosti. *s. noch osnabr.*
wôsebrâke *und* wose *(? sud) bei* Seib.
westf. urk. 720, 19. *ags* vôs, *n. sud.*

waůste, *wüste. — altwestf.* wuosti, wosti,

dann woeste, woyste *lieferte den im
Süderlande oft vorkommenden hof- und
familiennamen* Woeste. *er entstand
aus* woeste hove, mansus desertus sive
non vestitus. *ein namensvetter im kr.*
Altena *sagte:* et giøt hir so viel Woesten
as bår op der katte.

waüstenigge, *f. wüstenei.*

wåfel, *f. waffel. der kurze vocal von*
waffel *ist eben so unorganisch wie der
in* waffe. *vgl. engl.* wafer, oblate. *fr.*
gaufre. *zu ahd.* wôba, wabe.

wåfelisern, *n. waffeleisen.*

wê, *ausruf* weh! o wê!

wê, *krank, wund.* ik hewe en wêen
faut.

wê, *n. weh, übel, krankheit.* dat böse
wê, *die fallende sucht.* dat röe wê,
die rote ruhr. — *alts.* wê.

webbe, *n. gewebe.* — *ahd.* weppi. *alts.*
webbi, *n. engl.* web.

wechelte, *f. wacholderbeere, wacholder-
strauch. nebenformen:* wêchelte, wê-
kelte. *die form mit* ch *konnte wol
erst dann entstehen, als dem worte* te
angehängt war. das ch *rührt nämlich,
wie bei* echelte, *süchelte vom folgenden*
t; *es ist lautabstufung ohne unmittel-
bare anlehnung. wie dem* echelte *ein
älteres* egala *(ahd.* ekala), *dem* süchelte
ein älteres sugila *oder* sukila *(ags.*
hunigsucle) *zu grunde liegen, so unserm*
wechelte *ein altes* wegala *oder* wekala
= *wacholderbeere, dann mit weglassung
von* strûk = *wacholder (man vgl. das
wol verderbte ahd.* wahegelari = bacha).
mir scheint nun, dass ein altes wagal,
wakal *(zu* wegan) *einen runden, leicht
rollenden körper, daher eine beere be-
zeichnete; vgl. ags.* vägel. *darnach
würde die gewöhnliche auffassung von*
wachal *in* wachaltra *abzuweisen sein.*

wecht, *n. mädchen. (westliche Mark.)*
s. wicht, wêiht. — *Teuth.:* wycht,
kynt, puer.

weck, *pack von 30 risten flachs nach
dem ersten stossen.*

wecke, *f.* = welle, hessel. 'ne wecke
buater.

wecken, *wecken.* — *goth.* wakjan *alts.*
wekkian.

wecker, *assimiliert aus* welker, *welcher,
pron. interog.*

wecker, *das vorige zusammengezogen mit*
çr *(ihrer).* — *schon bei* Verne *(Seib.
qu. I, p. 22) findet sich* welckere.

wêdage, *pl. wehtage, schmerzen.* — *ahd.*
wêtage. *nd.* wêdage.

wedde, *f. wette.* bat gelt de wedde?

d. i. willst du mit mir wetten? — *ahd.*
wetti. *ags.* vedde, pignus.

wedden, *wetten.* — *altn.* vedhja, pignore
certare. *ags.* veddjan.

wedder, *weder.*

wçer, *n. für* weder, *wetter.* bai dem wçer
well entgån, maut nitt lange stille ståu.
he båd ûm guad wçer, *d. i. er gab gute
worte.* — *alts.* wedar. *ags.* veder.
Kerkhoerde: dat hillige weder = ge-
witter. *s.* wêtter.

wçerhåne, *m. wetterhahn.* as sik en
wçerhån wendt un kêrt, so es de weld
un de mêrt *(märz).*

wçerlêchen, *wetterleuchten.* — lêchen
für lôken. Rauchfuss *(1538):* wetter-
laich, fulgur. *altes* lôken, laiken *be-
zeichnet in zusammensetzungen die an-
fangende gleichsam spielende tätigkeit,
so z. b. im ags.* winterlæcan, *vgl. ags.*
læcan, ludere. *? schûlaiken für schûl-
laiken, versteckt spielen, statt in die
schule zu gehen.*

wçerlüchten, *wetterleuchten. (auch zu*
Fürstenb.) he süht et ån as de gôs
'et wçerlüchten. *s.* lôchten. — *Teuth.:*
wederlichten, blyxemen.

wçerlûnsk, *wetterlaunisch, von hunden.*
Broxtermann *(Osnabr.) wendet es auf
das glück an.*

wçerpårte, *f. der nordwestliche himmel.*
Grimme *K. S. 38.*

wçerrauge, *f. wetterrute, d. i. milchstrasse.*
(Hovestad.)

wçerråte, *f. wetterstrasse, d. i. milch-
strasse. (Köln. Sauerl.)*

wçertêken, *n. wetterzeichen, d. i. regen-
bogen. (Hovestad.)*

wçerwicke, *f. ein aufgehängter tann-
zapfen, der das wetter anzeigt.* — *ags.*
vicce, saga, incantatrix. *s.* wicken.

wçerwicker, *m.* = wçerwicke.

weg, *m.* 1. *weg.* en guoden weg ümme
måket kaine krümme. dör de kau-
stallsdôr gêt ôk en weg nå Kölleu, *d. i.
es gibt viele wege zu einem ziele.*
ik well çm wol de wege wisen, *d. i.
ich will ihm schon bescheid sagen.*
hä gêt den ünnersten weg, *d. i. er gibt
nach.* 2. *seite.* bai kiket en annern
weg. håld et dçn weg! — *vgl. engl.*
this way.

weg, *weg, fort.* hä raüpet in ênem weg
(continuo). *verba mit* weg: wegdauen,
-gån, -giowen, -hüen, -leggen, sik weg
lüern *(wegschleichen),* -måken, weg
setten, -smiten, -stuppeln, -flaiten *(weg-
fliessen),* -fören *(wegfahren),* -waigen
(wegwehen), -witschen *u. a.*

wẻge, f. *zusammengewehter schnee. vgl.* waigen, *wehen.*

wẹgebrẹ́d, n. *wegerich,* plantago. — *ahd.* wegapreita. *ags.* vegbræde. *engl.* wegbrede.

wẹgen, *præpos. wegen.* wẹgen mimer, *meinetwegen.*

wẹgesken, n. *wägelchen; vgl.* blẹ́gesken (blȧge), krẹ́gesken (krȧge).

weggebri, m. *milchsuppe mit weissbrot (oder reis). (Aplerbeck, grafsch. Limburg.) s.* wigge.

wẻi, f. *wecke, weissbrot. aus* wegge, *wie* ẻi (ovum) *aus* egg.

wẻiht, n. = wicht, *mädchen.*

wẻk, *weich, schwach, gelind.* et es so wẻk asse buater, — as en mollfelleken. wẻke vȯ̈agel hett ock wẻke snẹwel. hai hẹt 'ne wẻke sid an sin mȯer; *vgl. engl.* weak side. wẹk wẹer, *gelindes wetter.* wẹke winter, *fette* kẹrklȯ̈we. — *alts.* wẻk, mollis, debilis; *zu* wikan.

wẻke, f. *das einweichen.* in de wẻke setten.

wẻke = waike, *docht. — schwed.* weke.

wẹke, f. *woche. — ahd.* wecha. *ags.* vice, *veoce. alts.* wika. *dem* weoce *entspricht unsere form; zu* wikan, *weil der wechsel ein weichen ist.*

wẹkelte = wechelte.

wẻkelter, m. *wacholder. (Velbert.) — ahd.* wahhaltra.

wẻken, 1. *weich werden.* 2. *weich machen, erweichen.* ik kann nix an ẹm wẻken. — *alts.* wẻkon, *mollire.*

wẻklik, 1. *weichlich, was nicht viel vertragen kann.* 2. = kwäbbelig, *von speisen.*

weid, f. *welt.* de weld hängt an kainem hȧr, *d. i.* et gẹ̈t so nich. dat es jȧ de weld nitt. allerwelds junge. — *alts.* werold. *mnd.* werld.

wẹldȧge, *pl.* 1. *wohlsein, wohlleben.* 2. *mutwille.* plȧget di de wẹldage? — *Kantzow:* weldage.

weldrȯe, m. *gespenstiger hund. — vgl. Gr. myth.* walten = spuken, *umgehen (am Harz), oder* weld = welt.

wẹlgen, *ausgelassen, wohlig sein, von menschen und tieren. aus* wẹlig, *vgl. ags.* velegjan.

welhȧrig *für* swelȧ̈rig, *fig.: harthörig, unfolgsam. syn.* swiolȧ̈rig, balhȧ̈rig.

wẹlig, *ausgelassen, wohlig, von menschen und tieren. — ahd.* welag, walag, *dives. ags.* velig, *dives, abundans. zu* vela, veola, *divitiæ. dän.* vælig, *mutig, feurig, von pferden. B. Waldis:* weilig, *von pferden. auf Rügen:* so wæhlig

as en piert. *Voss Luise:* wählige kinder. *nds.* wælig.

welke, *pl.* welche, *einige. neben* wecke, weske.

welle, f. 1. *welle des wassers.* 2. *walze, cylinder, besonders die ackerwalze; syn.* klaute. 3. *walzenförmiges oder länglichrundes stück, z. b.* ne welle buater; . hier ist *syn.* wecke, hessel. *vgl.* welter, welte.

wellen *(præt.* woll, *ptc.* wollen*),* walzen, *mit der walze (dem wellbaum) über den acker fahren. — ahd.* wellan, *walzen. ags.* villan (veall, vullon)*, rotari. v. Hör. urk. 112:* van gerste te wellen. *vgl.* wiolen.

wellen, *schweissen, in hämmern. — vgl. ags.* veallan *und* vellan, *ebullire, fervere. ein* wellen = *quellen, wie es zu Rheda vorkommt, scheint in hiesiger gegend zu fehlen.*

wellen, *einen wall bilden.* et wellet, *sagt man, wenn der schnee rom winde zu haufen getrieben wird. ein solcher schneehaufen heisst eine* wege. *dieses* wellen *scheint von* wall *abgeleitet, wie ags.* veallan (vealled = muratus) *von* veall *oder* vall.

wellen *(præs.* ik well, du wost [*Paderb.:* wutt = *mnd.* wult, *anderwärts* wost]*,* he well, *pl.* vi wellt; *præt.* ik woll; *ptc.* wellen *und* wollt)*, wollen.* nẻ, dat wock (wolde ik) ȧwer nitt gærne! *das muss ich mir verbitten! für werden:* se mainde, se woll ne hewen dȧ dropen, *sie meinte, sie würde ihn da getroffen haben. prægnant:* se well en kind, *sie ist schwanger.* Ȧrd lȧtt van ȧrd nitt, de bock well ȯtem gȧren nitt. hai well ẹm dran, *er will ihn hernehmen. vgl. fr.* il lui en veut. wann he di wọt well, dann kuȧm un segg et mi. et well ẹm nich, *sein unternehmen glückt ihm nicht.* wann et wall well, dann giat twȯ̈alf aier drüttian kȯken. (Lüdensch.) da well geld sin = ci vogliono danari.

wellerhȯlter, *pl. mit stroh und lehm umwickelte hölzer zur zimmerdecke.*

wellern, *wellerhölzer machen, die zimmerdecke mit solchen bereiten.*

wellig, *gut, erwünscht.* ne wellige sȧke. — *ags.* vilge, gratus.

wẹlmaud, m. *mutwille.* plȧget di de wẹlmaud? — *vgl. ags.* vēl, bene.

wẹlmaȯdig, *mutwillig, ausgelassen.*

welte, f. *ackerwalze. (Marienh.)*

.welten, *walzen. — ags.* veltan, volvere.

welter, *m. ackerwalze. (Balve.) syn.* welle.
buoterwelle. *Grimme. vgl.* weltern.
weltern, *walzen.* — *goth.* valtjan. *ahd.*
walzjan. *ags.* veltan, volvere. *Soest.*
Dan.: sik weltern.
welwen, *wölben.* — *ags.* hvealfjan.
weme, *f. pastorat oder kirchengut.* —
ahd. widamo, dos, vidamjan, dotare.
zu goth. vidan, *ags.* vedan, *jungere.*
mnd. wedeme. *mwestf.* wedenhove, *f.*
pastorathof. Kantz.: wedome, *bewid-*
mung. schon im Soest. Dan. erscheint
weme.
wen, *kleines geschwür am auge. syn.*
wionn, *wær.* — *ags.* hvân, calamitas,
vgl. vânjan. *engl.* wen, *auswuchs,*
knorren, geschwulst.
wende, *f. gewöhnung.*
wendke, **wenke**, *kittel.* *s.* wenneke. —
osnabr. wentken, *zu* wand, *gewand.*
wendunge, *f. richtung, gegend.* in der
wendunge, *in der gegend.* — *ags.*
vendung; *vgl. lat.* regio, richtung, *dann*
gegend.
wenk, *m. wink.* he gaf mi en wenk.
syn. ôge.
wenken *(prat.* wenkede, *ptc.* wenket;
auch wank, wunken), *winken.* — *ags.*
vincian.
wenneke, *halb wollener, halb leinener*
weiberunterrock. s. wendke. *(Marsberg.)*
— *nds.* wenneke.
wennen, *gewöhnen, besonders vom vieh,*
welches an den hirten gewöhnt wird.
auch Helj. 4735 *(Koene) sieht man,*
wie der ausdruck von der herde, die
sich an den hirten gewöhnt, herge-
nommen ist: habda in thero liudio so
filo giwenid mit is wordou, that im
werod mikil folc folgoda. *nach Gr.*
d. spr. II, 651 liesse sich unser wennen
aus wenian *erklären:* un aus ni. *so*
entstände ein alts. wennan, *wie das*
ags. wirklich vennan *zeigt.*
wennen *für* wenden, *wenden.* — *alts.*
wendian; *in einer urk. von Wetter*
(1355) und sonst öfter im mnd. ist
wenden = *gehen.*
wenneworm, *m. maulwurf. (Nieheim.)*
s. wandworm.
wer, *f. geschäftigkeit, unruhe.* se wæren
all in der wer, man war schon im
hause geschäftig; *syn.* gewach. *vgl.*
sik wêren. — wêre, *f. entspricht dem*
mwestf. werad, *beschäftigung, unruhe,*
syn. von arbeid, *Seib. urk. nr. 983;*
dazu stellt sich münst. wehrig, *unruhig.*
werd, *wert.* et es 100 dâler werd, so
guod as ênen foss.

werd, *m. wirt.* me findt in aller weld
den werd âder den gast, *d. i. man*
findet überall etwas auszusetzen. bi
uns maut de werd vorop. *s.* hûswerd.
— *alts.* werd, sponsus. *Tappe* 67ᵇ:
werdt.
werdwiose, *localname bei Hemer.* —
werd = *ahd.* warid, insula.
wêren, *l. wehren.* wer di medm klainen
stöcksken, *d. i. weise es nicht von dir!*
wer mi de hennen, de rûens daut mi
nix, *sagt der regenwurm im rätsel.*
2. *waffnen, rüsten.* gewerd, *gerüstet.*
— *goth.* varjan. *alts.* werian. 3. sik
wêren, *sich anstrengen.* dem werd
wird ein weiterer begriff als defendere,
etwa sich rühren, zu grunde liegen.
das e *vor* r *rührt aus* a + i, *wie*
werd = warid. *daneben kann in einer*
andern mundart è *daraus entstanden*
sein, so dass auch weir *(in der* weir
laten, *urk. von* 1397), possessio, *clau-*
sura, domus hierher gehört.
werhaftig, *wehrhaft, fig.: nachhaltig,*
sättigend, vgl. fr. pièce de résistance.
werhaftig bród = dil bród.
werk, *n.* werg. *(Weitmar, Marienh.) syn.*
hée. das k *wie in* twerk. — *ahd.*
werah, werh, stuppa.
werk, *n.* 1. *werk, arbeit.* héren befel es
kuechte werk. se het er vulle werk.
bat me verspart an de werke, dat zirt
in der kerke, *d. i. arbeite nicht in dem*
besten anzuge, dann dient er lange für
den kirchgang. 2. *sache, gegenstand.*
he es guod im werke, *er ist wohlhabend;*
syn. wolstâend. gârenwerk, schauwerk,
flêswerk, fretewerk. 3. *schmerz in :*
môerwerk, magenkrampf. — *alts.* werk.
Lud. v. Suthen: wark. *ags.* veorc,
värk, *arbeit, schmerz.* *schwed.* värk,
schmerz.
werkeldag, *m. werktag, arbeitstag; vgl.*
drögeldauk, swingelbrod, wiskeldauk.
werkstie, *f. werkstätte.*
wermaud, *m. wermut, artemisia absinth.*
syn. wermai *(Brilon),* würmai *(Für-*
stenb.) — *ahd.* werimuota. *ags.* vermod,
vyrmvyrt *(vgl.* mucgvyrt). *engl.* worm-
wood. *mnd.* wormete. *nd.* wörmt. es
ist fraglich, ob das ahd. werimuota *in*
weri-muota *oder* werim-uota *zu zer-*
legen. vyrmvyrt, *wie* mucgvyrt, *bezieht*
sich auf die insecten, welche so häufig
an den artemisiaarten vorkommen.
auch deutsches worm *wird für unge-*
ziefer aller art gebraucht.
wermde, *f. wärme.*

wermefrau, *wartefrau bei neugebornen kindern.*

wermen, *wärmen.*

wermöi, *artemisia.* wille wermöi, *beifuss,* artemisia vulgaris. *(Bollwerk a. d. Volme.)*

werre, *n. insel im flusse oder buche, ufer.* — *ahd.* warid. *ags.* varod, veardh, litus. *auch Beda h. eccl.* V, 12 *lehrt, dass* warid *ufer bedeutet. unser* werre *entstand aus dem dativ von* warid. *s.* werdwiese.

werste, *f. reihen, rist, riss, teil des fusses, welches der ferse gegenüber ist. syn.* wersche, warsche. — *ags.* vrist. *engl.* wrist. *dän.* vrist. *ahd.* rist.

werf, *n. gewerbe, gelenk, stelle, wo sich etwas drehen lässt, scharnier (charnière); des menschlichen körpers (gelenk).* — *altw.* hwêrf. *ags.* hvirf, hveorf, *vertibulum, zu* hveorfan. *s.* werven.

werfen, *trächtig werden, von einer kuh. es ist nicht etwa ein platthd.* werfen, *sondern* = *dem folgenden* werwen. winnen *und* werfen *sind syn., wie sie bei v. St.* VI, 1813 *alliterierend vorkommen:* de endte wat se durch den thuu mitt dem schnavel kann winnen undt werffen, wider hefft se kein recht. *s.* winnen.

werwen *(præt.* warf, *ptc.* worwen), *werben, erwerben.* — *goth.* hvairban. *alts.* huêrban. *mwestf.* werven *(erwerben).*

werweltopp, *m. wirbel, spitze.* — *Teuth.:* des hoiftes scheydel off werveltop.

werwer, *m. werber.*

werwickel, *tannzapfen.*

wesendlik, *wesentlich.* dat kind es all so wesendlik, *d. i. es zeigt die anfänge seiner vernünftigen natur. vom ptc.* wesend.

wesk *für* welk, *pron. interr. welch; pl.* weske, welche, einige. *der lautprocess ist hier ähnlich dem, der engl.* which *hat; vgl.* sösk.

wesk ên *oder* wesker ên, *subst. pron. interr. welcher.* — *engl.* which one.

wessel, *m. 1. wechsel. 2. wechselbrief.* — *ahd.* wehsal. *alts.* wehsal, wesl. *mud.* wyssel.

wesseln, *wechseln.* — *alts.* wehslan.

wesselte, *f. weichselkirsche, sauerkirsche.* — *ahd.* wihsela. *ital.* visciola. *Teuth.:* wessel kerssen, *cerasum dulce.*

west, *m. westen. s. öst.*

weste, *f. weste.*

westen *in localnamen:* westenhislweg.

westenknöp, *m. westenknopf.* et gêt çm nitt in de westenknöpe sitten, *d. i. man fühlt die schwere arbeit in den gliedern.*

westentaske, *f. westentasche.* dai kiket med ênem öge nâm hiemel un med dem annern in de westentaske, *d. i. ein pietist.*

wester, *westlich in localnamen:* Westerbûr, *westliche bauerschaft.* Westerhof *wie* Osterhof. — *alts.* westar, ad occasum versus; westan, ab occidente. *früher war bei uns* westlang *(adj.) für westlich, westwärts gelegen in gebrauch. so in einer urk. von 1320 des arch.* Hemer: drey schepelzede in der westlange wayne *(westlichen weide), vgl. ags.* vestlang *(adv.), westwärts.*

Westfâlen. *schon 1437 ward es so ausgesprochen, denn bei Tross samml. merkw. urk. s. 22 steht* Westfolen. *das a muste also lang sein.*

Westick, Westig. Westwig *bei Iserlohn hiess so bezüglich des haupthofes* Hemer. *vgl. auch* Werd. *hebereg.:* Westwig *(Westdorf) nördlich der Ruhr. s.* Suntick.

weterig, *wässerig.* mâket mi de muud nitt weterig.

weterken, *n. wässerlein.* weterken, ik hær it wol flaiten un kann di doch nitt genaiten.

wetten, *wetzen. s.* wâte. — *ags.* hvettan.

wetter, *wetter in* alle wetter. *das verzeichnis der flüche niederer stände enthält viele hd. formen wie diese.* — *Münst. chr. III, 144:* billige wetter = *gewitter.*

wettersch, *platthd. in:* de wettersche junge, *der verwünschte junge.*

wettsten, *wetzstein.* — *ags.* hvetstân.

wewê, *n. verletzung, wunde (ammenspr.)* — *ahd.* wêwo. *ags.* vâvû. *vgl.* a â, ba bá, da dá, hêt hêt, pi pí, wau wau.

wewen, *weben.* — *ags.* vefjan, vebban *zu* vêfan.

wewer, *m. weber.* dat gârn es all bim wewer.

wi, *wir. s.* vi.

wibbeln, *wimmeln.* — *Frisch:* wibeln.

Wibbelwerde, Wibbelingwerde — Schüren *chr.:* Wibbelinckwerde. *vgl.* Wippo, Wibbo, *name, davon* Wibbeling.

wicht, *n. mädchen.* saite melk un stütenbroud, dä tömme *(zieht man)* dat klaine wicht med grout. *(Werdohl.) im Paderb.* wichter, *dienstmädchen, während* luiters töchter *jhe bauern. s. N. p. m. 83. syn.* wecht, wöiht. — *alts.* wiht, *f. oder m.* wesen, ding. *ags.* viht. *nhd.* wicht, *m.*

wicke, *f. s.* wǫerwicke, slawicke.

wicke, *f. wicke.* wicken es guod pǫrrefǫer, hȧwer es noch bęter *(mit anspielung auf* wicken, *wahrsagen und haben).*

wickel, *m.* 1. *etwas gerolltes.* him wickel krigen. 2. *windel.* — *ahd.* wichili. *nhd.* wickel.

wickelband, *n. windelband.*

wickeln, *wickeln. Gr. tüg 83 :* met ner selfkante heww' ik alle mine blagen wickelt un gloiwet ments: use Hęrmen is nitt schaif gewickelt.

wicken, *wahrsagen.* — *vgl. ags.* viccjan, veneficiis uti. *Dorow denkm. 69 :* wicken. *nach Grimm hängt* wicke *mit goth.* veihan, sacrare *zusammen.*

wickenfǫer, *m. wickenfutter.*

wicker, *m. wahrsager.*

wickerauge, *f. wünschelruthe. syn.* glücksrauge. — *nds.* wickraue.

wickerigge, *f. wahrsagerei.* — *mnd.* wickerye, *zauberei.*

wickersche, *f. wahrsagerin.*

wickewif, *n. wahrsagerin.*

wie *für* wide, *f. weide,* salix. *syn.* wiege. — *ahd.* wŏda.

wid *(compar.* widder, *superl.* widdest), *weit.* dai sȗht nitt widder as ęm de nȧse stêt. wid van der hand es en guoden schȗet. von wid un sid, *vgl. ags.* side and vide, *Dorow denkm. 79 :* wyde und syde. so wid as = *bis :* ik geng med so wid as Sömmern, *vgl. engl.* as far as. — *alts.* wido, widor, widost.

widd, *entblösst, beraubt, ausgebeutet (nur prædicativ).* hai es widd, *er ist seines geldes, seiner habe beraubt.* man könnte an witt *(weiss)* und an das abschälen eines zweiges *oder an das abhäuten eines tieres denken. wahrscheinlicher ist, dass hier ein* widd = *lat.* viduus, *fr.* vide, vuide *vorliegt, woraus deutsches* widdemann , widdefrau *gebildet wurden.*

widde, *f. weite.*

widdemann, *m. wittwer. s.* widd.

sik widden, *sich weiten.* dat widdet sik as 'ne strickhǫse.

widders, *adv. weiter.*

widderster, *adv. weiter.* ik dachte widderster an nix. *es ist adverb. comparativform, durch comparatives der aus* widders *weiter gebildet; vgl.* dürder, ȧger *für* ȧrder.

widdefrau, *f. wittwe.* 'ne widdefrau drieget en lang klêd, dȧ triot er jęderën op, *d. i. sie ist schutzlos.* de ęne öm den aunern es drǫwer hęr öm ne

widdefrau unner de faȗte te drücken. *s.* widd.

widlöftig, *weitläufig.* — *durch lautabstufung entstand aus* hlǫpan *ein* hlôft *(ahd.* hlouft), cursus, *wie es sich in* brȗdloft, brȗdlocht, brȗdlȫchte *zeigt. daraus ging* löchtig *und mit verderbtem vocale nds.* witlechtig *hervor. kürzung des vocals vor* ft *ist in unserer mundart gewöhnlich.*

widsklauke, *f. grüner zweig der gedreht wird, um damit etwas zusammen zu binden. (Fürstenb.) vgl.* wiod *und* klanke.

widumlecht, *n. irrlicht. syn.* irrlöchte, wipplöttschen.

wiǝbel, *m. käfer in* pǫrrewiǝbel. — *alts.* wifil, wibil. *ags.* vifil, vibil.

wiǝbelbȫne, *f. wibbelbohne, kleine saubohne. sie ist wol so genannt von käfern, vgl. Kil.:* weuel, boonworm, midas; vermiculus in fabis nascens. *vgl.* tiekebȗnen. *(Ravensb.)*

wiod, *f. wiede, weidenschlinge.* to tȧh as ne wiod. *s.* hecke. smiad hängt . sine dȫr anne wiod. — *goth.* vidus. *ags.* vidhdhe, *f. mnd.* wede. *Rich.:* wede. *mwestf.* widden, *pl. weidenschlingen.*

wiǝder, *wider.* dat hält wǫt wiǝder, *d. i. das ist dauerhaft.*

wiǝderhall, *m. echo.*

wiǝderlik, *widerlich.* — *Kantz.:* wedderlix, *widerspenstig.*

wiǝdermand, *m. widerwille. Müller p. 28.* — *vgl.* weddermot *(Wigg. I. scherfl. 45) als gegensatz von* leve *und* dult.

wedderspennisk, *widerspenstig.* — *Kantz.:* wedderspennig.

wiǝderspiel, *n. widerspiel.* — *Kantz:* wedderspil, *gegenteil.*

wiǝderwȧrd, *n. pl.* wiǝderwȧre, *widerwort.*

wiǝderwȧrdig, *der jemandem das widerspiel hält.* — *Kantz.:* wedderwerdig.

wiǝderwille, *m. widerwille, subjectiv und objectiv.* bai sinen willen siot, maut sinen wiǝderwillen hȧren.

wiege, *f. weide,* salix. *s.* bindwiege, knappwiege, kǫrfwiege. — *ags.* vidig, vilige. *Schueren:* wyllighe.

wiegen, *adj. weiden.* ne wiegen rauge.

wiǝgen, *bewegen.* wann de bȗr nitt maut, wieget he wedder hand noch faut. me kann sik nitt riegen of wiegen. he slaug so lange drop atte sik wiegen konn: twê duane biuen un dȧ in der midde noch ęnen tüsken. — *goth.* vagjan. *ags.* vecgan.

wiₔgenbŏm, m. *weidenbaum.*

wiₔgenplänter, m. *weidensetzling.*

wiek, *knöterich. (Lünern.)* syn. huckenpol.

wiₔke *für* wiₔtke. *(Marienh.)*

wiₔlen, *1. trans. wellen, mit der welle bearbeiten. 2. intrans. verweht werden, so dass sich wellen bilden, vom schnee.*

wiₔmel, m. *käfer.* s. pâenwiₔmel, snurrwiₔmel. *vgl.* winmel.

wiₔmeln, *wimmeln, sich bewegen, wedeln.* dat kriₔmelt un wiₔmelt hir van ampelten. hai wiₔmelde an der unnermûle *(unterkiefer), von einem besprechenden, der nur murmelt.* so fâke as de rûₔ am sterte wiₔmelt.

wiₔ**n** = *wiegen.*

wiₔn *für* widden, *weiten.* dat widt sik.

wiₔne, f. *auswuchs, geschwulst an pferden und rindvieh.* — goth. vinna, f. *leiden.* vgl. wên.

wiₔnig, wainig, wennig *(comp.* wenniger, *superl.* wennigst*), wenig.* vgl. niₔne, naine, nenne.

wiₔplig, *unruhig. (Siedlingh.)* Grimme K. S. 95. syn. wispelig.

wiₔpske, f. *wespe.* me maut niₔne wiₔpsken tergen, dann steket se çm ok nitt. syn. wiₔpsche *(westl.* Mark*)*, wepsche *(Berg)*, wiₔspe *(Hoerde)*, wiₔspelte *(Velbert).* — lat. vespa. ahd. wafsa, wefsa. ags. väps.

wier *für* wiₔder, *wieder.* dà saih ik nitt nà wier, *das kümmert mich nicht.*

wierbrēngen, *wiederbringen.* hen es hen, un wierbrengen màket freude.

wierhälen, *wiederholen.* he het et am dôe wierhält, *er ist sterbenskrank gewesen.*

wierkrigen, *wiederbekommen.*

wierseggen, *wiedersagen.* segg et mi men : ik segg et nümmes wier as den schaulkinnern un kerklûen.

wierwârd = wiₔderwârd. wenn usse dochter kaine wierwêrde wüste, dann wᵤr se lange ne hôr gewest.

wiₔse, f. *wiese.* wiₔsen un gᵉrⁿe grüggelt, d. i. *sie verkommen, wenn sie nicht gepflegt werden.* syn. wische. — ahd. wisa. mwestf. weze. *unser* iₔ *ging aus dem bestreben hervor, die kürze zu wahren, ohne* s *zu verdoppeln.*

wiₔsebŏm, m. *wiesbaum, zum befestigen der heuladung.* — Tappe 232ᵇ: wirssboom, s. r.. syn. wingebôm.

wiₔsekûₔm, m. *kümmel der auf unsern wiesen wächst.*

wiₔsel, n. *wiesel (Unna.)* syn. hermel. — ahd. wisala. ags. vesle.

Wiₔsel, Wesel.

Wiₔserhᵘf, *name einer wiese bei Hemer.* — ags. viser, wiese. Wisuraha = *Weser,* d. i. *wiₔsenfluss. bei uns heisst die* Weser*:* Wiₔser; vgl. Gr. d. spr. s. 656.

wiₔsewass, n. *wiesewachs.* — Seib. urk. 511: wezewassz.

wiₔspe, f. *wespe. (Hoerde.)*

wiₔspelte, f. *wespe. (Velbert.)*

wiₔte, f. *meist nur im pl.* wiₔten, *unkraut.* s. kraigenwiₔten, *hahnenfuss,* taierwiₔten, queckenweizen. *unser wort ist wohl eins mit* alts. wiod, ags. veód, engl. weed. *für* t *statt* d *gibt es analogieen genug.* alts. wiod *entstand aus* wid. *wenn neben* wiₔten *wahrscheinlich auch* hie *und* da *ein* witten *vorkommt, so ist das ebenfalls in der ordnung. am fränk. widmânôth ist kein anstoss zu nehmen. ableitung von* wide, wiod *ist* weden, Kil.: wieden, *gäten.* Teuth.: wyeden, gheden.

wiₔten, *(præs.* wêt, wês, wêt, *pl.* wiₔtet; *præt.* wuste *oder* wuss; *ptc.* wiₔten *oder* wust*), wissen.* ik wêt, he gêt hen, d. i. *er geht gewiss hin,* vgl. Gr. gram. III, 242. de koffkanne wêt noch wot, *sie ist noch nicht leer.* wä wûste, dä wünne. dai het mi wot te wiₔten dân, *der hat mich recht gequält. gehört dieses* wiₔten *hierher, oder ist es die* alts. rda.: te witie giduan? *das letztere scheint der vocal von* witi *abzuweisen. das ptc.* wiₔten *gehört offenbar zu einem stv.* witan, *woraus auch* wêt *hervorging. vgl. Mda. IV, 505.*

wiₔtenskop, f. *wissenschaft, wissen.* jêdes dingen het sine wiₔtenskop.

wiₔtke, f. *käsewasser.* — der Hort. sanit. hat: kesewater effte waddeke; *ein Mendener hexenprotocoll von 1592:* wetteke. Teuth.: wack, wedick, hoey. nds. waddeke, wake, waddik. *Voss Wylle de winter awend:* waddik. *wahrscheinlich ist der* alts. mannsname Waddik *spitzname und dasselbe wort.* vgl. ags. veaht *(humidus).* engl. wet. dän. waadt *(nass).*

wiₔtkepinn, m. *eine schelte; vgl.* drᵉlepinn, drôgepinn, juffernpinn, twiₔnkepinn, wisepinn. — dän. gniepind, knicker, geizhals. pinn *und* pind *stehen hier fig. für penis und dieses wieder als* pars pro toto *wie* ᵣrs, kunte, nelle, fuₔt, fuₔtse.

wiₔtkesack = dickemelksbûl. *der name wurde früher den Ober-Hemerschen als schelte gegeben, weil sie mit geronnener milch versehen zum frohn-*

heumachen nach dem Kalthof gezogen
waren.

wiewel, *m. webel. im eierringen zu Ma-
rienheide:* fruu gead uns siewene, dä
gäffe med näm wiawel. so blä as en
wiawel. *(Siedlingh.) vgl.* weibel *(ge-
richtsdiener), feldwebel.*

wiewelte, *f. blauer käfer.* et es so blä
as ne wiawelte. — *Vilmar:* wiwwelblô.
Henneb.: wibel, *schwarzblauer mist-
käfer. s.* wiabel.

wiewenpe, *f.* espe, populus tremula.
(Alberingw.) syn. äspe, koltkutte. —
die weide nennt man zu Alberingw.
wige. *offenbar bedeutet das wort:
weidenespe. sein wespe deckt das merk-
mal auf, nach welchem der baum
espe genannt ist. zunächst steht ahd.*
uspa *für* apsa *(ags.* üpse), *weiter ist
anlautendes* w *abgefallen.* wapsa
schliesst sich an wippen *und drückt
lat.* tremula *aus. vgl.* biawen as en
äspenlôf, *zittern wie ein espenlaub.
verwandt sind unser* wispelig, *ital.*
vispo, *welche ebenfalls mit versetztem*
s, *ursprünglich voll bewegung, unruhig
ausdrücken müssen. auch* vespa, wiaske
ist hierher zu ziehen.

wiewinde, *f. weidenwinde, ackerwinde,*
convolvulus segetum; *syn.* wiewinge
(Fürstenb.). — ags. vidhvinde. *engl.*
withi wind. *Kil.:* wedewinde, (*vetus*)
haedera.

wigen, *præs.* hä wiget; *præt.* waug; *ptc.*
wögen; *præt. et* wieget; *præt.* wôg, *pl.*
waûgen *(Brackel),* wûgen; *ptc.* wegen
*(Iserl.), 1. wiegen. 2. wägen, das ge-
wicht bestimmen. die formen gehen
sehr durcheinander.*

wigge, *f. wecke, fast nur in compos.:*
hêtewigge, wiggebri. — *urk. v.* 1453:
wegge. *v. St. XXI, s.* 1355: wann
de weite ein marck gilt, so sall die
wegge wigen ein silver punt, und gilt
die weite mehr' oft min, so sall die
wegge wiegen mehr oft min. *engl.*
wedge. *holl.* wig *(keil).*

wiggebrî, *m. s. v. a. weggebrî. (Al-
bringw.) syn.* timpenbrî.

wiggebund, *kräuterbündel, der am kraut-
weihtage geweiht wird.*

wiggen, *weihen. — alts.* wihian.

wiggepöttken, *n. eine auf lehmigen
rockenäckern häufig vorkommende
becherförmige flechte, die mit körnchen
gefüllt die fruchtbarkeit des nächsten
jahres anzeigen soll.*

wiggewäter, *n. weihwasser.*

wikbild, *n. weichbild. — mwestf.* 1206:

wicbilede. *bei grenzbegehungen soll
man vor dem an der grenze stehenden
heiligenbildern gesagt haben:* vör
düssem bille maut-vi wiken, *d. h. hier
ist die grenze (volksetymologie).*

wiken (*præt.* wêk, *ptc.* wiǫken), *weichen,*
cedere. — *alts.* wikan.

wikse, *f. 1. reichse für lederwerk. 2.
schläge, vgl. schmieren. zu* wachs, *wie
das folgende* plutthd.

wiksen, *1. wichsen. 2. prügeln.*

wil *oder* **wil dat**, *weil. s.* wile.

wilbert, *n. wildpret. Soest.* achrue, van
bruytlachten, 13 : wilbred *(nicht wie bei
Seib.* willrede *zu lesen).*

wild, *1. wild, nicht gezähmt.* de wille
bär, *der wilde eber, ags.* vild bär.
willegaus, *f. wildgans. (Fürstenb.)
2. wild, nicht cultivirt, wildwachsend.*
de wille haie, *die wilde haide.* de
wille fillette, *die wilde nelke.* wille
vitesbôn, *eine pflanze.* willen likefin,
eine blume. wille melle, *wilde melde.*
wille mandelkrûd, *eine pflanze.* wille
more, *wilde möhre.* wille stockröse,
wilde malve. 3. wild, aufgebracht. bai
wör wild. *4. lebhaft, munter.* en
willen jungen. *5. besondere verwen-
dungen:* wille swin *oder* wille süe,
kellerassel; *syn.* wulweslûs. dat wille
für, a. *ein wildes frauenzimmer: dat
es en wild für. b. eine krankheit, der
rotlauf. c.* he süht ût as 'et wille
für, *d. i. rotwangig, kräftig und ge-
sund; 2.* wildfür, wildwass. — *alts.*
wildi. *ags.* vild.

wildnisse, *f. wildnis.*

wildschäpen, *wildbeschaffen, d. i. ganz
u. gar verlassen.* wildschäpen allêne.

wildfeng, *m. wildfang.*

wildfür, *n. wildfeuer, so nennt der aber-
glaube funken, die zuweilen auf dem
bette gesehen werden und einen sterbe-
fall bedeuten sollen. (Ergste.)*

wildwass, *n. wildwachs, sehnen, flechten.
— im ags.* waxgeorn (edax) *scheint*
wax *fleisch zu bedeuten. darnach wäre*
wildwass *das* wilde *d. h. ungeniessbare
fleisch. es muss einen etymolog. zu-
sammenhang geben zwischen* waldun
(regieren) *und* wild. wildwass kann
daher sein = *waldwass (ahd.* waltwahso)
*und ein gewächs des animalischen kör-
pers bezeichnen, welches die bewegung
der glieder beherrscht und vermittelt.*

wile, *f. weile, zeit.* ne guade wile.
lange wile, langweile. lange wile nitt,
bei weitem nicht. s. unnerwilen. de
wile dat, *während dass, unterdessen ;*

vgl. d. sele troist: wile dat he levede.
— *alts.* hulla.

wilen, *für wilend, während. Must. 3.*

wilk = welk. *(Fürstenb.)*

wilken, *n. veilchen, kleine veile.*

will will ! *lockruf an die gänse.* (*Fürstenb.*)

wille, *m. 1. wille = wollen.* van willen, *eigenwillig:* kinner van willen sid ûawel te stillen. de guade wille werd ôk betált. *2. wunsch, freude, befriedigung.* de kau dait çm wot te willen, *sie gibt viel milch.* me hçt recht sinen willen deráne had. dat geng alle nâ wunsk un willen. he wet çm nix te wellen, *er erkennt keine verbindlichkeit gegen ihn an.*

willig, *willig.*

wylligen, *willig machen. Alten. stat.:* wylligen dat gerichte durch eine wylligynge *(handsalbe)* von 4 schilling.

wime, *f. rauchfang zum räuchern. (Köln. Süderl.) s.* wimen. *Teuth.:* wyme to vleysch. *holl.* wieme, *f.*

wimen, *m. das stangen- oder lattengerüst, an welches fleisch, speck und würste zum räuchern gehängt werden. des wortes eigentliche bedeutung ist stangengerüst, lattengestell überhaupt, da es anderwärts (z. b. Münst. gesch.-qu. III, 163:* honerwieme; houuerwimen [*Fürstenb.*], *auch nds.) das gestell bezeichnet, worauf hühner übernachten. offenbar liegt goth.* vidan, *ags.* vedan (jungere) *zu grunde.*

wimen in augenwimen, *pl. augenbrauen.* (*Fürstenb.*)

wimmel, *m. schmetterling. (Warburg.)* — *aus* wibhil. *vgl.* wiomel, wiowelte.

wimpeln, *ein ausdruck beim garbenbinden.*

win, *m. wein.* vam wine kritt de bûr lûse. — *lat.* vinum. *ags., alts.* vin.

wind, *m. wind, luft.* he wet ummer, bâ de wind herküomt. de wind waiget wol röe backen, âwer kainen dicken nacken. he hçt kainen wind mær. an 'n wind setten, *den mieter auf die strasse setzen.*

windai, *n. ei ohne schale.*

windbârt, *dachrand nach der windseite.*

windeltrappe, *f. wendeltreppe; vgl. ags.* vindelstân, lapis tortus.

windhüapig, *von pferden gesagt.*

windlâe, *f. windlade, schlagfenster.* — *Seib. nr. 924:* windelade.

windlasche, *f. einsatzstück am ärmel eines hemdes, lasche, zwickel, vgl. Frisch holl.* lasch, *f. vgl.* laisk *und*

Richey: winnlasche, *weil dadurch die weite gewonnen wird.*

windrûwe, *f. 1. weintraube. 2. weintraube als kuhname.* — *ahd.* wintrûpo.

windschâpen = wildschâpen. windschâpen allêne, *mutterseelenallein.* — *vgl. alts.* armscapen.

windseln, *? winden. K. S. 63.* — *Teuth.:* wentzelen, volvere, volutare.

winpsk, winds, *windisch. 1. windschief, von brettern, die sich gezogen haben. 2. krumm, von beinen.* — *vgl. ahd.* wintscapan, tortipes.

windfçke, *f. (Elsey:* windfocke), *windecke.* dat hûs stet an der windfçke, *d. i. es ist dem winde sehr ausgesetzt. vgl. den ortsnamen* Wintgaten *bei* Schwelm.

windfuagel, *m. windvogel, papierner drache.*

windwackeln, *windelweich schlagen.* dai maut noch windwackelt werden.

wingebôm = wiesbôm *(Siedlingh.)* — windebôm.

wingern, *wimmern. (Möhntal.)* — *ostfr. und nds. ebenso.*

wingesk für windesk, *verkehrt. Fr. 4. vgl.* windsk.

winkel, *m. 1. winkel, angulus. 2. arbeitzimmer, werkstätte.* de dêrns gât oppen blankwinkel. *3. kramladen, bes. specereiladen; s.* smçrwinkel. — *ags.* vincel, angulus. *holl.* winkel, ecke, *werkstätte, kramladen.*

winkelêr, *m. winkelier, krämer.* — *holl.* winkelier.

winkelswâren, *pl. kramwaaren, specereiwaaren.*

winkelth, *pl. winkelzüge. (Fürstenb.)*

winkôp, *m. weinkauf.* he verkôpet ne im sacke un giat çm dann van winkôp te driuken. — *mwestf.* winkôp, wein, *der bei verkäufen getrunken ward.*

winne, *f. 1. pocke im gesichte,* snogwinne. *2. = wian. (Elsey.)*

winne, *f. für winde, winde.*

winne, *der mistel. (Bünderoth.) warum? weil er schmarotzer, medfrçter ist wie die winne.*

winnen (*præt.* wand, *ptc.* wunnen), *winden.*

winnen (*præt.* wann, wonn, *ptc.* wunnen), *gewinnen. 1. kinder; vgl. mwestf.* et en were dat sey kinder vnder en ander wannen. *2. vom erbpachtsverhältnisse.* — *mwestf.* wynnen ind werven. *alts.* winnan. *s.* gewinnen.

winnig, *windig.* — *ags.* vindig.

winnnåtel, *f. winnbrief.* nåtel = *lat.* notula.

wînranke, *f. weinrebe.*

wînręwe, *f. weinrebe.* — *ahd.* wînarêba

wiurûte, *f. raute, ruta graveolens. das bestimmwort* wîn *erinnert an den spruch:* raute und salbei machen dir die becher frei, *lat.:* salvia cum ruta faciunt tibi pocula tuta.

winter, *m. winter.* — *goth.* vintrus. *alts.* wintar.

winterächtig, *winterlich.* s. ächtig.

winterdag, *m. winterzeit.* bi winterdag, des winters, im winter; *vgl.* suomerdag; aber kein fröjår oder hęrwest wird so gebrauelt.

wintergraïn, *n. wintergrün.* 1. preisselbeere. 2. mistel. (Warburg.) syn. zupp, kraigensnuoder, winne. 3. vinea.

winterhôp, *m.* = trędhôp.

winternęrig, *mit wintervorräthen versehen.* Gr. tüg. 3.

winterręgge. dai arme winterrogge op dem felle, dai stêt nitt ût bat ick ûtstân mot. (Arnsberg.)

wintershärn, *n. waldhorn, aus einem ausgehöhlten weidenaste.*

winterfüllette, *eine blume.*

winterwêk, *wer die winterkälte nicht gut erträgt.*

wintseln *für* winteln, *sich drehen.* — Kil.: wintelen, wentelen, volutare. s. windseln.

winthęsk *für* windtûrsk, *querköpfig.* en wintûesken rûen. (Möhnetal.) tûrsk, tûrig = terig, tierig, artig, geartet; *vgl.* wispeltûrig.

wippe, *f.* 1. schwankender gegenstand oder standort; daher: hê stêt op der wippe, er ist dem bankrott nahe. 2. schaukel. 3. wippe beim krippen der flussufer.

wippebrauk, *m. schwankender bruchboden.*

wippelstęrtken, *bachstelze. (Siedlingh.)*

wippen, *schwanken, schaukeln, sich auf und nieder bewegen.* sik wippen, sich schaukeln; s. opwippen, *vgl.* wupp.

wippgalgen = hiomelmêsen, pimpelmêsen.

wippken, *n. posse.* måk mi kaine wippkes.

wipplöttsken, *n. wippleuchtchen, irrlicht;* *rgl. ostfr.* wiggellûchtje *von* wiggeln, wackeln, schwanken. — *westfr.* wipplöcht.

wippop *in:* suider wippop (hüpfauf), hęr 'et flick op, blås de lampe ût, gå nå beddel

wippöpken, *n. kinderausdruck für aufhüpfende gegenstände.*

wippk, *name für einen kater; vgl. ital.* vispo; *unser* wispeln; *ostfr.* wippsk, beweglich, unruhig.

wippstęrt, *m.* 1. unruhiger mensch. 2. im Paderb. (Nieheim): bachstelze, welche auch nds. wippstêrt, zu Liberhausen: wüppstêrt, zu Rheda: queckstęrt, bei uns biakstęrt heisst; *vgl. ital.* coditremola.

wirkelig, wirkerig, welk. aus lk ward rk. — *ahd.* welh, welk.

wirt, *m. in:* dat dank di min wirt! man weiset dadurch eine bemerkung als überflüssig, weil sich von selbst verstehend, zurück. wirt vertritt hier teufel, henker. *vgl.* Grimm 10b. s. v. danken 5. — *plattlhd. für* wêrd, wêrd.

wis, bis. (Paderb.)

wis, *wissend, kundig.* he es dat nitt anners wis, er kennt das nicht anders. he daût as he wis es, er tut wie er es versteht. me mant den kinnern nitt te viol wis måken, man muss sie nicht verwöhnen. me maut ęm dat nitt wis maken, man muss ihn nicht damit bekannt machen, oder: man muss ihn nicht daran gewöhnen. — *alts.* wis, gnarus.

wisberie, *f. stachelbeere, eigentlich essbare beere, von* wist, *speise.*

wische, *f. wiese. (Schwelm.)* — *mwestf.* (1396): wissche. schwed. vestour. bei v. St. stück XXI, s. 1357: wische; *syn.* wiase. Schamb. glaubt, es sei aus wiseke entstanden, dann liesse sich unser wiopske, wiopsche aus wipsa (vespa) vergleichen.

wischemülk, *dicke milch.*

wîse, *f.* 1. weise. 2. melodie. dû gęt ne höge wîse op.

wise, weise, aber meist im tadelnden sinne: dat es en wisen: dä hêrt 'et gras wassen un de flôe hausten.

wisemöer, *f. weisemutter, d. i. hebamme.* *syn.* bämöme, hiawelsche. — *vgl. fr.* sage-femme. *Teuth.:* wyse moeder, hevelmoeder.

wîsen (*prœt.* wês, *ptc.* wissen), *zeigen:* dat well ik di wol wîsen. hai sall di wol wot anners wîsen. de vögel op dem böme wîsen, von keinem dank, keiner vergütung wissen wollen.

wîsen (*ptc.* gewîset), *weisen.* dat es dę, gewîset węg, ein leicht zu findender węg. (Kierspe.) — *alts.* wîsian, *ptc.* gewîsid.

wisenâse, *f. naseweis.* — *mhd.* nasewîse, feines geruchs. *vgl.* stötwind.

wisenâsig, *naseweisig.*

wisepinn, *m. überkluger mensch, ein tadel.* — *osnabr.* wisepint. *vgl.* wiotkepinn.

wiser, *m. 1. zeiger an der uhr. 2. handweiser. 3. weisel. (kr. Altena.)*

wisheid. *hä wêit van luter wisheid nitt wat häi sien (sagen) well.*

wisk, *m. wisch, bündel.* strôwisk; *vgl.* wisken. — *engl.* whisk, wisp. *daneben westfr.* wip; *vgl.* rispa, to rip.

wiskeldauk, *m. 1. taschentuch. 2. halstuch. für 1 vgl.* werkeldug.

wisken (*præt.* wusk, *ptc.* wusken; *auch schwv.*), *wischen. fig.:* dä kann hai de näse an wisken. — *vgl. hd.* wischer; *alts.* hosk.

wispel, *f. 1. unruhiges kind; vgl. ital.* vispo. *s.* wiowespe. *2. mistel.*

wispelig, *munter, lebhaft, unruhig.* — *ital.* vispo.

wispeln, *unruhig, lebhaft sein.* — *holl.* wispelen.

wispeln, *wispern, flüstern, vom besprechen. s.* vispeln, bewispeln, bewispern. — *ahd.* hwispalôn. *ags.* hvisprjan.

wispelte, *f. wespe. K. S. 114.*

wispelte, *f. mispel.* — *nds.* wispel. *lat.* mespilus.

wispeltörig, *unruhig, flatterhaft.* törig, *entweder zu fassen, wie unter* wintüesk *angegeben, oder =* tuderig, *geartet, nach ags.* tudor.

wispeltürig, *wankelmütig, unbeständig. holl.* wispelturig.

wispeltüte, *f. wirbelwind. (Ebbegebirge.)* tüte *bezeichnet die duten- oder trichterförmige windhose,* wispeln *die bewegung derselben.* — *vgl. Ravensb.:* fameltüten, *fabel.*

wispeltüten, *pl. blendwerk, gerede. syn.* fissematenten. *es wird eigentlich das unverständliche gemurmel und die manipulation des besprechenden bezeichnen.* — *Zumbr. (Münster) hat* mispeltüter. *vgl. unser* riomeltâtri, *berg.* remeltütt, *unverständliches zeug; osnabr.* tütertätern, *unverständliches zeug schwatzen; unser* tütterütütt.

wispern = wispeln 2.

wisse, *adv. gewiss, sicher.* wisse wol.

wist, *wrist am fusse. (Siedlingh.)*

.thöft, *familienname* Weisshaupt. — *alts.* huit hôbhid.

w:ts *in der beteuerung:* Gods blits un der wits.

witt (*compar.* witter, *superl.* wittest), *weiss.* dauk witt maken *für* blêken. *ebenso Teuth.:* wyt maken, bleycken. *so* witt

as de wand, — as snê. he es so witt as ne dûwe, *er hat weisses haar.* he werd wol witt, wann et snigget. he gêt am witten stöcksken, *er bettelt; vgl.* il est réduit au bâton blanc. he het et bit taum witten stöcksken bracht. *bemerkenswerte composita, bei denen der ton auf* witte *ruht, sind:* kialwitte, weisskehle, wasserstaar (kr. Altena), *vgl. nds.* wittkölcken; *die kuhnamen:* klêwitte (weissklee), nürwitte (weissenter). — *alts.* huit. *cf.* spiggewitt, spielwitt.

wittbröd, *n. weissbrot.*

wittbüxe, *f. weisshose, einer der in leinwandhose geht.*

wittdärn, *m. weissdorn.*

Witte, *familienname und kuhname.*

witteler, *m. weisser, tüncher.*

wittelker = witteler. *(Siedlingh.)*

wittelkwast, *m. pinsel zum weissen, tünchpinsel.*

witteln, *weissen, mit kalk tünchen.* — *ahd.* wîzjan. *dän.* hvitte, *holl.* witten.

witten, *weiss werden, von der leinwand.*

Witten, *stadt an der Ruhr.* de hêr van Witten = schnee, *vgl.:* da kümmt der herr von Witten mit schnellen schritten; *s.* Rochh. *naturmythen s. 5: der herr Weiss.*

witterunge, *f. 1. wetter, witterung. 2. witterung, jägerausdruck. wie in* gewitter *weicht das* tt *von* d *in* weder (wêer) *ab.* — *ebenso nds.*

witterunge, *f. zorn.* he was in der witterunge. — *vgl. ags.* hviting, candefactio, *zu* hvitjan.

wittkopp, *m. 1. weisskopf. 2. kuhname.*

wittlöchten, *eine jägerlaterne aushängen, vermittelst eines weissen gegenstandes die richtung kenntlich machen. in der anekdote „köster löcht witt" verlangt der pastor von dem im dunkeln zu rasch voranrennenden küster, dass er sein heud aus der hose hängen lasse.*

wittmûl, *n. weissmaul, kuhname.*

wif, *n. pl.* wiwer, *weib.*

wiweken, *n. pl.* wiwekes, *weibchen.* he wêt nit mier, of he männeken àder wiweken es (von trunkenen).

wiwesmensk = fraumensk, *weibsbild. (Siedlingh.)*

wochten = wachten. *(Hamm.)*

wocke, *f. bündchen flachs, welches auf den wockenstück gebracht werden soll.* wocke und rocke = wrocke, *wie* wasen und rasen = wrasen (vrasen). — *ahd.* wrist, wist, rist, rocco, rocho (colus) *demnach* = wrocho, brocho. *man darf in diesem worte nicht den begriff* stock *suchen. als participial-subst. führt es auf* wrinkan, *welches aus* wrikan *entspringen musste. ags.* vrēcan, *noch heute als* wricken *(schifferausdruck) gebräuchlich, bedeutet stossen. man erinnere sich nun, wie hd.* stoss *(stoss acten) und nd.* stöt *(stück leder zum flicken, kurze weile zeit) gebraucht werden, und die eigentliche bedeutung von* wocke *als kleines bündel, handvoll wird nicht zweifelhaft sein. als participial-subst. kann das wort mehrere geschlechter zeigen. — vgl. Hoefer z. b.* Waldis verl. sohn p. 156.

wöckelsche, *ein stab, um welchen die flassdiste gewunden wird.* (Fürstenb.)

wockenbraif, m. *binde von pergament oder starkem papier, um den wocken zusammen zu halten. man wird früherhin oft beschriebenes pergament* (braife) *dazu benutzt haben.* wockenbraif. *(Siedlingh.)*

wockenstock, m. *der stock, um welches der wocken gewunden wird.*

wockete, f. *spinnrocken.*

wol, *wol.* dat we'k wol dauen. *du kanns* wol lachen, *du hast gut lachen.* wol *läten ok oder geläten ôk, keineswegs.* wol dat, *ja freilich.* wol an is guad *för ne enge hose.* (Halver.) *ein betontes* wol *bedeutet: zu, sehr, über.* dat es wol grôt, *zu gross.* wol ripe, *zu reif; überreif; vgl. das verstärkende* bien *im franz. — alts.* wola.

wol er, *wol eher, das ist ehemals, sonst, früher.*

woldât, f. *wohltat.*

wol dat, *wiewol. vgl. Laiendoctr. s. 29. Lübben mitteilungen p. 22.*

wol ens, wol es, *wol einmal, d. i. zuweilen; syn.* all ens.

wol geboren, wolgeboren es guad, àwer wolgehâllen noch bêter.

wollewer, m. *wohlleber. s.* behelper.

wolke, f. *wolke. — alts.* wolcan.

wolken, *sich wie wolken bewegen, wallen, wogen.* dat kârn wolket. *wolke ist verwant mit* walken *(treten, gehen) und* wallen.

wolkenbürst, m. *wolkenbruch. — Teuth.:* wolkenborst; *vgl. Verne (Seib. qu. I, 36): im sulfften jare (1323) is thom Aeldenberghe ein wolcke geborsten.*

wollen. *im willen un wollen lêfen, vollauf haben.*

wol mâl, wol mal, *d. i. zuweilen, einigemale.*

wolmûdig, *wohlgemut.*

wolop, *wohlauf.*

wolstâend, *wohlstehend, wohlhabend.* op christag bäcket jēdermann, te östern bäcket men bai kann, bai Pingsten bäcket es en wolstâenden manu. *es ist vom backen der eisenkuchen (fladen) die rede. syn.* wärm in de wulle. *— vgl. itul.* beneatante.

wonen = wuonen. *(Schwelm.)*

wörd, f. *der fruchtbarste boden, gewöhnlich in unmittelbarer nähe einer ansiedlung, daher meist zu gärten benutzt.* wörd : *wurth wie* dörd : *durth,* förd : furd. Helj. (Koene) 4950: *endi im thiu wurth bihagot ist gedankenparallele zu dem vorigen:* thar it ge grund habit. F. Dortm. urk. nr. 415: luys hoff vnd woyrd. *von* Lappenb. Brem. qu. s. 85 *wird* wurd *„hoch gelegenes land" erklärt, was eine* wurd *nicht notwendig zu sein braucht. der begriff ist, wie noch heute zu Rheda:* waurd = wôssig land. Reuter reise na Belligen 184: wurth, worth *ein gewöhnlich nahe bei der hofstelle belegenes eingehegtes stück land.*

wörgel, m. *riemen, welcher das käppchen (käppelse) am schlägel des dreschflegels mit der handhabe verbindet; syn.* middelband. *— alts.* wurgil, wurigil = wördgescil.

wörgeln, *würgen.*

wörgen, *würgen. — ahd.* wurgjan.

worm, m. pl. wörme, *1.* wurm. *êr dat geschüt gêt çm en grainen worm af. 2.* raupe, *s.* giftworm. *3.* wurm am finger, syn. middel, wormtêken. *— goth.* waúrms. *alts.* wurm, serpens.

wormætig, *wurmfrässig, wurmstichig.*

wormen, *würmer suchen, von schweinen.*

wörmken, n. *1.* würmchen. *2. bedauernd vom einem leidenden kinde:* dat arme wörmken. *3. en* wörmken am ôge = wên. *4. en geldwörmken wird ein kind genannt, wenn es so grosse sparsamkeit zeigt.*

wormkrûd, n. *1.* wurmkraut, wurmmittel. *2.* rainfarn, tanacetum vulgare, *dessen blüten oder samen als wurmmittel in gebrauch waren; syn.* rainert.

wormmel, n. *wurmmehl.*

wormmäll, n. *wurmmehl.*

wörpel, m. pl. wörpels, *würfel. s.* wûrpel.

wörpeln, *würfeln.*

wormtêken, *wurm am finger. auch zu Rheda.*

wŏrst, f. *wurst.* he smitt med 'ner wŏrst
nå 'ner speckste. då es nix inne as
warme wŏrste.

wŏrsteband, *bindfaden zum einbinden
einer wurst. (Fürstenb.)* s. druom.

wŏrstegŏrte, f. = kröse. *(Fürstenb.)*

wŏrstehŏrnken, *n. wursthörnchen, wurst-
eisen.*

wŏrsten, *1. wursten, wurst machen. 2.
sich anstrengen. (Siedlingh.)*

wŏrstepinn, *m. ein dorn zum schliessen
der enden einer wurst.*

wŏrt, f. *wurz, nur noch als ert in
compos., z. b.* rainert *(rainfarn),
anderwärts* rainewŏrte. — *alts.* wurt.

wŏrtel, f. *1. wurzel. 2. mohrrübe. —
ahd.* wurzala.

wŏrtelbûk, *kraftloser mensch mit schwam-
mig dickem bauch.* K.

wŏrteln, *wurzeln, sich körperlich an-
strengen, abmühen, z. b. beim an-
ziehen enger stiefel. — mnd.* worstelen.
holl. worstelen. *nd.* wurtjen. *berg.*
woschten, *d. i.* worsten.

wüsserling = wässling.

wüssig, *wüchsig; syn.* wassbûr.

wŏt, *etwas, einige.* ik well di wŏt
medbrengen. et was so warm, et was
wŏt, *es war sehr warm.* hai was so
swart, et was nitt wŏt *(etwas, wenig),
er war sehr schwarz.* es dat nitt
wŏt! *ist das nicht schlimm, arg!
ebenso Liliener. hist. volksl. 324, v.
9²: is dat nicht wat.* et mant wŏt
(betont: etwas, nicht viel) sin, de
billigkait het Gŏd geschâpen, man
muss mass halten. wŏt *(einige)* gengen
weg, wŏt bliəwen noch då. — *alts.*
huat. *ags.* hvät. *interrogatives* huat
ward zu wat, dann zu bat; *das a
den indefin.* huat *ward unter dem
einflusse des* hu *zu* ä, h *ward zu* w.

wubbeln, *waschend über den körper hin
und har fahren.*

waanftig, *wohnhaft. — mnd. urk. von
1390:* wonhachtig, *sonst auch* wonaftig.

waanen, *wohnen. knechte und mägde
bei uns sagen lieber:* ik hewe då un
då wuont, *als:* ik hewe då un då
daint. *vgl. die ausdrucksweise in den
vereinigten staaten von Nordamerika.
— alts.* wonian, wonon.

waaninge, f. *wohnung. — holl.* wooing.

wullbûr, m. *im fastnachtsgebrauche zu
Hoerde: ein kerl mit erbsenstroh um-
wickelt und einem feuereimer auf dem
kopfe. er wurde am seile umher-*

geführt und musste dann und wann
brüllen. man nannte ihn auch ein-
fach bûr. s. wullekærl.

wulle, f. *wolle.* he sittet recht warm
in der wulle. he welle kaine wulle
dregen, *er will nicht taugen; vgl. engl.*
he is a sort of ne'er-do-wool.

wullekærl, *name einer kinderscheuche
zu Hemer:* de wullekærl kritt di!
in diesem jahrh. ward aus wullekærl
ein bullekærl. in der Ihmerter becke
heisst es: wollekœrl; vgl. altn. Ullr
= Wodan.

wüllen, *wollen.* wüllen bônen, *wollbohnen.*
wüllen dauk, *wolltuch.*

wüllenspenner, m. *wollspinner nennt
man einen vogel, der sein nest mit
wolle füttert.*

wüllenwâmsekes, *pl. ein gericht grosse
bohnen, bereitet aus jungen schoten,
die wie vitsbohnen geschnitten werden.*

wüllenwēwer, m. *wollweber.*

wund, *wund. — alts.* wund.

wunne, f. *wunde. — alts.* wunda.

waane, f. *wonne. — alts.* wunnia.

wunner, n. *wunder. = alts.* wundar.

waanerbârlik, *wunderbar.*

wünnerlik, *wunderlich.*

wünnern, *wundern. — alts.* wundroian.

wunsk, m. *wunsch.* nå wunsk un
willen.

wünsken, *wünschen.*

wulf, m. *pl.* wülwe, *1. wolf, lupus.* bai
tüsken wülwen es, maut der ock med
hûsen. in der ersten hälfte des 18.
jahrhunderts gab es im Balver walde
dann und wann noch wölfe, die man
hölting höltiug anrief. der letzte wolf
unserer gegend ward in der Lim-
burger waldung im 18. jahrhundert
erlegt. es war eine wölfin, deren
jungen ein jäger aufgefunden hatte
und weglrug. er soll die ihn ver-
folgende mutter von einem baumaste
aus mit einem knopfe erschossen haben.
2. harige grasraupe, bârraupe. (Balve);
syn. graspuddel. 3. fig.: geldwulf,
kärenwulf. 4. nasenschleim. 5. krank-
heit am schwanze des rindviehes. es
wird dagegen hineingeschnitten.

wulwen, *1. rauben wie ein wolf. 2.
gierig sein; vgl.* ardenwulf. *3. den
werwolf machen; vgl. Seib. III, p. 370:*
wulffen.

wulwerigge, f. *gier.*

wulweskläwe, f. *bärlapp.* s. oben wulf
für bârraupe. — engl wolfsclaw.

wulweskûle, f. wolfsgrube. häufiger localname.

wulweskûse, m. keule zur wolfsjagd.

wulweslûs, f. kellerassel. syn. wille swîn.

wulwesrauke, f. = wulweskläwe.

wulwig, gierig.

wupp, m. schnelle bewegung. et was men en wupp. in ênem wupp. s. wupptig. — ags. svipe, schnell. engl. swoop V. St. III, 488: wuppen un swuppen, schwanken wie auf dem wasser.

wupp, wuppti, schnell, im nu. K.

wüppeln, schwappen.

wüppstert = wippstert. (Liberh.) . .

wupptig, rasch, schnell. es drückt den raschen vorgang einer handlung aus. — Turk, en plattd. laid v. G: un wupptig wupptig ümmer wupp! mecklenb. wupti wupti rin. vgl. sumpptig, welches aus swupptig entstanden scheint, und kawupptig. s. bups.

würde, f. würde. dat blitt in sinen wûrden = in guter beschaffenheit. dat es ût sinen wûrden kuomen = ist abgenutzt, verdorben. as he noch recht in sinen wûrden was = im wohlstande.

würmai, wermut. (Fürstenb.)

wurmelig, wurmstichig. (Paderb.)

würp, lot kaffee. K. S. 28. 5 bohnen, ¼ lot. (Siedlingh.)

würpel, m. würfel.

wût, f. wut. platthd. zu Iserl. s. waud. — ahd. wuot.

wûten, wüten. platthd. zu Iserlohn. s. wanden.

wutts = wupps. sau as en wutts was hai ümme de ecke. Gr. tüg 80; s. wipps.

wutschen, schnell vorbei eilen, sich rasch aus dem staube machen. K.

Z

zage, bange, feige. — Theoph. (Eltm.) 48.

zällen, geben. zàll hèẻr! gib her! (Eckenh.) für zullen, zollen, vgl. vàll = vull, voll.

zappig, nass, triefend.

zasenrock, m. rock von sarsche. Grimme. — fr. sarge, serge. s. schassen.

zèch, m. gelag. en zèch hàllen, der einladung zu einem zèche folge leisten.

zemmelig, säumig.

zemmeln, säumen, zögern, s. semmeln. — vgl. altn. sems, tardatio.

zerpeling, ein fischname.

zigœner, m. zigeuner; syn. haide. — ital. zingaro. türk. zingani. s. sigœner.

zie, f. ziege. (Fürstenb.)

zienblaume, f. weisses waldhänlein, anemone nemorosa. (Brilon.) — vgl. Schiller z. tier- und kräuterbuch II, s. 29.

zienhère, m. ziegenhirte. (kr. Altena.) et nödigste et èrste, hadde de zienhère saggt, dà hadde èrst sin wlf prüegelt un dann de zien ûtem gàren wert.

zienlaid, n., ziegelaid, n. art bräune bei ziegen. (Fürstenb.)

zienland, n. ziegenland. int zienland gàn. in ohnmacht fallen. (Fürstenb.) s. siegenhiomel.

zilge, verzagter, banger mensch. wird wol aus ziåge verderbt sein. s. hitte.

zimbert, vgl. märk. gebräuche. F. Dortm. 3, 226. Seib. qu. 2, 292.

zimpe, kuhname.

zimpen, zimpern, weinen. lachen un zimpen hanget an ênem timpen. — vgl. schles. himpern, weinen mit verschlossenen lippen.

zipel, f. zwiebel.

zipellök = smållök. (Siedlingh.)

zipelsrige, f. spöttisch: eine reihe von etwas.

zipelworst, zwiebelworst. (Siedlingh.)

zipp, m. = timpen.

zippelig, bänglich.

zippelmamsellken, n. zimperliches, bängliches frauenzimmer. Gr. tüg 50.

zippke, eine art süsser apfel von länglicher gestalt.

zirbeln, im kreise herumgedreht werden.

zöchelerigge, f. auszehrung.

zöcheln, kränkeln, besonders an der auszehrung.

zockeln, schlendern, langsam gehn.

zocks, m. dummer mensch. auch bei H.

zoppe, *f. 1. suppe; s.* soppe. *2. portion, soviel man in den topf tut.*

zoppen, *eintunken.*

zoppenbard, *eine schelte.*

züppeln, *aus dem eintunken ein spiel machen und dabei verschütten; von kindern.* hü zöppelt sik wat biёn, *von einem angehenden trunkenbolde.* auch züppeln, *oft absetzen beim trinken, von kindern.*

zücheln, *weinen wollen.*

zuchelte, *f.* = süchelte.

zuckeréi, *f. cichorienkaffee.*

zuckkälveken = pruts. *(Siedlingh.)*

zhe zȕe zȕe! hü drank! *lockruf, wenn schweine zum futter kommen sollen.*

zulfern, *schluchzend weinen; s.* sulfern *und* hulwern.

zupp, *mistelstrauch. (Eckenh.)* vgl. zopf.

zuppæs, *rückwärts, hoppend. s.* suppæs

zuppen, *zurückgehen, hoppen. s.* süppen.

Erschienene Schriften des Vereins für niederdeutsche Sprachforschung und deren Inhalt.

Verlag von Diedr. Soltau, Norden und Leipzig.

A. Niederdeutsche Denkmäler.

I. Das Seebuch

von Karl Koppmann, mit einer nautischen Einleitung von Arthur Brousing, mit Glossar von Christoph Walther.

130 S. Preis 4 Mk.

Es ist dies ein praktisches Handbuch für Steuerleute aus dem fünfzehnten Jahrhundert. Es enthält die Segelanweisungen für die Europäischen Küsten und Meere nördlich von der Strasse von Gibraltar bis zu der Mündung des Finnischen Meerbusens und erstreckt sich, abgesehen von der Witterungskunde, der Betonnung der Wasserstrassen und der Beleuchtung der Küsten, bereits auf alle Punkte, die von irgend welchem Belange für die Sicherheit der Schiffahrt sind.

Die Ortsnamen des Seebuchs sind vom Herausgeber Dr. Koppmann erklärt, während Direktor Breusing den Inhalt vom nautischen Standpunkte aus einer eingehenden Würdigung unterzogen und Dr. Walther den Wortvorrath des Seebuchs zusammengestellt hat.

Dieser erste Band der Denkmäler bietet den Geographen ein der Geschichte der Nautik bisher unbekanntes Quellenwerk, den Historikern der Hansestädte eine feste Handhabe bei der Erklärung mittelalterlicher Namen und den Sprachforschern ein für die Erkenntniss der deutschen Seemannssprache äusserst wichtiges Material dar.

II. Gerhard von Minden

von W. Seelmann.

206 S. Preis 6 Mk.

Mit diesem Namen ist belegt die nächst dem Reineke Vos bedeutendste Dichtung der mittelniederdeutschen Litteratur, eine aus Westfalen stammende Sammlung von Fabeln und Erzählungen, als deren Verfasser gewöhnlich der Dekan Gerhard von Minden genannt wird, von dem das Vorwort berichtet, dass er im Jahre 1370 den Aesopus deutsch bearbeitet habe.

Das hier zum ersten Male vollständig herausgegebene Werk, dessen baldige Veröffentlichung J. Grimm schon vor fünfunddreissig Jahren dringend gewünscht und auf das er wiederholt aufmerksam gemacht hat, ist nur in einer einzigen, stellenweis stark verderbten Handschrift erhalten. Der Herausgeber, Dr. W. Seelmann in Berlin, hat sich mit Heranziehung der von ihm als Quelle des Dichters nachgewiesenen Werke bemüht, einen lesbaren Text herzustellen und schwierige Stellen in den Anmerkungen zu erläutern. Eine ausführliche Einleitung handelt von der litterargeschichtlichen Stellung Norddeutschlands vor der Reformation, der handschriftlichen Ueberlieferung und dem Versbau des Dichters, der, wie nachgewiesen wird, Gerhard nicht gewesen sein kann. Eine angehängte Wortlese giebt Erklärungen der schwierigsten Wörter.

III. Flos unde Blankflos

von Stephan Waetzoldt.

Erstes Heft. Text. 57 S. Preis 1 Mk. 60 Pfg.

(Als Anhang: De vorlorne Sone [Robert der Teufel] und De Segheler.)

Der Herr Herausgeber bietet hier zunächst den recensirten Text von Flos unde Blankflos sowie die hier zum ersten Male herausgegebene Dichtung De vorlorne Sone (Robert der Teufel) und das Fragment De Segheler zunächst ohne Einleitung und kritischen Apparat.

Ein zweites Heft wird binnen Kurzem herausgegeben; es soll eine auf Herkunft und Geschichte des Märchens und seiner dichterischen Gestaltungen sich richtende Einleitung zu Flos unde Blankflos und zum vorlornen Sone sowie den nicht unbeträchtlichen kritischen Apparat zu Flos unde Blankflos enthalten.

B. Jahrbuch des Vereins für niederdeutsche Sprachforschung.

I. Jahrgang. 1875.
131 Seiten. Preis 8 Mk.

I n h a l t : Einleitung von *A. Lübben.* Zur Charakteristik der mittelniederdeutschen Litteratur von *A. Lübben.* Hamburger mittelniederdeutsche Glossen von *C. Walther.* Zwiegespräch zwischen dem Leben und dem Tode von *W. Mantels.* Lobgedicht auf die Stadt Braunschweig von *F. G. H. Culemann.* Rostocker historisches Lied aus dem Accisestreit 1566 von *K. E. H. Krause.* Aus einem niederdeutschen Pfarrherrn von Kalenberg von *W. Mantels.* Die niederdeutsche Sprache des Tischlergewerks in Hamburg und Holstein von *E. Chemnitz* und *W. H. Mielck.* Mundartliches im Reineke Vos von *C. Walther.* Miscellen aus dem Sachsenlande von *J. Wedde.* Schwerttanz von *K. Koppmann.* Hanschen un hot von *K. Koppmann.* Reimlust im 16. Jahrhundert von *K. Koppmann.* Zum niederdeutschen Kalender von *K. Koppmann.* Kleine Beiträge von *C. Walther.* Die ,English Dialect Society' von *R. Dahlmann.* Niederdeutsche Bibliographie für die Jahre 1874 und 1875 von *R. Dahlmann.*

II. Jahrgang. 1876.
180 Seiten. Preis 4 Mk.

I n h a l t : Ueber die Grenzen des Niederdeutschen und Mittelfränkischen von *W. Crecelius.* Niederdeutsche Predigt des 15. Jahrhunderts über 'non sum' von *K. E. H. Krause.* Medicinalia pro equis conservandis von *A. Lübben.* Reimsprüche von *A. Lübben.* Winterklage von *L. Strackerjan.* Niederdeutsches in Handschriften der Gymnasialbibliothek zu Halberstadt von *Gustav Schmidt.* Pädagogischer Spruch vom Ende des 16. Jahrhunderts von *H. Smidt.* Zu den historischen Volksliedern von R. von Liliencron von *A. Lübben.* Zu Schiller-Lübben von *A. Lübben.* Wörterbuch von *K. E. H. Krause.* Für Mundartenforscher von *Johan Winkler.* Antworten auf Fragen des mnd. Wörterbuchs von *F. Woeste.* Varia aus Wiener Handschriften von *Carl Schröder.* Fragment des Seebuchs von *Gustav Schmidt.* Brunsilgenholt, Brizilien im Mittelalter von *K. E. H. Krause.* Vom Holze des heiligen Kreuzes von *Carl Schröder.* Irmin und St. Michael von *K. Koppmann.* Wert und Benutzung der Magdeburger Bibel für das mnd. von *F. Woeste.* Wörterbuch von *F. Woeste.* Das Gothaer mittelniederdeutsche Arzneibuch und seine Pflanzennamen von *W. H. Mielck.* Noch einmal das Zwiegespräch zwischen dem Leben und dem Tode von *W. Mantels.* Friesisches im Ditmarschen? von *C. Walther.* Ein drittes Blatt aus dem niedersächsischen Pfarrherrn von Kalenberg von *W. Mantels.* Causales wenn oder wann von *C. Walther.* Bibliographie von *R. Dahlmann.*

III. Jahrgang. 1877.
183 Seiten. Preis 4 Mk.

I n h a l t : Die Buchstaben ø und ʍ in Wismarschen Stadtbüchern usw. des 14. Jahrhunderts von Dr. *F. Crull.* Zum mnd. gh von *K. Koppmann.* Liebesgruss von *K. Koppmann.* Lebensweisheit von *C. Wehrmann.* Das Fastnachtspiel Henselin von *C. Walther.* Eine Münstersche Grammatik aus der Mitte des XV. Jahrh. von *E. Wülken.* Brunsilgenholt von *K. E. H. Krause.* Dyt ys dy erfindunge und wunderwerke des hilligen sacramentes der Wilsnagk von *Gustav Schmidt.* Niederdeutsches in Handschriften der Gymnasial-Bibliothek zu Halberstadt von *Gustav Schmidt.* Rummeldeus von *K. Koppmann.* Braunschweigische Fündlinge von *L. Hänselmann.* Caput Draconis und die Kreuzwoche von *K. E. H. Krause.* Krude von *Wilh. Mantels.* Das Mühlenlied von *H. Jellinghaus.* Zwei plattdeutsche Possen von L. Lauremberg von *H. Jellinghaus.* Die Deminutiva der niederdeutschen Ausgabe von Agricola's Sprichwörtern von *Friedr. Latendorf.* Kinderspiele in Südwestfalen von *F. Woeste.* Südwestfälische Schelten von *F. Woeste.* Aberglaube und Gebräuche in Südwestfalen von *F. Woeste.* Der Flachs von *J. Spee.* Flachsbereitung im Göttingenschen von *K. E. H. Krause.* Dat Flas von *H. Köhler.*

Nachträge von *Wilh. Mantels.* Friedrich Woeste von *K. Koppmann.* Urkunden-buch der Berlinischen Chronik. Berlin. 1869. Berliner Todtentanz von *A. Lübben.* Van de Schelde tot de Weichsel von *A. Lübben.* Bibliographisches von *W. Cre-celius* und *C. Walther.*

IV. Jahrgang. 1878.
122 Seiten.   Preis 4 Mk.

Inhalt: Antonius Liber von Soest als grammatiker von *Crecelius.* Zwei mnd. Arzeneibücher, Cod. Chart. Goth. 980 und Cod. Wolfenb. 23,3 von *Karl Regel.* Aus dem Vocabelbuche eines Schülers von *A. Lübben.* Wie man in Brandenburg spricht von *Maass.* Zum Umlaut von *A. Lübben.* Essener Glossen von *Crecelius.* Spieghel der zonden von *A. Lübben.* Ein lateinisch-deutsches Gebetbuch des 15. Jahrhunderts von *H. Deiter.* Zeitlose von *W. H. Mielck.* Statuten und gebräuche der „Kopmann- unde Schipper-Bröderschaft" zu Stade von *K. E. H. Krause.* Aus dem „Westfälischen Magazin" von *O. Weddigen.* Dat Boddermäken von *Heinr. Carstens.* Recepte für bereitung von kräuterbier von *W. Crecelius.* Bruchstück eines mnd. kalenders von *K. E. H. Krause.* Hans van Ghetelen aus Lübeck von *K. E. H. Krause.* Zu ‚Gerhard von Minden' von *R. Sprenger.* Zu den historischen Volksliedern von R. von Liliencron von *R. Sprenger.* Zum Berliner Todtentanz von *R. Sprenger.* Das Hundekorn von *A. Lübben.* Ostfriesisches Urkundenbuch von *A. Lübben.*

V. Jahrgang. 1879.
190 Seiten.   Preis 4 Mk.

Inhalt: Die Sprache des deutschen Seemanns von *A. Breusing.* Wo de sele stridet mit dem licham. (Visio Philiberti.) Von *Wilh. Seelmann.* Mittelniederdeutsche Osterlieder von *K. Bartsch.* Lateinisch-niederdeutsche Hexameter von *K. Bartsch.* Jesu dulcis memoria. (Tagzeiten der heiligen Anna.) Von *J. G. Müller.* Aus dem Gothaischen Arzeneibuche von *Karl Regel.* Erklärendes Wörterverzeichnis der Lüneburger Sülze von *K. E. H. Krause.* Anhang. Strassen, Oertlichkeiten, Kirchen etc. in Lüneburg, auch der nächsten Umgebung, so viel sie öfter genannt werden von *Demselben.* Zum Fastnachtspiel Henselin von *C. Walther.* Die Sprache des deutschen Seemanns. Nachtrag. Von *A. Breusing.* Zu Laurembergs Scherzge-dichten von *R. Sprenger.* Zu Gerhard von Minden von *R. Sprenger.* Alte Kano-neninschriften aus dem 16. Jahrhundert von *A. Menz.* Errata und Nachträge zu Jahrbuch IV und V.

VI. Jahrgang. 1880.
151 Seiten.   Preis 4 Mk.

Inhalt: Fastnachtspiele der Patrizier in Lübeck von *C. Wehrmann.* Ueber die Lübecker Fastnachtspiele von *C. Walther.* Arnt Buschmans Mirakel von *Wil-helm Seelmann.* Die niederdeutschen, noch nicht weiter bekannten Handschriften der Bibliothek zu Wolfenbüttel von *A. Lübben.* Tractaet inholdende vele kostelycke remedien off medecynen weder alle krancheyt der Peerden von *Heinrich Deiter.* Marien Rosenkranz von *K. Bartsch.* Ein historisches Kirchenlied Abraham Meyer's vom Jahre 1559 von *C. Walther.* Dei Hanärn von *Heinr. Carstens.* Datt Broud-bakk'n. Ein lateinisch-deutsches Vokabelbuch von 1542 von *H. Holstein.* Zur mnd. visio Philiberti von *R. Sprenger.* Bockshorn von *R. Sprenger.* Braunschweigische Fündlinge von *Hänselmann.* I. Kalenderorakel. II. Fragment eines Dramas von Simson, mit Glossar von *C. Walther.* Etwas über niederdeutsche Familiennamen von *A. Lübben.*

VII. Jahrgang. 1881.
172 Seiten.   Preis 4 Mk.

Inhalt: Aus Kopenhagener Handschriften von *H. Jellinghaus.* Der Appinga-dammer Bauerbrief vom 2. Juni 1327 in niederdeutscher Uebersetzung von *H. Deiter.* Zur mnd. visio Philiberti von *Herman Brandes.* Dat waterrecht nach einer Emder und Auricher Handschrift von *H. Deiter.* Bruchstück einer Unterweisung über die zehn Gebote von *R. Sprenger* und *A. Lübben.* Arnt Buschman von *W. Crecelius.* Ueber Sprach- und Gaugrenzen zwischen Elbe und Weser von *H. Babucke.* Das Paradies des Klausners Johannes von *A. Lübben.* Johann Rist als niederdeutscher Dramatiker von *Karl Theodor Gaedertz.*

C. Korrespondenzblatt des Vereins für niederdeutsche Sprachforschung.

Jahrgang I-VI.

Je 100 Seiten. Preis 2 Mk.

Beiträge zu demselben lieferten die Herren:

Gymn.-Direktor Babucke, Bückeburg.
Direktor K. Bauer, Arolsen.
Professor R. Bechstein, Rostock.
Pastor Karl Bertheau, Hamburg.
Lehrer T. H. de Beer, Amsterdam.
Archivar W. v. Bippen, Bremen.
Professor Dr. A. Birlinger, Bonn.
Dr. Alois Brandl, Berlin.
Rathsherr O. Brandenburg, Stralsund.
Oberlehrer L. Bröcker, Hamburg.
Lehrer H. Carstens, Dahrenwurth.
Prakt. Arzt C. R. Casper, Hamburg.
Realschullehrer Th. Colshorn, Hannover.
Gymn.-Professor W. Crecelius, Elberfeld.
Dr. med. C. Crull, Wismar.
Senator F. G. H. Culemann, Hannover.
Oberlehrer R. Dahlmann, Leipzig.
Gymnasiallehrer Dr. H. Deiter, Emden.
K. Eggers, Meran.
Archivar L. Ennen, Köln.
Oberlehrer P. Feit, Lübeck.
Bibliothekar E. Förstemann, Dresden.
Bürgermeister O. Francke, Stralsund.
Schulvorsteher H. Frischbier, Königsberg.
Gymn.-Lehrer H. Fuhlhage, Minden.
Dr. J. H. Gallée, Haarlem.
Kreisschulinspektor Dr. Grabow, Oppeln.
Gymnasiallehrer Dr. B. Graupe, Berlin.
Archivar H. Grotefend, Frankfurt a. M.
Professor Klaus Groth, Kiel.
A. C. von Halen, Hamburg.
Pastor W. Hansen, Northeim.
Privatdocent P. Hasse, Kiel.
Rektor Dr. H. Hemme, Einbeck.
Direktor Dr. R. Hoche, Hamburg.
Professor A. Hoefer, Greifswald.
Gymn.-Professor H. Holstein, Verden.
Archivar Dr. K. Höhlbaum, Köln.
Gymn.-Professor L. Hülscher, Herford.
Oberkammerrath Dr. Janssen, Oldenburg.
Oberlehrer H Jellinghaus, Kiel.
Syndikus A. Jugler, Hannover.
Professor H. Kern, Leyden.
Gymnasialprofessor Dr. W. Knorr, Eutin.
O. Knoop, Bromberg.
Dr. K. Koppmann, Hamburg.
Lehrer H. Köhler, Hamburg.
Reinhold Köhler, Weimar.
Gymn.-Direktor K. E. H. Krause, Rostock.
Gymn.-Lehrer J. F. Kräuter, Saargemünd.
Gymnasialprofessor J. Kürschner, Eutin.
Baudirektor H. Langfeldt, Rostock.
Oberlehrer F. Latendorf, Schwerin.
A. Lechleitner, Barop.
Privatdocent Dr. F. Lindner, Rostock.
Professor Dr. Loersch, Bonn.

Bibliothekar Dr. E. Lohmeyer, Kassel.
Bibliothekar A. Lübben, Oldenburg.
Gymn.-Professor W. Mantels, Lübeck.
Professor Dr. E. Martin, Strassburg i. E.
Bibliothekar Dr. O. Matsen, Hamburg.
Gymnasial-Direktor Meier, Schleiz.
Rechtsanwalt Metz, Minden.
Gerhard Meyer, Uelzen.
Schuldirektor E. Michelsen, Hildesheim.
Apotheker W. H. Mielck, Hamburg.
Lehrer A. Mindt, Warwisch.
L. Mohr, Strassburg.
Gymn.-Lehrer Dr. Mohrmann, Hannover.
Lehrer B. P. Möller, Hamburg.
Gymn.-Lehrer W. Mummenhof, Recklinghausen.
Gymn.-Lehrer K. Nerger, Rostock.
F. W. Oligschläger, Solingen.
Gymn.-Lehrer J. Oosting, Deventer.
Rektor C. Pauli, Uelzen.
Gymn.-Professor Dr. J. Peters, Leitmeritz.
O. Preuss, Detmold.
Dr. Prien, Leipzig.
Gymnasialprofessor Karl Regel, Gotha.
Kreisgerichtsrath A. Römer, Altona.
Dr. O. Rüdiger, Hamburg.
F. Sandvoss, Rom.
Oberlehrer A. Sartori, Lübeck.
G. A. B. Schierenberg, Meinberg.
Gymn.-Direktor G. Schmidt, Halberstadt.
Dr. E. Schröder, Witzenhausen.
Gymn.-Lehrer H. Schulz, Schleiz.
Gymn.-Lehrer C. Schumann, Burg.
Rektor Seitz, Marne.
Bibliothekskustos Dr. W. Seelmann, Berlin.
H. Sohnrey, Nienhagen.
Gymn.-Lehrer J. Spee, Köln.
Dr. med. Sprengell, Lüneburg.
Realschullehrer R. Sprenger, Northeim.
Schuldirektor K. Strackerjan, Oldenburg.
Botho Graf Stolberg, Ilsenburg a. H.
Privatdocent Dr. P. Strauch, Tübingen.
Gewerbeschul-Direktor A. Stuhlmann, Hamburg.
Lehrer Sundermann, Norden.
Dr. A. Theobald, Hamburg.
Dr. jur. J. F. Voigt, Hamburg.
Oberlehrer Fr. W. Wahlenberg, Köln.
Bibliotheksekretär C. Walther, Hamburg.
Dr. G. Wenker, Marburg.
Prakt. Arzt J. Winckler, Haarlem.
Fr. Woeste, Iserlohn.
Stud. phil. C. Wulff, Kiel.
Kaufmann A. N. Zacharias, Hamburg.
Musikdirektor D. Zander, Neustrelitz.